國家清史編纂委員會・文獻叢刊

王興亞 等 編

清代河南碑刻資料 ②

商務印書館
The Commercial Press
创于1897

二〇一六年・北京

目 錄

鞏義市（鞏縣）

唐杜少陵先生之墓碑 1

朝謁太和山金頂祖師尊神廻境修醮碑 1

明處士康公塋碑 1

清處士朱公墓碑 2

重修青龍山慈雲禪寺碑記 3

重修廣生殿金妝神像碑記 7

重修山門戲樓碑記 7

重修送子菩薩寶殿 8

建黃龍廟碑 8

重修六祖殿金妝神像碑記 10

補修經途碑記 11

議立趙家溝徐柏坡地界碑記 11

趙家溝徐柏坡地界碑 12

張氏建立祠堂記 12

皇清處士美之李公暨周孺人誌銘 12

重修菩提精舍碑文 13

建臧王祠土地祠拜殿碑 14

重修戲樓碑記 14

古洛汭石匾 15

重修白衣堂創建廣生殿祖師殿落成文	15
重修土地神祠碑記	16
觀音堂後建修鋪房於坎碑記	17
建修白龍廣生土地廟記	18
皇清靳公諱養信字子賓妻崔氏合葬之墓碑	21
大清邑侯蕭太爺恩免芝田鎮地方號件雜派碑	21
裱餙北觀音堂諸神牆壁神像碑	22
三官殿重修碑	23
永禁賭博碑	23
指路碑	24
重建水陸社碑記	24
趙陳蕭張太爺更換保正豁免裸派碑	25
清東左村重新觀音堂碑	26
修井碣記	26
重修橋碑	27
金粧廣生殿神像及重修牛王洞碑記	28
朝謁本省城隍廟碑	29
明處士姚公諱敏之墓碑碑聯	29
工修関聖殿碑	29
重修天齊廟牛王殿廣生殿盧醫殿金妝神像並粉飾樂樓碑記	30
重粧觀世音大士薄姬聖母花仙聖母神像工竣歌	30
金妝大明菩薩伽藍龍王殿碑	31
滌煩僧如桂上人墓碣銘	32
皇清翟公景隆墓表	33
繪畫拜殿武[舞]樓碑記	33
重修啓母少姨廟碑	34
創建井碑	35
重修龍王廟暨金粧神像創建舞樓序	35
邑仁侯朱太爺恩準八村豁免雜差碑	36
堤東正俗碑	36
趙氏節烈碑	37
孫氏始祖墓碑	38
創建祠堂遷塋原由誌碑	38
重修井碣	38

重建青龍寺佛殿金粧神像碑記	39
南鄢書院地畝碑記	40
重立嘉慶地界碑	40
屢次重修井碣	41
改換地名碑	41
重修三官廟碑	42
口頭村胡家爐村正俗碑記	42
戒不規防邪患碑記	43
創修西配殿並金塑神像碑	43
皇清太學生欽賜修職郎理中白先生墓誌銘	45
建修送子觀音碑	46
白雨記	47
重修白雲寺正殿暨山門碑記	47
創建齊天大聖廟宇并金妝神像碑記	48
本村公議禁止賭局碑記	48
官清民安碑	49
創修東配殿祀龍神行山并茶亭前窑水道垣墻碑	49
換地契約碑	51
遷修汜河口大王廟落成碑	51
新建大王廟碑	52
清特授修職佐郎例貤封文林郎慎軒張公墓誌銘	52
鄭氏節孝坊文	53
節孝婦白母孟孺人石坊刻辭	55
東周鞏王廟原委	55
皇清例授徵仕郎斗方康公墓表	57
白沙崔家祠堂戲樓楹聯	58
敕授徵仕郎直隷州分州斗方康公賵賻碑	58
清敕授文林郎汝寧府教授景沂王公暨魏孺人墓誌銘	58
創建拜殿碑記	59
建修樂舞樓碑記	60
建修照壁洎南大門東角門募化捐貲碑	61
建修臨街照壁誌	63
重修關聖帝君廟記	63
大清咸豐四年金粧盧醫聖像募化衆善碑記	64

李公墓碑序	64
東窟沱胡坡村照舊辦差碑	65
公議斷坡碑	65
重製旂傘碑記	66
清邑庠生魏公諱珏字士深暨子紹徵施渠碑	66
廟路碑序	67
創修送子觀音堂碑序	68
施地碑序	71
創建寶泉山舞樓碑記	71
誥授奉政大夫前遂平縣教諭山東試用知縣加同知銜霖三康公遺思碑	72
施地廣集塲碑	72
眾感碑記	72
脩寨開工碑記	73
創修永安寨碑記	79
鞏固寨石匾	80
重脩廣生殿碑記	80
創開斜谷路碑	81
創修將軍寨記	83
創建九龍廟碑序並贊	84
創修安仁寨記	92
將軍寨竣工碑	93
康霖三神道碑	94
邑庠生友漢翟老夫子教思碑	97
創修玉皇暨關聖大王廟序	98
鳳凰坡遷徙山神廟記	98
重修山神祠記	99
誥授昭武都尉都閫府坦園康公德澤碑	99
皇清欽賜壽官靳公大榮賀氏崔氏三位墓碑	100
分水碑	100
宋臣蔡文忠公墓碑	100
棧房區第三院草書石屏錄文	100
創修文昌宮奎星樓碑	101
功垂桑梓碑	101
補修券井並金粧神像碑記	102

條目	頁碼
康坦園義行碑十六首	103
建芝田鎮北門重修觀音閣記	107
滹沱村鑿井碑記	108
滹沱村龍王七星碑記	108
金裝梳妝樓神像碑記	109
曹公墓表	109
世醫樸菴楊先生沒思碑	109
姚氏家廟油功誌	111
羅溪王公暨德配郝孺人合葬墓誌銘	112
大劫文	112
重修東大廟關聖殿卷簾棚記	113
石案銘	114
重修三官聖廟碑記	114
創修家南清龍橋碑誌	115
李春發賣地契碑	115
旌表監生白錫瑞繼室康氏節孝坊	116
重修舞樓創建耳房碑	116
老君廟施捨茶亭創建碑記	117
葉寶新墓碑	118
皇清處士考靳公思恭妣孺人李氏二位之墓碑	118
皇清處士顯考靳公諱廷臣妣孺人鐘氏二位之墓碑	118
重修拜殿接水槽偏坡壽頭碑記	118
改督龍王行宮記	119
官店碑	120
正堂溫諭碑	120
皇清處士公諱逢祥德配李氏合葬之墓碑	120
欽加五品銜□□拔補千總崔繼澤墓表	121
鳳翅城嶺鄉規碑	121
誥授朝議大夫孝廉方正戴藍翎欽加知府銜周圍康公德澤碑	122
皇清例授登仕郎翼周翟公墓表	122
張氏祠堂碑記	123
劉公經言墓表	123
唐高善果園碑	124
皇清處士靳公立娃德配崔氏二位之墓碑	124

十八村公局公議喪事婚禮干禮規矩條例 124
欽加同知銜賞戴花翎豫升陳老父台大人德政碑 125
聖母像並讚 126
重修廟宇暨金塑神像碑 126
西天大聖石匾 127
創建聖母殿碑記 127
太學生化行閻公墓誌銘 127
示後世碑 128
創建三仙聖母神廟並金粧神像碑記 128
皇清處士路公諱云從暨趙太君之墓碑 131
創建盧醫廟鼓樓捐貲人姓名碑 131
公立路碑 131

滎陽市（滎陽縣）

重修城隍廟碑記 133
重修儒學碑記 133
建故邑侯胡公德政去思碑 134
湖廣衡州府知府前管山西分巡冀南道事張公墓誌銘 134
顧侯丈地定則碑記 136
雪堂 136
重修滎陽縣學記 137
河陰馬家寨馬氏始祖墓碑 138
重修廣濟寺關聖帝君崇陛正殿碑記 138
中嶽岳岡廟碑文 139
修蓋戲樓碑 140
虎牢關碑 140
重修關聖帝君火帝真君二廟並建修戲樓碑記 141
皇清勅封安人張母周太君墓誌銘 141
廣武後馬村馬氏家廟碑記 142
詳免稍料記 143
重修學宮記 144
創建樂樓記 145
皇清例授文林郎蓬萊縣知縣邑庠生臨川府君孺人秦太君墓表 145

目錄　VII

李海宇墓門額門聯 146

恭挽皇清敕授文林郎陝西宜君知縣壬戌進士穆亭莨公年兄先生文 147

重建唐吏部侍郎贈禮部尚書先子韓文正公廟碑 147

重修先儒韓公祠堂記 149

賈峪地震碑 150

馬公漢保墓碑文 150

創建試院碑記 151

馬氏族譜並三修祠堂序 151

禹鳴盛墓碑 153

重修須水寨碑記 153

皇古寨碑記 153

重修城池記 154

創修文昌閣記 155

皇清顯考把三公之墓碑 155

馬公君召墓碑文 156

節孝祠碑記 156

清故先曾祖考馬金生朝生二位墓碑 156

馬公賢臣墓碑文 157

重修文廟碑記 157

創修更衣亭省牲所碑記 158

皇清處士把二公東貴之墓碑 159

馬公清海清波墓碑文 159

皇清例授修職郎候選訓導陳老夫子教思碑 159

莨二四老夫子朴卿灼三教思碑 160

楊五樓馬氏祖塋碑記 161

（滎澤縣）

李公見宇墓誌銘 163

重修戟門櫺星門碑記 163

重修人龍書院碑記 164

關帝廟重修碑記 164

重修啓聖祠記 165

獲嘉教諭鄉飲正賓李公墓誌銘 166

嶽山寺新建白龍王廟碑記 167
資生堂碑記 168

（氾水縣）

太和山元武臺記 170
重修氾水縣學宮記 171
滿城知縣一峰禹公暨劉孺人合葬墓誌銘 171
趙明我先生墓誌銘 173
新建南門護城堤記 174
傅巖里商相祠堂記 175
重修元武頂太和宮記 176
重修蓼子峪河神廟碑記 177
新建西門護城堤記 177
三山書院記 178
西灘界碑文 180
氾溫武灘地區界定案 180
附叄界碑文 182
東灘界碑文 183
滎氾灘地界記 183
節孝總坊記 183
氾水考棚工成記 184
周廣崖先生教思碑記 185
澗溝屈子祠記 185
屈子祠記 186
重修氾水縣節孝祠記 186
重修氾水縣學記 187
氾水護城堤記 187
例授修職郎項城縣訓導淡泉王先生墓表 188
邑侯馬少原請准豁免游河灘沙壓地租德政記 189
修虎牢關記 190
節孝田孺人祔葬墓表 190
清授登仕郎王坤元先生墓碑 191
截取知縣牛子千先生教思碑記 192

張公紫垣懿行神道碑..192

張公協臣懿行神道碑..193

例授修職郎候選教諭恩貢生牛凌科教思碑記............................194

（河陰縣）

重修飛龍頂記..195

重修河陰儒學記..195

倉頭界碑..196

重修文學櫺星門記..196

重修文廟碑..197

會勘結案碑文..198

重修衙署記..199

周公創立書院記..200

飛龍頂金粧玄琥像碑..201

創建興龍捧聖二橋記..201

重修明倫堂碑記..202

重修大王廟記..202

飛龍頂重修玉皇殿碑..203

重修祥符營祖師廟碑記..203

開封市

開封市（祥符縣）

重脩東嶽廟碑記..207

重建開封府儒學碑記..207

龍陽令孟君明台墓誌銘..208

重建遊梁院記..209

創建中州貢院記..210

鼎建合祀古聖賢碑記..211

創建拈花庵碑記..213

忠賢祠碑記..213

廣生祠碑記	214
重脩慧林禪院碑	215
重修岳忠武王廟記	216
重建大相國寺大殿記	217
重建大相國寺碑記	218
大中丞賈公去思記	220
大相國寺創建放生堂碑記	221
鄉賢祠記	221
改建大道宮碑記	222
重修縣學文廟碑記	222
重建上方寺碑記	223
創建演武廳捐輸題名碑記	224
巡撫河南等處地方兼理河道工部尚書都察院右副都御史正一品古燕張公諱自德重建禹王廟記碑	224
重建國相禪寺碑記	225
兼修國相寺記碑	226
延慶觀起建黃籙預修聖會小引碑	227
重建信陵君祠記	227
重建大梁書院記	228
王烈女墓誌銘	229
重脩漢壽亭碑記	230
重建常平倉記	230
重修二程書院碑记	231
新建演武廳記	232
重建清真寺碑記碑	233
重修皷樓記	233
改建名撫祠記	234
改建遊梁書院碑記	235
改建遊梁書院碑記	236
重修孟子遊梁祠記	237
重建遊梁書院記	237
重修大梁書院並崇祀碑記	238
于忠肅公鐵犀銘跋	240
重修禹王臺碑記	241

改建鐵犀鎮河神廟碑	242
置買香火地畝碑	243
御書靈瀆安瀾刻石	244
御書昌明仁義刻石	244
御書嵩高峻極刻石	244
御書功存河洛刻石	244
御書允濟靈源刻石	244
御書匾額頌並序	244
御書匾額頌	246
御書匾額頌	247
禹王臺創建御書樓碑記	248
河南省城創建奎樓記	249
禹王臺記	249
鐵犀銘碑	250
重修帝君廟碑記	250
御書功存河洛記	251
江南糧儲道參議道前戶部右侍郎櫟園周公墓誌銘	252
莊修阿羅漢尊者供奉上方佑國禪寺碑記	254
繁塔寺開山記署	255
重修東嶽廟碑記	255
重修蒲圻廟碑記	256
游禹王臺記	256
建牟公祠碑記	257
文昌祠惜字文	258
河清頌並序碑	259
改建河南貢院記碑	261
重脩文昌祠碑記	262
恭建萬壽宮碑記	263
汴城開渠濬壕記	265
重修祥符縣儒學碑記	266
重脩城隍廟記	267
重脩八蜡廟碑記	268
重建烈女祠碑記	268
重建烈女祠碑記	269

重修遊梁書院碑記	270
賜雅爾圖之嘉樂詩碑	270
賜雅爾圖回任詩碑	270
惠濟河碑記	271
重修二程祠記	272
創修金龍四大王黃大王廟碑	273
重脩元帝廟碑記	273
孝廉方正湖南酃縣知縣劉君朝佑墓表	274
幸翰林院詩四首	275
登春臺八韻	275
重修祖師殿碑記	276
大梁書院五賢祠記	276
重修文昌閣碑記	277
重修三光廟碑記	277
重修孟子遊梁祠記	278
陳浩衹園小築詩序	279
御製重修相國寺碑記碑	279
相國寺寶瓶碑	280
重修相國寺並建行館小記碑	281
具甘結碑	282
李仲謀墓石誌	282
畢沅施給相國寺齋地記	283
東永安觀重建銅工大王廟碑	283
增修龍亭碑記	284
吹臺宴別詩碑	285
包歐二賢祠碑記	286
山陝會館晉蒲雙釐頭碑	287
重修大梁關聖帝君廟碑	288
重修黑岡大王廟碑	288
重修一覽台大王廟碑	289
重修二程祠記	290
重修二程祠記	290
創建彝山書院記	291
包孝肅公祠碑記	292

修復吹臺三賢祠記碑……293
增建禹廟水德祠祀典記碑……294
重修河南貢院記……295
修學碑記……296
重修山陝會館增制寶幔鑾儀碑記……297
重脩桂香祠記……298
宋贈鄂王岳飛諡忠武碑文……298
重修大梁試院碑記……299
會館重修牌坊碑記……300
計開十三件碑……301
增修彝山書院碑記……301
改建奎星樓記……302
重修河南貢院碑記……303
重修河南省城碑記碑……304
新建大王廟碑……304
重修延慶觀記碑……305
重修文昌祠碑記……306
熏塔施茶碑記碑……307
重刻繁塔寺開山源流記……308
重修後道院記……309
重修倉聖廟祠記……310
浚惠濟河碑記……310
敕建僧忠親王祠碑記……311
考定朱大王生日記……312
國朝重修祐國寺下院鴻影菴碑記……313
郁伽精舍……313
善義堂祥符縣正堂出示曉諭碑……314
勅建誠孚栗大王專祠碑記……314
古井碑刻……315
善義堂祥符縣正堂出示曉諭碑……316
古制連班序碑……316
重建明道書院碑記……317
岣嶁碑……317
重修名撫報功褒忠三祠碑記……318

山陝甘會館西南界石碑 ... 319
同義社碑 ... 319
山陝甘會館修建春秋樓記碑 ... 319
龍馬負圖碑跋碑 ... 320

開封縣（祥符縣）

新建山門戲臺碑記 ... 321
皇清邑庠生員敬公張君（作霖）同配袁孺人合葬墓誌銘 ... 322
起建大殿重修山門樂樓碑記 ... 323
觀音菩薩堂重修碑記 ... 323
捐銀碑 ... 324
重修大殿山門樂樓碑記 ... 327
重修觀音閣碑記 ... 328
大清國河南開封府陳留縣八官保趙千家寨碑記 ... 328
本廟全圖 ... 329
重修關帝廟碑記 ... 333
重修觀音堂記 ... 334
移修舞樓碑記 ... 335
重修伏魔庵大殿樂樓碑記 ... 337
關繆宮重修碑記 ... 337
關帝贊碑 ... 338
重修關帝廟碑記 ... 339
重修泰山廟碑記 ... 339
捐資姓氏碑 ... 340
朱仙鎮新河碑記 ... 341

（陳留縣）

文義會碑序 ... 342
莘野學堂碑記 ... 342

通許縣

新修儒學碑記 344
城隍廟記 344
邑侯費公墓道碑記 345
西王母香像碑記 346
創建魁樓碑記 346
白衣大士建閣粧像落成記 347
中州學人遯翁景公墓表 348
重修通許縣痘神廟碑記 349
新建聖母痘疹神廟碑記 350
創建殉難邑侯費公祠並修塋域碑記 351
邑侯孫公遺愛碑記 352
書鄭行人祠碑陰 352
新建公孫子羽祠碑記 353
改正許大夫百里廟記 354
重修廣生聖母廟碑記 354
清故通許學博杜公（謙）孺人常氏莫氏李氏合窆墓誌 355
重修通許縣城碑記 356
重修先農壇記 357
重脩通許縣學宮碑記 357
重修文昌閣記 358
重修玉帝王母二殿碑記 359
重修朝陽菴碑記 359
重修通許縣仲子祠堂記 360
重修蕭曹廟碑記 361
鄭烈女願姐碑銘 361
歐陽文忠公墓田記 362
陳公墓誌銘 362
邑令侯公去思碑記 363
建修北門橋碑記 364
重修關帝廟碑記 364
開鑿濟民泉碑記 365

清故貢生夏二公墓誌銘 366
　　張淑人墓碑誌銘 367
　　范張兩先生神祠碑記 368
　　醉綠亭記 368
　　賀同業指困為賑碑記 369
　　公立司公碑記 370
　　候選知縣階平馬公夫婦墓碑記 370
　　張氏祖塋碑記 371

蘭考縣（蘭陽縣）

　　四賢祠記 372
　　清故戶部右侍郎眉居梁公墓誌銘 373
　　梁康僖祠碑記 374
　　重修歸鴻集小演寺碑記 375
　　修觀音祠記 375
　　風伯祠碑記 376
　　重修城隍廟兩廊記 377
　　河渠河伯祠碑記 377
　　靜居寺碑記 378
　　漢留侯碑記 378
　　芝山梁公祠碑記 379
　　陳思王祠記 379
　　攝邑篆商溴陸公去思碑記 380
　　攝邑篆笴山曹公碑記 381
　　留侯崇祀錄記 382
　　重修泰山行宮記 383
　　三教閣碑記 383
　　善人傳 384
　　文昌祠石香爐銘 385
　　重修張留侯祠碑記 385
　　涵洞記碑 386
　　御製惠安觀碑文 386
　　修大南門外橋梁碑記 387

祭賽花神記 ... 387

祀漢壽亭侯關帝碑記 ... 388

創立近梁書院碑記 ... 389

(儀封縣)

儀封聖裔重建聖廟記 ... 390

重修儀封縣學記 ... 390

田賦歷朝條議事由 ... 391

田畝按方定里碑記 ... 392

請見書院記 ... 393

請見亭碑記 ... 394

重修請見亭文 ... 395

諭祭張伯行碑文 ... 395

太子太保禮部尚書張清恪公伯行神道碑 ... 395

誥授光祿大夫禮部尚書加二級贈太子太保諡清恪儀封張先生墓表 ... 398

張清恪公墓誌銘 ... 399

重修渡蟻橋碑記 ... 400

張清恪專祠碑記 ... 401

川南湯公墓誌銘 ... 402

重修城隍廟記 ... 403

重修儀封縣文廟記 ... 403

重修儒學記 ... 404

御祭張師載文 ... 405

御祭張師載墓碑文 ... 405

太子太保光祿大夫兵部尚書總督河南河東河道提督軍務諡慤敬張公師載神道碑銘 ... 406

重修封人祠碑汜 ... 407

文林郎耿勖庵先生墓誌銘 ... 408

(考城縣)

御製訓飭士子碑 ... 410

重修文廟記 ... 410

創建奎樓記 ... 411

建三教堂記	412
靜海縣知縣陳毅墓誌銘	413
貞烈胡氏墓碣	414
清歲貢生伊陽縣訓導王如奐墓誌銘	415
純孝王命時先生墓表	416
明進士中大夫太僕寺卿管廣東鹽屯水利道事實陞一級紫屏何公暨配傅淑人墓志銘	416
翰林侍讀澹成陸公墓表	418
山西榮河知縣王汲墓誌銘	419
文林郎嵩縣儒學教諭傅君上襄元配范孺人合葬墓誌銘	420
考授州佐潛若程君墓誌銘	421
羅氏宗祠碑文	422
御祭張伯行碑文	423
山西榮河縣知縣王汲墓表	423
合邑追思王公明傑碑	424
重修考城節烈祠碑記	425
重修玄帝廟鐵碑	425
重修元武廟碑	426
創建公輸子廟碑記	426
重修玄帝廟碑	427
始祖碑	427
張世貞祠碑	428
重修生花書院碑記	429
廣文公墓碑	429
始祖碑	430
署分宜縣知縣吳公碑	430
李靜山德政碑	431
于公祠碑記	431
創建葵邱書院碑文	432
邑庠員文樵公碑	433
葵邱書院楹聯	434
清敕授修職郎候選訓導李公壯猷墓表	434

杞縣

文林郎中書科中書舍人侯君元棐墓誌銘......435
華亭王大中丞祠堂記......436
重修東婁公碑記......437
重修劉文烈公祠堂記......438
重修杞城碑記......439
太常寺少卿耿公惇墓誌銘......440
大清國河南開封蘭陽縣司業地方古冢寨會首古良知暨領合會人等玉帝廟進香碑記......441
焦喇寺建伽藍六祖殿碑記......442
重修學宮記......442
東婁書院記......443
重修冉子廟碑記......444
重修城隍廟記......444
重修先賢冉子伯牛墓記......445
新建義學記......446
杞縣西關外土冢記......446

尉氏縣

重修儒學碑記......448
衛侯再造邑朝碑記......448
重修城隍廟碑記......449
張公惠政碑記......450
翰林院提督四譯館太常寺少卿王公墓誌銘......451
新建文蔚橋碑記......452
魯山教諭李君兆元墓誌銘......453
皇清特授提督浙江學政按察使司僉事伯遜靳公墓誌銘......454
重修尉氏縣城垣碑......456
重修閻王殿碑記......456
重修杜萊國公□明杜先生廟記......457
重修樂利渠並葺磚橋碑記......458
重修中嶽大殿碑記......458
三賢祠碑記......459

重修文廟碑記	459
文昌閣碑記	460
修建城隍廟碑記	461
代邑侯李公重修七里頭平政橋碑記	462
魏關內侯散騎常侍嗣宗阮籍墓碑	462
重修蔡中郎祠碑記	462
重修嘯臺記	463
邑侯施公祠堂記	464
獄空碑	465
清誥授中憲大夫湖北督糧道雲邨劉公墓誌銘	465
創建孫氏祠堂碑記	466
獄空碑	467
賜進士出身誥授資政大夫布政使銜陝西鳳邠道署理按察使劉鴻恩墓誌	467
重修張公墓碑記	468

洛陽市

洛陽市（河南府、洛陽縣）

重修二程夫子祠堂記	471
新建康節先生祠堂記	471
新建范文正公祠堂記	472
王鐸跋	472
謁關帝塚題詠	472
重修賓暘洞碑記	473
僉事郭公一鶚墓誌銘	473
重修先文正魏國公墓碑記	475
重修理學尤夫子祠記	476
李清倫跋	476
重修大殿水梘引	477
關夫子墓瞻拜有記	477
重建朱夫子祠碑記	477
重修關聖帝君廟碑記	478

重修帝傍侍者記	479
關聖帝君行實封號碑記	479
雷敬鐸題詩	483
謁漢壽亭侯墓	483
憑弔關林	483
龍門寺	484
烈女賦	484
關帝塚重建廊廡碑記	485
金妝格扇施銀記	486
重修關帝塚正殿大梁記	486
都察院左副都御史董公篤行墓誌銘	487
龍門雜詠	488
胡會恩等題詩題跋	489
重修乾元寺碑記	490
伊闕	492
重修廣化寺碑記	492
河南府學記	493
鐘靈處對聯	493
重修香山寺記	494
重興香山寺記	495
白居易墓記	496
白馬寺六景有敘	496
閻中丞買施上清宮香火地碑記	497
洛京白馬寺釋教源流碑記	498
和穎公白馬寺六景	499
重脩毗盧閣碑記	500
重修釋源大白馬寺殿宇碑記	500
郡守劉公祖重修壯穆公關夫子廟記	501
郭公路碑	502
關壯繆陵	502
重修上清宮瓦殿三清殿並鐘鼓樓碑記	503
洛陽縣重修學宮記	503
孟縣重修石窟寺碑序	504
河圖贊	504

標題	頁碼
洛書贊	504
重脩觀音佛堂創脩関帝拜殿碑記	504
傳臨濟正宗第三十五世穎石琇公和尚壽塔銘	505
釋源大白馬寺舍利塔靈異記	506
白馬寺六景有敘	507
勾瞿山房即事四首有敘	508
修大明渠碑記	509
重修周公廟記	509
新開大明支渠記	510
新開順濟渠記	510
安徽布政使司李公學裕墓誌銘	511
重脩乾元寺並金粧神像碑記	513
方公路碑	515
贈文林郎袁公良謨墓誌銘	515
御製香山寺碑	517
鍾馗圖碑	517
關帝廟新建碑文	517
建修關帝廟澤潞眾商布施碑記	518
王公路碣	520
山西澤潞眾商布施關帝廟香火地畝碑記	520
林碑重刻記	522
廣陽陳信士捐施燈油地畝碑記	522
重修齋祓堂記	523
花開三月想桃園碑	523
香嫣餘煙悲漢鼎碑	524
劉墉題詞碑	524
劉墉題詩碑	524
御製賜傅麟瑞七世同居詩並序	524
唐少傅白居易墓碑	525
賓陽洞詩碑	525
伊闕歌	525
河出圖歌	526
洛出書歌	526
書洛神賦	526

關陵重修碑記	528
捐修關陵銜名碑	528
山陝商人爲添建戲樓甬路等施銀碑記	529
重修關陵廟碑記	529
重修白馬寺布施碑記	530
洛陽縣正南路第三鄉紳士牌民感德碑記	531
洛南二鄉准免差徭碑記	531

鞏義市（鞏縣）

唐杜少陵先生之墓碑

唐杜少陵先生之墓

乾隆乙亥春月。

會稽後學童鈺書。

知縣陳龍章立石。

（碑存鞏義市康店。王興亞）

朝謁太和山金頂祖師尊神廻境修醮碑

【額題】玄天上帝

大清國河南河南府鞏縣西作村各里人氏不同。

社首吳龍甲。

副社尹天福子樂道、龐奉德、龐廷對、龐廷福。

掌歷龐基福。

吳進獻妻李氏廠希元、吳門雷氏子宗德、張大智、曹光彩。

太學生吳宗健書。

胡治邦、曹門賀氏、尹門宋氏子成家、李士明子太武、龐有玉、龐門劉氏子有明、丁正祥、龐九夏。

鐵筆喬思道。

住持丁本榮。

旹乾隆四十五年歲次庚子庚辰月廿二日吉旦。

（碑原存鞏義市西村鎮西村關王廟，現存西村小學後院。孫憲周）

明處士康公塋碑

【碑陽】

【額題】永言孝思

乙酉科舉人候選知縣晴皋張其章頓首拜撰。

邑庠生十三世孫彪彪沐手敬書。

明處士康公塋

公諱守仗字樸吾

合族公議：——不許改水沖損墳墓，——不許未成丁者入墳。

四門仝立

大清乾隆四十六年歲次辛丑三月清明。

【碑陰】

【額題】康家始祖樸吾公墓碣

公諱守信，字樸吾，山西洪洞人也。明永樂朝，奉母趙氏遷鞏，家孝義店。綿綿瓜瓞，由是開先矣。生子二：貴及祥。祥生四子：伯曰美、仲曰貌、叔曰端、季曰正，俱遷異鄉。其在孝義店者，乃貴所生四子也。曰俊、曰英、曰安、曰雄，列為四門。俊子偉，由孝廉任隆慶府知州，誥封俊儒林郎。偉孫紹光，由孝廉仕昌黎知縣。祖若孫俱有政績可表，郡邑乘均美之。又按康氏族譜，公之後有任廣文者，有任佐貳者，有食餼鬢宮獲歲薦者，至備博士員列成均者，不可枚舉。其尤者，以德行者，曰節曰孝，代有其人，並乘邑乘。世傳公天性醇篤，嫻於禮義。自明初至今，越四百餘年，氏族繁衍，猶循循然各守其遺風。《語》云"仁者必有後"，豈不諒哉！公墓在北邙山東周故城之旁，或云卜墓時有朱鳥集於樹，遂兆焉，名之朱巢塋。銘曰：

朱巢塋，我菁菁。公有行，開云仍。云仍繩繩，各守公之典型。

乙酉科舉人候選知縣晴皋張其章頓首拜撰。

邑庠生十三世孫彤彪沐手敬書。

鐵筆劉治全鐫。

（碑存鞏義市康百萬莊園。孫憲周）

清處士朱公墓碑

【碑陽】

【額題】永垂不朽

清處士朱公墓

公諱義星字炳若配孺人徐氏

侄子琦、子琳；孫復智、復禮、復仗；曾孫監生聖兆、瑞兆、祥兆、來兆、興兆；元孫連科、海寧、長山、連中；來孫秉臣、秉寅、秉立、秉肅。

塋地南北寬三弓一尺四寸，東西長六弓二尺一寸。

婿康晉吉、□□□。

外曾孫興東、大興、邦彥、炳坤。

外元孫騰鵬、俊民、侖圖、正民、乘、飛鵬、翔、新民、洛書、起鵬、虎鵬。

外來孫涯世、運世、平世、輔世、名世、安世、覺世、壽世、風世、陶世、訓世、開世、維勤、牖世、維翰。

外曷孫邱壘。

外仍孫喜平。

乾隆四十六年歲次辛丑三月清明敬立。

【碑陰】

炳若朱□□□公諱義星□□□，姓朱氏，中州人也。居商邱劉家口南廠故里，配徐氏，無子，僅一女，最鍾愛。然居常至微細事，教之必有法度。及長，適鞏邑之晉吉康公為室，遂家焉。晉吉，即乘邑所載，避兵懷郡，以死拯母於河者也。

公之先不可考，而公之生平行事亦不少概見。□□聞閭里之所稱□，鄉曲之所傳聞，大都忠孝成於性，勤儉勵其操。一切飲食起居，應事接物，必本紫陽家訓。□□□□□□家□以故公女內則夙嫻，群識以為巾幗丈夫。晉吉公生嶽，吉沒，公女以慈母而兼嚴父，之□□□□□□□□□□□□□□及長入太學，克承先緒，敦本睦族，賑貧恤孤，載在邑乘。淵源□□□□來□□□□□□大臨，次邦彥，次興東，次丙申，以孝謹聞於郡國。大臨生飛鵬、起鵬，□□□通□□□□□□□□鵬□□□□新民、俊民早入太學，共騰鵬，虎鵬，則興東之所出也。□侖圖、洛書、□□□□□□□□□□□□孫名世□、世覺、維世、陶世等，皆森森玉立，務本為學，克守乃祖之遺訓。□□□□□□□夫大有□□□□者公女也。實惟公有以教之，士固有聿修厥德，善其身而不能及□子者□□□□□□□□□□□□□也。康氏自晉吉迄今，中間凡五代，其子孫之頌揚祖考者，必□□□□□□之所自，必曰我外氏集□之所遺留，公其遠矣哉。公歿，公甥孫嶽為卜邙山東、洛水西，東周遺址之原，創建□宅，蓋詩聖故里之旁也。余以乙未年授徒鞏邑，康子新民以公之軼事備述於余，而請為之志。蓋以數典難忘，昭示來茲，以共想□□不□□意也夫。

原任兵部□選司主事加三級朱鍾麒撰。

太學生外元孫東周康新民敬書。

（碑存鞏義市康百萬莊園。孫憲周）

重修青龍山慈雲禪寺碑記[1]

【碑陽】

象嶺一曲，虎溪一灣，有招提焉。顏曰"慈雲"。徑深紅蘚，窗侵翠微，松風灌月，水

---

[1] 碑陽之文又見民國《鞏縣志》卷二十四《文徵》：

象嶺一曲，虎溪一灣，有招提焉。顏曰慈雲。徑深紅蘚，窗侵翠微，松風蘿月，水聲淙淙。即摩騰、竺法蘭創建處也。或曰："一塢白雲有廣嚴家風，故名。"或曰："白龍池畔，屢普霖雨，賦雲漢者，多沐膏

聲淙淙，即摩騰、竺法蘭創建處也。或曰："一塢白雲，有廣嚴家風，故名。"或曰："白龍池畔，屢普霖雨，賦雲漢者，多沐膏澤焉。而煙雲繚繞，與樹山風亦略相垺。慈之為言，蓋慈航慈燈之意云爾。"唐、宋、元、明重修不數計，前人之志備矣。國初以來，漸就傾壞，乾隆己亥，山口郝、丁、王、張、許諸君欲修葺之。浮屠慶倫暨眾僧等募化貲財，凡七年。乃鳩工庀材，天王諸殿及方丈取次告竣。中唐俱易以石，山門、鐘樓亦皆就理。後甲辰歲饑，未能竟功。延六年而大雄殿乃一如其初。先是驃騎將軍霍去病出隴西，過焉耆山，得祭天金人，自是佛法徧於中夏。楚王英最先好之，梁武帝凡三捨身，日食蔬素，宗廟以麵為犧牲。蓋觀佛三昧深入人心矣。嗣後王公貴人以及婦人女子輩，莫不齋飯誦經，焚香拜咒。而異鄉慕善之流，亦皆傾蓋藏，竭膂力，以造修梵宇。故嵩山三十六峰而古剎幾數倍焉。余嘗疑三生六道之說久矣，及觀如來之跡，登降魔之峰，訪鑄鐘遺處，長老往往述其事甚奇。至若明之南宗順，以長沙刺史之子，泛木杯，整叢林，垂綸餌，釣獰龍，一時誦梵音者，且不下四五百人。前因後果，其信然耶，抑道其所道耶。余每遇名山，如讀異書。初余之遊是地也，峰轉三山，不減武夷九曲，步步引人入勝。其諸康樂所云千巖競秀，萬壑爭流者乎。然多事匆匆，竊未得徧陟名山為憾。辛亥，約諸友人於此同硯席，五十三峰乃待以盡覽焉。若倚劍，若拱揖，若懸河，若戲海，千奇萬怪，靡所不有。而又流泉知己，好鳥親人，方外乾坤，絕無半點人間煙火氣。覺從來面上三斗俗塵，亦被山靈撲去殆盡矣。慶倫師天真爛漫，樂與吾輩遊。每笑指浮雲論世業焉。自號樂天，豈其聞香山之風而起者耶。

舉人李友陶撰。

太學生郝柏林書。

功德主：王五侯銀四兩五錢，張懷齡銀三兩二錢，張進金銀十兩五錢，郝符銀十兩，張文道銀四兩七錢，許宏緒銀四兩，丁大器銀四兩五錢，郝璉銀二兩五錢，張永世銀三兩，

（接上頁）澤焉。而煙雲繚繞，與樹山風物亦略相垺。慈之為言，蓋慈航慈燈之意云爾！"唐、宋、元、明重修之不數計，前人之志備矣。國初以來，漸就傾壞，乾隆己亥，山口郝、丁、王、張、許諸君欲修葺之。浮屠慶倫暨眾僧等，募化貲財，凡七年。乃鳩工庀材，天王諸殿及方丈，取次告竣。中口俱易以石，山門、鐘樓亦皆就理。後甲辰歲饑，未能竟功，延六年，而大雄殿乃一如其初。先是驃騎將軍霍去病出隴西，過焉耆山，得祭天金人，自是佛法徧於中夏，楚王英最先好之。梁武帝凡三捨身，日食蔬素，宗廟以麵為犧牲，蓋觀佛三昧深入人心矣。嗣後王公貴人以及婦人女子輩，莫不齋飯、誦經、焚香、拜呪，而異鄉慕善之流，亦皆傾蓋藏，竭膂力，以修造梵宇。故嵩山三十六峰，而古剎幾數倍焉！余嘗疑三生六道之說久矣，及觀如來之跡，登降魔之峯，訪鑄鐘遺處，長老往往述其事甚奇。至若明之南宗順，以長沙刺史之子，泛木杯，整叢林，垂綸餌，釣獰龍，一時誦梵音者，且不下四五百人，前因後果，其信然耶！抑道其所道耶！余每遇名山，如讀異書，初余之遊是地也，峯轉三山不減武夷九曲，步步引人入勝。其諸康樂所云，千巖競秀，萬壑爭流者乎！然多事悤悤，竊以未得徧陟諸名山為憾。辛亥約諸友人於此同硯席，五十三峯乃得以盡覽焉。若倚劍、若拱揖、若懸河、若戲海，千奇萬怪靡所不有。而又流泉知己，好鳥親人，方外乾坤，絕無人閒半點煙火氣覺。從來面上三斗俗塵，亦被山靈撲去殆盡矣！慶倫師天真爛漫，與吾輩遊，每笑指浮雲論民業焉，自號樂天。豈其聞香山之風而起者耶！

清乾隆四十八年歲次癸卯十月辛亥之吉。

張六令銀二兩五錢，張文傑銀一兩八錢，

　　監生郝桂銀八兩。

　　住持慶倫，徒端貴。孫謹煥、謹屏。虛經、虛璉，徒靈旺。虛聰、虛海，徒靈鍾、靈月、靈聲、靈磬。徒菩禮、靈韻、菩松，徒提旺、提金。孫果方、果寬，曾孫正順、正純。

　　大清乾隆四十八年歲次癸卯十月辛亥立石。

【碑陰】

　　十方施主□財姓名：□知□□其章銀十兩，生員國相銀十兩，李子敬銀十兩，宋王命四兩五錢，康世名四兩四錢，康子敬四兩四錢，劉鎌□兩，張魁四兩一錢，郝琳四兩五錢，張居理二兩五錢，郝樂善三兩七錢，張繼儒二兩六錢，郝□二兩四錢，丁華二兩三錢，郝天祥三兩，張永爵二兩一錢，李□敬二兩一錢，丁太會二兩三錢，劉生二兩，康之敬二兩五錢，監生劉士魁二兩，劉士超二兩，趙洛南二兩，郝大本二兩，許宏宗二兩，張永功一兩九錢，郝良一兩七錢，張永行一兩六錢，吳全道一兩五錢，郝敬一兩五錢，石清一兩□錢，張奉欽一兩錢，張永令一兩四錢。

　　山頭村：□□二兩，王傑二兩四錢，郝彪一兩，周子瑞一兩七錢，張□□一兩七錢，生員□生章一兩，生員□書□一兩六錢，□□□一兩五錢，王朝選三兩二錢，王曰端二兩五錢，于天保一兩二錢，崔玉松一兩二錢，楊得祿一兩八錢，閻長祿一兩五錢，張雲一兩三錢，李中科一兩二錢，郝雷一兩一錢，劉生璉一兩五錢，劉生員一兩三錢，□懷德一兩二錢，張永才一兩六錢。宋善家、王□儒、葛建行、葛文連、王維聰、郝璜、于大倫、周之祥、張邊、趙爾傑、張學中、張成保、許永敬、張永□、王大明、許大惠、張貴令、趙大韶、趙大惠、丁大魁、□□倉、李林、劉治可、劉生重、劉生智、劉生相、劉生化、劉治中、劉治存、于大儒、丁大邊、張盤□、丁大忠、王大有、趙□貴、□□欽、王學欽、王建功、劉天魯、張士魁、葛文同、張徇、張天佑、張合中、劉廷福、趙允中、許□有、李天才、張朝選、□□全，各一兩。李成名八錢，牛天祿八錢，葛文選八錢，李國鳳八錢五兩，李天士□錢，張汝昌八錢，劉全成四錢，趙欽八錢六分，康學點七錢，王有量一兩四錢，張永坤八錢，王五聰一兩五錢，張永善八錢，張玉□八錢，吳懷敬八錢，張維□八錢，張繼成八錢二分，王作貴七錢，張繼富七錢，張文興七錢六兩，張和齡七錢，葛鳳七錢，□盛功一兩六錢，□生明一兩三錢五分，許宏□七兩二錢，白□□一兩五錢，□□松□兩，費其永八錢，許宏儒六錢三分，李大年七錢五兩，張繼汝六錢，趙敬六錢，郝標樹六錢，郝言、郝安共六錢，王作祥六錢四分，牛克統六錢。王五倫、郝恭、王大相、王建儒、趙君用、張文會、郝大儒、郝大孝、馬哲、馬雲中、郝無功、王□、吳懷□、郝壽、郝克朝、張寶□、周安、周大雲、王可興、張汝點、張貴、劉德、張進福、張繼傑、張來吉、王大典、許大生、于大受、生員于大本、監生趙天貴、趙□貴、劉士俊、于大有、□□、□國重、□國要、□□璽、張文英、趙爵貴、趙大福、王進敬、劉建進、趙聖有、宋有才、崔功福、李學生、李□□、劉生傑、許大□、僧人恒□，以上各五錢。鄧大良四錢，張石頭四錢，吳大年四錢，吳懷居四錢，郝元三四錢，趙智四錢六分，郝瑤四錢二分，張夢齡四錢，王五德三錢八分，劉根成四錢，趙君彪一錢，張溫三錢八分，許爾德三錢四分，王還三錢六分，許永義三錢一分，監生路良元四錢，龍生安五錢，張□□二錢七分，丁□□□□，□老□二錢。王□號、□天成、□元德、于頭朝、董永生、楊德成、張志順、監生張百代、盧國文、盧國傑、王君第、謝臣玉、郝□、劉心義、于大學、劉國興、董福魁、張顯典、郅君書、王建基、郝秀、郝琬、丁懷、張金城、郝萬成、郝元典、張□東、王作周、劉名章、白銀、白銀全、白顯庫、費其華、□水、王□蔡、陳萬倉、孫□文，以上各三錢。康□□四錢，張□全□□六分，張□□二錢二分，□永□□□二分，郝天德二錢二分，吳懷仁二錢二分，王大明二錢二分，□瑚二錢七分，許悅二錢六分，□德令二錢二分，劉世六錢，牛君樞二錢四分，恒義號二錢四分，張明智二錢八分，丁大案二錢二分，王天義二錢四方，李天福七錢六分。孟禮、王五魁、李學周、張顯齡、郝還、張夏會、葛進旺、王□貴、蔡文成、張三錫、蘇進全、郝容、郝診、張進才、李瑚、馬魁中、馬炳、郝張氏、郝大申、郝文祥、郝文□、郝米貴、費柱、張家冬、張大倫、周王義、許哲、花魁□、張永祥、張君選、張汝惠、張書有、范國祥、崔化□、崔化□、劉元淳、于光明、于大明、于大智、于大□、于大儒、劉國諤、黃學中、李夢林、李文忠、崔功名、許九成。生員張□清五錢。焦□成、丁有福、王近禮、張志儒、李□命、張志元、張志□、張志綜、張志孝、張百亮、張立榮、張志善、張士□、鍾成、宋榮、張□點、華□居、王士□、張□有、趙□□、張汝□、□和貴、董吉、路永□、于振法，以上各二錢。焦維德一錢，郝言善一錢，郝永寬一錢六分，張天保一錢六分，康沉一錢四分，康學雲一錢，杜林一錢，張其商一錢四分，趙士傑□錢，李明周一錢，葛建順一錢八分，范國順一錢，葛天德一錢，王作梅一錢七分，張永清一錢八分，郝勳一錢三分，張宏令□錢三分，郝玉合一錢三分，郝天倫二錢，吳□□□□，張智一錢一分，郝傑一錢，張萬□一錢二分，李□全一錢三分，趙□榮一錢三分，劉□光一錢七分，張福全一錢八分，許宏量一錢，姚可□一錢一分，王□生一錢，丁旺之一錢，張永洛一錢五分，林大生一錢二分，王玉成一錢，□□□一錢，周□夏一錢八分，王五□一錢八分，王五福一錢七分，張□□□□□□□，趙明三分，豐大儒二錢，崔陶五分，李大有四分，宋大坤四分，趙子有三分，王福禹六錢，張汝鳳□錢八分，張劉氏三分，范□年三分，萬進玉三分，張三貴六分，王得中四分，張繼業三分，郝靳氏三分，郝玉成三分，吳玉成六分，吳懷元三分，崔銀成五分，白顯福四分，趙生秀六分，張孝文六分，張孝武六分，丁大功六分，丁大合三分，劉治惠四分，王學功六分，張繼孔三分。□化□、南門張氏、□□張氏、白□牛氏、張魁中、李李氏、孫顯、李□元、李文魁、□大有、張志雍、孫大年、□士傑、劉士英、于大受、劉□氏、劉□氏、□□香、劉君文、尚牛氏、李鐘氏、李張氏、李李氏、王宗法、李永福、李若鶱、崔大升、李張氏、范趙氏、郝校氏、張郝氏、張吳氏、萬劉氏、李王氏、劉葛氏、王汪氏、張章氏、閻周氏，銀二錢。

（碑存鞏義市青龍山慈雲寺內。孫憲周）

重修廣生殿金妝神像碑記

日者靜坐觀易，□理深奧難曉甚。散步野外，適有一二老者，謂予曰："村北重修□廣生記之。"予以不能文辭。老者曰："此無難，不過言創修何代，重修幾次，督工何人，捐資何人。"書記特恐不能明大□之所由來耳。嘗讀乾卦曰："大哉乾元，萬物資始。"坤卦曰："至哉坤元，萬物資生。"是以大生焉。夫□其靜也，翕其動也。闢是廣生焉，可知廣大者，乾坤也。乾坤者，天地也。裡五祀，士庶人祭□先，今以吾鄉之士庶，而祭□大之天地，得無僭諸。且也乾坤之道，彌綸天地，御以言乎天地之間，則備矣。豈可以堂宇拘之，形像囿之？碩斷章取義者，詩教也，不掩人善之壹。六章曰："其僕維何？釐爾女士。"是詩也。公尸所以答"鳧鷖"也。公尸欲介君景福，而因有求錫胤，亦斷取"既醉"之意，而欲神默佑吾鄉，使無不子之家，無不孫之人乎。抑吾聞庄氏傳子者，吾改之皆吾□也，何毀焉！今斯堂之成也，作鄉□地，吾鄉老者，值閒暇時登斯堂之上，公豈敢或蹈僭□之覆轍哉！吾聊為鄉人明諸。

邑庠生員劉含章撰。

後學劉□世書丹。

總理劉希禹銀二兩五錢。

皇清乾隆五十五年歲次庚戌四月朔日穀旦立。

（碑存鞏義市站街鎮柏茂村全神廟。孫憲周）

重修山門戲樓碑記

從來創新者難，固因者易，不知因舊以復新，而更踵事有增者，其功尤非易易也。茲天齊廟創自昔人基址，則天造而地設，營作則人巧而物。[1]

乾隆五十七年二月。

（碑存鞏義市康店鎮張嶺村天齊廟。孫憲周）

---

[1] 下殘。

重修送子菩薩寶殿

　　送子菩薩寶殿，莫知所由昉。皇清乾隆二十六年七月十七日，雒水溢。於十八日、十九日，浩浩蕩蕩，殿脊僅見。越五十五年約會積錢，募化衆貲，次歲九月十三日經始，五十七年四月十一日竣。十七人出會錢三十九千一百二十五文，復按粮捐錢三十二千三百四十文，花户出錢二十千八百整。勒諸琪珉，并瑱有冀於後之述事者云。

　　塑匠彭天和。

　　石匠厙長安。

　　乾隆五十七年。

（碑存鞏義市回郭鎮劉村觀音堂。孫憲周）

建黃龍廟碑

【碑陽】[1]

　　古今言龍者多矣。其在於天在淵在□□一其地，而《春秋傳》則有御龍氏、豢龍氏異其旨□然則謂龍為常物乎。何以變化飛騰如《易》所云耶。謂龍為□乎，何以□□□之飲而食之，如《春秋傳》之所記耶。子產曰：□□龍不我救龍鬪我何與焉。人以為□觀未開列在祀典者也。今之廟祀者徧天下，且因旱而禱者，累累相望焉。其理若不可□矣。蓋嘗即其事而思之，龍，水族也；雲，水氣也。□則氣化而□ /[2]

　　本質者也。以水族之靈，飛翔於宇宙間，氣機之所鼓動，自有感君於不可知者，豈俗儒淺識之□能則哉。禮□□□龍謂之 /

　　靈。韓子曰：龍□氣成雲，禱龍而得雨，其理固可信也夫。豈盡妄乎。近世俗尚巫覡，旱則縱鼓樂□降神，神因□□□□牛山 /

　　麓有西作村，村人禱雨於近里廟□然而□慈□□□□於乎。西北隅□事者張君士瑜、吳君九山、龐君有勇，不窮土木之□，不事刻□之□，聊以棲神焉。事竣求文以為誌□□□□□ /

　　有功德於人則祀之者與。鞏邑北臨大河，南接嵩高，伊洛注焉。攬山川之勝，則神□靈，吳地□□□則□□□□□□□□□□ / 可無庇□矣。爲□以之，神之□□□□雲□□兮，□□雷聲發兮，□□甘霖□□□□□□□□□兮，□ /

　　芳神□□兮，□□□□□兮□□□□□沃兮□□□沐其□光。

---

[1] 額題中間，字模糊不清。

[2] / 以下，字漫漶。

壬子□□胡□秀書丹。□□□□□敬□。

乾隆歲次癸／

【碑陰】

首事三人：

吳九山子居安施銀七兩，張士瑜施銀三兩，龐有勇施銀三兩。

化主十人：

尹天福子樂道施銀七兩，掌歷李大武施銀五兩，吳進猷施銀三兩，張士□施銀三兩，王萬年施銀三兩，監生吳宗德施銀二兩五錢，曹光彩施銀二兩五錢，吳進綾施銀二兩，監生費端施銀二兩，費道和施銀二兩，監生李安福子文炳施銀一兩，閆法騫施銀二兩五錢，□□□施銀二兩，賀曰瑞施銀一兩，王朝任施銀一兩，車園周天□施銀一兩二一錢，監生李維貞施銀一兩，曾炳文施銀六錢二分，張賈氏子璉施銀六錢六分，張學福施銀六錢，龐基先施銀七錢二分，龐有名施銀五錢，尹成家施銀五錢五分，吳希純施銀五錢，王太施銀五錢，吳士有施銀五錢，張聖佐施銀五錢，張學禮施銀五錢，胡治家施銀五錢，李大興施銀五錢，張元福施銀五錢，監生吳宗健施銀一兩，李安山施銀五錢，李安貴施銀七錢五分，車園王士成施銀一兩。

龐九夏、董永貞、吳元春、張元召、張大用，以上各施銀五錢。

李敏、曹光成、費學周、堤東賀朝宗、龐廷安、吳進□、吳進梅、楊大才、趙振福、胡治興、吳天池、龐有斌、趙大成、□□、尤法湯、龐廷相、吳進職、李廷璽、龐廷瑞、張文安、張桂林、張元舉、吳士甲、張大□、隴廷榮、李邦、吳守成、費學書施銀三錢，□□福、胡□□、□□□、李□□、胡治平、龐廷福、吳進喜、龐有亮，以上各施銀三錢。

費道信施銀二錢四分，費道魁施銀二錢四分，龐富升施銀五錢。

曹文興、尹成福、胡正行、吳守身、吳連甲、張□展、王奉年、龐廷選、吳希松、張學□、龐廷朝、龐有萬、龐廷臣、許九貞、吳有才、于大才、吳紹詩，以上各施銀二錢。

吳希舜、張學裕、□振奇、吳希冉、□自發、費祥、曹學道、李廷秀、吳天成、張文選、龐廷塋、陳永福、張大成、張士立、吳希帝、費定邦、胡治孝、龐奉九、許守法、吳金甲、龐廷宰、龐基福、張淳耀、監生吳宗傳、李大本、尹成周、張元會、龐廷有、周崇法、吳紹法，以上各施銀一錢，龐廷英、尹百和、費道學、李大□、龐奉□、趙旺、尹百萬、吳希明、龐廷興、李廷棟、張元榮、張學官、張學仁、吳希曾、曹爾德、龐廷生、李大行、王水年、龐奉时、張成林、費行、許成有、費道生，以上各施銀二錢。

曹學義、張永泰、吳文德、曹克德、吳文成、□□□、□□□、□□□、□□□、李廷模、龐有甯、龐基祥、費成□、王大□、李延成、許楊氏、費道□、費學朱、吳朝安、吳士會、張有全、張貴仁、李□□、龐繼相、李延孝、李延全、費道賢、費道全、曹爾相，以上各施銀二錢。

師本榮、白□□、許九□、許九思、王天眷、許□文、王大□、□□全、□□□、

□□□、□□□、龐白氏，以上各施銀二錢。

曹周氏、龐有孝、龐基柱、張成、龐有貞、龐奉□、張淳先、吳紹倫，以上各施銀一錢。

曹爾重施銀一錢二分。

黃龍醫病，病癒，願施銀列後：

范大鼇銀六兩，吳天倉銀五兩，羅口李彭年銀五兩，□洛魏體身銀五兩，李思明銀三兩。

堤東景四海銀二兩，偃師監生喬興誠銀二兩，邙溝邙得時銀二兩，羅漢寺喬山銀二蔭，李家瑤陳有平銀二兩，張元貴銀，鐵生溝王世傳銀，龐基祿銀，吳進秀銀，浮沱王有義銀，李文照銀，□東李三益，□□□、□□□、龐潤學，李廷祥銀五錢，清易鎮李有□□□兩，崔□□銀五分，□□□、□□□、堤東于法□，車園賀□□，北侯王國定銀三錢。

木匠王泰。

畫匠白斐然。

石匠：郝□□、趙連科施銀三錢。

住持呂來吉，徒孫復□。師本榮。

（碑存鞏義市西村鎮西村九龍廟內。孫憲周）

重修六祖殿金妝神像碑記

蓋神之體賴人而光彩，人之身賴神而庇佑，此神人所以常相須也。慈雲寺有六祖殿，年深日遠，神像殘敗。僧人慶福、謹惠會山主趙欽，同心協力，不數月而神像可觀也已。要非是人，其誰與歸。故刻石，以誌不朽云爾。

後學孫天命撰書。

總領：慶福、趙欽、謹惠施銀八兩。

李敬男天福銀二錢，郝止善銀五錢，張逢友銀五錢，許永敬銀五錢，張□傳銀五錢。張汝聰、吳懷臣、張汝行，三人施樹一棵。

木匠：葛建順、張汝良，施銀六錢。

金塑匠：周德年□□□。

鐵筆劉治華。

住持：端□、虛□[1]

大清乾隆六十年八月初二日 仝立。

（碑存鞏義市青龍山慈雲寺。孫憲周）

---

[1] 以下字模糊不清。

補修經途碑記

　　考古聖王治世，予慮巨川峻山之阻，固以舟車濟其窮；深憫徒步軮掌之勞，更於車環溥其德。自邦國迄郊野，里閈除道之教，在兩畢廣二轍與三轍。視涂之戟，屬三空，通九夷與八蠻，凡為行旅計者，至深且遠。所以周道而歌踧踧，履道而擊坦坦也，即如此。此區近接東遙邇山，旅人往來，率由難越。其即艮之經路，與緣屢年。故土漸隨水，古道好為茂草，邑中咸恐困旅人之行李，於是，公議補修。樂捐貲財，聚石為承其趾，視前寬而直，體段較昔渾而堅，同心協力，數日告竣。斯役也，雖未昔全備體旅人之情，而於此法其遺制，宛然砥天之在望，行見牽車服賈者流，不至躑躅歧路，嗟嘆窮途，將曰：我周行矣。今值通觀厥成之期，因於善士康文魁并所捐錢力，詳銘諸石。非第云期功之不朽，抑正期有基勿壞，使後也觀感興起，繼古昔蕩平之治，通億萬率履之準焉耳。故誌之。

　　計開合鄉善士列後。[1]

　　偃邑生員郭彬彰撰文。

　　嘉慶元年三月初三日穀旦。

（碑存鞏義市西村鎮羅口村。孫憲周）

議立趙家溝徐柏坡地界碑記

　　孟津縣生員常曰五撰，楊際唐書。

　　余觀地理有志，輿圖有考，其長短廣狹，皆可展卷而得也。惟沿河灘地，出沒無定，界限難立。每經塌落，屢致爭訟者，以無確證故也。鞏邑趙家溝、徐柏坡兩處灘地，相為比鄰，現今落出，尚未定界，彼此爭種，大有興訟之勢。余等誼關親友，不忍坐視，因約仝志，從中排解，以早盤定大規，以縫針丙山壬向，兼辛巳、辛亥立界限，現立碑中，即其址也，曲為調理，方得清楚。兩村各無異說，目前倖免爭端矣。所慮者，世遠年湮，河塌復落，依據不存，侵佔再起，不惟前功盡棄，獄訟得毋復興乎。用是公仝商議，以今日所定之界，勒諸貞瑉，俾兩村村委又灘地總以此碑為證，嗣後照碑下盤，按盤分界，永絕爭競，長歸和睦，誠余等之厚望也。余不敏於文，謹敘巔末，以志不朽云。

　　時嘉慶元年六月十五日仝立。

（碑存鞏義市康店鎮趙溝村。王興亞）

---

[1] 以下字模糊不清。

趙家溝徐柏坡地界碑

　　立合仝族長，趙家溝趙澳，徐柏坡徐學禮。因兩村臨河灘地，素來為臨水□□在界碑難立。現在落出，幾成爭訟。在偃、孟、鞏三縣親友從中排解，以□□□□向兼己辛亥定規，東西準以碑□南執此定以碑中，俱以□□四維鏡為□，兩村各無其說。業已載之碑中矣。碑立於野，惟恐字跡毀傷，於是入誌，執照諸紙，各執一章，以為永遠不朽之計。

　　趙家溝族長趙澳。弓直：趙星會、趙履平。

　　徐柏坡族長徐學禮。弓直：徐柏舉、徐天章。

　　仝人：吉孟舉、王百萬、喬天章、曹珽、常日五、藺可全、宗得錫、張枚。

　　嘉慶元年七月初十日仝立。

（碑存鞏義市康店鎮趙溝村。孫憲周）

張氏建立祠堂記

　　始祖張公，故居山西洪洞，大明朝移於河南府鞏縣西作村。越清迄今，歷年久遠，祭祀易疎，合族咸謀建立祀堂，妥侑先靈，春露秋霜，時薦不廢。所費貲財，均係本族屢年積貯，尚有未逮，族衆復為補足。功肇乾隆乙卯春，告成于嘉慶元年丙辰上巳。事竟，為之歌曰：

　　嵩南洛北兮山高水長，宅厥斯地兮採擇其祥。建廟棲主兮有馨其香，永展孝思兮沒世不忘。

　　十世孫元舉拜撰書。

　　嘉慶元年。

（碑存鞏義市西村鎮西村張氏祠堂北牆內壁上。孫憲周）

皇清處士美之李公暨周孺人誌銘

　　【蓋文】皇清處士美之李公暨周孺人誌銘

　　【誌文】

　　公李姓，諱大武，字美之，先世居平陽曲沃。明中葉，公之始祖茂華，高祖丕泰，遷於鞏作村之西，遂家焉。由是一傳現文，再傳可畏，又再傳士明。至六世而生公，公即士明次嗣也。長兄大玟蚤世，公即以長男廷楷承祧，茲不具論，論美之公。公事親以孝聞，事長以友愛著。賦性純篤，凡一切侈靡之行薄焉不為。遵六字家訓：一曰毋凌節，一曰毋踰分。所以生平好尚，最慕唐魏遺風。人即議以褊急勿恤也。交接間抑抑尚謹飭，而胸次豁達，尤恢恢乎有容。間有點桀偶犯者，輒閉户不與校，嗣後且加溫恤。嘻！人之度量相越，豈不遠哉！遇歉歲，鄉里有告急者，公賑之無難色。既賑之，無德色焉。自少及壯，好讀書，不求甚解。然公雖不以詩書自束其身者，究未嘗不以詩書教其子孫也。公原配周氏，溫厚端淑，笑言不聞於比鄰。公之家道克敦，大抵內助之力居多云。生子四：長廷楷，承繼長門，生孫重興、尊德、雷震。四廷松，承繼堂弟大任。惟廷桂、廷械依依膝下焉。公之弱孫有三：桂出效曾、新正，械出名曰振德。孫女五，俱許字名門。公壽登七十有一，周孺人壽登七十。惟繼配王氏驚傷隻影也。茲於嘉慶二年正月二十六日，合葬於萬泉之北阡。因為之銘曰：

嵩邙毓秀，澗水流光。幽人貞吉，瘞玉白楊。賢哉德配，相與頡頏。茁蘭桂於，億萬斯年。用以發其祥。

歲貢生候選訓導眷弟承歡頓首拜撰。

郡庠生宗弟一棟拜書。

太學生眷晚生吳宗德頓首篆額。

不孝男廷桂械泣血納石。

嘉慶二年。

（碑存鞏義市西村鎮西村李合六院內。孫憲周）

重修菩提精舍碑文

東周，古名勝地也。其東南多佳山水。考《中山經》，泰室北三十里曰講山，又北三十里曰嬰梁，其上多蒼玉錞玉元石云。至於嬰梁對峙，奔馳雲矗，爭為奇壯者曰牛首，而羅水實貫其間。羅源至方山始發，聲咽危石，鏗訇如瀨，瓊瑤數十里外。螺分兩道，練界中央，土人環水而居者，村落以十數，獨羅口稱巨鎮。羅口者，羅水噴迅之要衝也。村西偏有菩提精舍一座，剏建未知何始，欲考其源而碣斷碑荒，遺文半不可讀矣。乾隆三十七年，李公諱學詩慨然傾私囊，募眾貲，積三百餘金，踵事而增修之外，更施地若干以廣厥基。不數月垣墉勤矣，堂構巨闢矣，寶輪以煥，臺高而廣矣。奈神像未金粧，而李公倏返其真。數載，公子逢春遵遺命，與叔父學舜暨伊舅賀君永齡謀出餘貲，以供金粧。貲不給者，復爭傾囊以濟之，而工於是乎告成。夫善作者不必善成，善始者不必善終。今觀李公一門之內，父父子子，兄兄弟弟，繼繼承承，垂二十載而義舉以成。雖襄厥事者非賀君及諸君之力不及此，然而倡焉者伊誰之功哉？於戲！吾疑鬼神之有無久矣，況"菩提本無樹，明鏡亦非臺"所云，藥山長笑聲如在東者，果且有定在乎哉！雖然，神在天下，如水之在地中，無在無不在，而名勝之區聲靈尤赫。茲役也，斬新日月，特地乾坤，昭昭在人耳目，雖謂在東者聲，忽如在西可矣。嘉慶二年春，余偕友人拜謁其上，見夫飛閣流丹，雲衢彩徹。控芝田，吞鞏穴，緬郭李之仙舟，撫盧蔡之舊宅，未嘗不低徊留之不忍去。時工方竣，屬余為文。余曰：古洛人文藪也，今諸公營此精舍，豈真魁奇，迷溺妄邀田利益云爾哉！直以年豐人樂，好行其德，修百度以文天下之平耳。况以儒家而廣釋氏舍，若石壁，若武夷，不問而知其精於勤矣。後之人嗣而葺之，未必非諸君子功臣也。用書之以昭來者。

密邑庚子科舉人揀選知縣魏士俊撰文。

南鄢府庠生員孫扶萬沐手拜書丹。

嘉慶二年歲次丁巳三月十九日穀旦

（碑存鞏義市西村鎮羅口村。孫憲周）

建臧王祠土地祠拜殿碑

【額題】善

邑東北隅舊有臧王祠，迄今多歷年所，業已屢經修葺。嗣後祠之西抑又建一土地祠。雙雙輝映相聳峙，遙而望之巍如也。對越時不有拜殿，何以隆將享。爰有張君大成及眾善士等，捐貲兼以募化，鳩工庀材，僅旬有六日，功成告竣焉。□□□□觀瞻□甚□也，因勒石誌之，□□來許。

化主張士禹一千、化主張元榮一千。

施主：張元福、吳天成、吳守成、吳進職、監生吳宗德、吳元春，以上各五百。張文安、吳秉忠、李延才，以上各四百。張學仁、張興旺、吳善道、李延順、天坡周□生、張元相、張士林、吳元已、龐廷生、吳紹綸、張學官、曹光彩、吳金甲、張學詩、龐延行、張士雲、張士雷、張學忠、張三友、吳學仁、李廷高、張元龍、趙大旺、龐廷用、張起義，以上各二百。費道學、費學周、戴百度、龐士秀、李康寧、王文中、袁正興、胡苟、柴付玉、張元會、龐延瑩、張元行，各二百。李姓施堂前地。

嘉慶二年三月下浣穀旦。

（碑存鞏義市西村鎮西村臧王祠土地祠拜殿東墻內壁南。孫憲周）

重修戲樓碑記

粵稽古昔，祭祀燕享，工歌樂章，本無所謂戲也。自唐開元間，梨園之教既興，子弟之演日夥，取往古之事蹟，作當前之觀聽。嗣是，凡迎神報賽，輒用俳優侏儒，而且構舞殿，造歌台，戲之名以起，而戲樓之制以興。

清嘉慶二年。

（碑存鞏義市康店鄉山頭村戲樓。王興亞）

古洛汭石匾

【匾題】古洛汭

【門聯】休氣榮光連北闕，赤文綠字煥東周。

嘉慶二年。

閆邦公建。

（匾存鞏義市河洛鎮洛口村券門上。王興亞）

重修白衣堂創建廣生殿祖師殿落成文

【額題】永垂不朽

地德承天而持行，有母道高坤元資生，又萬物之祖，□故址曰廣生。其功配天。儒者之學，事天明事地必察，食毛踐土，舉足勿忘，八寅幽贊，推斯義也，鬼神之道，一以貫之矣。青石之麓有石室，士人搆堂祀白衣，廢而興者屢矣。近因霪雨傾圮，幾無以妥神靈廟祀。張清蘭與村中父老，鳩工庀材，重修理之。繼又創建廣生殿、祖師殿於堂之左。金身寶相，煥然一新，於前有光。高工既竣，丐余記之。余嘗桉之《周易》靜翕動闢，是以廣生，信已。而《廣輿記》所載，祖師號真武，入武當山精修四十年，白日翀舉，意者深山面壁，果有餐朝霞吸沆瀣者，平□飛昇歟。白衣係西仙，載籍弗詳。世俗說以神居白蓮臺，故號曰白衣大士。嗚呼！其信然耶！其傳之非其真耶！余不通古而學於儒，故凡說之有合於儒者固可信以傳信，不合於儒者不妨少疑也，傳疑也。因舉首高人張君桂壽、淑吉、淑仁、中法、淑管、祥曾、□壽、喜壽、中明、中元，其長法曾、淑慎、淑戎，勒諸貞珉，益傳久遠，以勵後之從事者。若夫茲奐類僉，鳥革翬飛，覽者自得之，茲固可以不贅云。

廩生張凌雲撰文。

後學張中立書丹。

張喜壽重修拜殿。

皇清嘉慶三年葭月下浣之吉。

功德主：張桂壽仚二千文，張淑吉仚一千百二，張淑仁仚一千五百，張淑管仚一千三百七。掌座張中法仚一千一百，張慈壽仚一千五十，張法曾仚一千五十，張喜壽仚九百一，張淑慎仚八百三，張中明仚八百文，張祥曾仚七百文，張其長仚六百五，張中元仚三百九。催功管張魁壽仚一千六百一，張淑戎仚一千三百，張淑引仚一千，張中經仚九百文，張中祥仚八百□，張淑學、張淑明、張淑義仚六百四，張禮壽仚五百八，張淑益仚五百六，張淑重仚五百，張淑寶仚五百。捐財張淑□、催□張中春仚四百九，張中順仚四百二，張印曾仚三百四，張宣壽仚三百四，張淑年仚三百四，張淑進仚三百四，張淑靈仚三百四，張淑□个三百。

　　施財善人張中州个一千一百，監生趙廷擢个一千文，鄭文重个一千文，張淑溫个九百一，張存壽个九百文，張淑遂个八百二，杜學德个八百文，張賀壽个八百文，張淑修个六百三，張淑聖个六百三，張淑盛个五百九，張佑壽个五百八，張財曾个五百六，張淑峰个五百六，張淑或个五百六，張淑祇个五百三，張體曾个五百文，張淑降个四百八，張其元个四百七，張淑臣个四百七，張淑禹个四百六，張淑敬个四百五，溫天祥个四百三，張淑松个四百二，張中才个四百二，張大照个四百二，鄭天才个四百文，張忍壽个四百文，漲淑法个三百八，張戊壽个三百六，張江濤个三百四，張淑貴个三百四，張淑賢个三百四，張淑祥个三百四，張淑哲个三百四，張鳳壽个三百四，張淑印个三百四，張淑習个三百三，張淑鳳个三百三，張欣泰个三百二，張淑平个三百二，張永泰个三百二，張遂壽个三百一，張淑海个三百二，張民壽个三百文，高希聖个三百文，高松个二百文，張淑舉个五百文，吳朝明个二百文，張淑傑个二百九，張淑錫个二百八，張淑應个二百六，張景邱个二百六，張法才个二百六，張梅个二百六，張中安个二百六，王文个二百六，張寅虎个二百六，張洺意个二百六，張中學个二百六，張淑乾个二百□，張永樂个二百二，張淑友个二百，張淑堯个二百，張河壽个二百，楊子昇个二百一，劉國智个二百，原四个二百，張淑子个二百，張淑子个二百，張中瑄个一百八，席光仁个一百八，張中悅个一百八，張冬壽个一百八，張淑富个一百八，張孝壽个一百八，張淑昌个一百八，張萬曾个一百五，張檁个一百四，張二朝个一百九，張蘭春个一百。

　　張□□，張□□，張□□，張□□，張淑倫，張□□，張淑喬，張淑遇，張淑學，張□蘭，張世良，張中貴，張二貴，李全身，張淑居，張淑科，張淑乞，張淑韶，張淑群工四天，張三工四天，張淑中。

　　主持張□。

　　木匠：李全□，張淑□。

　　鐵匠張淑或。

　　□□□□□。

　　鐵筆□□□。

（碑存鞏義市大峪鎮柏林村廣生殿。孫憲周）

重修土地神祠碑記

【額題】流芳

　　闻之祈嗣之說，古祀高禖。近世以來，祈無定向。誠以愙恭以求神，固無不應也。孝義村大王溝舊有土地祠，善男信女求嗣者屢屢公驗。蓋土德主生，地德主成，永錫祚胤。固禱祀者精誠之所致，要亦神之為德昭昭也。但數年來僅有土堖一孔，未甚堅固。有傅君諱覯海等，悉興善念，欲為重修。因規模不大，未便多為募化。遂將觀音社舊時所積錢文，礶窑數丈，以期永固。更金粧神像，使煥然一新。衆皆踴躍趨事赴工，不數日而規模□□，輝煌可觀。則神有所憑依，而人亦得以致其將享，鍾靈毓秀，不將普化育於無疆。與工成之後，囑予為文。予不揣固陋，謹敘其事之始末，俾勒諸貞珉，以垂不朽云。

邑庠生員古洛汭曹際午撰文。

後学范予芳書丹。

石匠郝廷顯。

首事善人：傅文、李太和、傅觀海、范金同、傅永年。

付孟夏艮五个，謝洞艮三个，牛建才艮二个，付永明艮二个，李永成艮一兩，范永臨艮六个，范汝有艮八个，付文成艮七个，范珩艮七个付永功艮六个，付文德艮五个，李興艮五个，韓有信艮五个，李九成艮四个，董復才艮四个，王士聚艮三个，范則先艮三个，李有才艮三个，李士孝艮三个，范改成艮三个，范修法艮三个，景相如艮三个，盧全忠艮三个，李士仁艮三个，台大川艮三个，李懷性艮二个，叚興旺艮二个，范永壽艮三个，賀興林艮二个，趙福生艮二个，王敬艮二个，付新基艮二个，逯得名艮二个，葉起儒艮二个，付之振艮二个，郭中法艮二个，李百吉艮二个，盧全孝艮二个，李之成艮二个，李河廣艮二个，李圣傳艮二个，付文束艮二个，李進成艮二个，付永孝艮二个，李杰艮二个，史大煥艮二个，張亮艮二个，范文包艮二个，范玥艮二个，付永河艮二个，李太春艮二个，李太合艮二个，范樂先艮二个，李復全艮一个，李太和施頭工□墢麦芥。李士成艮一个，付之潤艮一个，付之俊艮一个，范升艮一个，董天仁艮一个，范□艮一个，李門朱氏施槐树一棵，付文成栽柏树一株，范汝有施工二工墙麦芥。

大清嘉慶四年歲次己未孟夏穀旦立。

（碑存鞏義市孝義鎮大王溝。孫憲周）

觀音堂後建修鋪房於坎碑記

永傳不朽

首事募化十人：

龐基榮施錢五百文，張學先施錢五百文，監生吳維謙施錢五百文，吳元春施錢五百文，李安山施錢五百文，吳紹欽施錢五百文，張士安施錢五百文，監生龐廷輝施錢五百文，監生吳宗健施錢八百三十五文，王福祿施錢六百文。

監生吳宗德施錢五百六十文，張璉施錢五百文，吳進職施錢四百文，吳進喜施錢三百文，李延有施錢三百文，張元福施錢三百文，吳士會施錢三百文，張元相施錢三百文，吳搭謙施錢三百文，尹百行施錢二百五十文，龐基潤施錢二百四十文，龐有貞施錢二百四十文，吳希安施錢二百四十文，李官□施錢二百四十文。

吴進賢、龐世寵、吳希堯、張士□、龐世德、吳進□、張雷、吳希臣、尹天□、張□奇、吳進武、李安恭，以上共施錢兩千四百文。

生員吳秉謙、吳益謙、生員吳□謙、吳金甲、龐廷瑩、龐基瀛、□紹文、□生才、張元榮、張元□、李廷棟、張學□、胡□行、尹成福、吳紹法、張文安、吳□仁、吳天存、吳士□、尹成家、胡治平、吳進貴、張學孔、張學孟、李延孝、張學文、張士立、張學仁、胡士全、吳元乙、王太、龐三成，以上各施錢二百文。

李文□、吳相梅、王文中、吳法甲、張其成、吳九安、吳朝安、尹成智、朱榮福、張元□、李萬全、□有周、王天監、龐基行、尹百禪、尹百和、胡士秀、吳紹書、龐廷行、張元法、龐有福、吳紹有、龐廷有、龐福壽、李延法、□□卷、□□旺、張貴仁、李延順、吳紹會、張學同、□學全、胡三新、吳希□、吳□□，以上各施錢一百六十文。

吳林甲、吳連甲、張學珠、龐奉□、吳元□、吳元□、李文炳、監生吳宗傳、龐奉官、龐有康、龐基孝、龐延喜、吳希明、吳進秀、付大□、龐廷太、吳希慶、尹自□、曹學道、張元照、張三友、李多安、吳紹詩、張學□、張士林、張士雲、張大全、張大成、張士萬、吳紹綸、吳希路、張興□、張學□、張士□、李延□、張東興、張士潤、孫基周、李延全、李法先、□官□、曹爾興，以上各施錢□□□。

鐵筆匠□□禮。

大清嘉慶四年歲次己未七月十三日立。

（碑原嵌鞏義市西村鎮西村觀音堂內前牆左側，現立堂外左側。孫憲周）

建修白龍廣生土地廟記

【碑陽】

費金峰撰。

李廷桂書。

嘉慶五年春，聖治隆盛，三災不侵，時和年豐，人民安逸。合鄉咸謀建修廣生、白龍、土地廟，工既告竣，首事十三人屬予為文以記之。予觀夫此地勝狀在萬泉一山，割嵩秀，含宋陵，左湘右羅，上觸碧空，嚴石磊磊，流泉涓涓。西偏一突，循麓而下，甫行三里豁然開。溪自東垂西，環繞如圍帶，仰面駭矚，古柏聳翠，鬱鬱蒼蒼。曆間階步玉砌，金光灼爍，赫赫濯濯者，眾聖正位其中焉。睇眄寰顧，附廣生殿於西廊之北，附土地堂於西廊之南。舊堂坐北向南，獨為一區。茲重修移壁南展，改門東向。增白龍廟麗於其左，此則建修之大略也。倏燦煥之可睹矣。然則三神之設，莫不各有其義焉。二氣和則雨，天道也。變陽以陰，變陰以陽，陰陽調而雨暘時若也，蓋取諸白龍。水土和則長，地道也。剛以柔克，柔以剛克，剛柔濟而萬物長養也，蓋取諸土地。夫婦和則生，人道也。禽受以仁，敷施以義，仁義藹而生滋繁多也，蓋取諸廣生。《說卦傳》曰："立天之道，陰與陽；立地之道，柔與剛；立人之道，仁與義"。此之謂也。既畢，而為之歌曰：

爰惠風之和暢兮，盪萬物而生光。雷始鳴而震驚兮，起潛淵之純陽。蟲斯鱗趾吟詠兮，綿綿嗣續昌。賴神功之浩蕩兮，洵吾鄉之保障。翼翼作廟以棲兮，勸士女之馨香。食舊德而難忘兮，結伴偕侶時薦乎蒸嘗。

又於巽門內創建道房三間，復誌之。

牛山有本村舊廟基地一段，東至水溝為界。合鄉公議：每年課錢一千八百文，鄉約經營。

泥水尹百和。

木作：王太、趙大旺。

鐵筆喬明義。

金粧：白斐然、路聚。

住持：呂來吉、師本榮。

【碑陰】

吳進綾捐錢十二千，尹樂德捐錢三十千，掌歷李廷禎男朝儒錢六千，王萬年捐錢二十二千，張士安捐錢二十千，龐吉榮捐錢四千，龐基先捐錢十七千，曹爾德捐錢四千，吳九壽侄居安錢四千，吳元春捐錢七千五百，魏鵬皋捐錢二十千，閆法謙捐錢十七千，李廷桂捐錢十五千。以上首事十三人。

監生吳宗健捐錢五千七百，吳元富捐錢七千五百，許守法捐錢五千三百，曹學有捐錢四千三百，監生李維正捐錢三千五百，監生吳宗德捐錢三千五百，吳丙忠捐錢三千五百，張賈氏捐錢三千五百，吳進職捐錢三千五百，張文安捐錢三千三百，監生吳維謙捐錢三千，李安山捐錢三千，龐口明捐錢三千，張元相捐錢三千，張元貴捐錢二千五百，曹丙文捐錢二千二百，龐有斌捐錢二千二百，許九貞捐錢二千二百，張士禹捐錢二千二百，吳守成捐錢二千，費學朱捐錢二千，監生龐廷輝捐錢二千，費祥捐錢二千，吳士甲捐錢一千五百，吳希純捐錢三千五百。以上化主二十五人。

胡治平錢二千五百，吳守身錢二千，張元福錢二千，吳進喜錢二千，吳士會錢二千，王全錢二千，于大才錢一千五百，吳金甲錢一千五百，吳朝安錢一千五百，胡進旺錢一千五百，張學先錢一千五百，龐廷臣錢一千五百，吳進選錢一千三百，胡治家錢一千二百，張崇德錢一千二百，龐繼瀛錢一千二百，張蘭亭錢一千二百，張學孟錢一千二百，李廷棟錢一千一百二十，龐繼丙錢一千一百，龐廷安錢一千一百，荊法春錢一千一百，尹成家錢一千一百，監生費端錢一千，李廷會錢一千，張學孔錢二千，王太錢一千，費道信錢一千，尹百和錢一千，王大壽錢一千，李邦錢一千，李延有錢一千，張學文錢一千，張學魁錢一千，吳紹書錢一千，賀大年錢一千，費喜兆錢一千，曹光成錢一千，賀大成錢一千，龐廷奇錢一千，張成錢一千，龐平安錢一千，生員張蘭芝錢一千，回郭鎮通興號錢一千五百，堤東玉新號錢一千五百，萬盛號錢一千五百，萬升號錢一千，羅口王標錢一千，汜水王悅錢五百，新成號錢一千，登邑針浩錢五百，賀曰瑞錢七百八十，龐鳳巢錢七百，龐廷合錢七百，張元榮錢七百，師本榮錢一千，費道和錢七百，龐繼祥錢七百，龐繼潤錢七百，張士立錢七百，張士雲錢七百，監生吳宗傳錢七百，賀曰均錢六百八十，費復全錢六百五十，李宗柱錢六百四十，張明臣錢六百，胡治興錢六百，吳連甲錢六百，龐廷朝錢六百，張元法錢六百，張大全錢六百，張東興錢六百，吳益謙錢六百，李大學錢六百，尤法湯錢六百，王有奇錢六百，費道□錢六百，張士林錢五百六十，龐廷太錢五百六十，龐廷宰錢五百。陳永福、龐廷訓、龐有萬、張聖陶、許九福、吳林甲、吳元傑、吳元友、吳元相、吳元一、李觀誥、趙文煥、尹成福、龐繼行、龐廷瑩、龐廷行、吳撝、張士魁、李延順、吳希曾、生員吳鳴謙、李多安、吳善道、李大來、李大行、李大升、董永禎、費學□、費道儒、吳文德、費道春、賀安、王福禄、費道生、賀振奇、李大炳、尹百行、李法光、吳紹綸、吳希安，以上各捐錢五百文。吳天存、吳紹法、許□文、張元旺、許狗、張永泰、趙建德、李延才、吳法甲、張學仁、王逢年、龐奉九、費道君、費成邦、費學周、曹學義、趙大旺、龐廷相，以上各捐錢五百文。龐有位錢四百二十，張貴仁錢四百二十。王萬生、張士潤、胡進福、龐有全、許九松、費定邦、龐廷甫、龐潤成、胡進有、張元聖、李延孝，以上各捐錢四百。龐奉官錢三百，張士敏錢三百四十，龐繼錄錢三百四十，周天錫錢三百二十，朱榮福錢三百二十，龐廷成錢三百二十，尹成聚錢三百二十，李廷謨錢三百二十，龐繼維錢三百二十，張士松錢三百二十，王天眷錢三百二十，龐廷喜錢三百二十。費學書、費復道、費道魁、許九恩、費學東、李廷通、白振奇、費學智、于大禄、費道學、龐有孝、龐廷榮、王永年、龐廷雲、趙振禄、龐廷高、戴百度、吳希慶、吳紹詩、尹成治、龐廷順、王文中、龐廷有、吳希明、吳黨仁、曹爾興、龐福有、龐繼臣、李觀貞、龐賀氏子廷榮，以上各捐錢三百文。龐廷法錢二百八十，許□明錢二百四十，費師禹錢二百四十。李廷德、曹克德、費學禎、費學義、費學柱、吳文成、吳希舜、武喜、吳道、費文經、龐福雲、張士魁、費課、費行、許成斌、龐潤學、龐廷花、趙大成、張元佐、曹學亮、曹進禄、張貴寅、胡進禄、張元丙、曹學道、傅夢兆、曹學全、胡士全、胡正心、吳多會、張元純、李延秀，以上各捐錢二百四十。李大福錢二百，費師喜錢二百，許成有錢二百，費學有錢二百，楊福錢二百，許林榮錢二百，曹克梅錢二百。費道振、武合周、張成功、費學舜、李大生、曹百亮、龐繼聖、趙學義、李宗祥、趙振福、張純先、張文選、龐廷近、龐繼柱、龐繼迹、尹百龍、尹百萬、胡士秀、吳紹文、李延全、龐有禎、龐有福、龐三成、吳紹有、王天智、吳進貴、吳九令、龐繼忠、吳希路、孫繼忠、吳希平、張學同、張三友、龐繼孝、尹百祥、李文道、張元照、龐廷明、吳久安、張學官，以上各捐錢二百文。康文光、許□□、李龐氏、費學勤、許希升、龐有周、胡進興、景成功、吳進秀、費苞、江西姜興耀、張學知，以上各捐錢二百文。龐廷英錢一百八十，張元會錢一百六十，李大九錢一百六十，費俊錢一百六十。

粧畫舞樓：吳元順錢一千，費學周錢一千，師本榮錢一千，白斐然錢一千。

仝立。

嘉慶五年。

（碑存鞏義市西村鎮西村五龍廟內。孫憲周）。

皇清靳公諱養信字子賓妻崔氏合葬之墓碑

【額題】永垂不朽

皇清靳公諱養信字子賓妻崔氏合葬之墓

嘉慶五年歲次庚申桃月朔三日穀旦立。

（碑存鞏義市孝義街道辦事處西溝村靳氏祠堂西墙上。王興亞）

大清邑侯蕭太爺恩免芝田鎮地方號件雜派碑

計勒原禀二紙於碑陰。

嘉慶五年四月初九日合鎮仝立。

地方宋顯殷初禀為代認述恩禀明均感事。本鎮所管止這一个村，除了鋪家做買賣，所住花户不過一百多家。種地有多少不等，計算一處不足二十頃。平素催幫價，原差來要車馬、號草、雜差、錢文，窮人當地方沒嘎墊賠，向户去收。貢生、佾生、上司書辦們奉官皆有優免，不出差錢。零星碎户，大半都是抓嘴吃，要錢就惹氣。地方揭借無門，幫價直是收不起，每月欠著，衙役常弄官事。誰當地方，誰就作難。一年舊地方支持不住，在府控告衆户，經洛陽太爺審問，責打詐財滋事。因為他没有憑據，膽大告狀，斷令今後地主問户要錢，一定按户給个憑據，徒著嘴説不説之數，是訛人的話，萬萬不能斷給錢文。所以芝田鎮地方一役，自去年至今，鄉約屢次開報，聽説風信恐怕受累，嘎也不顧，早早逃跑，再無一人敢應承當地方。現在陵差臨邇，鄉約單鴻儒、生員吕成業、監生趙雷元等，暗把小的保充地方。小的今年五十九歲，自幼怯弱，現患時疾。兩个原差將小的兒子宋朝喚進城内，替小的遞上認狀。回家向小的説，快班賀頭、張頭、當堂對太爺説明，以前一切差錢俱與小的無干，只叫協同鄉約辦這陵差。小的兒子恐怕後來幫價受累，不敢投認。兩个頭説太爺也熟知道，芝田户少民貧，辦不起差，只管放心遞認狀就是。陵差過去，一此號件幫價，也是不往芝田派了。太爺在堂上吩咐十分明白，日後號件是个小事，再不叫原差難為小的，作速回家，公派夫役，小心辦事。如有人抗阻，有太爺作主。小的恐怕他説的是謊話，向保人究問，保人説他説的句句是實。如今村中盡知情由，家家歡喜，皆感太爺天恩。小的初當地方，不敢稍隱，為此，禀明上叩。嘉慶五年二月十六日批候差竣查案奪，地方宋顯殷次禀，為違案混逼哀禀作主事。緣芝田鎮地方一役户少民貧，辦不起差，興訟連年無承允。二月十六日，小的接駕在支應館以代認述恩禀明均感等情投禀，明批候差竣查案奪。本月十五日，小的來縣應卯，不意快頭邵金貴、宋登旺，小役武化周、李榮貴、郅重等，膽違卷案，群向小的逼要前後車馬號草，一切雜差幫價錢文。泣思小的兒子宋朝於二月十一日代認之始，當堂將芝田鎮地方歷來難當情由詳細稟。仁臺電憐苦情，將芝田鎮號件幫價，施恩諭令免派。今伊等橫行混逼，小的實難支抵。為此，稟明哀懇作主，上叩。

嘉慶五年三月二十三日。

批候堂諭。

（碑存鞏義市芝田鎮芝田村西街趙延誌家。孫憲周）

裱餙北觀音堂諸神牆壁神像碑

【額題】補其闕略

鞏，古東周地，屆畿內，星分房心，為東西□之驛道，中州之名區也。縣治西南五十里有金牛山，自太室蜿蜒而來，洛水如虹貫蟠□其下，地勝而勢雄，非神祠王陵無以應山川之王氣，故宋世太祖、太宗卜塋於此，始足以當之。太祖陵南相距五里，居民□□□，因宋修陵設立作房於此，累世相傳名之曰西作村。其西北隅出於村而未離於村，地卑水歸，乃斯村之下煞也。然四圍高□□橫衢通，中起一突□，建觀音堂及諸神祠，是蓋天造地設，加以人力修作，鎮壓一方之流氣者歟！但牆壁破損，神像殘缺。自好□有十人焉，賦性慷慨，不募鄉衆，各出己財，以修補增餙之輝煌如初。時相與登臨而曠覽焉，東望青龍石人對立，慈雲寺隱□其下，趙太傅書樓之舊基猶有存者。西瞻首陽崇椒，紅日照臨，叩馬之墟，夷齊之清風高節能勿羨乎！南仰嵩巔，昭王壠荒，羽客浮屠，高人隱士多埋姓字於其間。北俯邙首，河洛界分，抱鳴石窟，晚鐘圖書祥呈，洩開天地奇偶。因語□曰："天地之間，惟異為可□耳！試觀山川效靈以及賢聖之奇行，莫下筆之書而列之典，況時至今日，人心不古，假公濟私者概不乏人，慳吝塞吐者何可□道，而君乃好善樂施若此，豈非仗義疏財之異於群倫者哉。倘由此而擴之，則異者更異矣。"衆皆唯唯。付之貞珉。

費金峰撰並書。

李廷僧錢三千五百，吳進綾錢兩千，龐廷奇錢一千五百，龐廷福錢三百，魏鵬翺錢三千，張士禹錢兩千，許林榮錢一千，曹百亮錢一百，吳九壽錢兩千，王泰錢一千。

鐵筆喬明義。

住持呂來吉。

旹大清嘉慶六年歲次辛酉二月十五日吉旦。

（碑原立鞏義市西村鎮西村觀音堂院，現放堂內。孫憲周）

三官殿重修碑

【額題】流芳百世

　　唐虞稽古建官惟百，然皆以人而名。夫官至神而以官名，此何以故？蓋以官者職也，職之所在，即官之所在。無不覆幬者天也，官以天名，辟如天之無不覆幬，是□與天合其德者也。無不持載者地也，官以地名，□□地之無不持□□，固與地合其德者也。民非水不生活，未能□□不窨□□也，未能持載不窨持載也。官以水名，其殆與天地同流者，與三官之名意在斯乎！意在斯乎！金牛萬泉麓五嶽廟東有三官殿，久而頹圮矣。李家塝村衆善士及道士□而增修之。事則因也，功埒於創，功竣而為之記。

　　□□□村□□□撰文並書丹。

　　金粧匠席炳□。

　　施主：□門李氏子□□，□□艮十五刄，□門張氏子□□，□□□艮十五刄，□□□十刄，□□□十刄，藍□□十刄，陳有平六刄，賀□仁子□□五刄，耆老李大才五刄，李太言五刄，陳有才二刄二錢，李門趙民子太旋、太智二刄，□□□□□，李□□□□，□□□□□，賀三□□□，□□□□□，李太王六𠆤，賀三艮六𠆤，李太乙六𠆤，賀學禮五𠆤，賀三多五𠆤，賀三九五𠆤，李文進五𠆤，曲文魁五𠆤，□懷中五𠆤，□□□□，□□□□𠆤，李□□□𠆤，李□□□□，□□□□，李太□四𠆤，陳有名四𠆤，□□□四𠆤，李有□三𠆤，□□□□，賀三□三𠆤，李太運三𠆤，李□□三𠆤，李太良三𠆤，張□□三𠆤，路振宗三𠆤，楊□興三𠆤。

　　本廟道士各捐己財合四千二百三十文。

　　□□□錢十千，徒李(王)義福□千□百三十文。

　　□□□□千八百三十，□□□四千八百三十文，□□□三千八百三十文，□義□十二千□百九十文，□義泉五□□□□文，鍾禮敬十□□□□文，傳禮遲五千二百三十文。

　　木匠：張居寬、姚金山。

　　石匠劉治華。

　　衆道士外做工二百六十個。

　　皇清嘉慶六年十月十五日。

（碑存鞏義市西村鎮西村五嶽廟。孫憲周）

永禁賭博碑

【額題】重意　日月

　　東至東嶺大路，南至南嶺，外至大堰，西至西嶺，北至北嶺大路，四至內，賭博者罰錢五千。若不遵者，合村人等稟官不恕。

永禁賭博[1]

皇清嘉慶六年十二月十七日立。

(碑存鞏義市小關鎮鄭溝一隊王溝觀音堂東南角。王興亞)

指路碑

西北通大路

指路碑

大清嘉慶八年興龍溝仝立。

(碑存鞏義市站街鎮賀尭村。孫憲周)

重建水陸社碑記

【額題】萬善同歸

事有絕必有續，獨沙□□□□□□□□□續呈，亦神矣哉。石窟寺舊有水陸社，鳩諸善士，供養蓮座，四方雲集，與會千餘人，喧闐催呼，赫赫□□□□□□□□五十年，歲大饑，人力不給，社遂廢。十餘年來，寂寞蕭索矣。有王君諱增安者，之□諸□衆□□約後□斯□□□變通之，以前期正月十九日不便祝於神，改為正月二十二日。繪神軸，補墻宇墜於舊有□□□□□□□□□因果之說，儒者不道，余素不解。慧鵝法又未翻貝葉乘天龍一指密謗既不減將何焉。□□□□□□□□□□年已年之緒，一旦復觀厥成，做□人之力不及此。倘自今以往，年豐人樂，有其學□□□□□□□□。聽□□□□又聞之：西方教與人為善，不與人為不善。王君此舉，其即與人為善之微義也。豈福□□□□□□□□□□□首。公施供碗九百八十个，以上交下，永遠為例。[2]

　　□守先、監生賀存、監生賀松如、□友陶、監生張安彩、張九令。

　　白其祥、楊桂酉、孟光祖、李景高、白順祥、白其曰、監生張文兆、王福振、

　　白顯成、白天德、蘇金坡。

　　補葺神軸廚房蕭墻，施財姓名：

　　洛陽□村孫太法↑三百文、王福生↑七十四文，楊德隆↑七十四文，宋□乙↑七十四文，趙宇儒↑七十四文，張□箕七↑、張秉敬↑七十四文，張中元一↑、賀林↑一千文，王承本↑五百文，薄萬爵↑三百文，楊文林↑二百五十三文。

---

[1] 村民姓名二十一人。

[2] 以下爲社首施財名單，上半部分風化不清。文中所錄爲第三、四排所能識認者。

王問林亻一千零七十四文，宋法孔亻七十四文，張九洲亻四百二十七文，楊甲生亻七十四文，張成修亻七十四文。

住持僧會司道德立、德瑞，呆喜、呆全。

廚長李永壽。

嘉慶九年年歲次甲子正月二十三日穀旦立。

廩生張凌雲譔並書丹。

（碑存鞏義市石窟寺。孫憲周）

趙陳蕭張太爺更換保正豁免襍派碑

【碑陽】

【額題】皇清

嘉慶十年四月十五日立。

皇清邑侯趙陳蕭張太爺更換保正豁免襍流碑。

【碑陰】

更換保正豁免襍派序

蓋聞莫為之前，雖美弗彰；莫為之後，雖盛弗傳。天下尤□□然也。緣我芝田井里寥落，人煙蕭索，內無殷實富戶，外少幫辦比鄰。雖屬南方一鎮，實同陋巷莊村，襍流差徭煩得攪擾，不可勝數。公差上門，票喚籤催，急如星火。地方花戶，鎖押逼迫，實難支抵。既不可逃匿而躲避，又不可抗拒而拖欠。嗚呼！合鎮人等進退兩難，實如狼狽。因於嘉慶四年叩稟於本府公臺□大人，兩造換□，深見本鎮苦景，憫恤憐念，不敢有擅，將前後情由申說於布政司使藩□大人，轉下蒙批如詳，飭遵檄札，牌文由省行府，由府行縣，案內飭令承辦皇敕應出物件、挑挖市河夫役兩項外，其餘一切號件，概行免派。本鎮紳民人等捧牘上□檄文焚祝，頃感厚興孔邇之歌，均沾再造之恩。惟我蕭公□遵上□□飭傳喚本鎮紳士人民，妥議稟奪。紳民人等遵批義蒙批向無鎮頭名目，若□地方無人充當，則易鎮頭之名，其名雖異，辦事則一，未必有人充當。至若該村欲避地方名色，呼之曰保正可也。着即公同舉報，毋□延，望切諭本鎮紳民人等，遵諭具報作保，逯希堯具認充當。揚保甲，驅賭娼，朔望應卯，稟報案件，至於一切襍派遵飭豁免。此改易地方更換保正之由也。嗣後逯希堯謝事，趙國楹接充，歷我公不□不忘，率由舊章規。我公系任票，喚本鎮紳民人等，公□更換保正，□□情節，紳民人等又以詳陳苦情，乞天施仁等訓，稟案蒙批。據芝田一鎮戶少民貧，車馬號草，姑準豁免，以示□□至應免□□□□□漕米等，即□公□趕緊輸將，并即舉報毋遲。本鎮紳民人等立即舉報。趙君會立即具認，□□□□□□□□□可憐□念本鎮□□□□民貧可哀可矜奔稟上□幸我蕭公飭遵檄文，先開一面之□□□□□□□□路□□□我

□□□□□□□□□□□□□□□□誠所謂先□□□□□□代民之父母也。本鎮紳民人等，即結募□緣不足以□其萬一□□又恐□□□□□□□□□□□□□□□本鎮後世子子孫孫永遠感戴□守無□，以垂不朽。於是為序。

（碑存鞏義市芝田鎮芝田村正街王修家。孫憲周）

清東左村重新觀音堂碑

老人李玉言撰文並書

事之前有所承後有所啟，理亦然也。東村西南隅舊有觀音堂，創自有明，清時重新者再，越嘉慶十一年，東山將倒。有李有山等各捐資□力□□新之時來□□功已告竣。此亦前有所承後有所啟，事之不容泯者也，是以為之記。

嘉慶十一年歲次丙寅季冬朔吉立。

（碑存鞏義市西村鎮常封村馬王爺廟南牆內。王興亞）

修井碣記

韓子曰："莫為之前，雖美弗彰；莫為之後，雖盛弗傳。"蓋言創始與繼起相須而恒相□者也。說在西村中間有舊井一眼，創建伊始莫可考稽，綿延迄今，邑區未改，猶然水風之象□□不食，徒抱無禽之悲，井養之義窮矣。有尹君樂德、曹君炳文、龐君廷訓者，首起而後修之。由是督率眾人，鳩工合作，因川澤而鑿及□□吸取之不竭，植盤根而上券砌，務多年之永□。功既告竣，爰立碣石，庶前人之美於此而彰，□起之功亦不至於湮沒矣。是為記。

功德主：尹樂德捐錢十千零五百文，曹炳文捐錢五千文，龐廷訓捐錢一千五百六十文，龐有純錢一千六百文，龐□萬錢一千八百文，曹學孔錢一千八百文，曹學亮錢一千六百三十文，張元佐錢一千七百文，尹成聚錢一千六百二十文，李廷謨錢一千六百一十五文，曹學忠錢一千九百三十文，龐□秀錢一千五百文，張文選錢一千五百文，趙振福錢一千五百文，趙振祿錢一千五百二十文，張純先錢一千五百文，曹炳武施石盤一付，楊中元錢一千文，龐廷秀錢一千文，李宗順錢三百文，陳永福錢二百文。

大清嘉慶十二年歲次丁卯秋七月。

（碑存鞏義市西村鎮西村尹胡同井旁北牆。孫憲周）

重修橋碑

【碑陽】

重修橋碑

□主化主：旺施錢□千文。龐廷輝施錢二千文。

清嘉慶拾肆年歲次己巳仲冬季月望日穀旦。

【碑陰】

吳振漢、吳興漢、張景鳳、張景珩、李安泰、吳進思、張士林、龐世登、吳道德、費法昌、龐世龍、□□□、張士英、張士端、龐廷秀、龐奉會、吳進孝、龐世功。李安□、費欽、龐奉獻、吳希堯、吳振盛、張義、蔡莊傅欽命、稍柴王□身、王恩德、張永祚、山東曹巖、曹彥儒、朱環、朱顯揚、董天成、□□村李如清、王文標、李玉先，以上三千文。人施錢□□□、監生周天□、監生周百齡、城內李登魁，以上各錢兩千。山東監生張桐鳳施錢五百文，許吉文施錢一千三百文，張元榮、王福祿，各施錢一千一百文。李堖陳景會、監生賀玉德、董法興、城內李法福、蔡莊趙勳東、車園周□升、胡正行、尹成福、李延齡、張士雷、李延孝、張士立、車園周百川、吳宗禮、李延秀、賀大年、龐廷朝、師本榮、胡進文、龐復升，以上各施錢□□□。□元旺施錢八百八十文。龐吉盈、曹學忠、吳紹會、吳希榮、龐有福、吳元益，以上各施錢八百文。張潤發、龐繼魁、張東興、李宗柱、張蘭亭、王有奇，以上各施錢七百文。龐廷安施錢六百□十文，李宗申施錢□百□十文。吳林甲、吳連甲、龐廷幸，各施錢□百文。李延順、陳永福，各施錢五百六十文。李家堖賀三樂、李太林、龐有明、生員吳希魁、吳紹詩、張元炳、龐吉潤、張學先、張元法、胡治全、趙大旺、吳金甲、于隆興、龐廷太、吳紹倫、吳太安、吳希路、張□智、張士玉、張士順、吳希帝、吳希安、龐繼孝、張學同、曹學福、李大升、張費氏子璉、費振邦、費喜兆、曹學法、龐繼祥、龐廷臣、李廷謨、龐有萬、曹學孔、龐廷富、王太、龐廷高、吳珣、吳天存、李二冬、□廷□、生員張蘭枝、監生費□端，以上各錢五百文。龐有禎、胡正己、胡進興、龐廷華，各施錢四百一十文。吳九令施錢五百五十文。張學魁、曹學全、王逢年、董永貞、龐瑞九、費道生、龐廷魁、程有才、費道春、費學舜、吳紹德、許九松、曹學亮、尹百祥、吳元佑、尹成治、胡治興、吳元貴、吳元英、尹百行、龐廷順、龐三成、龐廷有、龐有人、王萬生、尹百萬、吳克仁、張元純、龐繼統、吳紹法、張士松、康文光、李多安，以上各施錢四百文，張學紀、龐有淳，各施錢三百六十文。龐潤法、費□賢、張元□、白□奇、吳希□、朱榮福、吳□□、吳兆安、□有□，以上各施錢□□□。□□□、李元友、吳元相、隴廷瑞、吳紹俊、龐福有、龐紀榮、張學福、龐廷榮、費廷邦、胡進□、李廷□、李廷德、李□福、費道魁、李元德、李廷榮、費復全、費復同、賀□奇、費道如、賀有法、龐有位、李□德、龐廷秀、龐潤文、尹成家、□□順、賀振永、東作村賀振春、賀萬邦、以上各施錢□□文。龐有孝、吳九安、傅孟兆、龐廷瑩、李法旺、張學全、胡正身、許成□、龐廷奇、李廷運、孫太、李廷棟、吳□清、□□□，以上施錢二百四十文。尹成聚施錢二百□十文。龐繼志、龐白氏、龐有□、龐有創、龐吉行、龐晚、□□莊袁福□、張士林、張貴仁、李官貞、龐秋雨、吳希道、吳善道、孫繼周、張學朱、張府成、曹學義、費師喜、張□□、□□□、龐廷□、張□□、張□□、龐吉會、吳元升、王天智、吳二木、張二有、李延金、王自立、曹學道、吳紹書、李文燦、張聖陶、曹爾順、龐潤渠、費復榮、龐士祥、景成功、李明儒、周天錫、李大九、胡貴□、李廷會、龐廷顯、堤東董太□、費學儉、費學智、楊大福、王天□、龐有金、曹進祿、費祥、費學義、賀□瑞、曹百亮、吳有才、曹龐氏、張士魁、吳文成、費學貞、武蘭周、張得□、許希寶、于大祿、龐□□、龐廷□、□□□、曹□□、戴□□、□希慶、張學德、龐廷相、龐廷用、龐吉光、趙振□，以上各施錢二百文。龐廷亮、龐潤學、張學官、尤法□，各施□□□。張三牛、費□、李□□。

（原立於鞏義市西村鎮西村南寨門外東邊該橋北頭，現存橋南二百米路邊。孫憲周）

金粧廣生殿神像及重修牛王洞碑記

　　謝公有山水之志，登臨所至，每採奇勝。而柳子厚南州諸記，亦恒借山水之趣以發為文章。鞏號東周，川流嶽峙，山水亦時稱勝焉。是以問鞏穴之何在？望宋陵之巍然，以及浣花志之故里，同為公之舊墟，固無不足供弔古者之撫境而流連。至若嵩峰疊采秀之環列，羅流瀉去，宛錦帶之圍，持地當坎離之會野，擬壙壤之觀。近眺遠矙，恍然如昔人所云：兩山送青，一水繞綠，西山爽氣近在錦繡間者。即於是地，遷之居民百餘，世俗尚淳樸，敦本業，崇禮讓，士農工賈外無他務，殆所謂陶唐化之遺風者未始有異焉。村之北為卓錫鶴飛之地。有廣生殿、牛王洞，由來已久。建堂閣，立祠宇，因以作一方之保障，堪輿家類能遵之。而特以廟者，中心為明堂，亢為疏廟肅觀瞻，即以嚴老慮先主之以神道設教於此。無如時遠年久，風雪漫漶，墻壁傾圮，甚非所以棲幽冥之靈爽，肅萬衆之心志，鄉之人惻然傷之。李公學鈢、翟公端立為首事，既出己財，復募鄉貲，因於著雍執徐之，歲經二化，才數月告竣。神像之漫漶者，視其璀燦矣。墻壁之傾圮者，則見其整飭矣。雲霞耀日，丹青垂也；紫赤流光，金碧輝也。嗚呼！竹苞松茂，檮木虞供，儒之壯麗，墻砌基趾凝也。而視之者，有不肅然嘆而怵然惕乎？廢者舉之，敗者修之，用以廣王梵之福，此方不可無之事。好事憑將銀管述，此亦所謂好事也。爰勒之琅珉，以垂不朽。至於神之巔末，賈生賓室之對，有難以遽言者，姑未暇以縷述焉。

　　廩生李素雲撰文。
　　邑庠生翟世傑書丹。
　　塑工白成施錢五百文。

泥工康文泰。

石工葛進祥。

共化錢一百四十三串五十文。

嘉慶十五年四月初一日穀旦立。

（碑存鞏義市西村鎮羅口村。孫憲周）

朝謁本省城隍廟碑

神無常享，享於克誠。予村自乾隆伍拾六年，積累錢銀若干，以為朝謁進香資。嗣後，屢遭歲歉，未得赴省恭表微忱。自去年五穀頗豐，值今歲正日良辰，誠心赴省朝謁聖廟。時當旋里，爰勒石以示不朽。

社首。[1]

嘉慶十八年二月初五日仝立。

（碑存鞏義市大峪溝鎮海上橋村小學。孫憲周）

明處士姚公諱敏之墓碑碑聯

【碑陽】

明處士姚公諱敏之墓碑

【碑聯】由晉遷魯功德大，福陰後裔孝思長。

嘉慶十八年立石。

【碑陰】

姚塋宗譜叙

【碑联】春祠秋嘗禮其先祖，夏礿冬烝報本謙恭。

（碑存鞏義市魯莊鎮魯莊村。王興亞）

工修關聖殿碑

【額題】萬善同歸

大王溝范之珮等遵府批縣斷約正副暨紳士理處李玉鳳景百林共出錢肆拾陸仟，存約正副手，以為興工使費。范之珮等仍施善工，遞和息時，各其有甘結。約正存錢貳拾陸仟，約副存錢貳拾仟。范之珮等於拾月貳拾貳日起工，至拾貳月初貳日止工，修關聖殿前墻、鋪殿內地

---

[1] 以下字多模糊。

暨拜殿東山牆，兼補殿西蕭牆數尺，換明柱壹根，做輦一座。通計匠作、磚木石灰以及人工車輛、立碑，共使費錢肆拾柒仟玖佰柒拾叁文。從約正手，僅起錢貳拾貳仟。其餘使費錢文俱係大王溝人等施善。下餘錢貳拾肆仟，同約正傅孟夏暨紳士李忠義、李懷義面算。□□□□□□□□。是為記。

  首事人傅永功施錢二百文，范之珮施錢一仟四百文，李元堂施錢二百四十文。

  木匠李廷驥。

  鐵筆匠張建中施錢一百文。

  泥水匠史萬順。

  大清嘉慶二十二年歲次丁丑十二月吉日合溝全立。

（碑存鞏義市孝義大王溝。孫憲周）

重修天齊廟牛王殿廣生殿盧醫殿金妝神像並粉飾樂樓碑記

  披讀馬遷史《封禪書》，古之封泰山、建建章、崇宮垣，皆用樂舞，天神可得而禮也。而天齊泰嶽之神祠之，必於高山之下，小山之上，蓋以天好陰，地貴陽，八神之重於羨門，自古有之。鞏邑張家嶺舊有天齊廟，正殿三楹，仿古岱宗廟制，配殿三間，青苗、洪山正神在其左，廣生諸神在其右，繞廊之背有盧醫神廟，外修歌台。創建之始，規模固詳且備。第歷年久遠，風雨剝蝕，廟貌傾圮，神像汩沒，瞻拜者傷焉。鎮善士張君體福、張學智、張久府、張洪凡、張千倉等，慨然修理。出柏贖金若干，又募衆勸捐，衆已樂為輸將，約得金百數十餘斤。諸君子共勃盛事，鳩工庀材，閱三歲，廢垣壞址從而整理之，瓦礫罅漏從而補憩之，污漫磨滅從而藻繪之。由是金光燦燦，殿宇輝煌，朱丹其牖户，刻畫其臺榭。拜謁之下，行見天神居歆，將瑤台、履玉闕，白茅夜垂紫光輝，殿壁晝有白雲起。封中而佑福兆祥，民安物阜，又何汾陰寶鼎，西雍甘泉之足云哉！工既竣，因述諸君之善，以為繼起者勸。

  偃師邑庠生員王秀江撰。

  邑人張遂升書。

  鐵筆張九宵。

  大清嘉慶二十四年閏四月十五日吉旦。

（碑存鞏義市康店鎮張嶺村天齊廟。孫憲周）

重粧觀世音大士薄姬聖母花仙聖母神像工竣歌

  己卯夏四月，客鞏張嶺，適鎮善士張氏諸君重粧觀世音大士、薄姬聖母、花仙聖母神像工竣。索文，謹效古歌體以記之。其辭曰：

神有靈兮雲鄉棲，真鞏穴兮鎮邙陽。金為身兮十丈，赫聲濯靈兮物阜民康。國初建廟兮久遠，風雨飄搖兮神無光。懿諸君之目擊兮心傷，慨然重修兮新粧。貲乏兮勸衆捐，衆踴躍兮樂輸將。鳩工庀材，不月告成，精彩朗朗。仙巖翠澄兮南海月，古洞鋪碧兮雲霓裳。九苞彩鳳兮空中降，半夜石麟兮天上翔。單座雲端兮古皇，禦災捍患兮遺訓煌煌。驅蟊賊兮蟓與蝗，下餘稻兮高羨秋禾，矧種棉為業兮便於蠶桑。維神呵護兮保吉祥，花團錦簇兮口縹緗，魚梭鴛枕兮觳觫文章，吾輩荷其帲幪兮靈長。鑄金以事兮無愈無荒，香花供養兮落丹蕉黃。感諸君之継序兮勒石頌揚，庶後世銘感兮不忘。垂善事不朽兮附慈雲法雨，沾濡世世其德其無疆。

栽柏樹四棵使為仌一千文。

偃邑邑庠生員王秀江薰沐撰文。

邑人張遂升薰沐書丹。

功德主張洪禮捐錢一千文，張九府捐錢一千文，張体福捐錢七百文，張學智捐錢五百文，張千倉捐錢一千文。

北山口石匠張建中捐錢五。

木匠王永祿捐錢五。

段山、張門喜氏，張若環路南。

清嘉慶二十四年閏四月十五日吉日。

（碑存鞏義市康店鎮張嶺村。孫憲周）

金妝大明菩薩伽藍龍王殿碑

【額題】流芳百世

南山口首領馬長貴錢四千五百。

施財人吳吉富錢三千。王太和、張友德、張銀貴，為一千。李大全七百，范全道、王有合、王宗傳、程夢財、郝廷林、王有林、閻天都、郝景太、康文臣、郝廷讓，以上各施五百。葛秋見四百，蘇寬、石淘章、張長壽，各三百。趙永會、傅永中，為二百。張貴錢五百。

本寺住持謹煥、謹屏，徒虛榮、虛林、虛寅。孫靈芝，捐錢三千五百。僧會司虛海，徒侄靈月、靈剛。孫菩友、菩恒、菩修、菩周、曾孫提淨捐錢四千一百。虛連徒孫菩雨捐錢一千五百。菩義徒提明，曾孫證春，捐錢二千五百。提明徒經果常、果祥。孫征口，曾孫自良，捐錢二千五百。[1]

---

[1] 注：和尚輩字：從、正、思、維、妙、圓、覺、性、祖、道、興、隆、永、遠、福、慶、端、虛、靈、菩、提、果、證、自。從覺順推算到清嘉慶廿五年已有十九輩。

時大清嘉慶二十五年四月初八[1]

石匠張□□。

（碑存鞏義市慈雲寺。孫憲周）

滌煩僧如桂上人墓碣銘

【額題】祖庭少林曹洞正宗

民之質矣，日用飲食不識不知，順帝之則，儒道然，釋之道寧必不然。曹子應五，余執友也。一日相拉訪如桂上人於古檀下。形貌木石也，衣服補衲也。再三叩所得，迺云：貧僧識字有限，且結夏也晚，師父垂憐，為之寫百丈頌云：百丈有三訣，喫茶珍重歇。直下便承當，敢保君未徹。下注占禪師訓云：一句是賊身也露，二句是臟物出來，三四句抱臟斷事也。貼之齋壁，旦夕申說，終不解其何謂。又述慧海之教曰：饑來喫飯，困時即眠，試看一切人，該喫飯時不肯喫，百種須索；該睡時不肯睡，千般計較，豈不可哀。提撕日久，似稍喻無味味焉。嗣後惟以夜寐夙興，搬柴運水，飪餅熱湯為功課。以伏我癡虎，制我毒龍。蓋四十年於此矣。兀兀陶陶，陶陶兀兀。夫寧知其他。話甫畢，風搖檀花，落浮茶甌。曹子喟然曰：必如此，庶可免野狐禪之誚爾。桂上人本辛家子，以乾隆三十九年四月八日，於本寺削髮。以嘉慶十九年前二月廿柒日歸寂，為臘四十一，昔以廿四年臘月初九日葬于光裕殿之東偏。今其徒海禎為豎碣來乞銘。夫桂上人拙於釋者也，余拙於儒者也。白首六經且不知其畔岸，矧釋典之之虛浩淼乎。抑昔謝希深述法華僧之言曰：古之人念念在定慧，何由雜。今之人，念念在散亂，何由定。謂非為己為人之區別與，然則以拙儒而攄拙釋，亦未始不可得其髣髴焉。而布帛之文，菽粟之味，固不容□違於終食之頃矣。銘曰：

□雲腴驅，睡魔波旬，說辨厥訛，朝饗夕食，冷煖自知。西江誰吸，盡煬灶莫，相欺味爽，未孚既濟。

羅曲草窗劉潛撰。

講山丁枟喬書。

青龍山□庭顯鐫。

大清嘉慶貳拾五年歲次庚辰九月下澣穀旦。

（碑存鞏義市夾津口鎮羅漢寺。孫憲周）

---

[1] 以下有缺字。

皇清翟公景隆墓表

公諱景隆，字道從，祖考諱雲耀、妣諱狄氏、父考諱思溫字玉如、妣張、李、虎、路、劉氏。景運、景述、景秀者，皆群弟也。公龍尾村人，後到羅口。情純篤，事親就養，方能始終得其歡心。敬友誌弟，凡事承領，不憚勞。其於持家也，乾隆年間，歲大饑餓，承父命出金市米，以賙鄉人者兩次。至嘉慶十五年間，厥弟厥子復以賑濟，□知思溫公、興公之垂訓者遠也。孺人□氏，四德克全，亦雅稱宮壼命範。生子二人：長世昌、次世盛。女四人：長適李性文，次適白雲旗，三適張璉，四適趙德鳳。孫五人：五魁，五禮，五美，世昌出；五桂、五倫，世盛出。曾孫七人：維漠，五魁出。維新、維魯，五禮出。維屏、維憲，五美出。維范、維州，五桂出。元孫三人：銅海，維翰出；銅山、銅旗，維范出。嗚呼！為善無不報，益觀於公門而亦信也。因孫五魁以外碑請，愚思即其實事述之，無諛詞亦不贅述。

涉村邑庠生李桂齡手撰。

堂侄邑庠生翟世傑頓首書丹。

（碑存鞏義市西村鎮衆口村。孫憲周）

繪畫拜殿武[舞]樓碑記

【額題】流芳

從來為善者，事雖微必錄。況茲拜殿、武[舞]樓繪畫一切更新，此事甚善，矩[詎]可湮沒而不傳？因特即其實而述之。憶其建於昔也，棟梁榱桷，未經粉飾，固已樸素之無奇。及其延於今也，風吹日曝，已蒙塵垢，難覩輝煌之有曜。一時之人目擊心傷，繪畫之願，衆所同也，而特恐首事者之難也。於是，有張君諱元池，慨然動繪畫之念。但恐一人不能勝其任，因共舉數人以分其責，而數人亦慨然不辭。且先共施多金，同心協力，與衆商議，捐工捐財，共襄厥事。不數日，而拜殿□梁換柱，武[舞]樓修簷補脊，然後加以丹臒繪畫節梲，光彩奪目，□□可觀，是已一時之盛事矣。□拜殿、武[舞]樓雖已革□□，香火演戲尚有可憂，又即所□□□□成多以為香火演戲□□之資。善之大也，孰□於斯。今功已告竣，遂爰筆而記之。

萬□□□□贊撰文並書丹。

□□□捐錢一千五百文，□□□捐錢二千五百文，□□□捐錢兩千二百文，□□□捐錢兩千正，龐廷輝捐錢一千正，吳紹欽捐錢一千正，張元森捐錢一千正，吳朝安捐錢七百文。

施主張士順捐錢三百文，張學禮捐錢千二百文。

化主張士□捐錢一千正，張學魁捐錢一千正，吳□安捐錢一千正，李康寧捐錢一千正，張保松捐錢一千正，吳紹□捐錢一千正吳紹虎捐錢一千正，龐廷□捐錢八百文。襄邑侯旺魁捐錢六百文，吳□斗捐錢六百文。張學法、張元禮、張元壽、□保玉、吳元相、張文敘、張元福、李康全、吳連、吳紹行、吳紹經、張學□、張學顯、張元貴、張學有、吳天存、吳連甲、李魁法、張元仁、王朝佛，以上各捐錢五百文。吳宗□捐錢四百文，龐吉周捐錢四百文，龐廷振捐錢四百文。吳太安、吳萬安、龐吉盈、張學智、張元炳、李兆舉、吳紹文、胡桂榮、龐吉湘、龐吉□、□□□、張學周、張元普、張學全、張忠信、吳紹□、吳希□、吳元福、吳□，以上各捐錢三百文。吳元□捐錢二百五十文。吳贊、吳□令、張元□、尹百和、吳靜安、李進榮、吳得興、胡賀來、龐吉松、吳紹詩、龐潤春、張學成、吳紹來、龐□□、廷太、□□□、張□□、張學□、張元□、胡進□、□□安、□時雨、吳元貴、張□□、龐復有、趙□大、王天佑、張永壽、張學四、張保福，以上各捐錢三百文。吳廷安捐錢一百七十文。□□□、□□□、□□□、□□□、□□□、吳□□、吳□□、李□□、李□□、龐廷學、吳□□、李延金、曹□氏、尹□□、張保珠、吳紹□、李□□、龐有□、龐廷俊、吳德祿、王天智、龐廷有，以上各捐錢一百文。

水泥匠吳紹來。

鐵筆匠喬文。

畫匠李元吉。

大清道光元年歲次辛巳仲冬上旬之吉立。

（碑存鞏義市西村鎮西村土地祠拜殿內。孫憲周）

重修啟母少姨廟碑

啟母少姨廟，年□□人之神。啟母少姨而廟者，於大宋嘉祐六年楊士元重修碑中載之極詳，無復□為表述。第也遠湮，風飄塵樸，廟宇神像俱無彩色。每歲逢四月祭期，遙遠進香者莫不目覩悽愴焉。恩貢馬應臣□之在寺之□□□中□□□□衆恪遵楊君善念，於嘉慶十五年用廟地所課錢文，復將廟宇修補。神像□□□周圍頹□□址□□□□樹柏數十株，□□□□□寺妥神靈肅觀瞻也。事竣豎石，以誠之德，後□□再有□□□復動□□□則幸甚。

□□生員劉煥文□。

旹大清道光二年歲次□□□四月初五日。

（碑存鞏義市回郭鎮柏峪村四座廟內。孫憲周）

創建井碑

井主开列於後：吳振漢子連甲、東甲、龍甲、還甲、法甲、林甲。吳興漢子士甲、金甲。道光三年二月十五日。

（碑存鞏義市西村鎮西村吳家井旁南牆。孫憲周）

重修龍王廟暨金粧神像創建舞樓序

鞏東南石舊泉，先賢子華子故居也。背山臨流，窈深環曲，居然仙境。上有龍王寶殿，未知創自何時，世遠年湮，□有摧折之虞。張太運公不忍坐視，約族衆量力大小，重為修葺，廟貌鮮新，法像煥然，可不謂美具歟！運公既沒，族衆歲入廟供香火，咸以為龍王神聖課晴問雨，有祝必應，何以答神恩之浩蕩乎！□時衆等共十二大會首欣然響應，復議重新神像，限於每歲二月上浣之吉，獻戲三臺以酧神惠。議既定，又以獻戲既有定期，而舞樓不修亦完美中憾事。無奈功程浩，力寡難舉，首事既各出己財，又募遠近樂施者效力出貲，共勤厥事，已班班告竣矣。宜勒石以誌其始終焉。是為序。

汜邑貢生候補儒學訓導何元振撰文。

後學弟子張宏綸書丹。

督工化主劉士祿錢八千一百，張秉鐸錢二十三千。掌歷張萬魁錢四千。陳榮昌錢十一千八百，張殿邦(試)錢十六千。張萬斗錢四千。魏大功錢十五千，張金廣錢十五千五百。張六書錢四千一百。張金儒錢八千，監生張樂天(太)錢五十六千。監生張廷麒錢廿六千。劉士豹錢四千，張鍾錢四千，張申錢二千。

木匠王大孝。

泥水匠張如琰。

鐵筆李榮。

石匠王忠。

鐵匠趙鍾。

□匠程榮廷。

畫工張□成。

皇清道光四年歲次甲申孟秋之月上浣吉日仝立。

（碑存鞏義市米河程寨石臼泉龍王廟。孫憲周）

邑仁侯朱太爺恩準八村豁免雜差碑

【額題】萬世戴德

巩邑七里鋪東，數村沿河而居，依河濱灘地為業。奈河水汪洋，轉徙無常，屢被坍塌。民會所定即糧漕，正供尚多拮据，復有□□□□，何以堪命。乾隆五十九年，穆大中丞大人巡部過縣，恩准優免。嘉慶二十三年，縻藩憲大人優免，俱有硃批在案，已各勒石銘德。道光四年，朱太爺飭令順庄房書具稟蒙批，所在照舊豁免，以昭平允。八村具呈各造清冊，公懇鈐印存房，恩准註冊豁免。此誠體物意，誠和小民之大德也。村民感戴無限，爰勒貞珉，以誌甘棠之愛云尔。

邑仁侯朱太爺恩准八村豁免雜差碑、[1]

英子峪糧銀八十二兩，砂玉溝糧銀乙百乙十四兩，雙槐樹村糧銀九十九兩，金溝源村糧銀八十□兩，仁存溝糧銀五十六兩，洛口糧銀乙百□□□，小關糧銀七十八兩，七里鋪村糧銀四百零九兩。

八村仝立。

皇清道光五年歲次乙酉十月吉旦。

（碑存巩義市河洛鎮七里鋪村大溝口。孫憲周）

堤東正俗碑

【額題】援邪歸正

特授巩縣正堂加五級、又加一級、紀錄十二、紀功三次朱為嚴禁娼賭以靖地方事。照得賭為盜賊之藪，娼乃傾家之源，二者間閭有一於此，無識子弟被誘入局，失時廢業，無所不為，寔為民害。是以律有明條，不容稍寬，本縣涖任以來，節經示諭，惟恐此風不息，難靖地方。此處堤東村鄉約稟請飭禁除，一面查拿究治外，合行出示嚴禁，違此示仰紳民人等知悉，自示之後，各宜恪守本分，切勿仍蹈前轍，鄰里鄉當互相勸勉，父兄嚴戒子弟，一鄉大小均歸正業。倘敢違犯，一經查出，或被告發，定行究辦，決不寬貸。凜之慎之毋違。此示罰規。

時無芒〔忙〕閑，即正月及起會日亦不許賭。賭無大小，見錢即是。犯者，罰戲三天。

開場頭家除與賭友共罰戲外，更罰錢三千文。不受罰者，俱送官究處。

有送賭信者與錢一千文，能搨賭具者與錢二千文。

每年鄉約輪流經管，如行私縱賭，送官革除。

---

[1] 碑正中文字殘缺。

集社一道鄉約作社首，約於每年十月十五日會社。

賭外並禁食毀麥苗，刊伐樹木，犯者，按規定罰。

大清道光五年歲次乙酉十一月十五日穀旦合鄉仝立。

（碑存鞏義市西村鎮西村堤東。王興亞）

趙氏節烈碑

馬時芳

　　世所稱《烈女傳》，流風餘韵，披拂寰宇，尚矣！而前明呂新吾先生著《閨範》一書，宣布縉紳間，壸中奉之以為圭臬。蓋閨門為起化之地，古今垂訓立教，未有不於是為兢兢然。而窮鄉婦女，目不識丁，激於義氣，捐命捐生，一往而莫可禦者，則又何也？豈非人性皆善，而天理民彝之燦然，未嘗少歇絕於人心也哉！余至鞏，聞有趙氏者，張金玉之妻也。于歸三載，夫歿，氏涕泣不欲生。太翁謂之曰："吾老且病，汝復如此？是重吾悲也。且守難死易，汝能為其難者乎？"氏唯唯，誓以死守。太翁歿，其村有人欲娶之，納聘財於舅姑，氏不可，強之，遂投危崖下，幾死。舁養母家，數月而還，孝事姑舅不息。而欲娶者復尋前議，不使婦知，夜率衆破扉入，綑載而去，納窑中。氏號呼，披髮泣血，顧求死不可得，乃紿娶者曰："若必欲吾從汝，當告吾父兄知，以禮行之則可，不然有死而已，必不能強我也。"娶者喜，依其言出。氏得間，閉窑門，自經死。一時哄哄傳頌，行道之人有流涕者，嗟嗟！死生亦大矣。士大夫讀聖賢書，平居振袂揚聲，矜言節概，及一旦臨覯害，值事變，委靡瑟縮，腼顏面而包羞不顧者，何可勝道？今趙氏一纖弱婦人，義氣凜然，堅定從容，屢挫而彌奮，是誠有大過人者，足以維風敦節，不第巾幗取為法則而已也。有司上其事，天子嘉之，時降綸音，寵錫優渥，俾建坊於其地，為世矜式，不其麻哉。嗚呼！若趙氏者，生敦令德，死著芳名，夫亦可以含笑於地下矣。鞏之人士欲詳述其事，昭示來茲，而屬其文於余，爰為記其顛末如此。贊曰：

　　人生虛華，悠悠若何。惟有道義，終古不磨。烈哉趙氏，其節靡他。我聞三歎，慷慨為歌。本欲殉夫，多一遲延。今繼而死，如飴斯甘。得遂初志，隨夫九原。絲蘿琴瑟，允偕前緣。夫待於幽，相見慟哭。卿實為我，遭此荼毒。旋復收淚，攬衣粲然。山盟海誓，惟汝能賢。冰玉其心，鐵石為肝。芬芬馥馥，扈芷紉蘭。崧峯之側，洛水之濱。往來過者，視此貞珉。

　　道光七年。

（文見民國《鞏縣志》卷二十四《文徵》。席會芬）

孫氏始祖墓碑

道光九年孟夏重建。

皇清雍正三年三月念三日清明之吉，羅狀、清易、漫流三邨孫氏合族，琢碑于我始祖之墓次，為之記曰：嗚呼！此我始祖之墓也。粵稽古昔周之康叔名樂安氏，吾家世系蓋基于此。自周之後，歷秦、漢至六朝以及唐、宋，代有偉人，史不勝書。而鄉貫里居，皆一一可考。然其望出太原籍隸洪洞者，我始祖則其苗裔也。有明之先，紅巾軍作亂，流禍豫土，人民漸滅殆盡。明太祖遷晉民以實中原。而我始祖來徙於豫，卜居斯鄉，閱數傳而成巨族。先塋於家之南，始祖之墓在焉。嵩少南峙，河洛北流，山明水秀，地靈人傑。凡有識者，皆知吾族之必昌也。迄今里巷父老，猶以是為傳說云。思我始祖之始遷也，值櫛風沐雨之秋，披荊棘，闢草萊。創業垂統，率惟忠厚傳家，積德累仁，俾世子孫箕裘克紹，庶其浸大而浸熾也。以故，歷明至清，子姓殷蕃，戶口日增。環方人氏咸嘖嘖稱孫氏為望族。數百年來人文蔚起，書香丕振，其間登科甲、通仕籍、領歲薦、遊成均、擢膠庠、食廩餼以及膺鄉燕而列部銓者，皆累累若若，大有人在。至其端人正士，靜守有為，處足以維風尚，出足以為國楨者，又未易更僕數也。古云："根深者枝茂，膏沃者光明。"今吾族之發越如此，顯榮如此，孰非我始祖燕翼貽謀之所留也耶！故特記之，以示合族百世子孫，知木本水源之自，各懷仁孝誠敬之心，履春露秋霜之時，共敦報本追遠之典於無窮云爾。

謹謄原文舊碑瘞塚。

（碑存鞏義市回郭鎮羅莊。孫憲周）

創建祠堂遷鞏原由誌碑

始祖大將軍諱智，祖居山右平陽府潞洲長子縣。明初，知鞏縣事務，任滿，遂世居焉，至今數百年矣。當日先祖所植塋中栢樹極多，時遭荒歲，外人盜伐者亦不少。凡逢祀典，目覩心傷，因而合族公議，始有祠堂之舉。伐樹積錢，輪流經管，今已二十餘年。興功修蓋，越半載，而祠堂功竣矣。故誌之。

祠堂遺有祭奠花地三畝，坐落家北。

道光十年又四月初一日合族立。

（碑存鞏義市西村鎮西村李家祠堂家廟內。孫憲周）

重修井碣

大清乾隆四十五年正月十三日□□□□□獨立創建。孫□□、□、□、□、□、□。

重修井管事七人。

張士林錢三百文。

首事張士順錢五百文，□元禮錢一千五百文，吳宗禮錢一千二百文，張學顯錢一千五百九十文，監生張耀辰錢四千整，監生張嵩泰錢一千四百文，李兆貞錢一千四百文，張元森錢八百文。

掌歷張元池錢四百文。張學顏錢一千四百一十文，張元普錢九百一十五文，張學亮錢一千零七十文，張學智錢七百零五文，張學孟錢三百五十文，李成功錢五百五十五文，吳柱安錢五百文，吳紹虎錢五百文，吳連安錢四百文，靈石縣王二合錢五百文，曹立祥錢六百五十文，吳元升錢四百文，張朋錢四百文，張學禮錢四百文，張大合錢四百八十五文，張保書錢五百一十文，張元仁錢三百七十文，張元聚錢三百六十文，□忠信錢七百五十文，□旺魁錢三百文，龐廷蘭錢三百文，張臣柱錢三百文，張廷傑錢三百文，李貴榮錢三百文，吳紹文錢三百文，吳希路錢二百六十五文，張學有錢二百文，吳紹詩錢二百文，□木錢二百文，吳東甲錢一百五十文，李康禹錢五百文，共工一百三十個。

道光拾年歲次庚寅四月中浣吉日立。

（碑存鞏義市西村鎮西村張胡同井旁東墻壁。孫憲周）

重建青龍寺佛殿金粧神像碑記

鞏，山縣也。治之南二十餘里，有翠屏千仞，巍然于雲靄之中者，為青龍山。山之陰有佛剎焉，名青龍寺。遠吞山光，下繞石瀨，亦邑中勝景也。道光元年辛巳，寺中正殿遇回祿，焚燒無餘，游覽者以為嘆。甲申歲，近寺之村南北山口，有好義者張、丁、劉、趙諸君欲重修之。謀於眾，有同心。因而募化修葺。未幾，而丁、劉、趙三君忽逝。而張不憚勤勞，身董其事。至壬辰歲，而厥功告成，欲坊石以重於後。或曰："人之所以重乎廟祀者，以神道昭彰，靈應不爽也。今以佛法浩大，當燎之方揚時，何不一施法雨，使烈焰成池，青蓮出火，保全棟宇，俾無損壞。奈何任其焰焰攸灼，色都成空，而莫之顧耶？豈喜其與三昧真火合而有助耶？"或曰："否，非若此也。熒惑為災，天實為之也，無不可違。及火災既去，能使人胥起善念，同心修築，非眾善奉行之教動於大眾之心，而不能自已耶。不然，是舉也，孰驅之，孰迫之哉？神道昭彰，莫顯於此。"是二者，余俱弗深論。竊以土木之興，非財力不辦，然有財而無好善之誠，則所為往往止於半途，而不克蒇厥事，此其常也。茲則首事諸君，竭數年之力，經營措置，始克有濟。非有為善之誠，烏及此？吾今而知，翠屏千仞之下，不獨其民殷富，且樂善不倦，而其風近古也。是為記。

嘉慶庚申恩科舉人候選知縣借補睢州學正加一級邑人趙淞林撰。

青龍山後學閻夢松書。

清道光十二年歲次壬辰四月上浣之吉。

（碑存鞏義市北山口十方院大殿內。孫憲周）

南鄴書院地畝碑記

南坡花地四畝，漫流坡花地四畝，坐學地二畝五分。武生孫魁武應出地八畝，公議折價三畝，出錢六十千，修學使用，又出地五畝，坐後土坑。孫官懋出花地三畝，坐落司墳，麥地三畝，坐落張船，又遵斷出錢十千整。孫聯科捐八義學麥地二畝三分，坐落碎分地，情願不要地價。歲貢孫世堂出地課暨學內公錢五十三千五百之外，捐錢兩千二百文。孫立朝出地課錢六千整，外捐錢五百文。孫五桂出義學斗稱行帖集用錢九千整，外捐錢乙千文。孫子立出磚三千。

大清道光十三年四月十二日。

（碑存鞏義市回郭鎮第六初中院內。孫憲周）

重立嘉慶地界碑

【額題】大清

余觀地理有志輿圖，有考其長短廣狹，皆可展卷而得也。惟沿河灘地，出沒無定，界限難立，每經塌落，屢致爭訟者，以無確證故也。鞏邑趙家溝、徐柏坡兩處灘地，相為比鄰，現今落出，尚未定界。彼此爭種，大有興訟之勢。余等誼關親友，不忍坐視，因約仝志從中排解，以早盤定。大規以縫針丙山壬向，兼辛巳、辛亥立界限，現立碑中，既其址也。曲為調理，方得清楚。兩村各無異說，目前幸免爭端矣。所慮者世遠年湮，河塌復落，依據不存，侵佔再起，不惟前功盡棄，獄訟得毋復興乎。用是公仝商議，以今日所定之界，勒諸貞珉，俾兩村灘地總以此碑為證。嗣後照碑下盤，按盤分界，永絕爭訟，長歸和睦，誠余等之厚望也。余不敏於文，謹敘顛末，以志不朽云。

孟津縣生員常曰五撰。

曹柏坡：蘭可全、曹斑、楊際唐書。

董柏坡：王百萬，施碑基地主徐之璐。

塌坡村張枚。

此係貳式盤羅鏡，後以貳盤為則。

說合偃師縣監生常曰五、喬大章。

趙家溝：族長監生趙澳。弓直：趙景會、趙履平，吉夢舉、宗得錫。

徐柏坡：族長監生徐學禮。弓直：徐相舉、徐天章。

監生趙履銘、趙清如書丹。

嘉慶元年六月十五日仝立。
卜向地師偃師縣丁策。
石匠丁建廣。
道光十七年四月十一日立。

(碑存鞏義市康店鎮趙溝村。孫憲周)

屢次重修井碣

　　道光十一年，費工六十個，費錢三千四百六十文。十二年，費工六十個，費錢二千六百六十四文。十四年，費工五十四個，費錢七千九百文。本年費工九十六個，費錢十八千整，功竣爰筆為之記。

　　曹立祥捐錢四百六十二文，張士順捐錢六百文，修磚工十個，吳宗禮捐錢一千七百一十文，張學顯捐錢二千四百五十文，李兆貞捐錢二千一百四十文，張學孟捐錢二百七十文，修磚工十個，□天保捐錢四百文，張元仁捐錢五百九十文，張元奇捐錢一千五百五十文，李成功捐錢七百七十文，張元森捐錢九百六十文，張元耿捐錢一百三十五文張元池捐錢六百七十文，張春三捐錢四百七十文，張元聚捐錢四百七十文，張耀辰捐錢五千五百二十文，張學量捐錢一千八百文，張學純捐錢一千一百三十文，張學篤捐錢一千零八十文，張學彥捐錢二千二百九十文，張學典捐錢一千七百九十文，張忠信捐錢二千整，□仁雨捐錢七百七十文，張大合捐錢七百九十文，張寶書捐錢六百九十文。以上二十五家俱系按銀糧人口捐錢。

　　王太榮捐錢五百文，陳君榮捐錢二百文，□森捐錢二百文，龐丙陽捐錢二百文，張保義捐錢二百四十五文。

　　大清道光十七年歲次丁酉九月二十二日立。

(碑存鞏義市西村鎮西村張胡同井旁東牆壁。孫憲周)

改換地名碑

　　明月坡
　　改換地名碑
　　馳封武功將軍邑武生牛林山
　　道光十八年十二月吉日。

(碑存鞏義市河洛鎮良店村。孫憲周)

重修三官廟碑

　　三官，有周之名臣也。居中者唐姓，諱宏；居左者葛姓，諱雍；居右者周姓，諱斌。俱仕於厲王之朝，屢諫不從，退隱吳地。宣王立，求得之，共為贊襄，中興之功居多。幽王立，諫不從，復去，終於吳地。宋真宗封泰山，及躋巔，有感於三神。歸，封為上元道化真君、中元護正真君、下元定志真君，號天、地、水三官，使天下皆祀之。繪其像者，因以青、黃、黑服色隨之。倘所謂生為忠臣，歿為正神者非歟！

　　候選儒學訓導歲進士焦夢篆符韓氏撰。

　　道光十九年四月十五日立。

（碑存鞏義市兩村鎮桂花村三官廟。孫憲周）

口頭村胡家爐村正俗碑記

【碑陽】

【額題】革薄從忠

　　聞之習俗移人，賢者不免。蓋言俗之易移乎人，非言人之必移於俗也。邇來俗漸猥薄，喜賭博者有之，竊田禾者有之，砍伐材木、縱放牛羊、取人之樹菓、綿花、瓜瓠、果蓏者又有之。甚至未賭誣以為賭，未盜誣以為盜，未遊娼門誣為遊蕩，未損墳墓誣為損壞鬼域，其行詭詐百出，此皆俗之敝者也。是豈一二人能與辨爭哉。在乎合鄉相保相恤，有以防微而杜漸。且口頭村胡家爐二三耆舊心竊憂之，謂"吾鄉人多厚重，俗尚古處，倘不預為規正，得毋漸染敝俗乎？"爰糾合鄉衆嚴立禁約，有犯者罰之，不尊者稟官懲之。鄉人皆歡欣而悅服焉。余思賭博竊盜諸弊端之相沿也久矣，愚昧者習以為常也，高明者視以為無妨，有欲禁之者則以為多事，而阻之撓之者紛紛也。二村耆舊竊以為憂，預規正之。二村鄉衆欣然聽從。而有異議非質有諸內俗有其遺，安能如是。信乎！古昔忠厚之風未泯於斯也。樗蒲之具消，則絃誦之事起；匪僻之路塞，則禮義之道生。異日者泯遊戲之風，化貪玩之習，牛羊求牧於山澤，樹木呈秀於郊原，人皆安業，物各有主。習俗雖足以移人，而終不為習俗所移者，由此其基也。是為記。

　　邑增生趙連撰文，男太行書丹。

　　共議罰約開列碑陰。

　　大清道光貳拾年歲次庚子梅月吉日全立。

　　鐵筆王秉元篆刻。

【碑陰】

碑陰罰規

犯賭，罰戲三台。竊取棉花，每一斤罰錢四百文。竊取五穀雜糧，每一斤罰錢二百文。

竊取南瓜豆角一切菜類，每一斤罰錢一百文。竊取樹木樹果，每一斤罰錢一百文。夜犯加倍罰。騾馬食毀麥苗，每一匹罰錢四百文。牛驢食毀麥苗，每一頭罰錢三百文。羊食毀麥苗，每一隻罰錢二百文。夜犯加倍罰。

（碑存鞏義市小關鎮口頭學校。孫憲周）

戒不規防邪患碑記

今夫規所以為員之器也，邪乃不正之名也。不規則不能以成員，邪多則必至於害正，有物如是，在人亦然。何謂不規？男婦竊取田禾，騾、馬、牛、羊、驢頭食毀麥苗，以及樹果不熟，竟行筐鈎，棉花方開，群然率搶者，皆不規也。數者可不預為戒乎邪。

患維何？賭其一也，更有不賭而誣以為賭者；盜其一也，更有非盜而誣以為盜者。至於未嘗損壞人之墳墓，而誣以為損壞；未嘗遊蕩於娼門，而誣以為遊蕩。邪之為患，不可勝窮，可不嚴為防乎？然無情之人，能以有為無，能架虛作寔。是非一二人所能興辯而與爭也，在乎鄉里之中，相保相恤者有以防其微而杜其漸耳。樓子溝周圍五村，約百十余戶居民，多厚重質真，無驕惰浮靡之習。二三耆老舊復深思遠慮，一日鳩鄉衆而謀曰："署鄉素稱古處，近環隅訟獄繁興，半由不規與邪。諸君能無惕然乎？請與諸君約：吾鄉有不事本業，甘犯不規與邪者，群起而攻之。不服衆，相於鳴官究治。俾吾子若孫得耕田鑿井，為盛世安居樂業，不珉是所祈禱歟？"衆曰："請勒諸瑱珉。"余喜諸君之相保相恤，有古鄉井之風，而又喜諸耆之憂深思遠，能防禍于未然也。爰即事而為之記。

罰規：

竊取棉花，每斤罰錢一千文。

五穀雜糧，每斤罰錢五百文。

樹木食果，每斤罰錢一百文。

縱放騾馬，每頭罰錢四百文。牛驢，每頭各罰錢二百。每羊口口罰錢一百文。

再者，丟花之期，公同議定，以十月初十為則，未屆丟期，自摘花桃罰戲三台。屆期率搶者，五村公同稟究。

邪患數條，如有犯者，罰戲三台。

皇清光緒二十年歲次庚子孟秋望前三日吉旦刊石。

（碑存鞏義市小關鎮樓子溝村玉仙廟內。孫憲周）

創修西配殿並金塑神像碑

【碑陽】

草廟山為煤產地，中州賴以舉火者甚衆。每行潦暴發，酷暑煩渴，行者苦之。余先人暨康氏先人因建老君廟。廟貌巍峨，重門洞開，翠柏參天，槐蔭蔽日。更置香火地，建茶亭，養住持，備茶水，亦方便法門也。嘉慶十八年歲荒，廟宇損壞，十餘世之功德院，掃地以盡，惜哉！後就毀廟包出錢文，移建於此，僅修正殿而止。客歲，李振福積香火地稞子，又力募化，創修西配殿，內祀火神、太尉、馬盟王、牛王、青苗、山神、土地等。庚子秋，功竣。丐余為文。余博覽載籍，史記東漢季秋，祀心星於城南。心，大火也。晉、唐因之。宋慶歷間，修大火廟。崇寧間，詔天下各修火德真君殿。今天下塑像俱戟鬚虯髯，以象炎烈云。太尉，官制也。漢初兩府曰丞相、曰太尉。東漢三公四府，太傅謂之上公。太尉、大司徒、大司空謂之三公。晉有八公：太傅、太宰、太保、太尉以及司空。宋八公同晉，由漢迄宋，太尉官史不勝書。今之立廟而象祀之者，稱職而不名，功在當時，德被後世，為何如也。馬盟王，天駟房星。經言：馬祖黃帝以來即祀之。在其詩曰："吉日維戊，既倡既禱。"紫陽注云："祭馬祖也。"至牛王、青苗等神，亦古者祀方社、祭田祖之遺意云爾。夫神，皆聰明正直而壹者也。廟焉，神之功德不從而大，無神廟，神之功德不從而小。神之在天下，如水之在地中，神固無所不在。君子觀於畫棟雕梁，法象莊嚴，恭敬之心油然而生，諸惡莫作，眾善奉行矣。茲舉也，上之可以妥神靈，報功德；次之可以紹先烈，啟後昆；下之可以濟行人，慰渴思；一舉而三備焉。若夫病狂喪心，不畏神明之譴責，不念祖宗之勤勞，圖目前之利，壞前人之基，其為人賢不肖不啻霄壤也。後之視今，亦猶今之視昔。後之覽者，宜有鑑於斯文。

　　南溪灌園老儒李玉鳴撰文並書丹，捐錢五百。

　　總理李振福捐錢三千整。監生李順友一千五百，監生李順祿一千五百，監生李世昌一千五百，監生康福祉一千五百，李復建一千，李有慶二千，李復祿二千，李宏祿一千，李振祿五百，康中行一千，康文正五百，李順德二千，李有重一千。

　　化主劉正霸一千五百，李君香五百。

　　金塑匠王好友。

　　泥水匠張長太。

　　鐵筆生張九霄。

　　大清道光二十年歲庚子冬十一月穀旦仝立。

【碑陰】

施財善眾：

小黃冶：監生牛丙南七千。

大峪溝：太昇窯四千，元興窯四千，四盛窯三千。

山西鳳臺縣：馮如貴二千。

小黃冶：監生劉興盛三千，武生劉振清二千五百，劉正群二千五百。

黑龍潭：楊丙中二千五百，楊元二千。

大峪溝：張繼成二千五百，大峪溝村三千，李有科一千五百，李順志一千五百，李清光一千，李乾光一千，李中孚五百，李玉文二百，李順文五百，李順甲五百，李宏祚五百，李順行五百，張范氏二千。

滎陽縣：張福禄一千五百，劉永升一千五百，劉宏計一千五百，張中玉一千五百，康萬載一千二百五十，萬順號一千。孫九壽一千。

大黃冶：劉牛一千，監生劉永禎一千，李兆鳳一千。

小黃冶：牛文進一千，劉四明一千。

海上橋：王元章一千，王景成七百五十。

芝田：胡毛七百五十。

黑龍潭：楊二妮七百五十。

大峪溝：劉二宏七百五十。

大黃冶：監生劉興義五百，劉篤倫五百，恒茂號五百，智泰號五百。

北官莊：張廷選五百，康八五百，康以文五百，傅全五百，蔣合五百，傅書五百，常建昆五百，張碰五百，趙要子五百，李碰五百，劉立五百，王戌五百，王小荀五百，王者謀五百，趙榮清五百，劉德申五百，李福印五百，趙永清五百，崔若典五百，劉正坤五百，李有學二百，楊二州二百，韓小計二百，張殿法二百，劉丙嚴二百，劉潤德二百，周平二百，李寵光二百，楊丙西二百，常建倫二百。

（碑存鞏義市大峪溝鎮橋溝老君廟。孫憲周）

皇清太學生欽賜修職郎理中白先生墓誌銘

【誌文】

公諱玉順，字理中，號正心，鞏西石關村舊旌也。九世祖諱要，明季遷邑東之七里鋪。祖諱鹿鳴。父諱五福字壽先，以醫名。元配氏張早世，繼室氏陳，生公兄玉重。再繼氏羅，生公及弟玉潤。公年十二失怙，家貧缺養，公受傭直，自纕奉母。時母臥病，公抱母，便液污衣，母覺自恨。公掩蹟自濯，恐母知。甫冠，又失恃，每憾二親未獲豐腴，言之輒泣下。邑叟牛君霸者有人倫鑑，嘗語人曰：“白壽先之子勤儉孝悌，慷慨有智略，此非久貧者。”以長女許字之。二十四成室，猶傭作謀生。值歲大祲，兄弟析爨，自度食不給，遂東下。令豫土需料急，獲數千金，腰纏頗裕。歸里，獨肩大事，葬考妣於蓮祖塋之西。時公之兄弟皆貧難自存，公分潤之，無德色。從此設木廠造河船，懋遷有無，而生計益饒。兄弟負累者，皆為償其債。既伯兄與弟姪皆先卒，棺殮厝塋悉得宜。諸堂姪各給財產，子女婚嫁無失時，其至情敦篤，雖曰未學，而所為非學者易能。遇水旱疫癘，散粟施棺，救餓者、病者，全活者甚衆。逋欠無力者，悉焚券不索，宗族鄉黨義之，聞於官，旌其門。以上舍登耆壽，恩授修職郎。公有四女，長適王氏，次適宋氏，三適孫氏，季適杜氏。年四十二歲舉一子雲青，亦列成均。孫嵩齡。孫女五，各適名門。公念幼壯時為饑驅失學，今家道稍溫，子孫不可不讀書。置家塾，請名師，廣設義學。公語子曰："吾已耄，所願捐立各義，恐難觀厥成爾，當繼吾志力為之。"今敬業書院，樂群、青雲兩義學，白氏家塾，絃誦之聲相聞，猶行公之志也。

公生於乾隆十六年六月二十五日卯時，卒於道光元年九月初三日辰時。嗣後孺人勤儉持家，織紡積蓄，修橋建廟，捐貲養士。又於道光癸巳年，遵示樂輸賑銀一千兩，蒙欽賜"樂善好施"，旌表建坊於家門之右。孺人生於乾隆二十一年十二月十二日戌時，卒於道光二十年二月十四日酉時。公於道光十年四月二十日已葬祖塋，今牛孺人合厝，而側室韓氏祔焉。余與嗣君昂夫交舊，庚子春遊嵩過鞏，謁其家。昂夫徵余作銘，余義不能辭，為撼公之大略，銘曰：

人情日澆，民義弗務。積怨成仇，骨肉陌路。富貴且然，況乃寒素。家自為學，非驕則妬。誰則好禮，以人為樹。維公少孤，如津失渡。玉韞珠合，識者一顧。鴻毛順風，忽欣所遇。累累橐裝，刀幣泉布。富而能分，若起沉痼。兄弟既翕，和樂可賦。存者吾養，亡者吾厝。賑歉恤災，遐邇胥慕。獨子能賢，克循前步。塾序鱗鱗，絃歌朝慕。如斯古誼，輓近不數。公之恩波，河洛交注。慮善以動，後昆垂裕。

誥授奉直大夫知光州息縣事甲午科同考官年家弟孫化隆頓首拜撰。

邑庠生員愚外孫王吾亭頓首拜書。

大清道光二十一年歲次辛丑二月中澣之吉。

男雲青泣血納石。

（誌存鞏義市河洛鎮七里鋪村。孫憲周）

建修送子觀音碑

【額題】萬善同歸

嘗聞神之為神昭昭矣。呼之則靈，感之則通，神固人之保障也。況紫竹自在，舉世之似續可卜；白蓮慈悲，家庭之燕翼有賴。赫赫濯濯，不大有益於後人乎！於是，縣治西南許村曰西作，其中有善士五人：康心李君、康明李君、朝玉王君、康玉李君、文全師君，慨然興創修之舉焉。又募化鄉衆捐工捐財，不數日而功告竣矣。囑予為文。

後學王太常撰。

此廟地係李康明、李康新施捨。

功德主李康明施錢一千文，功德主李康心施錢九佰文。

化主王朝玉施錢一千八佰文，掌歷師文全施錢一佰文，李康玉施錢一千文，李得水施錢一千零五十文，吳貴安施錢八佰文。山西孝邑趙興邦施錢六佰文，吳元相施錢五佰二十文，張口臣施錢五佰文，李康兆施錢五佰文，龐二德施錢四佰文，龐復友施錢四佰文，張元池施錢三佰五十文，吳得法施錢三佰五十文，吳兆斗施錢三佰文，吳有安施錢二佰二十文，吳醜施錢二佰文，張學顏施錢二佰文。張元明、龐廷俊、張豬娃、張元仁、龐吉曾、龐廷詔、費文郁、費學春、費道賢、吳希太、監生位維新、監生吳紹監、許孟西、張保陽、龐潤峨、吳森、李法西、吳紹東、龐吉祿、龐吉湘、張永子、龐雨、尹太順、李康友、張學祥、吳雙喜，以上各施錢二佰文。李朝合一佰五十文，趙二太一佰五十文。龐保、李保、張東寅、曹紅、□官全、龐吉文、尹文祥、荊士貴、李金拉、龐森、吳兆祥、閆文海、吳青雲、張保、吳紹新、權順和、吳青山、龐吉照、吳德榮。龐潤來、張元聚、張同富、張大合、張二合、龐吉林、吳得耀、張丙寅、張學淵、李兆貞、張學顯、吳同順、吳得柄、吳紹蘭、龐廷樹、尹百成、王太榮、龐吉盈、張元福、張學宇、王根、龐掌、龐吉友、李元、尹百祿、龐潤章、龐雲祥、龐吉山、董萬章、費喜兆、費金，以上各施錢一佰文。

大清道光二十一年又三月十九日立。

（碑存鞏義市西村鎮西村送子觀音堂前牆外壁。孫憲周）

白雨記

道光貳拾壹年四月初九日，下白雨，大如米元，小者如核桃，厚者材尺八寸。麥□畝□□，六月拾三日得其透商。

（碑刻于鞏義市西村鎮西村費拉臨路房磚柱上。孫憲周）

重修白雲寺正殿暨山門碑記

青龍之表，白雲之麓，有古寺焉。峰巒拱秀，蒼萃謀目；溪流潆洄，清冷謀耳；田疇平膴，林木葱籠，空澗謀心；是真佳境罕到，有非尋常之菴觀匹儔者。昔之所謂白雲，俗之所謂藏梅也。庚子春，余至乾溝。為張君會甲賓，見學外運樽橿命車馬，疑若有大興作者然。一日，見張君而問曰："有事乎？"曰："有。"問何事。張君曰："此事所由來久遠，憶少時從母省親，過白雲寺側。母嘗指而謂之曰：'汝知此寺何昉乎？開皇以來即有之。其佛殿乃先世思學公重修之，再傳而三聘公復修之，歷三世而夙蘊、素蘊二公又修之也。且山門移前三楹，規模始大，乃汝祖諱炳率衆而力創之者也。'會甲謹誌其言，會甲識其意向者。自寺反，偶以正殿山門漂搖傾圮之狀，言於家母。乃蹙然曰：'倉廪不開者，不可救荒，橋梁不成者，不可濟行旅，廟宇不完者，不可妥神靈。且汝獨忘寺側詳告之言乎？吾鄉之好善樂施甚衆，而若需以待廟宇傾塌，以累世之遺事，專為汝責乎？'會乃唯唯從命。急輸財物，託堂姪孫新貴董理其工。朽者堅之，缺者完之，檐桷壞者修補之，神粧金之。此即予所見為有事也。"余聞其言而思之，天下事，莫為之前，雖美弗彰，此寺之修繼，何幸先世屢修寺院而莫為之後，雖盛弗傳。此寺之修理，何幸又有一張君也。微張君不克為數世之繩承做。張君有賢母，亦不忘乎母教誨，將所謂繼志述事，而不僅為梵香拜會之地者，其在是役。興自春，迄夏，閱數月而告竣。張姓族衆請願同心協力修廟宇以為揚善之意。余以為稱孝之心也，固辭不獲。因以聞張君之述母命者，誌其巔末，他若積善賞不修廟宇、不行善事者，虛也。

偃邑廩膳生喬裕綉撰。

武生張新貴書。

重修主張白氏子直隸州分州會甲孫毓堂。族人立石。

住持湛可、湛舉，徒寂聚、寂德。

道光二十一年夏六月下浣之吉。

（碑存鞏義市回郭鎮乾溝白雲寺。孫憲周）

創建齊天大聖廟宇并金妝神像碑記

蓋聞積善之家，降之百祥；積不善之家，降之百殃。由此觀之，善之宜為也大矣哉。吾邑東南耍峪村有友曹公諱安元，誠蠢世善士也。於壬寅伏日天道元旱，恐其秋禾枯槁，而人困於饑饉之苦，故謀及衆士張君諱殿魁、鄭君諱得祿、傅君諱太成、宋君諱文福，同祈甘霖於齊天大圣尊神前。善達於天，沛然下雨。嗚呼！其亦幸而有曹君之善，不見棄於神佑耶！意曰：大圣久棲茲土，一日慈悲大發，神既佑人而獲生，人何報神而酹惠。斯時善念遞發，公議諸君創建圣廟，金塑神像。又曰：善宜同為，獨力不足以為善。於是，募化四方，各捐貨財，諸君經營，不數日而告竣焉。夫廟之成也，雖人力之功，實大圣之威。雖諸君之善，實萬善同歸也。余登山遠眺，廟貌輝煌，凡有游客者，豈一朝一夕之日哉！故誌之。

後學陳魯堂撰並書丹。

鐵筆李上林。

大清道光二十三年歲次癸卯九月中浣。

（碑存鞏義市小關鎮荻坡村水峪溝。孫憲周）

本村公議禁止賭局碑記

蓋聞上古之事，聰明者效力於書，愚昧者效力於耕，并未聞有賭博之謂也。然如世道不古，風俗漸媮，而賭博出焉。使聰明者棄書而不讀，愚昧者舍田而不耕，以至亡身破家，辱宗敗倫，莫不由賭博致之也。其害可勝道哉！故合村之人，目睹其人，心傷其事，豈不欲救哉！但地廣人衆，不可家家而告，亦不可人人而語，故勒石於柏峪堂以示戒。凡堂左、堂右官地，不許開賭廠，如有犯者，送官究處之。

馬蘭芳沐手書丹。

本村公約馬法章。

石匠李学富。

時道光二十三年九月二十六日穀旦全立。

（碑存鞏義市回郭鎮柏峪菩薩堂。孫憲周）

官清民安碑

特授鞏縣正堂加五級、記錄□次劉為嚴禁娼賭，以肅功令，而靖地方事。

照得賭博為竊盜之源，娼妓乃近殺之漸。定例開場聚賭，法應遣戒，窩頓土娼，罪應擬城。且立法以何等森嚴，豈容毫不忌憚。本縣嚴行訪查，本邑民情尚稱淳樸，而城鄉集鎮開場聚賭、窩留娼妓者，尚復不少。若不嚴行查禁，何以安靖閭閻。除飭差嚴密訪拿外，合行出示嚴禁，為此，示仰闔邑軍民人等知悉，爾等務須各安本分，切勿開場聚賭、窩頓娼妓，以致廢時失業，蕩產傾家。自示之後，尚敢怙惡不悛，仍蹈前轍，一經訪出或被告發，定行從嚴究辦，決不寬貸。本縣言出法隨，慎勿以身試法，各宜凜遵勿違。特示。

五村公議：鞏有飛賭、飛娼、訛墳一切被誣之事，公同稟究。

歇馬亭、半個店、兩河口、西竹園、米河村紳士商民仝立。

皇清道光二十五年歲次乙巳中和月中浣穀旦。

（碑存鞏義市米河鎮米河村白衣奶奶廟。孫憲周）

創修東配殿祀龍神行山并茶亭前窯水道垣墻碑

【碑陽】

【額題】流芳百代

龍之為靈昭昭也，興雲雨，神變化，妙飛潛。《易》曰"龍德而隱"，龍德正，中有其悳，自當食其報。故通都大邑坫窮巷隅，胥立廟而像祀之，血食不休，宜矣。行山乃山嶽之靈，士人環山穴處，朔望致祭，理有固然，非瀆也。舊廟悉有專祠，嘉慶甲戌大饑，掃地以盡，慢神寔甚。近來年豐人樂，李君有重字子威，首任其事，與諸君子同心協力，修東配殿三間。北間祀龍神、行山，南間作茶亭，一舉兩得。美哉輪焉！美哉奐焉！至修垣墻以壯觀瞻，券水道以防浸沒，築前山鑿土洞二孔，以蔽風雨。委曲妥處，子威之功居多。工竣，丐余為文。余思物之興廢成毀，不可得而知也。昔之輝煌殿宇，不轉瞬而為荒煙蔓草，安知後之視今不猶今之視昔也！一旦委之風雨，視其漂搖不之理，有基勿壞，可勿動念與？此又非仁心為質者矣。噫！修廢舉墜，必欲烏重革翬重飛。後之君子不容辭其責，此則余之所厚望也矣。

斂齋李玉鳴音德甫撰文並書丹。

前年李有經，康文正栽柏樹四株，活一株。

掌帳康長安一千文，李順□一千五百，監生李順□一千五百，李有重一千五百，李振福一千，李洪祿一千。

領工李復祿二千，李有臣一千，常建昆五百，監生李順友五百，康文正一千，李順志一千。

首事康中行五百，監生康復枝一千，監生劉文秀二千，康復圖一千，康文清五百，李潤光一千，康三進二百，李清芳六百，李洪林五百。

化主首事劉正霸一千，李君芳五百，監生劉正群一千，趙永清五百，李葆光五百，李有科五百，李上林一千。

泥水匠張長太。

石工許朝聘。

大清道光二十六年歲次丙午暮春下浣穀旦。

【碑陰】

施財善衆

監生劉好明一十五千八百五十四，劉正群一十五千一百六十，生員劉慎三五千，萬順號五千，王玉成五千，三益永五千，劉復珍三千九百，劉復泰四千五百，劉永升四千五百，監生牛文煥四千，王景成二千五百，永安號三千，楊丙忠三千一百，栗貴二千四百五十，李潤玉二千三百，王得召二千二百，楊丙正二千八百零八，德聚號二千，當聚成號二千，當聚瑞號二千，君盛號二千，姜群三千，劉長壽三千，王老八二千，胡毛二千，泰順號二千，阮朝貴二千，盧炳元二千，劉正坤二千，祥興號二千，孫九榮二千，牛多二千，康雙喜二千，監生王元章二千，從九品劉復錫二千，鳳臺縣馮如貴二千，崔百文二千，白沙崔學二千，劉士明一千九百八十，牛文進一千六百，劉吉賢一千三百八十，劉蒼洲一千五百，康廷法一千五百，王康一千五百，楊丙傑九百五十，崔費守一千五百，李應升一千二百。孫九壽一千四百，尚思順一千五百五十二，劉玄一千，監生劉正合一千，泰興號一千，張復友一升，藍復用一千，王世位一千九百，李長明一千五百，劉廷臣一千，康萬載一千，傅統基一千，崔公升一千，恒茂號一千，張希賢一千，張桂林一千，張之振二千，監生王太和一千，李新一千，生員李文明一千，生員張復元一千，李匡一千，張米貴一千。

李欣彪、鄔安邦、王文煥、韓存周、王金榜、監生劉欽圣、張吉成、閻振玉、李潤玉、劉立、鄔安忠、溫兆昌、崔文錦，以上十三人共錢十千整。

張吉成九百，崔松林六百，劉戊干八百二十八，劉復文五百五十二，尚□□五百，常建倫五百，李有□五百，李有□五百，季□□五百，□□□五百，季□□五百，李宏振五百，李復性五百，李煥章五百，劉發身五百，李順義五百，李洪保五百，張惟宗五百，韓存周五百，郝四太五百，鐘文祥五百，李希孔五百，李中孚五百，監生李順文五百，李順嘉五百，監生鐘文正五百，李二興五百，張須五百，劉剛五百，趙來法五百，王不思五百，李三祥五百，馬旦五百，趙會亭五百，丁的柱五百，丁二柱五百，丁丑貨五百，趙復太五百，韓五及五百，劉聚五百，李玉文三百，李洪德五百，楊□三二百，劉太三百，費同興二百，劉篤坤二百，劉大興二百，馬景祥二百，張玉二百，竹園川李長明二百，藍文舉二百，康鳴鳳五百。

（碑存鞏義市文物保護管理所。孫憲周）

換地契約碑

立換契人李鴨娃，因為耕種不便，今將自己田地連三段，坐落廟西，其地東西畛，東至廟，并至劉法才，西至香火地，南至路并至康姓伙地，北至換主，四至明白，上下土木金石相連，盡在換數。同人說合，情願換到柿溝香火地二段，小老君廟嶺地連三段，各帶各糧，俱無異說，恐後無憑，刻石存證。

同中人李振福、李順德、李有重、李丙陽、李玉鳴、李順祿、李洪祿、李有臣、康長安、康年貴、康文正、康文清。

（碑存鞏義市大峪溝鎮橋溝老君廟。孫憲周）

遷修汜河口大王廟落成碑

【額題】萬善同歸

知縣謝益撰文。

汜水爲汜邑之河，而汜邑因以命名。汜河之有河神廟，由來舊矣。道光二十三年，中牟漫河口，黃河泛溢，汜水不能入黃河，黃水反倒灌入汜□□□。廟已半浸，而神像巍然特存，神之爲靈昭昭也，固若是哉！斯時，黃汜橫流，破城而入，城中人民具保無恙，非神靈之護庇不及此。城□□，灘地居民順流而下者百餘人，有漂至中牟者，有漂之祥符者，一一皆得拯救，俱保無恙，非神靈之護庇，猶不及此也。汜邑紳士感神之德，遷河神於高崗，新之。廟即成，紳士請序於余。余曰：神聰明正直而不一著也，神所憑依□在德矣。當黃汜交溢，破城入□，灘地盡成沙磧，而□城內城外士民無一□水患，固神之保護斯邑，亦斯邑有有德者感神，而神庇之也。然則自茲以往，取不備德以□神□哉！人人□□即人人護福，神之護陰斯邑者，更不知何如也。

清道光二十六年立石。

（碑存滎陽市文物保護管理所。孫憲周）

新建大王廟碑

道光二十七年兵部侍郎鍾祥撰文。

道光二十一年六月，祥符上汛三十一堡河水漫溢，皇上命大學士王公鼎、侍郎慧公成駐工相度機宜，乘時堵築。既河臣朱公襄、撫臣鄂公順安督率在工文武員弁，購集料物。於是年十月興作，次年二月合龍。維時勢河溜旁趨，祥符、陳留下游一帶咸成澤國，梁園適當河沖，奔騰澎湃，城不沒者三板。東折西傾，異常危險。加以冬令酷寒，堅冰屹如山立，施工較難。壬寅正月四日正在金門挂纜，猝遇風狂雪驟，大溜挾冰而下，壅注中流，口門埽占因之走失。下南河同知王美，方親督兵夫拯救搶護，竟沒於水。一時人心岌岌，均有難色。幸賴執事諸君飛章入告，不動聲色，另請錢糧，董率在事員弁，鵠立風雪中，晝夜趲辦，逾月而功以成。官民歡呼夾道，萬口一聲，謂非神功默助曷克臻此。《記》有云："能禦災則祀之，能捍大患則祀之。"合龍後，奏請立祠，以崇報飨，奉旨敕建。由前開歸陳許道楊以增率同下南河同知賴安，集貲涓吉，於祥符下汛七堡地方，經營建度。嗣於道光二十五年，中牟工竣，下南河同知羅鈞享庀材鳩工，始得蕆事。廟既成，殿宇堂廡既庄既嚴，門庭庖湢以整以飾。正殿供奉金龍四大王、黃大王、朱大王神像，其左右偏殿一供風火神，一供陳九龍將軍，東西兩廡，列祀各將軍神位，而原南下河同知王美沒於王事，亦列祀於廟之右側。嗚呼！神人相孚，捷於影響。司事者專精之至，神必通之。《詩》云："神之格思，不可度思。"又云"相在爾室"，感召之端，確有可憑，非僅修香楮平拜跪之儀已也。祥共承簡命，總督東河，竊願共事諸君，各殫乃心，各勤乃職，盡人事以迓神庥。庶仰副聖天子懷柔之誠，保赤之意，而榮光有慶，恒基於此矣。祠成，羅君以碑文請。敘爰其端尾，並述神人交孚之理，泐珉以示永久云。

（文見陳善同《豫河續志》卷二十。王興亞）

清特授修職佐郎例貤封文林郎慎軒張公墓誌銘

邑人劉淩漢

公諱淩雲，字翰起，號慎軒。始祖鹽監公，金季令於鞏，遂家焉。嗣後，歷居台衡，纍入鄉賢，與元代相終始。數傳至公曾祖諱宗禹。祖諱養民。公父國學生諱作睿，字述之，耕讀延世。公生而醇篤，長益孺慕。述之公年逾六旬，得瀉疾，嘗夜起。公晨昏視側，十餘年如一日。迨父母相繼逝，公喪葬遵循家禮。嗜薔如炙，穎异聰慧，前輩桂漢升先生深器之。旋遊泮食餼，奈數薦不售。先達俱為惋惜，而公怡如也。

教授生徒幾五十年，學者口稱先生如胡安定門人於安定也。主講東周書院六年，學徒愈眾。一時知名士多出門下，前後擢巍科者必九人。課讀之餘，輒肆力詩、古序、誌、歌行，不下千餘篇，藏於家。性嗜酒，每酣飲，相與論經古，侃侃直陳，如數家珍。余初習舉業，每就質，而公終不以長者自居。其謙退，類如此。

生平儉於自奉，而厚以待人。族中貧無業者，必給以謀生之資；鄉里困窮者，量力周恤。公以明經終，末年部選郟縣訓導，報到時，而公沒世矣。

嗚呼！以公之才學，竟艱於一第，是亦數之奇也。然而積德者昌後。公長嗣菊圃公，丁酉賢書。公猶及見之。甲辰，大挑二等，歷署封丘、汲縣、陳留學篆。次嗣君亦早食郡餼。孫輩絡譯補諸生，天之報施，豈或爽哉。德配康孺人，幼毓名門，克相夫子。六旬餘，猶紡績不輟，家人勸之，弗顧也。副室朱氏，生第三子而邅卒。公生於乾隆三十年七月二十日，卒於道光十九年三月二十五日。康孺人於乾隆三十年五月十八日生，於道光二十一年六月二十二日卒。子三：長志省，即菊圃公也；次勛淳，郡廩生；三志箴，太學生，道光二十八年染疾卒。孫六：穎，增生；栗，庠生；穫，志省出；耦、余、勛，淳出；耒，志箴出。俱業儒。女一，適白門：孫女五：長適馬，次適賀，次適馬。曾孫女四。今將卜葬於三月二十七日。公嗣走怦囑余銘。余與公交最密，知最祥。其三子為余婿，不能以不文辭，爰繫以銘。銘曰：

溯前代之輝煌兮，榮名丕著；維世德之繼繩兮，家聲不墮。仰品誼之清淳兮，絕羣軼類；佩學問之宏深兮，經經緯緯。羨桃李之競芳兮，德業廣被，卜遺澤之流益無窮兮，子子孫孫相承於無替。

（文見民國《鞏縣志》卷二十五《文徵志》。王興亞）

鄭氏節孝坊文

節婦李鄭氏傳

氏，農家女也，姓鄭氏，有淑德，專靜純一，溫溫然無疾言遽色，而意凜如也。年十八相夫，天性孝慈，能得堂上歡。家奇寒，良人家食常少，時離膝下，氏承顏諭志，以婦代子，其常也。結褵五載，天兇。遺孤二，長學舉，次學健。未幾，翁姑亦繼逝。方夫之沒也，氏年二十三歲，幾以身殉。轉念雙柩在堂，兩孤無怙，非草草一死所能畢其事也。蓋自是而事愈難，勢愈迫，而操亦愈堅。有利其嫁者，百計搖奪之不為動。家數口皆冗人，無他生計，惟仰十指為活。見者莫不悲其遇之艱，而氏晏如也。婦功女紅外，訓二孤，悉合義方，如是者有年。經營三喪一如禮，兩孤玉立，長學舉遊成均尤有聲。艱辛萬狀，卒成厥志，孰非孝慈貞靜所致而至哉！遇猶子尤有恩，胞姪某，幼失怙恃，無所歸。慨然曰：伶仃若此，何以自存？是亦未亡人未竟之責也。向二孤，今三孤矣。撫養教誨，與諸孤齒，是者亦有年，某能成立，皆氏力，士林賢之。五十有五卒，苦節三十有二年。邑人士合同請旌，得如例。今子孫繩繩，稱素食報未艾，有孰非孝慈貞靜所醞而成哉。嗚呼！可風矣！爰據實以誌，垂不朽。

道光廿九年。

邑庠生員族孫文繡謹識。

　　竊惟詩咏《柏舟》，咸欽靡他之誓；史傳《孤燕》，共述不忍之歌。高節既褒於曩時，貞風尤重於盛世。茲節孝婦鄭氏者，乃已故農民李士海之妻也。孝由天性，節以志堅。處閨之女儀既純，適人之婦德更備。許聘十有八載，初聽雞鳴，結褵僅及五年，遽傷鵠逝，死者長已矣。欲捐軀而無由形，其徒寄乎延餘生以有待。天淑天慎，安事女紅之宜；克儉克勤，勤冀補夫職之缺。上謀窀穸之大事，哀禮兼全；下撫孤弱之小兒，慈嚴并盡。妯娌昭其和睦，彼此兩忘；子姪賴以全成，異同胥化。茹三十二年之荼蘖，歷五十五歲之春秋。勵志青年，閭里咸稱其節義；完操白首，彤管宜揚其光輝。寅維老師大人教化，宗主人倫，權衡片語，褒揚捷於風雨，一言闡發，重若邱山。是用開具事實，敬求轉達彙題，伏冀恩頌九重，芳流百代，慰英魂於地下，樹懿範於天中。

　　邑庠生員鄉晚生劉瀅拜表。

　　氏當垂髫，端凝淵默。少成若天，姆儀叔德。及氏于歸，夫有良佐。內外謹嚴，翁姑皆賀。結褵五載，良人永訣。之死靡他，不媿婦節。雙孤在抱，長育顧復。迄於成立，良人瞑目。孝事北堂，心力必盡。餐雪飲冰，厄窮不閔。兼和妯娌，教姪家常。不分畛域，宗族稱揚。尤其慎者，經理三喪。勿之有悔，安厝壽藏。五十五歲，厭世歸天。屈指守志，三十二年。相厥後嗣，孫男林立。共擁富厚，賢孝所及。長男特出，秀拔成均。祇承憲典，濡沐皇仁。敕建龍坊，道旁巍峨。神靈享祀，萬古不磨。

　　姻晚增廣庠生孟金銘拜頌。

　　節婦從來咏《柏舟》，斯人直與古人儔。好辭絕妙憑誰寫，鐵石心腸獨自留。抱孤奉養無黃昏，三十餘年大義存。會見芝蘭繞玉砌，紫函彤管慰英魂。

　　郡庠族雲孫化鈞拜題。

　　双柩未舉兒尚小，殉軀何如守義好。天君遺憾掃黃土，半世艱辛待儂補。妾命薄，君恩深，洛水悠悠鑒此心。荼雖苦，甘如蜜，三十二年如一日。似此貞風古所難，綽楔高矗白雲端。摹寫大字書姓氏，留與人間作樣看。

　　邑庠生崔松喬拜題。

　　鄭氏女，李家妻，賦性皎如白雪姿。琴瑟雍雍剛五載，偏棲邊賦孤燕詩。誓欲隨君去，泉路寄此身。下有齔齒未脫之兒，上有停柩未葬之雙親。千斤大任一朝棄，此責都肩未亡人。自矐百憂生計拙，哀毀骨立見突兀。曉汲凍敲寒泉水，宵織殘照西窗月。三喪舉，母儀畢，臣心已盡，臣力竭。茹荼食蘗三十年，嫠星忽向天邊滅。吁嗟乎，苦節兮苦節！長子有名成均列，綽楔煌煌樹道傍。姓氏直與嵩邙並峙洛流長。

甲午科舉人候選教諭漢封崔鳴山拜題。

（碑存鞏義市站街鎮倉西西溝。孫憲周）

節孝婦白母孟孺人石坊刻辭

懿乎，是為鞏縣節孝婦白母孟孺人之坊表也！孺人父凱旋，母趙氏，縣之黑石關人。年十九，適本縣石板溝白君錫璧。逮事祖翁姑及庶祖，而事祖翁之疾尤謹。祖翁疾稍間，夫又病且重，孺人禱於神，願減己壽以益夫壽。不使人知節，夫亦不能知之也。如是者四十九日，竟不起。孺人哀毀不欲生，而祖翁亦上篤，腫疾復發。孺人乃節哀以事祖翁，安之，凡戚族來問疾者，未嘗未稱其賢也。又二年，祖翁卒，家難疊興，賴夫從弟錫瑞扶持之，乃得安業。自惟勤操作以自生殖，而親族有貧困者，則周恤，惟恐不至。家人或止之，氏曰："汝焉知凡天之生物，只有此勤而儉者聚之，聚而不散則曠，分以濟人之急，則適用而不可曠。我農家也，得不饑寒幸也，安可留有餘耶！"家人乃不敢復言，而鄉鄰之被其德者衆矣。道光廿九年，五十四以疾卒。於是縣之士民相言曰："往錫璧白君之歿，孺年二十二爾，苦節三十二年以旌，協於朝令。且白孺人撫其二歲孤統陽，今長而愛人，能恭遜於鄉間，是孺人又善教也。"則衆走校師及幸之門貢焉。有司察之信，乃達於禮部，被旌表如今式。令子統陽乃建是坊於里門之次，介同歲劉君謁余文以為記。余惟孺人之貞德自有不可歿者，何待余言？然統陽不遠數百里見委之意，不可孤也。乃摭其行實書於石，以俟後之君子觀焉。

丁酉科拔貢庚子副榜候選儒學教諭鄢陵蘇源生撰。

前任汝寧府遂平縣教諭現今發山東候補知縣姻晚康子龍頓首拜書。

道光三十年仲秋。

（碑存鞏義市洛河鎮石板溝村。孫憲周）

東周鞏王廟原委

邑庠生員焦琴音闇章氏。

鞏為東周尚矣。讀《史記・周本紀》，知東周始封之君號東周惠公。或疑惠為衍文，緣父子同謚之理，然無確據，故仍之。數傳以後，國繼西周滅於秦。而君為秦所遷，其名號蓋缺於史，《綱目》所載，東周君是已。今鞏邑所屬洛西邙山下有故城址曰"鞏王城"，山下高岡有廟曰"鞏王廟"。閱廟內碑記：王姬姓，周惠公之少子，是所謂鞏王，即始封於鞏之東周惠公也。嘗綦考其原委事實，其東封於鞏也，出於西周惠公。西周之地本洛邑之王城，乃平王東遷建都之所，其地在澗水東、瀍水西，成王定鼎於此，以朝諸侯。《左氏》所謂"郟鄏"，《詩》《傳》所謂"東都"者是也。迨敬王以王子朝之亂，乃於其二十六年徙都成周，此周公所卜瀍水東之下都，以處殷遺民之地，而王城遂為周之故地矣。嗣以元王、貞定王至考王元年辛丑秋，以王城故地封其弟揭，以續周公之職，曰桓公。桓公卒，子威公立。威公卒，子惠公立。惠公於王城立長子曰武公，又於顯王二年甲寅，別封其少子班於鞏以奉王，亦號惠公。（《通鑑》載：東周始封，在考王十五年。按東周君，西周武公之弟，據《史記·周本紀》，赧王時，西周武公之長子□太子義吳草廬東。西周辨云，東周惠公卒於赧王九年，赧距考百有餘年，於理不合。惟《名勝志》云：東周之封在顯王二年矣。□為近理，今從之。）

於是，鞏為東周，而河南王城遂號西周，此東周君之封所由來歟。東周自始封後至慎靚王六年丙午，計五十有二年，其間事實史冊皆未載。獨至赧王時，東西周分治，王赧徙都西周。赧八年，秦借道兩周之間以伐韓，周恐借之，畏於韓，不借，畏於秦。史厭謂秦之敢絕周而伐韓者，信東周也。韓與周地，發質之楚，秦必疑，楚不信周，是韓不伐也。又是東周與西周戰，韓救西周，或為周君說韓王按兵勿出，可以德東周，而西周之名器重寶，必可以盡矣。又王赧謂成君楚國雍氏韓徵粟與甲於東周，東周君召蘇代說韓相國毋徵甲與粟於東周，反與周高都。二十五年辛未，秦昭襄王稷十七年，東周君朝秦。三十三年己卯，楚謀入寇，王使東周君喻止之。凡此數者事及東周，皆在赧王時。

赧五十九年乙巳，秦伐韓趙，赧王恐，與諸侯約從，將天下銳師出伊闕討秦。秦昭襄王使將軍摎攻西周。王入秦，頓首受罪，盡獻其邑三十六，口三萬。秦受獻，歸王於周。是歲卒。次年丙午，秦取周寶器遷西周公於憚狐之聚。是時，周民不樂附秦，亡歸東周。東周君咎保遺民事宗廟社稷，凡有河南、南陽、穀城、平陰、偃、鞏、緱氏七邑。閱七年，東周君謀秦。秦莊襄王楚，使其相呂不韋帥師滅東周君於逃債臺，遷於陽人聚，以陽人地賜之，不絕其祀。而東周、西周遂於是皆入於秦焉。蓋東周自顯王甲寅始封，至赧王獻邑後七歲壬子滅亡，共歷百一十有八年。其君可記者惠公名班，嗣君名傑。後亡之君名咎。其謚號、年數不詳於史，即所記事實亦概以東周君稱之，而未嘗區別。余故採輯敘次如上云，至於鞏王之號在當時原先無是稱，其為後人沿襲之訛無疑。

然史遷作《史記》，以東周君附《周本紀》，當時赧王既卒，西周既遷東周，東周君以姬氏之裔保周遺民，事周宗社。則此七年之統，東周君實繫屬焉。故當時雖未正王之號，而身系王之統，則後人即稱之為王，其誰曰不宜！由此觀之，茲廟所祀之鞏王，當非始封之惠公，而為後亡之君咎亦明矣。而吾於此竊有感也，周自東遷而後，寖衰寖微。至東周肇封之日，其勢益凌夷甚矣。地不大於曹滕，人不眾於邾莒。然以人心未去，猶能擁位號於強侯之上，而為天下之共主者百餘年。國既亡於西矣，而猶歸於東，及東周既滅，周既亡，世代幾變更矣。而異世之民，猶於其君臨之墟，擬肖其君之像，歲時崇奉而饗祀焉。

晚周衰殘之餘，其何以得此於民耶！自非文、武、成、康之德，有以深入乎人心而動於天理，民彝之不容泯者，又何能没世不忘若是哉！夫乃嘆有周遺澤之深，貽謀之遠，雖時至異世，猶足以繫民心。暴秦惟以詐力取天下，以故當時之民叛之其國，亦不再世而亡。嗚呼！仁暴之異效其亦可監也夫。

又七律一首：生只為君死為王，偶尋故蹟嘆周亡。秦逢西楚成灰燼，君祀北邙饗酒漿。百世宏基二世滅，七年餘裔萬年香。天心人意知何在，仁暴兩朝自主張。

增廣生員鄢陵教諭孫 彭年益亭氏 萬年永傳氏 校。

邑增廣生員曲浩伯涵氏書。

裔孫恩貢嘉言、裕元嘉箴、郡庠生嘉善、增生嘉賓、太學生宣曾、顯曾、楷曾、郡庠生口波勒石。

鐵筆趙遂太。

大清咸豐元年歲次辛亥正月二十二日。

（碑存鞏義市康店鎮康北鞏王閣。孫憲周）

皇清例授徵仕郎斗方康公墓表

公諱應魁，字斗方，姓康氏。先世洪洞人。始祖守信，明初遷鞏，卜居於康家店。守信生貴。貴生四子：伯俊、仲英、叔安、季雄。公出叔派。安生超士。超士生傑。傑生紹敬，由洧川驛丞晉山東東昌府大使。紹敬生時謙。時謙生國祿。國祿生興隆，興隆子三：次迓吉，三雲吉，長諱復吉，即公高祖也。復吉四子：長恭，次寬，三信，四諱惠，於公為曾祖。惠子三：次大椿，由太學生贈文林郎；三大鑑，太學生；長即公祖，諱大勇，例授登仕佐郎。考諱雲從，太學生，例贈文林郎。妣韓孺人，繼妣陳孺人。姊妹二：姊適韓門，早寡，撫孤守義，膺旌表；妹適王門。公賦性純篤，有至行，生平孝慈勤儉。余既為之誌銘矣。至如好善樂施，尤其大過人者。道光戊子年，獨捐貲修聖廟。後值祥符、中牟兩次河工，樂輸己財，亦無吝色。丙午、丁未歲大饑，又出粟以賑，全活甚眾。此無力者所不能為，有力者亦不肯為，而公慨然為之，豈有意食報哉。當事者據實詳報，奉旨加公直隸州分州銜。議敘其長嗣廩膳生子龍補遂平教諭，後議晉山東試用知縣。次嗣道平，都閫府職。三道興，入武庠。郡太守蕭公親賜匾額曰"義賙仁里"，報施之厚如此。公誠當之而無愧矣。元配王孺人，早逝。繼配李孺人，有賢德，克盡婦道。女三，各適名家子。孫男三：無逸出子龍，無晏、無耽，道平出。公命無晏與道興承祧。孫女五：子龍一，道平二，道興二。或適或字各系名門。公生於乾隆三十八年九月初一日，卒於道光三十年十月初四，享壽七十有八。咸豐壬子春，公嗣君子龍將葬公於邙嶺新阡，而屬表於余。余與子龍系同門友，又忝居西席，遂忘固陋，以表其梗而概焉。

郡庠增廣生員眷晚趙鳳鳴頓首拜撰。

清咸豐壬子二年春。

(碑存鞏義市康百萬莊園。孫憲周)

白沙崔家祠堂戲樓楹聯

乃文乃武把往事何妨再敘
演忠演孝勸世人莫作閑看

刻羽引商此中隱寓春秋意
知來觀往局外須探勸戒心
咸豐二年。

(存鞏義市孝義鄉白沙村崔家祠堂。王興亞)

敕授徵仕郎直隸州分州斗方康公賙饑碑

被賙人仝立。

公諱應魁，字斗方，康家店之素封也。道光丙午、丁未間，歲洊饑，里中不給者五百餘家。公親族按實造冊計以授糧，經冬歷春，凡半載，賴以生活者甚衆。被賙之家，欲報公德未果，而公沒世。迺於葬公之日，豎匾於門，勒碣於道，以誌弗忘云。

咸豐二年三月上浣。

(碑存鞏義市康百萬莊園東大門外雙碑樓。孫憲周)

清敕授文林郎汝寧府教授景沂王公暨魏孺人墓誌銘

邑人劉淩漢

景沂公為余執友，皆舌耕。及公捷南宮，司鐸汝南。余咀亦大挑司鐸小黃。乙未夏，接公訃音，悲歎良久。憶公言貌，耿耿不能忘。余又自湖南九溪改就宛郡教職。壬子，告歸。公哲嗣將葬公。持公行述，請余誌墓，以余知公悉，不獲辭也。

公姓王，諱又曾，字景沂，號嵩峯。曾祖諱後伸，由吏員選巡儉，未就。祖諱俊級。父諱謨，郡庠生。本生父諱言，皆以覃恩贈文林郎，如公職。祖母氏閆，母氏李，本生母氏張，亦皆贈孺人。父兄弟四，父居長，本生父居三，生公、同懷二公居長。少而家貧，性嗜學，耕耘負儋之際，吟誦弗輟，膏油不繼嘗映月、冬則映雪、映爐。嘉慶癸酉歲遭饑饉，饔飧不給。展卷輒忘，三十餘，始入邑庠，旋食廩餼。道光壬午，舉於鄉，遂聯捷成進士。以張太孺人年高，改就教職，任汝寧府教授。時學校之設，人多視為虛文。公獨以素餐為戒，日進諸生而訓以身體力行之道，次及讀書作文之法。有貧不卒業者，召之署中，飲食教誨，情意不倦，前後在任七年，未嘗以一事干縣令。壬辰，汝南遭水災。公憫人饑困，謀於縣令，施賑濟。凡事不敢諉於書吏，必親自檢點。時天寒大風，卓午猶未朝食。歸署，得中風疾，連綿數年，竟以不愈。初公之貧也，事父母及本生父母，甘脂無缺。及公之仕也，惟張太孺人在堂，迎養署中，朝夕問視，愉悅異常。丁亥，丁張太孺人憂。數日內，鬚髮盡白，哀毀之狀，不可言傳。友於弟，析居後，錢財未嘗分也。生平不矜情，不飾貌，寬平和易，藹然書覯。首曰："能使人負我，勿使我負人。"蓋其天真如此。富公任汝南，余任小黃，敦以害札往來，意以公之得志晚，而受福益久。乃寒毡甫坐，痼疾遂生，冷衙清齊，半憂困於病榻藥爐之際，年未週甲，遽返道山。修短有數，良爵慨也夫！孺人魏氏，勤儉性成，使公無內顧憂。信可為公賢內助矣。

公生於乾隆四十六年十月二十二日午時，卒於道光十五年四月二十三日寅時，享年五十有五。魏氏生於乾隆四十七年四月初七日日子時，卒於咸豐二年二月十二日子時，享壽七十有一，敕贈孺人。子一，裕甲，廩生。女二：長適李；次適蔡，後孺人六日而沒。孫一，穆淳，幼。銘曰：

質直其性，樸拙其容。襟懷落落，氣象邕邕。積詩書之府而無機巧之胸。可以挽近習而唯古道之從。

清咸豐二年勒石。

（文見民國《鞏縣志》卷二十五《文徵志》。王興亞）

創建拜殿碑記

【額題】永垂萬世

蓋聞欲人見，不是真□□□□□□□□□□□□□□□鬼神而釣名邀響，非其志也。然□欲見善者君子之心，□□□□□□□□□□□草廟山東西竦峙，起伏莫測。上有□清老君廟，創建於□□□□□□□□□□□□余少年遠游眺瞻謁其廟，登其堂，至今猶仿佛記憶焉。□□□□□□□□□□□前與□岐而二，實渾而一。但工畢舉而拜殿未興，則有以妥神靈者□□□□□□也。有監生楊君秉忠者，草廟山之東南黑龍潭人也，每崇祀殿薦時，造意建修，爰會窓□兩心□之。自道光二十一年起，至咸豐二年而功告竣。迄今廟貌巍然，神靈之托庇永固；殿宇煌然，春秋之展拜維殷，誠盛事也。村人李君振福率子春芳嘉善為心，□其義，慕其人，乞文於余，以誌不朽。余思夫名者，所以名其實也。無其實，雖欲盜名而不得，有其實，即欲□名而不能。古今來，績著當時，功垂奕祀，雖庸夫俗子，無不稱其人而誦其事者，非汲汲於名，惟遑遑於□也。後之有志於名者，聞楊君之風，其亦可以少動矣。

　　玉川居士亦偉劉復健撰文。

　　業儒星五牛夢魁沐手書丹。

　　業儒翰起李振興題額。

　　六成窯：窯主監生楊秉忠錢六千文，李清玉錢六千文，李福印錢四千文，崔全仁錢二千文，楊文獻錢二千文，王居□錢二千文，□□□、□□□、□□□。

　　忠興窯：窯主監生楊秉忠錢一百五十千文，劉士明錢五千文，李謙光錢五百文，楊秉祥錢五百文，□□□、□□□、□□□、□□□。

　　領工：李洪祿、李友重、李春芬、李順德。

　　首事人：李□光、李□□、李□□、李順天、李有和、李有興、李清芳、李桂芳。

　　畫匠李果能。

　　木匠劉正時。

　　鐵筆匠張有泰。

　　住持王本學。

　　大清咸豐三年歲在昭陽[1]。

（碑存鞏義市大峪溝鎮橋溝老君廟。孫憲周））

建修樂舞樓碑記

　　樂者，樂也，發於人心而通於鬼神。古者時和□□□□□□□□□□□□□□□□□□鐘彛大夏以祭山川，昭其樂也。鞏之東南有荊枝□□□□□□□□□□□□□□□□□老君為治世之祖，崇祀殷薦之，而廟以設夫□□□□□□□□□□□□□□□□□□□或宿煤成堆，利以日久而益厚，或運煤出境，以禺地而□□□□□□□□□□□□□□何以逾此其召俳優而娛樂之也。亦古人吹□聲鼓歌鐘□□之□意。□□周圍廟外未有樂所，曲□□園，頓減紅綃之色；春生檀板，難施白雪之歌。奚以將誠何以輸敬。有監生劉公書元者，余村近門之族孫也，勃然振興，欲構一樓以答神貺。謀諸窯夥，無不嚮應。乃度其鳩工庀材，創於道光二十九年十月二十五日，閱一月而竣。行見逸韻繞梁，霞彩共新聲并落；倘或振衣起舞，羅袖與畫棟齊飛。雅事也，亦韻事也。村人李君壽官友重、壽官順德暨洪祿，感其義，丐余□文，以誌巔末。余以乃族之親，意欲力辭，而又念窯夥之善不可沒，且以嘉李君等之小善必錄也，因搦管而為之序。

　　玉川居士亦偉劉復健撰文。

　　業儒星五牛夢魁沐手書丹。

---

[1]　以下字模糊不清。

元興窯窯主監生劉書元，張明、康年豐、王進義。

掌歷宋志立。

總管楊百棟、劉順合。

窯頭煤客外幫錢拾五千文。

領工李有和、李洪林、監生李順祿、李振福。

首事住持胡甲林、王本學。

大清咸豐三年歲在昭陽赤奮若冬十月□□□立石。

（碑存鞏義市大峪溝鎮橋溝老君廟。孫憲周）

建修照壁洎南大門東角門募化捐貲碑

【碑陽】

【額題】萬善同歸

施財善衆

福順號：張萬倉、張秉書、壽官劉興山、劉篤忠、監生張方芳、五人錢六千，買地施錢二千。

景順號：劉篤信、劉興彪、劉篤行三人錢五千。

隆源號：劉復華、牛金甲、監生劉復耀、劉三煥、劉欣章五人錢□□□□。錢元公錢二千，劉五□錢九千，崔庭午錢五千，監生劉廷臣錢五千，監生劉正振錢五千。

合義公：李嵐光、李金華、李桂芳、曹黑四人錢三千。

萬順號：張正印、崔景魁、崔夢魁、趙福生、趙鳳丹五人錢三千。劉禿錢一千，張□□錢五千五百文，馮禿錢一千，劉士明錢二千，王清□錢二千文，李潤玉錢二千文，蔡小中錢二千，監生劉興威錢二千，王進義錢二千，栗大祿錢四千二百五十文，楊丙傑錢二千五百文，盧雲升錢三千文，監生劉正胖錢二千文，李清玉錢一千文，劉興義錢一千文，李大範錢一千文，韓存周錢一千文，任世彥錢一千文，王朝重錢一千文，趙復泰錢一千五百文，李同喜錢二千文，壽官李兆榮錢一千五百文，劉立錢二千二百五十文，康孝錢一千七百五十文，李有誠錢五百文，楊秉忠錢一千五百文，劉正□錢二千文，劉繼賢錢一千文，劉士元錢一千文，牛多錢一千文，李振祿錢五百文，牛芳振錢一千文，張志換錢一千文，劉升錢一千文，吳雙成錢一千文，李虎文錢一千文，武生劉振清錢一千文，王須錢□□□，張繼宗□□□□，劉友錢□□□，曹德奇□□□□，張□□□□□，劉□□□□□，曹□□□□□。

重修照壁洎南大門東角門募化捐資碑

李順心施槐樹二株。壽官李友重，李清芳率全村同栽。

領作壽官李友重錢五百，壽官李順德錢一千五百文，李洪祿錢一千文。

化主李謙光錢五百文，李洪林錢五百文，監生劉復躍錢一千文，崔夢魁錢五百文，李清光錢五百文，李清芳錢五百文。

首事人李有同錢五百文，李德新錢五百文，康丙寅錢五百文，康心誠錢五百文，李榮光錢五百文，李順天錢五百文，李有興錢五百文，李有和錢五百文，壽官李有辰錢五百文，康文正錢五百文。

泥水匠李遂升。

木匠張長泰。

鐵筆匠張有泰。

住持王本學。

大清咸豐三年歲在昭陽赤奮若冬十月中浣之吉。

【碑陰】[1]

鞏興

劉克蘭錢拾千文。換地錢拾千文入布施。

自道光二十年，至咸豐三年十月，布施錢盡行化盡。

李潤玉錢十四千五百四十文，李清玉錢一千六百六十文，李春芳錢八百三十文，栗大祿錢八百三十文，季虎文錢八百三十文，劉友錢四百一十五文，上七人共錢 /[2]

窯衆武生劉振生錢七千八百八十五文，萬順號錢四千六百八十三文，監生劉廷臣錢三千一百四十二文。

煤客三興號錢三千二百四十三文，李桂芳錢一千三百八十文，王朝重錢一千六百七十文，隆源號錢二千五百六十文。

崔夢魁經營錢糧。

大清咸豐三年歲次癸丑十月中浣之吉立。

立賣契人牛多，因無錢使用，今將自己田地連三／落老君廟西，其地東西畛，東至官地，西至路，南至義地，／官地並至康福，四至以內，上下土木金石相連，盡在／同人說合，情願出賣於老君廟永遠為業，同人言明，時值賣價錢四十二串整。其地／即日兩交無久想／名存／計開田地糧／此地紀埋於姓／個久／進出廟上管業。

同人張□□、李□□、□□□、李□□、□進祿。

（碑存鞏義市大峪溝鎮橋溝老君廟。孫憲周）

---

[1] 碑陰下方刻有一賣地契約。

[2] ／下有缺字，以下同。

建修臨街照壁誌

　　嘗聞尊祖故敬宗，敬宗故收族，則家廟之修建，固所以敬先祖，亦兼以睦後嗣也。道光十七年存祭祀錢一十九千，清韻、□光、尚誠、立勳經營生息。十八年、二十一年又數次收入錢七十六千。至二十六年，有四百餘千，合族遂有建修之志。於是，置祭田，獻供神棹，表匾額，修臨街，建照壁，立石獅，開角門，高院墻，廣拜臺。無不同心協力，趨事赴功，興起孝友思。功竣告成，因有誌焉。

　　德富工三個，士彥工三個，士超工一個，山工一個，出建□服周工十一個，清越工八個，介福工五個，太光工三個，重光工三個，克儉工三個，克□工三個，□善工二個，長金工二個，雙寅工二個，玉寅工二個，建仁工十個，建德工六個，正名工六個，杰工五個，森工四個，端甫工四個，永合工三個，永釗工三個，桓工二個，群工二個，梅工二個。

　　法順工兩個，大黑工兩個，洛書工二個，西倫工二個，鑑成工二個，元喜工二個，正倫工二個，正德工一個，秀生工十個，尚誠工八個，玉符工六個，四工四個，樂羑工四個，元禮工四個，德利工四個，元生工三個，全和工三個，元義工三個，尚禮工三個，五田工二個，尚和工二個，三和工二個，樂官工二個，尚□工二個，純生工二個。

　　德芳工二個，金錫工二個，來遲工二個，進義工二個，景蘭工二個，鎰工二個，鋼工二個，元德工一個，貨工一個，玉工一個，裕如工十一個，立勳工十個，立敬工八個，立海工六個，鵰工五個，志學工五個，萬川工四個，同昇工□個，勤學工三個，夔聲工三個，明彥工三個，自新工二個，振方工二個，書善工二個，裕彩工二個。

　　立言工二個，立名工二個，成甲工二個，金甲工二個，景工二個，長盛工二個，□工二個，樂善工一個，四娃工一個，年工一個，火升工一個，克儉工一個，升工二個，順工二個，新遇工二個，江工六個。

　　祭田地：東西南□至□路，北至董姓，計地三畝四分八釐七毫□□□行糧下地，糧隨地行。

　　協唐書丹。

　　大清咸豐四年三月清明之吉合族仝立。

（碑存鞏義市魯莊鎮魯莊村姚氏祠堂。孫憲周）

重修關聖帝君廟記

　　昔周簡王封其少子於鞏，而東周以名。其東南多佳山水，考中經：太室北六十里曰嬰梁，其上盡多蒼玉、錞釪、元石云。至於嬰梁並峙，奔馳雲□，爭為奇狀者，曰青龍。其麓有老井溝一村，敦本業，崇禮讓，企慕關公之為人，遂建廟於老君廟院中焉。但時遠年湮，墙壁傾圮，神像闇然，無以肅心志，即非所以棲幽冥，鄉人咸惻然□之。共推康公士合等為首事，將社中所積錢財，鳩工庀材，不數月牆壁整飭，神像璀璨，遂覺□新日月，特地乾坤，昭然在人耳目間。咸豐二年冬，余攜友人拜謁其上。見夫雲霞耀日，丹臕□也；紫赤流光，金玉輝也。對疊嶂之蜿蜒，臨清流之蕩漾。未嘗不低徊留之不忍去。時工告竣，囑余為文。余曰：鞏洛，人文藪也。今諸君為茲置理，直以年豐人樂，修百廢以文天下之平耳，豈真魁奇迷溺，妄邀福田利益云爾哉。爰勒之貞珉，以為後君子風。

邑庠生翟世傑撰文。

後學葛士英書丹。

首事人康夢麟、李林合、康士合、劉青陽、劉青魁、柴雲瑞、李林寬。

金粧匠牛成奇。

泥水匠魏天佑。

咸豐四年歲次甲寅四月上旬吉日仝立。

（碑存鞏義市北山口鎮老井溝老君廟。孫憲周）

大清咸豐四年金粧盧醫聖像募化衆善碑記

聞之亂極則治，治極則亂，此言誠然也。我朝太平日久，中外無干戈之患，疆域有苞桑之慶。上下君民莫不相與而樂於成者。不意去年五月間，賊匪叛亂，竄臨鞏境，混擾十有餘日，將盧醫聖像盡行毀壞。自賊去後，社衆李毓福等目睹心傷，誠有大不忍者。於是，募衆善，各捐貲財，以為金裝之費，不數日而工成告竣焉。豈不慶哉！爰為之序，以永傳於不朽云。

邑後學儒生郭振儒撰文。

功德主李發、李燕、李毓福、白起雲、宋百朝、李景春。

社義順坊、□茂坊、隆源號、劉正和、三義合、楚和號、益興坊、信興坊、玉陞號、祥盛坊、六合店、玉盛號、太樓、大昌坊、豐壽堂、順興坊、林太坊、葆□□、德隆店。

咸豐四年。

（碑存鞏義市站街鎮盧醫廟大殿。孫憲周）

李公墓碑序

公父諱蓮芳。生公兄弟二人，弟燦仍居石井村，有子四人：長起□，次起堂，三起柱，四起哲。公於國初進石井村遷居羅口，生子三人：長起鳳，從公葬此，次起文、三起旺，俱葬村南。

已故李公諱魁暨孺人之墓

合族同立。

邑庠生閆梅拜題

咸豐五年二月十九日穀旦。

（碑存鞏義市西村鎮羅口村。孫憲周）

東窟沱胡坡村照舊辦差碑

【碑陰】

咸豐五年四月初八日息詞呈詞批示列後：

聞之《詩》曰："鳶飛戾天，魚躍於淵。"又曰："不愆不忘，率由舊章。"蓋言先王因地制宜，上下昭著，以各得酌定徭役，合縣均平而不易者也。窟沱胡坡村處七里鋪地方之中，向隨七里鋪及縣屬十里扛抬餉銷。後至康熙、雍正年間，國家疊以餉關正供之重、軍需之急，遠鄉稽遲人力不給，派令附城近便七里鋪五處出車拉運。窟沱胡坡村均在山上，不通轍跡，責令每年各幫差費，以為運餉及鋪廒秋稽一切冗差之資。前縣季公軫念合縣重役獨累五處，有例之苦概不能除，無例之派理應優免，以示體恤。勒石定章，歷今百有餘年。各實任一切修城採買雜差，概予免辦。宜民善政，各地方久列貞珉，以誌永感。且七里鋪與仁村溝訟至撫院，批委河陝道議詳成案，歷歷在卷。此正鳶飛魚躍，人不得窺照舊率由久而益害者也。咸豐三年，賊匪入鞏，黎民逃散無人辦。護理文主飭令東路差局獨支，以致稟扳文主。未查舊章，即令一體支辦。兩村辦此兼彼，鼎沸不寧。幸逢劉主接印，兩村齊鳴行轅。蒙批據呈尚屬近理，候查卷併傳王文舉到案，核奪其時差無定規，縣局□紛觀望。東路耆民張世彥、劉萬善，生員王博覽、監生張松林素悉前情，恐致事端，齊出排解，公請息銷。蒙批既據查明調處差錯已經清楚，嗣後窟沱、胡坡二村仍照舊章，歸七里鋪辦理餉差，各無異詞。姑準免訊息銷，並者該知照該房，亦各照舊注冊，兩村仍歸七里鋪幫辦餉差，併畫一優免里差。案立若山，恐久湮沒，或再扳累，因勒石以誌不朽云。

（碑存鞏義市河洛鎮胡坡八隊王萬六家。孫憲周）

公議斷坡碑

聞之草木零落，然後斧斤入山林，無他，惟其時也。夫材木出於山林，惟取之以時，而始不可勝用耳。乃若旦旦伐之，則雖有萌蘗之生，猶不免濯濯之慮，而顧可抉其根柢，傷其本體乎！蓋草木之植，皆緣人為盛衰，養其根則實遂，傷其木則枝亡。即如平定寺官坡，林麓薈蔚，昔時固嘗美矣。但剪伐不以時，則山雖猶是，而今與昔異焉。何也？根宜修也，而人偏斬其根；木宜植也，而人輒拔其本。於此，猶欲不成濯濯無物之勢，仍復生生不息之機也。不欲戛戛乎難哉！於是，公議立一罰規，以勒諸石。使後之人目觸心驚，不敢私意妄取，庶幾本立道生，根深葉茂，而材木復至不可勝用焉。是以幸甚。

立碑後，如有築官坡圪塔者，罰錢五千文充公，放荒亦如此。

大清咸豐五年仲冬之月立。

（碑存鞏義市涉村鎮平定寺內。孫憲周）

重製旂傘碑記

辛亥科舉人張錦堂撰文。

水社之興，由來久矣。旂髦導於前，音樂隨於後，粉飾太平，鼓吹休明，固彬彬極盛焉。自咸豐三年五月二十日，粵兵入境，盤據旬有餘日，村中男女老幼避亂他鄉，半月餘，始克旋里。家中器物被土匪搶掠十去八九，水社中之音樂雖頗完備，而旂與傘渺然無有者，每使謁廟進香，不覺暗然寡色。庶無以壯觀瞻而醉神惠也。於是，村衆集議，各捐貲財，重製緞傘一把，清道、飛虎、龍鳳旂八桿，門旗一對，拜謁之會，煥然一新。雖為功無幾，足見吾村衆樂善奉公之至意也。是為記。

咸豐五年十二月吉日立。

（碑存鞏義市站街鎮大井溝觀音堂捲棚。孫憲周）

清邑庠生魏公諱玨字士深暨子紹徵施渠碑

夫朝廷以行仁為美政，鄉黨以施惠為高誼。茲於魏先生父子均有慕焉。吾羅口村東田地數頃，全賴羅水灌溉。初修渠時，中隔魏先生地。羅口地戶李中堂、閻成教、王文等與老先生議，欲買其地頭為渠道。先生慨然曰："此大好事，何言買也。"遂將地頭施舍一渠。內復隔兩家不通，亦賴先生綢繆，悉通之。是羅口之得灌地於無窮者，皆出先生之施也。古云：施惠莫忘。吾羅口村因於先生歸塋時，為豎匾以彰德輝。迄今灌地益多，渠道偏窄，復以廣渠。與少先生謀，少先生亦慨然應允。此可謂善繼善述，父子濟善矣。遂同曹勳臣酌量寬窄，廣渠尺許寬，內以石墻為界，如此則彼此兩便，永無更易矣。因復演戲，以彰少先生之德。并石以誌不忘焉，是為序。

清邑庠生魏公諱玨字士深暨子紹徵施渠碑

義興渠仝立。

歲次丁巳六月二十六日穀旦。

（碑存鞏義市西村鎮羅口村。孫憲周）

廟路碑序

【碑陽】

【額題】 流芳百世

凡事莫為之前，雖善弗彰；莫為之後，雖美弗傳。是村西北隅，乃四路之孔道也。北有故廟，東有洿池，歲月經久，不免雨水傾圮，地勢愈趨而愈下焉。行者難之，廟基遂以暴露。本村許公九貞暨其克家子夢周，感崎嶇之艱，□坦夷之謨，欲以石甃。值嘉慶二十四年，廼約首事十二人，會集合鄉，共捐義貲約有一百七十餘千，遂舉事焉。未幾，遭年歉，捐貲難完，工遂不竣。厥後，夢周公之孫敬修，善継善□□。嗣後又約前首事者之苗裔與鄉中曉達事體者，以首事通知前日捐貲不完者，使後人仍完其數。前日已捐貲者，勸後人新增其捐。營基沽石，董工督役，浹旬之間，遂畢其事。行者坦然，而廟亦固焉。本村□□□人善囑余為文。余不敢辭，遂誌其始末，以誌其終云。

咸豐戊午，新增首事人暨新捐貲人姓氏：

□□首事□元池捐錢四串整，尹文□捐錢五百文，□□□捐錢五百文，□□□捐錢五百文。

□□捐貲人周□□捐錢兩串整，□□德捐錢一串五百文。□□□、□□讓、□□合、□□順、□□□、□□□、□□□、□□□、□□□、吳□□、吳□□、李□□、胡元、費雨旺、李□□、尹文心、董金全、吳召寬、曹占鳳、山西靈邑王斌，以上各捐錢五百文。□□□，以上各捐錢三百文。□□□、□□□、□□□、□□□、□□□、龐麒麟、李玉興、龐吉書、龐吉洪、胡善述、張喜才、龐四、費復禮、李愈、□林，以上各捐錢二百文。

咸豐八年季春月立石。

【碑陰】

【額題】 休聲遠布

嘉慶二十四年功德主暨首事人暨捐布施人姓氏

功德主許九貞、李夢周。

監工曾□□修。至咸豐八年始竣事，先後□□□貳拾串整。

首事尹昆玉捐錢三十六串五百文，龐潤山四串整，吳希純五串整，張明辰兩串整，□發詳兩串整，張士順一仟五百文，李延友一仟五百文，吳朝安一仟五百文，監生龐延輝一仟五百文，吳居安一仟五百文，許正標四仟五百文。以上首事。

胡進□四串整，□□□三串整，吳兆喜三串整，王秀□三串整，監生魏維新三串整。張保德二仟五百文，□□□二仟五百文。師太榮、監生張太、王有年，以上錢兩串整。吳柱安一仟五百文，張元福一仟五百文，王太安一仟五百文，費學周一仟零廿文。費道賢、李金章、監生吳紹綱、費學勇，以上俱一仟五百文。王祚一仟三百四十文，許吉文一仟二百文，張學發一仟三百文。吳□□、□□□、吳紹□。□□□、吳□□、□□□、□□□、龐□□、□□□、龐吉□、龐吉□、魏維□、龐吉盈、吳宗禮、龐廷成、吳紹文、張學□、費學讓，以上俱捐錢□□□。□復同、李康□、賀□貴、費學□、龐□□、賀□□、閆□□、張□□、□□、吳□□、許□□、白振奇、龐□□、吳連甲、吳□□、龐廷花、張學禮、黃振興、李□□、□文、土主□□□、□潮□，□□□，以上□□□。費□全、李康全、□□□、□廷□、李宗□七百廿文，尹百和七百文，張□玉六百八十文，龐□太六百廿文，□□□六百文。□□榮、張娃、土主李元雨、□□□、費道□、許□□，□□□、□□之、□□□、王四海、侯□魁、張元禮、李慎德、曹占魁、吳紹永、張元純、尹□□、張□□、□□平、吳元如、吳□謙，以上俱伍百文。陳魁、□學□、□□法、□□□、□□通興號、□盛號、□□斗、李□□、□潤□、李二舉、□□□、□□水、龐潤學，以上俱五百文。曹學夫四百四十文，武六科五百文，龐□超四百廿文。孫開□、龐遷訓、□□文、尹□道、龐有□、吳雙喜、李□法、胡進祿，以上俱四百文。吳□□三百九十文，吳希慶三百六十文，王有奇三百六十文，張甲辰、龐吉林、魏明詳、賀□群、費文政、許夢朝。曹占玉、曹百亮、張元丙、龐延世，以上俱三百二十文。胡治安、胡貴榮、張保玉、吳珂、龐吉兆、曹學義、吳兆□、李□、李書林、胡金成、吳天存、吳希路、吳太安、尹文魁，以上俱□百文。李延模、張紅，三百文。費復榮二百文，吳得興三百文，趙振六二百八十文，龐吉升二百六十文，龐紅二百五十文，李廷六二百四十文，龐潤武二百四十文，李廷□二百文，李二柱二百四十文，胡進喜二百三十文。吳元太、龐潤□、張士林、李□□、吳□□、吳□□、吳□□、龐□□、吳夢海、張□城、□□天、龐晚、張中□、張學祥、李□友，以上俱二百文。龐夫友二百文。吳紹師、吳夢洛、李□、張學東，以上俱一百六十文。吳廷安一百文，龐潤申、董萬順、龐二平、胡二紅，以上俱八十文。

　　後學張定昇撰並書丹。

　　鐵筆師傅周萬孝。

　　大清咸豐八年季春月勒石。

（碑原存鞏義市西村鎮西村九龍廟前檐內，現存九龍廟拜殿內。孫憲周）

創修送子觀音堂碑序

【碑陽】

【額題】永志

　　嘗聞神之為德，其盛矣乎！雖視之弗見，聽之弗聞，而默默之中，蓋有體物而不可遺者。矧白蓮慈悲，永錫祚胤文，舉世之□續可卜，家庭之燕翼有賴，不大有德於斯民乎！以故，每歲新正設棚以格神，賽社祭供，造橋還願，為嗣祈禱者紛紛矣。第天道不測，香火阻隔於風雨，雖有善者，亦無如之何。本村幸有張公保義，慨然動念，施地一段，連以土池，本欲作廟，翼翼侑神明，以慰人心也。有志未就而卒，其妻魏氏不忍掩沒其志，抱男攜女，與社中人商議。咸曰："誠善事也。"而特難於首事者，因共舉張公學純以總理焉。爰請陰陽，量度方位，選擇化主，募化義財。當興工之日，執事者各執其事，張元聚督其工，張定昇掌其歷，張耀先置物料，張保柱看器具，吳自安與張口興備器械，張保瑚與張文裕催捐貲。交相謀畫，始終不怠，浹旬之間功遂告竣。而魏氏繼以繪畫，塑其神像，不煩鄉衆，獨舉事焉。囑余為文。余曰：善男締造，善女金粧。廟貌整飭，聖容輝煌，皆誠於向善也。故敘其事而誌之。

後學張定昇撰並書丹。

地主張門魏氏子天長。

土主張學典施錢一千。

功德主張學純施錢五千。

首事張元聚施錢一千，張學博施錢一千，吳自安施錢一千，張文升施錢一千，張生雲施錢一千，張文裕施錢一千，張保柱施錢一千，張耀先施錢一千，張定升施錢二百文。

三堤里董振南一千七口文。羽林莊袁全福錢五百，師海口錢二百。東村賀天振錢二百。三堤里王書喜錢二百。

陰陽官周德明。

木泥吳紹束。

畫工曾萬山。

石匠喬立。

建廟地，東西橫五弓三尺五，南北長五弓四尺八。

大清咸豐八年歲次戊午三月上浣之吉。

【碑陰】

東村化主：王多才錢一千，賀立朝錢四百，賀百僚錢三百，賀有順錢二百，李應升錢二百。

本村化主十二人：費學文錢一千五百文，許孟西一千五百文，許敬修一千正，尹文新錢五百文，龐潤梅錢五百文，李兆才一千五百文，張學祥一千正，張學薦一千五百文，吳兆寬一千五百文，吳卷一千五百文，張保林一千五百文。

施主張元池錢三千。監生張耀辰錢三千，李元二千正，李兆祥二千正，張元口一千五百文，李康年一千五百文。

化主張學敏一千五百文，張元德錢一千，吳遜一千五百文。吳書文、龐禿頭、張學典。垯灣天功順、胡元，監生吳紹吉，監生位維新、李全榜、孫文德、龐吉元。洛邑王三合。李家窯李重生。東村孫二寅、龐吉書，以上各施錢一千。王太魁錢九百，張定倫錢八百，監生吳紹見錢八百，龐吉超錢七百，吳紹來六百五十文，李金章錢六百。東村賀心元錢六百、張廷□錢六百。東村李樹文五百。東村賀書林五百。車園周大聚五百、李□林五百、胡進文五百。山東張士愷，山東王四。李家窰賀夫琴，李家窰賀同章，李家窰賀同仁、張保心、李成土、張學亮、李兆貞、張保如、張保全、王西矣、王西三、張學中、張大□、龐念中、龐水、李水、張二會、張學彥、張孟、龐雲從、王太常。山西靈邑王章斌、龐潤喜、龐雲祥、荊士升、曹法身、龐金柱，以上各施錢五百文。曹占甲、胡紹林、陳風山、監生尹鳳池、陳庫、李金保、費三、許孟蘭、費三旺、周章、費廷選、荊鳳池、費存柱、吳永命、李□、張定隆、吳低流、吳元、胡二元，以上各施錢五百文。張春、李康平、王西疇、胡紹寅、費雨旺、費興寅、吳意、張喜才，以上各施錢四百文。張保運錢三百。東作村賀斐然、東作村賀文奇、東作村李海、東村監生李西祥、張生花、張耀斗、曹爾和、張群、張芳林、吳二斗、李裕、王□新、龐雙寅、龐金玉、尹文竹、曹集、吳全、荊士貴、位兆林、李群、費春、費復茂、李玉興、龐雲生、龐雲行、龐三得、趙二太、趙黑、李明庚，以上各施錢三百文。東作村賀百重、賀致祥、賀百聚、賀遂群、楊立、賀有聲、賀有會、賀振家、賀振超、賀振居、賀萬俊、賀百鈞、賀萬秋、賀有文、李應顯、賀萬木、賀百太、孫得聰、李興邦、李科、李卷、李如璧、李小末、李天慶、李仙萼、李宗茂、李合、李長太，以上各施錢二百文。東作村李全得、李宗花、李成陽、王法選、李興運、李應實、陳辰、張正心、張得印、孫書見、吳塔、張文、趙雨來、吳大斗、吳石滾、龐小玉、董木、吳海朝、正米貴、張凌雲、吳太安、龐潤四、賈全安、李海、吳得法、吳得意，以上各施錢二百文。吳友、龐中、吳元松、吳得丙、吳雙喜、尹保、吳同順、吳二要、龐棚、龐轉、吳重陽、龐潤玉、閻文海、王西令、王遂章、龐吉心、張全喜、龐紅、龐雲戍、曹低流、曹海心、曹占西。偃邑王法詳。李家窰賀君、龐七、趙金相、賀晚、龐吉林、程全中、許林朝、張通、吳寅、賀文魁、費復貴，以上各施錢二□□。東村賀綽然、賀振泮、賀石頭，東村賀震、賀文治、賀有章、賀萬元、李成、李小妮、王法太、張長合、胡壯、吳鬧、吳得三、尹文標、吳得心、孫拴、吳得興、龐東、龐吉松、鄔孟花，八陵曹宗士，汜邑朱毛孩、曹紅，以上各施錢一百文。

女化主龐李氏二百、龐張氏二百、董周氏二百、吳路氏二百、張位氏二百。吳張氏二百、窰上李胡氏二百、李賀氏二百、費張氏二百、吳記、王聘三、李中、曹保柱、賀三貴、費和上、劉全中、王西桓、王西范、王西命、王景元、曹小包、李明如、王克讓、費賀氏、費郭氏、賀劉氏、賀張氏、賀陳氏、王張氏、吳張氏、費張氏，以上各一百。龐得五十文，白袁氏五十文，賀白氏五十文。

咸豐八年。

（碑存鞏義市西村鎮西村送子觀音堂内。孫憲周）

施地碑序

【額題】永垂不朽

聞之父老曰：斯堂創於明。碑記失考，不知何時。經明季迄國初，堂基留焉。茲村祈福佑拜朔望者，二百餘年矣。堂中舊有積金，於每年七月三十日會社演戲。然貲常不足，時或間隔焉。本村坊間德慶花店夥居張元池、曹占西兩善士，復施地兩段，以為收貲既多，則善願可慰。一以永先正之遺休，一以暢里人之快志焉。善有必彰，德不可泯。美寔者著，事成者光，神人交歡，以是為序。

地畝弓尺單：

家北木棉地，南橫九弓四尺一寸，北橫六弓零三寸，東長五十四弓一尺，西長五十二弓四尺七寸。

北小段，南橫三弓一尺一寸五分，北橫三弓零三寸，中長十弓，統計一田九分一釐九毛八系五忽五微。

家南宜谷地，東橫十弓零一尺，西橫十一弓，中長三十八弓零七寸，統計二畝半。

同人：龐雲峰、鄉約王天順、吳兆寬、張保臣、李兆福、張子敬。

合社人：張元池、張文成、張學篤、吳書文、吳遜、張保陽、張學亮、張保儒、龐潤學、吳二要、李兆元、李兆禎、□□□、李兆祥。

大清咸豐九年歲次己未春二月穀旦。

（碑存鞏義市西村鎮西村土地祠與拜殿之間西邊內牆。孫憲周）

創建寶泉山舞樓碑記

前無所因爲之創。寶泉龍祠舊有舞樓矣，胡雲創。乃前之舞樓，後限山阿，前逼祠宇，其中隙地逼仄特甚，每值演戲，雜沓喧闐，袂聯肩摩，未足以容遊者，且眾嘯如雷，群汗似雨，甚囂且塵上焉。尤非所以肅拜稽而薦精誠也。諸君子鄰〔臨〕斯境者以為憾，爰擇祠外宏敞之區而創建焉。夫斯樓也，右吞山光，左襟河流。夏雲擁岫，映群巒以低昂；秋水弄波，瞰奔湍之激越。局壯闊，勢雄秀，洶踞天地之雄，而得江山之盛者也。登而舞焉，笙歌舉而行雲遏，旌旗飛而彩鳳翔。然則斯樓之建，不惟可悦人神之意，且足以助造物之奇矣。豈不偉哉！余不文不能行遠，然睹斯樓之成，竊欲昭茲來許者，用效驥尾之附也。爰走筆記其盛，至于鋪張木石之費，揚厲經營之勞，恐傷諸君大而能謙，不自居功之心也。故而略不敢侈陳云。

例授修職職郎侯選儒学教諭恩進士丁元熏撰文

邑儒童趙夢蘭書丹。

皇清清咸豐十年歲次庚申季夏之月下浣吉日　仝立

木匠伊来征、崔萬松、王邦校。

泥水匠口萬年。

（碑存鞏義市新中鄉寶泉山舞樓。王興亞）

誥授奉政大夫前遂平縣教諭山東試用知縣加同知銜霖三康公遺思碑

公性淳謹，嗜學工書，由廩生補遂平縣教諭，旋以知縣擢用加同知銜。追解組歸，平易近人，樂善好施。家居十餘年，在村中多義舉，乃壽逾五旬，竟於是歲庚申秋七月仙逝，何年之不永也！里人銜感，因為豎碣於道，以寄思慕之意。行見過其側者潸然泣下，比諸墮淚之碑云。

大清咸豐十年歲次庚申季冬上浣穀旦合鄉同立。

（碑存鞏義市康百萬莊園東大門外雙碑樓。孫憲周）

施地廣集場碑

日中為市，致民聚貨，交易而退，各得其所，古道然也。是村舊有集市，多歷年所，東西兩街輪流。西街地場寬綽，凡什貨所至，安置擺布可以得所。東街場面窄狹，不能舒展，而糧行更窄，會集之期，道路不便。本村有鄉耆吳紹虎，尚義好施。覩茲有感，告白鄉衆，願裁其門前地以增集場。約寬有四尺，長二丈許。自是以後，糶場有餘地，買賣可以安妥，道路行所無事，兩得之矣。是為序。

西作村閤鄉仝立。

大清咸豐十一年春月穀旦。

（碑原嵌於鞏義市西村鎮西村觀音堂，現存老集路東。孫憲周）

眾感碑記

邑人王錫五

仁足以濟眾生，義足以昭世宙，蘇人於萬死一生之途，而不有其德；拯人於呼吸存亡之際，而不以為功；此振古豪傑之所為也。然其人往往難之。容有之者，或數百年得一人焉，或數千年得數人焉。求所謂一鄉之眾，數百之家，同德合謀，飛仁揚義，悉足令人感激舞窮者，概乎未之前聞，蓋比戶可風，其鮮此俗也久矣。昔朱眉之亂，人民避患出長安。趙伯陽濟活之，光武因極稱焉。明季李自成破孟津，難民將奔河北。軍官弗納，大羣王公親叩軍門，願以百口保無虞，即乘巨艦至南岸濟眾生，活數十萬。此前史之僅見者也。今捻匪竄鞏，為禍慘矣。酷烈之毒，殆不忍言。有甚於赤眉、李闖者。賊於八月十二日入鞏，十四日渡洛，民號於前，賊逼於後，洶洶之壯，無所投止。哭泣之聲，數里相聞。賴趙溝諸君子預備船艦，悉濟之北岸，以免鋒鏑，幸獲安全者不下數萬人。予時攜家共濟，蓋親目焉。且又為粥沿岸，以飲食奔逃者。問數萬之眾，有冒霜刃者乎？無有也。有父兄被殺，妻子被虜者乎？無有也。有饑渴無以飲食者乎？無有也。問誰之賜？皆曰趙溝活我。嗚呼，至矣。伯陽、大羣不過一二人，而趙溝數百家，何皆伯陽、大羣之儔也？且非獨此也。十四、十五日，鞏、偃團練人等殺賊千餘。賊於十六退離鞏境，而河北軍官又橫肆淩報，索求無厭，渡者幾難歸濟。趙溝諸君子贈之以馬，許之以金，百計曲全，乃載之南岸，使得共安家室。其歸也，有奉金玉以酬者，辭勿受。有奉繡幣以酬者，辭勿受。曰："邙洛之眾，非親則友。並濟，吾分也，吾何德之有焉。"嘻！高誼如此，以視夫救濟顛危，面有德色。其於為人賢不肖可如耶！雖然，魏客肴言："公子有德於人，願忘之也；人有德於公子，願勿忘也。"趙溝諸君子既自忘其德矣，而被德者不矢勿忘之意，其將何以為心也。故大學戚桂枝先生與王君守薪謀協同志，欲勒之貞珉，以示不朽。今囑予為文，以誌之。予之讕陋，何足以道揚盛美。然故知夫救危，仁也；辭饋，義也。仁義之道，盡孔子所謂吾觀於鄉而知王道之易易不虛矣。至同志者之矢勿忘，且當銘之肺腑，則此文曾何足云。

清咸豐十一年十二月。

（文見民國《鞏縣志》卷二十五《文徵志》。王興亞）

脩寨開工碑記

【碑陽】

【額題】永垂不朽

大清同治二年八月二十九日脩寨開工碑記。

首事費復振古錢三十千正，吳恒昌三十二千八百一十二，監生魏維新四百令六千一百卅六，監生張洪宗三百令九千四百一千，李逢霖五十千令廿八，張元池九十三千九百一十二，李金寶四千三百文，龐潤梅古十四千九百六十二，吳永命七十三千三百七十八，張學閔三十二千四百廿二，吳遜二十五千四百四十，監生王錫範四十千令三百廿二，監生尹鳳池三十七千八百五十二，張學篤九十八千零九十八，李元一百六十四千二百八十，龐雲峰八十六千三百七十八，許夢錫六十二千九百一十八，胡紹麟六十四千四百九十八，王天順三千整，賀文魁四十七千九百卅八，費金換十六千二百七十二，龐全四十五千五百四十八，吳兆崙十七千七百令八，張子敬十三千八百二十，李兆祥一百令三千一百四十二，李康年八十六千八百卅八，賀仲夏十二千九百九十二，張文升十一千七百五十，張定升六千九百文，閻文海五千四百五十，張大會二千正，張保新五十五千三百一十二，吳永年三十千令九百卅八，張定倫十二千八百廿，費三順錢六千令八十八文。

监工张学贡卅九千四百五十八，尹文竹十九千四百二十，王锡命二十四千四百四十，庞云祥十六千七百四十，张元儒三十五千二百，张保臣十四千七百七十四文，李兆贞八十八千二百八十，庞云从十九千七百令二，李金榜一千三百一十二，李金章二十三千八百卅二，庞成德二十一千八百卅二，曹淘气五十一千六百七十二，费学文七千三百一十二，吴得丙□九千正，吴兆瑞二十二千二百七十二，张二会三十二千二百。

牌头吴卷二十七千七百五十，张旺五十三千一百廿八，庞文郁八千二百一十，庞知明二十四千令九十八，贾希贵四千八百文，尹□交二千八百文，张芳林九千六百八十四，李兆才故十千正，张寅十五千令十，王锡三二十六千整，张申伍千二百一十，胡元二十三千三百七十二，张学彦二十串令六百，庞云龙二千四百，王锡桓十八千三百令七，荆凤池十四千二百一十二，张学亮六十一千一百廿四，曹水四千六百，李书林九千三百四十二，尹文新十五千二百四十八文。

牌头十四人：张进宝二伯文，荆三娃十二千九百八十八，王相十三千一百，庞双喜三十二千八百四十八，李成功三十六千三百五十，费记九千二百五十，王克让二十三千八百一十八，费改住十三千八百四十二，许换朝二十八千一百九十七，吴福八千八百文，许九星八千七百七十八文，许梦兰七十三千二百五十二，贺晚二十一千六百八十，许敬修钱二十一千八百文。

吴兆宽五十一千八百四十二，吴东魁四十七千二百，监生吴绍吉故卅五千三百八十二，监工李兆元故八十九千七百一十二，首事张学典卅一千三百一十二，庞金玉廿八千七百五，庞吉书廿二仟三百令二，张锡正廿壹仟伍百五十，庞小水十一千七百八十八，曹愉十九仟九百零八，张学卜十四千一百，张保住十五千一百八十四，张学成十四千七百文，曹拉十五千三百八十八，费小猪十四千三百九十八，费呈十九仟二百五十，费牛州一千一百八十四，费东甲十七千八百□十，张保儒十七千九百一十八，张学纯廿一千九百八十四，庞云瑞十七千三百令八，费魁元十七千四百卅二，周元章十三千三百六十二，费庚十三千二百四十二文，费六十六千六百九十八文，张呈十六千六百五十，张天长十四千九百四十八，吴西命十六千二百一十八，吴成柱十二千四百四十二，吴和十六千六百五十，胡和十三千六百，曹传十三千六百七十二，李忠十一千一百七十八，庞魁元十五千四百七，胡彦十八千四百五十八，胡绍曾十四千五百八十八，庞其林廿二千六百廿，王同十七千八百四十，庞六十六千乙百一十，庞拴十二千乙百四十二，王孟十一千三百一十二，胡喜十三千九百文，李金甲十六千一百一十八，庞义十二千一百六十二，监生张保林十六千三百四十二，曹喜十一千五百六十四，张圪大十三千九百一十二，陈娃子十一千三百六十四，张三水十二千七百廿，吴二记九千七百四十六，吴滴流九千八百五十，尹太九千七百九十三，张保身十三千六百一十二，庞三得九千七百一十二，庞旺十三千六百六十，庞朋九千令五十六，董三娃九千二百一十二，费根九千零四十八，费彦九千三百一十二，费五行十五千八百八十四，費川十五千令廿二，吳書寅十二千三百四十二，龐吉紅十一千一百九十二文，吳小根十四千五百九十二文，王東九千五百十二，吳元倫八千一百文，張八八千八百五十，龐雙寅八千七百一十二，吳凹斗十四千令卅八，荊丙八千九百五十，費荀史十一千八百六十四，許八八千三百令二，李科八千九百七十八，張長河八千六百文，龐坤十七千七百六十八，曹布代八千七百一十二，張鐵旦八千五百，張壯八千一百八十，張正心七千八百八十四，趙雨來七千七百廿二，費二課七千二百文，費和尚七千六百八十，費毛七千一百六十，尹文燦八千貳百八十，龐雲宿七千九百七十，龐根成故七千四百四十八，陳狀七千八百文，龐四七千五百四十八，龐水十七千四百九十二，吳紅七千九百八十四，費林九千九百九十二，曹大包九千四百七十，李滴流五千三百六十，張喜才五千九百廿，王堂五千一百九十，龐牆五千五百廿，張廷俊故五千五百卅，吳二斗十二千六百，吳有五千六百廿，龐收十一千七百六十四，張貴成五千三百廿，吳兆梅十千，曹小包九千令一十二文，吳塔七千七百卅八，費庚戍五千一百六十，龐轉六千一百，龐鐵六千二百，龐吉松六千三百八十，賀栓六千三百，費雙六千七百四十，賀雷六千四百四十，張康換六千四百九十，費三記六千八百四十八，李三元四千四百文，康保六千六百，張群六千三百八十，曹張氏六千正，吳盤娃六千七百七十，龐樂五千五百文，吳老代五千三百六十，張發生五千四百文，許賀氏五千七百令八，張栓五千一百八十，張交五千六百，張進寶五千整，張天倫五千九百，張二旺五千令十二，張東寅四千六百五十，吳要故三千八百五十，龐娃五千一百六十，龐景五千一百二十，王景元五千一百八十，李群五千一百三十，費鐵旦五千三百廿，費劉遂五千八百六十，費三吽六千令六十，吳雙喜五千六百四十，王夢五千三百五十，費老婆六千四百四十。涉村翟運恒六千八百，費三魁四千六百八十，趙百行九千四百一十二，龐吉林十千正，□有得四千三百文，龐四娃四千三百九十，傅喜四千七百六十，李保四千九百，尹淘氣四千正，張小得四千五百六十，曹保住二十一千三百一十二，龐遂群十二千六百，龐趙氏十三千六百九十八，王錫仁十千令四百四十八，胡文見九千令六十一，王根九千二百四十二，王管成九千二百五十，龐吳氏九千四百五十，李王氏六千三百九十，李根五千二百六十，龐李氏□千三百四十四，張李氏五千六百，吳鄭氏十六千二百卅二，王書廷八千三百六十，吳小斗五千令五十，龐二汪十三千五百五十，曹□□八千二百廿二，吳景元四千二百六十，龐潤玉四千五百六十，龐黑漢四千六百，龐成四千九百九十，荊鐵旦四千令九十，胡壯五千五百二十，唐老虎四千六百廿，張庚寅四千六百五十，張春山四千七百九十，張有四千七百廿，曹醜四千三百六十，尹保四千三百，尹娃四千三百，張改成四千五百六十，賀金相四千四百八十，王東方七千七百一十，張定隆四千九百九十文，吳苟三千五百卅，龐保得三千三百六十，龐仙掌三千四百，龐東三千正，張重三千九百五十，吳六三千五百六十，趙桓朝三千三百，費保全三千二百，張春三千七百，胡順三千二百，賀鬧三千二百，李官三千八百，武毛四千令四十三，武丙三千正，費馮燕三千二百，劉得三千六百，李呈三千一百，龐孝三千二百。聖水李□盛三千二百，蘇相生三千四百，李閂三千八百廿五，吳海朝四千四百，魏協和四千一百，龐黑旦四千六百廿，李海辛十二千五百四十二，曹紅故五千一百四十，鄭米貴四千三百，常水旺三千四百，吳三昌三千四百，吳印三千二百，吳來意三千四百，龐六林二千八百，吳得榮二千八百，吳瑞二千八百，龐庚二千八百，王太常三千二百，王戊辰三千八百，吳同二千正，龐驢六千一百四十，曹年三千一百文，張莊黃保順十九□□□，賀小報二千八百文，張科二千二百八十，龐和尚二千八百，尹掌二千正，吳四斗二千正，龐進成二千六百，龐根長二千八百，張海二千正，曹萬山二千正，李景三千二百，吳得意二千四百，胡桓二千六百，張趙氏二千令十二，張大法二千正，鄭二旺二千正，李盤二千八百，許好二千六百，李大毛二千一百廿，李二科一千五百六十，龐雪氏二□□，聖水張常二千八百，張小法三千令六十，尹文照二千六百，龐老根二千六百，□□二千八百，龐改成三千二百，曹車二千正，趙金相二千正，王進二千正，吳黑二千四百，趙書帶二千八百，吳相二千四百，賀奇二千九百廿，費海心二千正，吳三妮二千正，李大科三千三百廿，龐吉光二千六百，張發枝二千正，凌溝韓清心二千四百文，張東寅一千令五十，瑤嶺賀旺一千六百，尹同貴一千八，陳木一千四百，陳庫一千六百，袁東升一千二百，尤同一千七百廿，費三一千二百，張懷林一下二百，費栓子一千二百，費應一千六百，許大根一千二百五，吳氏一千正，費四一千六百，程全忠一千二百，權法枝二千六百，焦洞一千六百，吳小枝一千八百，尹讓一千二百，陳如一千二百，龐張氏一千五百八十，孫醜一千二百，吳秋一千六百，張大喜二千正，龐遂堂一千八百，王小堆一千六百，龐張氏一千四百，周大書一千二百，尹大喜一千六百，龐報一千八百，胡正林一千三百，龐同成千二百，吳□末一千二百五十，全喜母二千正，王大堆六百廿，張驢一千正，王科八百文，王老晚二千正，李□三一千六百，□振志一千二百，龐三苟八百正，賀碰錢四百，尹金太錢八百，龐四妮五百，龐遂妮一百廿，孫歡五百，王月娃錢四百，李更四百，吳潭四百，閆順光四百，李志四百，李潤八百，趙眼錢四百，張末錢四百，吳大鬧七百，吳月五百，王科一千二百，吳鐵旦五百，李□□八百正，賀老代四百，儲須四百，馮苟台二百七十，吳小鬧一千七百二十，龐迷虎一千三百五十，費成一千正，尹春來三千五百，李景雲二千八百，李劉氏一千四百，吳大斗三百文，尹鬧二千一百，吳尾把一千五百，龐朝辛故一千六，曹存住一千正，胡遂元五十，尹小喜五十，劉盈五十，龐多印故四百，吳賀氏一千二百，李重喜七千七百四十五，殷□三千二百，范進海九百五十，龐意二千四百，賀武二千四百，龐木遂二百二十，龐水母一千七百六十四，李存住二千八百，吳得辛七百。

寨外幫工人十七：位牌頭趙啓太工十四個，吳得法工二，李新工三，臧五妮工二，孫集工十，李五工三，孫雙工三，吳合辛工二個，許黑馬工五個，吳小四工二，胡來升工十二個，吳小六工二個，鄖夢花工五，吳保田工三，李金成工五，李松工十四，李朝工五，李魁名工十，鄖慶工五個。

看局人龐有錢乙千伍百文。

同治丁卯年春月工竣。

【碑陰】

【額題】昭茲來許

丁卯年。

本村花户十六名錢文：□□□二十千，□□全十四千五百，□全得十二千六百八十八，王太順二千八百一十，李金川乙千五百一十，李□十二千七百八十八，張麻頭十三千正，馮方十二千三百六十四，師拉十三千六百四十二，龐得寅十乙千一百五十，許苟十一千七百四十二，費復盛十一千五百八十，張保陽十一千五百，吳書文十千令六十，費周氏十三千六百七十二，費張氏十六千三百六十。李家瑤花户二十二名錢文，賀同章六千八百文，監生賀同□五千正，賀同朝二千五百，賀府壽二千正，賀同仁一千五百文，賀府木一千正，賀二有一千正，賀五子一千正，齊暄一千正，賀府德五百，陳報五百，袁海六五百，賀安邑五百，賀天玉三百，范景孟三百文，賀順錢三百，賀娃錢三百，陳保全三百，賀府升錢二百，陳老虎二百文，周□福二百文，趙澇一百文，共錢二十六千正。

生意共三十七名捐錢：義合公伍十千正，復春號三十五千正，意誠號三十千正，恒裕堂十五千正，晉升號十五千，李相十千正，永盛魁十千正，悅來號十千正，費相林八千正，永順號八千正，新升店七千正，牌頭合興店六千正，趙謙五千正，費東成八千正，三太店八千正，李金斗三千正，化育堂三千正，張元儒三千正，胡滴流三千正，張夫士五百，李思綿五百，張鳥一千正，曹貴一千正，董□章故一千五百，費復貴一千五百，吳雙喜一千正，吳永五百，陳末一千正，新盛鋪一千正，許發枝八百，費正興八百，陳木乙千五百，費復禮八百，朱扭四百，吳興魁五百，張分西一千正，費水五百，生意共捐錢二百五十三千六百文。

官地六名捐錢文：觀音堂二千四百文，龍王社一千九百五十，李祠堂一千二百文，張祠堂三千正，南海大士八百文，洛邑王裕隆一千正，以上官地共十千令三百五十。

聖水張九麟五千二百文，東侯孫旺一千四百文，魏維新又施路地廿千正，以上本村花户生意官地，李家瑤共捐錢文五仟八百乙十串零九百八十三文。

寨牆寨唇寨路壓地買到地主人等所費錢文開列於左：龐水四分九釐七毛五糸九忽□末，使錢八千九百五十二文，包銀子錢四百九十八文。龐雲峰六分九釐七毛六糸六忽七末，使錢十二千五百五十八文，銀子錢六百九十八文。張保身六分四釐五毛七糸五忽，使錢十二千二百八十三文，銀子錢六百九十八文。尹鳳池四分三釐二毛，使錢十千零八百零八文，銀子錢在內。吳永命四分三釐二毛，使錢十千零八百零八文，銀子錢在內。龐汪五分七釐六毛零一忽二末，使錢十千零六百四十六文，銀子錢五百七十文，張保陽二分二釐一毫一糸二忽五末，使錢四千二百零二文，銀子錢二百廿文。張二會外賣路地南橫乙弓北橫二尺，中七尺，使錢乙千二百，銀子在內。龐拴二分七釐七毛五糸，使錢五千二百七十三文，銀子錢二百七十八文。張學篤二分八釐三毛五絲五忽九末，使錢五千乙百零五文，銀子錢二百八十四文。趙百□六分七釐六毛一絲七忽五末，使錢十二千七百七十二文，銀子錢六百七十七文。張學敏五分零四絲二忽五末，使錢九千零零八文，銀子錢五百零一文。李兆元二田一分五釐一毛九絲三忽四末，使錢廿五千七百卅五文，銀子錢一千一百五十二文。吳盤娃四分八釐三毛三絲三忽四末，使錢九千六百文，銀子錢四百八十四文。李兆祥六分零一毛，使錢十千零八百一十八文，銀子錢六百零一文。趙百行三分二釐九毛六絲五忽，使錢五千九百廿四文，銀子錢三百卅文。龐文郁四分七釐九毛一絲五忽，使錢八千六百廿五文，銀子錢四百八十文。李成功五分三釐三毛八絲七忽五末，使錢九千五百七十四文，銀子錢五百卅二文。龐文中□分五釐四毛八絲五忽九末，使錢十三千三百八十八文，銀子錢八百五十五文。龐文郁六分九釐九毛三絲，使錢十三千二百六十七文，銀子錢六百七十九文。張天倫一分一釐一毛，使錢一千九百九十八文，銀子錢一百一十文。張學典五分零一毛三絲五忽，使錢九千零廿五文，銀子五百。龐吉書六分三釐零七絲，使錢十一千三百五十三文，銀子錢六百卅文。費柱子一分九釐二毛，使錢三千四百六十六文，銀子錢一百九十二文。費庚九釐六毛，使錢乙千七百廿八文，銀子錢九十六文。費鐵旦九釐六毛，使錢乙千。費和尚七百廿八文，銀子錢九十六文。費復禮九釐六毛，使錢乙千七百廿八文，銀子錢九十六文。費劉遂一分九釐七毛三絲三忽三末，使錢三千五百五十二文，銀子錢二百文，費小桂一分零六毛七絲，使一千九百廿文，銀子錢乙百零八文。費劉遂一分五釐八毛三絲三忽四末，使錢二千八百五十文，銀子錢一百五十四文。董金全一分一釐六毛五絲，使錢二千零九百七十，銀子一百一十七文。龐雲祥四分三釐八毛六絲六忽七末，使錢八千三百九十六文，銀子錢五百文。李金榜一分二釐八毛五絲□。李金斗使錢二千三百一十五，銀子錢一百廿九文。李三元五釐三毛零八忽八末，使錢九百五十六，銀子五十四。李金章八分二釐，使錢十四千七百六十文，銀子錢八百二十文。費三二分六釐五毛五絲八忽一末，使錢四千七百八十，銀子錢二百六十六文。費金桓二分五釐九毛二絲三忽四末，使錢四千六百七十七文，銀子錢二百六十文。賀西風地角錢一千整。費五行二釐二毛，使錢四百一十四文，銀子廿三文。費元七分一釐八毛四絲一忽八末，使錢十二千九百卅二文，銀子錢七百一十九文。費東甲六分五釐六毛四絲八忽三末；又水道地二釐四毛一絲七忽二共使錢十二千七百四十，銀子錢在內。費林一分七釐八毛二絲八忽，使錢三十二百零九文，銀子錢乙百八十三文。費雙五分零九毛四絲三忽四末，使錢九千一百七十文，銀子錢五百乙十文。費庚戌二分六釐一毛四絲六忽七末，使錢五千三百五十，銀子二百六十八。吳寅二分六釐七毛四絲六忽七末，使錢四千八百一十五，銀子二百六十文。費和尚路地三尺，扣錢三百零四文。費牛三分三釐八毛六絲六忽七末，使錢六千零九十六文，銀子錢三百卅九文。費□牛五分九釐五毛七絲三忽四末，使錢十千零七百廿四文，銀子錢五百九十六文。費得會五釐零七絲，使錢九百一十五文，銀子錢五十一文。費趙氏八分二釐四毛，使錢十四千八百卅二文，銀錢八百廿四文。魏維新三分五釐二毛，使錢六千三百卅六文，銀子錢三百五十文，被壞瑤八孔，錢廿四千整。張發生二釐九毛一糸六忽七末，使錢五百七十五，銀子在內。龐成得一分一釐四毛五糸八忽四末，使錢二千七百八十三文，銀子在內。許九星二分二釐零八糸三忽四末，使錢三千九百七十五，銀子錢二百廿一文。賀武六釐零一糸六忽一末，使錢一千零八十三文，銀子六十一文。張圪答三釐七毛五糸，使錢六百七十五文，銀子卅八文。龐水三釐七毛五糸，使錢六百七十五文，銀子卅八文。吳三場南門內路地，使錢二千五百文，吳得榮南門內路地，施錢八百卅四文。李元南門內路地，使錢九千八百五十文。吳瑞南門內路地，使錢二千四百廿五文。南門以里以東山牆邊爲界，囗去地畝尺子一丈五尺寬，糸買到官路。進南門往東邊井園去，有公局買到五尺寬路一條。

　　以上共費地價囗銀子錢四百三十串零八百文，以上共取囗囗囗五十七千三百六十文，以上北大牆三百七十餘丈，共費錢三仟肆佰捌拾串零肆佰玖拾捌文。以上四門匠作工錢乙佰五十九仟伍伯文。以上修補南溝共費錢四伯貳拾四仟二百零三文。又修鋪牆塹共費錢乙伯三十七仟五伯六十九文。出局內工夫身工錢七十七仟八百五十文。以上器具物料木石磚炮火藥雜用，共費錢壹仟三百一十三仟七百六十四文。

　　寨牆周圍共有六百餘丈，又打牆上寨垛六百餘丈，俱糸按粮均派，每兩銀築寨牆三丈。西頭觀音堂錢四千三百文。

　　寨牆內外尺數：牆底二丈二尺寬，寨唇六尺。順寨牆外路六尺，內路三尺。東至龐水寨，唇外無六尺路。寨裏東至李書林，西至曹大包，無順牆三尺路。北門以西至費金換，寨外至大路埝，俱糸買到。又有東溝井園，東邊有張正心，下溝底莊子內路一條，以後許開路。

　　鐵筆匠作偃師王國定。

（碑存鞏義市西村鎮西村五龍廟內。孫憲周）

創修永安寨碑記

　　永安寨者，芝田鎮所修，以避寇也，憶自粵逆滋事以來十餘年矣。咸豐辛酉秋，亳匪至鞏，附近村莊騷擾殆徧，人民逃匿，雖深山窮谷，亦難恃為安息之所。自時厥後，歲有寇，月有驚，不得已乃謀結寨以自保。芝田在治南三十五里，為南路一方巨鎮，商民交易之所，非周圍修築不足以自固。特因工程浩大，繁費不支，尚有志而未建。同治元年，捻匪兩次擾洛，鎮中父老復同計議，又以屢年歉收，户少蓋藏，商鮮贏餘，驟興大役識為艱窘。然前事屢驚，已堪為鑑，但勉力圖成，實屬一勞永逸。於是，分別貧富，較量本息，商民各派錢若干，莫不心悅而意慰也。謀遂定，乃擇於十月二十日動工，至二年十月工竣。統計寨墻高厚，濠深廣，方圓丈尺所占地畝弓尺多寡，暨地下銀俱作價包明。又製造守寨軍器，并一切雜用共費錢若干緡，皆為勒珉。庶後之覽者，有以知其顛末云。夫天下事可與樂成，難於固始，今斯鎮諸公倡義動衆，不逾年而告厥成功。則斯寨也，不惟為本鎮之憑依，實可作一方之保障，其倡者、總成者、衆執事與出貲財者，俱有功德焉。余既樂之為序，且豫知能善守之以成升平之域也，豈不休哉。

同邑歲貢生馮安常敦五氏撰文。

耀斗靳奎光書丹。

後學夢祥王鄭蘭沐手書丹。

東壁趙清玉書丹。

大清同治二年歲次癸亥仲冬月穀旦。

（碑存今鞏義市芝田鎮芝田村。孫憲周）

鞏固寨石匾

鞏固寨

大清同治三年歲次甲子之春中浣仝立。

（碑存鞏義市河洛鎮官殿村。王興亞）

重脩廣生殿碑記

嘗思廟以妥神靈，猶之室以安人身也。夫室圮即無以安人，而廟圮獨可妥神乎？茲處舊有廣生殿一所，想其創修伊始，爾時非不燦爛。況有石河一道環包其左，復有鳳凰一坡聳峙其右，其地佳，其神安，即其人亦無不樂育焉。不意日流月轉，時遠年湮，風飄雨摧，瓦解牆巖。目覩者咸為神傷耳，聞者莫不心慘。幸有李公奎升、柴公雲瑞，咸動善念，因而集會鄉衆，公仝商議曰："吾等既寓於此，豈可坐視是廟之顛覆，而不思繕完其垣宇乎？"念及此，而鄉衆罔弗應諾。是故捐貲鳩工，無煩再商，擇期興造，莫敢或遑。廟貌從此而魏［巍］煥，神像緣斯以輝煌。雖曰功已告竣，原非存永錫祚胤之願，務必列諸貞珉，聊以志承先啟後之望。是歲，余館是村，囑余為文。余三辭譾陋，無可推諉。是以胆敢走筆，沐手滌心以序。後贅七言絕句一首：

面對青龍背石閖，左鄰流水右依山。

看來好似三山地，況得廣生處其間。

羽林莊袁紹安撰文並書丹。

首事人李林海工十五個，李林寬工十五個，劉青揚工十個，康士合工十一個，康士賢工八個，柴雲瑞工九個，李奎升工八個，以上各錢五百文。

山口王安，山川楊士魁工一個，許文魁工□個，康士杰工六個，許超杰工十三個，以上各錢五百文。

劉青甲工八个，康夢禮工八个，姜世坤工六个，以上各錢三百文。

劉青山工二个，劉青旺工五个，劉秉玉工五个，李林和工七个，李奎元工三个，康夢麟工三个，康夢麒工五个，康文工七个，康景兆工六个，柴萬林工四个，柴萬聰工五个，柴雲魁工四个，孟雲呈工五个，校永倫工五个，許登科工四个，許超群工七个，刘成顯工六个，張欽工四个，刘元慶工六个，刘元成工五个，以上各錢二百文。

刘青魁、刘德仁工二个，刘青法工三个，刘青奇工二个，刘青長工三个，刘平工三个，孟世济工四个，柴萬灵工二个，康金柱工四个，以上各錢一百五十文。

康夢德工五个，刘青太工二个，刘重相工一个，刘喜工三个，刘進財工一个，康永貴工五个，丁朝俊工二个，崔娃工三个，姜舉工二个，姜周工三个，柴保福工二个，柴萬明工二个，柴大科工四个，柴小科工二个，柴雲興工四个，柴雲通、柴玉柱工二个，柴五工四个，尚聰元工一个，尚春工二个，尚書林工二个，尚發枝工二个，康夢鼇工二个，以上各个一百文。

協臨和工三个，馬大景工二个，張進友工一个，李松操工二个，竺長春工一个。

金塑匠年成奇施个五百文。

刻字匠丁元龍。

大清同治三年荷月上旬仝立。

（碑存鞏義市北山口鎮老井溝老君廟。孫憲周）

創開斜谷路碑

【碑陽】

德在成己，善在利物，賢人君子大抵以是為準。是村迺煤運孔道，出北里門外里許，有切崖陂，陂外有無水河，亂石如齒。經五六月間，雷雨暴發後，路圮石集，途河不辨，行者苦之。村中有善士數十人，相其利滯，觀其捷紆，共相議曰：西北斜谷中較河行頗近，若從此出，則陡陂之苦消，而河途之患亦無。皆曰善。遂延地主會議，地主亦皆樂善好施，雖所占者數十家，胥無異言。於是，挨門致訪，或捐貲或捐工，踴躍爭先。以同治元年十二月初八日開工，不月而竣。嗣後戎馬搶攘，未及勒石旌德。茲值秋登務暇，因立石道側，彰德表善，以勸將來之樂善好施者。

後學吳遜撰並書丹。

鐵筆偃邑□國定

首事人李逢霖、□□□、閆文海、賀永新、龐吉超、李書林、吳兆寬、尹文新、李康平、張慶雲、李成、尹□、許八、尹圪交、許換朝、賀墨、張大發、李群、尹照、吳磨。

官經紀張西周、龐雲祥。張文升、張進寶、李兆才、孫集、胡來升、賈希貴。

鄉約李金斗、孫有德。

施路地：□夢錫施地二分，賀遂福施地二十四弓二尺，胡元施地四十二弓貳尺，費興寅施地四十八弓，費復振施地一百二十九弓四尺，曹水施地七十一弓三尺五寸，費學書施地二十二弓二尺，□跟上施地三十八弓，羽林莊袁存住施地二十二弓，□吉文施地二十尺，胡紹林施地拾乙弓，費學春施地廿四弓，□復隆施地十五弓，費存柱施地十貳弓。

大清同治三年歲次甲子仲秋之月閣鄉首事人暨棠花戶仝立石鴻禧。

【碑陰】

刊斜谷路布施碑

龐全錢三千三百文，李兆旺錢二千八百文，張海潮錢二千七百文，張大發錢二千四百文，李東來錢二千二百文，閻運錢乙千九百文，賀□錢一千六百五十文，魏維新錢一千九百文，張洪宗錢一千六百文，張元池錢一千正，李元錢一千正，費德會錢一千一百文，賈曾蘭錢一千正，胡紹林錢一千正，許八錢一千四百文，程全中錢一千正，李兆元錢八百文，李康年錢一千正，胡紹曾、賀疊，以上俱八百文，趙百行錢乙千文，吳紅錢乙千文，吳水順錢乙千文。費逢雁、李兆祥、張學典、吳紹吉、許換朝、許夢錫，以上俱六百文。吳兆寬錢乙千正，許夢蘭、吳磨、賀□□、張進寶、尹圪交，以上俱七百文。費學旺錢七百文。李逢霖、李金章、尹鳳池、康保、張春、李兆貞、王錫范、龐雲從、龐吉書、龐雲峰、孫有德、孫集，以上俱五百文。胡來升錢六百五十文，（尹太錢五百五十文，張文升錢五百文。）張學篤、吳永命、李小興，以上俱六百文。王克讓錢五百文。龐盛、王錫三、張來、王盈、吳昌、胡紹麒、費牛、費□□、李□□、龐潤梅，錢五百文。尹文新、張學卜、張文升、張學卜、賀曉、張康換、張二旺、張長合、張學詳、張學彥、李魁明、龐吉紅、曹大保、曹小保、曹大年、師拉、趙□大、賀拴、胡貨、張大倫、張保住、趙雨來、尹文竹、龐四、費復禮、曹保住、吳兆瑞、龐知明，以上俱四百文。李成功錢四百五十文。李成、張海、鄭米貴，以上俱四百文。費記錢五百文，（張改成錢四百文。）張春山、張栓、費鐵旦、吳元□、□發枝、張重、張元如、張學貢、李金成、李金榜、張成、曹居、李庚、吳小六、吳老代、王清和、龐和尚、費和尚、許苟、龐小樂、權發枝、吳得意、賀小□、龐改成、賀武、龐老根、武六科、許好、趙書帶、王潤、李豬娃、吳雙喜、張學純、張三水、龐金玉、吳元松、李上海、龐成德、荊鳳池、費□池、龐文郁、陳娃、費六、胡順、費東甲、王景元、張學中、曹偷、龐雲水、張學亮、張保臣、龐拴、曹醜、義合公、馮方、尹照、尹淘氣、龐牆、陳木、曹淘氣、傅興、龐其林、李科、張保新，以上三百文。李海新錢四百文，馮天保、董三娃、吳盤娃、吳得意，以上俱三百文。龐雲祥、曹布代、張保如、鄒夢花、胡壯、吳滴流、吳有、張水子、吳保回、曹傳、常水旺、張莫、費雙、孫雙、王唐、王□、賀金相、荊士貴、陳壯、李穩住、龐成、王老晚、李五、吳二斗、傅喜、吳襄、張皎、龐四娃、王同、吳潭、尹娃、臧五妮、吳永年、龐鐵、吳二要、胡芒犍、何振枝，錢三百文。荊鳳岐、李相、王太常、陳庫、龐甲戌、□□□、龐東、王戊辰、龐黑旦、吳卷、陳如、吳景元、王根、費庚戌、尹讓、龐雙寅、曹萬山、吳來意、董萬章、吳海朝、汲醜、龐驢、龐報、尹春來、李根、龐景、張五、張喜才、張庚寅、儲成、王錫命、張壯、隴吉虎、王相、龐坤、吳印、吳二瀾、吳塔、李八、吳均、龐三德、聚興號、龐雙喜、龐遂群、張定倫、龐義、趙眼、費周氏、李元中，以上俱二百文。周元□以上俱三百文，焦中元錢二百五十文。張學卜、龐□□、□□□、費三順、龐七、龐四妮、王小堆錢二百文，張二會錢二百五十文。曹水、吳小四、張末、張有、李恃、王□，以上二百文。張學敏錢一百五十文。龐六林、龐吉松、張鐵旦、龐保德、吳協和、趙謙、□新、龐朋、張定升、王東方、李□、荊鐵旦、龐□□、費二科、曹張氏、費三魁、張懷林、許九星、董金泉、尤同、□奇、龐轉、張貴成、董升、吳貨、龐吉光、周大書、吳三昌，以上俱一百文。張保陽、龐長□、張申，以上俱一百五十文。費春、龐□□，以上俱一百文。費海新錢二百文。曹紅、李□、費學三、石金太，錢一百文。吳二記錢二百文，袁東升錢貳百文，張子敬錢一百文，胡金成錢二百文。吳書文、吳六、曹拉、李存住、王科、王大堆、□□三、□茂戌，錢一百文。

魏協和工二個，魏德工二個。

閤鄉仝立。

（碑原存鞏義市西村鎮西村斜谷路坡上道側，現存瓦廠街南頭西側。孫憲周）

創修將軍寨記

賜進士及第頭等侍衛癸巳科狀元副將銜前陝西陝安鎮標中營游擊欽派委辦汜鞏兩縣團練署陝甘督標中軍副將代理涼州掛印總兵官加三級牛鳳山創修將軍寨記

余之咸豐三年粵匪擾亂後，目睹鄉民被害情狀，知非寨堡不能自保。遂徧歷嵩嶽東北一帶，擇可以保身家、衛桑梓，有險可恃，不為賊困者，無如此寨。何者？周圍陡險，易修也，面前一路，易守也，有柴易炊也，有草易牧也，有石易兵也。水雖在寨外，而賊不能□也。四周深山，而賊不能持久也。竊以為可避大亂，故卜居於此。因商同孫貽堂，於四年秋修房數間，遂可暫避風雨。是冬將□將軍帽治為己產，東至山頂帽邊，西至山裡凹分水，南至山頭崖邊，北至河溝分水。九年冬，有尉氏劉竹軒商同，將西帽及後尾置買，東至河溝分水，西至山頂并至崖邊。又至王宋二姓，南至崖，北至王友。十年冬，余勒窑三孔。十一年春，修水池，秋，復修寨門。勒已握起，工尚未竣，而亳匪西竄。無論平原、深山，靡不蹂躪備至，居民大被其害，乃知修寨之宜亟也。時有族弟泰和同張公宏道、李公成泰、張公書泰、馬公廷瑜等共視此寨，不但險要可持，且較他寨省工數倍。因約諸村親友共議，仿照他寨之例，即於十月興工。興工以後所需工費，均派在寨之花房，并擇其少有餘者，酌量捐輸，總期堅固久遠，為永保身家計。是以余許諸親友隨意修蓋房屋，占地多寡，不取分文，以為不僅此時可保身家性命，即後世子孫如遇大亂，亦可避也。今寨工告竣，立石誌之。

督修寨工總領雷西平、張書泰、張宏道、李成泰、馬廷瑜、牛泰和。

大清同治四年夏五月。

（碑存鞏義市新中寨老廟將軍寨上。孫憲周）

創建九龍廟碑序並贊[1]

序曰：功歷久而後可就，事由漸而後可成，理勢然也。是廟之建，工雖非甚鉅者，而詳究其源，亦有自來矣。粵稽道光初年，已有創脩之舉。然非一人一家事，紛紛立議，不能一志而同途，其事遂寢而不聞。越後多歷年所，間有談及之者，亦未嘗實事其事也。是或時之未至歟！抑亦志之不貞歟！自茲而降，迤邐而來，三十餘年以迄於今，村中有樂善者出，姓吳名兆瑞，號樸真子，敦篤樸茂，謹厚老成。首倡斯議，鄉里翕然從之。復有同社數人為之相導，增以化主十餘人，齊心併力，或辦本村之貲，或約什鄉之施，一呼百應，數十村絕無依違。共計捐貲伍佰餘仟。以正月二十六日開工，宵旦經營，晨暮區處，至於八月二十九日，迺告厥成功焉。時使然歟！人為也歟！總之樂善好施，人之恒情。順其情而導之，則悠然而就矣。情者天也，導則在人，天時人事廢一不可，凡事如斯，非止一端。不揣愚陋，以是為序，且以樸筆綴贊，爰附石側。贊曰：

背依邙嶺，面對嵩高。垂楊離離，古柏蕭蕭。廟貌巍峨，虎蹲平郊。
簷飛華斑，微雲淡描。規畫泥塑，目睛環偕。神之格思，勃勃欲諧。
紫袍魚袋，英姿□風。霞佩金釵，手爪玲瓏。創建人士，伊儒伊樸。
伊俗伊雅，招之即來。奔奏供□，庭止陟下。踴躍謹呼，遺忘工價。
和風冷冷，甘霖重重。益之以霢，既優既渥。既霑既足，生我百穀。
嗟嗟士民，座上生春，含哺鼓腹。康衢之終，昭茲來許，蒸嘗維新。
衣食既贍，立教明倫。勿替引之，子子孫孫。祀事孔明，穆如清風。
於萬斯年，夙夜在公。

後學吳遜撰並書丹，施錢乙仟整。

龐三娃進世香爐乙個。

鐵筆山□村張有義。

大清同治四年歲次乙丑桂月下旬有九日本村什鄉紳民寅畏仝立石。

老井溝：化主李林寬錢五百文，李奎升錢三百文，柴雲瑞錢二百文，康孟林錢一百文，李林海錢五百文。許朝傑、劉清楊、劉清甲，各錢三百文。柴萬聰、康孟奇、康士賢、康

---

[1] 該碑共七塊，每塊尺寸按順序排列於後，高七十九、七十二、七十二、七十六、七十六、七十六、七十六厘米，寬九十一、九十五、九十八、九十六、九十八、九十六、九十六厘米。原立於九龍廟拜殿內，牆東側三塊，西側四塊。

士傑、劉成顯、劉元慶、劉青法、康士合、康夢兆、姜世坤、校永倫、李林合，以上各錢貳百文。許登科、李奎元、康文、康永貴、康孟鼇、康協和、康孟瑞、柴雲奎、柴玉柱、柴萬福、柴大科、柴雲奇、柴萬林、孟世濟、孫書□、孟雲星、康景照、劉進財、丁廷傑、許超群、劉丙玉、姜周，以上各一百文。

羅泉村：化主李奎元系老井溝人，曹明顯錢三百文，趙立德錢二百文，張太水錢二百文。

化主柴居安、呂懷福、呂懷智、李成功、王宗道、姜世太、李成玉、呂發枝、柴麥收、柴清振、翟天士、姜成，以上各錢貳百文。柴殿升、柴俊、柴甲，以上各錢一百文。

以上兩村六十戶，共施錢拾串零三百文。

西韓溝：化主韓西河錢五百文。韓永世、邢之太、王廷擢，以上錢五百文。韓秉瑗、韓西智、韓喜成、韓同科、張春、于銀安、于庚辛、於振甲、許方，以上各貳百文。韓秉義、韓秉鐸、韓秉傳、韓同榜、韓金元、韓拴、韓妮、韓□奇、韓金剛、韓□枝、韓文郁、韓雲、韓秉禮、韓小三、韓同、韓魁、王妮，以上各錢乙佰文。

鄭瑤村：化主王松喬、王松苓、丁際隆、丁際魁、丁士書、丁士玉、鄭有魁、鄭全成、鄭際太，以上各錢貳百文。

以上兩村三十九戶，共七仟三百文。

張家溝：監生張海金、針科李生峰、耆民張克富、張海遠，上四戶進火池一個。

羽林莊：老民袁全福施錢一千整。車園村：賀霖三、賀海源。羅口村：閆成貳、翟維憲。聖林村：李明義。瑤嶺：賀毛妮錢五百文。協力瑤：張德瑞、張興邦、李君富、張戊辰、張升、張桂芳，上八名各錢乙千整。塢羅：化主閆有義錢五百文。浮沱村：王清魁百文，張廷治錢二百文。常封村：王連科。南侯村：劉滋、劉庭桂。浮沱村：王太興錢一百文。夾津口：李循治錢二百文。右二十七戶，共錢十四串七百文。

羅漢寺村：共二十四戶，共施錢五千四百五文。監生化主魏建立施錢四百文。壽官張月圖錢六百文。監生李東振錢五百文。壽官李長安、喬榮花，以上各錢四百文。張潤璽、魏文德，以上各錢三百文。從九魏錫璋、李方池、喬登明、劉興榮、魏文升、魏大富、魏述周、魏安，以上各錢二百文。楊九成錢乙百五十文。李學富、李俊業、潘大元、李水泉、喬殿魁、魏大本、魏大興、魏大賓上各一百文。

郜溝村：化主郜希有錢五百文，郜振行錢一千整，郜振三、賀全，上各錢三百文。鄭圪斗、張倉、賀海祥、鄭毛旦，上各錢二百文。張七、張二紅、郜振岡、劉興仁、焦德、郜二紅、郜紅磚，上各一百文。共十五戶，共錢三千六百文。

羅泉村：張仁施錢二百文。

堤東鎮：化主路夢花捐錢兩串整。化主謙益恒，化主趙鳳集各捐錢一千整。化主趙邦彥捐錢三百文。從九趙多奇、監生趙之銘、監生董震照、從九路文思、路之照、路文獻、監生曹永福、監生宋文耀、路承謨、路石成，以上各錢一千整。趙光瑜捐錢七百文。山西德興號、從九于自成、壽民景興順、監生丁天佑、焦鼎六、趙九德、監生趙之章、監生趙金玉、監生趙邦兆、趙琴堂、趙廣順、趙如雨、趙流、于應中、從九路文運、路文光、監生路漢章、路振公、壽民曹起平、曹永法、從九路元啓、監生路建章、監生路丙昌、裕隆號，以上各錢五百文。趙新篤、曹振常，以上各四百文。趙元臨、趙履太、合盛號、高堆、董萬箱、趙錦芳、曹新宗、賀永魁、朱湘三、董福六、路彩章、路金墉，以上各錢三百文。趙富學、龔保柱、路東儉，以上各錢二百文。右五十七户，共捐錢三十二千三百文。

張嘴寨村：化主李曾一捐錢五百文，儒學焦壘捐錢一千整。武生焦建邦、監生焦應林、監生焦啓太、從九焦協中、焦希曾，以上各錢五百文，焦升階捐錢四百文。焦慶曾、監生焦升三，以上各錢三百文。焦應太錢二百五十文，焦應校錢二百五十文。曹起魁、趙萬新、路文章、焦升選、曹五林、路申辰、焦升高、焦金□、趙景清、焦中意、焦君、焦金鎔、焦應潤、魏傳、焦金榜、趙振家、焦應恩、趙廷聚、李向智、范二記、焦金相、焦東太、焦錫□、焦□治、曹大明、焦慶曾、焦慶、曹起行、焦名正、焦醜子、焦金壘，以上各錢二百文。路秉□施銀一百文。右共四十四户，捐錢十一千八百文。

東侯村：化主監生常自箴施錢一千整，化主六品劉木施錢二百文。監生任學淵、生員常命甲，以上各錢五百文。壽官張元榮、監生李文宣、董安民、監生席文燦、常建毛、李金才、監生李應中、監生常治風、壽官任子傑、任門荊氏子任永順、監生常建田、常治春、監生孫九令、孫丙德，以上各錢二百文。張芝蓉捐錢一百文，劉萬朝捐錢一百文。右十九户，共錢五千乙佰文。

小官莊村：化主王元升施錢五百文，劉學貢施錢十一串整。千總劉金鐸、九品劉金□，施錢各一千整。劉學任、劉應珍、生員劉魯泉、劉中陽、廩生劉嵩堂、張剛旦、劉金換，以上各錢五百文。張根成捐錢三百文。劉新友、劉學禮、劉□、劉和尚、劉須堂、李文□、王樹平、王枝、偃邑小砦孔□元、張虎，以上各捐錢二百文。右二十二户，共捐錢十九串三百文。

趙瑶村：化主董連如施錢一千整，趙世一施錢五百文。趙二盈、趙永魁，以上各錢四百文。趙殿儒、薛喜交，以上各錢三百文。張毛意、董福興、楊長明、趙存信、常成和、趙全義、王二娃、趙存治、楊文煥，以上各錢二百文。趙殿明、趙如珍、趙全□、常振才、趙存禮、趙二寅、趙殿林、趙殿忠、趙全魁，以上各錢一百文。右二十四户，共捐錢五千六百文。

費家瑶村：化主楊清川施錢五百文，化主馬中義施錢二百文，監生周合升施錢二千整，周全升錢一千五百文，馬永明施錢乙仟整，楊清林錢四百文。馬中正、馬永成各三百文。馬小□、王□明、劉清原，以上各錢二百文。右十一户，共錢六千八百文。

高家坡：高文林、高全保、于作壽、李永玉，以上各錢三百文。于宗儒、高文德、丁保、丁九知、魏令、丁法強，以上各錢二百文，于宗保、丁進書、于任、崔貴、崔七，以上各錢一百文。右十五户，共錢兩千九百文。

白冶河村：化主張復元捐錢二千整，壽官崔百文。鍾登雲、李聯芳，以上各錢五百文。牛文成、職員劉清楊捐錢三百文。薛永祿、鄉耆李順興、農官劉文彪，以上各錢二百文。十户共錢五千八百文。

李圪當：薛金聲捐錢一千整。

蔡莊村中所：化主監生傅同聲捐錢二千整，化主趙有典捐錢二千整，耆老劉百防捐錢一千整。馮同堂、趙啓相、趙同科、趙興文、趙鳴九、趙尚文、傅永元、劉百富、宋小學、趙穩成，以上各錢五百文。趙維翰捐錢四百文。傅同慶、趙提元、趙同昭、趙玉俊、趙玉秀、生員劉百祥、趙老五，以上各錢二百文。馮鵝、趙鳴岐、趙三帶、石廣貴、趙朝彥、趙清宇、趙春法、趙二喜、趙喜同、趙有合、趙賡文、趙中、趙一成、趙溫、趙松山、劉跟上、劉百潤、劉百中、劉平，以上各錢二百文。趙安、劉百元、趙正、趙文章、趙兩全、趙清太、宋榮安、趙恒、趙水旺、趙聚、閆積、傅法枝、趙當印、趙金梁、劉用，以上各錢一百文。以上五十五户，共捐錢十七仟二百文。

蔡莊村北所：馮中倫、監生馮應祥，上各施錢一千五百文。登仕郎趙禮文、宋祥安、宋文安、馮玉璞、馮大心、馮成倫，上各施錢五百文。趙同道、馮林枝、馮丙辰，上各施錢四百文。宋景亮、馮大創、馮恒，上各施錢三百文。傅遂意、馮保成、馮玉衛、馮應、歲善生馮安常、趙桂芳、馮成祥，上各施錢二百文。上共二十一户，共施錢九千五百文。

蔡莊村南所：化主宋文太施錢五百文，化主傅善言施錢五百文，監生劉宗魯、監生劉宗合，上各施錢乙千整。傅申施錢八百文。劉宗堯、校掌、校古多、校尾巴、傅善吉、劉鐵梁，上各施錢五百文。劉新圖、宋文明、宋有禮、劉進有、劉林泉、胡節三、劉雲慶、傅群、校行水，上各錢四百文。校鼎安、劉新科、丁喜、傅金聲，上各錢三百文。李端、李醜妮、劉小春、許昌、劉雲祥、劉全旺、劉銀甲、劉憨、李漢林、新邑趙文科、邵學海、劉明經、傅五林、李成才、李柱、校森、劉柱、袁老木、牛同祥、校剛鎖、傅五妮、傅善榮、校小五、傅升、傅小五、傅四、校保、韓柱、趙朝、韓遂升、尹六、趙四黑、趙慶、傅八、傅遂元、傅三、張洪智、趙集、傅要、傅小妮、傅雲思、趙三黑、趙末、劉奇，上各錢二百文。校科錢一百文。右蔡莊南所：六十八户，共錢貳十仟零三百文。

山川上瑤村：共捐錢三串正。

山川下瑤村：共施錢四仟二佰文。

丁家溝村：化主曹毓葵施錢三百文，化主丁士傑施錢二百文，曹維橋、丁士俊、丁林、曹維新、趙大有、丁遂寅、丁士潤、丁元書、楊丙道、丁元十，以上各二百文。王甲施錢一百五十文。丁立柱、曹維清，上各施錢一百文。上十五户，共施錢兩串八佰五十文。

瓦瑤溝：王溫施錢乙千整。

桐花溝：張鳳翔施錢七百文。

陝西省：貢生段秀蜂施錢乙千整。

瓦功川：化主張學書、口禮讓、楊二元、賈煥、賈書、孫滴拉、王宣實、王道南、王定甲，以上各錢二百文。王遂元、張爐、喬進、吳轉成、王富貴、王果實、王梁孟、王跟上、張百□、李永星，各錢乙百文。右十九戶，共施錢兩仟八百文。

羅口村：化主康進義施錢五百文，化主魏書府施錢五百文，王文奎施錢二千整。閆成文、翟進屏、翟世綠、孫永魁，以上各錢五百文。康臨照施錢四百文。王朝芳、李毛、王全成、宋壹輪，各錢三佰文。孫永昌、孫永法、孫永榮、吳圪乃、孫永終、翟維恒、翟維藩、翟維翰、翟大升、翟二升、翟世傳、康霧雷、康圪乃、康玉川、康進庚、康進傑、康海成、孫同升、孫良、李拴、李功、李良、鞏萬順、鞏全升、宋壹魁、曹五桂、賀新進、崔圪代、楊夫差、鄭六、石安朝、廩生王俊升，以上各錢貳佰文。右四十三戶，共錢十一仟整。

喂羊莊村：化主趙應科、化主張青陽錢各五百文，閆文林錢乙千五百文。曹運量、張生彥、張六經、閆文俊、閆文學錢各乙千整。張化世、張生周、張維勤、張維聰、劉克君、閆文秀、張太、劉克和、張忠、劉有福、石學奇，以上各五百文。石甲辰、石學六、王和尚、石學魁、石學成、石二辰、劉元慶、張維清、劉克順、韻浩然、閆文彩，以上各錢四百文。石聚保、張生文、張合、石榮喜、韻清和，以上各施錢三百文。通共三十四戶，共捐錢十八串四百文。

北山口村：化主劉潤海捐錢五百文。化主劉懷義錢二百文。監生劉潤田、監生劉潤猷、劉省三、劉濟錢五百文，劉書三、趙玉振、趙玉恩、于宗光、趙宗舜，錢各四百文。張高翔、劉廷魁，錢各三百文。監生馬生駿、氾水翟文炳、耆老趙宗茂、張省三、曹子明、劉廷印、耆老劉篤忠、趙玉五、劉錫祿、曹子和、張旺、壽官于作礪、趙玉盤、于金玉、劉錦堂、廩生劉明新、張四、于牛犢、趙臣、劉句、趙成憲、閆小五、趙棚，以上各捐錢貳百文。通共三十六戶，共捐錢十串零四百文。

東作村：化主李應實錢五百文。化主賀立朝錢乙仟正。化主賀振甲錢三百文。王多才錢乙千整。李捐、李廣仁、李樹文、李宗華、李應華，以上各錢五百文。李應成、李天虎、王多福，以上各錢三百文。賀萬令、李廣義、賀暢然、賀清彥、賀有分、賀福林、賀東振、孫同喜、李應春、王法□、王法太、李樹景、李狀、李宗傑、李老六、李心志、李金令、李長太、李宗茂、李省成、李應科、賀新元、李焯，以上各捐錢貳百文。賀文得、賀有貴、賀有栓、路正、賀振起、賀里、賀百甲、賀振宇、吳振家、賀百從、賀文治、李椿年、李莖、董群、王鳳明、李王成、李應富、王偷、李滴流、李應運、李宗道、李天龍、賀百鈞、李宗文、李樹五、李太、李卷、李新洛、賀同、賀萬木、孫黑豬、李宗正、李逢太、李如正，以上各施錢乙百文。右六十九戶，共捐錢十四串貳百文。

瑤嶺村：化主孫朝信子成志施錢乙千整。化主賀順修施錢六百文。化主賀金章施錢五百文。化主楊得水錢五百文。胡永祥、賀均、施錢各一串整。胡春花、趙天法、胡不禮、趙天則、王生俊、孫朝德、賀正身、賀文修、關帝廟楊書銘，以上各錢五百文。趙天德施錢四百文。楊正修、孫群、孫長庚、賀大木、賀友誥，各錢三百文。孫穩住、孫治泰，以上各錢二百五十文。孫壽、胡大景、胡樂森、孫發科、張存住、孫甫多、趙冬秀、孫甫保、孫憨旦、張萬年、孫輔臣、孫朝賢、賀遂子、賀此草、楊知瑞，以上各錢二百文。賀正禮錢乙百五十文。孫鳳山、孫聚寅、孫有才、孫魁、張百祥、楊正如、孫穩、趙須、賀文、賀信、周富有，以上各錢乙百文。右五十户，共捐錢十五串七百五十文。

本村花户佈施碑

地主李金甲廟占地西至山牆根，南至臺子根。

土主費東甲施錢二千整。

正功德主吳兆瑞施錢三仟整。

副功德主費興寅子改□施錢乙千五百文，費學旺子元施錢乙千整，賀仲夏施錢二千整。

首事監生龐雲從施錢乙千整。

管賬張元池子學植施錢三千五百文，管賬費復振施錢二千整。

催工曹法林施錢三百文。催工胡三林施錢五百文。

化主趙啓太施錢乙千整，李元、許夢錫，上各施錢二千整。龐雲峰、賀文魁、龐全，上各錢乙千五百文。監生王錫範、荊鳳池、李逢霖、曹法傑，上各錢乙千整。尹文竹、許敬修、費鳳儀、龐雲祥、李金寶、李金斗，上各錢五百文。泥塑曹萬山施錢五百文。李盤施錢五百文。吳同施錢一百五十文。張子敬、吳永命。上化主共二十一人。

首事費學春、孫有德、胡紹林，上施錢各伍千整。監生張洪宗上施各三千整。吳永慶、監生魏維新、龐收，上各施錢二千整。監生費金換施錢乙千五百文。趙雨來施錢乙千零五十文。

大本作三人

趙百行、吳永安錢五百文，吳永順錢貳仟整。李兆祥、張學篤、李康年，上各錢乙千五百文。龐汪，上各錢一千五百文，又二百文。龐四妮施錢一千四百文。屯官吳兆寬，上各錢乙千二百文。監生尹鳳池，上各錢乙千二百文。李忠錢乙千一百七十一文，吳得意錢乙千零一十文。許孟蘭、曹保住、許八、費得會、王克讓、費魁元、龐書、吳寅、張元儒、張來、張學亮、龐路、張二會、張學純、張天長、李成功、李兆貞、張學貢、張學閔、王錫三、張學典、龐知明、龐二汪、張保新、賈希貴、龐雙喜、王太順、許苟、曹禎祥、曹清秀前後一千，此名下五百文。吳永年，上各錢乙千整。張學彥施錢五百文。許夢好、李明儒，上各施錢八百文。師海林施錢七百文。李群，上各錢六百文。許換朝、費六、費林、李拴住、費復貴、荊鳳岐、曹水、董萬章、吳三妮、李八、袁東升、龐六、趙金相、龐潤四、李書林、龐紅、李豬娃、胡喜、吳元、吳昌、龐雲水、陳狀、吳得丙、胡元、費牛、吳西法、吳卷、費復盛、胡和、吳二記、李相、龐坤、吳滴流、王天順、張文成、張壯、費清貴、張不禮、龐文郁、張夫倫、張三水、張保住、張文升、張進保、吳協和、張法生、龐雲生、吳雙喜、吳元松、陳娃子、龐三德、吳小六、龐金玉、龐雙寅、費存住、龐成德、荊士貴、馮方、尹文新、龐遂群、曹喜、張春山、胡燕、龐雲水、龐報子前後五百文。曹年此名下六百文。王錫命、李尚海前後五百，此名下六百文。賀晚、胡紹曾前後五百，此名下七百文。賀百全、周元章、賀壘、荊三娃、胡三、龐遂上、李魁名、王錫桓、李成，上各施錢五百文。曹車、張寅、王相、曹布代、董金全、吳塔、張正心、龐義、張鐵旦、張科、龐七，以上各施錢四百文。曹拉、賀金相、吳磨、賀拴、張定隆、尹圪交、龐景、費復和、費苟史、劉德、李大毛、王根、費成、吳海潮、張喜才、龐黑旦、吳記、吳成住、尹太、龐二苟、李兆才、張長河、吳盤娃、張春、張八、張二旺、曹喜、王孟、王聘三、許九星、龐雲瑞、李監、曹偷、尹文燦、張學卜、曹醜、費四、張重、張定升、龐得寅、胡來升、張保陽、龐保德、胡文建，上各施錢三百文。王景元、龐驢，上各錢二百五十文。徐奇、武六科、尤同、朱萬三、費庚戌、費雙、陳庫、吳老代、費和尚、費鐵旦、吳來意、費復禮、賀永旺、龐吉林、吳相、賀老代、許大根、費馮彥、武金玉、閆文海、王潤、張定倫、吳有、李庚、陳鳳三、荊鐵旦、吳得法、吳三場、陳臣、吳二斗、李穩住、張群、焦中元、張法枝、王鐸、張改成、胡狀、董三娃、張海、張栓、鄭米貴、張廷俊、張小法、張有、魏協和、范進海、李根、龐朋、龐轉、孫醜、龐進成、龐東、龐牆、吳景元、龐潤法、尹倉、張庚意、李存住、尹讓、尹桃氣、龐吉松、傅天才、權順和、賀武、王管成、程全忠、龐樂、龐改成、龐老根、王堂、吳酉、何振志、費三記、費六遂、龐吉光、荊鐵旦、龐雲宿、龐吉文、尹大喜、趙換朝、費三魁、吳得榮、張康煥、龐成、李官、龐有、趙書帶，上各施錢二百文。吳尾把、吳印、李金成、龐娃子、李朝、馮苟台、李保，上各施錢一百文，胡遂元錢乙佰文。王大堆錢乙佰文。右三百一十六戶，共施錢乙百九十串零六百一十八文。

車園村：化主賀正六捐錢兩仟整，化主吳玉林捐錢乙仟整，化主周寶三捐錢乙千整，化主賀霖雨施錢五百文，化主賀百祥施錢五百文，化主李志六施錢五百文。監生賀百勤捐錢乙千五百文。周希讓、監生周泰謨、賀霖波，捐錢各一千整。周希文、周曲章、賀霖仙、楊柱子、吳朝林、化主吳二德，以上各錢五百文。監生賀立志、吳鳳林，以上各四百文。吳根動捐錢三百文，吳常錢二百五十文。周朝三、張雲升、周景彥、賀文炳、吳青山、賀海增、周三元、賀正林、吳正心、賀文敬、賀正倫、周希賢、吳有才、賀小申，以上各施錢二佰文。康全木、張進升、周清楊、賀小四、賀霖讓、賀霖末、賀賴、周希聚、賀文池、周夢寅、崔文林、賀二春、吳秉魁、吳北方、吳辛金、吳德印、吳大辛、吳六、周十、賀森、吳圪意、趙有、吳倫、周希林、羅保，以上各施錢乙佰文。右五十九戶，共施錢貳十貳串零伍拾文。

五鄰頭：柳春捐錢一千整。楊義倫、周丙戌、周丙寅、周希春、周希有、吳金斗、劉甗倫、蘇萬升、蘇相成，以上各捐錢五百文。張寅捐錢四百文。賀牛、柳法、賀圪塔、張俊，以上各捐錢三百文。任小狗、任山林、柳有、周法成、吳□□、張□奇、李成西、吳金鼇、蘇平、付二聚，以上各捐錢二百文。柳重、柳四、張栲栳、吳穩、賀句、□知魁，以上各捐錢乙佰文。右三十一戶，共捐錢九千七百文。

羅圈凹：化主許二元、化主孫書見、龐五行，以上各捐錢二百文。吳醜和、陳三，各錢乙百五十文。張毛妮、曹喜成、張法元、馬四妮、魏生、趙八、趙有成、李三旺、王升、王保德、曹太榮、宋大苟、張大娃、張九陽，以上各捐錢二百文。右十九戶，共施錢貳仟三百文。

常封村：化主周曰庠、化主張海、化主賀百林、化主賀毛妮，以上各捐錢一千整。賀振順、王化溥、王萬全、趙清太、張建順，以上各捐錢五百文。賀文卜、趙明遠，各捐錢四百文。化主賀振興、化主王斗南、賀茂修、王化淳、李萬清、封有福、張鳳辰、賀拴、賀百明、王書、王廠、王圪塔、王天一、杜元堂、王中元、賀金聲、王申，以上各捐錢二百文。張五、張建魁，以上各捐錢乙佰文。右二十戶共施錢十串零四百文，又五百文。

南山口村：化主張有成、化主張丙午、化主張澄金、化主張西科、化主郝雲龍、化主郝鳳吉，以上各捐錢四百文。化主許克正捐錢二百文。耆老張榮貴施錢四百文。張超然、葛榮貴、張應平、老民郝廷魁、化主丁元魁、張騰雲、張有全、郝廷槐、郝廷義、張天德、郝逢吉、張澄明，以上各捐錢二百文。閆風溥、馬萬順、狄復榮、郝雲渠、王東奇、監生石進忠、郝金堂、郝廷傑、郝喜財、吳天祿、郝廷英、郝廷舉、郝逢辰、許朝升、張素錦、張澄池、葛永安、耆老許克己、郝景和、張九皋、趙敬、許文章、王丙曜、葛大榮、郝永清、王臣德、王臣義、王瑞、張二太、張百福、郝志清、牛萬書、張成漢、王錫爵、張口裕、張成章、張應純、張有道、張廷猷、郝振鷺、張君錫、壽官張有太、張元、張騰有、張有壽、許朝章、許朝獻、張君用、張君德、張君選、許朝令、張有平、劉紅氣、丁元福、丁萬福、劉永貴、張義然、張榮升、丁有，以上各施錢乙佰文。右七十九戶，共捐錢十乙仟六百文。

山東頭村：化主張九陽錢一千整，化主曹榮甲五百文。張建際六百文，張鳳崗伍百文。張風枝、監生張建本、張金科、張榮增、張榮身、張二旺，以上各錢五百文。王友諒錢四百文。張華鳳、張口鳳、張建行，以上各三百文。張二憨、張朝陽、張思萬、張清鳳、張王贊、張中央、張榮朝、張建安、張思黨、張榮卿、張德元、張儒鳳、張思經、張鳳只、張榮秀、張棲鳳、賈邦臣、賈邦彥、王正太、董占魁、張鳳陽、張三妮、張玉鳳、張黑漢、張建亭、張建世、張建裕、張建貞、張建元、張榮林、張榮五、張換成、張建德、張知和、張方元、張鳳錦、李合潤、閆庭鍾、張鳳尚、張鳳坤、張振寬、王正勤、張大祿、張大成、張建邦、張鳳坦，以上各捐錢貳百文。王有倫、張二有、王遂寅、王星、張鳳保、張鳳梧、張太元、張毛蒿、張榮彩、張建章、張大中、張憨子、陳茂松、張立柱、張太陽、張文喜、張太貴、王大寬、張洪順、張建鐸、張禮貞、張鳳桐、張富居、張榮標、賈邦君、王正鳳、張榮立、王二寅、張五妮，以上各捐錢一百文。右八十八戶，共捐錢十八串八百文。

王家溝：合村共施錢伍仟。

李家瑤村：化主賀同章錢一千整，化主李金花錢三百文。李重生錢兩串整。李百方、賀同朝、賀同仁、南陽府老河鎮騾馬店，以上各捐錢一千正。李萬里、李百祥、賀府授、賀同道、賀同敬、袁海鹿，以上各捐錢五百文。閆明方、李百聰、張老代，以上各捐錢三百文。李萬六、李萬選、李萬順、李掌、李萬花、李百六、賀府正、賀同文、齊喧、賀安意，以上各捐錢貳佰文。李萬明、李百年、陳春、陳老虎，以上各捐錢一百文。通共三十户，共錢十三串。

石井村：共捐錢兩串整。

申家溝村：化主焦樞斗錢一千整。李天順錢一千整。焦寅斗、邵道三、焦斗南、李景雲，以上各捐錢五百文。曹建富、焦燦斗，以上各錢四百文。陳守法、曹建坊、李永印、焦丙斗、李永仁、李太來、李永星、焦朝、張百代，以上各施錢貳百文。齊喜、李太林、曹廷林、曹扶倫、賀尾把、張法成、李來福、李跟上、曹鐵塔、李來元、張成芳、李甲辰、陳魁、張邵芳、李乾元、曹本原、曹建正、李承照、李來運、賀金柱、李承升，以上各施錢一百文。通共三十八户，共捐錢八仟七百文。

芝田鎮：霍校林施錢五百文，霍宗太施錢五百文，周同正錢一百五十文。生員武星堂、武世英、范雙枝、趙憨子、趙書樓、趙中方、宋青雲、程四、程廣、趙福興、單秀土、胡重陽、趙遂林、李聚成、吳呈祥、吳清蘭、周振甲、霍石柱、霍新魁、霍金龍、霍尚、霍金鑑、霍萬福、趙全、曹劉柱，以上各施錢一百文。右二十八户共捐錢三仟六百五十文。

（碑存鞏義市西村鎮西村九龍廟拜殿內。孫憲周）

創修安仁寨記

治亂之循環，維有氣運之盛衰，亦關人事之得失。乃世之治也，生全安□，共樂熙皞之天；而世之亂也，傾覆流離，難堪踩躪之苦。故鄉隨之民，而修城鑿池以固吾圉；都鄙之人，清野堅壁以避其鋒。我朝開國以來，民安物阜，昇平已久。至咸豐年間，粵匪竄擾，泯棼胥漸，流賊蜂起。辛酉秋竄鞏，擄掠剪屠，莫可勝言。寨堡不修，身家何賴？於是，度原隰，相崗陵，鑑平原之難，動樂山之志，卜寨於青龍山之過溝路。後值秋雨連綿，跋涉維艱，又卜寨於班荊坡之巔。是山發自五指嶺，若繼若續，蜿蜒數十餘里，至斯崔嵬突起，地勢廣闊，其敦艮之基，厚重之象，渾穆之氣，類仁者之性功，所謂仁山者此也。故其上居民鮮少，而性志敦龐，有仁讓之風焉。舊有山神廟一座，英靈異常，凡旱潦疫癘，有禱皆應。似此神靈民樸，豈非山川靈秀之氣所結聚而成者哉！東鄰神峪溝，懸崖千尺；西鄰寺河，岈然猱猿難攀。南北峰勢巉巖，經崎嶇險阻，可謂極矣。再加修築，鞏固如金湯，雖有公輸之巧，不能攻也，即無墨翟之策，而守有餘焉。乃謀於地主，慷慨樂允。各捐貨財，擇吉開工。重修山神廟。刈榛棘，刈穢草，闢石鑿土，高截低補。載離寒暑，人皆趨赴。厥工告竣，萬事俱就。則見閈閎高，墻垣厚，闉闍秀，臺隍□，廟貌輝煌，神像焜燿。營窟百餘，風雨可避。水囤兩個，汲釁無虞。干戈擾亂之際，安居其中，孰不優游以自娛？此蓋天造地設，以俟有□□□修築，為之一方之保障也。地勢嚴固，人心和順，又有山神之靈默佑於冥穆之中，何憂流賊之竄擾哉！今茲落成，故鄉序顛末，勒諸貞珉，以永垂不朽云。

邑庠生尚桂發撰文並書。

寨主□□□、李家寶、□□□。

首事人吳伯勳、胡林、李夢魁、王裕安、趙湘、張崇陽、劉潤海、丁文運、張省三、尚元珍、劉潤疇、李聖蘭、李家玉、劉欣仁、劉天柱、牛正新、胡清源、李家修。地主李希武、崔壯嘉、劉延明。

大清同治四年歲次乙丑九月吉日。

（碑存鞏義市北山口南官莊村南班荊坡。孫憲周）

將軍寨竣工碑

羊叔子佳節登覽，而峴山垂名；王右軍曲水流觴，而蘭亭馳譽。佳山勝水，必藉偉人以俱傳，夫固自昔已然矣。鞏東南四十里有山焉，山峰對峙，望在雲霄，危岫插空，峭若貝胄，居人像之，曾嘉其名為將軍帽云。然而郡乘不載，縣誌未詳，蓋不遇偉人矣。嶮如天府，亦汩沒於雲煙縹緲之際矣。汜邑牛副戎梧唶公者，宦餘乞休，適值粵匪倡亂，乃遍歷嵩高，卜居於斯。不惜家資，市為己產，蓋以其易修易據也。施工未半，又值亳匪西竄，蹂躪郡邑。邦人大恐，以為非寨堡無以全身而衛家也。於是，張公宏道等約同親友酌量捐輸，密加整理。重修東門，繼成功也；創建南門，便水路也；復開北門，便行人也；周圍豎墻雉堞環列，便守護也；中砌雙池深等洞泉，儉不虞也。循麓而望，恍如同空中樓閣，無從施其攀躋。竊謂金湯之固，無以過之。噫嘻壯矣！功興之日，梧唶翁奉辦鞏汜兩縣團練，不暇常為科理，其仲昆春峰先生者代為巡工。修路施茶，周濟貧苦，尤抱一片婆心，非徒其概不取值也。天地非難擇，苦無卓識；功非難就，弊在惜財。是寨之修，脫非先生善作，諸君善成，而令一方居民咸託福命哉！德星西聚，必兆徵行見，先生之德與山俱高，諸君之名與山俱壽矣。所謂能為造物生色者也。余以奔走未便，無福受役，然驥尾之附，時篆袠曲以敵，不揣譾劣，謬為撰記。非謂能然斯山之勝與諸公之績也，亦茲欲藉峴山片石，會稽半壁，使後知有鄒湛、謝安之客云。

計開上寨規矩，每人地、牲□一件作錢一百文，以兩輪為額，捐助者在外。

例授修職郎歲進士丁元薰撰記。

督工總領

琉璃廟溝牛泰和，茶店西村張書泰，茶店北嶺李成泰，半個店村馬廷瑜。

大清同治四年十月朔日。

（碑原存鞏義市老廟將軍寨上。孫憲周）

康霖三神道碑[1]

李元善撰文。

牛瑄書丹。

學有本而施未廣，道未行而身先殞，此固人事之缺陷，亦天公之無可如何者也。昔有明楊公士奇，由教職洊歷宰輔，澤被當時，功垂後世。雖有本原，亦冥冥中有默相之者也。如我霖三康君，何其學有餘而命不足矣，志行道而數偏奇也！

君諱子龍，譜名道順，別號靜齋，霖三其字也。由廩貢釋褐，為遂平教諭，旋膺卓薦，以縣尹筮仕山東，上游咸器重之。未幾，以丁母憂去官，遂不復出。林下優游之間，左圖右史，手不釋卷。於宋儒尤嗜邵康節，嘗親至安樂窩故址，訪其遺書。以為《皇極經世》一書，世所刊行者，率多舛誤，亟欲重刻，以正其謬，卒有志未逮。夫康節先生當有宋之時，抱經天緯地之才，亦嘗思有濟於世，乃當時無有舉而用之者。始退林泉，修《皇極經世》一書，思傳其學於後人。自後人汩於俗學，讀之鮮有能終其卷者。康君獨潛心研究，拳拳思衍其傳若是，蓋其性情行誼酷與康節似，宜乎獨有所契，而其中所蓄者亦可知矣。乃康節先生，既不能展其用於生前，而霖三亦徒蘊其恨於身後。古今一轍，何其不相似而實相同也。方今聖天子旁求俊乂，懷才抱奇之士，往往乘時奮發，各有建樹。使君得大展其用，以純儒為循吏，淵源有自，其措施正未可限量。孰知有學無命，無不憖遺，君竟騎箕而逝也！嗚呼！吾固疑天道之夢夢也久矣！世豈無汲古力學之士，耽經糜史，夙昔以博雅自命，而才不足以戡亂，識不足以濟時，其齎志以沒也，亦無足惜。若夫有猷有為，學有根柢，而僅以學博終，欲一展其用於百里而未得，甚堪悼嘆，為何如也！然則君之不能為楊公士奇者，天實為之也，夫復何辭。

君為廣文時，王生宗嶧受業於門。今持君行狀，丐余為文，并述其生平之志。王生蓋精於數學者，故其鍼芥相投如此。余重君學之有本，而嘉其志之不可及也。為攝舉其大者以畀之。聞君哲嗣無逸，賢而嗜書，雅有父風，尚能踵成先志，俾《皇極經世》一書，見廬山真面，以廣邵康節先生之傳，庶幾有功於世，竟乃父未竟之緒。若夫君生平敦族睦鄉，好善樂施，與其世次履歷，已具於志表，茲不復述。

清同治五年歲次柔兆攝提孟冬十月上浣穀旦。[2]

虞廷惟精一，杏壇博兼約。蟬聯千餘年，統緒接濂洛。紫陽大其傳，譬彼雲漢俾。芳徽既云遠，利欲日銷鑠。孰能挽頹風，去漓還其樸。霖三康夫子，幸秉遂平鐸。春夏誦詩

---

[1] 此神道碑東西兩側均有詩文鐫刻，並有碑聯。

[2] 以下爲神道碑東側詩文。

書，秋冬教禮樂。皋比官雖冷，多士欣有託。窮達豈不殊，先覺覺後覺。俄膺百里薦，陽春冀展腳。旋賦歸去來，獨慕堯夫學。志在廣經世，探奇到安樂。夙願未及償，竟跨緱氏鶴。抱道期用世，何同七人作。我欲續天問，古今一冥漠。

姻愚侄鐘世隆頓首拜撰。

欲贊高風待若何，嚴光祠記有短歌。
雲江易作嵩洛字，移增先生信不訛。
愚晚張有光頓首拜。

吁嗟噫嘻霖三公，慨予庚同迂亦同。憶昔弱冠為成童，身游泮池挹芹風。辟雍鼉鼓聽逢逢，僉謂承平賴而翁。職任廣文數何窮，書圃藝苑復奏工。織就錦心稱文雄，緘成繡口氣亦充。斯道淵源積於躬，堪為庶黎振聵聾。況逢聖朝宣明聰，應登廟堂建奇功。驥足竟以百里終，彼蒼有時果夢夢。吁嗟噫嘻霖三公，何其庚同迂亦同。

偃愚弟李瀛山拜題。

堯夫皇極理通天，費鑽研；羲之蘭亭飛雲煙，秘薪傳。先生汲古得修綆，妙兩全；勘破欲解發真詮，古聖賢。

愚晚席德裕拜題。

惟公懋德，肇修人紀。服厥父事，友於兄弟。以親九族，德垂後裔。式是南幫，令德來教。成人有德，小子有造。濟濟多士，是則是傚。誕受厥命，尹茲東夏。日宣三德，浚明有家。用康乂民，明德慎罰。薄言旋歸，惠我無疆。駿發爾私，乃千斯倉。惟此惠君，終焉允臧。乃歌曰：克儉於家，克勤於邦。天監厥德，降之百祥。永世無窮，家用平康。又歌曰：如圭如璋，金玉其相。令聞令望，四方之綱。純嘏爾長，福祿爾康。

愚弟曲紹拜題。

東山繼跡企心傳，暮且培予課誦弦。
嵩華表譽名卓卓，典墳盈笥腹便便。
紅流几上箋生蚓，白映堂前砌繞鱣。
融帳絳紗丹戶近，中心契慕思誠虔。
回文詩受業族侄紹文頓首。

潛心儒業數十年，文亦登仙，字亦登仙。河洛上下競相傳，筆撼山川，墨落雲煙。志和音雅謙而尊，言若舒綸，笑比開罇。接人從未帶驕痕，貧也溫存，富也溫存。庭前訓子有義方，帖摹襄陽，米仿金黃。蘭芽桂萼俱名揚，人說書香，我說書香。歷代仕官幾春秋，其心休休，敷政優優。清廉節儉追名流，富貴何求，利祿何求。

  愚晚焦景星頓首拜。[1]

  猶記秋風白露寒，曾銜杯酒接餘歡。
  有志愿追僊令履，無端卻掛宰臣冠。
  絳帳談經成往事，綠樽飲客更何年。
  空餘墓道碑千古，留得芳名駐永安。
  匯川弟張文江題。

  學傚天津，理窮河洛，幾經行舉言揚。便便腹笥，弱冠好文章。漫說青錢萬選，泮池內，早把芹香。更難似妙書蛇引，寸楮寶琳琅。
  流芳遊宦處，名傳梓里，續著琴堂。為椿萱棠棣，衣錦還鄉。又復博施濟衆，千里處，姓氏昭彰。最堪仰富而處禮，沒世不能忘。
  愚弟孫函三頓首拜題。

  自憐才薄學尤疏，忝侍鱣堂數載餘。
  松菊快依元亮宅，煙雲時睹伯英書。
  綠紗窗外花常在，白玉杯中酒已虛。
  墓碣巍然周道左，行人到此應躊躇。
  同門弟趙鳳鳴拜題。

  憶昔君在日，年年相遇從。屢觀大德貌，時聆謦欬聲。既欽君之學，復感君之行。心且有所喜，為國治泰平。上為朝柱石，下霖雨蒼生。出處隨所適，得位祿與名。胡君抱才學，修文召幽冥。君福既未享，子孫卜公卿。
  稼軒武未拜題。

  天倫獨樂仕宦輕，德庇里黨荒不驚。作字研經最怡情，香山未會道州行。邙雲靄靄洛水清。
  愚弟趙店謙拜題。

  瞻仰洛矣，惟水泱泱；鐘靈毓秀，自天降康。康君誕降，性敏才良；年方弱冠，藝已

---

[1] 以下爲神道碑東側詩文。

擅場。發軔廣文，講學明倫；靡靡濁俗，咸與維新。祝君壽考，遐不作人；作人如何？相彼中阿。芃芃棫樸，菁菁者莪；遂邑士子，式舞且歌。歌聲孔彰，薦剡文章；命作縣尹，來宰魯邦。試用未幾，終養還鄉；還歸桑梓，維恭敬止。賙饑蘇困，免呼庚癸；夷匪猖獗，兵燹蜂起。聯甲練丁，豎壁高疊；孫吳韜略，人民所恃。胡天不弔，溘然逝矣；長逝悠悠，我心則憂。鴻猷未展，大命不由；緬懷疇昔，風雨綢繆。痕瘵思服，徒勞夢求；噫嘻哲人，典型何似。學宗堯夫，德擬叔子；山榛隰苓，常吟彼美。彼美人兮，德澤孔長；遺思石碣，屹屹道傍。鄭公表之，姓字彌香；西京膏黍，南國甘棠。公乎愛矣，沒世不忘。

友弟張書三題。
〔神道碑對聯〕
【碑陽】
雲迴二室月映三川想見生前杖履
農服先疇士食舊德難忘沒世謳思
[橫額] 永世不忘
[碑東西兩側額] 光前裕後
【碑陰】
本道德為文章春華秋實
寓精明於渾厚智水仁山
[橫額] 口碑并壽

（碑存鞏義市康百萬莊園。孫憲周）

邑庠生友漢翟老夫子教思碑

　　時維九月，適有郵至，學署捧函來謁。啟束視之，乃丁君以敬等翰墨也。拭目閱畢，長嘆太息，始知友漢先生以去年捐食。諸君立雪已久，沆瀣一氣，勤勤懇懇，故不憚百里之遙，囑余為文也。遂喟然嘆曰："甚矣！教之足以感人也，如是或夫以先生之為人也。"余方弱冠時，每與聚談，不忍遽去，欽其品望，嘗因欲以師事之。及觀書內旨意，益信忱經籍書，優茲德行若先生，徇不愧為世師表矣。奚需余染翰摛藻，以敘其生平乎！先生諱世傑，字友漢，號愚翁。余嘉書意甚篤，義不容辭，因述諸君思慕之切，以誌沒世不忘云。
　　欽加兵部郎中銜辛卯科舉人現任襄縣訓導姻眷晚李桂齡拜撰。
　　大清同治五年歲次丙寅孟冬。
　　門人□□□□□□□□□立。

（碑存鞏義市西村鎮羅口村。孫憲周）

創修玉皇暨關聖大王廟序

廟者，神所棲；神者，廟之靈也。于家溝監生延柱公，於乾隆丙子年九月二十四日，齋沐敬塑關聖大王神像。廟宇未建，吁雖靈而像無所棲也。同治壬戌秋，世升公□庚辛公謀諸同社□□金之若干，更捐資募衆，鳩工備材創修。其廟於本溝之東頂，廟廣二楹，拜殿一間，又增入玉皇暨諸神位。迄今廟建神安，棟宇基址煥然一新，誠盛舉也。嗚呼！莫之為前，雖美弗彰；莫為之後，雖美弗傳。天下事大抵皆然。矧是村也，山明水秀，可無廟以鎮其地也哉。然廟建既有妥神之所，而工竣不無記事之文，因勒貞珉，以為後之重善者勸。

□□□□蘭澤于鳴鶴撰文。

郡庠李化均沐手書丹。

□□□施地于門焦氏。

督工首事聖府職員于世升、聖府職員于庚辛。

大清同治五年歲次丙寅仲冬之月穀旦。

（碑存鞏義市康店鎮于溝玉皇廟。孫憲周）

鳳凰坡遷徙山神廟記

古東周西南，路三十里許有鳳凰嶺，嶺腰舊有斗大石山神廟壹所。其神最靈，往來行人商賈每息其地，有求輒應。西三十里外石灰場瑞北號有王公諱度松，常在廟前休息，屢禱屢應。意欲增廣廟宇，特慮路途遙遠，難以經理，因通知喂羊莊、羅口、塢羅、老井溝四村長老，各村長老亦素有增廣之志，無不甚愿。是歲之秋，互相商議，各勸本村捐貲。恐其錢文不給，又募化芝田鎮等村，勸成其事。遂邀余相之并卜吉興造。余固不識天時地利，因人和，且素與諸公相交好，難辭謭陋，爰登山而詳相之。相廟基址不甚平整，衆皆欲他徙。余恐神不我許，同諸公焚香楮敬謀之神，神悅之。忽見鳳凰肩上有氣映日，繚繞綠氣，審之實護福地。背邙面嵩，左青龍右金牛，山拱水朝，更有羅水似帶，西流以為外，羅水城關鎖嚴密，其地紛紛，其妙并非吾言所能窮，即蓬萊仙島不是過也。余謹指難，星夜展協，時日定丈尺，神殿一間，旁鑿地聚水，務期文峰簪之立，文運昌熾，暴風廻避，時雨施行，人子壽考，歲歌豐登，行旅不苦暴雨，牧樵不受災渴焉。時已矣，則新廟之徙廣固存，四方之人福命并存乎神之福命，亦存乎斯地之福命也。今已告竣，竭余誠膽為走筆，謹賦序贅附絕□瑞□：

不怕風霜不懼寒，捷足先登蓬萊巔。群高□□至瑤池，餐碧挑滏□□□。

廟地主康臨喜，東至塔根，西至本主，南至溝崖，北至路。

波池地主康臨照，東至本主，西至波池西崖，南至本主，北至路。

南山口郝雲昇施石香爐一個。

南山口張有仁施石供桌一張。

羅川閻梅拜撰並書。

大清同治五年歲次丙寅季冬仲旬之日立。

（碑存鞏義市西村鎮羅口村庵子坡。孫憲周）

重修山神祠記

茲以舊如斗大，又為山石所壓，欲改作非一日矣。但寇賊猖獗，逃竄者了無寧日，不暇為神地也。現年冬，喘息稍定，乃有此舉，或謂欲邀福也。夫生長兵間，但求脫禍且不可得，敢云邀福哉！逆匪洪秀全等起自廣西，破長沙、屠武昌，順流東下，金陵、揚州一帶相繼失守。咸豐癸丑，賊由歸德窺河南，汴警五六日，已越虎牢關。幸官軍躡其後，一支渡黃河而北，一支南竄入密。甲寅庚申間，有警無失。迨辛酉，皖寇西犯，扼於虎牢之險，乃取間道自玉仙河入。斯時團勇不下數萬，守青龍寺者與戰失利，守黑石渡者與賊互有殺傷。賊見勢不利，夜遁而東。壬戌秋，賊由宏農趨洛陽，癸亥秋，復出軒轅擾鞏、偃。近數年豫省惟彰、衛、懷頗安，開、歸、南、汝，都為賊衝，焚殺淫掠，言之酸鼻。大抵一治一亂，氣運循環。今而後凡遇警者，止宜遠走早走，至於上寨，非寨主知戰守，任智謀，萬萬不可也。切囑。

羅川閻梅撰並書。

大清同治五年歲次丙寅冬中旬立。

（碑原立西村鎮羅口村山神廟內，現存鞏義市康百萬莊園。孫憲周）

誥授昭武都尉都閫府坦園康公德澤碑

公名道平，字子履，坦園其號也。平昔樂善好義，見諸行事者，未易殫述。咸豐辛酉秋八月，捻匪東來，抵成皋，各村并力防禦。公鳩村中練勇數百人，自備軍器糧餉往焉。不意賊由三家店入，進逼黑石渡。是時，洛、偃諸團俱營於洛之西。凡一切糧糗芻茭，公悉為經紀，數日賊遁去。時賊往來無常，公與里中父老議結寨自保，爰是相度形勢，得村金谷之中峰。親自備價置地數十畝，同眾修理，不數月而竣。凡寨中所需軍器、火藥，罔弗置造完備，統計前後所費七千餘緡。明年秋，賊復自龍門入，蔓延至境，寨中數百戶悉安堵無恙，皆公之力也。合鄉感激欲報無由，爰勒諸石，以示不忘云。

大清同治七年歲次戊辰孟冬之月中浣穀旦金谷寨立。

（碑存鞏義市康百萬莊園。孫憲周）

皇清欽賜壽官靳公大榮賀氏崔氏三位墓碑

【額題】永言壽長

皇清欽賜壽官靳公大榮賀氏崔氏三位之墓

東西十二弓，南北十弓。

大清同治八年二月清明吉日。

（碑存鞏義市孝義街道辦事處西溝村靳氏祠堂。王興亞）

分水碑

首領焦起瑞、焦起雲子日。焦坊、焦塘丑日。焦墉、焦亥寅日。焦新傑、焦重恩卯日。地主焦起禎、曹誥辰日。李喜朝、柴悅來巳日。

鑿井共費錢壹百伍拾千整，除地主，二十三人公對。

井主衆議：水足用者莫論。如水缺時，按二十四人均分。後世若有乏嗣之人，應承継者許頂名用水，雖兄弟叔姪，斷不許頂名混用，恃強不遵衆議者，衆井主共出阻之。此照。

大清同治八年七月初六日立。

（碑存鞏義市西村镇堤东村。孫憲周）

宋臣蔡文忠公墓碑

公諱齊，字子思，宋祥符八年狀元，官拜宰相。

宋臣蔡文忠公之墓

同治八年秋

（碑存鞏義市芝田鎮蔡莊村。王興亞）

棧房區第三院草書石屏錄文

手筆慚無作史才，一麾曾自禁中來。

不堪十載承平後，系馬重登講武臺。

己巳冬初按部葉公詩

坦園二兄大人

傅壽彤

承帝明德，師象山則。

雲施稱民，永受厥福。

承帝之明，承容之常。

下民安樂，壽福無疆。

坦園二兄大人義行昭著，古歌以贈之。

春煦汪日陽時年七十有四。

（碑存鞏義市康百萬莊園。孫憲周）

創修文昌宮奎星樓碑

邑庠生劉榮恭沐手撰文。

儒童曹之翰沐手拜書。

鞏邑東二十里許，有大峪溝村。群峰翠繞，六曲朝列，崗嵐之體勢，得清溪之映帶，天造地設，誠佳地也。況常溝口有太上廟舞樓以為關口，後建此廟，則天地之秀氣口聚一方風脈，口更收口後日口文人學士奮然以起者，未必非是廟之建有以相成也。因合村共議，各捐貲財，以急其事。功以告竣，因勒石以誌不朽云。

同治庚午孟夏之月。

（碑存鞏義市大峪溝鎮關帝廟。孫憲周）

功垂桑梓碑

【碑陽】

功垂桑梓

誥授武義都尉賞戴藍翎都閫府康公坦園先生懿行　眾親友公立。

誥授中憲大夫前翰林院編修知南陽府事保升道加五級楚北顧嘉蘅頓首拜書。

【碑陰】

太室北走青龍嵏，二十四峰間氣鐘。地脈結為鞏伯邑，環抱東西兩青龍。青龍峻削白雲鎖，中有詞人康百可。洛東河西數百村，特為屏藩若牧頗。昔者徐方驚繹騷，青犢銅馬屯成皋。義氣憯賊賊旗遁，飛芻挽滯遑辭勞。捍禦之勞甚矣憊，輞川急築木蘭寨。碉數櫛比森蜂房，熊耳山高積器械。明年秋取成周禾，賊自闋寨窺河洛。壁豎金湯屹不動，里閈安堵綏福多。中峰居然是樂國，鄉民歌功而頌德。始信相保相和親，武陵桃花在咫尺。予行時出東周東，芝田秣馬飲高風。載以口碑碑不朽，功與中嶽爭穹窿。我聞嵩山西有柏谷焉，禦寇唐時備干櫓。又聞嵩山東有超化寨，流寇不敢越疆界。金谷而今兼其美，眾志成城孰與此。吾願團防所在并取法，盡鑄鋒鏑為耒耜。

咸豐辛酉八月，流賊自東來抵成皋，洛偃諸邑衛於黑石渡。鞏人康坦園為具芻糧，并鳩村衆偕防賊遁，遂相度形勢於村南金谷之中峰結寨，費七千餘緡。明年秋，賊自龍門入，蔓延至境，砦中安堵無恙，鄉人感其德，勒記之。余主講周南，道出芝田，聞衆口稱說不置，爰贈長歌為吾鄉之好義者勸，慷慨任俠事本可傳，詩則不敢言也。

時維大清同治九年歲在上章敦牂涂月上澣并識。

大梁徐祥麟小亭甫贈稿。

高澤笠樵甫書丹。

甫中精氣降嵩山，莘渭高風韜略閒。鐘毓呈樣龍尾嶺，屏藩險扼虎牢關。
百年喬木星霜古，十畝芳園日月閒。共仰豐標殊石隱，芝田畢竟是仙寰。
青犢東來鼓角鳴，空山衆志竟成城。亞夫營內豎壁壘，范老胸中蘊甲兵。
日照霓旌光閃爍，雲環雉堞勢崢嶸。中峰路接桃源界，裊裊炊煙一縷橫。

曼陀雨散想風姿，揮霍泥沙紀惠慈。千斛米囷分魯肅，萬家賑貸矯袁絲。
海陵紅粟開倉候，江浦黃旗樹表時。聞說義聲同不朽，濰河流水漾淪漪。
深遠端從淺近基刊有《淺近錄》行世，纂言鉤要仰遺規。鄴侯有架縹湘富，曹氏餘倉梨棗施。
鮪渚牛山滋秀氣，龍圖龜筴本先師。芳徽可挹東周邇，瑞滿軒楹生紫芝。

坦園老伯大人正，侄牛瑄。

（碑存鞏義市康百萬莊園。孫憲周）

補修券井並金粧神像碑記

夫玄黃未兆，天一之水先生。人生未成，兩腎之源先立。蓋天地人，惟陰陽水火所以奉生，而周於性命者也。是知水之所係於人者大矣哉！因泉在地中，掘地數十餘丈，功財以上俱備。乃嘉慶元年三十家所創，非一家之功財也，現有碑記可証。至道光元年，不意損塌，約屬舊有井分與新入井分者，計四十六戶捐功捐財，共勸厥事，重修立券，亦有碑記可考。但掘井券井，雖然功竣，獨井規未立。今又補修並金粧神像，公議井規開列於後：

一、議下繩取水，不許霸井恃強，須分先來後到。

一、議趁繩桶取水者，只許每人一擔，不許繩主抽稅。

一、議井園槐樹兩株，其枝葉不許損傷，犯者致罰。

一、議井分共四十六戶，人馬用水甚多。井泉時旺時衰，吃水猶恐不足，賣水斷無此理。議定許吃水，不許賣水。以上數條，如有違法不規，公同鄉約致罰。不遵罰者，奪其繩桶，付於鄉約究處。

儒士大夫張定倫撰。

儒學先生尹文燦書丹。

王太順、王聘三、張定倫、吳元□、吳恒昌、□□元、王□、張世爵、王□、龐路、王錫□、龐雲漢、王錫桓、龐金玉、龐三娃、曹保住，以上各捐錢□□文。

吳□□、王□□、王星、王荒、王□、王堂、胡喜、張定□、吳有、龐黑□、龐驢、龐□□、曹拉、龐雙寅、曹大包、張學典、曹小包、吳英奇，以上各捐錢五十文。

外入胡紹麟錢二百文，吳元□錢二百文，荊忠錢五十文，王三妮錢四十文，龐松林錢三十文，曹栓錢四十文。

大清同治十年三月十九日仝立。

（碑原嵌在鞏義市西村鎮西村曹鼎閎井上，現存龐富升家。孫憲周）

康坦園義行碑十六首[1]

倉景恬詩刻石

大河南北莽烽煙，仗義如君衆口傳。
豪氣足登遊俠傳，餘生慘歷劫灰年。
誓師境苦申孤憤，危局辛酸策萬全。
金谷中峰寨前月，家家骨肉照團圓。
咸豐辛酉壬戌間，捻匪迭次竄擾鞏洛，勢甚鴟張，人心恐懼。坦園二兄捐資築寨於金穀之中峰，居民得以安堵，詩以紀之。中牟倉景恬並識。

高澤詩刻石

於惟康君，既智且仁。志樂耕釣，學裕經綸。
歲在辛酉，狂寇肆氛。黃巾白馬，屯於洛濱。
公乃倡義，糾合鄉人。深溝高壘，寇莫能侵。
百家安堵，不遭掠焚。千人之利，一人之勳。
紀功刊石，垂示後昆。
同治庚午仲春，有友人自洛中來，述及鞏邑康坦園先生義行，鄉人感之。征詩勒石以志弗忘。率成四言，以備輶軒之采云。大梁高澤荔樵甫書並跋。

段晴川詩刻石

紛紛功利看人爭，義舉惟君獨手擎。

---

[1] 刻石十六方，每方詩一首，標題係補加。

不惜多金揮似土，能孚衆志即成城。
畫樓遠接嵩峰秀，金谷平臨德水清。
從此太平多勝事，康衢擊壤聽歌聲。
坦園二兄義行可風，詩以贈之。庚午閏小春月，古溫段晴川並書。

李嘉樂詩刻石
金谷峰頭烽煙惡，黑石渡口鱷鯢躍。
賊氛所過無堅城，幾使中原失鎖鑰。
禦災捍患維康君，好善樂施重然諾。
兵法部勒子弟軍，義旗迅指靖剽掠。
車乘雷動騎雲屯，糗糧芻茭嚴束縛。
結砦自保卜築殷，萬金揮手甘傾槖。
祇今平世埽亂槍，鄉人戴德欣有托。
浼余作詩鑴金石，亦復屹然障鞏洛。
庚午仲春，余北上過汴，友人為述坦園大人之義行，詩以歌其事。即請粲正。憲之弟李嘉樂拜草，番禺周思濂再山氏篆。

顧嘉蘅詩刻石
峰高金谷鞏金湯，汜水淵源為表揚。謂牛荔庵太史通家世諠
虎鎮龍門原險要，狼奔豕突竟披猖。賊過之處多遭踩躪
剿防鄰境皆蒙福，洛偃水勇會勦甚利捍禦村團乃裹糧。築寨擊退衆匪，非重賞不克用命
獨費萬緡誠不惜，公世代好善樂施，為鄉間所推重戰功百騎本稱康。用五代事
同治九年夏月上澣，題於兩湖會館萬柳園之可談風月小軒。坦園二兄先生雅正，湘坡弟顧嘉蘅拜書。

劉毓楠詩刻石
旄頭夜耿蒼天高，前飛鵷鶵後飛鸚。
流賊擾人人叫苦，虎牢南北烽火燒。
此中人傑憐桑梓，誓扼凶鋒奮臂起。
赤心破產不為家，招徠流播桃源里。
解嚴卻走龍門關，賊去賊來嵩洛間。
蘄國將材續前史，岳家軍令嚴如山。
荊河廓清一無有，牧圉誰捍重回首。
築寨當强萬命蘇，至今父老碑在口。

公侯幾輩勳名陋，欣然作誦為君壽。
家濱大河流澤長，曠代之功垂宇宙。
庚午陽月朔聞坦園二兄大人懿行，詩以美之，即請兩正，南卿弟劉毓楠。

傅壽彤詩刻石
君家舊傍古城皋，十載軍鋒氣倍豪。
市義慣焚田氏券，鄉兵頻佩呂虔刀。
砦鄰嚴邑秋風晚，石筍關門夜月高。
可惜此才無籍處，年來曾否注龍韜。
康君坦園，平生好義，嘗集鄉人禦賊于虎牢。並為寨蔽鄉里，里中人德之。屬為詩於石，以誌不朽。庚午夏五貴築傅壽彤撰並書。時在大梁。

蔣玨慶詩刻石
洛口頻年辟戰場，時艱能濟孰如康。
上游獨控龍門險，安堵休驚鶴唳長。
衆志成城資捍衛，郊圻挽粟峙芻糧。
羨君紓難洵豪舉，宜樹貞珉表世芳。
俚言恭頌坦園先生義行，即請郢政。綬珊蔣玨慶。

許靜詩刻石
烽火連天起，縱橫走虎狼。踞山開壁壘，馮險抗金湯。
編戶安耕鑿，人家足稻粱。不容通弋擢，何處問漁郎。
坦園先生築寨衛鄉里，作詩紀事。許靜。

高釗中詩刻石
瞻洛水兮清漣，有雲容兮垂天。
陟北山兮行且旋，樹林陰翳兮風月邈緜。
有金谷兮紆餘而蜿蜒，居民充牣兮不崩不騫。
席常暖兮食下嚥，不知有金革兮不虞變遷。
出而作兮入而息，饔且飧兮樂也陶然。
是誰之力兮，實惟坦翁之賢。
咸豐辛酉，亳匪西竄犇洛，坦園先生築堡禦患，鄉間德之。因歌以紀其事，即希鑒正。勉之。高釗中

孫欽昂詩刻石

紓難自毀家，斯人久不作。
勵以乾餱愆，而誶箕帚惡。
況值風鶴聞，奔避倉皇各。
孰靡千金錢，築壁堅守約。
干城捍疆梁，衽席登老弱。
充此胞與懷，世宙為清廓。
卓哉康氏翁，枌榆衆生託。

康坦園先生鞏人友人述其義行，詩以紀之。滎陽孫欽昂。

路璜詩刻石

古稱大丈夫，窮達原一致。出為經世才，處抱匡時志。
鞏邑有康君，好善而行義。平居務樂施，遇變覘勇智。
賊勢急如風，倉皇咸走避。公喻衆勿驚，繕守可完聚。
寨險扼成皋，聯團固洛汭。軍械與芻茭，供頓一身寄。
賊遁君益憂，綢繆擇善地。築砦據中峰，傾囊製火器。
屹立保崇埤，無虞緣有備。沿村數百家，安堵若無事。
神識觸機先，捍衛出奇計。歌詠壽貞珉，義勇鄉閭式。

坦園二兄先生懿行。漁賓路璜撰，王承楓書。

汪日暘詩刻石

邙山秀，洛水清；產義士，度恢宏。
推解惠，奚足名；櫬槍劫，赤手擎。
修寨堡，繕甲兵；一身任，不日成。
衛鄉里，播芳聲；碑在口，康先生。

坦園二兄義行昭著，歌以頌之。春煦汪日暘撰書。

李瀛山詩刻石

洛水之濱，邙山之陽。居民輻輳，相助守望。
烽火告警，人心惶惶。翳惟坦翁，惻然神傷。
召我父老，乃陟南崗。寨結金谷，福佑一方。
高其闉閣，厚其垣牆。俾立室家，固於金湯。
於時處處，是安樂鄉。德澤在人，如憩甘棠。
遐邇祝頌，姓氏亦香。於惟坦翁兮，永世不忘。

俚言恭頌坦園康先生義行，即乞郢政。

西亳仙洲李瀛山拜撰，成皋牛瑄拜書。

德林詩刻石

昔守東都，出捍我屬。

創建鞏關，集團設戍。

嘉彼康君，恢宏大度。

紓難毀家，群言弗顧。

告厥成功，能回劫數。

爰勒燕然，如傳露布。

歲庚申，余守是邦，勘地至鞏邑，建關老犍坡。請命方伯，即以鞏名。山南尚有奚徑三處，未及設防。匆匆卸篆。康坦園義士於明年秋，獨任築寨禦賊。事後鄉人感其義，壽諸琪珉。余故欣志云爾。同治辛未春，德林並書。

薛成榮詩刻石

天之賜福，善人隱伏。天之降殃，善人慺惶。

作德累葉，克壯門伐。救荒弭災，憗聞鴻哀。

烽燧入境，身無民柄。迷鳥羈雌，蛋蛋何知。

仁乃勇生，智以義重。聯柴團兵，軍諸供奉。

蠲金恤鄰，托命者衆。骨肉萬家，肝膽一劍。

勞不居功，山林碩彥。我欽德躬，百福所宗。

粹然道充，東周康公。

同治辛未年陽月。奉揚坦園二兄大人盛德，即希兩正。邗江曉筠弟薛成榮。

（碑存鞏義市康百萬莊園石屏瑤內。孫憲周）

建芝田鎮北門重修觀音閣記

同治元年，合鎮造修寨壁，北門建於此地之西，而此地無路矣。但此地即古永安北門之路，實當南北之衝。東北街鍊事老成，念往來行人不便，不惜財力立門於茲。而磚石之資未足，因將舊觀音閣之磚石用修此門，異日即建閣於其上，安神便民無逾於此。今門已告竣，因誌以垂不朽。

生員武星堂沐手撰文。

後學靳奎光沐手書丹。

首事和合社𠆢四十二千，武克儉𠆢三千，朱永祥𠆢二千一百，趙書樓𠆢十二千三百，趙福興仝三千八百伍十，趙三坤仝一千三百伍十，從九朱秉文仝一千九百伍十，程五魁仝二千一百，周同正仝一千五百，程書奎仝一千零五十，趙五印仝一千七百，程新光仝一千一百，程光仝一千，趙金斗仝一千，張桂榮仝四百，張遂仝五百，生員武星堂仝七百，監生趙清高仝四百，董改成仝一千，趙長清仝一千，田恒仝一千零伍十，劉治家仝七百伍十，田木仝一千零伍十，王承緒仝六百，朱九陶仝伍百伍十，田新喜仝四百，趙印仝六百伍十，趙二栓仝伍百伍十，趙四魁仝伍百，李法升仝四百伍十，趙老全仝四百，趙七安仝伍百伍十，常天成仝六百，趙有信仝一千三百伍，趙二印仝四百，武允中仝四百，趙剌委仝四百，武世英仝三百，陳丙元仝三百，趙寬仝三百，宋喜成仝六百伍十，董照仝七百，王東甲仝三百，武新成仝二百，程四魁仝二百，照萬祿仝一百，武黑仝一百伍十。

泥水匠程新義。

山口鐵筆王文進。

大清同治十一年歲次壬申季春穀旦。

（碑存鞏義市芝田鎮芝田村武向陽家。孫憲周）

滹沱村鑿井碑記

鑿井而飲，由來久矣。予村土厚水深，取用不便，且東所無井，更有甚焉。商議掘井，選擇於梁君二科之地，梁君情願，大家出錢，掘於其地。因卜吉於六月十一日開工，七月二十九日告竣。地雖梁姓之業，井系衆人共掘。恐多歷年所無人記□，勒石以志之。

地主梁二科錢一千六百三十文。趙五常錢三千一百七十文。監生曹之斌錢五千四百二十六文。李文華錢四千九百二十文。郜紹先錢四千二百五十文。李自修錢四千八百廿文。郜紹智二千二百八十文。郜紹曾錢一千七百廿文。賈中錢一千四百六十文。賈妮錢九百八十文。郜宗堂錢一千五百文。曹只進錢二千七百六十文。郜心寬錢一千文。郭五元入共三分錢三十二文。

大清同治十一年九月上浣之吉立。

（碑存鞏義市西村鎮滹沱村郭召家大門東側南牆之上。王興亞）

滹沱村龍王七星碑記[1]

有隱然深伏之機，握其機而圖之，雖百萬之衆，可一呼而立應。唐之張巡率衆而顯握其機者也，齊之田單下卒是師隱握其機者也。卒之保江淮，復全齊，神動機應。□□□然，焉等動以乘其機，先必靜以蓄其機。近者皖匪西犯，團勇禦之，守玉仙而□潰扼黑石，而

---

[1] 該此碑殘斷，所錄爲餘文。

黑石破者，不蓄機於平日，遂失機于臨時也。大抵一姓之心，機伏於□一村之心，計伏於神祠，欲團結以自保，而不知此機之所在，事必不濟。宋永熙陵口，聚落岳漙沱周、李諸君之桑梓也。樹有龍神七星祠，世遠年湮，無復知其由來者。

（碑存鞏義市西村鎮漙沱村。王興亞）

金裝梳妝樓神像碑記

【額題】踵事增華

有為之前，有為之後，綿綿不已，永垂不朽。此善事甚賴踵而為之者。玉仙聖母梳妝樓，前經余先胞叔諱健興、高君、馮君、呂君募化四方，重修於道光十二年，現有碑文可考矣。迄今神像間有破壞，金裝亦為減色。三荒會首與合社人等，各出資材，邀同畫工而修飾之。又蒙本方善士□□□往來照應，而事遂易於有成。至於廟貌有應修理之處，可相繼而起焉。工竣勒石，以望後之踵事者。

己邑歲貢生候選訓導馮光丹撰文並書。

鐵筆張老虎。

住持王林。

畫工劉乎、宋文德、趙聚、馮保聚、侯高、鄭其昌。

大清同治十三年甲戌春三月上浣穀旦。

（碑存鞏義市新中鎮老廟村程子川紀念碑側。王興亞）

曹公墓表

皇清太學生曹公君化之墓

公諱廷樞，字君化，生生其號也。世居洛口，始祖鐸，元封譙國公，以建功勅葬魯村。三世祖海，遷塋洛口老墳溝。四世祖英，廩膳生員，遷塋駐駕河。曾祖啟新，太學生，遷塋五里堡。祖濤，遷塋洛口嶺，父東璧，亦葬於此。公昆仲三人，公居長，遷居羅口。次廷玉，欽賜壽官，仍在洛口。次廷珍，武信郎，遷居源村。公原配周孺人，繼配王孺人，合祔斯山。

同治十三年歲次癸酉夏六月中浣之吉。

（碑存鞏義市西村鎮羅口村。孫憲周）

世醫樸菴楊先生沒思碑

【碑陽】

光緒二年二月中澣。

親友

親友候選守備王臣鄰、太學生段晴山、太學生曹廷苞、武舉邵青山、太學生崔攀桂、太學李朝印、貢生劉欣琯、太學生劉篤恂、太學生陳金章、舉人劉萬尋、劉正敦、張裕文、太學生任允恭、候選守備白松齡、張心一、武舉張烈、候選訓導張力真、歲進士白掄元、歲進士康世琪、歲進士劉銘新、廩膳生員張子謙、陽武縣教諭康紹文、太學生劉新華、太學生任增貴、太學生薄君綱、太學生薄克昭、太學生薄克範、太學生薄金銘、張藻、太學生薄三元、太學生薄克昌、薄君輔、壽官王太海、太學生王太河、王太福、王景年、王百仁、王百祥、王景華、孟繼泰、太學生白一重、太學生白錦堂、聖廟起事白恩敬、白景山、太學生白凌科、王百計、王百建、王朝陽、王清元、太學生白秉禮、張畇、鄉耆張金廣、太學生宋啟純、白萬祥、白愷、白天奇、白金容、孟松、孟廣心、從九品張殿文、張殿鰲、張崑、張相韓、張元林、宋如金、宋如玉、白振魁、太學生宋興業、宋廣業、宋文舉、太學生宋玉琳、宋百芳、太學生宋文俊、鄉耆楊習文。

親友

邑庠生員張栗、增廣生員張權珪、太學生任樹德、貢生薄書祿、邑庠生員賀勵勳、候選守備宋瑞、歲進士白永清、增廣生員崔嵩祝、太學生宋泮、武生宋□□、沙門法師續正、太學生李森祿、邑庠生員李用九、邑庠生員武兆祥、崔福基、邑庠生員崔敬亭、邑庠生員崔錫光、郡庠生員梁檀、太學生張書銘、賀朝儀、太學生白發科、太學生康元章、奎閣典籍康玉田、康迥、康樂水、康雲騰、康適、康順全、邑庠生員劉蓮青、王百龍、白培元、蘇省三、蘇文禮、白文華、馬玉琇、康璞、屯田官宋清仁、關中錢希盛、西亳曹含書、太學生宋玉璠、張有興、佾生王百昌、奎閣典籍蘇青峰、蘇玉仁、張學廣、蘇文元、候選吏部蘇青雲、溫兆行、李紹先、蘇金鑑、程逢春、崔玉堂、劉漢周、蘇金華、蘇玉然、蘇士林、百福、凌漢、超凡、李鳳儀。

仝立。

【碑陰】

楊先生碑銘并序

通奉大夫內閣侍讀學士加四級記錄二次段晴川撰文。

翰林院編修成皋牛瑄書丹。

簡用提督軍門河南河北總鎮都府崔廷桂篆額。

□□□□□偉人如周有程子華，漢有尹伯元，唐有杜子美，元有張康伯，皆赫然在人耳目間者。余薄游鞏洛，得知交於世醫楊先生，觀其性情沖和，舉止閑靜，□□□□乎與古為徒，與今阻滯關河。故人長往，迴首曩昔，感慨係之矣。乃謹按行狀略述梗概：

先生諱郁文，字亦彬，樸菴其號也。其先虞叔之後，世居山右，自□□□□鞏，屢有儒稚。至祖溫其公幼入黌宮，為鞏聞人。父茂園公，以青囊名世。先生天資明叡，仁慈恪恭。年十八丁外艱，哀毀骨立，隣里憫憐。事母以孝，人無□問。□病時，親嘗湯藥，衣不解帶者百餘日。遂由儒學醫，無心進取，承先志也。初精外科，既而博觀諸醫書，五運六氣十三科，無不詳明。著有《醫方備解》，尚未鐫行。因□之求醫者輻輳其門，獲痊，酢以金帛，未嘗選受一錢。同治元年夏，偶游浚儀，張大中丞延至署內療病，及愈，以羅衫、羽扇、五十金相謝。先生曰："嘻！吾豈以此市□□哉。"返其金而受衫、扇。貧者每推食食之，然後施以鍼砭。道路口碑，士女頌揚，不亦宜乎。懿哉！范文正公曰："吾不為良相，必為良醫。"蓋醫人治世厥功維均。□先生□□□之暇，躬掃舍宇，督治田園。秉質清癯，持家則□有風力；賦性忠厚，遇事則侭成雪亮。教子務盡義方，□人曲全仁術。鄉黨有貧乏者，輒量力周恤。略□□□□□□行雜善下人，四方經生莫不樂與之游。即強梗者，亦不忍忤之以色，詭譎者亦不忍欺之以□。自奉儉而□人豐，自□嚴而責人□器乎。與春□等□□□□□□□。癸亥，捻匪從東方來，鞏境騷動，邑宰飭團練坊堵，舉團長數人，先生適當其選。乃率團勇千餘往守虎牢，親犯矢石，相持月餘，□人士得□□□□後議保舉□員，先生辭不受。丁卯，匪竄河朔，溫之沿河居者悉南渡避亂，先生□□□恤凡數十家，及□復各送還，土著□皆□□□□盡子□□□□□矣。□□之日□光緒元年十月己卯，春秋五十有四。□□聞之，罔弗傷悼，更有村嫗□□士林痛哭題贈哀聯，門前難容。凡我同人惆悵□□思所以克□傳□□不沒寰區，乃刊□□徵，寄情銘頌。其辭曰：

　　嵩嶽鍾靈，邙嶺毓秀。懷瑾握瑜，惟神所授。竹自解虛，梅何妨瘦。克振家聲，□寵堂構。幼而無父，□□之奇。零丁孤苦，□侍其慈。茲惟勗哉，爾裘爾箕。奉□□□，一力兼支。業精岐黃，參透脈理。肉及白骨，千百不止。惠露霑鄉，仁風扇里。正誼明道，慎終□始。德被當時，更謀垂□。□□揀金，屬試輒效。悠悠來世，是則□□。力堪驅豎，智足禦暴。群兇猖獗，尚樂釜游。於赫先生，乃展嘉猷。以衛桑梓，既剛且柔。無矜無恃，復何□求。止所當止，讓水廉泉。光明心地，正大性天。如何□蒼，□假以年。爰勒貞珉，輝映後先。

　　邑張□□。

（碑原存鞏義市南河渡寺灣村，現存盧建偉處。孫憲周）

姚氏家廟油功誌

　　大殿功成，木皆本色，不加以油，質勝文矣。執事社無餘，復勸捐以功。功成，謹將損貲人所捐∧文，勒石以誌。

　　百川出∧四千文，逢新出∧三千六百文，金聚出∧二千文，德盛出∧三千文，天一出∧三千文，中倫出∧二千文，永吉出∧二千文，惟勤出∧二千文，惟儉出∧二千文，同錘出∧二千文，新甫出∧二千文，新垂出∧二千文，新朋出∧二千文，福康出∧一千五百文，福綏出∧一千五百文，福新出∧一千五百文，新年出∧一千五百文，重燃出∧一千五百文，元坤出仦一千五百文，光照出仦一千五百文，詩成出仦一千五百文，鐵旦出仦一千五百文，枝成出仦一千五百文，文裕出仦一千文，新德出仦一千文，書年出仦一千文，德嵩出仦一千文，元保出仦一千文，逢午出仦一千文，新盛出仦一千文。

大清光緒六年十一月下浣之吉。

（碑存鞏義市魯莊姚氏宗祠。孫憲周）

羅溪王公暨德配郝孺人合葬墓誌銘

【誌文】

羅溪公，嵩之金牛峰前羅口里人也。公卒於同治四年七月二十日，以髮捻屢擾，故未葬。今得吉址，而納窆之辭未□，其子詣余請銘。余以同里閒，熟悉其家世，誼不容辭，乃為敘其大概。

公諱朝書，字登賢，號羅溪。其先有諱明者，自密之□龍臺遷鞏，數傳至其曾祖諱人瑞，生公之祖諱禎，禎生可旺，即公父也。生公暨妹二人，一適喬門，一適馬姓。公初冠時，有動以白圭計然事者。公笑曰："吾豈龍斷上人？且逐蠅頭居奇貨，非予所能也。"故惟扶犁叱犢，躬耕以養親，一切外事不聞焉。然端毅質正，隱行甚多。見父事親色養，居鄉恬退。每謂家人曰："吾父盛德，吾無能行也。"故終身守父成規，不但三年無改云。平生不妄交人，亦未嘗毀譽人。感其誠者，無不以誠應之。雖黠傲之徒，卒莫能售其欺。至待外戚，不惟兩妹家賴其資助，其他貧乏待以舉火者，更非一家。族中有遺孤子，公收留教養，至于成立。又有數喪無歸，公身任其事，具棺殯葬。耘耘義舉，不可勝筆。所以羅中稱善士者，多以郝處厚、婁師德比之。德配廷柱郝公女，太學生雲龍之姊也。賢聲懿行，婦德母儀，傳聞族黨間。大有桓少君、孟德耀之風。內助之得益，慈輝之永被，為何如哉！生子一，女一，適本村康姓。子以國學充鄉長。孫一人，名金成，秀穎不群，其尤宗繼武，世世不替，又自可拭目期矣。今以十二月二十二日合葬於羅溪之南原。爰為銘曰：

清清長羅，蒼蒼金牛。中有衣冠，藏此平疇。馬鬣既封，牛眠咸休。滀澤淳川，厚積長流。貽厥子孫，永綏千秋。

羅中生員閻梅拜撰。

光緒六年嘉平下旬二日。

王文魁泣血納石。

（碑存鞏義市西村鎮羅口村。孫憲周）

大劫文

大劫層層甚非常，西跋東奔無樂疆。蹙蹙靡騁，顧瞻四方。旱魃為虐，赤地淨光。不比那二十七曰饉曰饑，怎比那十八、五十為这為荒。

　　謹按光緒年間，境寬時長，東至齊魯之界，西至陝甘一方，北至天津、歸化，南至禹城、襄陽。元年至五年，稼穡作痒，蘊隆蟲蟲，俾民卒狂。兩銀足數七升米，文銀五分一斗糠。千里不見煙火跡，四境難聞曉雞唱。人人鵠面鳩形，個個刮肚瘦腸。家家塵飯土羹，戶戶損屋拆房。見了些刁詐人作商，水拌麥，米摻糠，沙石細土入雜糧。只求一時富有，不思後世下場。見了些煢獨人淒涼，菜作粥，水作湯，榆皮蒺藜作膏粱。這都是素日繁華，不積餘糧。見了些失意人不臧，夫鬻妻，子賣娘，少婦弱女奔他鄉。這都是素行風流，淫佚鄉黨。見了些浪蕩人翱翱，男引女，女誘郎，貞婦靜女廉恥喪。這都是素行愆德，亂倫敗常。層層報應真不爽，天心至公分莠良。善有餘慶不須論，惡者降殃甚悽愴。土地人物人作主，五保禊糧價高強。產業盡棄，器皿都喪，劫仍未滿命難忘。此計彼乞，求飯借糧。朝收暮逐，甚無主張。今張昨李，各自尋郎。白面書生周旋市上，呼一聲爺爺奶奶，狠心人並無杯飯少施；紅粉佳人輾轉道旁，叫幾次爹爹娘娘，狠心賊直無一文之賞。老弱轉於溝壑，壯者散之四方。體露集間，屍橫野場。父啖子肉，妻拋夫腸。各自為食，更甚豺狼。有司急文告我皇，秉心宣猷，考慎其相。以民移粟，撥漕發帑。會紳耆費心腸，假勞神思設粥廠。分官票，撤簽杖。恩及近地，苦被遠方。匍匐求食身危喪，席捲無幾，狗食可傷，抬埋死屍道路旁。無論男女老少，那管士農工商，狸食蠅又嚼，氣沖人病亡。善惡分明報，平旦須暗想。若能改過自新，天即轉災為祥。雖有那刁詐人兒還昌，繁華人兒壽長，其先祖必有餘慶，慶盡則殃。監察分明，賞罰至當。人尚乎由行！人尚乎由行！

　　大清光緒六年歲次庚辰十二月中浣吉旦立。

（碑存鞏義市博物館。孫憲周）

重修東大廟關聖殿卷簾棚記

【額題】講羅同壽

　　古今惟振頹運植綱常，而為一代之偉人。故世之蹙躍其德者，景仰愛慕之無窮，不禁千百載不立祠傳像以祀。又動有加無已之心，以表芹曝之悃忱。我涉村大廟關聖殿，其明徵也。粵此廟創修莫明何時，重修越二度矣，殿前豎碑斑斑可考。然則皆先輩食德盡心修殿事，而卷棚不與焉。客歲聖誕，社眾咸集，桑柘影斜，扶醉將歸。群相議曰："正殿鼎新，於神壯氣勢之偉嚴矣，於人不猶難將跪拜之節儀乎。曠觀國朝定鼎，贈聖龍渥尊諱為避，特昭奇榮八佾為舞，倍加殊寵。吾儕小人幸席遺蔭，脫異愊惰窳，因陋就簡，如聖德何，如人心何？"由是一人唱之，眾人和之。即將本社屢年蓄錢一百三十千，聚材鳩工，創修卷棚，以為拜跪儀節地。茲錢用盡，社眾與本鎮諸商又各量力釀錢五拾千，自本年正月下浣□，洎本年三月下澣落成。工竣，社眾來館，托余為文以記。余思卷棚之修，取材不為不精矣，用物不為不宏矣，經營相度更不為不縶慮矣。而社眾以心印心，無俟慫恿，咸踴躍赴功，若不知為勞力傷財也者底為哉。是非所謂饜飫其德，景仰愛慕之無窮，不禁千百載下立祠傳像以祀，又有動加無已之心乎！略記顛末，繕寫俾勒於貞珉。他若聖之行誼、魚魚鹿鹿，亦祇付游夏之例而已。

李坤撰書。

大清光緒七年四月下澣穀旦合社同立。

（碑存鞏義市涉村鎮後村關帝廟。孫憲周）

石案銘

頑然一塊石，誰道有精神。豈知經鏤刻，還能見天真。

刮去垢兮磨其光，稜角錚錚類珪璋。上下砥柱如山丘，形器轉形德之方。

留與子孫常拂拭，因之威儀自抑抑。礪得節操如此貞，瓜瓞緜緜遠矜式。

金石為開歷千秋，硜硜硻確撼不得。漫作主人石案銘，敢云星精到處說生色。

光緒九年臘月朔九日□□。

（碑存鞏義市康百萬莊園。孫憲周）

重修三官聖廟碑記

蓋聞三官，一為唐氏諱宏字文明，一為葛氏諱雍字文度，一為周氏諱武字文剛。皆臣於周，厲王失政，累諫不聽，三人俱隱。及宣王踐祚，復其爵祿，遂老於位。沿及宋朝，三人顯形。真宗封唐為天官，葛為地官，周為水官焉。威靈顯赫，有禱斯應。吾隅自順治六年，創修聖殿一座。康熙三十八年重修，乾隆十二年又重修。宮殿巍峩，棟宇宏整，固神之所依，而人之祈祀所賴也。不意光緒四年，大雨時行。棟宇傾圮，而瓦盡為之解。合社人等目睹心傷。謂無以安神靈，奚以薦馨香乎？遂將原物點驗，不忍聽其毀棄。除破壞外，凡有可為重修者，一一收存。至光緒八年冬月間，合社人即與衆耆老募化貲財，為重修謀。擇吉期于仲春，鳩工彙石，經之營之，歷數月而事蒇功竣，勒諸碩砥。書捐貲人於後，庶可永垂不朽云爾。

天德氏路振乾敬撰施仚壹仟文。

府學生員路德純書丹。

首事人路三益施仚一仟文。

監工典籍路振德施仚一仟文。

管賑路德常施仚五百文。

買辦路德博路德備施仚一仟文。

化主路承謨施仚七仟文，監生曹文煥施仚叄仟文，路起雲施仚叄仟文。

屯官路善繼施仚一仟五佰文，路振俗施仚一仟文，路振曾施仚叄仟文，路振渠施仚一仟文，路振柱施仩五佰文，路化南施仩叁仟文，李同德施仩一仟五佰文，于執中施仩一仟文，路坦施仩一仟文，賀萬昇施仩五佰文。

匠人吳紅。

石匠于先知。

大清光緒拾年正月十五日穀旦。

（碑存鞏義市博物館。孫憲周）

創修家南清龍橋碑誌

【額題】追遠

首事人閻涵捐錢四千二百文，康臨照捐錢二千八百文，楊二成捐錢一千六百文，閻成績捐錢三千四百文，翟拴捐錢三千六百文，閻洪謨捐錢四千八百文，賀燕系橋北頭地主捐錢六千八百文，曹松桂捐錢四百文，閻深捐錢四千文，閻啟榮捐錢二千四百文，閻成法捐錢三千四百文，閻氏祠堂捐錢三千二百文，李元慶捐錢四千文，康同心捐錢三千二百文，張金聲捐錢三千四百文，閻同海捐錢三千二百文，李水捐錢九千六百文，康玉輝捐錢一千六百文，李立捐錢三千六百文，閻清捐錢四千八百文，吳口捐錢六千文，李存住捐錢四千八百文，閻極捐錢四千四百文，閻成名捐錢二千八百文，李栓柱捐錢二千八百文，王九齡捐錢二千六百文，翟文敬捐錢一千六百文，康三成捐錢一千二百文，石安朝捐錢三千六百文，曹煥捐錢一千六百文，魏鹿鳴捐錢三千六百文，閻遂旺捐錢四千四百文。

土工頭王保太、閻潤。

李益捐錢二千四百文，吳讓捐錢二千四百文，翟同冉捐錢一千四百五十文，鄭二功捐錢一千二百文，楊堂捐錢三千六百文，楊當振捐錢五千二百文，康鬧捐錢一千二百文，曹墊捐錢三千四百文，孫方捐錢五百文，崔根尚捐錢一千六百文，康狀捐錢八百文，曹占魁捐錢一千六百文，宋文經捐錢八百文。

其地三頃五十零半畝，每畝派錢四百文，共捐錢一百三十七千九百五十文。

大清光緒十年二月十九日立。

（碑存鞏義市西村鎮羅口村南溝橋頭。孫憲周）

李春發賣地契碑

立賣契人李春發，因為不便，今將自己庄基一處、土窯一孔，大門在內。坐落東站集後，坐西向東。東至溝崖，西至窯頂，南至李彥祿，并至劉姓，北至鍾心法。四至分明，土木金石相連，盡在賣數。同人說合，情願出賣於府君尊神廟內，永作香火之用。時值賣錢七千文，錢庄即日兩交不欠。恐口無憑，立賣契為証。

此庄無糧契已稅明書字錢五百文。

官紀張公成用錢二百一十文，捐緣簿。

同人武克順、劉正彥、牛永溫、劉復奇、李九耀、楊萬順、姜錫純。

光緒十年四月初八日立。

（碑存鞏義市一中校門口。孫憲周）

旌表監生白錫瑞繼室康氏節孝坊

奉旨旌表節孝白母康孺人建坊序

從來閨門淑德，常則以孝為先，變則以節為重，至境遇坎坷，裕後昆以承先志。若亞聖母仇氏，文伯母姜氏，標儀範於百世，享俎豆於千秋，輝彤管而光青史，尤大彰明昭著者矣。鞏城西有白母康孺人者，余族姑也，以節孝旌表。生有至性，貞靜純一，不妄言笑，勤女紅，尚樸素。姆教不煩，而動中肯綮。太學生輯五公聞其賢，聘為繼室。公固孝子，得孺人相得益彰。孺人夙事翁姑，咸得歡心。乃姑染痼疾，躬侍湯藥，尤加謹焉，凡所需之物，務期如愿，歷二年無少懈。姑卒，翁聘繼姑。孺人善體翁志，委曲承奉，略無拂意。未幾，翁捐館舍。輯五輒病，乃囑孺人曰："吾不能起矣！自念仰俯有愧，養老撫孤專賴於汝。"孺人泣應之。尋卒。時孺人年僅廿餘，生子裹明，剛離懷抱，有女二，俱未及笄。事繼姑暇，教以精五飯、幂酒漿、敬舅姑、縫衣裳、與內則多脗合。輯五公歿二年，繼姑卒。孺人親營喪，其續布百余疋以作殯資，請堪輿擇壽域，葬翁姑與夫，一切致情如禮。子稍長，教以尊師取友，務勤誦讀、少怠玩。即舉人歷際艱難警惕之，以勞為愛，勵最有成，至抱孫悉如子。其厚待親族，周卹鄰里，又其餘事。余據實敘而嘉之曰：若孺人孀居四十餘載，孝靄春風，節懍秋霜，洵荷恩綸而無愧矣。觀賢嗣純謹志誠，勤儉持家，忠厚待人，課農暇務攻詩書，益信芝草醴泉其來有自。因略述孺人生平，俾與亞聖母、文伯母後先輝映。而為之後者，緬想孺人節勁孝純，尚思顯其親而永言孝思也。是所厚望云。

例授修職郎候選孺學訓導姪康云衢頓首拜撰。

郡庠生員愚晚尚光裕沐手書。

大清光緒十年九月戊申辰時。

（碑存鞏義市河洛鎮石板溝村。孫憲周）

重修舞樓創建耳房碑

古者祭享有樂必有舞，以暢幸□□□□意。後世報賽演戲，想亦倣其遺制也。溫家堂村洪山真人廟前設舞樓，由來久矣。風□□□，歲積就圮。有監生秉章、儒生克敬、武童占奎者，俱清河郡系環廟而居，不忍坐視，糾合村眾，議復修葺。志意投合，罔不順從。

於是，均功派錢，同任其舉。第舊制規模不甚宏廠，每值酬神俳優之日，必需構架棚幬，但欲增其二廊，構於勢不能為，遂乃倚附東壁，續置耳房一間。梨園子入室，整□既有居停之處，菊部人上場作戲，可以福之□工，厚不鴻，費亦無幾。事既告竣，爰勒貞珉。後之人若有同志，或嗣而葺之，擴而充之，皆今日之所深望也。是為序。

邑庠生劉俊智撰文。

後學張春芳書丹。

鐵筆匠張興。

泥水匠張印。

木匠張雙成。

光緒十二年岁次孟夏立。

（碑存鞏義市東溫堂洪山廟。王興亞）

老君廟施捨茶亭創建碑記

老君廟亭碑記

【額題】流芳百代

聞之，人非水火不生活，則水之益人，似較火為尤切也。況值夏日路近山巔，則酷暑煩渴，若無濟焉。荊枝溝南橋溝北，舊有老君廟一座，廟中所積貲財置官地，養住持，奉茶水，慰渴思，實康李先人之功。及數傳而後有李君明光、康君殿卿，靜思默念，相議而言曰："有水無亭，則塵埃垢之，風雨及之，往來行人臨渴而飲，非徒無益，恐有害之。斯亭之建，此吾輩先人有志而未逮者也。"於是，約衆善士建立此亭，基於廟前，近於大路，蔽風雨，杜塵埃，濟行人，便往來。由是則酷暑者而暑可避，煩渴者而渴可解也。丙戌冬，有窓友康平心、東君李蓮芳，乞文余，余不文，而誼不容辭，因即其功之不可沒者搦管誌之，泐諸於石，以為永傳不朽云，是為序。

共費錢貳拾貳仟捌佰九十文。

洞濱居士友梅李清和撰文並書丹。

靳友外帮錢一千文。

督工李明光、康殿卿、李洪興。

領工李順孝、康文彩、李德成、康殿祿、李潤芳、陳殿魁、李振凱、康根、李洪均、李金海、康平心、李德重。

泥水匠張心法。

鉄筆王心聚。

住持王合明。

大清光緒十二年十一月上浣之吉立。

（碑存鞏義市大峪溝鎮橋溝老君廟。孫憲周）

葉寶新墓碑

【額題】永垂不朽

公勤苦人也。幼而食貧，長而業農。晝謀甘旨於高堂，夜伴篝火以操作。不愛紛華，不知遠遊，積勞成疾，未四旬沒矣。

光緒十三年三月上浣。

（碑存鞏義市康百萬莊園。孫憲周）

皇清處士考靳公思恭妣孺人李氏二位之墓碑

皇清處士考靳公思恭妣孺人李氏二位之墓

光緒十三年清明節。

（碑存鞏義市孝義街道辦西溝村靳氏祠堂西牆上。王興亞）

皇清處士顯考靳公諱廷臣妣孺人鐘氏二位之墓碑

皇清處士顯考靳公諱廷臣妣孺人鐘氏二位之墓

長子松有，孫雙朝。

光緒十三年三月上浣穀旦立。

（碑存鞏義市孝義街道辦西溝村靳氏祠堂西牆上。王興亞）

重修拜殿接水槽偏坡壽頭碑記[1]

合社人等

張時然錢六百文，王文進錢九百文，牛仁聲錢八百文，□王順錢一仟六百文，劉□子錢七百文，王□年錢七百文，崔三德錢六百文，趙壯錢五百文，劉本錢六百文，張□錢五百文，袁聚錢三百文，侯金玉錢二百文，趙昇錢三百文。

時大清光緒十四年季□月上浣立。

（碑存鞏義市青龍山慈雲寺。孫憲周）

---

[1] 該碑因改作他用，磨損嚴重，難以辨認。

改督龍王行宮記

【碑陽】

　　昔先王神道設教，凡山林川谷邱陵，能興雲為風雨，見怪物涓御捍患者，皆曰神。載於祀典，以其有功於民也。夫有功於民，孰愈於降膏澤，潤田疇，長莊稼，茂黍稷者乎？《孟子》曰："犧牲既成，粢盛既潔，祭祀以時。然而旱干水溢，則變置社稷。"觀社稷尚可變，如何論焉。鞏之縣治東南有長羅川，考之郡志，于萇，為萇大夫采邑處。川口塢羅村，魏氏世居之邦。西二里而遙，相傳於古為出山鎮，至今瓴甋瓦礫，時雜田間，其由來久矣。有監生多德者，吾族巨富也。其子訏謨亦太學生，曾掘井以濟行人之渴，施地十畝，以供香火之用。此一事也，有類□雍伯藍田山莊設義漿者。然道旁有靈官、土地二廟，並建於乾隆二十二年，勢將傾圮，欲重修之而有志未逮。子監生同舟，思成先人之志，迺鳩鄉衆共襄厥事，又施地數分，廣而大之，亦善繼善述意也。光緒十五年春，旱魃為虐，數月不雨，泉脈盡竭，人情洶洶，屢祈無驗。值溫父臺立齋下車蒞茲土，憫斯人之顛連，虔心致禱於倒拜溝九龍廟，躬親步履，不憚勞苦。未及回署，應時而雨。迨酬神意，澍雨又降，是皆至誠之感應也。天豈偶然哉！迺命鄉衆改靈官廟為督龍王行宮，靈官另築室安之。自茲以後，香火甚盛，凡祈無不雨者。由夏及冬，連綿數月乃有秋焉。非變置不可驗者哉！非捍患御菑，有功於民者哉！其祀也固宜。爰為之賦曰：

　　神之來也掣雲旗，列缺霱靃任轉福。遍灑芝田膏澤渥，五風十雨更相期。

　　聊為覼縷祈禱之一助云。

　　邑庠生玉溪魏延祚撰。

　　邑庠生槐蔭劉卓午書。

　　邑增生襄臣魏際唐篆。

　　大清光緒十五年歲次乙丑仲冬中浣之吉。

【碑陰】

捐資碑記

【額題】萬善同歸

首事□□□、□□□。

監工人□□□、□□□。

泥水匠□□□、□□□。

金粧匠□□□。

　　　　　　　　　　　　　　　（碑存鞏義市西村鎮羅口村。孫憲周）

官店碑

【額題】官店　日　月

虎牢關在周為鄭□,今稱鞏縣,名老捷坡。險而狹,雨雪近,夜行者至其嶺,患無投止地,思棲以傳舍數椽,久不就。光緒庚寅東［冬］,襄鉞來攝河陝汝道。謀於文太守煥,就厓穿土,疊石洞三,構瓦屋四楹,采生瑞傳勳章,予值辭不受。周吏目士銘任斯役,郅連三佐之。費銀四百兩有奇,兩月工竣。又以三百金發典肆生息,備歲修貲,爰紀其原始,以諗來者,俾勿湮廢云。

光緒十七年歲次辛卯二月乙未朔十五日己酉建。

署河陝汝道陸襄鉞譔記。

陝州靈寶縣知縣舒樹基敬書。

河南府鞏縣知縣溫德懋立石。

候補州吏周士銘、督同雷永傳、郅連三、張月亭建修。

（碑存鞏義市河洛鎮官殿村小學。孫憲周）

正堂溫諭碑

正堂溫諭鳳翅城嶺紳民人等知悉:照得該村隨同東街,向有應辦差務。而洛口地方,前因驛路在茲,是以除辦驛站及修路外,別無差徭。嗣值黃河塌卸,驛路改歸老犍坡行走,而於辦尖修路一切仍歸洛口地方管理,均有舊章可循,不容紊亂。今奉河陝汝道憲陸籌集經費,遴派委員,在老犍坡脊修設官店。雖經該處紳民督工竣事,至於往來差使,過境應設茶尖,以及修路一切事宜,仍歸洛口地方管理。循照舊章,各辦各差,洛口紳民不得藉口派累,以昭公允。設有失事,應由就近地方稟報。為此,合停諭飭,諭到該紳民等即便遵照毋違,切切特諭。

大清光緒拾柒年二月二十六日諭立。

（碑存鞏義市河洛鎮官店村小學。孫憲周）

皇清處士公諱逢祥德配李氏合葬之墓碑

【額題】流芳百代

皇清處士公諱逢祥德配李氏合葬之墓

大清光緒十八年歲次壬辰季春中浣之吉穀旦。

（碑存鞏義市孝義街道辦西溝村靳氏祠堂西牆上。王興亞）

欽加五品銜□□拔補千総崔繼澤墓表[1]

　　崔千総繼澤，河南南陽鎮總戎廷桂之族侄也。幼習技擊，有智勇，健步趣。甫成童，總戎即以置標下，甚鍾愛之。歲辛巳，先叔子久閣學參北洋戎幕，因事返豫。總戎遣繼澤，率其族中精壯者四人來投。壬午年，三韓內訌，日兵搆釁。吳武壯公奉命勘援，余適總攝前敵軍務。繼澤時年十九，相率東渡，軍書旁午，晷刻不遑。繼澤隨余左右，弗離跬步，恒十餘夜，目不交睫。亂定，余旋留防，為韓簡練各軍，其甘苦亦惟繼澤與同焉。甲申冬季，韓叛臣洪英植等復引日兵為變，突入韓營，脇逼其君，臺輔重臣多被系戮，因勢岌岌如累卵危。余督所部，與韓日亂兵巷戰，短兵相接，矢石雨飛。繼澤仗劍先列，叱咤而前，所向披靡，軍威以振。既而渠魁殄滅，迎復韓王。余遂奉使駐扎韓邦，越今又已十稔。繼澤隨余既久，事無巨細，靡不實力奉公。以功先後保擢千總，并加五品銜。方冀異日有事邊防，藉作干城之御。詎於辛卯夏，忽有人自鄉來，訛傳其父逝世。繼澤天性素篤，遽爾聞信，痛不欲生。緣事未獲假歸居，恒終日鬱鬱，且以異邦久處，積病已深，由是漸成痼疾。醫藥數月，竟于壬辰五月初八日丑刻殞沒，時年甫三十也。嗚呼！惜哉！繼澤事上維謹，交侶維和，又能勵志品學，不妄言動，不苟取予，宛然有佳士風。其初入行伍，目不識丁，後竟能讀詩書，文字亦復楚楚。故其殤也，人咸悼之。其尤可嘉者，遇余過失，恒涕泣以諍。余偶攖疾，至憂廢寢食，始終勤奮，十數年如一日。忠誠血性，卓越尋常，乃天不永年，可慨也夫！爰述其事，勒石以表其墓，并為辭以誄之曰：

　　彼其之□，百夫之特。草挺疾風，松貞嚴雪。胡為英年，而傷玉折。鵬舍飛魂，鯨波阻跡。嗟嗟穎士，心焉感惻。爰勒斯文，□名茲石。

　　光緒十有八年歲次壬辰五月，駐韓使者中州袁世凱誌並書。

（碑存鞏義市白沙崔氏祠堂。孫憲周）

鳳翅城嶺鄉規碑

　　由來糧從地生，差依糧派。而我村居十八村之中，差承受城內東街地方管理。所辦紅差車輛十八村，週年支辦，隨到隨遞，刻不容緩。奈我村穴居於是，石山最多，鄉民多習農業，不知差徭最關重大。每逢繳納差錢，退縮不前。□不立規，勒石以儆，恐淳俗日下，頑風漸生，以致耽悞差徭者云爾。因合村公議，條規開列於後：

　　一議辦差火食，每年以兩串錢為則，如再多者，鄉約自備。

---

[1] 該碑斷為兩段，碑額遺失。

一議每年辦差，預定於十月二十五日，每地一畝先繳錢三十文，花戶親送官店，交給鄉約驗收。如不繳者，每地一畝，罰百子圖火鞭一掛。若花戶地不及一畝者，罰亦如之。至差完擇期算賬，每戶該錢若干，即日清完，故推不繳者，罰亦如前。若有抗違不遵者，稟官究處。

大清光緒十九年二月上旬鳳翅城嶺合村同立。

（碑存鞏義市河洛鎮官殿村小學。孫憲周）

誥授朝議大夫孝廉方正戴藍翎欽加知府銜周圖康公德澤碑

公諱無逸，字勉之，周圖其號也。性和平誠樸，雖家□□封，絕無驕矜□人之態，是□鄉族樂與之游。合邑以孝廉方正□□，其他善行，指不勝屈。而義塾一節，良法美意，尤令人沒世不忘者。公生時嘗與族眾言：設立義塾，俾鄉族子弟皆有以明善，以復初成，德而達材。志未逮而謝世，良可惜也。幸其嗣君鴻猷、鴻賓，克承闕志，歲辛卯，入地於家廟五十畝，以為義塾請師費用之資。三所輪流經理，務使名實相副，以慰乃父之心。所謂賢喬梓非歟！其長嗣鴻猷即於是歲鄉試中式。修德必獲報，積厚自流光，天道豈或爽也哉！嗣後鄉族人文蔚起，顯身揚名者踵接不已，不卜可知矣。鄉族為立碑記，丐序於余。余素非善文者，為館是鄉，久知公至悉，且樂公之志有成與公之有後，而鄉族得沾實惠於無窮也。爰據原委以誌之，以示皆有所矜式云。為序。

大清光緒十九年歲次癸巳葭月中浣穀旦合鄉同立。

（碑存鞏義市康百萬莊園。孫憲周）

皇清例授登仕郎翼周翟公墓表

公諱維翰，字翼周，父諱五魁。在家以友于聞，處鄉黨，忠厚和平，代人償債，雖傾產不惜也。公幼貧困，能自立，就傅後勵志讀書。緣家不中貲，遂謝章句之學，純藝黍稷。居家，貧於自奉，而遇貧乏者，傾囊倒篋助之無吝色。及家漸饒裕，為諸子延師課讀，教以義方。長子鳳儀，四子鳳苞，郡試均列前茅，為人皆循循儒雅，不敢自外法度。次子鳳翔，力於農事，深知稼穡艱難。公嘗教之曰："惟土物愛厥心臧，汝輩切不可忘也。"咸豐、同治時，流寇猖獗，公留心武備，拳勇可敵數十人，且教三子鳳苞亦精其術，遐邇咸推為勇略，而自公視之，要祇為守禦計，非徒以武健見長也。公長孫雲亭素刀學，名噪藝林；次孫德潤，武庠生，精於弓馬；其餘或橫經或負耒，類皆循規蹈距，不失公之家法。

公初葬於羅口之村南，後改葬於新阡。雲亭因墓碣未立，乞余為文表其阡。余與公素不謀面，然雲亭嘗從余遊，公之懿行平日亦嘗聞之。且見雲亭諸昆季皆克繼其本分，綿延世澤，知公之貽謀必有過乎人者。謹據雲亭所持狀，質以余平日之所聞，握管而敘其□略如此。

乙酉科舉人愚晚劉蓮青頓首拜撰。

邑庠生員世再晚閻心同頓首書丹。

大清光緒二十年二月初十日立。

（碑存鞏義市西村鎮羅口村。孫憲周）

張氏祠堂碑記

立石所以垂遠，苟事無可徵，則人何以為憑？今載南、北老墳之畝數弓尺，以明二墳之碑記可徵也。故誌之。

南墳地三畝五分零五絲二忽，寬二十一弓三尺三寸，長三十九弓二尺，南頭八弓長，只有二十弓寬。

北墳地二畝五分八釐九毫一絲六忽六末，東長二十五弓一尺五寸，西長二十五弓一尺五寸，南橫二十三弓四尺，北橫二十三弓四尺。

南北二墳不許刊伐樹木，朝夕牧放，斬荊刈蒿。如有犯者，合族同議公處。大屋後牆南頭有腳門一個，上有過木。

合族立。

大清光緒二十年十二月下旬書。

（碑存鞏義市西村鎮西村張氏祠堂北牆內壁上。孫憲周）

劉公經言墓表

張仲友

昔年讀先伯父又栗公詩，有《贈先舅氏經言公五言古風》一篇，纏綿篤摯，情見乎辭。蓋其時公設賬鄰村，兩老詩酒酬答，昕夕過從，良朋肝膽，觸處呈露。雖事過境遷，一經迴溯，猶想見前輩風流。仲友年方孩稚，於公謦欬色笑茫不記憶，然嚮往彌殷。覺老成典型類非後生小子所能企及。而舊聞放失，生平行誼，無從津逮，為可惜也。客歲冬，其從孫鎮華駐軍鄭州，兼督辦豫、陝、晉邊區事。擬為公樹碑墓道，以書來屬為文，無冀紀事。仲友，外甥也。爰舉諮訪所得，略誌於左。

公諱心畲，字經言，郡庠生。少隨大父椿園公讀書宛郡學署，與胞弟經川互相勉勵。祖訓極嚴，家庭彝倫，幼即兢兢致意。嗣所業日進，立身涉世，動中竅要，旋與從弟繡臣同入泮宮，名譽噪起。早失怙，依依慈親，尺寸必謹。每當秋冬夜永，偕弟言笑帷帳，漏深始去。洎母氏寢疾，以至辭世，歷時數月，竭誠盡敬，容顏為之瘦削。當椿園公解組後，門內蕭條，俯仰多艱。經川公服賈粵海。公友教四方，兼理家政。中經丁丑奇荒，斗米寸金，興嗟仰屋。公每晨負米於市，自食外，稍廉其值，撮勻分給鄉鄰。公德之優，一時無雙。性喜莳，兼嗜書法，嘗與弟子曰："書味美於肉，特不堪為不知者道耳！"時入歎為名言。配李夫入，淑德慈行，勤苦持家，嘉耦也。

公生於道光十六年七月十五日酉時，卒於光緒六年十二月二十二日巳時，得年四十有五。李夫人生於道光十七年七月二十四日亥時，卒於光緒二十一年九月初六日戌時，得年五十有九。丈夫子四，維藩，郡庠生；維寶，邑庠生；維溫，邑增生，出繼叔父經川；維安。女子三，適任、適張、適曹。孫男七人。孫女三人。

清光緒二十一年勒石。

（文見民國《鞏縣志》卷二十五《文徵三》。王興亞）

唐高善果園碑

鞏豫邙麓主人唐高，錄□述事跡，開勒於石，以告後嗣，使知其艱難惟兢業而已。辛卯年，撻窯。壬辰年，穿井。癸巳年，植柏、種竹。甲午年，栽柳。己未年，樹槐。俱列善果園以為誌。

大清光緒旃蒙協洽桐月上澣穀旦。

（碑存鞏義市康百萬莊園。孫憲周）

皇清處士靳公立娃德配崔氏二位之墓碑

皇清處士靳公立娃德配崔氏二位之墓
孝男長黑、次意。孫寬。
光緒二十三年。

（碑存鞏義市孝義街道辦西溝村靳氏祠堂西牆上。王興亞）

十八村公局公議喪事婚禮干禮規矩條例

十八村公局公議喪事婚禮干禮規矩修例，而略記於左。

一、議凡有喪事，鄉眷來作弔者，每人給方孝一幅。若姻親則當別論矣。

一、議喪事在百日之內做七，出殯，鄉眷以禮來者，勿再散孝，以流水棹待之。如出殯遠喪，鄉眷以禮來者，僅散交殮紙，亦以流水棹待之。主客庶幾兩便。

一、議鄉間出殯，主人本酌請曉事者數人，從中計議。事前不必先請，事後無用再酬。他如主人日月茂盛，願請願酬者，可從其便。

一、議出殯應用幾人，主人指名下帖，定於某日上場。未有帖者，無論鄉眷族人，均不必前往。執事人等無論所作何事，皆給一幅方孝到底。

一、議凡抬重，每人給方孝一幅。如係榜上執事之人，另給方孝一幅。抬重柩至墳前下葬，同力封墓事畢，各歸己家以便作事。如在執事榜者，仍到主人家共效其勞。無論何人，皆無回靈棹。

一、議凡鄉間有婚事，應用幾人，主人指名下帖。定於某日上場。未有帖者，無論鄉眷族人，均不必前往。

一、議鄉間婚禮、喪禮，凡有交情□□□□□□□□可送錢四百文，治捧盒禮，可送錢貳百文。他如□□□□□□□送錢一百文，或合伙而送喜聯者，另外開名以□□□□□□□□而便之道也。

一、議喪事凡有客來作弔者，□□□□□□□□□□必□穿兇服，踵門再謝。

一、議村中有事須要通知鄉約操□□□□□□。

一、議村中不準開設賭局，窩藏□□□□□□□□，也□能不戒。

奉祀生曹永治、郭□□、監生巴榮祥、監生宋百祥、貢生陳潤德、高錫齡、宋德隆、曹崇義、張若松、監生張□芳、衛長昇、焦仁增、鄉約郭呼蘭。

大清光緒二十五年新正月上浣穀旦。

（碑存鞏義市站街鎮巴溝小學。孫憲周）

欽加同知銜賞戴花翎豫升陳老父台大人德政碑

為曉諭事。照得鞏邑詞訟案件差役承票，向無定規，以致不肖之徒間有買票之弊。差役下鄉索詐，丁書從中漁利。上受其欺，下受其害。種種弊難枚舉。與其刻嚴為隄防，何如明定章程，以革積弊而恤民隱。合行出示曉諭，為此，示仰闔邑軍民人等知悉，自示之後，凡有批準案件，各歸各路，飭差傳喚，以杜鑽營而免索詐。所出傳票，均由本縣按照地面親標差名，倘有外路差役在內，即係假冒。準該原被指名控告，立予究懲。所有買票之弊，永遠禁止。至該丁書等，本縣擇人而用，均宜自愛。此係立法之始，務令窮鄉僻壤咸使週知，切勿視為具文，自受欺騙。并擬章程六條，開列於後，其各懍遵勿違。特示。

一、詞訟案件，命、盜、娼、賭，專歸兩捕承辦。户婚、田產、錢債等事，不論何班值日，東路歸兩皂，西路歸兩壯，南路歸兩快，北路歸兩捕。

一、差役傳案，每案原被，上户，盤費不過一千，一切用項不過拾千；中户，盤費不過八百，一切用項不過六千；下户，盤費不過五百，一切用項不過貳千。極貧者免。倘敢額外勒索，準予指名控究，仍行追還。

一、盤費用項，除正原、正被應給外，所有牽連人証，以及鄉地族長等類，不準索取分文。

一、訊詰案件，原被出結，應給紙筆錢壹百文。其餘中証有應出結者，每張給錢五十文，以示區別。無班中轉結之費。

一、詞訟除命盜外，向準和息，其費富者三千三百文，次者貳千二百文，又次者壹千一百文。如當堂返息者免。

一、差傳人証，除命盜照例管押外，其餘群毆、共賭、訛詐、棍徒等類，亦須酌量管押。至尋常人証，一經傳到，但其歇家，親朋面允作保，不悞傳喚，準其取保候訊。倘敢私押，定行嚴究。

大清光緒二拾五年秋月穀旦閣邑紳民仝立。

（碑存鞏義市回郭鎮清易鎮街口。孫憲周）

聖母像並讚

嗟呼！天下有不事砥礪而成者乎？斯廟聖母像，始亦石殿溝中塊然一石耳。石工王全見而奇之曰："斯石瑩潔如玉，不宜終老巖穴，與沙礫伍。"乃走而商諸鄉耆函萬張先生，先生曰：善，為之。於是，資其工費，細施雕鏤。不越月，生面獨開，宛然與菩提活像無稍異，位諸臺閣，果甚稱。余數遊孔廟，見四配十哲，無一非勤修叨明禋者。覩斯像，益耿耿而愿有志者，無自菲薄也。因謬之為之贊曰：

勢巍巍，氣嚴嚴，精潔端莊果不凡。奠酒醴，執豆籩，任人禮拜雕欄前。憶昔溷跡山谷中，淒風苦雨久交攻。一日推選離塵埃，樓閣崢嶸登蓮臺。化仙軀，脫凡胎，克歧克嶷亦從磨礪苦中來。

前伊陽儒學正堂歲進士丁元薰撰文。

後學張敬緒書丹。

鐵筆匠王三萬。

光緒二十七年榴月上浣穀旦。

（碑存鞏義市新中鎮靈官店。孫憲周）

重修廟宇暨金塑神像碑

物非滋而不生，歲有旱則成荒，桑之禱良有以也。水峪溝舊有白龍王廟一所，龍王師雨也，其為鄉最靈，鄉祀之者亦最眾，香火有求輒應靈之。夏旱魃為虐，禾苗將槁，不堪目睹，梁家溝有張君清玉、張君喜林者，觸目動心，率眾優地為人請命，不三日雲口，喜雨沛然也。一望無涯，葉翠蒲野，轉年為豐歲矣。鄉眾相聚而言曰："再造之恩，何以酬之？"遂各捐己貲，鳩工庀材，由是而廟貌神像煥然一新。工竣，爰勒諸石，以誌永垂不朽云。

廟鄰農家居丁酉科拔貢委署教諭張彥卿撰文並書丹。

大清光緒二十七年孟夏七月上旬吉日立。

（碑存鞏義市新中鎮水峪溝龍王廟。孫憲周）

西天大聖石匾[1]

西天大聖
光緒二十九年歲次癸卯春創建。

（匾存鞏義市西村鎮馮六水家。孫憲周）

創建聖母殿碑記

　　樓子溝者，古煤窰溝地也。溝之中有觀音堂，堂之東偏，聖母殿在焉。代遠年湮，風雨飄搖，殿之院宇無存，□□而□□聖母無所憑依。村人欲修之，以年屢歉不果。甲辰春，趙君相文，同侄勳成，暨李君同勤、趙君勳重，與衆水管商議，卜堂之西偏，重建廟室一間。鳩工命匠，月餘而新廟奕奕。朝山畢，即安聖母之架于茲。工既竣，問序於予。予亦水管也，因即顛末而為之記。
　　蘇春華撰文並書丹。
　　大清光緒三十年歲次甲辰孟秋之月下浣吉日。

（碑存鞏義市小關鎮樓子溝村玉仙聖母廟內。孫憲周）

太學生化行閻公墓誌銘

　　公諱成教，字化行，號羅浦。兄弟二人，公居長，克均之子也。公性勤儉，好讀書，公歿後，延師誦讀，無改父道。遭家不幸，弟早逝。公仍經理農務，春耕夏耘，待諸顧工多厚意。弟妹寡居，公予以長男、長女使之撫字。以其柏舟之操，公之友于可概見矣。同治辰巳，我祖營立祖祠，公從事其中，承伯叔命，事事出於敏慎。家塾無地，公嘗以為憾。光緒午未間，公乃以數畝之田易一畝之宮以為學舍。延師主講，侄鐸、侄孫學咸在其中。數年間，束儀學費概不收取。公歿未幾，嗣子德本采芹泮宮，族人咸稱公培養之功，亦可見天之不負人也。公生於道光十七年九月初八日亥時，卒於光緒十八年七月二十四日卯時，享年五十六歲。原配孺人吳氏，生於道光十六年十二月二十日申時，卒於同治元年八月十五日已時，享年二十七歲。繼配孺人康氏，生於道光二十六年八月二十四日酉時，卒於光緒三十一年九月二十八日未時，享壽六十歲。嗣子二：長德明，出繼；次德本，邑庠生。女二：長適王門，次適李門。孫男三：林祥、林瑞、林定，德本

---

[1] 此匾長方形，青石，高四十六厘米，寬七十九厘米，厚七厘米，原為西天大聖廟門牓。廟內正位塑有齊天大聖孫悟空像。

出。今擇光緒三十一年十一月二十七日合葬祖塋。嗣子詣誌於余。不得辭，爰略其巔末以誌之。因為銘曰：

公之性直不附和，公之威望如山河。
直言規勸人感佩，浪遊之弟不敢遏。
開渠引水灌田禾，公之利益亦居多。
嗚呼公之身已矣，公之思澤不可磨。
松柏蔥郁佳城固，子孫庇護定如何。
邑庠生員族曾孫心同頓拜撰。

（碑存鞏義市西村鎮羅口村。孫憲周）

示後世碑[1]

圓寂師祖恒祿靈之位

祖居月山寶光寺，法出曹洞正宗。間通思修，定善戒香。寂然解脫，正脈聯芳。慈光普照，達本心空。止觀雙持，見自性偉。三道互嚴，和融秘密。洞澈法淵，究意無作。從體起用，果後施回。穩顯俱該，變現平等大願，輔弼度塵沙，登涅槃無入薩婆若。

孝徒：福榮、福林、福俊。
孫祥益、祥成、祥喜。
元孫澄洪、澄立、澄清、澄曉、澄聚、澄瑞。
曾孫青山、青雲、青來、青秀、青陽、青正。
徒覺先、覺悟、覺純、覺平、覺蘭、覺旺、覺倫。
徒海渡、海潤、海晏、海量、海法、海殊、海月、海讀。
徒了旺、了然、了香、了傑、了太、了化、了有、了情。
光緒三十二年二月十三日立石。

（碑存鞏義市北山口鎮青龍禪寺。孫憲周）

創建三仙聖母神廟並金粧神像碑記[2]

三仙聖母神廟並金粧神像本村什鄉捐貲姓名碑記

功德主馮門曲氏子發旺、龐遂群施錢兩千文，吳清原施錢三千文，尹鳳儀施錢一千文，監生王作楫施錢一千文，吳克昌施錢十二千正，費小元施錢十千正，費小法施錢五千

---

[1] 標題係補加。
[2] 此碑兩塊。

正，生員李百川錢一千五百正，龐安義施錢五千正，監生尹相湯施錢一千正，監生張寶珩施錢一千一百，武善成施錢一千整，吳西堂施錢六百文，吳忝施錢五百文，王忠施錢三百文，許才施錢五百文，張冬至施錢三百文，曹書堂施錢三百文，馮春林施錢五千整，費炎午施錢三千整，王賢施錢兩千整，李之華施錢三百文，龐文魁施錢兩千整，吳東魁施錢兩千整，張石頭施錢一千整，張水旺施錢一千整，龐長安施錢一千二百文，曹林施錢一千整，龐潤禮施錢五百文，張清蘭施錢一千整，張念施錢一千整，張清源施錢四百文，閆狗食施錢四百文，胡長安施錢三百文，魏榮光施錢二百五十文，龐根成施錢二百文，吳老立施錢一千整，馮冬至施錢一千整，壽官趙金相施錢二千二百文，龐雲林施錢一千二百文，龐拴柱施錢一千整，張二穩施錢三千整，張學周施錢一千整，張竹林施錢一千二百文，龐周氏子汪施錢五百文，曹升施錢七百文，張楊氏施錢六百文，張路氏施錢三百口，王李氏施錢一千整，張進喜施錢二百文，張心和施錢一百文，曹全成施錢四百文，費鎖施錢二百文，吳長慶施錢二百文，李正業施錢四百文，吳鳳儀施錢一千整，閻村公衆共收錢拾仟整。

　　東作村：南頭共施錢四仟三百文。北頭共施錢五仟三百廿文。賀大拴施錢一千二百文，賀書三施錢一千整，賀國瑞施錢一千整，李書魁施錢一千整，李二鬧施錢一千整，賀遂章施錢五百文，王盈施錢五百文，賀曹氏施錢四百文，賀大旺施錢三百文，賀老末施錢二百文，李賀氏施錢三百文，李廷泉施錢二百文，賀毛子施錢二百文，賀黑子施錢二百四十文，王曾施錢一百四十文，賀三純施錢一百文，曹賀氏施錢一百文，賀綱施錢七百文。

　　常封村：共施錢兩仟整。

　　羅口村：共施錢六仟三百文。孫尾把施錢二千整，閆學施錢二千整，監生閆成績施錢四百文，楊庚辛施錢四百文，監生王金成施錢四百文。孫乾施錢四百文。孫遂炎施錢四百文，宋三來施錢四百文，李存柱施錢四百文，閆展施錢二百文，生員閆德本施錢二百文。

　　塢羅村：合鄉施錢六仟四百八十文。魏興施錢兩千整，魏同堂施錢一千整，魏廷獻施錢一百文，閆充堂施錢一百八十文，魏尾把施錢壹仟文，閆綱施錢一百廿文，魏昭施錢壹仟文。

　　堤東村：合鄉施錢五千整。監生趙之璋施錢七百文，趙聚施錢一千五百，路心灼施錢五百文，曹二魁施錢五百文，路呼蘭施錢二百文，路楊氏施錢二百文，賀石頭施錢五百文。

　　張嘴寨：合鄉施錢壹仟一百文。焦亭施錢兩千整，焦四興施錢五百文，焦希聖施錢一百四十文，焦孫氏施錢口百文，席任氏施錢二百文，焦套施錢二百文。

　　東侯村南所施錢五千整。席書銘施錢五千整。孫福永施錢三千正、又施錢壹仟文，趙鵝施錢三千正，常朝斗施錢一千正，郝大聚施錢一千正，任書彥施錢六百文，任陳氏施錢五百文，任席氏施錢五百文，任申施錢五百文。孫福興施錢二百文。

　　西侯村合鄉施錢兩仟五百文。

　　周英施錢五千正，周學施錢五百文，石匠許文同施錢四百文。

南侯村：晉秋施錢五千正，劉長富施錢五百文，晉中富施錢五百文。

北侯村：席景秋施錢一千正。

李家墧：共施錢一千五百文。賀榮光施錢兩千正，張晚施錢兩千正，賀殿川施錢五百文。

山東頭村：共施錢六千五百文。張鬧施錢一千正，張吳氏施錢二百文，王李氏施錢二百文，張魏氏施錢二百四十文，張胡氏施錢二百文，張周氏施錢二百文，張孫氏施錢二百文。

墧嶺村：合鄉施錢四千三百文。胡善□施錢一千正。孫許氏施錢一千正，席清福施錢五百文，席門趙氏施錢五百文，賀□鍾施錢五百文，胡門郝氏施錢二百文。孫□敬施錢五百文，胡黑子施錢二百文。孫毛正施錢二百文，胡門李氏施錢二百文，趙牛套施錢二百文，胡呼蘭施錢二百文。

車園村：合鄉施錢七千五百文。賀炎午施錢一千正，周駒施錢一千正，周孬□施錢一千正，李相寅施錢四百文，賀門馮氏施錢二百文，胡大貴施錢一千正。

羅漢寺、郜溝、丁溝、申溝、紙房，以上五村共施錢五仟六百文。丁遠三施錢兩千正，丁魁施錢兩千正，魏大賓施錢一千正，魏金堂施錢一千正。

五頂坡：合鄉共施錢一仟二百文，楊景運施錢一千正，楊群施錢一千正，楊文施錢五百文，姚奇施錢五百文。

芝田鎮：合鄉施錢三仟二百文。新順和施錢四百文，新順泰施錢四百文。

小官莊村：合鄉施錢一千五百文。張小保施錢五千正。

蔡莊村：合鄉施錢一仟二百文。趙妞施錢一仟正，趙林施錢二百文。

喂羊莊：合鄉施錢一仟八百文。張寶施錢五仟正，石群施錢一仟正。

北山口：劉子靖施錢一仟正。

羽林莊：施錢五百文。

滹沱村：施錢二仟七百文。

聖水村：合鄉施錢二仟二百文。張三升施錢三百文。

八陵村：合鄉施錢兩仟一百文。

曹超然施錢七百文。

羅莊村：張清彥施錢一千正。孫凝施錢二千正。孫清□施錢一千正。孫洪章施錢一千正，趙聚施錢二千正。

天橋坡：施錢五百文。周同施錢二百文，周元安施錢二仟文。

偃邑曲家寨：曲鵬飛施錢二千正，王道平施錢一千正，曲雙喜施錢五百文，范富施錢五百文，曲增貴施錢四百文。

參駕店：王田施銀二兩正。

東侯村：常任陳氏子仁奉施錢一千正，任永順施錢四百文，荊孫氏施錢一百二十文，李麒麟施钱二百文，李正施钱二百文，李遂意施钱一百三十文，王任氏施钱一百三十文。

光緒三十二年岁次丙午前四月中澣。

(碑存鞏義市西村鎮西村三仙聖母神廟前牆外壁左右側。孫憲周)

皇清處士路公諱云從暨趙太君之墓碑

明初，有始祖馨者，自洪洞遷鞏，世居堤東村，傳十五世矣。至明曾祖諱國重、祖諱元貞、父諱秉恒。公生一子，名振旺。女一，適於□灘村李門。孫三：長德淳，生一子忽來；次德庸，出振群繼；三德敬，生二女。因塋地狹隘，遷葬北河坡下塋地，除一畝奉祀人種。之後，二門、三門許進人，不許阻攔。子孫之繁衍者，遂勒珉誌之，以不忘云。

丁山癸向兼午字三分。

男振旺，孫德淳、德敬，曾孫忽來　立。

大清光緒三十三年二月上旬之吉。

(碑存鞏義市西村鎮堤東村。孫憲周)

創建盧醫廟鼓樓捐貲人姓名碑

創建盧醫廟鼓樓捐貲人姓名開列於後：

監生李成章、監生姚永思、閆振業、舉人曹鑑三、監生張茂宗、李肅聞、舉人薄君亮、監生冉吉祥、韓義生、舉人郭書勳、監生張茂桂、邵茂堂、廩生衛宗元、監生張金、馬守義、生員韓炳、監生常青蘭、劉中和、生員孫錂銑、監生常清□、邵鴻恩、生員張宗渠、監生張清亮、張晴川、醫官馬雲瑞、監生巴榮池、巴熙純、監生李嵩南、監生郭榮光、李芝茂、監生李漢昇、張正德、隆泰和、監生王學濂、王德一、蘇茂堂、監生劉欣疇、邵榮堂、王發枝。

總理督工監生韓子卿、五品頂戴鄭連三、監生韓承德。

邑庠生員張清輔書丹。

鐵筆楊桂清。

住持薄君□。

大清光緒三十四年仲春仲浣穀旦立。

(碑存鞏義市站街鎮盧醫廟。孫憲周)

公立路碑

凡事不明於前，必昧於後，其勢然也。今有路一區，東寬八尺，西寬七尺，分明指之。因立石以記。

同吳恒升、趙廷傑、王家賓、吳永林、王國賓、吳永祿、許才、張文炳仝立。

大清宣統三年十月十五日。

東南角不許堆糞作廁池。

（碑存鞏義市西村鎮西村。孫憲周）

滎陽市（滎陽縣）

重修城隍廟碑記

邑令倪斌

自古神道設教，雖云福善禍淫，而承流宣化之說不外焉。《記》曰："明則有禮樂，幽則有鬼神。"或以都制，或以郡建，或以立等，秩不同，要皆聰明正直，保障一方者耳。邑之夭札，於是乎禱。邑之旱潦，於是乎祈。是城隍幽贊天工，明佐縣令，多歷年所，未之或改。《傳》曰："民者，神之主。"小民困苦，則神乏主矣。明之末造，中原陸沉，蕩搖我農功，虔劉我赤子，神乏主矣。迨國朝定鼎以來，士橫經，耕力田，工咸理，商貿遷，熙熙皞皞，是神之主也。神所憑依，將在殿宇。若任其棟折榱崩，豈教民美報之意乎！余以庚寅尹於是邦，同官鳩工謀修之，雖捐俸無多，邑之好義者爭勸勉焉。不崇朝而廠廡巍壯，塘壁煥鮮，樂觀厥成，士庶輩乞余為記。余愧雕蟲末技不能一詞，但承乏茲邑，刑措不及，咸伏神威，又不可不為之記。是廟也，興建未知始自何代，聲靈赫濯，垂之萬禩，彰彰若前日事，其非所以示不朽耶！爰為記。

順治七年。

（文見乾隆《滎陽縣志》卷十一《藝文志》。席會芬）

重修儒學碑記

副使沈荃

大梁之西北隅，曰滎陽邑者，蕞爾地也。余承乏備兵，軺車庪止，乃見其地勢雄傑，山川鬱盤，左廣武，右靈源，敖倉據其南，黃河繞其北，始知為天下要害處也。昔人有言："其山嵯以峨，其人磊落而英多。"意必有倜儻奇拔之士生於其間，足以佐國而振民者乎！乃入其邑，其民則訢訢如也，其士則莊莊如也。於是，登夫子之廟堂，瞻兩楹之几杖，雕梁既壯，綺翼斯飛，冠劍如新，鐘簴不改。余不禁悚然以思嘅焉以歎，顧多士而告之曰："爾儕至今日，始獲此寧宇也。蓋中州自大盜寇虐，井邑邱墟，小人盡赴水火，君子半成猿鶴。定鼎伊始，士族稍集，而葌茅雜揉，鸞鴞共處，乃至輿臺而襲子衿，髡鉗得遊鄉校，其詩禮發冢，沐猴而冠者，又不勝指屈也。數年以來，次第芟夷，薪樗蔚起，雖復人懷鼓篋，家擅鳴絃，而泗濱無揖讓之壇，稷下乏周游之館，顧瞻周道鞠為茂草，詩人所歎，殆又甚焉。爾多士既獲此寧宇矣！有堂擴如是，即爾之澡身浴德也。周垣四維，是即爾之峻守堅操也。重軒三階，是即爾之日升月恒也。游焉息焉，而義府有逍遙之安；舞焉戚焉，而禮闈有翱翔之樂。爾多士其毋忘此寧宇,庶懋厥修,以迄有成也哉。"

于是,邑令孟君揖而進曰:"茲宇之是堊是塗也。實下令倡之,而下令不敢尸之,唯是一二僚友,以暨縉紳大夫、博士弟子,咸有力焉。為殿五楹,為祠三楹,文昌始營,兩廡乃搆,然後繚以高墉,闃以重扉,侖焉奐焉,諸好備矣!其始經也,有靈臺之子來,其既成也,即新廟之孔碩,形民之力,而無有厭斁之志,故令庶人忘黍離之哀,而學士有于邁之樂用,是拜手乞言,以光貞珉。"余告之曰:絃歌之化,始於武城;文學之興,必由良牧。昔重泉張樂而鷲鳥來遊,鍾離修廟而白璧告瑞,詩書之化,捷于桴鼓。今滎陽以楚漢交爭之地,遂有鄒魯文物之風,剛滿秀滿,亦隨乎善治者之或維而或挽耳。願子益勤於董訓,俾滎士益無懈於率從,將吏治蒸蒸而士風日起,豈獨滎人受其福,四鄰且觀化焉。余日望之矣,孟令其勉乎哉!是為記。

順治十一年。

(文見乾隆《滎陽縣志》卷十一《藝文志》。席會芬)

建故邑侯胡公德政去思碑

邑丞章貞

為政有去後思,常見之矣。為政有去後思,至時易代遷,而終不忘父母我者,不概見也。滎陽舊有侯安邑胡公者,故明末父母茲土者也。公山右世家,諱承裕,字匪我,乙卯科孝廉,丙子蒞滎。利必興,害必除,諸凡修學校,課農桑,薄刑罰,緩徭賦,百爾善政,班班可考。巡按楊公諱繩武薦公廉。公上膺銓選,下洽閭里,古之召、杜,不過是及。我清定鼎以來,滎民思之愈久而不忘公。昔所治民,或老死而其子若孫在,或少壯而今且垂白扶杖矣。當歲時伏臘,恒津津道其遺績,且至有泣下者。噫,亦異矣!非公德澤入民深,何以至此?予讀古《循良傳》,往往想慕其為人,矧官同斯地,親知其父老子弟久而弗諼如是哉!乃因滎紳士父老之意,傳其事,再立石以誌不朽。後之蒞茲土者,亦將有感於斯文。

當康熙十一年歲次壬子秋閏七月上浣吉旦。

(文見乾隆《滎陽縣志》卷十一《藝文志》。席會芬)

湖廣衡州府知府前管山西分巡冀南道事張公墓誌銘

清盛京學院蔣超

公諱奇勳,字松公,河南滎陽人。高祖諱恂,舉人,任長史。曾祖諱寅。祖諱鵬翼,郡庠生。父諱一安,號樂亭,誥贈中憲大夫。母王氏,誥贈恭人。公之生也,樂亭公早世,公母王恭人茹茶鞠之。長而能文,試輒冠其曹偶。戊子以廷試,擢上第。當時,院部諸老先生讀公卷,擊節嘆賞,目其文如龍淵之珠,崑山之璧,僅一現光彩,若傾其奧穴,當使海內無貧者。故事廷對後，從容再應賓興。即仕，公當司理大郡，乃用新例改授閩之松溪，三載，舉卓異，叨上賞，當需次為臺諫部郎。公又以新例判江南之蘇郡，仕路支閣，人為扼腕。至為衡州，列方面，知已聞其傳車駸駕，垂赤帷，揚皷尾，伏熊倚鹿，地方千里，仰受約束，差為喜色，以為公生平稽古之榮。不道未三載，以勤職壽終。嗚呼痛哉！公貌清癯，然性沉正，遇事敢為，所至理稷觸結，定傾運安，不遺餘力。如在松溪奮力討賊，邑故有防帥，畜縮不任事，公笑謝之曰："公等但飽食安臥足矣，吾力能為汝辦賊。"於是，練鄉勇，繕器甲，批吭擣虛，運奇設伏，凡斬獲甲首數千，招撫賊渠葉福、余赤及枝附萬有餘人，威行惠浹，戍師盡撤，邑賴以寧。時海氛熾甚，王師撻伐，急調軍食，幕府稔公才，檄公督餉四十餘日。庚癸不諱，其在蘇郡，痛革漕運苞苴夾帶之獘，重懲富家子倚豪貴奪人妻為側室者。同知山西太原緝逃足額，監製陵車，尅期竣役。協理文武闈事，釐剔盡理。會有妄為禁旅掠販人口者，公廉知其偽，具聞當事，究擬如律。民間父子夫妻得完聚者數百人。其署潞安，勅身率下，申禁有司侵漁機戶，自供御外，不私一繭。除去天津關私稅及郵傳私扣糧料，一切無名濫役咸斥罷之。攝曲沃，解除貧民，守柵守衡，招徠逃戶。衡陽藍山安仁臨武數千餘家，開望湖、賓日兩門以固風氣，杠松亭以資利涉，創石鼓書院以弘教育，嚴取行貨以惠稽賈，禁革耗金以恤貧里。計公一生，奔走南北水陸，備極勞瘁，然能為民大興德事，如風起喝，如膏潤萎。民間謳吟感泣，立祠勒石，去後而思益勤。

嗚呼，此可謂循吏矣！公生而酷貧，然拓落不事產業，服官十餘年，廉苦異常，至遇百姓有急，輒輟己衣食拯之。蘇郡民有逋負上官贖鐩者，力不能償，方鬻其妻，公一聞即捐俸以贖。晉陽居民負營軍債錢折算子女無算，公皆設法贖歸。冀南苦寒，隱民失養，公署道篆多製衣襖，分給之。其隨撫軍賑濟，沿邊四郡，所過私饘道殣不可勝紀。卒之日，有司檢視，遺橐蕭然，公子鬻衣服簪珥以歸。視世人營營陸陸，厚自殖而膜視斯民者，何如也？公雖為吏，性喜讀書，手自記註所為，史論及詩歌最美，纂修《衡州郡志》，體裁華庶，為史家稱重。噫！自有科目以來，名生宿儒膺此舉者極難。然在漢時，樂松江覽，列名鴻都。而唐李隤、劉雍之徒，得為翰林學士。如公之才，荏苒數奇。議者方期以勛位補其科名。今遽若此止，真命也。

夫公生於明天啟元年辛酉閏二月初七日，卒於大清康熙十年辛亥六月初九日，享年五十有一。元配武氏，贈恭人；繼配辛氏，封恭人。子二，皆辛出。長朗生，舉人，娶桐柏縣訓導王昌命女；次暉生，貢生，娶溧陽縣縣丞周鼎女。女一，適刑部郎中劉楨，男廩生曰燧。孫男八：子鑑拔貢，子錄、子銘、子銓、子鉢、子鏡俱庠生，子鎮、子鈍俱監生。孫女三。今以康熙十一年十月十九日，葬公於索上鳴鳳原。銘曰：

于將刈葵，隋珠彈禽，用之匪艱，憫此國琛。惟天惠民，亦莫肯畜，以覆以哺，勞我司牧。壽不配名，歿不失名，考功納銘，永奠佳城！

康熙十一年十月十九日。

（文見民國《滎陽縣志》卷十二《藝文志》。席會芬）

顧侯丈地定則碑記

掌科禹謨

　　事有不得其平，歷數十年，而莫能平之者，非其事之甚難為也，咎在當事者之不為也。又非當事者之不能為也，咎在當事者之因循苟且，且曰："為日已久，一朝反之，未便也。"又曰："我縱為之，未必民其德我也；縱不為之，未必民其怨我也。"又曰："我姑仍其舊焉，留以待夫後人之為之也。"嗚呼！當其事而不為，留以待夫後人，使後人當其事，而復待後人，則終無為之者矣！無惑乎事多叢脞，上有妨于國計，下無裨于民生，而公私交困矣！

　　謨，氾人也。與滎為鄰，知滎甚悉。滎之風土民情大約與氾等。而滎之最不平者，莫田賦。若夫滎，故古名邑也。然其地面山負河，中多土阜，要皆不甚宜麥，即平原曠野，亦沙磧無膏潤，故滎地無上上等。前朝因土定賦，賦與他邑殊，而復別其地有差，載在方策，固班班可考也。自夫闖氛肆焰，蟠踞茲土，民各輕去其故鄉，于是百里之內，第見荒烟寂歷，蔓草荊榛，曾無秉耒荷鋤于春煙秋露間者。幸我世祖掃蕩氛祲，混一區宇，招哀鴻而安集之，故得戶口稍聚，阡陌漸開，而滎地始毛焉。第典籍淪亡，莫可稽考。或地中上而賦則下下，或地下下而賦則中上。至有私闢草萊而正供不輸者，顛倒瞀亂，靡從窮詰，致富者益富，貧者益貧，而民復鳥獸散矣！

　　邑侯顧公握篆來宰，甫下車，輒歎其不均焉！適皇上軫念民瘼，勅令有司清查地畝，侯乃毅然以釐剔為己任，懃懃懇懇，必欲上不欺君，下不病民而始慊。于是，邑佐沈公諱濤、邑尉胡公諱國翰、廣文水公諱星曜，暨閤學多士，仰承至意，並効竭蹶，觸炎暑，冒烈日，履畝而核之。不逾月，而肥瘠者以分，隱匿者以出，彙籍而折衷于侯，侯秉公而酌定之。甲不混于乙，乙不混于甲，豪強無侵蝕之弊，愚民無偏陂之累，地別賦均，較若白黑。滎民乃知安土重遷，永保故鄉之樂，長子孫于無窮。而于朝廷正賦不第無虧，且較常額外復有加焉，是真大有造于國計民生者。夫以數十年不得其平之事，侯一旦起而平之，則其為德也大，其為澤也遠。自宜勒之貞珉，一以志侯之德澤于不忘，一以志畫一之規于不替，事又烏可以已哉！謨也待罪長安，此因侯以田賦告成，上其籍于大中丞，大中丞奏其績于天子。天子曰："余嘉乃績，篤不忘，因賜秩焉！"余故聞其事甚悉，又重之以諸君子郵寄之請，敢為陳其梗槩，俾得壽之金石，以垂不朽。猗與休哉！寧特爾滎之慶，抑亦吾氾之光。

　　時康熙十七年歲次戊午仲春穀旦。

（文見乾隆《滎陽縣志》卷十一《藝文志》。席會芬）

雪堂

　　退食公餘案牘稀，西園憇眺可忘機。江清月冷千山靜，雪霽天空一鶴歸。勝蹟堂因人事滅，雄文不共劫灰飛。登堂謾問東坡舊，聊伴城頭赤壁磯。

　　黃署西北隅近月波樓，應為王元之竹樓舊址，遠吞山光，平挹江瀨，景勝宛存，樓廢不計年矣。後人建亭於茲，名曰雪堂。實非東坡故處。但地處高廠，旁無屋宇，不礙雲山賞雪看月，足以娛目騁懷。乙丑八月，余重新之，名仍其舊，義各有取，非襲子瞻也。

　　汜水高殿鰲。

　　康熙二十四年。

（碑存滎陽市城關鄉南周村禹氏家中。王興亞）

重修滎陽縣學記

編修王露

　　從來治運之盛衰，以文風之盛衰為候；文風之盛衰，以學校之盛衰為候。凡以學校者，人材之本，王化之原也。倘入其邑而鞠為園蔬，或牧兒蕘豎薪刈其下，則其邑可知矣。所以翟酺上疏，請更修繕，誘進後學。李遼表請修孔子廟，曰"事有賒而實急者"，此之謂也。非有見於魯僖以泮宮發頌，齊宣以稷下垂聲與！顧於今日，以其事責之窮措大，或責之苜蓿盤，其力不足為也。即責之巨室舊家，似不難積腋為裘，而要非良有司崇儒重道，振裘挈領，身任其事，其不等於築舍道旁者幾何哉！余讀中秘書，每欲窮天下之大觀。自賜環來，曾遊嵩少，過滎陽，信宿同年中翰張諱朗生家，相與訪子慎、少卿、弱齊故里，及靈源、金隄遺跡，並覽一方勝概所在，香宇福區，旗亭候館，皆堪娛目騁懷。獨至學舍，環視宮牆，大成殿雖已整飭，而垣壁尚多坍醨，至兩廡舊制湫隘，非因其敝而更張之，殊為不倫。但所費不貲，或難兩顧乎。中翰曰："勿慮也。邑侯馬公具明敏果毅之才，兼慷慨仔肩之力，政成人理，方物出謀在即，且不佞與學博暨紳士輩，亦願稍効贊襄者，觀成可計日也！"余方訝中翰言何易易耶。越二載，再過其地，事訖矣。煥然盡改觀焉。卑易以崇，腐易以堅，毀易以完，重門洞闢，百堵具成。一一視舊加弘焉，乃知材良甓固，工善役勤，不亟不徐，具有次第，翼翼嚴嚴，偉麗備美，皆公捐俸倡先，心計指授之力也。若夫食不出於頭會，泉不出於口率，尤人之所難，事之可法者。

　　斯舉也，以標教化之淵源，以樹人文之撫楷，其有造於滎邑者，良匪淺鮮。乃或謂唐之六元，明之五桂，殆將嗣美矣乎！嗚呼，以若所云不過學校之符驗耳。豈學校之本源哉！以余所覩聞，學宮所程在疇，昔有臥碑《敬一箴》在，今日有御製勸士子文，並頒賜理學諸書，朗如日月經天，沛若江河行地。總未嘗曰："應舉取科第如斯而已也。"則學校之所重，端有在矣！多士必當講明正道，敦崇實學，藏焉修焉之餘而驅焉仰焉，息焉游焉之暇而詠焉繹焉。居則行文，可以化導閭里；出則經濟，可以觳觫昇平。使天下頌之曰："思皇多士，生此王國。"庶幾得疇昔修明古制之意，稱朝廷勸士子之盛心，是則良有司之所深望乎！是則斯舉之可謂盛舉者乎！乃中翰深是吾言，以余從事秉筆，後遂屬以記，且蘄有告多士，夫聖天子申布功令，廣勵學宮。一時海內向化，矧有賢師帥實心任事，討多士而訓誨之。余何言？惟以馬公雅重斯文，洵大夫之賢所當事者，且知其署鄭篆數月，加惠義學，修尊經閣亦與有力焉。余故樂為記之。

馬公諱世興，字時可，奉天人，歲貢生。康熙四十七年暮春經始，四十九年孟夏落成。其工直金粟之目，審曲面勢之詳，洎董役助賫之人，太乙叢辰之卜，並列名銜，用鐫靈陶，永垂奕禩，將觀其後！

康熙四十九年孟夏。

（文見乾隆《滎陽縣志》卷十一《藝文志》。席會芬）

河陰馬家寨馬氏始祖墓碑

大清國河南開封府鄭州河陰縣西十五里許馬家寨，馬門始祖，原系山西洪洞縣鐵里堡三甲冊籍。父老相傳吾祖自明太祖年間遷移河邑，卜占是塋，迄今合族追憶先祖，建立此碑。

		自用	
馬公諱武	諱朋	自習	
皇明故 二世祖	三世祖諱自道	神主流芳萬世墓誌
祖母胡氏	余氏	自行	
		自學	

龍飛大清康熙五十六年歲次丁酉二月癸卯上浣穀旦。

（碑存滎陽市高村馬寨。王興亞）

重修廣濟寺關聖帝君崇陛正殿碑記

進士李清

粵稽天竺佛法，自漢明帝永平年間，甫入中國，後代相沿。神州赤縣蓮臺梵宮，莫不刱建森立，以示先王神道設教至意。究其人道立極，生秉正氣，死為明神，赤心義膽，光日月，振乾坤，輔綱常倫紀於萬古不墜者，從未有如壯穆關聖帝君之聲靈赫濯也。帝鍾毓解梁，虎踞荊襄，氣吞吳魏，威震華夏，真足以樹赤幟，銘漢鼎，流芳竹帛，所以歷代累加徽號，崇祀而尸祝之，已幾閱千百載於茲矣。迨自我朝定鼎以來，祀太牢，貤封三代，崇褒備至。雍正六年，復特頒勅旨："凡關帝祠像，例應居中南向，不許側列陪殿。"真可謂隆禮優渥，尊無二上。雖窮荒遐域，罔不恪遵功令，奉行無違。況豫省適居天地之中，索郡應分氐亢之野，咽喉九州，鎖鑰秦隴，億姓萬族荷帝之呵護庇蔭者，咸獲響應於不爽，畴不覩其光揚其烈哉。

按邑治東南隅秋社古邨，舊有關帝祠宇，南對嵩岵，北帶黃流，東跨須京，西環索濱，巍巍乎一方之鉅觀也。向因佛殿居中，帝位列左，廟貌寖以頹圮，神色黯然。時有住持、僧會司明儒偕徒靜專，約會山主陳子良相等倡率募化，釀金購材，不日而成。謹凜聖諭建中表正，氣象改觀，兼以修飭勳堃，丹楹刻桷，輝煌燦爛。俾四方善男信士、驛客遊人瞻拜者，靡不洗心豁目，神人并為之交懌。自應勒諸貞珉，垂於不朽，一以彰國朝尊崇之體，一以表士庶感戴之誠云爾。

雍正六年。

（文見乾隆《滎陽縣志》卷十一《藝文志》。席會芬）

中嶽岳岡廟碑文

教諭杜棠

豫，中州也，而嵩又居豫州之中，故嵩靈稱中嶽焉。夫在天有五帝，在地有五嶽，嶽神之尊與天子匹。天子所居，外有殿宇之巍峩，內有樓榭之夐隆。而大內之內，又必有宮寢之深邃幽密者而制度始備。維嶽神之所以棲靈而養秀者，亦若是而已矣。

余家世洛浦，東望嵩嶽僅百里許，奈結髮已切仰止，而終童未遂攀躋，心竊憾之。比歲壬午，叨鄉薦南赴光、固，謁慈谿周夫子，取道於轘轅通谷間，僕痛馬瘏之頃，忽見有輪奐巋然者，乃恍然曰：「此嶽神之殿宇也。」趨進拜謁畢，仰首北望，峭巇萬仞，有亭屹然，名曰「嶽頂」，乃益恍然曰：「此嶽神之樓榭也。」亟欲登陟以擴觀覽，遂盤紆而上，遇懸岩絕壁，艱於牽蘿扳葛，乃止。然猶不忍即去，因四顧環望，山勢屈曲盤廻，蜿蜒奔趨。仍復爭赴於東百里之外，乃更恍然曰：「殿宇之巍峩者，嶽麓也；樓榭之夐隆者，嶽巔也。寅艮之鄉，當更有深邃幽密之處，棲嶽靈，養嶽秀，而為宮寢燕私之地者，惜阻於嵯岈，不獲目擊已三十年矣！」

己酉冬，分座寒氈，庋止滎陽，遙瞻羣峰聳翠，秀美如雲，羅列如嶂，竊計之曰：「此山接脉嵩陽，嶽神棲息之宅，毋乃在斯乎！」亟卜期登矚，而砠谿間，冰雪充塞，且諸弟子員執贄請業者孜孜不少懈，遂不果行。迄歲除，有張君開遠者，請見甚殷，且以來謁愆期，數向傳命者道意。晉接之下，余視其貌則道氣仰人，聆其言則德音可風，叩其年數則甲子逾周，究其里閈則昔城市而今山林，考其游寓所在則龍門香山，聊以適意而肆志。余乃不覺悚然而起，肅然而敬，怡然而欣慕艷羨。張君乃躍然興曰：「南山之勝，吾師知之矣。南山之勝，無異嵩陽之勝，而且與嵩陽同為一勝，吾師未必知之也。」於是，遡其山之所由來，則曰脉出太空；論其山之所自止，則曰形同蓮座；語其山之護隨，則曰右三山而左岵峯；詳其山之朝映，則曰前大周而後萬麓，而猶有橫岡當面，如熏爐之專設。峭壁卓立，似傘蓋之特擎。「此南山之勝概也。師知之乎？」余益不覺悚然而起，肅然而敬，怡然而欣慕艷羨，曰："此真嵩陽氣脉之結聚停處也，盍立廟祀，以妥厥靈。"張君乃正容歛氣，再拜言曰："不佞羈棲多年，豈第慕巖阿之美？實以舊有廟宮，宏廠壯麗，嚴如魏闕，值歲遠就圮，不得不糾衆釀貲，重整而葺新之，功煩費劇，積月累歲，而後告厥成功。今棟宇榱桷不讓前人，塗墍黝堊一若舊制。不佞行且老矣，於此乎歸依焉。願吾師為言以誌之。"余才本譾陋，素乏學養，兼以苜蓿齋中數載繁縻，豈能以朽腐筆墨，揚嶽室之弘峻，表張君之盛美？第念三十年來，懸擬嶽神之宮寢，必在深邃幽密之處，而曾不得一寓目焉，今幸履其地矣，聞其詳矣，而不為一詞以揚厲之，豈但無以謝張君，抑將何以對嶽靈哉！因備舉余生平意想之私，與張君殫精竭慮之久，而且專者詳厥始末，援筆而為之記。至其財用之煩，捐輸之衆，張君自當銘之碑陰，余不必復贅云。

雍正七年。

（文見乾隆《滎陽縣志》卷十一《藝文志》。席會芬）

修蓋戲樓碑

大清國河南宜隸鄭州河陰縣東南相距五里西蘇樓修蓋戲樓記

嘗聞戲樓之士，雖曰歌舞之□，實酬神之德。太凡有是廟，每立是樓。今盧醫老爺威亡靈顯原貌，巍峨獨尊是焉。有善人李世民等，因約聖念，而從者如雲。於是，修蓋戲樓，成於辛亥。恐將來頌德不知其所自起，因刻是石，以永垂不朽爾。後之人，見石如見前事焉。

生員車隆舉書。

善士姓名於後：

會首李世民、□□范、張國舉、李建、李守仁、李景、劉鉢、李明、李恭。

（戲樓廟地壹分伍釐，東西長陸弓。）

滎陽廣武鄉

（貳尺伍寸，南北寬伍弓貳尺伍寸。）

清雍正玖年春月浣之。

木匠周倫。

泥水匠孫合街。

（碑存滎陽市廣武鄉西蘇樓村北。孫憲周）

虎牢關碑

虎闗关

清雍正九年立。

（碑存滎陽市虎牢關。孫憲周）

重修關聖帝君火帝真君二廟並建修戲樓碑記

【額題】萬善同歸

滎邑庠生趙從龍撰文。

邑庠生楊烈書。

嘗謂人所憑依，將在神矣，神所庇懷，惟此神矣。人非神無以生，神非人無擬祀。是神與人原相須而不離者也。惟茲二神，赫聲濯民，要皆大有功於人也，宜其血食萬代，殿宇遍地矣。是以前輩善人於新砦南□□，聊建草庵，以爲酬報。所迨其後，歷年日久，風雨摧折，廟貌已將岌岌乎。有化主賈雲秋等，目擊心傷，立約衆善，各出資財，爲之重修。第修之未固，無何，而風雨難蔽，神像復慘澹無色。又有化主蕭璋等見其頗壞，即爲之募化資財，堅以修之。又慮非樂樓無以悅神，更與衆善約，將歷年所餘資財，遂爲人鳩工庀石，石欄石柱，實堅實好，如磐石之安，如苞桑之固，不日，而次第告竣。覩其廟貌煥然而維新，見其神像金光而燦爛，其樂樓屹然而可觀。一時，樵夫牧童來於其下者，僉曰鞏固如斯。伊誰之力？旅歸之衆善，衆善不受，歸之化主，化主不自以爲功。歸之神明，神明冥冥不可得而名，則仍以歸其功於衆城而已。用是之於石，以志不朽云。

施財善人姓名開列於後[1]

木匠董永禎、戴其順。

石匠白鶴、陳明。

泥水匠朱彪、高標。

皇清雍正拾年三月吉旦立。買到盧雲俊戲樓官地六分，銀三千六分。

（碑存滎陽市崔廟鄉盧莊村新砦。孫憲周）

皇清勅封安人張母周太君墓誌銘

進士毛汝諴

張母曰安人，萬壽覃恩封也。宿州司馬張公元配。公諱暉生，字璧雯。其德行政事暨世系歷履，俱載邑誌。卒葬於索上鳳翔岡。歲丁巳五月，安人卒，亦屆期歸窀穸。其嗣君鑑等匍匐持狀，向余泣曰："先安人懿徽在人耳目，非徵靈巨筆，不起以表壽藏之石，敢請一言？"嗚呼！余何能誌安人哉。雖然，滎、鄭咫尺，余於司馬公蓋嘗識荊，難兄中翰公又計偕往來相携，因得悉其家聲，知安人頗素，乃不敢辭。狀載：

安人周姓，乙酉拔貢江南溧陽縣倅名器公女。幼爲公鍾愛，嘗曰："此女識畧過人，他

---

[1] 以下所列姓名，字多模糊。

日福氣未可量也。"于歸司馬公，逮事舅中憲公，姑辛恭人，竭誠盡禮，孝行遠聞。相司馬公成名筮仕，佐以忠君愛國，溫恭淑慎，其天性也。贍親貸族，恤孤憐寡，母儀閫型，藉藉鄉黨之口。課子孫蜚騰藝苑，勤儉克家，八十有九不毫倦焉。壽考維祺，俾臧俾嘉，生平懿德善行，聖誥詳有褒章，閭巷傳之歌謠，奚以誌之，誌其幽閒貞靜也。當誦《關雎》之章，子姓宗族之化善也；宜詠《麟趾》之句，而諸孫曾之森秀也；又取《螽斯》之篇，而賡之其有孚乎，其有孚乎！

安人生於順治六年九月十六日申時，卒於乾隆二年五月初七日戌時。生丈夫子五：長子鑑拔貢，南陽府教授；次子錄，邑增生；次子銓，府學生；次子鏡，附監生；次子鎮，候選州同。女三：長適滎澤縣嘉定縣知縣、內陞主事李士甄；次適鄭州候選教諭孟溥；季適汜水縣候選州同禹履謙。孫十三：業澂，邑庠生；業洪，丁酉科武舉；學灝，即用吏目；心淇，邑庠生；繼汾，候選縣丞；德洪，邑庠生；學瀚，業儒；繼湘，邑庠生；振清、榮泮俱監生；學潛、學淵、學游俱業儒。孫女八。曾孫十三：士楷，邑庠生；效栻、三樂、應椿、儒標、象傑、士棟、效枃、世朴、維梓、瑞林、效柄、士柱俱幼。曾孫女十五。元孫一，廣炤幼。元孫女二。將以本年十一月二十日與司馬公同兆，祔厝鳳翔岡祖塋之右。銘曰：

幽閒篤摯，無忝泰也。冠帔褕翟，荷寵賚也。嶺塋回互，氣欝會也。斧如堂如，後昌大也。

乾隆二年十一月。

（文見乾隆《滎陽縣志》卷十一《藝文志》。席會芬）

廣武後馬村馬氏家廟碑記

聞之九族既睦，百姓平章，慎終追遠，民德歸厚，是以古人定姓而後藉之族譜，恐其歷年久而未益疎也，立之家廟所以序昭穆而聯其情也。我馬氏祖居山西，遷於平陰郡，聚族馬家寨數百年。及我祖又遷於郡治西北，離縣五里許，名曰後馬村，建塋於東，北倚廣武之陽，南臨旃染之陰，山環水聚，鐘靈毓秀，林木蔥茂，戶殷口繁，人文蔚起，分為三枝，迄今亦二百餘年矣。第自明末遭亂，族譜遺失。祖宗名字，泯然莫聞。各遷其塋，祖塋典祀，煥然不齊。是則大可悲也。余父漢昭翁諱驥，字天生等八家，覩祖塋之荒典，感前人而心傷，慨族從之煥漫，念後昆而思睦，遂謀之族人，共糾一社，四時典祀，昭穆秩然而有序，群族會集，章次井然而不紊。庶幾，合族人等皆知一本之義乎。於是，鳩工勒石，命余作文。闕其所疑，書其所知，以誌不朽。

生員馬漢卿書丹。

會首馬相禹、馬漢壁、馬漢廷、馬蛟、馬英、馬漢孝、馬相坤、馬相君。

大清乾隆七年三月歲次壬戌孟春全立。

（碑存滎陽市廣武鎮後馬村馬氏家廟。王興亞）

詳免稍料記

進士李清

瓠子決而璧馬沉，酸棗潰而金堤築。河之為患久，而豫當其衝，瀕河之州、邑累尤甚。戧隄築掃，無歲無之。丁夫物料，動輒數十百萬，困此方民力，損國家金錢，豈非古今一大漏卮哉！吾邑去河三舍，近幸廣武之山屏障之，無泛濫之虞，蒼黔稍得休息。他處有急險工程，則協之辦料，不過秫稭草秆之類，而丁夫不與焉，沿之縶久，民習焉勿怪。

乾隆九年，奉檄辦山柳稍三十萬觔，而吾邑之民，皇然相顧而懼。何也？柳非滎之所產也。天地生物有性，植物有宜，渭川之竹，安邑之棗，因其地也。西北無梅，而橘渡江為枳，失其性也。柳誠木之賤者，性獨喜水，得水則易活且茂。滎邑地勢既高，四面皆崇山峻嶺，深溝削壁，土膏疏而不潤，汴水僅存一泓。而京、索諸流，水沙漫處，間插一二株，植根未深，非摧折於狂飇，即淹流於暴漲，其舞纖腰而送青眼，成陰茂密者寥寥也。三十萬之謂何？乃合耆士訴之明府李公。公固蒞滎四載，洞矚其故。即據申明各憲，顧以河工之所關鉅，恐下邑之飾說也，懇請至再，未遽信。適上南河河務司馬喬公行部至滎，我李公乃口陳手畫，其地不宜柳矣。復偕視山崗數十里，間依依者，果絕少。因進告喬公曰："語有之，十年之計樹木。誠以培養，非一朝一夕，而植物當順其自然。今滎蚩蚩之衆，為資生口食計，種柿者十之九，棗梨者十之一。勢難披枝傷幹，以窘民生。故不特柳稍為無米之炊，即山稍，亦有萬難。承辦者或曰：天下貴重之物，珠璣貝闕，不脛而走海內。豈皆地所自出，亦挾其資而招致之耳。柳稍之屬賤焉者也，帑金具在，何難購之他所？是又不然，珠貝易於取攜，居奇而需之。歲月遲遲無害也，洪河湯湯，飄倏迅疾。辦此者，非僅為未雨綢繆之計，亦灼膚燎毛之急也。按畝里而散之價，據籍而督之交。十十五五，取足於窮鄉僻壤，捆載而車驅之，能必其敷于數耶！不敷于數，恐致悞工，勢必嚴迫之，鞭朴之，是催科之外添一催科也。小民不重困乎？或又以官帑屬之官，官自辦，庶可無累於民？是又有所不能也。以村墟道路星散之物，而欲以區區三數胥役，越阡度陌而謀之，能免騷擾鄉氓乎？不待智者而知為難矣。況近邑連界，耳目所及，其承辦之處，亦無多餘，以應鄰封之求也，又何從措手乎？地方之利興，小民未遽蒙其福，地方之例立，小民之害遂無窮。今之三十萬者，何必不倍之，何必不又倍之？即使滎之山，滎之野，果木盡變柳稍，不難斧斤立盡，矧茲之寥寥絕少耶。故康熙六十一年武陟工，雍正元年中牟工，皆協辦稭草不及稍料。即乾隆六年飭辦，亦經詳免。是滎之不產柳，不辦柳及山稍非第今日始，卻宜永從今日始也。"於是，喬公目擊情形，首領我李公之言，面陳上游。李公復申府憲，轉請河憲道憲，奉批准免。吾滎之士庶歡欣歌舞，戴二公之德，而屬余為文，泐之石。余老不能文，即述我李公之所以告喬公者應之。自此以往，凡吾邑之山厓水湄，或有檟柅老幹，搖曳輕絲者，諸君尚其謹視之，勿剪勿伐，即以為二公之棠蔭也可。是為記。

乾隆九年。

（文見乾隆《滎陽縣志》卷十一《藝文志》。席會芬）

重修學宮記

邑令李煦

　　余每怪世之擁鉅資雄視閭里者，自朝至暮，頭會箕斂，握筆持籌，較錙銖而慎其出納。而鄉黨之疾苦，年歲之豐歉，公事之弛張，皆猶人視秦，漠然不顧，甚或因而奸其利焉。即有欲為名高，時一解橐，則白足之室，黃冠之宮，極輝煌於香象，表姓氏於榱題，以為可邀福於冥冥之中，譏惑甚矣。滎陽當京洛之衝，其山嵯以峩，其人磊砢而英多，自昔為中原勝區。余承乏是邑，下車之始，首謁學宮，環視內外，唯崇聖祠新整完好。其大成殿東西兩廡及戟門、櫺星、繚垣之屬，皆半即於圮。階砌缺蝕，堊粉剝落，有漂搖風雨之虞。惕焉悚焉，心乎志之，顧以時絀，因循浹歲，卒未能舉。

　　乙丑夏，奉方伯趙公檄，查黌宮應行修理之處。余亟擬捐倡，并偕兩校師進此邦之士夫，共謀所以成厥事者。國學李子名學生離席瞿然拱而告曰："修整學宮，有某先人之遺命在，某早失怙，幼穉無知，今稍克成立，敢不黽勉以繼先人之志？大人先生鑒其愚衷，俾得獨力從事，亦君子成人之嘉惠也。"余與諸君聞其語，固深異其年少有志，勇於為義，又以工鉅用繁，意中未能釋釋。乃不逾旬，則木之屬，石之屬，瓴甓堊漆之屬無不具。諏吉日擇良工，李子躬勤檢視，晨夕不違，飯給周至，匠石踴躍。歷夏、秋、冬三時，自內迄外，靡廢不舉。穹崇巍煥，頓易其舊觀。費凡千有餘金。余因深嘆李子之見地志行卓絕過人，迥非小夫豎子之所可異及也。夫學校為人才之淵藪，人才以孝弟為根本。凡誦詩讀書，襲衣冠，講禮樂，必文與行兼至，方足徵棫樸菁莪之盛，若取青拾紫，僅僅行己之外篇耳。今李子年纔終賈，醇謹好學，門以內孝行備至，恂恂乎有君子之風焉！假使李子翕翕熱標榜，急功名，則入資如張釋之、相如故事，亦可以致通顯，乃欿然若不足，而獨奮力於學校根本之地，何見之大而志之卓哉。李子於是乎遠矣！異日者黼黻明廷，振揚大業，積之厚者流之光，根之深者枝必茂。其擴充先志，燕貽後昆，肯堂構而大箕裘，昭垂簡冊，為鄭京盛事。余且為李子摻券決之，視彼之徒擁鉅貲及強為名高、妄冀邀福者，相去何如哉！至於卹鄰睦族，又李子之餘事矣。烏乎！贅爰敘其事，勒之貞珉，以垂不朽。

　　時乾隆十年歲在乙丑暢月下澣之吉。

（文見乾隆《滎陽縣志》卷十一《藝文志》。席會芬）

創建樂樓記

【額題】碑記

　　竊聞之莫為之前，雖美不彰；莫為之後，雖勝弗傳。余從堂伯諱振禮者，念火神之靈而如響，而村民之祀事不輟，非為之建殿設像，甚非所以妥神明而報功德也。因糾合村善士募化四方，需出己財，創建殿宇。厥工已竣而捐資尚有剩餘，即存建立樂樓之意，奈有志未遂而已不祿矣。其長子秉榮體前人未遂之願，勵一己箕裘之恩，於乾隆十五年二月起工，建立台基，方成，乃抱病不起。弟秉仁、秉文承父兄之志於未愜，復糾合村人等同心協力，緒尾前人，起工於十九年七月，告成于本年十月。余堂伯之志於是成矣。葛篙父作子述之，休風堪仰。余堂長兄之意於是顯矣。皇上兄終弟及之稚誼是慕，夫何慮勝弗傳而美而不彰乎？厥功告成，囑余作記。文雖鄙俚，聊志不朽。

　　邑庠增廣生員王呈樣薰沐撰文。

　　太學生王定海薰沐書丹。

　　大清乾隆二十五年二月二十七日立石。

　　鐵筆李梅、張登順。

　　木匠陳有。

（碑存滎陽市劉河鄉霍花河村。孫憲周）

皇清例授文林郎蓬萊縣知縣邑庠生臨川府君孺人秦太君墓表[1]

【額題】追來孝

　　嗚呼！府君生於康熙二十年正月三十日未時，於乾隆二十四年四月二十五日辰時疾終山東登州府文登縣官署。享年七十／

　　周兼署榮篆，於六月內代務始請扶櫬歸里，道貌岸然，經蓬萊，紳民涕泣挽留，於是，寄居府城。家室拮□年餘／

　　顯妣秦太君安厝于胡固村之北原。嗚呼！非敢緩也。蓋有為也。府君諱仙湄，字學淵，號臨川，行五。先世指揮，官於汴，因家汜／

　　諱印昌，甲午副元，篤學力行，莨氏書香始振。考諱楚霖，邑庠生，好善樂施，紿紹家聲。長兄諱溶，廩膳生；次諱湛，邑庠生；次濂／

　　漪，現年八十有三。皆以碩德為鄉黨望。府君少孤，事母禹氏，備極色養，友于諸兄，垂白首如一日。而年二十六，始遊泮。其／

---

[1] 該碑下部殘，／下有缺字。

《四書講義》暨《易經解訓》示後學，一時從游，若邢五車、薛定、侄孫心廣等，皆登賢書，食廩餼，為知名士。年七十，迎養任所。益力/

已諦聽之，皆聖賢切要旨趣，蓋化乎其中，而不自知也。一日晨起，命仕周曰："汝宜料理代務，吾將從此逝矣。"翌日，即疾不/

卷焉，大慚。時召仕周等囑後事，講論顧是天之明命，及易噬嗑初上兩卜甚悉。徐乃曰："吾今日兮，□□意肯。"嗚呼！古所/

府君遊泮後，雖絕意進取，而內蘊經濟。家居時，隨力所到，裨益於人甚多，邑乘所載，焚券貸粟，特其一二耳。仕周/

遵府君命，以時間極貧、次貧者皆獲撫恤。補蓬萊，值屢歉之後，哀鴻遍野。時已四月，再請借糶，眾共難之。而府君/

議兼設法招商，通海運，節外生枝，粟十餘萬。蓬民賴以生活。調文登，□案□□□社□□□不清，民以為苦。是時，府君/

趕辦務獲清理。嗚呼！仕周待罪山左，連署篆前後共六任，歷十年，幸無大罪，以□□今者，皆我府君庭訓之。/

秦太君，平陰太學生柱國之妹，詳生榮國之只也。三十二歲，始生仕周，慮繼嗣不廣，□娶副室李氏，生三子，/

克勤克儉，有敬姜之遺風焉。生於康熙十九年八月二十日巳時，卒於乾隆十年三月□日巳時，享年六十/

半畝之官宴如也，臨終囑後事，諄諄於子孫繁多，俾立室家為聚族而居之計。嗚呼！其□所慮者遠矣。/

者夫。以竟我府君未竟之志，使生者得所歸，庶乎死者有所依耳。嗚呼！可哀也已。仕周謹表。

賜進士出身文林郎山東青州府諸城縣知縣儀封張師赤填諱。

賜進士出身文林郎山東袞州府陽谷縣知縣新鄭劉化成題額。

蘇鵬舉書丹。

乾隆二十六年春。

（碑存榮陽市萇村。王興亞）

李海宇墓門額門聯

【門額】學德兼優

【門聯】學問真如潭印月

教規清似玉壺冰

【橫批】談經上國

癸酉科舉人蘇鵬題。

【門聯】靈源上溯通無級
真教廣敷達盛京
【橫批】世代真傳
乾隆二十八年

（石存滎陽市金寨鄉回族鄉金寨村。王興亞）

恭挽皇清敕授文林郎陝西宜君知縣壬戌進士穆亭萇公年兄先生文

嗚呼！士屈于於不知己而伸於知己，何君有知己之遇而終於屈，豈道於時違，而鑿枘不相入耶？抑命在天而人固無何耶。余與君為同年昆季，素器君不拘趨流俗，顧以宦轍東西，不相聞者幾二十年。癸未秋，君補宜君令，為余分守屬邑，鄜州刺史廉君政行卓卓，與古稱賢良者並駕，中丞和制府、相國楊交是之。蓋君昔涖山東，為二公屬吏，其所觀聽者深也。君謹守繩尺，而意氣拓落，不拘禮節。與人既其實，能斷大事，決疑獄。青城、濟陽、蓬萊、文登、福山、榮城，歷任皆有政聲可記。屢辦皇差，身兼其任，絲毫不累下。興役作，民不罷勞。謳頌齊版築，萊土人士喁喁待不次，忻瞻治理，而君以憂去，咸為君惜焉。和中丞、楊相國以前涖山東，未竟君用。茲欲於西省顯其才。景刺史以君不應久困邊檄，力為掖助。會余承乏觀察，正思拔悃愊無華者，以勵省位。而君竟以凶耗告。豈非命也耶，豈非命也耶！嗚呼！世路荊棘，人情幻泡，歲運龍蛇，時事蠻觸，君因久任自然，一旦委漆室，是於其中有脫悟耶。而余又何必為君悲耶。憶同詠《霓裳》諸仙客，今眼中有幾人耶。為歌仕疊，以抒予哀。歌曰：

芝蘭谷裏及芝焚，惻愴舊歌暮煙雲。三射舊傳金殿策，一宦遽草玉樓文。
鶴歸丁令家何在，梟化王喬土自墳。卻怪縮符同此地，嘉名胡獨不宜君。
十年岱嶽始西遷，偏向華封聽訴求。士女吞聲思異跡，兒曹含淚檢遺編。
虎牢關口瀟瀟雨，龍虎山頭漠漠煙。曾祀大羅天上事，撫琴遽欲哭哀弦。
乾隆三十六年二月，子其枝、其禮刻石。

（碑存滎陽市萇村，文見民國《汜水縣志》卷十《藝文志》。王興亞）

重建唐吏部侍郎贈禮部尚書先子韓文正公廟碑

【碑陽】
【額題】韓氏祠堂碑
汜邑東偏之常村，吾家數世族茲。舊有先子文公祠久矣而圮，莫得其基址。族人謀而更建之。竊維公懷之修武人也。《唐書》本傳公南陽人。蓋修武本秦之南陽，而作史者不詳考，謬加鄧州於上，遂誤以為今之南陽也。公家於南陽，而別墅則在孟縣，故文公屢以河陽為言。今孟縣紫金山之陽，有所謂韓莊者，蓋本此名。而公之塚，實踞其旁。氾於懷接壤也，先世祠公，其必有考。惜乎譜牒遺失，莫辨其支派以為恨。禮，諸侯不得祖天子，大夫不得祖諸侯，公於唐官吏部侍郎，在古卿、大夫之列，故子孫得而廟之。又曰支子不祭。祭必告於宗子。蓋以卿、大夫之家，但廟於宗子，而庶子則無廟。然宗子之廟，止於三而幹祫則及高祖，此為平日祭法言之，非謂盛德大儒俎豆千秋，宗子可祧而不祠旁支，後嗣亦不得廟而享之也。自神宗元豐七年崇公從祀孔廟，而我朝又為置五經博士祀於家。其於大宗之祖祀，固將永綿百代。而凡我韓氏之聚族而處者，亦孰不思景仰先德，報以明禋哉！況乎有其舉之，莫敢或廢，族之先達已有為之前者，宜今之不能已於斯也。昔為蘇文忠公作潮州廟碑云公之神在天下如水在地，無所不有。掘地得泉而謂水當在是，則無是理，所以形容公之浩□充塞，甚為切至。然既已昭明君蒿無遠弗刷，而謂咫尺桑梓，族姓萃處之鄉，或遺之，則又理之必不然者。吾知陳荔設藍，公之乘空而下也，應必卷卷於斯上天。

工始於乾隆三十二年正月二十日，至四月十八日落成。歲時族人瞻拜階下，泰山北斗印，當何如欽肅也。

太學生世湘施地壹分零捌毫，長二拾弓，寬壹弓壹尺。

世桂施地玖分肆厘柒毫，長肆拾弓，寬五弓三尺。

祭田地肆畝二分柒厘肆毫，坐落村南。

北寬二拾陸弓肆尺，南寬二拾伍弓肆尺。

東至主世堂，西至嶺，南至主來復，北至丁孫坪。

敕賜懷慶府河內縣世襲翰林院五經博士奉祀法祖捐銀五兩。

會首玉柱、頂賢子世梅、子宗愈、繼愈子典。

    世寧、

大德子洪冊、子孟學、

    世宏、法行。

府庠生汝潤檢閱，廩膳生□祖撰文，增廣生清遠沐手書丹。

【碑陰】

【額題】永垂不朽

際春施錢三百七十五文，際光施錢四百七十五文，王昇施錢一千六百文，玉桂施錢二千一百二十六文，玉鳳施錢三百二十文，山施錢一百文，武施錢二百八十文，耆老進德施仝七百九十文，頂賢施仝一千三十三文，進忠施仝六百二十五文，進孝施仝二千文，禮施仝二百八十文，理堯施仝八十五文，理舜施仝一百三十二文，暑梅施仝六百四十七文，暑授施仝二百六十八文，暑桂施仝二百四十五文，大功施仝九十三文，大奇施仝六百文，大書施⼈七百二十文，耆老大德施⼈一千文，大祿施⼈一千文，大坤施⼈五百文，大儒施⼈二百文，大學施⼈八十文，大文施⼈一百六十文，大仁施⼈一百四十文，大義施⼈二百八十文，大才施⼈一百四十文，進成施⼈一百文，大忠施⼈/[1]

會祿施⼈/

松林施⼈/

松柏施⼈一百四十六文，施⼈二百八十文。

世祿施⼈一千二百一十五文，世民施⼈一百二十三文，英施⼈八十文，耆老世馨施⼈一百二十一文，世盛施⼈二百文，世俊施⼈一百文，世景施⼈一百文，耆老世輝施梁一架⼈一百零五文，世才施⼈二百五十八文，世重施⼈，世臣施⼈二百九十三文，世亨施⼈二百二十二文，世秀施⼈三百二十六文，世覺施⼈九百文，世山施⼈一百六十五文，世河施⼈九十三文，世舉施⼈三百六十九文，世選施⼈六百四十八文，世文施⼈一百六十二文，世棟施⼈二百六十文，世楊施⼈九百三十三文，世枝施⼈三百一十文，世振施⼈四百一十二文，世植施⼈九百三十文，世保施⼈八十文，秉元施⼈一百文，景時施⼈一百文，景元施⼈一百文，景道施⼈二百文，景德施⼈九百文。景思施⼈二百文，子仁施⼈一百二十二文，子文施⼈一百一文，子成施⼈一百二十八文，子玉施⼈二百文，子會施⼈一千五十五文，祀生子恭施⼈八百四十文，子明施⼈四百一十文，子智施⼈五百四十文，監生子洪施⼈四十文，施⼈二百八十文，子毅施⼈五百六十三文，世友施⼈三百五十文，世道施⼈二百一十文，世禮施⼈八十三文，世宏施⼈七千一十四文，世行施⼈一百一十三文，世□施⼈一百文，世明施⼈八十文，世保施⼈九十文，世順施⼈一百三十文，世德施⼈八十文，世龍施⼈八十文，世周施⼈一百，世法施⼈一百三十文，世信施⼈一百六十二文，世湖施⼈四十文。

乾隆四十三年四月孟夏合族仝立。

（碑存滎陽市高村鄉常村。王興亞）

重修先儒韓公祠堂記

【額題】重修碑記

祠堂有香火地肆畝二分零，歷年籽粒除完公及一切資實用外，其餘得錢三十千。余任確山，越明年，命子元堜謀於族眾重修之。其物料匠工則地內餘貲出。其人工雜用則族人公出也。工竣，每年以清明節定價值，不行息，不放債，積蓄□時，或為修葺用，或族內貧窮不能婚葬者，酌奪幫助，事出情願，族眾不得借為中實也以及。

庚子科副榜確山縣教諭□□宣撰文。

命子邑庠生元堜書丹。

---

[1] /後字殘。

做工人[1]

秀儒錢五百文，秀春錢二千五百文，秀魁錢二千五百文，金榜三工，成發二工，元敬人十五工，魁車九工，□車十一工，丙文人一工，車二工。耆老曰俊、下祥、下諡，各二工。二貴、孟禮、曰太、曰睿、曰樂、元元，各二工。郭氏□工。元軍五工，方成、元福、元林，各二工，車二工。元松、智貴、宗貴，各二工。保元二工，元山四工。復德、方有、耆老春良个二百五十文，三香各二工。□貴一工，復同三工，公昭、元貞車五工，三倫各二工。

大清嘉慶十八年歲次癸酉之秋月吉日立。

（碑存滎陽市高村鄉常村。王興亞）

賈峪地震碑

榮邑賈峪鎮迤西谷山上有祖師聖殿，於嘉慶十八年十二月十九日未時地震，廟宇頹崩。楚君太元、趙君有林目覩心傷，而未即修葺者，因饑饉荐臻，人相食，継之瘟疫流行，死者大半。越乙亥春，各捐貲財，并募化二三同志，鳩工庀[庀]材，不數日而功告竣，爰勒石以誌不朽云爾。

麥每斗價个一千文，米每斗價个八百五十文，蕎麥種每斗價个一千二百文，谷種每斗價个一千文，俱十三桶斗。

大清嘉慶貳拾年歲次乙亥三月吉日立。

（碑存滎陽市賈峪鎮西谷山頂祖師廟。王興亞）

馬公漢保墓碑文

思事溯其所由來，而流傳乃以有據。我馬氏祖居山西，遷於平陰郡，名為馬家寨。厥後，由寨而遷郡西北，離城五裏村東建立祖塋。我祖諱大真之墓在焉。真子文燦遷東溝北。燦子坤之墓仍居其地。坤子漢保以地勢狹隘遷村東南，保子相林乃余父也，亦仍居其地。歷溯數傳，或遷或不遷，各因其所處之勢而已。於是，鳩工勒石，永志不朽。

壬山丙向。

大清道光三年七月立。

（碑存滎陽市廣武鎮後馬村馬氏家廟。王興亞）

---

[1] 以下字漫漶，僅錄其中可識認部分。

創建試院碑記

知縣熊燮

滎陽向無試院。試院建於道光十年庚寅冬時，予令滎之三年也。予以午子冬承乏茲邑，越兩歲，試士者再，皆在署內，猝遇風雨，衣履沾濡，不堪為心惻者久之。急思建試院以便士。爰集老成紳民而與之謀，諸紳民咸唯唯稱善，爭先捐資，乃卜得學宮左隙地一區。遂庀材鳩工，辨方定位，為堂為門，為室為廂，為東西文場，內排石几，外繚粉垣，八越月而落成。顏之曰"成皋試院"。其餘資若干，存以為賓興經費，酌賑赴鄉會試者，不惟縣試免應試之苦，即省試、都試亦獲赴試之資，誠一勞永逸，暫費永賴之計也。夫滎邑介周、鄭之間，西扼虎牢，北枕鴻溝，東環京水，南望嵩山，土厚風醇，固中州名勝區也。載籍所傳，代有聞人，其尤著者若服氏以經術稱，若鄭氏以科名顯。大儒望族彪炳，漢、唐至我朝開科以來，登賢書者比肩也，第進士者接踵也，文教亦盛矣哉。予蒞任三載，即樂滎俗之淳，滎民亦安予之拙。凡勞民傷財之役，未敢妄興。一旦謀建試院，諸紳民皆踴躍趨事，其速且易如此，不益見人心向義，而士風從此益加丕振也乎。爰記其巔末於石，以俟後之君子嗣而葺之，庶幾斯院之不朽也！

道光十年庚寅冬。

（碑存滎陽縣大門內，文見民國《續滎陽縣志》卷五《學校》。席會芬）

馬氏族譜並三修祠堂序

聞之《禮》曰：尊祖故敬宗，敬宗故收族。未嘗不歎報本追遠，尤當急序族譜也。想我馬氏世居山西，為唐虞伯益之苗裔，於平陽府洪洞縣鐵里保三甲稱望族焉，自明太祖時，遷我祖馬武於河南開封府河陰縣西北十五里許。爾時甫處荊邪。繼且遷於廣武嶺南馬小砦，又徙居於陳鋪頭北大砦，漂搖數載，靡有定宇。迨隆慶元年，乃卜宅於耿衕衕東南，築室建塋，以至子孫蕃衍，名其村曰馬家寨。此馬氏之所由來與。自是而後，至我大清雍正十二年，有文廣字超凡者，念春秋享祀之無所，於觀音堂後買地四卜二厘，創立祠堂。乾隆五十六年，有監生俊秀者覩宮闕規模之狹隘，於舊廟東又買地一畝二卜，重整棟宇，然特修廟尊祖已耳。而於族譜未嘗計及焉。是以後世，分門別戶，往往親疏不明，遠近莫辨，長幼失序，尊卑重名，倘無人焉考其世系而追序之，宗派不幾乎亂哉！幸而祖宗德厚，代有文人，十二世孫清統與十四世孫生員馬德昌者，首起而序之，不憚奔走之勞，不辭寒暑之苦，遠訪近考，數年之間，始得其真詳，自三世祖分為五門，次其長幼，第其尊卑，別其親疏，使居者遷者咸知一体之相聯，無負親疎之大義。此馬氏四百年來所推為□事者也。

是時，有會長大興等念其序之勞，嘉其序之功，方思銘石垂後，而又見祖廟之中室已不蔽夫風雨，垣已時形其敗頹，荒涼之境，觸目堪傷矣。因而，率眾公議，各捐貲財，鳩工動眾，不數月而廟堂族譜煥然並舉。於是，謀諸合族，樹之堂中，庶乎馬氏之宗派，万世永賴焉。倘後有作者，能起而繼述之，是則余之所厚望也夫。

邑庠生員馬炳蔚撰文。

邑庠生員馬德昌書丹。

總會首

馬金庫捐錢二千八百五十文，

馬大興捐錢二千八百文，

生員馬炳蔚捐錢二千七百文。

會首：馬文經錢一千二百一十六文，馬金一錢一二千八百五十文，馬聯斗錢一千五百五十文，馬宏道錢五百文，義生馬德司錢七百文，馬玉堂錢二千五百文，耆老馬貴幕錢一千一百文，耆老馬德明錢三千四百文，馬揆一錢三千五百文，馬廣龍錢七百五十文，馬金鈺錢一千九百五十文，馬□□錢四千八百五十文，馬□□錢六百文，馬□□錢一千一百八十文。

會首：馬虎生錢一千四百五十文，馬善堂錢一千九百十文，馬萬林錢一千三百文，馬得安錢三百文，馬□□錢八百文，馬虎萬錢一千三百文，馬□□錢九百文，馬□□錢一千一百五十文。

皇清道光三十年歲次庚戌十月上浣。

□□馬□□。

□□馬慶聚、馬金□。

□□□馬□□。[1]

以上捐錢玖拾仟零肆伯玖拾伍文。

會首捐錢肆拾叁仟捌伯陸拾陸文。

上二宗共捐錢壹伯叁拾肆仟叁伯陸拾壹文。

修廟立族譜碑一且雜用共使錢壹伯叁拾式仟壹伯陸拾壹文，下吊錢式仟式伯文，獻供敬神使。

（碑存滎陽市高村鄉馬寨村。王興亞）

---

[1] 此碑刻石兩方。以下為第二方，刻列捐資人姓名及數額，中間斷為上下兩截，上部字多漫漶。僅錄可識部分。

禹鳴盛墓碑

張聯奎撰文。

皇清太學生禹太公盛鳴朝陽行之墓
　　　　　妣孺人晁孫氏

大清咸豐陸年歲次丙辰四月上浣穀旦。

（碑存滎陽市後新莊。王興亞）

重修須水寨碑記

太史孫欽昂

永清岡自西而東綿亘三十里，忽有清溪一道，自南而北結束之，曰須水。水滸市塵櫛密，煙火雲蒸，曰須水鎮。鎮居矗然，時起土垣繞繚，石門聳峙，曰須水鎮城。鎮閱數代矣，城則建於明崇禎十年，徐邑侯率居民所築，避流寇也。我大清定鼎二百餘年，偃武修文，民安物阜，城垣漸頹，城基日削，蓋國家昇平久矣。至咸豐年間，粵匪北來潁、亳，捻匪乘機鏖起，自東南而西北擾及鄰封內外，諸君子咸有戒心，爰同謀協力，就舊址而重修之。閱時三百日，費錢七千串。門垣鞏，雉堞嚴，旗幟明，器械備。以故辛酉之秋，捻匪往還經過，居民恃無恐焉。鎮為商賈輻輳，議暫抽取釐金，以為續修城守之資。及今，丑類雖未盡殄，而戡定已大可望，不立石以記，則此舉湮沒矣。是以村列戶名，防混冒也；戶載捐數，志踴躍也；序先列肆，優客居也；名標首事，著勞勛也。城垣之丈尺與雉堞門口皆昭來許，並備邑乘採取也。即此以為須水城各戶之譜牒，可也。余於城成之後，曾條列守備事宜，而終之以防護修補，既惜前功又防後患。縱使萬年有道，永戢干戈，而鼠不伺糧，犬不吠影。居此城者，豈不可高枕無憂哉。是為記。

咸豐十年。

（文見民國《續滎陽縣志》卷三《建置志》。席會芬）

皇古寨碑記

翰林孫欽昂

嵩高之餘氣，卉矗滎、密之交為山，多以土戴石。其有以石戴土，下削而上廣者，曰皇古崖。夫自盤古以至因從禪通，歷年四萬五千，實為皇古一撮之土，一卷之石，皆當世之所遺也，何獨不皇古乎？斯崖曰皇古，亦猶山曰太古云爾。崖之為地，大可二百畝。西襟石樓，東與大周相望，羣峰環繞，如鼓如旗，石徑螺旋，崎嶇萬狀。當明季干戈之際，故邑人避亂之區也。而未始有寨，無寨則我能往，寇亦能往，而何避乎？曰：當是時，惟木石居，鹿豕遊，人跡罕到，固猶是榛榛伓伓之象也。咸豐庚申歲，亳匪西犯，震以其鄰，兩邑紳耆聚而謀避寇之策。時予以讀禮家居，得參末議，相據險築寨之地，無如皇古崖者。於是，鳩集附近村衆，醵金壘石，以門以垣，雉堞其上，而吾寨以成，而防禦之器械亦備。蓋寒暑已再更矣，且夫事之守成者易，而事之創始者難。今同志諸君子既勉為其難矣！由是而練丁壯則守禦之責也，易也；由是而儲糧穀則謹蓋藏之計也，非難也。吾甚願同志者之急圖其易，吾尤恐同志者之不急圖其易也。幸寇氛之未至，而以為無懷葛天，果無懷葛天也哉！抑又聞之昔者女媧聖主，共工跳梁，黃帝神君，蚩尤竄亂。檜巢營窟之衆，非不欲泯奸傷、息機智，安土而重遷也。乃一旦鶴唳檜巢之風，蟻攻營窟之雨，不得不絜其鮮食卉服，以保聚其家室於陰谷窮山，而從事士鼓薪旗之列，況運會變遷以至於今耶，而可弗綢繆耶！斯役之興議，自明經范文培欽善後之事，屬諸大學王君執中，而條約壹，是則稟承於庭訓者居多。其首事諸君子勞瘁不辭，嫌怨不避，厥勛尤為懋著之，至寨衆之戶名捐數與夫地址之由來，門垣之工程，段落初哉首基，悉未可以汶汶也。爰備書諸石，以牒於後。後有同志者，嗣而葺之。即承平無事，攜所謂羲皇上人，太山隱者之敦處於斯，亦不虞之一備也。是為記。

清咸豐十年庚申。

（文見民國《續滎陽縣志》卷三《建置志》。席會芬）

重修城池記

滎陽即虢國，地勢雄峻，山川欝盤，誠中州名邑也。城垣舊係土築，索水環之前。明時恒苦水患，城往往漫沒，旋補旋毀。故自天順三年至萬曆四十一年，修築者凡六。國朝順治康熙年間，亦稍加修葺，嗣後六十餘年，並未補修，至乾隆初年，已傾圮過半。其時知縣李公煦估修不果，至今又歷百餘年。蓋統計失修者，凡二百餘年矣，宜其傾之殆盡也。咸豐十年庚申夏六月，余承乏斯邑，蒞任之初，周視城郭，慨然興感。以謂此真恃阨與偏而不設備者，當此四方不靖之際，而任其傾圮莫治，非守土者之過與。因與同城僚屬暨邑之紳士謀之，僉曰："城之宜修久矣。從前歷任邑侯亦曾議及，而未克集事。今我公既為我民謀保障，敢不唯命是聽。"余遂首捐廉俸以為之倡，同城僚屬亦相與輸捐，民間則先按地攤派，計不足用，又勸諭紳商大戶量力捐輸，遂選匠役，飭材用，卜吉興工。令闔邑十四保紳士，在局公同經理，分敘重修，同城僚屬四面監工稽察，余不時親往督視。於是，卑者高之，狹者廣之，圮者整之，缺者補之。若牆隍，若雉堞，若敵樓城門，若甕洞水道，百廢具舉，煥然一新。又於東門兩旁添建碉樓兩座，西門之南，北門之東，各添建碉臺一座，既堅且固，而後屹然，稱金湯焉是彼也。經始於庚申八月，落成於辛酉正月，蓋半年之久，而得復二百年之舊觀。自茲以往，庶可作保障而資捍衛乎！雖然，余不敏，亦何力之有？不過盡區區守土之責而已。若邑人急公好義之心，則有足多者，是不可以不書。

時咸豐十一年歲次辛酉夏五月，署滎陽縣事山東清平縣劉世勳記。

相與共事者，教諭王清波、訓導申容舒、把總魁蘭、典史王德瑞，例得講書。至在事紳董，咸列名於後，使覽者得以考焉。

咸豐十一年。

（文見民國《續滎陽縣志》卷三《建置志》。席會芬）

創修文昌閣記

鞏縣舉人丁元勳記

聞之銅山西鳴，洛鐘東應，氣類相印，感召特神。以故村營佛剎禮菩提者必多，設講堂業翰墨者必眾。是不獨善之所感，神具效靈，抑亦培植之勤，與鍾毓之秀，理固息息相通焉。滎邑萬山之陽曰曹固保。居民農耕而外業儒者多，掇青衿、列黌序者踵相接。村耆劉魯諸君等為振興文教，計復於山之陽，創建高閣，中祀文昌帝君，閣上為樓，並奉奎壁星君之位。夫嶽降神而申甫生，星聚奎而文運啟，地靈人傑，理固不爽。斯樓也，成將家稱《詩》、《書》，戶嫻《禮》、《樂》，咸思激昂青雲以自奮發。行見青紫盈庭，冠蓋充閭，科名鼎盛，為一邑光。斯舉也，既以副諸君之望，並為此邦人士慶也，故濡翰而誌之。

光緒二年。

（文見民國《續滎陽縣志》卷三《建置志》。席會芬）

皇清顯考把三公之墓碑

吾族邑南東郭人也。先父宣教于斯三十餘年，遂家焉。先父聰敏性孝，意誠言訥，終身無惡聲厲色之形。繼祖□□考全道□之□□□□□。清真典凡三十部之精微，百一十四條之散著。餘暇之其全，二十九字須委無不洞悉。而研清之念天課□□□□焉。先妣劉氏以修于閨範，但隨好合。吾兄弟二人□□□創業□□□□□推許然□□□□不及一矣。方期承歡□勝，邊修文于主□春風來又悲，能無痛乎。迄今□□□□也。□□□□□不愁有□□□謹□□按清表實績也。先父諱元慶，□□□□其號也。□□志□先考昆仲五人：長景和，次景裕，四景泰，五景元。謹記於此。

皇清顯考把三公之墓

男魁興、春興，胞侄廣興、萬興、金興、文興，孫有恩、德恩、財恩，曾孫明中、義中奉祀。

大清光緒十三年歲次壬亥孟冬穀旦。

（碑存滎陽市東郭村。王興亞）

馬公君召墓碑文

從來人有美則成之，人有善則彰之。人尚然，兄弟者乎！自十四歲，身入恁門，無橋邊為婚，婆母待之甚厚焉。慮吾懶惰，謀以勤儉；慮吾拙笨，訓以紡織；慮吾夫妻不和，又教以敬戒無違之道焉。雖親生之母，亦不過如斯。傲令多歷年數，為我大山之依。豈不住幸，奈之命薄，僅事二年，而駕鶴西遊。真使媳抱恨終天，而懷無涯之戚者也。欲為報答，則無以用力，故於親之敏行，顯揚於世，自出私財，勒諸貞珉，以志不朽云。

光緒二十年孟冬馬寨三門十四世喬遷與妻為父母君召王太君立。

（碑存滎陽市高村鄉馬寨村。王興亞）

節孝祠碑記

滎陽縣節孝祠，原在文昌宮之左，面南向，風雨漂搖，日就頹圮。歲丙申，正堂張公應圖，偕右堂程公少皆重修之，旋以忠義祠在黌宮櫺星門外，於義未偕，乃改舊節孝祠為忠義祠，移建新節孝祠於其後，坐西向東，不惟詳審地勢，所以別陰陽也。議甫定調，濬縣予同年李次咸兄司鐸是邦，以事關學校，不忍聽其中止，爰與王公者香商，摧經費籌諸縣署，修葺任之一身，兼擇公正紳士李公舒錦督修之，用不繁而工已告竣。由是貞魂慰於地下，孝行彰於寰中。舉廢修墜，在官者，不當如是耶！夫儒者處世，以力所能為者任諸己，以力不能為者俟諸人。而張公諄諄焉託次翁於去滎之日，王公殷殷焉相陰陽於鳩工之始，次咸公又汲汲焉擇人信任，不憚挹彼注茲之勞，蓋皆實心為政，隨處認真，非模稜兩可之輩所得。明年邑舉人侯化元撰并語也，因誌之，以垂永久，豈阿好哉。

光緒二十一年。

（文見民國《續滎陽縣志》卷三《建置志》。席會芬）

清故先曾祖考馬金生朝生二位墓碑

【額題】本支百世

先曾祖之卜葬於茲也久矣。叔伯曾祖諱金生朝生，我祖諱九成，仲祖諱九泉，叔祖念同胞之誼，著我祖應繼曾祖之嗣，則伯曾祖於是亦得綿延不絕矣。迨至同治六年，我祖辭□□□，季祖亦相繼而逝，然猶未安厝祖塋也。至光緒二十一年春，母之喪，孫文光承大伯諱三祿之重未其□難，謹遵仲祖嚴命，即於本年小日，擇吉啟我祖暨仲祖妣考，按位葬於先曾祖之□□地基狹，乃於祖塋南少許，更擇吉地，以妥我季祖妣考之靈，第恐年深□□，以志不朽云爾。

  清故先曾祖考馬二大公諱馬 金生／朝生 二位之墓

  子午向以右爲上。

  長男九成，孫三祿，曾孫文 浴淋

  次男九泉，孫三剛，曾孫 彥林平

  三男九順，孫三友福，曾孫 建文經通　　仝立。

  光緒二十一年歲次乙未孟冬上浣穀旦。

（碑存滎陽市高村鄉馬寨村馬氏家廟。王興亞）

馬公賢臣墓碑文

  先考馬氏諱賢臣，字輔國，號長安，行二。生於嘉慶十四年正月二十五辰時。賦性至孝，天姿明敏。嗜學未信，娶先妣康孺人，生我金鐸，未離懷抱，父即逝焉。卒於道光十年十二月初五日未時。母節孝廉全，慈愛倍至。鐸長，常以詩書賦勉，由監生複列邑生，至光緒三年，協力賑濟，以附生獎勵附貢，孫超凡，佾生；超群，優增生；超俊，業儒；附驥，幼讀。曾孫：宴亭，文童；岡亭，文童；雲亭，幼讀，出繼七門。方亭，幼讀；曾亭，幼讀；偕虎，尚幼。母享壽七十二歲，至光緒四年歿焉。合葬於此。亥山己向。鐸恐歷年久遠，遺忘前烈，爰勒石以記之。

  光緒二十二年歲次九月戊戌上浣穀旦。

  高村二門十五世門附貢生金鐸撰文。

（碑存滎陽市高村鄉高村。王興亞）

重修文廟碑記

邑翰林孫綜源

  滎陽爲中州名邑，黃河帶其北，嵩山襟其南，據汴水之上游，占敖倉之形勝，地勢雄傑，山川欝盤，毓秀鍾靈，代生賢哲。若漢之經學，宋之理學尚矣，即唐之科名亦彪炳史冊。撫今思昔，穆然情深。綜弱冠游庠，瞻謁宮牆，摩挲碑碣，知吾滎文廟創自金代承安戊午，爾時規模猶未壯觀，繼修於元，再修於明。我朝增修四次，宏規大起，乾隆以後無聞焉。同治季年，先君觀察公修飾黌宮，莊飾全廟，神主重刻而潤色之，翼然煥然，規模大備，迄今垂三十年矣。風雨之所漂搖，鳥鼠之所剝蝕。向之翼然者，今頹然矣；向之煥然者，今黯然矣。都人士目擊心傷，咸思補葺，而經費甚鉅，遲遲者又累年。歲丙申，綜謬讀禮家居，謬主本邑講席，與邑侯張公駿朝夕過從，談及廟工，刻不容緩。邑侯即慨然為己任，先撥城工餘歀五百緡，擇吉興修。甫鳩工，而調任滎邑去，以囑司鐸李公恒春。公急公好義，知人善任，擇紳士之公正有為者得二人，曰李生舒錦、茹生玉堂，使分怙東西廡工，通盤籌算，經費不充，幸署任王公蘭森勤政愛民，成人之美，乃捐廉倡首，一邑紳董咸思樂輸，又得青蚨三百緡，遂土之木之，不數月而大工成。經始於丁酉年二月初十日，工竣於是年十二月初十日。落成之日，李司鐸邀余驗工，見大成殿盡彩如新，崇聖祠、尊經閣整完復舊，東西廡則坼謝而重修也，更衣亭、省牲所則庀材而創立也。數仞宮牆亦較前隆起，卑者崇，腐者堅，毀者完，非復前日之頹然黯然。司鐸告余曰："是役也，費不足千緡，方兢兢焉工之不成，初不料百廢俱修，竟如是也。使非兩邑侯倡於前，諸紳董述於繼，監工者昕夕奔走，經手者涓滴歸公，其不如築口道謀者幾希。兄邑人也，其詳誌之無隱。"不敢以不文辭，竊嘆天下事之百廢待修，不僅廟工也。吾邑之所急者，亦不僅廟工。使因廟工之成，而益思人文之起，通天地人之謂儒，希賢聖天而為士，顧名思義，有志竟成。安見漢之經學，宋之理學，不再見於今日也，唐之科名，益易事耳。古今人豈相遠哉？爰敘其崖畧，以俟後之續茲役者。是為記。

光緒二十三年。

（文見民國《續滎陽縣志》卷三《建置志》。席會芬）

創修更衣亭省牲所碑記

邑貢生李舒錦

更衣亭者，春秋釋菜之吉，同城官屬在此各整冠裳，率濟濟多士，恭謁聖廟也。省牲所者，釋菜之前一日，將牛羊豕如額數陳設於此，待執事之人來省其純備否也。二者均係要舉，故各府州縣文廟前多有之，而吾滎獨無，闕典也。應圖張父師來守是邦，甫下車即捐廉，將櫺星門前修葺一新，又捐廉囑錦，採辦木料，在泮水左右，添修更衣亭、省牲所各三楹。聖廟後大工亦擬次第畢舉。工未動，忽奉調署滎縣之命，爰將大工託次咸李老師主政，而囑錦與茹先生玉堂幫助之。而更衣亭、省牲所乃專委錦監修。噫！此係何地工程而敢擅專哉！因當督修大工之暇，請諸新任王公者香仍任在，受命於次咸老師，囑作文以勒之石。因憶應圖父師囑賈木料時謂之曰："我自捐廉，此即我一人事也。"始終總假手於爾，襄成此舉，其勿視為公事而力辭。赴滎之日，又肫肫以此工專責，計錦受託之重，而切奚若也。乃者香父臺、次咸老師深諒錦之難獨立經營也，曲為調停，代為擘畫，使二一律告成，而嘉惠之意，不又逾於應圖父師也乎！至化費瑣細，完即黏有清冊，記不再贅。

光緒二十三年。

（文見民國《續滎陽縣志》卷五《学校》。席會芬）

皇清處士把二公東貴之墓碑

生於道光十九年十二月吉日吉時，卒於光緒二十四年十二月吉時，享年六十歲。
皇清處士先叔考考把二公諱東貴之墓
奉祀侄來聚、殿元、榜元、兩對、長聚。
期服侄鳳鳴、遂群、三。
孫遂柱、根柱、進柱。
期服侄文柱、二柱、書恩。仝立。
大清光緒二十七年歲在重光赤奮若涂月上浣穀旦。

（碑存滎陽市東郭村。王興亞）

馬公清海清波墓碑文

聞之山川之形勢，難歷久而不變。墳墓之穴向，宜因時以變通。即如我馬氏，始則建祖塋於村東，繼則遷祖塋於東溝北，後又遷村東南，擇地而葬。皆欲安祖宗於既沒，昌子孫於將來也。無如僅傳流二世，以達之氣漸衰。時有相林之子諱景全者，覷此地之山形水勢，來龍結穴於墳墓不相符合，故改壬山丙為癸山丁，厥後，瓜綿椒衍，蘭桂勝芳，真乃光前裕後之旨，醫生振西生當其際，恐代遠年湮，茫茫難稽，遂邀胞兄弟共同商議，合侄作文，撰之珉石，樹之墓前。千秋萬古，以誌不朽焉。
大清宣統元年歲次己酉瓜月上浣穀旦。

（碑存滎陽市廣武鎮後馬村馬氏家廟。王興亞）

皇清例授修職郎候選訓導陳老夫子教思碑

自海禁開通，學風漸起，格致、天算科門，始稍稍為時所重。然士之業此而有成者，大率居濱海開通之地，乘少年精銳之思，為氣所潛驅，逐聲聞而後起，始肯以此自精。若夫隱居授教之宿儒，足不出中原，志不在當世，乃獨於舉世不為之日，殫精絕學，以自名其家，而傳諸其徒，則近此百年中，未易一二觀也。異哉！不謂世乃有陳先生。先生中州老儒也，於學無所不窺，而算為尤絕，生平成就後學甚夥。沒後，弟子思之，將碑以永之，以書抵京師，乞為之文。

炳文維吾豫固多君子儒，然如先生之邁跡崛起，尤當急表之，以光桑梓。於是，自忘其陋，敬就所聞者具之。

先生諱元勳，字子庸，河南汜水人。幼從季先生樂善游，刻苦自礪，心力過人，季先生大器之。於時，國家方崇制藝，先生獨好為經世有用之學，手輯史鑒，蔚成巨帙，未嘗措意時文也。然偶出其餘，已非時輩所及。遂不出，故僅以歲貢終。中年後，家居授徒，患中學之疏闊，謀欲救之，乃特段道于天文、數學家言，大聚群書，冥心獨往，是為先生以算名家之始。先生為算，並未嘗倚傍西法也，然別有心得，能自造新式日圭、月圭、星圭等儀器，成《算學簡言錄》、《天文節略》、《地理節略》等書，嘗論前此算家好好為艱深隱晦之言，徒令學子眛罔，故其為書，一皆出以淺說，御以簡式，使人樂其精而忘其苦苦。書未刻，其弟子有攜以東遊者，東人驚為世界算學第三人，其價值可知矣。晚年值學堂之議起，四方踵而請之者，日屬於道，先生皆辭不赴。旋為本邑士紳所迫，乃勉起應之。時學堂草創，先生以一身兼數職，自算學之外，並作經史、地理各科，計程定課，勞瘁不辭。邑故山僻，先生獨以舊學開新學之先，不數年，士風丕變。今海內方盛稱西算，然一與汜人士角算輒絀，皆先生之餘技也。沒後，家無長物，惟積書盈案，其算學未成之書，尚有多種，皆寬頁密行，蠅頭細草，因老病未能編次，叢置故紙中，他日有理而出之者，皆至寶也。炳文所聞于先生者，大略如此。通核先生之為算，有畀人之迹三焉：前無所承，自創新法，一異也；身名俱隱，心無所利，二異也；根本道術，不以藝鳴，三異也。嗚呼！有此三異，足以傳矣。抑又思之以先生之才之學，設令起於今江浙閩廣省，一二學子榜之揚之，則其名譽之隆起，更當何如？然而先生遠可以伏日本，而近不能出中原，將毋吾豫專崇樸學，不好聲聞，以致然耶！抑以勢力薄弱，不足以自張耶！韓子云："莫為之後，雖盛不傳。"嗚呼，先生往矣。吾更望及門諸子之張而大之也。

侍講銜、翰林院編修余炳文撰文。

郡庠生／[1]

侍講銜翰林院／

賜同進士出身／

（碑存滎陽市文物保護管理所。王興亞）

萇二四老夫子朴卿灼三教思碑

萇子既沒，衣鉢之守，代有偉人。而梁家莊二先生諱克儉，字樸卿；四先生諱克俊，字灼三，尤為翹楚。清咸豐時，兩先生曾以昆仲五人從其尊。有諱卿公，夜戰亳捻於敖高間，虎步谷風，虹躋天霄，追目數十里，卷屬里黨，賴以保安。二先生施教滎陽最久，四先生施教鞏、滎、河、汜，桃李尤繁。更嫻翰墨，能傳洛臣萇子之書。余嘗見兩先生耆艾

---

[1] ／以下字漫漶。

之年，鬖髮合，猶時距躍曲踴，體迅若飛。□後帝度金針，惟□□都市，光怪陸離，余知為寶，不知其名也。請業者、追業者，各有心得。兩先生子侄業亦皆童習罔懈，升堂入奧，則兩先生守先練吉之□也。方今尚武，而武□□□為本□，但時競西式，故余曾獻葂子之書於當途，亦嘉之而未行也。然干將莫邪，虹光射斗，終當遇張茂先耳。兩先生皆已逝世，門弟子□□□□□□□□石□□□□□，先生之藝于教，尤願後之人能精修是業，勿替前業，必有更大放異彩之一日，不獨為宗族交遊光寵已也。

受業李守基、李毓嵩、李澤源、田東帶、李承蔭、王春光、王春台、張明瀚、陳啟明、□汝漢、李壽彭、崔雲生、劉篤裕、劉子先、趙英姿、劉延壽、劉錫翰、劉錫庚、杜大順、葰文治、孫西成、郝墨斗、陳貴興、陳英傑、葰振生、禹元生、王世昌、王金水、侯玉印、康□楫、葰文華、夏登先、夏學琴、張青蓮、禹學琴、李辛酉、李景新、王學詩、王居仁、葰世昌、王春雷、李光瑩、宋上蘭、宋文炳、宋鐘魁、李鳳鳴、王化天、禹天、禹綿生、禹心平、葰金山、張豐琴、張華風、張華岫、劉慎禮、張春芳、鄭得花、崔國光、崔曙光、張千齡、方廷冕、王春芳、郭威五、郭威吉、席李成、李庚辰、席立中、席書寶、席鴻禧、席長林、席立朝、席立勳、席小雙、席立本、閆建中、閆三德、蔡甲全、宋廷和、顧小嶺、劉心德、鄧炳南、席旺、席廷臣、宋乃和。

　　荊文甫撰文。

　　汜水縣知事尚葆初評閱。

　　徐輅校。

　　席書篆額。

　　宋珂震書丹。

　　民國元年十一月立。

（碑存滎陽市文葰村。王興亞）

楊五樓馬氏祖塋碑記

【額題】合漠通幽

　　報幸返始，根于天性，□歷年數百歲，隔地數十里，而返始之心，終未泯滅。特倡無人，糾合無術，則亦徒有其心焉耳。吾馬氏始祖諱玉，自山西洪洞遷滎，宅兆于演武陵之東偏，其地南面大周，北射廣武，索水流其西，京須行其東。地勢之勝，未有倫比。山川毓秀，人文蔚起。傳至四世祖諱畚，歷任府道有政聲焉。是後子孫繁衍，散其居處，而是塋之禋祀虛矣。經理無人，毀傷乘間，林木歸烏有之鄉，塋域成交通之路，吾馬氏之過其地者，無不致感於離黍也。距今三十餘年前，余先父諱兆麟暨族人東生鎰、逢陽、蔚、光三等，曾即塋域之現在所有者丈量之，以為將來整理之地。然邊界雖定，禋祀猶缺，樵夫牧童嬉遊而上下者依然也。是蓋開辦無資，難糾散渙之族人故耳。客歲春，族兄宗援以追遠之義囑余，且授以整理塋田，公啓謀諸族人運芳、鎔、鐸、遇春、光三、廷駿、春霖、春芳、範、同仁、際午、應選、相皋等，莫不謂先得我心。因議定開種墓間隙地爲祭田，以綿禋祀於無窮。於是，照前弓尺復加丈量。即著族人鐸墾開，所收地租，作春秋兩祀之用。如有贏餘，再謀義舉。會既成，囑余爲文。余非能文者，□□□同族末誼，無故辭，述巔末而爲之記。

　　生員師範畢業生雲從洗心撰文。

　　師範畢業生宗援沐手書丹。

　　計開，墳墓數目及墳地弓尺畝數如左：墳墓共□七個。西界南北長□弓零三寸五分。中間南北長五十五弓。東界南北長三十五弓。北界東西寬五十弓三尺六寸。中間東西寬三十□弓三尺。計地十二畝三分九釐□毫七絲六忽。

　　大中華民國元年歲次壬子 陰曆十一月二十二日／陽曆十二月二十九日 穀旦。

　　合族：處士光三、武生鐸、國治運隆畢業生員運芳、運隆、鎔、生員逢陽、遇春、處士華陽、耆老華山、法政畢業應選、武生同仁、生員春芳、春霖、銳、處士中驥、生員法政畢業廷駿、中學畢業相皋、生員師範畢業際午、生員范、師範畢業宗援、生員師範畢業生雲從、警察畢業鴻恩。

（碑存滎陽市老城馬氏家廟東山牆。王興亞）

（滎澤縣）

李公見宇墓誌銘

傅以漸

　　按狀：公諱鳴德，號見宇，行六。其先係晉之陽城人。始祖寬，徙寓茲土。數傳有慕南公，則公父也。慕南公明經對大廷，振鐸彭城。時鄧孺人早已不祿，鰥居三十餘載，閭郡義之。公以才名雄諸生中，竦墼昂霄，豪舉自命，屢不得志於有司，然義命自安。念顯親不若順親之可必，而以服勞奉養為己任。溫清之禮，寒暑無懈，慕南公頗怡顏焉。或稍不懌，即懇禱誓以身代，迓迓有奇驗，則精誠之感格，亦神矣哉。及父卒，哀毀骨立，廬墓三年，鄉黨稱焉。三孀母孀居無依，生乎於我養，死乎於我葬，祇事惟殷，如所生焉，是豈恆情所能及者。里中食無糜者，喪無櫬者，禍患之囊饘，流離之勾貸，傾囊倒庋給之。時人以方陳仲弓品望德威，深入人心。弱者取力焉，怨者取平焉，猾頑者愧而移焉，時人以擬王彥方。而其較著者，會宗盟，建義塚。時遭兵燹，顛連不易其首，身蹐華膴，金石罔渝其操，世路崎張，難調誰是，雖黃者不以覘公之品格與。晚年性耽花木，怡情山川，謂耄耋可期而竟溘然，彼蒼寧可問乎？

　　元配曹孺人，先公早逝，開壙祔葬於廣武之陽。繼樊孺人。嗣二，長珆，順治丙戌科進士，行沁源知縣，娶鄌州太守孫愈賢女；次玠，廩生，娶濟寧太守孫良心曾孫女。孫一，士晉，玠出。女四：長適藩椽馬呈祥，次適邑庠生王崇勳，三適邑庠生趙國賢子，四適海鹽知縣鄭爾身子。孫女四：長適州庠生范大任，次許字孝廉王璲子，三許字孝廉王琨子，俱珆出；四許字孝廉沈士秀子，玠出。

　　公生於萬曆三年十月十四日，卒於順治八年十二月二十二日，享年七十有七。順治十年癸巳十二月吉日，載啟幽宅，時將歸窆焉，嗣珆等泣血請銘。念切同譜，義不可辭，爰為銘曰：

　　維嶽降，誕甫申。大河溽，鬱清芬。哲人萎，有令聞。貽厥穀，鳳與麟。勒玄珉，億萬春。

　　順治十年癸巳十二月吉日。

（文見乾隆《滎澤縣志》卷十三《藝文志》。王興亞）

重修戟門櫺星門碑記

王景熙

　　戟門、櫺星門，聖人之門也。以誠為楗，以敬為鑰，以禮為闌，以勇為衛，以行藏為閭闔。入此門，然後見大成。顏子入之，而贊其高堅。子貢入之，而嘆其美富。子思、孟子入之，而底於高明成章。孟氏而後，入其門者，濂、洛、關、閩數人而已。或洞闢其堂奧，或塗墍其垣墉。嗚呼，得其門者或寡矣。曲學異端，背道而馳，迷於榛莽之區者也。訓詁詞章，穴竇而窺而測，亦惟悵然於門墻之外而已矣。滎澤學戟門、欞星門，舊制傾圮。邑侯王公諱畹，字九滋者，由是路出入是門，見之惻然曰："戟門、欞星門所由，適於聖道之途也。頹壞若此，何以引人誕登哉！"於是，捐俸搆材，重為整飭。己巳冬月，修欞星門。至戟門，修於庚午之秋。規模崇閎，美輪美奐，輝映宮墻，是有功於學可書。闔學諸生來請文記其事，予用記之碑於門右，以示不忍泯我邑侯之功，且欲俾學者因入是門，而漸以陞堂入室也。

康熙二十九年。

（文見乾隆《滎澤縣志》卷十三《藝文志》。王興亞）

重修人龍書院碑記

李玠

人龍書院，舊在文廟西，歲久傾圮。邑侯王公以父母之心，任師保之責，體撫憲造士之意，廣壽考作人之德，庀材鳩工，修廢增缺，煥然一新。為諸子肄業所，聚徒其中，延師以教之。而問序於予。予喜其事為多士誦之。

夫舊書院也，一旦修之，而舊者可新；則舊士習也，一旦革之，而舊者獨不可新乎？但新亦未易言也。探賾索隱，將毋新其所見乎？然猶故迹也。博問廣詢，將毋新其所聞乎？然猶陳言也。茹英咀華，將毋新其所得乎？然猶糟粕也。譬之宮墻，丹漆藻繪，非不炳然文矣，而朽木糞土之質猶故也，是尚得為自新乎，新之如何？革其舊之涉獵，而返觀內照，則豁然大悟，不啻見所未見焉。革其舊之記誦，而極深研幾，則洞然大覺，不啻聞所未聞焉。革其舊之詞章，而肆力於性靈，則怡然有獲，乃至得所未得焉。如是，庶有新見，有新聞，有新得。容貌不改，而氣質忽變，非復曩時吳下阿蒙，誰不刮目待之。諸子勉乎哉。務日居月諸，濯磨自新，以成其德，以成其業，勿徒安於舊習，怠荒從事，以負邑侯之雅意也。

邑侯，康熙己酉科中式順天，諱畹，字九滋，隸籍鑲紅旗，奉天府葢平縣人。

康熙二十九年。

（文見乾隆《滎澤縣志》卷十三《藝文志》。王興亞）

關帝廟重修碑記

周銓元

滎澤縣北關外，有漢壽亭侯關公祠。自故明創建，迄今數百年，一方之民，惟侯是賴。且峙黃河之濱，於以慶安瀾而歌樂土者，尤藉侯以永護焉。鼎革相沿，歷年既久，風雨摧殘，殿宇傾圮，非復當年廟貌矣。歲壬申，余奉命監河，時赴滎閱工，晉謁之次，觸目荒涼，思所以鼎新之，而願未果。甲戌仲秋，時值險工告急，乃率僚屬、紳衿、耆庶禱於侯，願工早竣，尅日而成，則侯之呵護於滎亦偉矣哉。爰是捐俸重修，檄滎北主簿馬須琢董其事。

是役也，始於九月朔日鳩工，暨十月望日告成，不兩月而廟貌一新矣。滎之僚屬、士民請為記。余不文，何能為。乃系以頌。頌曰：

偉哉夫子，千古完人。克忠克孝，允武允文。匡扶社稷，取義成仁。威臨華夏，恩洽襄荊。心存一統，數定三分。神人咸服，莫不尊親。安瀾永賴，砥柱河濱。輝煌金碧，赫耀千春。

康熙三十三年。

（文見乾隆《滎澤縣志》卷十三《藝文志》。王興亞）

重修啟聖祠記

張沐

滎澤學宮，自明崇禎二年縣令龐公諱杰者修葺以來，歷年已久。至國朝康熙二十二年，余承乏邑鐸，受事之日，見夫堂廡門牆，悉皆頹敝，乃不禁拊膺興感，謀諸紳士曰："黌序若此，其何以妥侑先師，而發舒多士之氣耶？吾欲更新，惟願與同志共之。"眾咸曰："諾。"爰各懽忭輸將，鳩工庀材，重修明倫堂及大殿、兩廡、櫺扇、戟門、育英門並前後圍牆。凡昔之缺者以完，陋者以美，頗勝舊觀矣。今三十四年秋九月，霪雨彌旬，城內水蓄難洩，幾幾乎將為魚藪，以致啟聖祠圮側傾仆，周圍牆垣亦悉倒壞。值三韓周侯作宰是邦，時方黃流侵縣，河工大興，拮據防禦，日夜靡寧。而周侯猶以學校為風化之源，人材政教之所自出，亟圖葺治。遂毅然己任，捐俸買備磚瓦木石，僱募夫匠，卜吉興工，不數月而啟聖祠煥然一新，周圍牆垣以及門外花牆，皆次第完葺。工既竣，滎之紳士仰瞻廟貌，舉相告曰：翼棘鳥革，巍巍乎爾，黝堊丹漆，煌煌乎爾，偉哉奇觀，厥功懋矣。又舉相慶曰：宮牆萬仞，仰止維新，金聲玉振，儼若思存，風雲壯色，文運將興。余聞之喜，乃為之嘆曰：夫周侯以淳厚和平之質，而勵以剛直廉介之操，亦既忠敬勤勞也如此，化洽民心也如此，而又能崇尚斯文、聿新學宮也如此。噫！是誠當世之賢有司也。《詩》不云乎"豈弟君子，令德來教"，言有文也。若食其祿、荷其爵，而不以文教為先者，觀於周侯，宜知所愧矣。

周侯，諱元愷，字夒庵，遼東寧遠人。時勒石以實諸壁者，蓋庠生馬撰書等云。是為記。

康熙三十四年。

（文見乾隆《滎澤縣志》卷十三《藝文志》。王興亞）

獲嘉教諭鄉飲正賓李公墓誌銘

冉覲祖

余家牟陽，與滎波如魯枌閈邦。吾友豫實，每就余論文字之源流，余樂與之數晨夕，並喜其生平不諧於俗，遂使阿咸溶求昏四姓甲族間，謂潭底李氏，於今復得，可無恨也。從此相往還，更覺忘形，而第不能無人琴俱亡之感。今長公士晉，以日月有時，特委幣詣余請誌墓。余稔知其詳，誼不敢辭。按狀：

公諱玠，字豫實，滎澤人也。始祖寬，自山右陽城徙滎，遂家焉。曾祖自陽，博學篤行，鄉人師尊之。祖蘚，秉鐸江南徐州，以理學著名。父鳴德，增廣生，應贈文林郎，孝行純篤，盛德感人，同里望廬而反者甚多。兄珆，登丙戌薤榜，授山右沁源令，稱神君。公行二，天性仁孝，少有異敏才，日誦千萬言，為文自成一家，試輒冠軍。聯社三五，周遊赴之，得題立就，同人號為文陣雄師。壬子，選拔入成均，慨然奮興曰："是可以識海內名流，益拓聞見，以激發其志氣矣。"至京師，有赫赫名。每出其所為文，雖前輩名宿，亦皆服其擅場。及旋里，數十年務以實勝，力學積行不衰，而獲嘉學博之命適下，知公者僉曰："公廟廊才也，一官獨冷，難行其志。"公曰："人生何必使相。"乃云："得志素位中，亦自有職分事業在。"及抵署，每月朔望大集邑士，為講濂、洛、關、閩之精奧，以端崇其器識；而次及於韓、柳、歐、曾之篇章，以釐正其文體。不期月，士氣文風蔚然丕振。有郭生應運者，偶拂令意，即大恚，必欲褫辱之，具牘邀公署名，公曰："吾方欲庇寒士，顧靳綿力，不為尺蠖求伸耶。"力為排解，往復不休。令亦素重公，乃得釋。迨秩滿當遷，公忽動碧山之思，曰："知足不辱，知止不殆。況吾二子卓立，諸孫蕃衍，吾亦何必戀此一席耶。"遂以薛逢老去為辭。上官不許，公辭益力，乃許之歸里。後即有舉鄉飲大賓之檄，邑人士共以推公，令公瞿然喜曰：得人矣。徵之不起，辭以業已受糈，非可復冒榮名。敦請再四，乃就西北一坐，而大典光焉。其時觀者如堵，且謂鄉先生可祀於社，當更於公見之矣。自是杜門卻掃，時或策杖園亭，披圖書，品花卉，亦或暫移家塾，為小兒輩正句，讀解字義，真可終身逌然，樂其天年。乃年七十有四，以五福考終。余稔其梗概，故為之誌特詳，其餘懿行不必悉數也。即此犖犖大者，足以論定其生平矣。

公生於前崇禎九年正月初十日寅時，卒於康熙四十八年六月初二日子時。元配待贈孺人孫氏，稟性孝慈，持家勤儉，懿德淑譽，著於里閈。生於前崇禎七年九月二十五日子時，卒於康熙四十四年五月十六日寅時，壽七十有二。卜阡於新城小河南後王家莊北，今己丑歲十二月十八日辰時合葬焉。有子二：長士晉，歲貢、候選教諭，娶青氏，鄭州庠生光祚女，繼娶劉氏，中牟大學生範女；次士甄，為珆嗣，歲貢，候選教諭，娶張氏，滎陽前衡州知府奇勛孫女，宿州同知暉生女。女四：長適庠生沈暄，丙戌舉人、東鄉南和知縣士秀子；次蚤亡，適李作檥，霍邱知縣道純子；次適丁卯拔貢、候選教諭張子鑑，宿州同知暉生子；次適滎陽庠生張掄，壬子拔貢乾生子。孫五：長佑，庠生，早亡，娶李氏，丙戌舉人、沂水知縣縉陛孫女，貢生采女；次憲，增監生，早亡，娶樊氏，庠生建極女；次維坤，歲貢、候選訓導，娶弓氏，鄭州歲貢省淳孫女，庠生載鰲女；次維城，娶張氏，滎陽丁卯舉人朗生孫女，附監生子銘女，俱士晉出；次維坊，聘鄭州張氏，遂安縣丞慶襄孫女，壬午舉人翔女，士甄出。孫女六：長蚤亡，適鄭州庠生毛翰，歲貢九皋子；次適余從孫興俊，即溶子也；次適密縣監生陳啓，壬午舉人長子，知縣錡孫，增監生曰晉子，士晉出。餘俱幼未字，士甄出。曾孫女二，俱幼未字，維坤出。余誌其視履及其奕葉，並為之銘，銘曰：

展也李公金玉光，粹然精純百鍊鋼。不將薄宦貶剛腸，士林祭酒重膠庠。

淑儷偕老歸壽藏，有子有孫世澤長。典型彪炳著北邙，過者應式窀穸旁。

葱蒨松栢蔽苻棠，更千萬年無壞傷。

康熙四十八年十二月。

（文見乾隆《滎澤縣志》卷十三《藝文志》。王興亞）

嶽山寺新建白龍王廟碑記

陳鵬年

川瀆之神，即以其族之靈且長者為之。惟其精氣磅礴，噓噏動變，能致禍福於民，故龍神之祀於百川四瀆也，厥由惟舊，而黃河則尤其專司。康熙六十年七月，河決於武陟，潰出故道，挾沁水而馳，濱河之民，蕩於洶濤，浸淫及於三省，而兗、濟之間，運道梗矣。當斯時，天子憂勞於上，擇大臣之熟於其事者，授方署，假便宜，令與守土大吏，尅日堵決。而鵬年適於四月中有南河之命，聞信已先期馳至，因得與襄版築，兩閱月而告功焉。時逼仲冬，沙寒土礧，斧冰壘基，不任衝刷，春水方至，氣融冰釋，頹然渙然，復即於圮。鵬年以無狀奉特恩攝河務，思所以召災降恫，實祭於職司。乃以二月二十三日，復渡河而北，於決口上下，周遭遍視，集屬吏而告之曰："是不可於下流爭也。夫水之行地，鄣之則決，導之則流，不洩不止，不分則壅。黃河由孟津建瓴而來，蜿蜒繞出於廣武山之下，而沁水會黃，亦於此合流。所以日趨而北者，以地勢遼闊，沙土虛鬆，迅流散漫，正河漸於，無由宣洩，故漫溢而四出也。若能於廣武山下淤灘開濬故道，紆者直之，漫者束之，迎上流澎湃之勢，以徑達於滎澤，大可庶其有瘳哉。"皆曰然。乃繪圖而奏諸朝。既得請，於三月初一日，告於大河之神，集衆啟土，自西徂東，跨河陰、滎澤二縣，綿亙二十五里，寬若干丈，深若干丈，役夫二萬餘人，不足，乃更募於旁邑，簡屬吏之勤且幹者十人，盡疆而分督之，不三旬而竣事。方其土功之既舉也，漫山被野，萬夫雷動，鑿地作炊，偃波夜臥，舉鍤成雲，下鍤成雨，而擔夫販豎，亦時列肆山腳，以供役人之所需。鵬年不敢自愛，戴星沐露，晝夜雜操作間，稽惰勤，戒騷擾，故憑山而居者，若不知有是役也。月之二十三日，尅期放溜，缺月御山，牽牛正中，職司冠珮，徒衆荷鍤，咸鵠立兩崖之際。俄而人聲漸沸，薄雲作霧，旌旗反風、鳴鉦徹天，鋤挶齊下，但聞濤聲怒號，隱隱鉉鉉，挾歡呼之聲而奔騰，以注於引河之內。越三日，由決口挽舟而上，轉入新河。但見颸颯颯，映帶山光，估舫市舶，銜尾直趨。迴望向漫流處，已水落沙呈，舟膠而不可行矣。

是舉也，奉聖天子威靈，賴羣力襄助，得毋隕越。然非神之默誘［佑］其衷，不能至此也。《記》曰："能禦大災則祀之，能捍大患則祀之。"神之合於祀典也，明矣。去歲九月，決信至淮上，星奔即路，將次河北，秋末涉冬，川原蕭瑟，肩輿假寐，恍惚中宛見有素裳白髯者，垂旒束帶，傴僂迎導。驚醒諦視，倏忽不見。回語從者，則咸詫曰："此殆龍王神也。"噫！豈其間將有大興作，而神之靈先為來告乎？及茲役之成，念神之德不可忘，與南河劉丞循山相度，得地一區，於嶽山寺之左，負山面河，登陟遠眺，則西接洛汭，東臨睢、汴，控豫省全河之勢，隱隱皆在目前，是可以為神靈之所棲息矣。且夫白者西方之色也，於五行屬金，而工則為中色。時當季春，又以木司令生尅之理有固然者，因為之立廟，而記其所以合於祀典者如此。若飭工庀材，則開封府南河同知劉永錫、陽武縣縣丞謝球，例得書。

康熙六十一年。

（文見乾隆《滎澤縣志》卷十三《藝文志》。王興亞）

資生堂碑記

王士俊

萬物之生也，莫不有所資以為養。故父資子以養，子亦資父以養也。婦資夫以養，夫或資婦以養也。其無所資以為養者，則號之曰窮。窮，則資天地君相而已矣。我皇上視民如傷，痌瘝一體，所謂天地之大德曰生也。《易》曰："大哉乾元，萬物資始。"又曰："至哉坤元，萬物資生。"夫有乾之資始，則必有坤之資生，所謂乃順承天耳。坤道也，即臣道也。守土之司，自督撫以至守令，孰不有臣道之責，即孰不有資生之責，以仰體皇上發政施仁，必先無告之至意乎。故余節制河東，既行開墾，賙貧賑乏，復謀所以補養濟院之未備，以哀惸獨，固坤道資生之意也。而滎澤吳令名謙銶者，如檄將事，俾得各資其生焉。先是養濟院僅三楹，義田僅十一畝。令曰："是何足以資生也？其養亦狹矣。"輒捐養廉二百兩，民捐亦如此數。又捐正房九間，曰"資生堂"。旁舍二間，曰"留養堂"。而以四百兩之所捐，每歲權其子母，思垂永久計。董斯役者，為紳衿李士甄等，剏築於雍正十二年六月，告竣於本年八月，而以牘復余。噫！令其知臣道矣。今夫滎澤地濱大河，為南北津渡之衝，形勢要區，輪蹄輻輳。余曩者屢經其邑，每歎春秋時，自衛翟戰於滎澤，而楚、漢龍爭虎鬥，至今其地有古戰場焉。成皋、京、索之間，蔓延魚爛，似天地資生之義，獨此陔陝咽喉之壤，偏有所靳而不予者，歷代固略同也。我國家肇造，區夏休養生息，邑鮮窮民。河濱霓眺之餘，穆然陡見山高而水長，蓋天下之太平亦已久矣。乃昔也淖糜其民，俾父子夫婦不得相資以為養，今則鰥寡孤獨幾窮于天地者，實賴裁成輔相之聖人焉，民之慶也，亦吏之幸也。令知臣道矣，令知坤道矣，曰資生，曰留養，洵乎其有所資以為養也。《易》又曰："坤道其順乎，承天而時行"之謂也。抑余亦得藉手以仰體聖天子仁政必先之意云爾。遂喜而勒之于石，凡民捐姓氏，悉令誌碑陰，以獎其義。

雍正十二年。

（文見乾隆《滎澤縣志》卷十三《藝文志》。王興亞）

（汜水縣）

太和山元武臺記

冉覲祖

　　康熙丁丑之夏五月，余友龔子聖綜居於汜水虎牢之西。虎牢為古戰場地，今屬縣郡，蓋天中一大險要區也。其地，北近河洛，周圍多險壑峻嶺。昔賢高尚其志者，往往卜廬於斯。嗚呼！阮籍意疏，嵇康體放，潘安仁之灌畦，垂綸有自來矣。汜城東北，一隅孤峯特起，嶙峋千刃，勢出天表，則太和山之元武臺也。

　　築臺之意，象武當之有太和宮也。此臺四時皆宜，春明景和，山光如黛，朝暉夕煙，紫綠萬狀，熙然如春，則宜於春。朱明啓候，草木長茂，涼飈四至，百鳥變聲，曠然如夏，則宜於夏。若夫秋雲幻態，秋月揚輝，落葉哀蟬，聲悽入絃，寥然如秋，則宜於秋。冰霜在庭，羣峯凝雪，層陰寒沍，與空蒼然，懷然如冬，則宜於冬。崎嶇而進，凡三折而後，達於絕頂層霄之域。臺之上，白雲縹渺，入户穿窗；臺之下，比屋環處，亂點蜂房。至如霧雨空濛，千巖顯晦，俯視平川，白水汪濊冥冥，茫茫然如江之匯。及乎晚風颯，雲歛晴空，星月交光，汜水淪漣與月上下，漁火部屯，明滅林外，村墟夜舂，若遠若近。登斯臺者，心目披豁，恍置身於清虛碧落間。備四時之氣，而觀一郡之風，巍乎高哉！洵虎牢之巨觀哉！

　　近因地震臺傾，法象露處。汜賢侯張公即思捐俸建修，奈兩袖清風，獨力未就。而汜之士民又無有身任其勞者，僉曰：“此臺工程浩大，修復維艱，非一簣一木，可按月計日而成也。”是年，龔子遨遊其上，偶一寓目，輒徘徊嘆息不忍去。歸而謀諸三韓安、趙二公。二公慨發善願，傾囊倒篋，捐數千金，以授龔子。又囑邵子五玉、熊子善長、申子敬之、閻子栗完分任其事。汜賢侯張公捐俸百金，日犒酒餚，別勤惰。又敦請邑庠生王子連城、張子恂如、趙子明我督工建修。於是，邑民或分升斗，或割錙銖，量力捐助，樂趨恐後。千夫萬杵，動若雷鳴，肩石擔泥，奔者集雨。爰擇佳辰，高升畫棟，聚臺邊頑石助講堂，布地上黃金，共成勝舉。安真武於臺中，仰净域于天半。崇牙復翼，陰彩雕櫨，曲經迴廊，無美不備。厥後，龔、熊諸公，繼安、趙二公善念，創普陀崖於臺東，建廣生殿於臺後，弘開瓊宇，肅布齋壇，高高下下，幽趣無窮。吁，可謂盛矣！但富於煙霞，貧於供養，即清流可吸，枯木可刈，難為無米之炊也。且法輪未展，先展食輪；六處維新，當先壇處。安、趙二公又置養善地兩頃，以為悠遠焚修之資。從兹僧有坐性，寺有傳燈，松膏常繼，虛堂昭輝焕之儀，桂魂高懸。大地盡琉璃之界，試看金鋪射晴旭，可容駕象法王來；朱宇納層雲，不礙鳴鸞仙子過，空中樓閣，再揚鐘鼓之音；物外煙霞，復闢琳瑯之境。樵歌與梵唄相答，漁火與佛燈相映。近山而猿鶴參禪，傍水而魚龍聽法。耳目莫非吉祥，民物盡登仁壽。風光無盡，興會常新。倘高人扶筇掃石，正堪讀《易》說《詩》；若韻士載酒尋芳，亦足騁懷娛目。千年名蹟，不淪茂草；一邑勝概，盡收襟囊。憑高懷古，有文章山水之樂焉。以視奔勞煩苦，永填苦海，真不啻霄壤之隔矣。

夫遠稽前模，非不塗金堊繡，近閱臺制，已成屺宇頹垣。一旦鼎建聿新，有以妥神祇，且以快登臨，其山靈之感召然，與抑物窮則泰否極而通，其變遷有如是也。龔子真不虛此遊矣。後之覽者，其勿忘諸公之德也夫。

康熙二十二年。

（文見民國《汜水縣志》卷十《藝文志》。王興亞）

重修汜水縣學宮記

張國輔

歲癸酉春王正月，余奉命來牧成皋。至之日，單騎渡河，採訪民間利弊。僉云："年來荒歉頻仍，百務俱廢。"及抵任，謁先師，見大成殿棟腐榱折，尊經閣、東西齋頹然無存，啟聖、名宦、鄉賢祠、明倫堂，漸即于圮，兩廡僅敗瓦欹椽，周垣不備，行人取道。而城池、公署、倉庾亦復狼狽不堪。雖為政者事事整理，然學校為政教之本，終不忍以他務先也。修葺之責，余固毅然不辭，而經費無出，徒託空言。余於是竊有感於聖教之不明，而民俗之邪慝已。聖賢以君臣、父子、夫婦、昆弟、朋友之倫，恩義序別信之道，教天下同焉者之謂正，異焉者之為邪，故于楊、墨則辭而闢之。即夫子嘗曰："非其鬼而祭之，諂也。"又曰："敬鬼神而遠之。"今汜邑琳宮、梵宇、寺觀之所，無不共飭凋敝而興起之。更有設會演劇，所費不貲。微論犯先聖諂鬼之戒，亦甚非敬而遠之之意也。夫學校為教化本源之地，大聖先賢為至正至尊之神，反膜外視之，而忍見其殿廡傾圮，風雨漂搖，使籩豆陳設之無所，肄習鼓歌之無地也，亦惑之甚矣。夫聖道之大，學校之重，前人論之甚詳，無俟余之復為闡明。而即以里黨所惑者，一提醒而返觀焉，知汜人士當有翻然猛省而樂輸恐後者。孟子曰："經正則庶民興。庶民興，斯無邪慝矣。"余此舉，蓋正其經之旨也夫。至于汜邑五十年來，掇科之人。今黌宮之內，煥然一新，從茲爭自琢磨，人文丕變，蒸蒸蔚起，余之志願遂矣。工始于康熙三十二年癸酉春三月，告成于康熙三十三年甲戌夏四月。余首捐俸三十金以為倡。其自學博佐琴蓮幕以下，與夫紳衿之樂功者，不一而足。宜壽貞珉，共垂不朽云。

康熙三十四年乙亥仲春立。

（文見乾隆《汜水縣志》卷十九《藝文志》。王興亞）

滿城知縣一峰禹公暨劉孺人合葬墓誌銘

吳應枚

一峰禹先生，河南汜水人也。才學德望為中州儒宗。性愛石，得一峰石于嵩洛間，尤篤愛之，因以一峰名其園，而學者咸稱為一峯先生云。先生嗜古好學，六經羣史外，于書無所不讀。含精咀腴，掇英蒐異，發于詩古文詞之間，皆有奇氣，不類俗派。書法精良，著名海內。余嘗觀一峰園墨揭，見其法本晉人，筆用正鋒，雖草書飛舞中，皆有尺度不苟，因慨然想見先生之為人。丁未春，晤先生于都門。美髯豐背，標格巖巖，光昌正大之氣，可欽可畏。及接談，則和平樂易，心無畛域。把酒論文，彈琴賦詩，風流儒雅之度，令人如坐春風，如飲醇醪焉。秋八月，先生以廣文改補，考試引見，特恩除授玉川邑宰。知遇之隆，千載一時。士大夫雅知先生者，咸謂先生宏才博學，執耳詞場四十餘年，卒艱于一第。今遭逢聖主，得以展其懷抱，由此迴翔中外，事業勳名，正未有艾，詎意治滿未及三載，而遽已也耶。悲乎命哉！天之困先生之遇者何其久，奪先生之遇者何其速耶？余以一官羈束，未獲躬親弔奠，聞先生歿之日，士民如失怙恃，號泣之聲，四境相聞。靈輀旋里，白衣冠而送之萬有餘人。行道之人無不墮淚。非先生盛德至善有以感之，詎易如是哉！己酉秋，先生之孫壽以選拔貢于太學，來遊京師，攜狀賫幣，丐余言以為銘。余與先生長君為庚子同年友，誼弗敢辭，且余與先生神交者數載，京邸親色笑者十一閱月，頗稱莫逆，情又弗容辭！而獨是以余弇鄙之文，志先生之行，謂先生藉余文以傳乎，抑余文藉先生以傳乎？無已，則有長君之狀在，其述家系也。

先生諱祥年，字履倩，號一峰。先世浙江餘姚人。自前明聞政公遷汜，遂家焉。先生之曾祖倉，以子顯贈山東道監察御史，崇祀鄉賢。祖好問，歲貢生，任江西鄱陽縣令，崇祀忠義祠。父綏，康熙丁未恩貢；母，田太孺人。其述行誼也，先生甫週歲，即失恃，年十三，復失怙，賴祖母馮太孺人長育之。十五補博士弟子員，十六食廩餼，試屢冠軍，才名蔚起。二十三，以廩例貢於鄉。性至孝，事馮太孺人惟謹。罔極之恩，時縈夢寐，常以親不及養，每祀必泣下。馮太孺人歿，哀毀盡禮。三喪並舉，大事獨成焉。應鄉試，屢薦不售，處之泊如，而益篤于學。著書教子，誨人不倦，從遊之士咸有聲于黌序。且秉志剛介，趨義若奔，避利若污，持正力善，濟困扶危，鄉黨賴之。其述宦績也，始為沙隨學博，秉鐸教士，首重德行，次及文藝。自輯忠孝等說，愷切諄復，大義昌明，士習丕振，及門登甲乙榜者廿有餘人。作宰滿城，興賢課農，賑飢弭盜，緩催科，裁陋規，勤撫字，絕苞苴，為民蠲害導利，一以誠心直道行之。事無鉅細，必躬必親。晨坐訟庭，日斜方散。退而文移薄牒，手披口校，漏不三十下不休。兼之署篆唐邑，承辦軍需，鞠躬盡瘁，卒于其官。此皆先生可傳之實也。

嗚嘑！先生之可傳者，如是而已耶。使天假以年，罄平生之所蘊，其設施當更有在，胡為乎棄世而遽已也耶，是可悲也。雖然，嗇于前者，必豐于後。有象賢之哲嗣，復有繼美之文孫，光大前輝，以完先生未竟之志，當必含笑于九原也。余言之啁噍，何足揚其萬一乎！聊以志余之所感而已矣。

先生生于康熙壬寅十月二十四日巳時，卒于雍正己酉三月初八日午時，享年六十八歲。元配孺人劉太君，恭儉莊敬，克盡婦道，無忝母儀，性寬厚，有樛木風。側室德之，戚黨咸取則焉。孺人生于順治庚子正月二十五日申時，卒于雍正癸卯十二月二十九日丑時，享年六十四歲。子二：長殿鰲，庚子科解元，揀選知縣，娶宋氏，繼娶張氏；次敷土，監生，未聘。女三，俱早卒。孫男三：長壽，選拔貢生，娶張氏，繼娶李氏；次陸，早卒；次疇，未聘。孫女二，俱殿鰲出。今擇于雍正八年三月十六日卯時，啓劉孺人之攢而合祔于城南祖塋之次。爰為之銘曰：

灝灝河流，嵩嶽巃嵷。含靈閟秀，淑粹所鍾。篤生賢哲，德茂厥躬。教敷露嶺，不愧儒宗。化洽灉水，允宜花封。道合明良，會葉雲龍。媲美公烈，孺人攸同。恭儉莊敬，厚德有容。慶澤其綿，嗣續聿隆。奕奕南阡，佳城鬱葱。史氏勒詞，永配河嵩。

雍正八年三月。

（文見乾隆《氾水縣志》卷二十《藝文志》。王興亞）

趙明我先生墓誌銘

禹殿鰲

人生素心有幾？一踐仕途，居者且置度外，行者徒來夢中，第生死不隔，會當有期耳。予初滯京邸，嗣官楚北，十餘年來，風塵鞅掌，每歎昔日故園知己，文壇酒陣，狂笑高吟，勝事難再。而趙公明我先生尤切予懷。以與我意氣殊深，年近桑榆，必不能千里命駕，噬肯適我也。秋初，家人至，云先生已於六月十一日死矣。予飲泣拊膺，痛不能聲。我與先生乃遽以死生隔耶！未幾，嗣君炳、炋遣使奉狀，丐予誌墓。予不文，亦不敢辭，僅誌其槩。

先生諱全德，字明我，號清潤。生而穎異，成童能文，文縱筆成，不加點竄。年十八，補邑弟子員。為人襟懷豁達，無城府，每以高談雄辯傾四座。性孝友，年二十七，遭父喪，哀毀骨立。事母宋孺人，晨昏寢門，備極色養，三十餘年如一日。有姊二，早逝，各遺子女甚幼。宋孺人憐之，先生攜歸，撫育教誨若己子。今俱婚嫁畢，女宜家，子遊泮，成佳士矣。娶李孺人，淑慎溫惠，克修婦道，佐先生孝養友愛，得姑懽心，稱善事我。繼娶張孺人，亦能嗣徽。鄉黨稱先生內行多資賢助云。先生既屢試不第，遂恬于進取。然酒酣耳熱，睥睨一切，獨于予無日不過從，若別具賞識，每挑燈細論，予所能佐先生者，先生不屑意。先生所期于予者，予至今未克擔荷也。嗚呼！此予與先生相契之真也。

先生七世祖需，生承易，為孟津訓導，陞長安教諭。承易子二。長策，任上蔡訓導。其子名世，任霑化縣令；名芳，邑庠生。次簡，食餼，邑庠，即先生之高祖也。曾祖名時，祖芝，父錫，皆列膠庠，有文譽。先生復以諸生老，一經傳世，累葉不替，求瓜得瓞，積累厚矣。而先生孝友篤行，益加蘊崇。趙氏之後豈可量哉！先生善書，臨池濡墨老而不倦，兼精痘疹，活幼甚多，皆其餘技。生于康熙五年十一月初八日辰時，卒于乾隆三年六月十一日未時，年七十有三。子二：長炳，邑庠生；次炋。孫七：士珂、士瓅、士琦、士珍、士璨、士璠、士璵。今卜宅北門外山向厝焉。銘曰：

制嚴邑也，有夷之行。出自北門，雲山蒼蒼。公于此焉，終古式安且甯，俾熾俾昌。

乾隆三年六月。

（文見乾隆《汜水縣志》卷二十《藝文志》。王興亞）

新建南門護城堤記

許勉燉

邑於汜水之陰，則汜之安瀾，即邑之安堵也。汜發源嵩支方山，分流九十里，至邑城東南隅，滙聚為一。上游水道廣衍，及其滙城隅也，南崖為翠屏山足，土堅而形高，乃緊循北岸，忽注而西，復折而北，入於洛，達於河，方其水落波恬，僅盈盈衣帶耳。或值夏秋霪雨，泉源暴溢，層巒疊巘，建瓴而下，洶湧騰躍，遶城以趨，而南城之西雉，及西城一面，寔當其衝。是以頻年決齧，址傾堞毀，已百有餘丈，即其幸存者，亦累卵于危崖急湍之中而岌岌然不終日也。夫邑之有城，將以職啟閉，時出入，詰姦慝，禦暴患。今汜一日不寧，則城一日不得固。城一日不得固，則民一日不得安。是邑以汜名，而汜之繫利害于邑也，由來鉅矣。

舊傳有護城堤，自康熙壬辰以後，潰陷積久，土人不能指其處。前令羅侯謂築護堤不如徙水道，規對岸民地，別開引河，而於舊河之傍，橫土壩以禦之，使水專行新河。請領公帑，疏濬告成。豈意丁巳之夏，水勢倍常，土壩塌，新河淤，怒濤仍肆，憑陵殘雉，不堪齕削。上憲怒然憂之。會余于戊午冬自汝南移蒞茲土，進謁各憲，首以禦汜衛城為諄。命履任後，相厥形勢，尋厥源流，詢邑人以前此護堤之益，而熟權引河未克奏效之故，乃知經久利用疏，濟急利用捍，捍水之小而遠者，宜挑水壩，捍水之大而逼者，宜護城堤。議于引河南、西兩岸，開廣五丈，以暢其流，更于上游建竹絡壩五十丈挑水，使入引河，則城不當衝突。至南、西城已陷之處，應于城外臨崖密布排樁，內外三層，鉤以管木，盤以大埽，寔以軟草，培以厚土，期于堅實，然後樹址繕堞，以為善建不拔之計。若水小至，則捍以壩，不得溢，行舊河，其去城固遠；水大至，亦捍以堤，即或少浮埽，際其臨城，亦未逼。庶幾備險有資，而設險永固也。

核木石、夫役之需二千餘金，未可以一邑之事重糜公帑。而余自念十年廢棄，重邀錄用，于國無涓埃之報，且此固守土者責也。倡捐三百金，而邑之士民以奠居之思，兼好義之念，舉欣欣然率先輸劾。余度其事能集，爰列梗概，陳于各憲，而藩憲有"急公可嘉，是否樂輸"之詢，恤民隱，戒科歛也。道憲有"鉤木宜減，管木宜添"之諭，慎工作，定程式也。郡憲于是親歷河干，揆度機宜，謂："疏濬且需異時，堤壩速宜兼舉，重經始，權緩急也。而又頒清俸以先之，移贖鍰以補之，延紳耆以獎勵之，勸率作，裕經費也。申請大院，檄飭速行，順輿情，軫鞫謀也。噫，凡事易于樂成，而難于圖始。今茲之役，自上逮下，莫不以其勞為不容緩，以其功為必可成，綢繆于苞桑之形，董勉于胥匡之訓，非惟下吏之幸，寔斯土斯民之福也。乃諏吉六月二日，創工南城之涯，選材命匠，擔石負薪，余循行督率，銖黍必酬其值，既稟必稱其工。堤與壩同時而建，越五十餘日，亦同時告竣。溽暑而民無怨咨，霖雨而土無剥落，水去北而趋南，城居高以臨下，翠屏對峙，一泓湛如，幾幾乎流而不盈，行險而不失其正矣。且今歲中州苦潦，而汜邑得免陽侯之厄。俾得從容展布，以卜厥成，此則彼蒼默感各憲為民之誠，而陰相吾民終事之義，而非余之所敢居也。

夫西城之工袤而平，南城之工促而峻，今南已即敘，將俟農隙之暇，徐及于西。成竹可覆而驗也。抑又思汜為患，于邑若切膚，而四鄉寫遠焉。今雖不擾民業，傷民財，而輦負子來四鄉，寔效以外衛中之誼。夫在邑之與在鄉，非其媚黨，即其庄佃，吾願邑之人士，食其力而知德。由此，篤桑梓之愛，脩親睦之雅，相友相助，一邑如一家，又何利之不易興，而何俗之不可美哉？邑人于南堤之成，請余碑記其事，爰樂而書之，且以此告焉。時共襄余勞者，為城守黨君弘道，而莞工料出納者，則紳士何憲古、禹謙謙、禹履謙、趙永壽、趙三畏、何林松、張燕調、張貞生、王兢、王慎行、禹冕、何獻瑞也。績不容泯，得並書之。其他好義輸助者，則俟西堤工竣而並勒以傳。

乾隆四年歲次己未八月朔立。

（文見乾隆《汜水縣志》卷十九《藝文志》。王興亞）

傅巖里商相祠堂記

許勉燉

天下學者皆宗主孔子，自王國辟廱，下逮大小郡邑，無不建學立廟，自天子以至公卿大夫士，無不北面拜跪。蓋千古為學之方，莫備于《大學》、《論語》。水有源，木有本，六藝所折衷者在是也。雖然，發聖學之蘊，非創自孔子也，寔始見于《說命》，曰："學于古訓乃有獲。"此即述而不作，信而好古之旨也。曰："惟學遜志，務時敏。"此即學而時習，與學而不厭之旨也。曰："惟斅學半，念終始典于學。"此即朋自遠來，與誨人不倦之旨也。至《大學》首揭三綱領，明德見于《堯典》。而《說命》所云"惟天聰明，惟聖時憲"者，非即明德之說乎。新民見于《康誥》，而《說命》所云"惟臣欽若，惟民從乂"者，非即新民之說乎，而且極其要歸曰："慮善以動，動惟厥時。"又曰："惟厥攸居，政事惟醇。"非即明德新民，止于至善之說乎。然則內聖外王之道，畢舉于《說命》中，而為《大學》、《論語》所原本也。獨是孔子之廟徧天下，而商相之祠寥寥無聞，抑又何歟？

夷考傅巖之野，《地理今釋》謂在今山西平陽府平陸縣東北二十五里，一名隱賢社。《水經注》云：河潤水出虞山，東南逕傅巖，歷傅說隱室前，俗名聖人窟。予初涖汜水，觀邑志所載，城西為傅巖里，舊有商相祠，久廢，輒為之慨然而歎。嗣因事過其里，則有祠三楹，廟貌聿新，乃其後裔聚族於此，整理於十餘年之前者也，更為之欣然而喜。今子姓復謀擴其舊模，孝廉子默請記之于予。詢其先世，云自洪洞遷居是里。洪洞距平陸不遠，其淵源可溯也，其本支有自也。長幼數千指，一村之中，無二姓焉。士食舊德，農服先疇，工用高曾之規矩，源之遠者流自長，本之固者末必大，有由然已。

堂既成，歲時伏臘，薦饗合食。行其庭，良臣股肱之容，優乎如將見之。捧其器，鹽梅酒醴之訓，愾乎如將聞之。尊親故敬宗，敬宗故睦族。雖不能及闕里之盛典，而後人報本追遠之心則固無間也。第不知居平陸者，尚有傅氏苗裔否，亦能飭庀祠宇，以奉烝嘗否，其散處四方者，亦復能如汜邑傅氏葺其先祠否？惟是帝賚良弼，旁求作相，前承伊萊之業，後啓鄒魯之傳，《說命》三篇，訓詞深厚，垂教無窮。則是祠也，非獨傅氏子姓之宗主，而寔天下萬世凡為學者所當宗主也歟！是為記。

（文見乾隆《汜水縣志》卷十九《藝文志》。王興亞）

重修元武頂太和宮記

許勉燉

汜固山區也，山在城者曰案，曰印，曰臥龍，其突兀而鑱削者，莫如元武頂。《漢書》高帝四年，坐河南成皋靈臺。《志》謂頂即遺蹟。明景泰間，邑先進陳太守銓刱廟祀真武。而嘉靖初有王懷者，倡率邑人甃砌數十丈，一犀插雲，微徑如線，凡三折而躋于其巔，以其象武當之太和宮，遂名其廟。而元武上游，乃踞十景之勝。自是厥後，以地震山頹而更新者，為前朝顏令芳。以基圮廟湮而卜築者，為本朝吳令與儔。重修者為張令國輔。顧峯之峻可百尋，而址之廣不盈畝，風雨所薄，上漂下齧，以時培磴級，塗紺碧，俾屹然煥然常樹一時之望者，則潞河王子鉽之功，不可泯也。

余惟山川之秀，生之者天地，而成之者人也。滎、汜、鞏、洛之間，土崗綿亘，强半無名，况是頂以一拳之形，倚城而立，無人焉表而出之，塊然一阜耳。今也琳宮峙其上，竹院森其側，巖洞清幽，宜亭曠雅，溯遺踪于往古，標名境于來茲，彼其果有遭與有是哉。人之點綴造物也，其工乃與造物者相敵耶。汜俗務本立農，無舍業之嬉，以茲頂之近在邑也，父老子弟得與其隙，以遨以遊，樂豐成而舒瞻眺，其亦所謂百日之蜡，而一日之澤與。若其秀民之能為士者，挹凌雲之煙景，攬大塊之文章，於以開拓眼界，陶寫性靈，不無助也。年來以其地處高潔，每令節慶賀，必詣是宮，望闕展禮。余又以政事之暇，偶一登臨，則廣武大伾為門户，清汜碧洛為襟帶，于山見中嶽之夐且遠，于水見黃河之大且深，千里形勢，若聚米而指掌。由其中以望則城市之闤闠，衡宇之參差，煙火之稠密，鷄犬桑麻之暢，遂皆守土者所顧之而色喜者也。夫成皋，巖邑也，城戍［成］于晉、鄭，蹂躪于楚、漢，角逐於王、竇，鋒鏑相尋，載在前史，民于其間，幾不聊生。以昔若彼，以今若此，然後嘆朝廷之休養生息，涵濡于百年之久也。是邑之有頂，雖非事之所以損益，而可以覘盛衰治亂之跡。事固有緩而實急者，此類是矣。抑又聞文王之有靈臺也，所以察祲氛，占雲物，固勤民者之所有事，而非徒侈觀覽之，為漢祖以靈名臺，或者有昉於此。後之人循名而思義，則流賞之餘，不忘政治，是茲頂之為功于邑也。邑之十景，兩相媲儷，而以元武上游當玉清仙景。余意未愜，易之曰"元武靈臺"，蓋參之今而徵之古云。若夫吳記所云汜治由南而北，形為水城，汜流自巽轉來，亦合水局。元武坐鎮北極，實兼水德，治之祀真武猶山之不可無元武，理或有之，非余之所知也。

乾隆四年己未八月下澣記。

（文見乾隆《汜水縣志》卷十九《藝文志》。王興亞）

重修蓼子峪河神廟碑記

許勉燉

蓋聞郵表水庸，猶陳酒醴，勾芒田祖，亦構堂階。凡以澤暨方隅，是處還思愛戴，功留士女，誰家不念尊崇。爰開廟貌以巍峩，且進豆籩而芬苾，理固然耳，情豈殊歟！原夫蓼子峪者，亘綿大伾，環帶洪河。花木葱蘢，髣髴袁家渴畔；溝塍歷落，依稀華子崗頭。爾其萬頃波紅，夜夜惟聞激瀨；千層浪白，朝朝只見怒濤。心戚其魚，情殷抵璧，乃允禽而波臣受職，懷柔而河伯安流。春水年年，桃花無恙。秋風歲歲，瓠子依然。雞犬桑麻，咸藉神靈之呵護；井疆廬舍，共仰明德之維持。於是，架堅跨峯，嵌之蘭若；鎔金範土，現出辟支。叩講院之鐘，嚮傳幽谷；賡梵鰓之唄，韻落寒泓。無何而矢激星移，榱崩棟析。幾同魯殿，悵蔓草之千堆。宛似秦宮，歎斜陽之一片。頹垣敗壁，徒益悲涼。苦雨淒風，能無躑躅？今茲里社，踴躍整修。鳩工庀材，魯般則鐉其鳳鑷；丹楹刻桷，郢人乃經彼龍梭；畫棟重輝，矗鴛鴦于天際；雕甍再煥，排玳瑁于雲間。既襞績而星羅，復粉糅而綺布。金容燦燦，琉璃然鶴餤之燈；玉帶垂垂，巫覡醉蛛絲之酒。將見風琴雅筦，永慶安瀾。鑿井畊田，長歌樂土。爰搦一枝之管，用題三尺之碑。

（文見乾隆《汜水縣志》卷十九《藝文志》。王興亞）

新建西門護城堤記

許勉燉

歲己未八月，築南城堤壩落成，余既為文記之。越百有八十日，乃從事於西，非敢緩也，蓋為民也。前此水冰地凍，力多而功薄，又前此築場納稼，官役則農荒疇，司土者而以衛民者病民乎。比今年春，麥茂矣，麻藝矣，粱秫萌矣。民閒於野，耜懸於室，乃得鳩而役之。又當隣災粟貴，爭以傭值糊口。工而寓賑，兩利倍焉。此固所謂使民之時哉！爰即前所規度，期會而舉。堤則自南迤西，循城而下，周城而止，壩亦如之。自春徂夏，蓋六十餘日而卒事。工之袤視南四倍，而告成之期則約相等。余乃歎司土之責，莫切於為民興利，亦視乎其志而已。是故仙宮貝闕，金碧爛焉；梵宇浮圖，霄漢迴焉。蠹吾民也，不如其已。危亭遠榭，足寄臨眺，曲沼曠園，亦資流賞。蕩吾民也，不如其已。更或休生景杜，易置方隅，艮巽坤乾，厭勝形勢，意亦為民，而理晦事緩。惑吾民也，不如其已。若夫有堤斯有城，否則無城也。有城則有民，否則無民也。即古君子知務者處此，有不以茲役為亟亟者乎。惟為民故無之焉敢忽，選木必鉅，捲埽必實，椿必密，鈎管必固，土石必厚，寧浮於前估之值，而復周於估所未及者。繚垣以護之，樹柳以蟠之，土牛以豫之，而又廣引河而南之，決淤沙而下之，而且益攔水壩以砥之，復而固若重門，亙而綿若嚴陣，亦曰為民，故不敢忽也。為民故無之焉敢擾，材鬻於市，勿盡其林囿。工應於募，勿驅以征。徭帑掌於紳士，勿侵以胥吏。民蓋爭趨若鶩，有人滿而慰之去者矣，無執朴而強之來者，蓋亦諒其為我，而非以擾我也。

嘻！自張侯建堤以後，圮毀者三十餘年，此三十餘年之司牧，夫其無為民之心，而卒因循未舉。迄今者意，必曰工甚浩也，日持久也，財無出也，民不從也，遂使殘城累卵之形，赤子抱其魚之戚。余之迂鈍，萬不肯步武前人，特其圖之始者其志也決，而貞之終者其志也專。竭其金錢不言貧，疲其形神不告瘁，籌夜夜，廢寢食，犯風雨寒暑。蓋一年於茲，乃得告厥成於上臺，貽厥寧於一邑，洵乎材無短長，力無纖鉅，而惟恃志之足以集事也。史稱尚書之堰，御史之渠，其利溥而名垂，固非藐爾之圖能希萬一。乃若白公、蘇公先後守杭，為堤明聖湖，因繫其姓。千百年後歷之者，猶追念風流不已。彼特助湖山之秀麗，而此關廬井之安危，昔之人既堤以人重，後之人或人以堤傳，是未可知。是余之所旁皇而冀幸者也。然余聞張侯創是堤，識之以柳，柳成圍矣。特無嗣而葺焉者，遂至漂敗滅沒，求其遺蹟不可得，徒令余慨想而無從。今願繼令是邦之君子，咸樂與余同志，弗委而棄之，益培而廓之，寧使全為嚆矢之先導，勿使異日之慨想于余，如余之慨想于張侯，則民之厚幸也夫。

乾隆五年夏五日朔立。[1]

（文見乾隆《汜水縣志》卷十九《藝文志》。王興亞）

三山書院記

許勉燉

汜有書院舊矣，東曰振雅，西即繫以古郡曰成皋。距城相望，不三里而有二，諸生誦讀聲相聞。蓋博習親師有資，敬業樂羣有地矣。古之學者，家有塾，黨有庠，術有序，無之而非學也。今自成均、辟雍而外，行省郡邑莫不立文廟以奉師表，即往往建書院以育英才。而宅中都會之處，風教尤殊，則地靈所鍾，人文所集，理有固然。夫域異小大，學無

---

[1] 民國《汜水縣志》卷十《藝文志》書作"乾隆五年八月"。

小大，邑之有治，是亦邑之中與其都會也。絃歌鳴和於東西，而圜圜雜呶介厥中，不為諸生謀修息之所於泮林之側，大懼彼都曷咏城闕成謠。士之游於邑者，於何觀德問業？是則學之不光，抑亦教之有闕。

余來是邦，懷此久矣，顧力未遑舉。國子生何子憲古慨起任之，度地營舍，割己產百畝助膏火，而余乃得增搆橡宇，撥置河灘地八頃有奇，以廊成之。既成，名之曰三山。三山者，案也，印也，臥龍也。緣堞而鼎峙，治勝槩在是。斯氣精爽萃，是將使迎其氣以發蔚然之秀，而且繫名維近，用別於東與西也。于是，延山長主講席，選邑士之俊，俾就學焉。時乾隆壬戌之六月也。既與立課程，公餘則造而考其業，諸生彬彬咸謁。爰進而詔之曰：賢亦知學之所以為學乎？宣聖開宗明義，首揭學而時習為訓。夫取今日所未知未能者而學之，此學之始也。取前日所已知已能者而習之，此學之繼也。又取平日所習知習能者，而時時尋繹之，此學之無間斷無窮盡也。不熟不已，即熟而猶不已。自古神聖賢人以及通儒名彥，下至百工衆技，未有不時習而能底于成者。故溫故知新，可以為師。知新即寓溫故中，則所學在我，其應不窮。溫故者，時習之謂也。子夏云："日知其所亡，月無忘其所能。"學以日記，習以月計。西河之教，疑於夫子所自來矣。且夫學非一端而已也。師氏以三德三行教國子，司徒以六德六行六藝賓興之，子以四教文行忠信教弟子，則以餘力學文。教顏子則先博我以文。文者，《詩》、《書》六藝，為學者入手工夫。古人八歲入小學，教之以禮、樂、射、御、書、數，樂正之造士也。春秋教以《禮》、《樂》，冬夏教以《詩》、《書》，而子所雅言，亦惟《詩》、《書》執禮，其徒身通六藝者七十有二人。《經解》曰："入其國，其教可知，溫柔敦厚，《詩》教也。疏通知遠，《書》教也。廣博易良，《樂》教也。絜靜精微，《易》教也。恭儉莊敬，《禮》教也。屬辭比事，《春秋》教也。"由此觀之，教者之所以為教，學者之所以為學，何一不本於六經，而後進之於六德六行者哉。善乎！柳河東之論文曰："本之《書》以求其質，本之《詩》以求其恒，本之《禮》以求其宜，本之《春秋》以求其斷，本之《易》以求其動，此吾所以取道之原也。參之穀梁氏以厲其氣，參之孟、荀以暢其支，參之莊、老以肆其端，參之《國語》以博其趣，參之《離騷》以致其幽，參之太史以著其潔，此吾所以旁推交通而以為之文也。"韓昌黎《進學解》曰："先生口不絕吟於六藝之文，手不停披於百家之編。"皆言學者取材之富與用力之勤也。昌黎又曰："作為文章，其書滿家，上窺姚姒，渾渾無涯。周《誥》殷《盤》，詰屈聱牙；《春秋》謹嚴，《左氏》浮夸；《易》奇而法，《詩》正而葩，下逮《莊》、《騷》，太史所錄。子雲、相如，同工異曲。"此言學者逢源之效而自得之樂也。《詩》不云乎"惟其有之，是以似之"，蓋學以經為主，而輔之以秦、漢諸子，暨唐、宋八家，關、閩、濂、洛五子之文，兼綜遐覽，以廣求其見聞而會通其義，蘊及其有得發而為文，汨汨然來，而且浩乎沛然。然則為學之方，非博無由返約，非多學而識，無由語以一貫也。夫窮經豈徒通經而已哉。經明者行修，而人為完人，經術經世務，而用皆實用。澤之躬而措之國家天下，胥是物也。今之學者，抱殘守闕，其病首在空疎，朝誦夕忘，其病更在苟且。欲救苟且之病，則以溫故知新之說進，欲救空疎之病，則以研經學古之說進。此非余一人之私言也，先聖昔賢所以垂教立訓，莫不由是也。既以語諸生，復錄而勒之，且述所以設是院之意，以告後之學者。

乾隆八年歲次癸亥閏四月立。

（文見乾隆《汜水縣志》卷十九《藝文志》。王興亞）

西灘界碑文

庚辰冬，蒞任茲土，緣汜境西灘地畝，西鄰鞏邑，東界武陟，北連溫縣，中隔黃河，被溫武佔種者久之。旋據邑士民王亮采、禹龍光、禹疇、柴益等呈控，前未詳准，委員會勘清理，歷經數載，始得斷還原業，築有界堤，東、中、西三界石碑。恐河流靡常，立於南岸三大王廟。全案勒石署前，並刊入志末，以與舊案永垂不朽云。

乾隆叁拾肆年陸月日，撫部院阿批准，藩司何議詳，護河陝道趙勘定。

（文見民國《汜水縣志》卷四《賦役》。王興亞）

汜溫武灘地區界定案

查得汜、溫二縣，灘地相接，汜水處於東南，溫縣處於西北，兩城斜照，中隔黃河。緣河身遷徙靡常，界址易滅，屢構爭端。

乾隆拾捌年，經委前任理事同知兆城勘丈立界之後，迄今多載，河勢南遷，溫民多侵汜地，汜水王令詳請委員勘丈，經前司詳委河陝歐陽道前往勘丈，歐陽道因辦理兵差，旋即陞任正署，各任久，未勘結。茲催。據護河陝汝道歸德府知府趙瑗詳稱，灘地跨河，丈算難得准確。乾隆拾捌年，理事廳兆同知議照現在辦法，河走汜則丈溫，河走溫則丈汜，洵為不易之論。今河走汜地並未北遷，理宜在溫丈算。查問汜、溫兩縣官民亦俱謂河無定準，不願丈河，應亦丈溫為便。溫縣灘地區號頃畝，既有輿圖可憑，又有印冊可證，較對明白，分清區界，將溫地儘數丈足，以南所餘者還汜，以東所餘者還武，則彼此無從置辯。先依司印弓式，製就丈杆，調取鞏縣知縣王璟幫同看丈，並撥鞏縣弓手二名，於四月初一日至溫縣，會同溫令朱中理、汜令王作明、武陟縣委員管河主簿溫保懿，較準繩窐，並用羅盤審定方向，督令鞏縣弓手秉公經直踱丈。

溫地西與孟縣接壤，向以朱龍河為界，自朱龍河東堤下，溫縣地字貳拾伍號之南北適中處步丈起，以三百陸拾弓為壹里，向正東丈足叁拾里零壹百捌拾弓，封立壹墩。正南至鞏、汜交界，正北至魏家溝土坡根，南北徑直齊平，即《溫志》元字五、六兩號分界之處西，共叁拾號。南頂鞏縣東，共拾貳號，南頂汜界，自前墩接丈起，再向正東丈足拾貳里，通共肆拾貳里零壹百捌拾弓，以肆拾貳里儘足，肆拾貳號壹百捌拾弓，儘還地字拾壹號之夾道，統以肆拾貳里半立墩為界。界東屬武陟，界西屬溫縣。又自魏家溝起，向南丈足拾貳里，係《溫志》圖列元字陸號拾貳區，南頂汜界之處，即在此第拾貳區，西南尖角封立壹墩，對準汜邑寥子峪，用繩徑至河邊為界。界東即為汜地。查志書圖列拾貳區，註有"破"字。破者，乃不足壹區之謂。印冊冊總共地陸拾陸頃拾壹畝貳分，以每區伍頃肆拾畝計之，應該拾貳區零壹頃叁拾壹畝貳分。今於拾貳區為定界，按冊尚不足數，查拾貳區南，尚有勾股形地壹段，計柒頃拾貳畝伍分，與元字伍號拾叁、拾肆兩區相連，即於此內，按數撥出，以補冊總之不足。其勾股形內撥補所餘之地，查係嫩灘，無庸入數。至元字拾柒號，志圖雖列捌區，而查對印冊總數只有貳拾叁頃叁畝壹分肆厘，以每區伍頃肆拾畝計之，只有肆區零壹頃肆拾叁畝壹分肆厘，應丈足肆里零玖拾伍弓叁尺，以南首所餘還汜。但查汜界舊係東北斜向，西南與中界壹字取直，今若改依溫地區分長短，使之犬牙相錯，則與原案不符，且慮交互糾纏，將來愈滋爭論，應通按溫民灘冊應得之地，為之截長補短，以此之有餘，補彼之不足。照依舊案取直定界，而取直之後，溫民各區所有缺角，即以餘地補之。因於元字拾柒號，按冊應得肆里玖拾伍弓貳尺之上，向南加出貳里壹拾肆弓叁尺，從東界坡根步丈起，向南共量陸里零壹百貳拾弓，封立壹墩。即從此對準汜邑孤柏嘴，用繩徑至河邊為界，界西即為汜地。再從溫縣衙門照壁起，對準汜水縣城，照依原數丈足拾肆里叁百捌拾捌弓肆尺玖寸，係在元字號，第拾區偏東之末，封立壹墩，定為中界。從此中界墩起，丈至貳字陸號拾貳區，西南尖角之西界新墩處，伍里零壹百拾肆弓叁尺，又從中界墩起，丈至元字拾柒號陸里壹百貳拾弓之東界新墩處，計玖里零貳百柒拾伍弓，兩邊俱用繩依墩取直，劃開為界。界南屬汜界，北屬溫，與原案相符，地無盈縮，而南北界址亦有定準。至於汜、武兩縣東西交界，在於河北，僅止貳里零叁拾捌弓。前因東界模糊，武民因有越種，今東界已定，則東武西汜不致混淆，可以各安其業。若迤東之地，向以黃河為界，南汜北武，本無爭競。再溫、武交界之處，前次溫民原一士等籍夾道為詞，於坡根叁里之南，漸次向東越佔，以致武民張生興、田實等於乾隆叁拾叁年玖月內，赴司呈控，未結。今此案已從西界直丈至東，照圖限定，以北寬肆拾貳里，南寬肆拾貳里為度，則彼案別無爭較，亦可以飭縣敘明，由懷慶府轉詳完結。分定界址之後，盡皆輸服，遞有遵依等語。本司披閱地圖，該護道勘丈分撥之處，甚屬公明平允，應請飭令汜、溫、武叁縣，照依勘定丈尺形勢，封墩立界之處，俱立石碣為界，刻明弓數，用灰汁灌注土內，毋使動搖。飭令各縣人民恪遵界限管業，不許絲毫侵越。

再據該護道議稱，現在麥禾遍灘，將次成熟，收割之時，應仍照乾隆拾捌年兆同知議法，不問何人佈種，照依新清之界，各自收割，不許再行糾纏等語。雖依照依舊案定議，但黃河漲出灘地，每為鄰近之人耕種，必經官司判斷，而後業歸各主；未斷以前，種地之人視為己物，已費工本，若於麥熟盡隨地去，則得地者坐享其成，而種地者全失其利，於情終有未平。昨奉本部院按臨懷郡，據溫、汜等民人攔輿喊控，蒙諭該府前往彈壓，並諭該府縣仿照主佃分收之例，各半分收，以息爭端。並令趙守再赴會同督收業，據該府縣並護道親詣灘地，將溫民應收壹半之麥，督令收割完竣，存貯公所。該縣王令督令汜邑地户收割完竣，各據稟報在案，應毋庸另議。至地内已種早秋，復移據趙守議稱，將來成熟之後，並照貳麥之例，各半均分，以昭畫壹。所遺麥茬白地，請俟早秋分畢之後，聽汜民悉以新界播種，於杜爭之意，更為周密等語。本司覆查，地既勘分，立界已定，凡斷於汜者，應歸汜民管業。惟早秋係經溫民費本耕種，應照貳麥之例，與汜民各半分收；仍飭兩縣地方官先行會同查明，按畝註冊，曉諭新舊户，並專管灘區之號差遵照，將來成熟之時，兩縣督率分收，毋得稍有爭競。至於已經割麥之地，斷給汜民者，應聽汜民隨時犁種，不得待分畢，早秋而後播種，致失地利，並啓溫民覬覦之心。從此，斷案已定，兩縣地方官當各率其民恪遵埝界管業，若有恃強越種，立即嚴拿重處。押令毁。倘地方官約束不嚴，偏狥生事，查出即行參究。是否允協，合將送到圖志，具詳轉呈，伏候本部院鑒核，批示飭遵等因。蒙此，相應遵批，勒石永守，並將碑摹呈送各憲查核存案，以杜訟端云爾。

（文見民國《汜水縣志》卷四《賦役》。王興亞）

附叁界碑文

開封府汜水縣為越界區界等事。乾隆叁拾肆年陸月拾日，（肆）蒙特調開封府正堂加三級紀錄捌次周，牌蒙護理河南分巡河陝汝兼管水利道歸德府正堂加三級紀錄拾貳次趙，咨蒙欽命河南等處承宣布政使司布政使兼管河工事務加伍級紀錄拾次何，咨蒙陞任撫部院何批，本司呈詳，汜、溫兩縣灘地，經護河、陝、汝道勘丈分界緣由，蒙批，據詳護河、陝、汝道勘丈汜溫等邑，灘地緣由，殊屬平允，均如詳轉飭遵照，仍令將詳案勒石永守，以杜訟端。取碑摹送查，此繳圖志存等因，由河道府轉行到縣，除司詳全錄，另勒壹碑外，所有勘丈大界，查照全詳摘敘，勒刊於後。[1]

計開：

東界從溫玩花樓坡根步丈起，向南共量陸里零壹百貳拾弓，封立壹墩，即從此對準汜邑孤柏嘴，用繩徑至河邊為界，界西即為汜地。碑立孤柏嘴大王廟内。

中界從溫縣衙門照壁起，對準汜水縣城，照依原數，丈足拾肆里貳百伍拾捌弓肆尺捌寸，係在元字玖號第拾區偏東之末，封立壹墩，定為中界。從此中界墩起，丈至元字陸號拾貳區西南尖角之西界新墩處，伍里零壹百拾肆弓三尺，又從中界墩起，丈至元字拾柒號陸里壹百貳拾弓之東界新墩處，計玖里零貳百柒拾伍弓，兩邊俱用繩依墩取直，劃開為界，碑立汜河口大王廟内。

西界自魏家溝起，向南丈足拾貳里，係溫縣志圖列元字陸號拾壹區之西南尖角，封立壹墩，對準汜邑寥子峪，用繩徑至河邊為界，界東即為汜地。碑立寥子峪大王廟内。

----

[1] 叁界碑首同此。

清乾隆叁拾肆年拾壹月知汜水縣事王作明附刻。

（文見民國《汜水縣志》卷四《賦役》。王興亞）

東灘界碑文

汜境灘地，東鄰河陰，北濱黃河。乾隆年間，河民越界站［佔］種，殹斃區户馮某，邑人士上控。憲批府委滎陽縣知事王窘、會滎澤知縣錢汝豐、汜水知縣張允熹會勘。南自石槽溝，北至河北柳毅廟，對準子南午，北直至河邊，河東汜西，永爲定界。刊立叁碑，壹立後丁村三官廟内，附碑全文。河、汜灘地大界，南至石槽溝底，中、北照河北柳毅廟，河東汜西。

大清乾隆肆拾貳年正月貳拾日。

府委滎澤知縣錢汝豐、滎澤知縣王窘、汜水知縣張允熹、把邊區區頭宋承孔會勘子南午北。

（文見民國《汜水縣志》卷四《賦役》。王興亞）

滎汜灘地界記[1]

嘉慶柒年季冬月吉旦。

石槽溝内中間，立定中臬，子南午北一線，到河東屬滎，西屬汜守。爾界永絶爭端，言歸於好。溝内中間，距山根東西各拾捌弓正。

滎澤縣河南巡政廳加三級沈德良，文林郎知滎澤縣事加五級紀録十次馮兆麟，文林郎知汜水縣事加五級紀録十次巫乃白，公仝立。

署汜水縣督捕廳加三級劉錦標。

（文見民國《汜水縣志》卷四《賦役志》。王興亞）

節孝總坊記

知縣謝益

邑之建節孝總坊也，我朝之盛典也。數百人飲茹含蘗，數百年潛德幽光，或貞或烈，或節或孝，或婦或女，同得旌表入祠，流芳百世，誠何如之盛世也哉！余前署衛輝之新鄉縣，將其邑數百閨秀詳請入奏，命未下，而已卸縣事，建坊之事，特有待於後人。前歲宰成皋，急詢邑之紳士，以爲前任婁潤篤大尹任事時，會詳請旌，而奉憲駁。後此署事者，

---

[1] 民國《汜水縣志》注：此本拓本在段坊貢生宋瑞生處。

或一年，或半年，未及復行詳請，是以久延。予以為前在新鄉時之有待於後人者，今蒞斯邑，將前任亦有待於我也。亟為之詳覈查訪，於前次奉駁者更正之，未彙入者附益之，共得四百九十七人，詳請於上憲，即特奏。奉旨準建總坊入祠，恩給坊銀三十兩。於是，聚邑中紳士籌之，鳩工聚材，非三百金以上不能竣事。時有邑中賢紳士劉中義、周志禮、趙文星、李中奇、禹東住、劉承猛、禹敦化、趙函三三十人任募捐，柴乃順、朱光閭、吳光升、雒士杰、王福興、傅廷彥、張孔道六人任建修，遂得不日成之。輝煌而鞏固，人與汜水而長清者，坊亦與方山而永峙。照聖恩以表苦節，誠何如之盛事也哉！邑之紳士請曰："是事也，不可以無記。"余曰："然。"謹記其巔末，爰勒貞珉，以垂不朽。

（文見民國《汜水縣志》卷十《藝文志》。王興亞）

汜水考棚工成記

知縣謝益

蓋功之不可無始基也，基之不可無成功也。作室如是，作聖亦然。汜水向無考棚，縣試時，俱集縣署之大堂，堂坐不足，繼之堦下。雖為之設棚，然風雨之零，雪霜之侵，有所不免，其苦有不堪言者。前任婁澗筠大令，慨然欲興之。曾於署北築室一楹，旋即卸事去，此工遂寢。後之署事者，或一載，或半載，皆不及踵成。余視事斯邑，即欲募修。然以文廟、崇聖祠、武廟、三義廟、八蜡祠、先農壇、文昌閣，俱破壞不蔽風雨，不可不先為修理。而節孝祠之總坊，不可不急為修建。故考棚尚未興工，一以重神明禋祀也，一以紓民間材力也。去冬，各廟工程及節孝坊俱竣事。今春乃與邑之紳士趙萬卷、徐一峯等商之，皆曰："興工考棚，此其時矣。"於是，與廣文李壽昌及紳士徐、李等，邀合邑紳士共籌之。禹東住等任募捐之勞，趙士儒等任監工之勞。六月十七日興工，十二月望日告成。即以前任婁所築之一楹為基，譬如平地，已覆一簣之義也。踵此，一楹而成之，譬如為山，不虧一簣之義也。室既成，進邑之生童而告之曰："作室之功如是，作聖之功亦必如是。"衆曰："請問其說。"余曰："《論語》言志學，《大學》言知止，《中庸》言致曲，《孟子》言可欲之為善，即此室之始基於一楹也。《論語》言志學，必繼之以立而不惑，而知天命，而耳順，而從心所欲，不踰矩。《大學》言知止，必繼之以有定，而靜而安，而慮而得。《中庸》言致曲，必繼之以曲能有誠，而形而著，而動而變而化。《孟子》言可欲之為善，必繼之以有諸己之為信，而美而大而聖而神。即此室之基於一楹，必同力合謀，而搆材，而興工，而力版築，而塗丹臒，乃成此廣廈也。作室如是，作聖不如是乎？今吾所率若等月課於斯室，講學於此室，考試於此室，更當與若等日兢兢焉，日孜孜焉。相黽勉於始基之勿壞，成功之可期。庶幾希賢而希聖，無愧此室焉！可矣。"

（文見民國《汜水縣志》卷十《藝文志》。王興亞）

周廣崖先生教思碑記

李師泌

先生姓周氏，諱開昭，字仲晦，廣崖其號也。始祖諱太貫，明初，自洪洞遷汜。書香綿衍，代有偉人。祖諱宗武，尤嗜學，為邑庠生。延師教子，有古竇氏風。邑令潘公表之曰"義方堪式"，錄實也。父諱三重，品學兼優，登戊子賢書，著有文集，待刊。一時知名之士，多出其門。生有四子，其次為先生焉。先生性孝友，資穎異，恪守庭訓，篤學不倦。尤邃於四子書理，細研詳批，紙無餘地，一時傳寫，競以為珍寶。他如經史子書，皆手抄熟誦。而醫方命學，亦罔不精通。其為文，理直法密，專務醇正，不事陳言，見之者僉謂先正矩矱於茲不墜。年十八，入邑庠，弱冠食廩餼，試輒冠軍。與胞弟廣巖先生競爽齊名，時有難兄難弟之譽。無何，廣巖先生領己酉鄉薦第一，旋於己未捷南宮，入詞館。而先生文高數奇，屢薦不售，卒以明經終。士論咸惜之。晚遭目疾，遂絕意功名，潛心理學，期於明心見性而後已。

維時四方之士多從之者，蓋先生之學為之召也。先生教人，務以品行為先，文藝次之。常曰："存好心，行好事，說好話，讀好書，則為好人矣。士有講文藝而不重品行者，非吾徒也。"以故遊其門者，率皆端方醇厚之士，而浮薄之子不與焉。及老，辭生徒，終日靜坐，常誦先哲格言及困謙卦辭以自遣。教於家也，則以文公家訓為準。其教於鄉也，則以文昌陰隲為先。且與父言慈，與子言孝，與兄言友，與弟言恭，聽者恆不忍遽去。有鄉老成宋敦復先生嘗稱之曰："品學如此，其於聖學忠恕之傳，篤信之守，庶乎近之矣。"迄今思之其言，良不誣也。先生沒世，今已十餘年。凡在士林莫不景仰則效，而愚夫婦亦咸稱道之弗衰。則先生之教思無窮，廣被於人者，豈徒及門之士已哉！

先生生於乾隆十六年辛未，卒於嘉慶二十年乙亥，享年六十五歲。配傅氏。子三：長紹稼；次紹復，戊午舉人；三紹禮。孫二：德楠、德懋，皆醇謹好學，克繼祖志，於此尤見先生之遺教有素云。

道光。

（文見民國《汜水縣志》卷十一《藝文志》。王興亞）

澗溝屈子祠記

周開暄

讀書台，東漢屈伯彥講學處也。舊有石底山，為浮屠所據。道光元年，邵憲臺官汜，命增生王鳴歧等，另擇隙地重修之。明忠節汝南訓導王良實之裔王宗禮，時為屈子祠道人，願以己宅為祠宅，以己地為祠田。邵父師捐錢拾肆仟，播拐區地二十畝，以為香火之資，使諸生以時習禮於其臺，向之仰止無地者，賴邵侯而溯洄有日矣。

道光六年，澗筠婁老父師蒞茲土。下車之日，他務未遑，先修黌宮，繼起書院古廟，立義學十二，聚貧乏子弟於其中，延師教誨。嘗親詣塾，講明經史，申孝弟，明禮讓，三科內中試者九人，狀元一人。暄時主講，覽古亭義學，歌曰："珊網羅才氣鬱貞，先求賈誼及吳英。寒儒誰復遺珠嘆，多士還欣泮沼登。喜聽絃歌來偃室，不謀溫飽亦壬曹。祇令捧讀賢明傳，亮節清風信服膺。"又曰："種柳栽桑播義田，師生處處設青氈。讀書臺下聞新法，賢者亭中留口傳。投筆簿書無誤事，採風彤管已成編。勸君還著大文字，若諭何蒙十四篇。俸滿引見。回任，竹馬之迎三十里。"暄亦重修屈子祠，請婁侯曰是時也，偶有儒行者一遇窮困，即謂報應或爽。屈子生不享朝廷之俸，死不傳平生之言，僅附於門人《郭林宗傳》。賢邑長之官斯土者，或祀之社，或式其里，長言之不已而詠歌之，瞻拜之不已而廟貌之，亦可見為善之無不報，而後之為善者勃然興矣。計婁公回祀纔八日，而陞杞判，抑冤數十案，課士子二百人，日不遑食，猶修先賢祠以勵後進，其身去汜而心未嘗去汜也。昨署印鄭縣，理煩治劇之餘，集汜之賢明為一書，節孝為一書，使後至汜任者，登之棗梨，則汜之砥行卓卓，不將與屈子而並傳千古哉！則即讀書臺記，為去思焉，可。

　　道光十五年。

（文見民國《汜水縣志》卷十《藝文志》。王興亞）

屈子祠記

邵堂

　　浮戲之山，汜水出焉。逶迤而西，林木奧衍，溪流環帶，鬱然深美而秀拔者，是為石底山，漢屈伯彥講學處也。舊有臺，建祠其上。後為浮屠所居，改為聖母廟。其興廢之由，蓋不可得而詳矣。竊維屈子生東漢末，黨錮之獄方起，獨能退棲山林，傳經於家，不與三君八俊者流同。罹於禍，而其姓名僅附見於《郭泰傳》。然稱泰就學三年，博通墳典，名震京師，蓋其有得於隱居樂道之義，而深沉明達，不屑屑於名利，蓋可知也。古所謂鄉先生歿而祀於社者，此非其倫歟。時代隔絕，欲訪其遺事，而不可復得。其所留遺，祇此巋然一士［土］址，而今又將淪沒於風月土礫中。坐令古之遺澤，任其堙廢而不彰，亦守土者之咎矣。擴地立祠，專司崇拜，礱諸貞石，以垂久遠。庶此邦讀書稽古之士，知所景仰焉。今雖不能復臺之故基，而二千餘年將廢之跡，藉以存其實而永其傳，未始非表揚前哲之一助矣。後之司是土者，勿以具文視之可也。

（文見民國《汜水縣志》卷十《藝文志》。王興亞）

重修汜水縣節孝祠記

婁謙

　　節孝之重於天下久矣。立祠縣治，多附學宮。朝廷勅有司歲時祭享，與凡崇德報功者，比有其舉之莫敢廢也。汜邑節孝祠在城隍廟之東，嘉慶二十四年，巨浸灌城，與文廟同時傾圮。今紳士重修文廟，此祠未克并舉，而祀典攸關，且為閨閫化導之本，守土不敢玩視。幸其功費不繁，爰為籌畫，計費若干，鳩工庀材，經營規度，兩閱月而告成。其木牌之朽腐者，亦一一重易，使松筠之操，不沒於瓦礫之場。城隍歲時享祭，祈禱頗多，此祠為所必經之處，自時厥後，瞻廟貌之維新，思朝廷之所重。凡夫某氏節，某氏烈，某氏賢，某氏孝，既邀綽楔之榮，復受馨香之報，其流芳於奕世者，當何如感奮也。工成，為記其緣起，而勒之於石。

（文見民國《汜水縣志》卷十《藝文志》。王興亞）

重修汜水縣學記

婁謙

今天子即位改元，崇儒重道，數年內，先後以理學諸儒向未崇祀者，增入文廟兩廡，典至盛也。中州自前明訖本朝，獲於是典者，有三人焉。籲！伊洛諸儒之遺風，蓋歷久而未泯。然則士生天地之中，際右文之朝，其所以修身明倫，仰承列聖涵濡，暨今上扶世翼教之至意，宜何如鼓舞而奮興也乎？故修身明倫，關乎學校。學校不立，不但諸生無以時習禮樂，且無以觀厥型、奉明禋也。此文翁化俗，所謂以學為先，與昔太史公觀廟堂車服禮器之盛，低回仰止，卒為通人。其時，郡國未有學也，而收效已若此，況今無往非學，而可置為緩圖哉！

汜邑文廟之設，已歷數朝，而隨圮隨修，理當竭力。乃者宮牆內外，煥然一新，春秋享祀，幸可以妥靈爽而肅觀瞻矣。諸生顧明倫之義，修身之本，以仰溯伊洛淵源，而無負聖朝作人之雅化，處為正士，出為名臣，謙忝列守土，有厚望焉。是役也，教諭趙君得辛、典史倪君綬董其成，紳士貢生趙萬卷、劉中義，廩生鄭應樞，監生張儒林、時雨興襄其事，例得並書。爰敘顛末，而勒諸石。

（文見民國《汜水縣志》卷十《藝文志》。王興亞）

汜水護城堤記

婁謙

汜水有城無濠塹，城抱廣武山，東北依山，城內形如釜底，四圍山形如仰盂，縣庭尤庳而小。諸當大雨時行，東則滎陽西鄙及本境東北之行潦，爭湊東門內外，直入堂皇；南則禹、密、滎，每縣及本境諸山之行潦，西則鞏邑大伾、虎牢關之行潦，軼汜相逼；而黃河邇來南徙，時截玉門渡，自北溢入。

嘉慶二十四年，水入西門，衙署、民廬多被傾折，官民遷徙，至今夏秋連遭潦潦，東西門雖設門板，而城當外，山水陡至，巨浸汪洋。城垣歲久鬆塌，自前任詳修，屢因工程停止，未準。登城四望，令人寒慄。曩行天下水國，見困於水者甚多，未有官民坐困於水者也。汜水護城隄，築自前令許公勉燉。迄今近百年，已無形跡。予承乏汜水以來，每思築隄捍水，而官民皆貧，興工匪易。今年春，謀之士商，捐俸倡於上，衆皆久苦水患，傾囊恐後，乃相其地勢，先築隄以護城；已，又開汜水故道，從西南山下，直趨黃河。由是東南諸處之行潦，流行紆折，汜不逼城，或可百年無患。雖大興民利，未能如西門豹諸人，然不煩公帑，不役民力，功成不一月，而金錢衹費數千，抑亦古人所謂拙者之為政也。天下官廨，無如汜水之陋，初移縣於此，當不甚卑濕，今則獨居汙下，為衆水所歸，欲再興土木，改建堂皇，而力實有所未逮。且城內外得免於水患，各安其房，雖日在泥塗之中，亦所甘心矣。爰記之，以告來者。銘曰：

　　城依山險，水奪民居。下吏抱關，一籌莫舒。始時瘠土，雨潤如酥。三年以來，陰雨多虞。江漢南溢，河決淮徐。矧兹蕞爾，隄防曷疎。爰築爰竣，引水歸墟。我民急公，幸保田廬。優柔不斷，幾至為魚。後來守土，不見是圖。

　　　　　　　　　　　　　　　　（文見民國《汜水縣志》卷十一《藝文志》。王興亞）

例授修職郎項城縣訓導淡泉王先生墓表

王檢心

　　道光二十一年歲次辛丑三月二十一日，淡泉王先生卒於項城官暑［署］，年四十有一，將以咸豐三年月日葬於某。中州人士咸咨嗟慨歎，謂自孫夏峯倡道蘇門以來，此學不絕如綫，得先生實力講明，人心為之一振。今先生歿，而繼起無人，不能不為吾道惜也。余同年友，戊戌，晤先生於汜水，坐談月餘，恍然有悟。先生持夏峯遺書相贈，以為學的。別後忽忽十四年矣。前聞先生捐舍，既為文而哭之。今歲辛亥至大梁，先生猶子希曾以先生行述囑為表墓之文。余誼不容辭。按狀：

　　先生諱鈐，字寶儒，號蘿溪，晚號淡泉。河南新鄭人。太學濟川公次子也。七歲入小學，穎悟絕儕輩，弱冠入庠，道光乙酉領鄉荐。佐父修族譜，族黨咸稱之。屢上春官不第，讀夏峯《理學宗傳》，慨然有心為聖人之志，默坐澄心，體認天理，深契斯道之大本大原，力絕程、朱、陸、王異同之見。癸巳，計偕至京師，倡為責善會，與李強齊、倭良峯諸同人各為日記，自修自證，一時鼓舞振奮，多有興起者。乙未，歸里，充養益完粹。父子兄弟自為師友，門內肅雍，真性隨時流露。佐父為親親，會敦宗睦族，翕然無間言。謝子遷大尹聘主講成皋書院，諄諄以周子《太極圖說》、張子《西銘》、程子《定性書》、朱子《小學》等書，因人施教，聞者各有領會。輯《儒粹三篇》，序夏峯於十一子之後，以接宗傳。庚子，司訓項城，按月考課，捐俸供膳，勸善懲惡，情賄盡絕。督修學宮，文教蒸蒸日上。辛丑，傳染時疫，猶與諸生講學不輟。遠方來謁者，延至榻前，諄切教誨，無倦色。病革，語同人曰："三樂之中，惟不愧不怍四字，尚有未足色處。"又曰："此時惟覺快活，毫無一點掛礙。"先生望道未見之心，昭然若揭。抑亦可謂達於死生之故矣。

先生天資剛毅，學養有道，深知人之本心，隨在各足，故能乘機開導，指示迷途，覺悟即在當下。談學，初終不主一說，歸於夏峯"聖學本天"一語。生平深造自得之妙，悉發之於詩，彈琴詠風，怡然浹然。晚歲，於家國天下，人情物理，無不洞悉，洵有體有用之學也。配張孺人，繼配高孺人。子希閔，庠生。著有《陸文安公要書》、《陽明良知譜》、《責善日記》、《覺照軒藏書》，俱待梓。《儒粹三篇》謝子遷刻於汜，李強齋刻於粵東行世。先生才大而心細，學純而識足，使假之以年，其所造何可限量，乃竟賫志已歿，豈非天耶？然夏峯之學，由此而益明，先生主力也。李強齋既誌先生墓，余復撮其大者，表於其阡，以告後之學者。

咸豐三年。

（文見民國《汜水縣志》卷十一《藝文志》。王興亞）

邑侯馬少原請准豁免游河灘沙壓地租德政記

尹聘三

粵稽古來良吏，治蹟顯著，德垂當時，聲施後世者，指不勝屈。而求其蘇困扶厄，憂民之憂，則莫如我邑侯。邑侯姓馬氏，名毓麒，少原其號也。扶風望族，江右名士。自涖汜土，以身勤事，以勞先民，諸多善政，更僕難數，而惟游租一事，尤令人深感慕而不能忘。邑北部東西兩灘，額征租銀六百一十兩零，耗銀七十三兩零，均按麥禾攤派。迺自道光二十三年，黃水滔天，水落後地被沙壓，難以耕種。但租賦所在，按年仍得完納。附近居民賠累不堪，屢請停緩，未及轉詳。迨我邑侯榮任，有區戶生員孫殿等、區頭儒童張書紳等，復呈案下。我公痌瘝在抱，深悉輿情拮据，親至勘驗，見其積沙深厚，實難種植，不覺目擊心傷，旋即備文詳請停緩。上憲發委查驗，據詳申奏，幸蒙恩准。刊刻謄黃，徧行曉諭，民憂除而民困蘇矣。闔邑感德，頌聲載道，而猶恐德意不能垂諸久遠也，爰勒石以誌之。恭錄咸豐七年十一月二十六日，內閣奉上諭：

英桂奏沙壓地畝糧賦懇請停緩一摺。河南汜水縣游河灘地盡被沙壓，既據該撫查勘，實屬積沙深厚，不堪種植，若將錢漕照常征收，民力未免拮据，加恩着照所請。所有汜水縣游河灘地三百七十五頃十二畝零，民欠未完道光三十年，及咸豐三、四、五、六等年，丁耗錢糧，自道光三十年為始，着按年先行停緩，以蘇民困。候數年後，能否耕種，再行察看情形，分別辦理。該撫即刊刻謄黃，徧行曉諭，務使實惠均霑，毋任胥吏舞弊，用副朕軫念瘠區至意。該部知道。欽此。

咸豐七年十一月。

（文見民國《汜水縣志》卷四《賦役志》。王興亞）

修虎牢關記

項城王詵桂

　　蓋聞地理不判古今，人謀則有疏密，故以虎牢奇險，至隋乃不難一旦失之，庸妄者何足惜哉！踵謬者殆未之思耳。夫虎牢所以鎖鑰山河者，以其高據大坯，東汜北河，勢盡川陸也。故自春秋、戰國，以逮兩漢、六朝，或邑或郡，或關或州，並未去此而他圖。即或添旋門關於西，添成皋關於東，亦以左右此城，未嘗置此而不顧。古之人深知地利，用能以一城而為中州之樞。自隋之移城山下也，登高既可以瞰堰水，亦可以灌。況乎關在汜西，城在汜東，火器弓弩，自相掣礙，顛倒錯亂，有如此乎。尤其甚者，流傳俗諺，既昧虎牢、成皋之舊；附會小說，直作呂布、張飛之城。邑乘既誤，郡志依然，不考史鑒，不參《水經》，惟取今城之內外土阜，浪錫嘉名，致近世談地利者，為所瞀亂。且復筆之於書，一似今城形勢，且或過於古之制也者，豈不重可詫也哉！

　　頃者，亳匪西擾，列憲知汜志失考據之實，汜城失設險之意也。謀修虎牢，資控扼下，其事於河南太守、汜、鞏大令及汜紳牛梧岡副戎，前後遣員監修新關於汜水之西，虎牢、成皋之間，蓋亦今日孔道也。會汜人亦修寨於成皋關上，可與新關相犄角。牛副戎持稟列憲稿，囑予為文記其事。予視其稿，辛酉之冬已工興，癸亥之冬始蕆事。砌石為基，築土為牆，牆之圍也，以六十丈計；基之厚也，以三丈五尺計，高則二丈五尺，頂收一丈五尺。敵樓一，存軍械，資瞭望也。水洞二，洩山水，保關牆也；皆甃以磚石，共用制錢五千一百餘千。拮据於民力凋殘之餘，為時如此其久也，用財如此其多也，而卒能有成，諸君可謂能事矣。又慮關無後勁，豫修老犍坡為鞏關，更恐關無守禦，請撥開封營之弁兵，蓋牛副戎之言如此。予尤願其擴而大之也。

　　夫虎牢遺址，宛然在也，高出眾山，其平如掌。雖河囓其北，而東西南三面重濠，猶可七百餘丈，其深則數十丈、十數丈不等。無論大加修整也，即僅安堞亦權可守。如曉汜人以此地之利，使之移彼，就此插表夯築，尅期可竣，與新關成輔車之勢，為汴、洛聯指臂之形，豈不偉哉！夫守洛之計，八關以外，間道尚多可慮，當事者自有碩畫，豈鯫生株守陳篇所能測歟！直抒愚見，深愧不文。勒之貞珉，俾記歲月。襄事出資，例應並書，以垂不朽。

　　咸豐十一年。

（文見民國《汜水縣志》卷十《藝文志》。王興亞）

節孝田孺人祔葬墓表

項城王詵桂

　　嗚呼！此節孝李母田太孺人之墓也。蓋玉以磋而其光益瑩，檀以爇而其香彌烈。故凡艱難之相厄，率皆造物之相成。假令太孺人琴瑟永鼓，彤管標齊眉之徽，榛栗常將，高堂覯重慶之樂，豈非德門盛事，抑亦淑媛禎符。然而賢雲孝冰，固已克盡庸行，矢日回天，又烏由覯此奇節也哉！惟其天瘥時行，王父早逝，翁旋見背，夫又繼亡，三喪疊至，三孤弱齡，既無期功之親，又值饑饉之歲，太孺人婦也，兼子怙而加恃，竁穸無怨，禮儀教誨，悉稟義方。趙武幸存，若敖不餒。不意孱弱巾幗，竟荷零丁門楣。藉茹素而寓茹荼，悲哉平生之苦；撫黃口以對黃泉，難乎臨終之言。斯固無忝禮樂，克稱義母者矣。尤其难者，孀姑病中，恆深思子之痛，鬼蜮意外，不無毀巢之心。太孺人芘蘭承歡，冰霜勵志。黃鵠雖愛娛親，陽爲笑語，白刃相隨取義，誓□存亡。蓋其孝也，終身無間。其節也，百折不回。迨諸孤稍長，課耕讀以維嚴。聲和將雛之曲，寒機軋軋；鵑啼女貞之本，血淚星星。卒之，孝筍之孫枝挺生，鳴梟之惡聲遠從。太母饒含飴之樂，羣小懷革面之羞，可不謂志貫金石，信及豚魚者與！若夫慈以御下，善以待人，廉泉湧而讓木榮，仁粟施而義漿普。在他人即推畸行，在孺人只居末節，以故天姥峯頽，夫人城圮，巷哭時聞，春相不作。不曰北闕芝倫尚未貴也，則曰西河菖蒲胡不再焉。總以眷眷人心，反疑夢夢天道。嗚乎！桃李不言，自有成蹊之異；松柏後凋，必閱歲寒之時。古訓久垂，於今爲烈。桂也晚交喆嗣，少公瑾登堂之拜；深企壼範，選陶母表墓之文。用竭愚誠，特書卓犖。銘曰：

鬱鬱佳城，昔所自營。化鶴同歸，節柏齊生。

（文見民國《汜水縣志》卷十一《藝文志》。王興亞）

清授登仕郎王坤元先生墓碑

趙五星

古者井田、學校，皆朝廷代為閭巷計。三代而還，以養以教，人自爲謀，苟非精明渾厚，克自振拔者，每無以光前而裕後如先生者，可為閭巷法矣。先生始祖天壽，自晉之洪洞遷汜虎牢關。二世讓，三世庠生政，四世廩膳生璿，五世太學生全，六世聰，七世太學生彥章，八世鼎，九世庠生國卿，十世庠生儉，十一世增廣生元起，十二世价。累世有清德，傳至曾祖致遠公，遷制東十里新店，遂家焉。及祖河，家中落。先生父忠信公，往來梁垣，為謀生計。先生十四歲，遊大梁，基父舊業，经營數十年，始克復前人恆產。輸粟，授從九品職銜。命長子化純，次子化普，入學習舉子業。化純屢試童子軍，在梁垣彝山書院肄業，試輒冠其曹。先生勤儉自持，而好敬禮賢士。邑士人入省垣應試者，無論識與不識，皆依爲東道主，川資有不給者，應之無吝色。洎歿，汜士人咸思慕之，有垂泣者。長子化純入太學，克繼父志。次子化普授九品銜，理家政，均能遵守貽規如先生者，可為閭巷法哉！

（文見民國《汜水縣志》卷十一《藝文志》。王興亞）

截取知縣牛子千先生教思碑記

魏聯奎

　　先生既歿之二年，同人哀慕不已，謀所以不朽先生者，囑奎爲之記。奎維先生之品之學，小子何足窺測萬一。顧奎從學最久，先生望奎爲尤厚，何敢以不文辭。

　　先生汜水牛氏，諱俊，字子千，邑西穆溝人。生而岐嶷，爲大父太學生掄元公所鍾愛。庭訓維勤，先生賦性純篤，其為學由堅苦。入髫年，專心經史，寢食俱廢，嚴冬恆不設衾褥，弱冠補弟子員。同治甲子，登賢書，師友咸以大用期之。顧數奇，屢試禮闈，薦而不售。光緒庚辰，揀選知縣，分發雲南，旋以父紹益公、母潘氏年老，不赴。有以祿養之說進者，先生曰："蔬水之奉，愈於鼎烹，吾不以彼易此，且吾迂戇，不諧時俗，揉直為曲，既有不可，若以狂愚賈禍貽老人憂，吾罪滋大。"卒不出嗣。當截取，同人復以為請，先生亦不應。噫！出處之際，古人所難，王陽明赴龍場驛數千里，轉死流離，卒為一代名臣。先生膝下承歡，以孝廉終老於家，迹若不相侔，究之忠孝無二理。叱御迴車，各行其志而已。先生既絕意仕進，迺壹志授徒教人，以篤實為宗。平昔師弟雍睦如家人父子。至考經課藝，督責曾不稍貸。及門之士類，能志先生之志，成就來學，其出而仕者，亦卓卓各著循聲，學道愛人如先生教。奎供職秋曹，離函丈者二十餘載，每賜手書，輒勉以忠義大節。易簀之前歲，猶殷殷望奎得爲御史，蓋其胸中蘊蓄者深，欲藉奎以傾吐，而竟齎志歿矣。

　　於戲！人知及門得力於先生者衆，夫孰知先生所望於及門者，固身有盡而意無窮也。至處家友愛，待人忠厚，遇事廉明剛正，凡我同人得其一，皆足自見。先儒云能行所學則未也，不辱師名則有之。奎不敏，願與同人勉踐斯言，以慰先生於地下。爰作石誌之，永垂不朽云。

　　　　　　　　　　　　　　　（文見民國《汜水縣志》卷十一《藝文志》。王興亞）

張公紫垣懿行神道碑

盧氏史寶安

　　中州為理學名區，嵩嶽正位，河朔環拱，間氣所鍾，代有隱君子，如張公居辰，字紫垣，人號鄧溪先生者，亦其流亞也。公先世朝陽公，明洪武間由晉遷汜，歷十五傳至公。邑人士述其行誼，僉曰："公至性過人，親沒執喪，廬墓三載，必生盡歡，死能盡哀，其奉親也孝。"

　　公昆仲二，伯氏字天樞，生子四，曰同堂、同朝、同元、同德。公子一，曰桐蔭，即以同治癸酉選拔，除藍田令，著有循聲者也。凡析居之例，每視其兄弟之額，公則五分其產，令兄弟之子四，己之子一。其處兄弟也友。公家營錢業，嗣經主者侵漁，虧折無數，公悉清所負。而欠債者，舉其卷焚之額萬焉。其處事也厚。道光歲飢，邑有陳氏鬻其二女。公收撫之，轉歲，還其家。其宅心也慈。斯外如捐義田，設義塾，買舟濟人，創建書院，出資累千百，皆殷殷樂輸。其用財也義。

同治丁卯、光緒丁丑，汜邑水旱為災，人民流離失所，道殣相望。公竭力籌賑，而以身董之，全活甚眾。其待人也惠。凡此犖犖大節，表著於外者，皆有實例可紀，無可掩焉者也。至其內修何如，雖不可得而見，由外以測其內，德性文學，斷可識矣。誠哉其君子也。顧吾獨有感焉者，以如是之人而以諸生老，嘉言懿行，不能出於里閈，流風餘韻，僅可稽之邑乘。世有鬱璨奇瑋異之才，抱覺世牖民之志，恝焉不遇，嘯傲巖穴，以天下之善士，退而為一鄉之善士，如張公其人者何限，何獨於張公而戚戚也！

公生於嘉慶十八年七月二十一日，卒於光緒五年十一月十八，享壽六十有七。

光緒五年十一月。

（文見民國《汜水縣志》卷十一《藝文志》。王興亞）

張公協臣懿行神道碑

信陽陳善同

君諱桐蔭，字協臣，又字鐵門。鐵門者，延川古地名，以為字，示不忘其民也。君以拔萃科，朝考一等，分發陝西。光緒丁丑歲，陝大饑，撫臣設城關粥廠八，以食流民。君承辦東關粥廠，出入米炭，不假手胥吏。已而七廠均以吞賑敗，東關廠獨否。撫臣疑之，派員密查，不得。時有東关廠火夫，以盜米被責逐去。委員某受某道指，執火夫嚴鞫之。火夫曰：張公實無他，小人被逐，咎由自取，安敢誣好官。委員相顧太息，事卒白。次年，撫臣命停粥廠，流民各資遣歸籍。君爭之，以為廠停太早，若再賑兩月至麥熟，可以就食，今遣歸，仍死耳。不聽。已，果如此言，撫臣大悔。自是，城內粥廠並聽君主持，嗣以勞績，委署延川。延川為北山大縣，轄境二百餘里，民籍百餘萬。大飢後，民僅二萬，數十里無人煙，每村絕糧，空額，前任勒令存户攤繳，民不能堪，逃亡日眾。君稟准撫臣，按户查明，只納本額，餘悉豁除。邑近北邊，俗有一女招數男，及叔娶嫂，姪娶嬸者，君皆嚴禁之，民風丕變。壬午，改署延長。延長絕糧勒征，與延川同。邑紳援案以請，君具狀上聞。知府某尼之，往來駁覆數次，卒如所請行。尋，撫臣派員四出，下其法於北山三十餘州縣，一時絕糧，概行豁免。旋復署洛川、略陽，補授藍田縣。清理訟案各數百起，訟風寖息。壬辰，以憂歸。乙未，卒於家。

君為學源溯程朱，故尚篤敬。平日愛靜坐養氣，官藍田時，連歲鄰邑多旱，藍邑獨否。人異之，則曰：「吾有一字經也，敬而已。每祈雨時，心不他適，持此敬心，可通天地，然不敢必雨也。輒禱輒應，適逢其會。」而君為政以恤民為本，務求實惠及民，以故所至有聲。其尹洛川也，有劣監不法被責以杖辱，捏控督學使者，詳請撤參。撫臣曰：「是能為百姓去絕糧者，何至如此？"察之，信然。其素行見乎於上如此。嗟呼，時局至今，吏治疲荼極矣。民有所累，不惟不能抉去，且從而附和之，敲剝之，惟恐有不盡情，冀以見好長官而已。又以其間分沾餘潤，以視君為何如哉？君於是為不朽矣！君生於道光十六年五月二十五日，卒於光緒二十二年二月初五日，享壽六十有一。

　　光緒二十二年二月。

（文見民國《汜水縣志》卷十一《藝文志》。王興亞）

例授修職郎候選教諭恩貢生牛凌科教思碑記

　　固始秦樹聲

　　先生諱凌科，字程萬，姓牛氏，世為汜水人。生而醇粹，環瑋有大度。少孤，毀瘠骨立，幾不勝喪。服闋，益精力為學，獨處一室，牀有膝痕，懷抱利器，小試輒冠軍。出應秋試，幾得而復失之者數矣。道日富，遇日窮，乃慷慨發憤，而言曰："士生一世，苟無以自見，雖拔泥滓，躡絳雯，持祿養，交黴湄，承明金馬之庭，使兩人擎裾而入，直一眹耳！苟有以自見，而生有益於時，死有益於世，雖簡髮而櫛，數米而炊，局室蘆簾，葭葦為褥，得二三魁倫冠能之士，彈棊詠歌其中，相與推略經誥之沉秘，圖回區宇之安存，其人將與萬戶侯等而不朽者且過之，此亦大丈夫之淪滯於窮閭漏屋，而數奇不偶者之所為也。"先生內行純備，其教人也，必先以孝弟原慤，鞫錄敦比其事業而不至於怠。謹守訓詁，疑者則闕弗傳。弟子摳衣登堂，其冠緌其纓禁緩，其容簡連，蓋填填狄狄，睍睍如也。授以制藝，則又陵謹盡察，靡之儐之，鉛之重之，欣驪芬薌以送之，養其根而竢其實，加其膏而希其光。使夫經術鬱茂，義據通深，而後軸以《公》、《穀》之峭毅，柁以《孟》、《荀》之溫醇，榜以屈、宋之幽逸，軆以漆園、龍門之汪洋大肆。故一時遊先生之門，而嚌其胾者，爭自濯磨，相持而不下。不試則已，試則延若莫邪之長刃，而嬰之者斷也。銳則若干將之鋒利，而當之者潰也。圜居而方，止則有若磐石，然而觸之者，角必摧而不復振也。汜水固名區，嵩嶽巉嶪而南峙，大河蜿蜒而東馳，髦俊雲蒸霧集，非先生英絕而領袖之，其不駑散而儽棄者幾希。荀卿之言曰："尊嚴而憚可以為師，耆艾而信可以為師，誦說而不陵不犯可以為師"，"師術有四，而博習不與焉"。先生蓋以是自見，而亦以是不朽，即謂南面王不易此樂可也，萬戶侯何足道哉！謂天蓋高，降年不永。歿後十餘年，門人攀戀墳柏，轍泣數行下，徬徨不忍去，為余述軼事甚悉。顧循短筆，不及覼縷，姑舉其犖犖大者，以答其"水深則回，樹落糞本"之意焉。乃作石以表碣。

（文見民國《汜水縣志》卷十一《藝文志》。王興亞）

（河陰縣）

重修飛龍頂記

李經國

　　邑治乾方，羣峯插天，疊嶂蟠地，岸峇而周匝者，廣武之玄帝頂也。前面高山之阻，後帶黃河之險，諸巚來朝，勢若星拱。朝暉夕陰，氣象萬千。此則金頂之巨觀也。嗣後歷年久，若難整葺，時多善衆，慨然有薙草開林、崇基喪刹之思。但板楔木石，土磚匠材不能具，應募十方，獎成勝概。於是，崇起金頂，剏興南岩，開左山，修朝聖門，建樂樓，置王母洞，仙者得道，雲路衝頂。以暨青龍庭列左，白虎庭列右。即玉仙臺、黑虎殿、鐘鼓樓，各有安位。若靈官殿門牆大為改觀。爾時帝牸呈祥，神虎顯聖，威靈浩大，莫可測倪。然規模若自天設造作，實有人力主其事。張應全夫婦交瘁相其成者，陳子蘭等彼此勸勉所為。鳩工選材，量工給食，度道治之中木石可用者，移而並葺之。甋鑒舊料，佐以新材。工報於順治八年，告竣於順治之十一年，營工三載，輸資兩河。層巒聳翠，飛閣流丹，美哉輪！美哉奐！登斯頂也，真有長煙太空，皓月千里，遠近共瞻，神人咸若者矣。予故羨其速成，不禁慨慕為言，以為作善者勸。

　　順治十一年。

（文見民國《河陰文徵》卷三《文》。孫新梅）

重修河陰儒學記

范為憲

　　或問：＂禮樂、鬼神二者為教，其義孰重？＂余曰：＂修身不可缺，治心不可忘。故王道厚風俗，而不廢蒸嘗；儒者正人心，而不弛齋戒，二者相為用而相有功。＂＂然則世人敬鬼神而輕禮樂者，何故？＂曰：＂何以言之？＂＂子不見夫治宮觀者乎？一夫倡之，羣而趨和。錢穀匪翼而自飛，粟帛匪脛而自走，匠役無驅迫而自赴，物料無期會而自來，否則幽明或我督也。夫是以鬼神愚人，人亦受其愚，而奔走罔暇焉。若夫修聖廟則不然，明知其功名我錫也，明知其人才我宗也。累累然出入也，則曰辟雍子弟；嬉嬉然燕笑也，則曰先聖衣冠。一人倡之而衆人未必應，一年作之而數年未必成。薄籍所登，虛應故事而已。禮樂不興，職是之故。＂余曰：＂飲食養人而亦時有害，而日用則必需；藥餌攻病而有時不用，而方術則必備，亦存乎其人而已矣。故禮樂明而鬼神幽之，鬼神虛而禮樂實之。其有孝友不敦，齒讓不習，尸祝矯祠，牲帛飾潔，彼亦何能為也。今日文教起，不在人心不齊，而在士氣不振；不在言之太多，而在行之不果。兩學博教諭耿諱應臨、司訓潘諱景歐、蒞任之初，即以建學為第一義。纔一鼓舞，而子衿趨事，宮墻內外，煥然更觀。其倡而靡不應者乎，其作而靡不成者乎？且以其暇講修身治心之要，而一時風尚咸歸於正，伊洛嫡泒，實萃於此。吾知禮樂以興，鬼神以格矣。"是役也，先啟聖祠及大殿兩廡，次齋舍門垣，次碑坊雲路。剏始於順治十四年八月，落成於十五年三月。用木二百一十九株，磚瓦五萬有奇，石灰一萬六千五百斤，工作日有千餘人。官師捐俸，繼以紳衿，勸及百姓，匪一人之力也。若曰金碧炫爛，易素椽而繪以文彩，此皆朝廷德意，余不過為督其成耳。是為記。

順治十五年。

（文見民國《河陰文徵》卷三《文》。孫新梅）

倉頭界碑

康熙二十三年，巡按王批據詳，稱河、武二縣邵捕各官，並願證佐人等公同查勘地，即從前河民秦士昇與武民張文斗等互爭之地。前經審明，議及河民，方蒙允結。而武民張洪略等復起控爭，乃執以河為界之見，且稱即應撥給，亦止宜以石槽溝下至任家營沿河一帶界之。河民不給沙河以南之地，但後經丈查，雖有一百十二頃零，然去其水沙，尚不足河陰舊額，並無三百餘頃之多。且此地在河陰，實屬河陰行糧田地，因黃河南徙，竟將此地遺置河北，雖經水浸，而兩岸高坡舊址宛存，規詣踏勘，昭然無異，故以沙河以南議歸河民，以補懸糧之缺累。若以武民沿河分界之說，則臨河皆系水沙，不堪耕種，河民仍然賠糧，難以結案。揆情度理，相應仍照原議，以沙河以南之地斷歸河陰為允當。至於同稱□□同謀持刀砍傷，審無實據，其武生張洪略率泉妄控，應行學戒飭，以儆刁風可也云云。蒙批，既經該委勘明，確如議行，仍將灘地接壤之處，明白立定界限，永杜爭端。具文報府，以憑轉報。

（文見康熙《河陰縣志》卷七《民賦》。王興亞）

重修文學櫺星門記

申奇彩

戡亂以武，守成以文，此後世畸輕畸重之說。若夫上庠下庠，東序西序，極之常參。官暨六軍諸將，且服朱紫，為諸生矣。惟是家塾里校，非不徧及州黨，而上則徒循其名，下亦尠奉其實。采芹采茆，羣以為離蔬屬拾青紫之捷徑，殆不翅頖雍之終南焉。世降風微，有自來矣。說者或徒咎民心之不古。若也濁其源，乃欲流之清，不亦難哉！

余視事之初，釋菜之始，仰見廟貌傾圮，時切茂草之懼，而瘡痍未起，生聚未繁中，抑鬱而未逞也。於是，撤櫺星門首新之。夫河陰，巖邑也。東距鴻溝，西偪武牢，成臯、廣武間龍盤虎踞，固歷代用武之地，而非文獻之邦。若曰化民成俗，以大行勸士，蓋未易數數覯也，有之，自明洪武三年始，然劉公茂作焉而未備，蔡公道充備焉而不精。茲承兩公之後而潤色之，望門墻者，莫不蹶然生敬矣。本朝定鼎，垂五十年，禮樂之興，殆在是歟！因念由門墻而宿寢，築室者必有其模，自小成而大成，考道者亦有其序。然則鼓篋祭菜，其學之根闌歟。知類通達，其學之堂奧歟。論治者先辟雍，遡流者欲徵其源也。遜志者首根闌，原始者貴要其終也。邑人士由門及廡，由廡及堂，日新月盛，而時術之，將見坐言起行，以黼黻皇猷焉。雖登三咸五無難已，豈干霄之木必生鄧林，連城之璧不產窮簹也哉。豫土居天地之中，河陰當嵩敖之側，比之四海有樞象焉。既為之先，宜必有為之後者矣。薄海內外，其維不蔚然起興相續，而賡泮水之什也。今茲之舉，寧獨有賴於此彈丸云爾哉。

康熙二十四年。

（文見康熙《河陰縣志》卷四《藝文志》。孫新梅）

重修文廟碑

孟起蛟

從來創國立都，必以建學為先。凡以養育人材為國家之大用。故隆重其修事之典者，振古如斯矣。河陰，自明洪武三年建學於茲，厥後重修者代不乏人。然有修其廢者、補其缺者，亦有盡心重修，而究未免缺畧一二，以俟將來者。至求其願力強固，成始成終，彌久彌堅，通觀厥成者，蓋莫如學師馬夫子云。夫子生居蘇門，為都憲太老之季子，其庭訓有素，家傳有源。故甫下車，而即以崇儒重道，養育人材為先務。因環視學宮，見文廟廊廡多摧圮剝落，風雨割其隅，霜露降於席，喟然興嘆曰：此至聖宮牆，國家養育人材之地也，可坐視其傾圮乎？於是，慨然以重修為己任，即置簿率眾捐資，以修葺啟聖宮為先，不逾月而事竣。適有鎮江錢公蒞茲，士語以修理學宮，則樂相與以有成。因輸資而助之，理乃未幾，而錢公作古。夫子仍堅意為之，以期於成。人曰："是役也，功程浩繁，費不下數百。今夫子以寒氈微俸，而欲肩此重任，不幾迂疏而寡効乎？"夫子則曰："勇於前而怯於後，非吾志也；彰其名而寡其實，非吾願也。"於是，肫肫焉，勉勉焉，一若職分之所不容不盡而不能自已。故凡木畫泥水各匠役，及供作人等，俱現價僱覓。日食米麵，每晨現發。初未嘗以官工而動及鄉民，及工未及半，計其功程貲費尚多。夫子於數案及幫補廩增各門人謝儀，分文不取，令遂意捐施。各門人亦皆努力樂輸，共裏厥成。迨至戟門，木料無所出，夫子遣使將家中木轉運過河，以終是役。如戟門栗椽，皆輝縣來者是也。又幸有朱夫子贊助維勤，每日偕臨督工，一木一瓦，彩畫朱垔，罔非二夫子親自指示，凡易寒暑而落成焉。今日者若啟聖祠，若明倫堂，若聖殿兩廡以戟門、泮池、影壁，人見其重輪重奐，煥然一新，始曰：夫子之修文廟也，果以寒氈微俸而成此大功也，果非缺畧一二以俟將來也。抑知微夫子願力強固，彌久彌堅，亦烏能統始終而通觀厥成也哉。今當功成勒石之時，是用敘其顛末，以垂不朽云。

康熙三十一年。

（文見康熙《河陰縣志》卷四《藝文志》。孫新梅）

會勘結案碑文

　　康熙六十一年，經憲委滎陽縣知縣會同滎澤、河陰兩知縣會勘結案立碑。

　　滎陽縣知縣紀會勘得滎、河二邑，地濱大河，衝塌為患，非自今始。因此塌彼漲，小民賠無地之糧；越疆侵佔，豪強享有糧之地。此歷來禍結兵連，不一而足。但各有疆界，而疆界分明，地有攸歸，原無容紊越爭也。今滎、河二邑，一以強鄰侵佔等事上控，一以無端妄控赴訴，並蒙藩憲批送憲台，檄行飭委會同滎、河二邑秉公確勘，訊取切供，敘詳報府核轉等因，卑職遵即備關二邑會勘，去後續准關覆，訂期六月初十日。卑職即於是日束裝前往滎邑，於次日會同二令，帶領弓箄、算手、圖誌親詣灘地處所。查得河陰自洪溝界西起，至任家店界東止，丈得已成熟灘地一百九十二頃五十畝一分八厘七毫五絲，又丈得新灘地一十頃七十九畝二分五厘，在於任家店、盧家嘴之東北，接連河邑已成熟之灘，本年四月內，滎邑李令將此新灘地分撥滎民領種。因滎民執稱河陰以洪溝為界，其洪溝以東之熟地，應歸於滎，而不應歸於河。此乃致訟之由也。卑職於二十日復公同親詣滎、河二邑交界處所，喚集兩造，逐一研訊。據王國詔供稱，此成熟灘地係四十九年灘出，五十二年成熟。及訊貢生孟起蛟，供稱四十七年灘出，五十年成熟，供詞已屬互異，成熟實已有年，在王國詔等何不控之於灘出之時，而告之於成熟數年之後，此不辯而自明也。

　　又查河邑誌內開載，順治三年，邑令王文燁將河陰并為六保，內有洪溝一保之名。又查誌內載有桃花峪、招子嶺、任家店等處。及查滎邑誌，並無是名。因將二邑之誌付與國詔等公同細看。且查洪溝至任家店，現屬河民居住，耕種於斯。再訊諸河邑工房馮天植，供稱當時運粮，滎澤送盧家嘴，河陰交界，河陰送石槽溝，氾水交界。供付甚明，則河陰之交界，似應以任家店界東為止，不應以洪溝界西為止。既以洪溝東界任家店為止，則已成熟之灘地一百九十餘頃應撥於河，而新灘地一十頃零應撥滎也，又明矣。再考之滎、河二邑諸乘，塌漲靡常，戰爭不一。據孟起蛟所控，滎澤舊城內碑記為據者，係故明弘治十三年間，滎澤、河陰、武陟三縣衛為爭灘而成大案，勒石立界。今碑記年久，顯有滎澤交界西至廣武山，即昔年奉繪河圖，存式尚在。餘訊供同。卑職仰體各憲台息事寗民之致意，再四勸諭，各守各業，無事紛更。是否允協，卑職何敢擅便，統聽憲台核奪批示遵行。蒙布政司批，據詳，洪溝以東至任家店東界，灘地一百九十三頃，應歸河陰抵坍，其接連河陰成熟灘地十頃零，在任家店東北，應歸滎澤抵坍。現經三縣勘明，如詳立案，以立疆界。王國詔等無端妄控，姑念賠粮起見，從寬免究。仍檄滎、河二縣，各立界碑，毋致異日再起争端。缴。

會勘滎陽縣知縣紀世祐、河陰縣知縣梁天宗、滎澤縣知縣李模仝立。

（文見民國《河陰縣志》卷七《民賦考》。王興亞）

重修衙署記

郭丕

河陰縣治，在廣武山南十里許黃店街。明初，避河患而遷於茲，衙署之建由來久矣。自錢公重修，而後尹茲土者因循傳舍，遂致傾圮太甚。捲棚房俱已無存，大門、儀門僅有基址，至大堂則墻頹瓦落，岌岌於棟撓榱崩矣。

乾隆十年乙丑，邑侯張公以名進士奉命來令此土。下車之初，即慨然以修葺為己任。然方留心民瘼，不遑經營。惟是正風俗，興學校，緝盜賊，勤勸課，平訟簿。既而士樂民安，有卓茂魯恭之遺風焉。越明年，歲登人和，土木可興。爰集僚屬紳士而謀之曰："大堂所以敷政臨民也，將近瓦礫泥塗之場，豈惟司牧者之責，實河陰之缺事也。今欲舉而修之，其如獨力難成何？" 駐防董公倡議，官柳百株可鬻以資修造。紳士無不欣然悅從，遂鬻金百餘貯庫，以歲暮未能舉行。丁卯春，公復捐俸百餘，正議修間，蒙上憲以才能卓越調陞確山，雖簡書未至，而奏章已達九重矣。然不敢以陞遷有日而怠厥事，爰委邑尉關速董其役。關公即日戾不遑，鳩工庀材，舉榱棟瓦石之朽者而易之。墻垣則徹底重新規制，較前閎敞。跂翼矢棘，鳥革翬飛，丹堊畫墁，鳴琴其有堂乎。繼而捲棚聿新矣，大門有伉矣，儀門將將矣。所謂攸芊攸蹟者不在斯耶？抑且甬道之整齊可以示周行也，照壁之巍煥可以肅觀瞻也。加以內而宅門，外而繞垣，其鞏固而壯麗者無不與大堂互相輝映焉。猗歟盛哉！工起於仲春，而成於孟夏。不勞民，不傷財，告竣之日，僚屬紳士咸造於堂，詫為崇宏之觀。惟左右科房以農事方興，罷諸力作，未竟其功，公用以為歉。諸紳士則向余請曰：科房數小廡耳，木石俱備，規制已定，雖暫未興作，而成之局宛然在目。庸何傷？我公澤被河陰，固已口碑載道。今復於五日京兆間，舉吾邑數十年殘敝之堂簾門舍，汲汲修造成功。其愛吾邑為何如？吾邑人士豈可不乘公在任之時，頌揚其德政，記載其盛事。俾耳聞目見吾儕之愛戴我公，亦如我公之惓惓吾邑，不以其去留而易其素也。請為文以達其意，余以管窺之見，不足以道揚盛德，第素蒙德教銘諸心者，亦當勒誌石。矧三鱣呈祥，四遷兆瑞，父老欲扳轅卧轍，余亦感仁人之將去而不能忘情也。謹序其顛末，以垂不朽，民之入斯門而登斯堂也，其有甘棠萊柏之思乎？

公印足法，字儀正，別號柳溪。奉天鑲藍旗人，乾隆丙辰科進士，世居畿輔之蠡縣東河村。

乾隆十二年。

（文見民國《河陰文徵》卷三《文》。孫新梅）

周公創立書院記

郭丕

粵稽械樸之化，端在作人。故菁莪之頌，喜見君子。我公以循吏而培士風，沐其教澤者不亦樂且有儀乎。公印之瑚，漢昌進士。學本程、朱，政比龔、黃。下車伊始，即慨然以振興文風為己任。矧屢蒙憲飭，而其立教之心愈不容已。蓋誠念河邑雖屬彈丸，而地近二程之鄉，習聞理學之奧，此中當大有人在也。詎意任杜許和而後，科第乏人已百餘年。是或由舊館之逼近河神廟者，卑隘不堪，不足以延師儒而容多士歟？此非大施絳帳，曷由陶鑄青衿，致名賢輩出哉。因與同城各官籌畫，另立義館，遂於文廟東北學宮空地，卜築芸局。且自捐廉俸，以為購料鳩工之資。凡屬同城，莫不感其義舉，各捐俸薪，共勤厥事。由是經之營之，而百堵皆興也。薪之槱之，而槐桂俱集也。爰立正房五間，廂房八間，廚房東西各一間。如鳥革，如翬飛，丹堊圬墁。工始於乾隆十四年秋，而告竣於十月。但見秀拱文峯，榮開書舍，而且門樓壯麗，照壁輝煌。所謂助修風樓、晴點龍飛者，皆兆於此，美哉侖奐，居然一大觀也。萬卷青燈其有地乎。

然猶慮膏火無資，松竹林中不能長有讀書聲也。復殫清思，以籌膏火。即以本縣鹽規每年共銀五十二兩八錢之數，充作義學膏火，以為長例。又恐日久變更，致墮前功，復仰體上憲加意作興之心，詳請恩準，並造入交代，以便勒石，垂諸久遠，庶薰陶久之而文風丕振矣。遂於乾隆十四年季冬，蒙特簡河南開封府正堂加二級紀錄十次高批鹽規入為義學膏火如詳。勒石交代，是其作育之仁與碑俱永久，道化成其在斯乎。但鹽規為數無多，恐不足義學之用，又批允俟另漲灘地詳明歸學。士皆沐恩，時雨疊沛，如坐春風，口碑固已載道矣。《詩》曰："豈弟君子，遐不作人。"此之謂也。承流其下者，敢不益加鼓舞，以副憲臺報德之意乎！

現今延訪經明行修，足為多士模範者，以禮聘請。酌倣朱子白鹿洞規條，立之儀節，以檢束其身心。予之課程，使貫通乎經史。更望濟濟多士克廣德心，由有造而幾於有德，自小成而臻於大成。希賢希聖，下學上達，不但記誦辭章，為科第計也。故精舍告成，屬予為文以誌其事。愚自愧夙陋寡聞，雖日與及門講習討論，不敢謂道行於南。今幸遇創立義學，使立雪盈門，是即文教昌明之期也。覩鱣堂之既建，不禁雀躍而靡已。謹述其謦欬斯士之深仁厚澤與良法美意，用勒貞珉，以流芳百世，而不顧其文之有慚蔡君也。是為記。

乾隆十四年。

（文見民國《河陰文徵》卷三《文》。孫新梅）

飛龍頂金粧玄琥像碑

柴枚

神道設教，假像以傳也久矣。從未有鎔金為像，且以為頂者。有之自玄武姑。豈其以金為重耶？抑取於金水相生耶？未暇深考。近聞廣武山上舊建玄武神祠，門曰一天，頂曰飛龍，若有天一生水之義焉。乾隆二十年春，遠瞻步謁。左鴻溝，右牛口，一犀插天，深澗為限。茂林敷護，穿雲而上。殿宇嵯峨，森然星拱。中間法像顯耀，穆穆皇皇，不啻重華端臨，命以作繪作服於焉。少憩，會首鄧應祥囑予為序。嘖嘖以耳聞目見數觀聖顏自異。詢其時則曰夜半，心竊疑之。歷石磴，盤玉階，凡三折而後達於其巔。日近祥霞，雲蒸危欄，仙鶴凭黃，河隨影動，搖櫓數層層，中州巨觀也。恨無易之以金者。既而仰觀俯察，恍然於人人之心有一天根，日日有一夜半也。不然，應祥客人耳，順風一呼，能必四方嚮應，成此巍煥，與武當並峙乎？第不識飛龍頂、一天門命名，人其亦有所考據否？又於二層之上震位，列一廣生祠何義？其亦有取於水能生木否？不落寞否？猶望諸君為予詳陳之。

乾隆二十年。

（文見民國《河陰文徵》卷三《文》。孫新梅）

創建興龍捧聖二橋記

蘇鵬舉

武當之岩嶤，不知其幾萬丈也。雲生澗底，霧纏山腰，人至懸岸壁立處，必攀索以進，乃得登天門、拜金闕焉。每聞父老談及，未嘗不竊意"仙掌遠相招，縈紆渡石橋"，程夫子之詩可以移增廣武，特起一峯曰"飛龍頂"，玄帝行宮在焉。層迭而下，界以雲霧溝。雖不必崎嶇至攀索，而徑之窘步，伊可畏也。其南岩尤甚。善士鄧應祥募眾捐資，創建重橋，聯屬兩岸以便往來。請余為文，余病目未應命。後復以圖示余曰：路在雲霧溝中。初不見所謂飛龍頂也。西崖立一皂君祠，北行入於靈宮殿。東邐南迤，經玄壇、蠶姑垌，過斜橋，至於南崖。又東北履長橋，達於帝廷。峯廻路轉，復道行空，一似鸞輿將出，長虹架橋以待者然。故於西名為興龍，於東名為捧聖。或謂雙橋落彩虹，鄧君得毋有意乎？對曰："予初念弗及此，惟以虔心感神。隆冬興役，不凍不寒，至暑窮南而功告竣，當亦玄帝之靈有以默相之歟？"余遂援筆而記之。他日登臨，分韻賦詩，則非余所敢任已。

乾隆二十一年。

（文見民國《河陰文徵》卷三《文》。孫新梅）

重修明倫堂碑記

蘇豫生

竊維龍蹲魯壁，發雅奏於金絲；鴞集泮林，懷好音於琛齒。洪都設而觀碑以盛，虎觀修而執經乃來。是知俎豆衣冠，非可委諸綿蕝；笙鏞鐘鼓，要以嚮於明堂。蓋教化之宜先為規模之必飭者也。河陰地當周鄭，天入房心，渾河疏學海之瀾，廣武轟文峯之秀。爰有學宮明倫堂者，教師於焉習讀，生徒由以觀瞻。槐市鬱蔥，宜松蓬之克剪；杏林璀璨，豈風雨之可傾。而乃蟲鼠毀傷，竟致靈光凋謝。子衿遊處，履茂草以不歸；講座升時，施絳帷而何所。方今聖朝敷教，文治鼎興。豫生來尹是邦，擬新故校。不揣卑人之陋，莫覘宮墻。願倡一邑之先，敢辭嚆矢。伏冀鄉邦耆舊，方雅縉紳，俱為吾道干城，咸作儒林砥柱。則買犢佩牛，雖愧文翁之化；而敦詩說禮，庶還射圃之觀。豫生是役也，始於丙子孟夏，成於仲秋，五閱月而工竣。勒諸貞珉，以昭國家崇儒重道，作養人材之至意。使諸生以時習禮於斯，俾彝倫攸敘焉。然振古無不朽之物，如後有傾圮，更有望於尹茲土者。是為記。

乾隆二十一年。

（文見民國《河陰文徵》卷三《文》。孫新梅）

重修大王廟記

李道生

自古生民之患，莫甚於水。南條之水江為大，北條之水河為大。自禹治之，而汹湧澎湃咸軌諸道，粒蒸民而正庶土，人之不魚，明德遠矣。厥後靈胥驅濤浙江，崇廟貌之奉；馮夷効職大帝，署水伯之神。凡有功於水國，皆食報河濱。禮所謂有功於民，則祀之者也。倉頭村有金龍四大王廟，其內並祀黃大王。考金龍四大王，姓謝，諱緒，行四，趙宋人。憤元之滅宋，投水而卒。後以陰助明太祖，封。黃大王姓黃，諱守材。生而神明，屢著異績。乾隆三年，河臣奏請祀功，奉旨勅封靈佑襄濟王。然則二王之神，固靈胥、馮夷之流亞，而皆謂夏禹之功臣者也。是廟正殿三楹，拜殿三楹，皆極爽塏。邇來山水淤沒，廟日就蕪，神亦黯淡。居人共議修葺，不數月而厥功告竣。固由人力，要皆大王之功之所鼓舞也。夫向也一望汪洋，額賦莫辨，而今則秬秠縻苣，屢歌豐年矣。向也極目瀠洄，居宅莫保，而今則井疆廬舍，日闢沃壤矣。耕田鑿井，各樂其業。向非大王湮沉澹災之功不至是，且非止此也。近者安瀾普慶，澄清揚休，行見綠字偕金簡，以至黑頭捧牒而來，於以翊翼聖朝，且永占有孚矣。豈僅濱河土著之民之受賜無窮。彼夫中霤門井之有功於一家，冰廡郵表之有功於一鄉，禮尚祀之，今大王之功殆將倍焉。而廟蕪不治，甚非所以事神也。詩曰："以似以續，續古之人。"今茲之舉，是亦似續前人之遺意云。是為記。

乾隆二十五年。

（文見民國《河陰文徵》卷三《文》。孫新梅）

飛龍頂重修玉皇殿碑

王東華

古禮王祀昊天上帝於圜丘，所以明宗子之分，答覆載之勞。雖諸侯尚且不敢僭舉，而況大夫及士庶人。然天地一大父母也，號物之數有萬，莫非天地之子姓，即莫不宜報天地之功德。觀於獺之祭魚，豺之祭獸，即在物類，猶知銜恩，矧伊人矣而不如乎。所以鄉俗相沿，元旦以桌設天地神牌，而祭以牲果，其意雖瀆而實善。蓋人稟天地之氣，以生以養，此日豈能恝然。雖無物可以酬德，而獻物即以將敬。所謂禮以義起也，所謂人情有不能已者，聖人弗禁也。但至尊不可以文貌飾，亦不可以迹象求。只設香案而拜，是謂得之。此勝朝豫石呂公議禮持平之言，不可訾議者也。然而畫像、設像之習，相襲已久。推其由來，殆亦為在天之靈實式憑之云爾。故自近古以還，上而通都大邑，下而窮鄉僻壤，無在不設祠以敬天地者。河邑飛龍頂，古形勝地也。查舊建碑石，載前明嘉靖時，玄天上帝金身顯聖於此，龜蛇現像，因廟焉。後踵事而增，徧於羣神。其凌雲宮前大殿，為祀昊天上帝之所。大殿之前覆龕，世遠年湮，風雨剝落，而聖像亦覺闇然無色。邑西小史坊魏高氏，夙種善緣，實有婆心。每月朔望，焚香拜頂，不忍目覩。是發菩提之心，願結如來之果。奈身在巾幗，不耐任事。因謀及油房街秦奇逢大善士，慨然倡首，募化四方。衆善等無不踴躍隨喜，鼓舞唐捐。自道光己丑春以迄辛卯，兩年之間，覆龕重新，神光照夜，揆諸靈爽式憑之幽情，報答生成之微忱，庶無憾乎。雖然，木雕泥塑者，形像之天也。出王游衍者，明旦之天也。焚香拜頂者，以禮事天者也。不愧屋漏者，以心事天者也。但以禮事形像之天，而不以心事明旦之天，吾知上帝之弗克居歆，而人之事之者亦徒增僭妄褻越之罪焉耳。曾何裨乎？此區區之心，所願為事天者更進一解也。

道光十一年。

（文見民國《河陰文徵》卷三《文》。孫新梅）

重修祥符營祖師廟碑記

陰巡檢

祖師即元武，蓋北方元武七宿也。後人以為真君，宋真宗時，避真君之稱，改為真武。靖康初，加號佑聖助順靈應真君。明洪武間，嘗建廟南京，有北極佑聖真君之封。而圖志謂為淨樂國王太子，修煉武當山，功成飛昇，奉上帝命鎮北方，被髮跣足，下有龜蛇象，建皂纛，縣元旗。此道家附會之說也，無足深考。總之，神依人而行者也，人心聚則神如在，人心亡則神亦離。孔子曰："敬鬼神而遠之。"敬者言其心之不敢褻也，遠者言夫神之不敢瀆也。有玄遠之意，而世之媚神者不求諸心，徒煩禮乎木雕泥塑之前亦惑矣。祥符營鎮北郭外，舊有祖師廟。咸、同間，鎮人築寨柵以避亳匪，撤其磚以砌四門，廟遂圮。光緒癸卯春，郭廷聘等重修之。事既蔵，囑余為文，敘其事以壽諸石。余慨然曰：是廟也，倏而舉，倏而廢，倏而復舉。何？人心之易，視夫神也，亦大違乎禮經有舉莫廢之者矣。雖然，既廢之而復舉之，正以見人心之終不慢神，且以見神之依人，而行者終不誣也。後有作者，庶有感於斯文。

光緒二十九年。

（文見民國《河陰文徵》卷三《文》。孫新梅）

開封市

開封市(祥符縣)

重脩東嶽廟碑記

秦維垣

廟建於後唐明宗時，初在仁和門外，沒於河。明正統戊午，重脩於門之內，即今址。後周藩屢加脩葺，崇禎壬午，復為河流所淤，殿宇僅露鴟尾。

國朝順治壬辰，居民趙士芳、劉文、張應魁、繆永壽、李忠德、馬天行、趙世虎、李思愛、王守志、田高、翟希文，相與出神像於泥土中，募貲倡脩。又有馬尚義、申自友、春彥、趙堯貴，咸樂趨事。閱九載，至庚子歲，工始竣。共成大殿五楹，東西閻羅殿各五楹，上清、炳靈殿各三楹，太尉殿東西各五楹，寢殿五楹，兩廊分司八十四楹，二門五楹，大門五楹，御廚、演樂二司各楹云云。增丹堊粧塑，罔不各備。

按：五岳之功，主於奠。麗其祀之也，比於三公，天子主之。諸侯祭於封之內。梁居嵩高之下，而泰岱實為羣嶽長，歷代不廢，以報功也。粵稽《神異經》云：帝出自少海氏，母曰彌綸仙女，號為金虹氏。自伏羲來掌天仙六籍，又掌地獄六案，以及貴賤之分，生死之期。迄周、秦、漢、魏，天都府君之名，未之有改也。唐武后尊為天齊君，元宗封天齊王。宋真宗大中祥符間封禪，始加仁聖帝。明太祖正五嶽祀典曰："自有天地，即有五嶽，何假人世名號哉！"雖然，見像生敬，世俗之常，神道之教，聖主不廢。君則從而君之，王則從而王之，帝則從而帝之。故王制所不能憺，禮法所不能繩。一入廟，覩刀山劍樹、牛神蛇鬼，顓愚者致其頂禮，桀驁者為之悚息，而淑慝所應稱量不爽。嗚呼！舉世之所以奉帝君也，謂帝君有奠於生民，有羣於皇圖，且更有功於名教也。是為記。

順治九年。

（文見順治《祥符縣志》卷六《藝苑志》。王興亞）

重建開封府儒學碑記

亢得時

昔人以中州盛衰，卜天下治亂，豈非諸儒輩出，人文秀士為風氣攸歸耶。清興，中原底定，懷柔百神，而文廟麗。開封者，湮塞不治。鞠為茂草，牛敢牧其側。釋奠靡從，紳衿失所皈依，父老為之垂涕。余撫豫，下車對之互徊。會開封守安福朱君謀之，率所屬共襄其事，悉欣然從之。因各蠲俸，闢高敞地，市材估值，不數月告成。中為大成殿，後為啓聖祠，前為名宦、鄉賢祠，又東為射圃，西為明倫堂，後為尊經閣，傍列四齋。官署前為泮池，門廡庖舍，以次漸備。瞻拜頂禮之餘，揖諸生而詢曰："此舉再後不治可乎？"曰："再後不治則梁木幾頹，攀援無地。"又詢曰："前此不治何居？"曰："前此不治，緣拓搆無資，泰山徒仰，起衰濟弱，將於是矣。在公讀中秘械樸尤謹，連舉盛典，斯道不蓁蕪矣。"余曰：不然。聖人會人物於一心，萬象異流而共體，通古今於一息，百王易世而全神，道麗中天，顯幽畢照，不係廟之治與不治也。而人心有寄，衣冠有歸。於是息亂而釀治者，所裨匪輕。迺余為經始而和者風應，亦已見人心同注，勞則思治之侯也。夫思樂之頌，不後閟宮。茲者城郭未繕，官署未餙，而亟為此舉，急為先務也。昔禹抑洪水，孔子作《春秋》，竝昭千古。而□楊、墨以正人心者，後儒推原，謂功不在禹下。汴罹水患，防捍多方，尚無成績。未能灑沈澹災而兩役並興，非亟其欲也。恐倫彝斁攸，滋害甚於洪水耳。抑孔子殷人也，而有在茲之歎。惟開封東望微子故墟，西邇文王演易，續祖承父子於此地，倍為留連，今煥然新之，車廄禮器，不更深景仰之思乎！余樂為之記。

工始於十一年之四月，成於十二年之八月。是役也，始終經營者，開封府知府朱之瑤。協贊者，同知胡鳳閣、白方熙、張爾翩、劉愈奇，通判李如壁、推官吳崇熹。助役者，祥符知縣孫如林等。董□者，府學教授楊四瑞、訓導杜啟禧、王觀生。例得並書。謹記。

順治十二年八月。

（文見順治《河南通志》卷四十八《藝文志·碑記》。王興亞）

龍陽令孟君明台墓誌銘

王紫綬

順治十二年八月一日，湖廣常德府龍陽縣尹孟君卒於官。是歲，君父元以江寧守請告，如里門，適有素車白馬輿櫬自北來者，則君季尚書之喪也。明年丙申，君父命以輿歸君之櫬于湖南之龍陽，而以狀授史官王紫綬，曰："吾且老，吾兩兒南北皆沒于官，一孫幼，無所識憶。吾今一時為兩兒治葬事。漆漆然若不克終日。子與兩兒游且久，子之立言直而不華，其銘諸。"余受而按其世系，孟氏為亞聖後，其先蓋山東人，自山東始徙于汴者曰賞。又二世，而分著于杞者曰貴。其後遂蕃，在汴有都御史，在杞有宗伯尚書，纍纍然自金紫以至黃綬以十計，碩碩而郁郁然甲乙榜以二十計，經明行修而出黌宮入黌宮者以百十計。

君諱明台，字澹園，歲貢士諱兆先之曾孫，工部侍郎諱琦之孫，今江寧太守諱元之子，兵部尚書明輔之兄也。年十三，為文詞即可觀。然性沈默，鄰于硜介。與季前後齒諸生，丁改革，避居河北。時有便宜置官者，延君皋比滏陽，士皆北面事之。滏洋，堰埭久不屬，君濬焉，亹亹浴浴，田以大饒。滏人榜其門，相與碑碣之。識者於是知君即不進士科，亦必大有為。君益自損下，退而學以思，卒以明經拔于鄉，而貢于成均。又二年，選治龍陽。龍陽狃於寇，久不治。或曰治亂用重典，君止之曰："是羸非亂，重，烏乎可！"屬軍饟急，民不能堪，君捐槖金九百七十兩以代，民賴以活，為十可頌以歌。蓋所聞於太守公之言如此。其大如此，其細可略也。

楚刺史銜君異己，數轑轢君，君懵恚成疾以卒。君之卒也，太守公守官江寧，母太夫人劉氏就養于京師；時季以先君卒十閱月矣。龍邑孤遠，妻子皆未之官，一僕一僮，賣衣以殮，年四十四。又二年某月，葬于某原。

君以遲鈍自喜，自視如不及。即甚不懌，未嘗輒言人過。聞訾讆者，若未寤然。終其身無趨走疾呼之事。當季在要津十餘年，君未嘗倚之自為計。每對客，茹淡無惡容，衣至紉而再澣，三十年如一日。即君之筮得龍陽也，季方執銓衡，龍邑險且惡，人所百計避之者，君又得自為去取，而季甘以授，君甘以受。且君昆季彼在朝此在野，彼在內此在外，而祥、杞之間未嘗益地一弓、屋一椽，此則予真知灼見者。嗚呼！可銘也已。雖然，予之於君蓋屢擬而屢失之。前此私臆，以為君之於己也，粥粥然已耳；其於人也，一言一事持久而不即決，即不謂之吝不可得。今以前所言治堰、輸餉二者觀之，何相左耶？因慨于今之官人也，勿論賢知愚不肖，而一齊之於一成不變之法，如鄉飲酒、歲貢士然，即殊尤自命之才，備位守官，無以自異於中人，有如教士之外彼旁見于水利者乎！若夫清議無庸，廉隅道喪，苟吏於民者，不擾民之賕，仕已善矣；豈有哀己以益人者，其於仕又何謂焉。君固淵乎不可測，竊幸予幾失而復得之。惜乎不可測者未盡得，而僅見于此二事也。

君娶楊氏，士人楊朝柱女。子一，女四。發祥以季父鳴輔廕，上其名於太學。一適孝廉常偉子，一適貢士曹克家子，一幼，楊氏出；一適進士萬泰子，妾張氏出；婿皆少年佳士而勇於進者。銘曰：

枝之菀，集於枯。本之碩，截為櫨，啼呱呱。公之瑜，其後也都。

順治十二年八月。

（文見錢儀吉《碑傳集》卷八十八。王興亞）

重建遊梁院記

張天植

昔者三代之盛，東庠西序，黨訓塾術，所以服習乎道德，緣飾乎儒雅者，蓋出于教。其間飧飯牲脯，藩溷器具之畢周，而又擇更老以為之師，未有不兼以養者也。周衰，學校或存或廢，以孔子大聖而聚徒受業，私相誦說，遊列國之間，從者至數千人，蓋所以佐教養之不足者，其意遠矣。孔子沒，而孟軻氏獨得其傳。太史公曰："天下方務合從連衡以攻伐為賢。軻乃述唐虞三代之德，所如不合，退而與其徒作孟子七篇，其所首記者，則在惠王三十五年，至梁而不曰利，曰仁義之說也。仁義者，非若異端所謂鼇口跬跂而煦煦之孑孑之也，所以正人心，正風俗，繼仲尼之絕學，闢楊墨之邪說，規諷時主，覺寤來世者也。

然則其遊於梁也，豈與希志苟合、博郊迎黴席云爾哉。蓋教養之盛也，胥正簡師舍菜合樂，其事不得不出于上則謂之公。教養之衰也，負劍辟咡結駟傳食，其事不得不出于下則謂之私。然則孟子者重有所不得已也私也。迺以今去其世，幾二千年，有所因沿，建設尚尊崇其名號，稱道其行蹟，典不必請于朝，而事猶繫之官司，則今日者，殆兼公與私而存之不廢者與。

遊梁書院者，本故宋孟子祠，而前朝直指桐城方公改稱書院者也，為殿六楹，題其門曰"仁義"。迤而北，建講堂亦如之，顏曰"性善"。其東與西各列舍，凡拾有捌。而又糾僚屬捐羨錢，鬻祥符縣田若干畝，歲入若干，為生徒講讀資，可謂甚善矣。迺汴當衝溢潢洿之後，井水湮刊，卽相國浮圖僅出地上尺許，豈復有遺基廢瓦，令人得指而識之曰"遊梁書院"也者。卽欲問其名，而故老蕩沒，亦無復有知者矣。余驅車其地，嘅焉傷之，郡守朱君曰："汴城修復，朝議盈庭，敢不竭蹙以圖。"顧事有本末，勢有緩急，城□□□□□□□□□□□□□餘，遊談剽誦中于士習，懼人心風俗，因□大壞□腹心之病也。急而救之，孰有逾仁義者乎！博愛之謂仁，行而宜之謂義。昌黎云"孟軻氏功不在禹下者"此也。而其說，實倡自見梁始。今書院舊在城南首，宜移置學宮。夫今所謂學宮者，饌堂、號舍皆名存實亡也久矣。誠建書院于此，有室有庖，有廡有湢，出入有所供，膏火有所資，使諸生以時講習其中，仁義性善之說，克容於耳目之間，而浸漑於詩書之際，不數年而教化益彰，人材益出，豈特無其病而將有其盛也哉。余聞斯言而慽然，其卽古者教養之法，雖出於私，實在於公者乎。其卽三代之舊制，孔、孟之遺意，兼而行之，稍稍得存者乎？朱君迺鳩工庀木，經營不日，其規制雖稍陜於前，而為法較密，遂請丁。余得增博士弟子員科舉額若而人，且以孟子旣配食孔廟為不設木主焉，禮也。

君子謂是役也，師古而不泥其迹，創今而不害其因，旣有當於朝廷興復之急圖而又脗合於聖賢傳道之大指，於乎一舉而數善□焉。朱君之功誠不小，而余得從臾以落成之，亦可謂無負也已。朱君名之瑤，江西安福人。襄其成者，為同知胡鳳閣、白方熙、張爾翮、劉愈奇，通判李如璧、推官吳崇熹暨祥符縣知縣孫如林等，而董其役者，為府學教授楊四端、訓導杜啟禧、王觀生，例得並書之，俾刻之石。

順治十二年。

（文見順治《祥符縣志》卷六《藝苑志》。王興亞）

創建中州貢院記

李粹然

國家三歲一大比士，而獻其鄉之賢者、能者於朝，典至重也。豫州居天下之中，得扶輿秀傑之氣，鍾靈獨厚，而河洛淵源，尤為萬世文字之祖。所稱人文淵藪者，非耶。

查明季，豫鄉貢院，初在省城西南隅，後乃遷建，改舊藩一巨盈庫為棘圍，規模亦稱宏麗。相傳二百年來，所得多英人碩士，文章爾雅，有裨廟謨。前崇禎歲次壬午，寇薄汴，五閱月弗克。嗣值陽侯怒嚙，大梁古重郡始罹淪沒，而舊貢院亦付東流，片礫無有存者。

越明年癸未，始議舉行豫鄉賓興巨典。伊時，黃河以南省城之內，則稽天肆浸，徒付望洋。諸如他郡邑皆殘闉頹垣，荒蓁滿目，巷鮮居人，後遂議移於河北輝縣之蘇門山下。因舊有百泉書院，而稍擴其制，然氣局終湫隘，不足為志士揚眉吐氣地。且兩河八郡，茲僻處居北，道里未均，士之擔簦至者，多疲於跋涉。皇清定鼎之初，未暇修復，仍舊貫已十五六年於茲。

客歲，予奉簡命，按部中土。念薦賢為國，雅切夙心，而開科取士，尤為急務。顧場屋未獲勝地，大恐文明鬱抑，無以光我邦家。未幾，觀風省會，人物漸見阜蕃，猶有古東京遺烈，而望之鬱鬱菁菁，知為奎壁呈祥，乃謀諸大參三韓王君，議以僉合，遂徧覽古梁苑中，求一形勢最勝地。既而得舊周藩基址一區，實居汴之會城中央，軒豁鴻敞，較舊時貢院不啻壯勝十倍許矣。且面前午地正南，為舊南薰門，離火文明，暢達陽氣，而東西仁和、大梁兩門左右夾翼，梢前為鐘、鼓二樓，臺分向拱峙，儼若龍蟠虎踞。蓋中原攬海內之秀，茲地又攬中州之秀久矣。文章之府而威鳳祥麟騰躍之地也，豈待既蔡始知吉哉。予爰與大中丞曲沃賈公會疏具請。上嘉納，制曰可。詳載奏章，另勒別石，班班可攷，無庸再贅。

但予受命以來，昕夕飲冰咨輒周爰，馳驅王事，每懷靡及，罔有暇晷。乃以董建一事屬諸大參王君。君素饒宏才偉畧，慷慨任事，鳩工庀材，卜日修築，而闔豫各屬州邑咸鼓舞樂輸，榱桷丹堊，以次齎集，不數月而聿觀厥成。爾乃監臨主考有署，監試同考有廨，至公□鑒有堂，聳建明遠樓四丈之高，廣置各號舍五千有奇，復於後山屏上鼎建文昌祠一座，黎光輝映，以啓佑我後人。繚垣則周以棘茨，且碑勒雉堞，屹若金湯，不弟形勢居勝，而鞏密高華亦非舊時貢院所可髣髴也。予嘗論文章為經國大業，士子先資拜獻之言，即後來銘鼎勳猷肇基於此，茀培塿不產松栢，崑浦乃毓球珠，而潁賓蘇子亦謂大史公，歷覽名山大川，故其文疎宕有奇氣。然則文人名士，雖挾雕龍繡虎之才，亦必嘉借勝地以抒奇抱茲之一望。竢秀地靈人傑，當必有倜儻非常之彥應運而起，以有用文章鼓吹休明矣。予且拭目俟之。庶幾借手以副簡書云爾。工肇於客歲秋杪，竣於今歲夏仲，相度形勢，規畫方位，督率屬員，辰昏拮据者，大參王君其首勛也。而佐理□□措辦工料，鼓勵匠役則開封太守錢綸、祥符邑令劉朝宗之功居多焉。至郡丞韓齊、范郡倅、張俊哲暨道標中軍任之炳與府縣廣文劉漢柱、陳如珣等，均與襄事，克效勞績，例得並書，以垂茲石。

順治十六年。

（文見順治《祥符縣志》卷六《蓺苑志》。王興亞）

鼎建合祀古聖賢碑記 [1]

賈漢復

合祀聖賢，禮與？貴賤不同牢，前晚不併敘，恩讐不共域，反是三者為瀆、為亂、為

---

[1] 光緒《祥符縣志》卷十二《祠祀志》標題作"合祀聖賢碑記"。

戾。瀆則弗敬焉，亂則弗齊焉，戾則弗和焉。弗敬、弗齊、弗和，神其馨諸。聖賢合祀梵宮，禮與？君子之教也，必由其本，順之至也。祭者，教之本也。祭義爲察協人事，之極乎神。故以道蒞天下者，其鬼不神，其神不傷，祝史薦而辭不愧，是以其人敬慎幽冥而淫祀不作。今啟釋教而附禮教焉，教失其本矣。釋之教，先正毀之，等於淫祀。瞻梵座輪哉奐哉。割一席以奉腥奉熟，方其遠之，而謂來之人，事之不順。烏乎！察神其馨諸，二者之不合祀，禮也。嗚呼！余烏知禮哉！

方輿畫五土，而地中奠之。載坤含功，其生敦衍。皇王開天，河洛道啟，卜京歷都，弼尹袚濯而光繹之。此三古以訖今，未有若茲之盛也。過夷門之道，帝邱賢宇，如堂如翼，春秋有苾。壬午九月，厥災水入，國胥淪洳陷。週歲民舍登登，撫繩趾而駢營之，不復識已。余用憮然弔吹臺，將訪遊梁書院之遺跡，徵八郡文獻而俎豆之，余志也。民力未息，未敢康工，夙夜猶咨，余乃其去。悼臣子之多恤，騷騷鼎鼎，聿靡適也，欷然曷已。夫余志之弗終之終。余晦之，余乃辜哉！故今作相國寺者，邦人之志，而合祀諸聖賢旅奉弗終。余晦，乃余之志亦合諸邦人之志也。禮則余烏知哉？余亦聞諸禮者，夏官司勳，掌六鄉，賞地之法以等。其六功詔太常，祭於大烝。《周書》新邑之祀，咸秩無文。夫大烝合祀也，無文主乎敬，不病乎簡也。漢制，祭功臣於庭，與士庶爲列。尊君而卑功，魏高堂隆非之議升堂。餘與君同牢，貴賤取諸骨。夫配食者，可因君之牢，以骨差爲俎。其異代而無君臣之義者，奚見不可同堂以共牢爲俎耶！皋陶、伊尹、呂尚功當代，不祀異代矣。不祀異代，而歌德拜風，異代仍祀焉不替，君子論其德，不論其世也。故《月令》古之鄉士有益於人者，孟春與山川並禱焉。是數者，可以合祀矣。昔武侯亾，所在求立廟，議未合，百姓祀於道陌，識者不非之。神之憑依，惟德是馨。道陌可祀，梵宮奚不可奉也？君子之教，從乎德，不從乎地。知者爲德禮，愚者爲覺懺。瞻化而得，亦存乎君子小人而已矣。爰是祠成，肇三皇，次禹以下。天地者教之，始乎匪瀆也。

按唐制，歷代帝王肇跡無祠宇者，詔郡置廟享之，取將相可稱者配。次孟氏子遊梁，倡仁義也。次周、程十賢，闡道性也。三書院其可作乎！文王世子之儀，有道有德者使教焉，歿則祭於瞽宗，惟作師哉！若者祀中堂，余讀《禮》曰："法施於民則祀哉。"昭首逢、比歷代諸忠，次信陵公子，次岳忠武，次宗忠簡，次鐵司馬諸褒忠，次于忠肅庇民，次許忠節，次陳橋范、汪、王諸忠賢若者，仁之至義之盡也。

考《周志》，勇而害義，不登於明堂。共用謂之勇。君子教善嘉寬哉！若者左楹，余讀《禮》曰："以死勤事則祀哉，能捍大患則祀哉。"穆首皮場公，次樊將軍，次李衛公，次尉遲，次包孝肅公、范文正諸名公，次李忠定，次徐中山，馮宋國諸勳配，次張、英、國三王，次王、徐、秦諸名撫。《史記》有言："勳哉功哉，伐哉閱哉。"《五經異義》在其位，故祭報哉！東昌之役，失吾良臂。辛巳三月，弔祀哭以文，河間故歿於王事也，鐵司馬不共域焉。勇而無義，以《周志》殿哉。若者右楹，余讀《禮》曰："以勞定國則祀哉，能禦大災則祀哉。"猗歟翼翼，匪亂匪戾，順之至孝之本乎。

嗚呼！宋政和元年，詔開封府毀祀不在祀典者千二十區，存者無考，茲十餘區耳，乃與河俱沒廿載。僅合祀梵宮，禮固如此耶。思頡靡容曰尚矣，賜須柴牢諸徒，半宋、衛、陳、蔡之郊。竹書多軼，富辰衷宏。延祖稽仲，日月於昭。曾無過而問焉。孟博嗣祖終錮冤之，子琰安石，長源彥國，固轟然焜然，遙情夙照，山川闊瑟，乃不獲一椽之庇。登梁祀而俎豆之，豈合祀亦有幸不幸耶！其湮沒者，又烏可勝數也。余之志，固能終耶。矧合祀梵宮非禮也。維嶽降靈，維河允翕，宮墻載啟，敬侯知禮，於君子云。

順治十六年。

（文見順治《河南通志》卷四十八《藝文志·碑記》。王興亞）

創建拈花庵碑記

袁襟如

西土二十七聖人，大旨一歸於空。此豈可以眼耳鼻舌求者哉！胡然而香纓寶絡，皆為佛之所有。又胡然而水火蟲魚，久之，皆為佛患也。當其燦然新也，佛之存為假存，而愚者不必果敬，及其頽然廢也，佛之亡若真亡，雖明者莫不憮然哀之。蓋佛未嘗如是以求人，人自不得不如是以處佛，亦如興世繼國，非聖人欲，然君子所以待聖人則然耳。

汴自黃河淪沒，兵燹洊臻，旃檀僅存鴟吻，蓋三教之防俱潰矣。大方伯徐公蒞我中州，惟時草昧漸開，次第修舉，百廢俱興。公尤以佛子之慈心、大仁人之施濟，凡璇霄碧落之區，為之不遺餘力。會汴門南薰內有佛像在焉。蓋得之黃流黑壤中，而求香火於人者，公惻然念之。彼夫舍衛城中，次第乞食，是如來度眾生，是眾生度如來，未可知也。爰是即其地建庵以祀之，而佛之靈妥矣。顧庵以拈花名者，何居？殆有取於說法拈花之旨也。間聞戒行清嚴者，則佛獻花，演宗秘妙者則天雨花，又烏知今日之拈花庵，非即他日之獻花室、雨花臺乎！庵規模宏敞，法像尊嚴，都人士女或哲或愚咸敬，且近月逢朔旦，耄稚爭謁，燈燭之炎上達層霄；鍾梵之音遠聞數里。凡禮佛而生敬畏心者，即感公而生祝頌，心悅哲以慧而給愚以養。公將使二萬五千河流並入夫海，其功德不可思議。是公之為民有深蘊於佛教之外者，是即西土二十七聖中之一聖。佛固未有可求於公，公自盡其在也云爾。是為記。

順治十六年。

（文見順治《祥符縣志》卷六《藝苑志》。王興亞）

忠賢祠碑記

袁襟如

粵稽古昔，代有傳人，事有偉績勳業，文章匪不爛然，具惟節烈奇變之人稱焉。豈平世無其人哉！而後人之忼慨指陳，獨於奇變節烈之事，爭譚慕道之。嗟乎！人而至于以節烈奇變傳後世人，斯艱矣。天下事尚忍言哉！明興二百六十餘年，汴土事無多傳，惟禦寇圍沉水患事，幾與唐睢陽、戰國之晉陽千百年爭奇。蒞汴土夙多名宦，亦惟巡撫子房王公諱漢，破永城，擒賊翟害事，與巷戰面齒二三人爭奇。汴郡邑遇變，人賢多足紀，亦惟陳橋鎮忠賢祠為王公諸節烈標英爽，存血食，事又與古監者朱力士祠宇爭奇。

嗟乎！祠建于汴邑河朔之一隅，汴省不可問矣。紀節于王公子房之一人，名賢弗忍問矣。記汴于寇圍決汴之一難，明季事又弗足問矣。人亦曷樂以其事傳後之人，亦曷樂以其事忼慨多道哉！獨是勢去矣，結灰天壤身裂矣。血燐宿草，此浩渺生氣，固森鬱于日星河嶽間，第不安虞游魂于木主貞珉，後之人曷以動肹蠁于千百年？此巡按蘇公臨皋之建祠于陳橋鎮，用是亟亟也，謂如曰從古所謂生服其教，歿畏其神者，其表章之如，亦曰自今伊始，節亦百世，化亦百世者，諒有志焉。迺整堂廡，迺營門坊，迺安室寢。列主於堂之午位，有奉命而來，遇難各盡者督撫十二公。而子房王公其右，侍主于堂廡之側，有守土藩臺將領而下及邑都人士殞軀者幾三百位，而李建功、蘇霞水、張林宗次之。嗟乎！人而至于三百，皆以盡節遇難，稱爲忠賢者，尚忍問哉！忠賢固無樂乎以是名，而後之人於是忠賢多君子，又寧忍弗問乎！如因灑泣而志之如鎮人也。弔黃袍之遺跡，嘗忻然曰：有宋三百年文明之運于此焉啟，是汴京之首盛。撫忠賢之聲稱，復愀然曰：有明三百年樂土之邦于此焉止，是汴省之至傾。感而記之。則又曰：維忠賢之翊運，斯振起之有徵。文成于前明癸未，以亂故，未永諸石。今書之，以待焉。

　　順治十六年。

（文見順治《祥符縣志》卷六《藝苑志》。王興亞）

廣生祠碑記[1]

王廷璧

今天子綏定八區，又安兆姓，諸如郊祀、賓雍、詰戎、制賦鉅務，靡不宵旰上廑宸衷。維時揆端弼輔內外，撫馭者皆竭忠盡智，以亮天工，駿駿乎追成康而紹唐虞，治效彰彰如覩矣。歲丁酉，豫撫缺。上軫念中州重地，彊圉民魚，闤鞠維艱。十五年，治□書上，豈治兆人乃艱哉。爰咨在廷諸大臣，以豫撫務得人。惟王公卿佐悉心體訪眾議，僉曰："無如少司空賈天子都哉。"迺勑曰可。其先公營奉先殿大工，慎鳩庀，既麗巨瞻，又寓節樽，寔悅天顏。葵春彌篤矣。是時，遂荷寵命，大紓中土之憂，公肅受欽哉。匹馬將介豫之隸士大小寮屬無不各滌迺志，豫之紳士耆庶舉手加額曰：我公來矣。公至之日，乃集文武屬、諸監司、各郡吏及紳士耆庶，詢曩之域內，積大利害，孰為緩急，而次第興除之。歲餘治

---

[1] 光緒《祥符縣志》卷十二《祠祀志》標題作"建賈公祠碑記"，錄文與此略異。

成，晉公大司馬。三年，將以艱去。環國之衆擁呼彌日，咸曰：願留公以撫我璧與。諸紳士知義不可留，民乃曰：問我有衆。于今三年，猶有重歔煩刑如虣之雞犬不寧者乎？曰否。猶有城狐社鼠憑陵肆厲者乎？曰否。猶有郵符騷擾疲于奔命者乎？曰否。猶有河患荒工濫科愒忋者乎？曰否。猶有償師驕卒嬲虐鄉廬者乎？曰否。猶有塵牘幽閉盆莫雪者乎？曰否。師法廉以表百職，苞苴不橫也；寔苑實蒐練而糧秣以時，庚癸不呼也。躬節儉，不以二價，厲厥賈闠闠孚而貨流如歸，百堵受廛也。又洗滌聖域壁，發琴瑟之音；編鑣車書風，佐輶軒之採。闢橋聽而雍泮樂，國史存而文獻徵也。禮賓塗館，緝舒惟度。星軺無慝，罔遺使者，差皇華弗，謹于供億也。不茹不吐俱豪俠不敢。飛魚入疆，閭左無匿亡之誅，罹罷俘以禍吾族也。探赤白于淮、徐，斜部月暈，咻咤彭蠡，汩誦之，惟密長河可洗而海鶻逝也。如揭竿聚米，蕩我稼穡，蠱我士女，今則不然。關埃馳嚴，暴騎突標，五衢爲梗，今則不然。君披觫惴，膣慘殄和，盜牧艱農，今則不然。璧乃與諸紳士以詰，有衆曰："是何從而致此，非我公能民乎？"民曰："允若是，請以歌公。"璧曰："公之德，自當與天壤同壽；公之功，自當與竹帛同垂。以我蠛蠓，奚足為公歌。"民曰："必永以歌，冀以圖公貌，使八郡之人得以春秋瞻拜不衰。"曰宜鳩工子來，祠不日以成。璧迺拜手颺言曰："公篤孝似陳元方，忠藎似司馬君寔，經略似范文正，節鎮似羊叔子，崇學似韓昌黎，省獄似歐陽觀，恤士似謝仁祖，愷切敷奏似陸贄，安恤流移似富弼，釐剔關節似包孝肅，綜理圖籍似蕭鄴侯，裕用墾荒似趙營平，嚴戟兵戎似郭汾陽，治盜安農似龔渤海，澤及鳥獸似楊宏農。至於詩酒嘯咏，則裴祿野、謝東山也。"於是，大小僚屬及諸紳士耆庶，舉首加額曰："是可以祠我公矣。"卜祠於廣生池畔者何？廣我公好生欲並生哉之義也。次公之一年，善留鄭公之三至可待，請以一圭宮惠抑春波，當棠芰潆潆，俾後世賈男賈女羣拜宇下者，咸識我為曲沃膠侯公諱漢復之祠也。夫昔景伯一片石，湧金如泉，當引爲我公世祝之。

　　順治十六年。

（文見順治《祥符縣志》卷六《藝苑志》。王興亞）

重脩慧林禪院碑

徐化成

　　自昔如來立教，特重結界一事。其制高不在山，下不在隰，土不附沙，石不附陶，別於平原穿取地五尺以下之土，和以雪山白牛之遺，及旃檀爲場。其用意，皆在百世之後，慮至遠矣！然而蕪垣頹礫，四大爲患，究在不免，雖佛力有不至焉。辟之商人，十有三遷，不免麥秀；周人考卜宅鎬，不免黍離，自古然耳。大相國寺之禪院有其八，其一爲慧林者，茲何以名也？佛法戒而定，定而即心即佛，而非心非佛。經云：佛成正覺，普見一切衆生，無不具有如來慧智，始而轉四諦法輪，所以攝有學也，終則示一乘心，即所以契圓寂也。一源通而萬派分，一炷然而千燈照。慧之爲林也，溥矣。爰有諸佛以像而名，猶之玉相金身，金玉可以佛，木參石悟，木石亦可以佛也。慨自黃河淪沒以來，蕩成巨浸，舉璇題碧，毵鱗次翼，舒者俱化爲黃沙白草。

余庸簡命藩此中土，興廢墜舉，蚤作夜思，凡可以庸觀望而昭象教者，鰓鰓焉懼有弗逮。洎大中丞賈公有事於寺，余力襄之。亦既殿宇巍峩，輝煌四映矣。惟是八方比邱，一杖一盂，卓錫茲土者，無不願給孤獨園于祇樹之下。此慧林禪院之所宜建也。余用是鳩工。而於役也，考卜於黃華月之吉，蓋三越月而竣事。佛像莊嚴，正大宗也。列伽藍韋陀諸聖，崇護法也。榱題輪奐，蠻室糧房，靡不森鮮倍昔；都人士女，繽紛雜遝，咸欣欣以爲改觀矣。是役也，視前則爲因，而視後則爲創。問其經費，則仕祿之羨也。考其程事，則身爲值日者爲省也，是亦一像教矣。於戲！教之不絕，如來開示之，菩薩闡揚之，四衆護念之。大地山河隆替相仍，而傳持不息者即此西方大聖人。而爲正楷之見，在釋迦牟尼是也。將見大乘法器于是乎在。則院不僅爲大相國寺之附庸而已。僧有萬寧者，善說法，俾之焚修，萬寧必有以爲是院重矣。後之人遲之歲月，而漸次加葺，亦如來結界之一助云。相與援筆而壽諸石。

順治十六年。

（文見順治《祥符縣志》卷六《蓺苑志》。王興亞）

重修岳忠武王廟記

胡士梅

城南朱僊鎮，宋岳忠武王駐師地也。王之功莫大於是，故有廟祀之。考浚邑志中載王廟刱建於明成化戊戌，恢拓於明正德己巳，其後之重新者蓋屢屢矣。向余令浚時，聞人之稱王者咸曰武穆。及余閱明太史楊升菴公所記，知方加忠愍，旋議武穆。武穆為王未定之諡，後世稱王者，宜稱忠武，因述其說而扁於王之廟。里之人咸知王為忠武矣。今上御極之十有七載，里之人欲新王廟，遂相率而祈記於余。余曰：王之武功，在靖康建炎時，先戰於新鄉，捷於胙城廣德，後勝於鄖城、臨潁，進潁昌，以及茲土。王之志在十二牌，在兩字背，在三字獄，皆炳史冊間，博古家悉能言之，而勒石於王之廟者，彰彰□耳目也，亦冥事。余之闡揚耶，□是王之為□也，忠於宋。王之為神也，顯於歷朝，遠不具論□。余□抵汴日，有事於鎮而謁王廟，其二三父老□有言明末流寇犯鎮，王特著威靈，廟中有旌□□金鼓竟大作，寇怖而去。斯非王之靈，有大彰明較著者哉。王之□可以驅寇，王之靈即可以庇民。里人之新王廟也，其意在斯乎，其意在斯乎！余因而有思於王之廟也為王開國地，則冤白時即建於鄂，為王墓所有則建於杭，為王父母邦則建於湯陰，其里之人皆有以祀之。茲之所建，則固王駐師地也。今之民，非即當日挽車載糧焚香以迎王軍者之苗裔耶。其新王廟也，固其所也。又□徒求庇於王而後新王廟也。余滯於宦途，王廟之在鄂、在杭、在湯陰者，未獲常□□□。在茲者，余以令浚及典屯駐許昌，往返於汴者，□時謁之，謁之而拜王，如見王之形也；謁之而讀王詩咏王詞，如見王之心也。余之膺衆請而為記，亦固其所也。又豈必有媚於王而求王之庇之也耶。

　　工始於十三年之二月，竣於十七年之十一月。余素不嫻於文，故直述其□，以永□石。其倡工捐貲者，例得書之碑陰。

　　順治十七年十一月。

（文見順治《祥符縣志》卷六《蓺苑志》。王興亞）

重建大相國寺大殿記

劉昌

　　汴城大相國寺，即前朝崇法寺也。昉於齊天寶六年，初名建國寺，唐睿宗勅改今名。於時寶閣金像，視昔為備。嗣後，宋藝祖、金章宗、元世祖，代加脩葺。至明成化間，乃賜名崇法。嘉靖丁酉，又重建資聖閣，春泉子趙鑰碑記猶存。今寓內咸稱為大相國寺，而不知有建國、崇法之號。以唐名相國時，符瑞洊臻，玉輦時下，其規制為獨隆。故景瞻勝地者，迄今猶泝舊名云。明末闖寇引河灌城，遂蕩成巨浸，舉璇題碧甍鱗次翼舒者，俱化為黃沙白草。當日慧雲僧初定寺址，見池沼瀾漪，中有天宮影，樓閣透迤。烏知夫天宮樓閣劫灰再遘，仍入清池碧沼中耶！

　　我清定鼎，誠孝奉天，特存方外之教，蓋萬法本無差別，治世日星，昭於賢聖，而出世之道，亦以明民。大中丞賈公誕敷弘化，佐理熙朝，以佛子之慈悲大仁，人之施濟，一切廢墜罔不振興。至如賑饑掩骼，禁宰放生諸善事，為之更不遺餘力。初詣茲寺，輒感夙因，即命略界繚垣，欲重建大殿，顧以開府政殷，且相距縶遠，經理乏人，未遑驟舉。

　　庚子冬月，大中丞以讀禮移旌候代。自杞如汴，士民攀擁馬首，呼號不令去。乃駐節于會城之試院。余得晨夕過從。因為余言開封諸郡之綱領，相國闔省之觀瞻。幸今少憩無事，亟宜鼓倡，以酬素願。遂首捐千金，鳩工庀材。属憲副爾調胡公董其役。以胡公有幹濟才曾令汴，今亦寓汴，故以鉅任界之。又方伯文侯徐公偕余多方勸導，巡梁憲副繹堂沈公暨諸監司以下，遠邇協應，樂輸有差。蓋際前則為因，而際後則為創，無願不滿，有開必先，其福德誠不可思議。粵攷舊記，茲寺之剏修，或受命于王朝，或徵力于數郡，或際民生之蕃庶，或經歲月之綿延。獨我公以聖賢心行豪傑事，果毅迅勇，具大智力。是以舉千百年不能遽起之鴻工，而一朝鼎建。殿之高五丈，廣九楹。榱題侖奐，龍象莊嚴，其雄麗較倍昔日。都人士女，繽紛雜逕，莫不聳然敬躍然喜焉。余因憶茲寺全盛時，燈燭之焰上達層霄，鐘梵之音遠聞數里。黃幡丹幢，臂繫而首載；香纓寶珞，轂擊而肩摩。此皆余之所及見聞者，不旋踵而感嘅係之。今得我公奮焉經始，遂告成不日，即瑜伽之建寶塔，百鬼助以日工，雀離之起浮屠，四天扶其夜力，似未有若斯之神速者。僣曰：佛力之所默佑，而何一非我公福德之所遠屆哉！從此城隍再奠，節府重開，儼然復覩東京之盛，端于是焉啟之。至若茲寺之複閣、迴廊三門、雙墖，更可拭目以觀厥成矣。上以鞏皇圖，而下以造黎庶。我公爲國爲民之至意，有深蘊於佛教之外者，是不可以不記。

　　肇工於順治辛丑七月之朔，落成於九月之望。仍題爲大相國寺，從興志也。其監作助工諸姓氏，則書之碑陰。

　　順治十八年九月。

（文見康熙《河南通志》卷四十八《藝文志·碑記》。王興亞）

重建大相國寺碑記[1]

賈漢復

順治十八年

　　汴役二大亟河工、城工哉。河有尚命，余弗越俎，漁科偏枕，凡稗政以厲吾民者，余斜劑其無遺。城湮廿載，其漁矣，誰我人居居，余請籌之司農、司空。厥成未觀，睠囑雉之墳落，迺惻惻余懷也。余以言去矣。一人是葵，待蒿猶榮。嗚呼，余也天只。先皇鼎昇，攀號莫從，陟岵陟屺，嗟猶來之是阻。煢煢蓼集，慟焉三絕，子臣巳矣，不知云從。伏念有臣若子，無不致于君若親，無不及于君若親，臣子之心也。而有不能致不能及之事之時，仰焉俯焉，不得不邀當于不可致不可及之事，如時致焉，如時及焉。余復何心苦坏墨量恫焉，有艾鳳愆飈麟罔知消除聿懷西土之脩靈也。儳偯儳祈，余可憚乎。是從重以冲聖萬年祝釐垂典，敢不恪哉，敢不恪哉。爰是營復相國寺，自余始。

　　嗚呼，德之不馨，明神不蠲，遙興動寘而民將遠志。余何能被禬諸，余亦聞諸先儒，胡致堂之辯矣，固哉辯乎。[2]聖人之治天下也，用其勢之所自然而利導之，則易爲功。君子之教，草之披風，水之就下也，用其易不用厥難，用其順不用厥逆，用其同不用厥獨。禮樂刑政，治之大綱也，堯、舜、禹、湯、文、武、孔、孟治道，所由出而大綱以立焉。然難易有時焉，順逆有機焉，同獨有情焉。時之所至，機之所動，情之所喻，苟利以導之，亦可以助禮樂刑政所不逮。是堯、舜、禹、湯、文、武、孔、孟之道，固不煩間詡而路鐸也。中州盜賊水荒，荼毒十年，死者十九，鳥斷烟絕，千里疆域，灝瀚極目，與沙草殍骨相黃白。

　　我清戡撫十八載，殘廬遺子，痛定呻吟。譚大刼孽報，骨肉唏嘘輙流涕，以爲善相勗，即笄巾豎子，刺刺無昕，吻置□晰，以善若孝，善若忠，則惘惘然。使里胥右塾、鄰長左塾，月吉而令授之，格格然駭且迕，迪順惕逆，弗若釋語之禽然，是可以教倫哉！弛爾弓矢，擾我南畝，投壑以魏，盈性狁狁，然悍不馴于長者，排枌榆之，廉偃僂趨，將泚然怦然，是可以教敬哉。饑驅走險，穀心不恒，墨屎單至，眠妷獿呌，使出三物而矢之蠕蠕口舌，無僵本嚴陟降之赫赫，憚夢寐其驚余。是可以教信哉！中土屠刃膏如飴烹，葅吾婦子

---

[1] 順治《祥符縣志》卷六《藝苑志》標題作"重修相国寺碑記"。

[2] 乾隆《祥符縣志》卷九《祠祀志·寺觀》錄文自"聖人之治天下也"始，無此前之內容。

以食凶，易牙叔謀之如林，乃洗晁面于彭水，悟郟化于北溟，則憬然艾鐘，易觫然環報，翻然而戚戚厥中也。堂下井上四海洋焉。是可以教慈哉！一圭不易，民乃饑，一樹不藝，民乃寒，朵頤而斃。醜靈饕者，耗之本也。眾口食貧，貧乃國茹。淡則用約，用約則資餘。餘則豐，豐則康。愚者見為福，君子見為德。是可以教儉哉。禮失而求之野，步矩步規，棘棘然卻步而走矣。縣有鼓鐘弗考，作息之見，日各不謀畫壇而齋禱之磬折，孔熯不敢怨，肅肅然祗于楚夏井旅，嬉然陶然，鐘鼓不為淫。是可以教禮哉。盈縮殊數，形則忮，忮則求，求則貪，貪則驕，驕則鄙，鄙則吝，吝則怨，怨至于大爭不忍言矣。虞芮之田教以讓乎，楚人之弓教以忘乎，教讓與忘弗入也。曰教以空，空則萬有，滅六賊假視，假與滅，學為寡欲，治為大公。是可以教讓哉。國用亟，民善邁，哀哀三木，肌肉黗之，傷哉，貧也。絲穀剜心補瘡時痛乎。至人用，以飼鴉餧虎，為修修者，何修不壞身，登無上乘，鴉虎不恤飼餧，矧急公哉。公急心未之剜不憋，三木身不壞，阜國無驚，吾里缶鼓熙如秉執上是。是可以教義哉。溱、洧不欲贈芍藥，阿難、楞嚴二義，捉於賦大車。是可以教貞哉。祠之潰矣，諸布諸嚴諸逐驅辜而兵岐熵將，聚米于陬，卜古剎以延舊典，民人其同，無越耳目。是可以安俗矣。

夫倫以明之，敬以肅之，信以質之，慈以育之，儉以節之，讓以廉之，義以尚之，貞以防之，俗安無即，于斂九者，治之大綱也。佛氏之治西竺也，用其道可為治，亦可為教。西竺之治，不可以治中國；西竺之教，未始不可以教國者，佐中國之教，致堂氏以死幻空妄疊駁之，固哉辯乎。

按：周昭王二十四年，牟尼生，十九學道，三十學成，演教四十九年，至七十九年歿。是歷年志學，生死亦猶吾也。蔡愔、秦景之得《二十四章經》，論律至梁華林，凡五千四百卷，以性命為旨，以忠孝為教，無殊理也。陳了翁貫金剛九字于一覺，參以《中庸》誠之義。晁氏謂圓通自誠而明，楞嚴自明而誠。考亭亦謂身與萬物同其有，心與太虛同其無。是謂真空，是謂金剛不壞，理亦不妄也。釋加之能仁，圓通之能知，金剛之能勇，三德者，天下之達德也。尊此三德，以達九治。余用其易，余用其順，余用其同，以佐吾禮樂政刑所不逮，于萬世以見余不可致不可及之心，余幸矣，余幸矣。爰是縣水縈影[1]坦淤墟之巋然，鳩廢梓而哀益之，搆琳座存舊三之一，右鑿圭沼，以廣大生，厥菴另傳。

是役也，司空劉公、兵憲胡公翼勤厥成，羣公庶尹實有賴焉。料材藝傭平，諸民作八郡子來烝烝輸不等。君子謂瘠土之民，勞則思善也。利而導之，其無阻。嗚呼，釁敘翼翼，棘院我我，余治為君子焉。城之未役，從事梵宇，余不得已也。將何以為小人焉，敢不夙夜是圖哉！勒石以永吾志於後興云。

（文見康熙《河南通志》卷四十八《藝文志》。王興亞）

---

[1] "爰是縣水縈影"，乾隆《祥符縣志》卷九《祠祀志·寺觀》書作"爰是營復相國寺，縣水縈影"。

大中丞賈公去思記

劉昌

　　歲辛丑蒲月，余坐小園叢陰中，偶取吾豫志□□至名宦一記，輒三復披玩，以為蒞吾土者，苟其功德不泯，雖十載下，尚赫赫人耳目間也。乃忽聚千萬人於門，呼聲直達內。余驚詢之，知因大中丞賈公去，求一言以永其思者。余急接見，則見有儒冠於前者，則見有布衣於後者，則見有龐眉皓首扶杖而立者，則見有引子帶女襁負而至者。蓋自吾庭以及吾門，由吾門以及于市，猶絡繹弗絕也。□公之得人心也，有如是哉。余告之曰：爾之思賈公也，爾之求余言以為記也，固其所也。第余固忝大紳列與賈公有舊好，余即頌公之德，揚公之功，得勿近於諛□，爾其悉以告我。於是，儒冠者進而前曰：自公來捐俸治吾學，集士人課之，所拔多知名士，作養從優，今未之或聞。改修比士院于汴，文運生色，敦邑彥，輯豫志，文獻賴以傳，則是公大有造□文事也。

　　己亥，海烽發，所至有風鶴驚。公料敵□□箕密疏以陳，遠近悉安堵。公之功不有及于武□歟。至其□卻餽遺，關節不到，嚴持風紀請托，□有即古□東萊包龍圖何多讓焉。言未已，忽有□衣者趨而前曰：士人善文，吾儕小人不善文，敢直數之。我公分驛路以省偏累，清地畝以除包荒，免罪贖以恤貧乏，止軍糧以省運輸，清獄訟以伸冤枉，公市價以軫賠苦，立粥場以賑災饑，安流徙以救逃亡，嚴兵丁以肅法紀，禁衙役以安善良，設義塚以澤枯骨，禁屠牛以全物類。言未已，而龐眉皓首者忽戰戰而前曰：公之德與功，言之能盡乎？小人輩老矣。小人輩之死于刑罰，死于稅斂者蓋屢矣，非我公來，無以有今日。不意我公偶以言去，方今聖天子精明，賢宰輔公正，我公自得白，是我公復來汴有日，而小人輩迫於年，恐見公無日也。安得不求一言，列一名，以為思。言未已，而引子帶女者並呱呱而前曰：小人輩之子與女，皆我公愛養之所貽也。恐我公旦夕去，不及見公，即見公而童幼無知，當不能記憶公，異日者何以感公、思公而望公也。安得不求一言，列一名以為思。余於是欣然而□復愴然而悲曰：賈公之得人心也，有如是哉。□□非有私于汴也，比者聞共城有章，雍丘有碑，衛□□生□□在，公並非有私于共城雍丘□□也。汴士民之所以思公者，吾得而見之。他邑之□□思公者，吾不得而見之也。汴士民之所以思公者，其言之所已，及吾得而聞之。其言之所不能盡，及吾不得而聞之也。賈公之得人心也，有如是哉。即吾豫志所載名宦且不多見矣。余復為之詞則諛耳。是用直述其事，以永諸石。

　　公諱漢復，號膠侯，山西之曲沃人。其思者，則書之碑陰，而不能盡之碑陰。

　　順治十八年。

（文見順治《祥符縣志》卷六《藝苑志》。王興亞）

大相國寺創建放生堂碑記

胡士梅

乾竺鄒魯之教，幾中分震旦國，兩氏弟子樹幟角勝，老死不相往來。而儒者立說復思人其人，火其書，並掃瞿曇氏之教，歸之烏有。然終唐之世，浮屠之剎日益盛。歷五代而宋而元而明千餘年，其盛不少衰矣。無難輒盛，則儒者亦聽之而已。今大中丞賈公以誦法鄒魯起家，鎮撫中原之三年，勸耕耘，脩文事，躬節儉，禁宰殺，大梁遺民流離而散處者，收魂魄歸里井。近且烟火萬家，漸復古名都會。公讀禮之暇，過相國寺遺墟，憑弔徘徊，不勝象教淪沒之歎！適大司空瀛洲劉公、方伯文侯徐公，及諸君子雅有同志，多方勸募，共襄厥事。取梓材陶瓦之沉河伯宮者，復相國舊觀。仍以竹頭木屑闢寺西隙地，置放生菴。鳥革翬飛，莊嚴世尊，像南面，巋然稱相國，附庸云菴。茀百步許，復鑿一池，雜樹槐榆檉柳，青翠無炎埃。公出俸錢，日市禽之塌翼者，獸之折足者，兔離綱羅近刀俎者，置豐草長林閒，鱗物之點額暴腮困於豫且者從之，使悠然一泓清水中。或且曰公既誦法鄒魯矣，胡為復問津乾竺？余曰：成湯解網，固金人未夢以前事，即尼山之不射宿，與子輿之仁釋轂觫者，果與瞿曇放生有岐道乎？他若放龜渡蟻，瑣屑不勝書，古今稗官家艷談之，未嘗以迹近浮屠，抑居下腮。且羣言折衷於六經，天地之大德曰生，鳥獸魚鱉，咸若雜見於《周易》、《商書》之文者，亦在貝書未東之日也。又何河漢於放生之舉乎！若公者固合鄒魯乾竺而一之者，豈如兩氏弟子立幟角勝，老死不相往來耶。抑聞之剖胎殈卵，麟鳳不至其郊，由公放生之意推廣之，種種胎卵濕化，長養生成，必且有音中笙簧之鳥，不食生物，不踐生草之獸。飛啄寢訛於郊圻者，以彰公仁民愛物之德意，姑俟於他日驗之。

順治十八年。

（文見順治《祥符縣志》卷六《藝苑志》。王興亞）

鄉賢祠記

胡士梅

清定鼎，豫章朱公來守郡，卜廟基而新之，獨鄉賢祠未果。二三鄉賢為先靈失享恫，僉告之繼守，關中席天雄、錢二公各捐俸焉。賢裔輩悉贄而祠成。余惟捐俸者，重國典也。輸贄者，闡先猷也。重國典者忠，闡先猷者孝，一舉而二善備矣。後之覿是祠者，其能無忠孝之感乎！是為記。

順治十八年。

（文見順治《祥符縣志》卷六《藝苑志》。王興亞）

改建大道宮碑記

劉昌

汴之邑，舊有大道宮，以祀北極元帝。其規模宏敞壯麗，與相國寺、延慶觀相鼎峙。汴之人焚香頂禮，無問貴賤賢愚，而帝亦福善禍淫時顯靈異。厥後河朔一帶，凡朝終南山者，必先修醮於此，稱爲一宮云。明季壬午，寇圍城六月餘，汴人守死不拔。寇決河水灌，城遂圮，而宮亦沉泥沙中。一時黃冠羽士或溺竄，而勝蹟不復識矣。我朝定鼎，汴人漸次復業，而羽客康泗水舊嘗焚脩茲宮，於順治初年亦還故土，悵然久之，尋舊宮遺址，幾不能辨。有廢藩永甯府故基，實在舊宮之北。康與諸檀越低徊再三，見厥土燥剛，厥位面陽，爽塏軒豁，允宜神居。乃請於當道，創建今宮。康志復舊蹟，跣足苦募，立關數月，股肉為裂，蓋已為順治九年壬辰矣。

余率汴人釀金錢，共襄其事，鳩工庀材。以營建未落成而康殂，聞者悲之。厥徒守齓能繼師志。拮据經營，幾十餘載，首建大門三楹，次建大殿五楹，拜殿五楹，二門三楹。又建東配殿三楹，西配殿三楹，梓潼殿三楹，最後建後大殿五楹。前大殿繪元帝像，而周公桃華則側而立也。後殿則繪聖父聖母，大二門內繪靈官四師，東配繪江東王，西配殿繪真官，而梓潼殿繪梓潼帝君也。道院庖湢及周繚垣，無不完備。工肇於順治九年壬辰，竣於康熙元年壬寅。其廟貌之巍峩，丹堊之藻麗，神像之莊嚴，較昔又加一等矣。落成之日，汴人善拜徘徊，咸謂茲宮雖因舊額，而一瓦一木未仍舊貫。此固明神威靈有以聳動人心，而康、侯師弟募化勤劬，功亦不可泯謀。鑴諸石，以誌不朽，徵記於予。謂《禮》有爲民捍大災則祀之，禦大患則祀之，況帝居南鎮北，福國庇民，尤超尋常萬萬者乎！至康、侯師弟苦心修建，蓋皆有功於帝，而為黃冠翹楚者逝矣！侯者深研黃庭，如當年陶隱居、葛雅川一流者乎！是為記。

康熙元年。

（文見光緒《祥符縣志》卷十三《祠祀志》。王興亞）

重修縣學文廟碑記[1]

劉昌

吾汴邑庠，舊在城之西偏，宏廠壯麗，與郡庠相為伯仲，傳沿已數百年。明末壬午，河伯爲災，省會人物，盡付東流。而學宮已沉埋於泥沙中，一瓦一木，無有存者。大清定鼎之初，吾汴污潴如故，三四年後，又變為蒿萊。邑大夫駐節河朔，士民旋故里者如星辰

---

[1] 光緒《祥符縣志》卷十一《學校志》標題作"修學碑記"。

寥落。先師釋奠之地未遑過而問焉。至癸巳歲，邑侯灤州孫公始由埽頭移節城內，時人物亦稍阜蕃矣。舍故圖新，卜吉於縣治之西，建立文廟，即今學宮是也。殿堂門廡，粗畧完備，越今又歷年所矣，風雨漂擺，鴟鼠巢穴，顛仆日甚，而且以為行人之郵舍，而且以供胥役之庖厨，蹂躪蕪穢，觀者不禁太息。教諭韓君每每與諸生議之，恨力所未能，不克舉行。今歲孟春，別駕張公攝篆縣事，謁見守粮道王公諄諄然命之云："先師俎豆之區，狼籍如此，何以興賢育材，佐天子右文之治？汝署斯邑，亦其責也。"張公慨然曰："予雖五日京兆，命不敢辭。"爰進諸生議修葺，衆咸稱善。鳩工度[庀]材，諏日舉事，棟梁榱桷之朽蠹者易之，簷牙瓴甋之頹圮者整之，丹漆黝堊金碧之，漫漶者澤之繪之。凡疾風苦雨之所穿漏，遊塵飛埃之所垢蒙者，一切補葺而糞除之。故戟門二扉，易以六扉，四配十哲各設龕，兩廡建柵，立七十二賢木主，大成殿至櫺星門，悉砌甬道，堂側築庖湢，以供諸子衿講藝之餐。工肇於春仲，竣於夏孟。公雖簿書旁午，每日必省閱再三。时教諭韓君諱璞者，公車北上，而朝夕督課則府學司訓張君諱鐸及茂才周子繼茂、張子好德、王子豸之功居多焉。至土木工役之費，悉出公俸金為之，一錢不糜公帑。因請予言，勒諸貞珉，以誌公之德不朽。予謂公治吾邑，清静不擾，而寬厚長者，有古卓茂風。兹舉則又文翁化蜀之遺也，不敢以不敏辭。爰述顛末，以詔將來，用比於甘棠之義云爾。

公諱俊哲，號樂菴，陝西之涼州人。

康熙二年。

（文見順治《祥符縣志》卷六《藝苑志》。王興亞）

重建上方寺碑记

徐化成

大梁古昔都會之所也，區分中域，衢合九州，形勝甲於寰中，繁華埒於畿甸。獨以黄泫中貫，幾被淪湑，滄海桑田，非一見矣。然未有若明季，壬午之特甚也。波濤奔湧，越雉堞而怒排市井，室廬隨洪流而汩沒也。豈第唐、宋之故址渺矣無徵，既元、明之遺跡，蕩然莫問。惟城隅之東北，有北齊止方寺。寺後一塔，未盡湮沒也。有僧依塔而仿佛之得金容於泥沙之中，搆一椽於荆莽之際，然而荒涼凄楚，不堪極目也。今上御宇之二年，予與大中丞張公始為修復，省會之謀繕城治舍，招徠民間，經營數年，漸次可觀。甲第駢聯，市廛輻輳，雖未能侔於疇昔之景象，然已儼然雄壯之維藩矣。因於政治之暇瞻眺於古塔之間，不禁愀然感焉。隨與同事諸公作修廢之舉，所幸諸公，同心合力，共為勸助，得以鳩工庀材，而治厥事。是役也，不動之於公帑，不徵之於民力，不朞年，告落成。計其大殿者五楹，為東西配殿各五楹，為前殿者五楹，為鐘鼓樓者二座，為天王殿者五楹，為山門者五楹。古塔之埋於泥沙中數級，今作池以環之，甃臺以固之，兵燹風雨剝蝕者增飾之，僧寮香積以次具足。向之一望荒丘蓁蕪遍地者，今則金碧流輝，甍棟錯影矣。法輪轉度，雖不及鹿苑栴林龍像光明，亦即是慈航般若，寧僅此地，重開生面。願為梁園之民樹無量之功德。為事既竣，寺僧欲礱石乞文，以識不朽。乃為之序述云爾。

康熙二年。

（文見康熙《河南通志》卷四十八《藝文志·碑記》。王興亞）

創建演武廳捐輸題名碑記

開封府城守營布政使司布政使徐化成

今日何日誠于于無事之日也。吾見其嶽瀆位而文物興矣，雉堞崇而金湯固矣。當此之日，儲戎洗甲，而桓桓濟濟之士，可不為講武談兵立社築壇乎。恭遇督、撫、兩部院捐俸於上，一時在事同人，聞風樂助，用勸厥美，未見動民一絲，取民一粒，不數旬，有堂巋然，有垣翼然，棟礎翬飛，峙龍門，揭熊耳矣。諸將士日嫻止齊而步伐漸超距而就貫，豈不起起然干城乎哉？余備位藩，宜晨夕過示，樂觀厥成也。兩臺之功誠偉矣，諸君之義亦竟矣。而左營游戎張君偕城守任都閫經營終始，任勞匪懈，復何事哉！昔杜少陵云：當天子宵旰之日，得結數十輩，公落落然參錯天下為邦伯，萬物吐氣，天下安可待矣。余幸託同，冀與諸君子各勵斯言，以副兩臺創建之勳，以紓聖天子腹心之顧。今日勒名於石，誠無忝於石也。

康熙三年。

（文見康熙《河南通志》卷四十八《藝文志·碑記》。王興亞）

巡撫河南等處地方兼理河道工部尚書都察院右副都御史正一品古燕張公諱自德重建禹王廟記碑

【額題】重修碑記

憶昔大禹鑿龍門，排伊闕，而平成奏績，固所稱功在萬世者也。自九河湮，入海不由碣石，河乃為中州患，非禹之舊績矣。歷漢、唐、宋、元，隨築隨決，載之史冊者，難以悉數。壬午秋，闖寇囂張，引河以灌汴梁。於是，城垣傾圮，廬舍湮沒，民盡為魚矣。甲申，我皇清定鼎燕都，屢有修復中州之議，乃國家初闢，民力維艱，遂爾中止。雖然，宵旰之憂，未嘗頃刻忘也。閱十有九年，簡大僚中有才望素著者，無如我大中丞張公，遂賜璽書，出鎮兩河。公下車，無日不以察吏安民為念，墨吏斂跡，名賢輩出。禁革火耗而雞犬不驚，招撫流移而桑麻遍野。諸如念驛路之窮苦，爭三齊之舊制，念民力之已竭，停房竹之運夫，改折本色，免領茶馬，種種善政，昭如日星。而於□□尤其所寢食不遑，而日夜以之者也。公不憚寒暑，衝風冒雪，奔走河幹，即九曲安瀾，而猶未雨綢繆之計，較之大禹之胼手胝足，不過是也。公見閭左漸有起色，堤堰又且無恙，乃奮然曰："傾城者，河也，河治則城可修也。"乃特疏以聞。期年，而萬雉雲連，望若列嶂，不費公帑一錢，居然一壯都會也。又念黌宮湫溢，俎豆□光，捐俸而宏其規制，斯文一脈，賴以不朽。不特此也，古佑國寺以水湮，故茫不可識。公曰："此方形勝，當急為營構之。"玉質金相，匝月而就，誠一時之巨觀也。且鐘鼓二樓，又將不日成之矣。總之，公終日乾乾，朝夕猶惕，若期無負天子特簡至意。故百廢俱興，百度維新耳。一日，敵樓告成，公偕藩臬諸大夫行城，四顧而歎曰："城廓竣矣，城外東南，巍然一臺者，是何古跡而荊榛至此耶？"諸大夫僉曰："此師曠之吹臺，而後世以三祀禹者也。"公曰："禹之明德遠矣，今之河水悠然安流遠逝，使余得以創建城垣者，固宗社生靈之福，而禹王相佑之力，不可不報也。"爰鳩工集材，歷數旬，□輪奐赫然，視昔有加焉。嗟夫！大禹之功，功在萬世。我公之功，亦在萬世。雖上下數千年，其揆一也。遂不辭固陋，序其梗概，使諸麗犠之碑。

　　雲南按察司提調學政副使李光座撰。

　　府庠生員宋存仁書丹。

　　提督河南等處軍務許天寵，驛鹽河道左參議上官鑒，開封府知府吳宸誥，管糧通判吳景煇，提標左營遊擊周於仁，□城守營中軍守備郭重顯，管工中營千總張峻，總鎮河南左都督蔡祿，糧驛道副使兼參議張永祺，提標右營督工遊擊陳泰，清軍同知王重民，中營中軍守備林旌，祥符縣知縣聶琰，管工右營千總陳化龍，開封府城守營布政使司布政使徐化成，提學道僉事史逸裘，開封城守營都司任之炳，南河同知趙枚，右營都司管中軍守備事胡兆駿，部院門下舍人張美紳，候推守備程元春，管工千總劉進朝，按察使司按察使李士禎，提學道簽事郡景從，開封城守營都司郭漢，北河同知金夢麟，右營中軍守備陳興夔，部院門下庚子科武進士王重祿，祥符典史李興衛。

　　皇清康熙七年歲次戊申仲冬下浣吉日。

　　少室嗣祖傳法主持萬寧。

（碑嵌於開封市禹王臺三賢祠內北牆壁上。王興亞）

重建國相禪寺碑記

　　濟陽艾元徵撰。

　　宋存仁書。

　　汴城之東南三里許，巍然獨峙者，繁塔也。有國相、天清、白雲三寺相鼎足，其間興廢盛衰，不知凡幾。每經修葺，輒示靈異，非僅祇園勝境，誠一郡風氣所關也。慨自黃流肆虐中原，陵谷變遷。攬轡而至者，惟見黃沙白草。昔之烟火人家如晨星在天，歷歷可數。巖巖雉堞悉沒地下，間有存者高不踰肩。惟繁氏一塔，屹然而立，與艮嶽峰遙相拱接，而國相三寺已蕩然無可問矣。

　　國朝康熙七年，大中丞張公自德、方伯徐公化成，銳意興造，自衙署城池，芹宮祠廟，與求賢講武之地，或創或因，審宜度勢，躬親區畫，日月省試，上不費公，下不勞民，未再期而諸工告成。復與同力諸公即繁塔之屹立者，尋其旁之故址，乃知吹臺之蹟未泯，國相之基猶存也。念司馬之祕思，雖藐七賢之遺鄉，堪追斷碣殘碑，未盡滅沒。方伯諸公因言於大中丞之前曰："夫制禮作樂，所以移風易俗也。獨不可與三藐五印並講之耶！"於是，中丞公為首倡，諸公合力以助，崇其三殿，纏以黃金，前禮釋迦，中開接引，後建毘盧，合三寺而一之，統額之為"國相禪寺"。四大諸天，煥其山門。伽藍大士，新其兩廡。中翼一亭，以韋馱尊者，永鎮北祇。仰觀七級插漢，一線摩雲。向之突兀難攀者，今則磐石超距矣。朔望之夕，千燈一炬，光照十方。若法藏香積，鐘鼓梵唄之屬，各有位置。又置香火田，用資焚修。輪輪聿新，龍華重麗。遠近士民無不焚香頂禮，俯仰咨嗟。僉謂桑田滄海之餘，不意復見精藍寶剎之盛如今日也。因憶東漢以前，本無佛法，自白馬東度，教始行於中土。於是，赤縣神州，皆知西方有大聖人。其道則以空為體，以慈為用，言乎空則妄念不生；言乎慈則殺機胥泯。苟在上在下者，皆法之以自淑淑人，有何俗之不美哉！且世風日降，人心不古。人有不畏禮義者，斷無不信禍福。釋氏既動之以禍福，復誘之以懺悔，一任強悍者流，但聞劍樹刀山，未有不惕然心動者。其引人之脫離苦海，登諸慈航也，用心亦良苦矣。古聖人以神道設教，豈無故哉！《記》曰：修其教不易其俗，齊其政不異其宜，貴因也。此地向既有寺，因而寺之不亦可乎！豫居天下中，汴又居豫之中。風氣隆替，八郡以之。惟願來斯寺者，禮佛之像，即遵佛之教，但務悔過向善之實，莫侈香花供養之文。將見人皆忠厚，世盡敦龐，實與中丞公之道德齊禮相輔，以有成也。其功豈淺鮮哉！予適奉命視獄，得觀厥成。中丞公遂礱貞珉，俾予識其顛末。爰泚筆而記之如此。

康熙七年。

（文見光緒《祥符縣志》卷十三《祠祀志》。王興亞）

兼修國相寺記碑

名山勝地，隆替有時。而善果殊功，千古不泯。余觀繁塔國相寺之重建也，雖基址皆仍其舊，而梵剎棟宇，悉屬維新，文記中載之詳矣。至其前後佈置，曉夜經營，無一非守戎劉君暨同官張、陳、程三君之相與規劃督率之所及，厥功豈渺小哉！余因就試大梁，適逢竣事，聊贅數語，登之於碣，庶可以垂久遠，而昭成萬績云爾。

康熙八年歲次己酉仲秋吉旦。

浮光李國幹撰並書。

部院門下舍人張美紳、武進士王重祿，候補守備張俊、程元春、陳化龍、劉進朝 仝立。

管工家丁張加福、趙富、任文玉、千捷尚、王如倫、張禮、蘇得友、王印。

木匠張起、楊進忠、王義。

泥水匠張河、劉奉春。

石匠段家補、郭茂花、高澤彥。

油匠李國甫、楊得山。

畫匠邢自立、楚金堂。

鐵匠李顯名。

住持僧明儒。

（碑存開封市繁塔寺。王興亞）

延慶觀起建黃籙預修聖會小引碑

李光座撰。

宋存仁書。

余嘗檢閱志書，見延慶觀舊爲朝元萬壽宮，明洪武六年改今額，置道紀司於內。成化十六年重修，其後周藩疊加修葺，殿宇巍峩，累化稱盛。自明末壬午破城，民社漂流，舉數百年璇題碧甃鱗次翼舒者，已化爲黃沙白草矣。當是時也，我汴人流離播遷，尚無室廬井竈之安，焉有闗結善之禮。洎我大清定鼎，神人胥慶，百廢俱舉。維時閭里信善男女，靡不歡欣鼓舞，樂與為善，共登菩提也。適有首事趙足行等熾發善會，約衆捐資，金裝三聖聖像，巍然煥然。共成大殿三楹，靈官殿一座。周圍客舍羣房，無不畢備。而黃冠吳真雲協力成之於康熙七年，內起建黃籙，預修善會，老稚爭謁，一時士女繽紛，莫不聳然敬，躍然喜。是以鐙燭之燄上達層霄，鐘鼓之音遠聞數里，蓋以三年於茲矣。豈非心存敬畏，福德遠屆者哉！從此豐樂歲稔，萬竈安然。覩東京之盛，於是焉啟之。是不可不記諸石。

康熙十年。

（文見光緒《祥符縣志》卷十三《祠祀志》。王興亞）

重建信陵君祠記

湯斌

開封舊有信陵君祠，在上方寺之右。雲杜李本寧宗伯宦梁時所建也。崇禎壬午，沒於河。今國家承平三十年，廢典漸次修復，而信陵祠獨缺。永平韓子客遊梁，歎曰："茲非魏都耶！夷門之墟猶有侯嬴、朱亥若而人乎？使當時無信陵，則侯嬴、朱亥亦以監門市屠老耳！巖穴不乏人，能識人不耻下交者，世不數見也。"於是，偕寺僧即其祠地土中求得雲杜故碑，醵金建祠，以侯、朱配，仍舊也。韓子又曰："侯生，猶魏產耳。若毛公、薛公，固生於趙，為平原所簡賤，而羞與為伍者也。信陵何自而得之？卒賴其言，趣駕救魏，率五國之兵敗秦師，至函谷關而還。信陵之終不失臣節於魏者，二公力也。徒以非魏產而不祀，非闕典歟！"補主列侯、朱之次，旌功也。所謂禮，以義起者也。工既訖，請於官，春秋致祭。復選石，刻《史記·魏公子列傳》立祠中。過睢陽，請余為之記。余酌酒與韓子曰："君燕趙布衣也。未嘗綰綬分符，有修復舊典，表章古烈之任者也，何汲汲為此？得無悼淪落之難偶，慨知己之莫遇，與信陵曠世而相感乎！"夫信陵豈獨以好客重乎？秦之併六國也，此古今一大變局也。趙與魏為唇齒，而魏與五國為藩。維信陵用兵，雖太公、穰苴無以加焉，使當時不以讒廢，則秦不得滅魏。魏不滅，則五國不至折而入於秦。即信陵一旦以老病死，其知人下士如此，必能得如信陵者而託國焉，暴秦之虐，不能及於天下矣。其以毀廢也，飲酒近婦人而卒。其亦不忍見天下之遽歸於秦，而求速畢一朝之命乎？李牧死而趙亾，信陵死而魏亾。始皇之肆威於海內，天也。漢高過太［大］梁而以太牢祠之也，其亦有見於此乎？信陵墓在揚州門外，河流變遷，湮沒不可問矣。此祠之建，其不可已也。遂為之記。

韓子名鼎業，字子新。博學好古，慷慨多大節。此祠之建，其一端云。

康熙十一年。

（文見《湯子遺書》卷三，又見光緒《祥符縣志》卷十二《祠祀志》。王興亞）

重建大梁書院記

佟鳳彩

文教莫盛於成周。室有塾、黨有庠、國有學、□□之也，廣一年而辨志，七年而小成，九年而□□，□教之也；詳是，以化成俗美，而禮樂興焉。今天子御宇，崇儒重道，樂育諸士，文化翔洽，首□□中州。中州，天下之中也。蓋文運之盛，國家之盛繫焉；中州之盛，天下之盛繫焉矣。辛亥，予奉天子命撫茲土，思振興之，以上襄文治之隆，而竭蹶不遑也。嘗于山見嵩高王屋，蟠口而巀嶭於水，黃河注其源，洛、汭縈其界，以至太行之奇、龍巖之曲，與淇泉沁河浩渺之觀，不禁忻然曰：美哉！山川之秀乎！士生其間者，意必魁奇歷落，秀外而惠中。其為文，必春容醇肆，炫耀陸離，目不給瞬也。然三十年來，人物聲名，顯庸未盛，即報最南宮者，亦不數數見也。豈士之媮與？抑聚業靡恒，師帥者或未加之意也。於是進諸司而計之。曰：豫之形勝甲天下，且素稱多君子，詎可視其落矣而不之振耶？已而，諸司以大梁書院請。予曰："大梁昔無書院乎？"曰："有之。""有之，曷為以書院請也？"曰："昔有而今圮矣。嘗聞之故老云會城南薰門內，有麗澤書院，故明學使者劉君所建也；成化己亥因改建都御史臺，而遷於麗景門外，距城二里許，至今遺址存焉。"予曰："大梁舊有書院湮沒矣，不一為之更新，使士子無所肄業而荒于嬉，此亦為民上者之責也。"爰議所以重建之。度地於城之西隅，同時諸君子，慨然捐資，庀材鳩工，置門堂樓宇，左右齋舍，凡一百一十間有奇，四閱月而落成矣。仍購諸經籍藏其中，扁其堂曰"正業"。凡爾若師若弟子者，朝于斯，夕于斯，爭相淬礪；正其業不懈其志，以共底有成，庶幾窮而獨善：善一鄉，善一邑，立言而詔來世；達而兼善：善一國，善天下，以襄治平。成周之風，復見于今日矣。此予建書院之意也。多士勉乎哉！不然，不學操縵，志荒於作輟；不能樂學，情易於紛華；文雖奇而不濟于用，行雖修而不顯于眾。即或僥倖于一旦，迂疎寡效，民社貽羞，致有借才異地之歎，非予所望于多士，諒亦多士所不忍出也；多士勉乎哉？

是役也，同予襄事者，藩臬諸司也，董□□□□□□□□□□□□□□□。

康熙十二年。

（文見康熙《開封府志》卷三十三《藝文志》。王興亞）

王烈女墓誌銘

毛際可

　　烈女王氏，名秀女，開封祥符人，王碧少女也。年十七，許字于之瑞子天祥。未幾，天祥死。父母知烈女至性，匿不以聞。將菁密議改適，烈女始知之。一慟幾絕，誓以身殉。匍匐奔喪，父母不能止，遂與偕往。是日，為天祥小祥。烈女出向所受聘，陳之靈几，躃踊絕粒者二日。父母促之歸，烈女願留侍舅姑。之瑞不得已，令妻與女伺其臥起。踰年，瑞女適人，姑獨與烈女居。烈女聞天祥幼育于陽武王姓，已為娶妻生子輅，妻死，遺孤就哺外戚。烈女思自撫之，為于門宗祧計。王堅不與，烈女益失望。適天祥大祥，烈女哭祭，不食終日；姑倦寢，烈女夜起自經。是夕，有大星隕於家。黑白二氣，自屋角間出，久之乃滅，警夜者怪之。及曉，烈女死，顏色皎然如生。初，之瑞有刈麥刀二，其一忽失去；至是，從烈女枕下得之。益信其死志非一日矣。事聞，奉旨旌表。康熙丁巳三月，卜地於城南之新阡，邑令毛際可為經理其葬事。嗟乎！近代歸震川先生有曰：“女未嫁守貞，非聖人之道。”余謂，此固聖人所敬羨，而不敢以概天下之中人。故為已嫁者，律曰：“一與之醮，終身不改。”而未嫁者，則不著為令，聽人之自行其意。□□尚論往事復泰伯而嗣，□□□夷而食，□□皆不背于聖人之道。乃聖人者，必創古今未有之奇，以求其心之無憾而後止。孔子亟稱述焉。倘倖以震川之論，將併議其為賢智之過歟？昔余曾叔祖母章，亦以處女稱未亡人；坐臥小樓者四十年，詔旌其閭。余每過墓下，必展拜欷歔而去。今出宰浚儀，乃復再見烈女之事，故不辭而為之銘。銘曰：

　　梁上之組耶，床頭之鐵耶。吁嗟烈女，何死之決耶？且詩書疇，為之稱說也。

　　附：祭文

　　兩間正氣，鬱為女子；光賁黃壚，芳流彤史。桃天未賦，柏舟自矢；青鋒白練，甘之如薺。九重旌異，狂瀾攸砥；吁嗟烈女，至今不死。

　　余既吊烈女之墓，其子輅出拜。因名列奏章，王姓不能留，仍為烈女後故也。輅云：兩年前，燈下見烈女，撫之曰：汝讀書，慎毋與儕輩競。問所服，則斂時故衣也。輅幼性原樸，王碧及鄰里，咸謂不誣。或烈女靈爽不散，有非恒理可測耶！

康熙十六年三月。

（文見康熙《開封府志》卷三十八《藝文志》。王興亞）

重脩漢壽亭碑記

毛際可

戊午，里民修漢壽亭侯祠，祈余為記。余謂大梁都會之區，其壇宇宮廟，不載祀典者爲士君子所不樂道。際可乘傳而至，虔謁將事，自文廟、社稷外，惟孟子遊梁書院及公祠而已。夫孟子善養浩然之氣，而近世顏公之廟額者，亦或舉以相擬。蓋權位勛業有時而窮，惟氣之在天地間者，所謂不依形而立，不恃力而行，宜其與日星河嶽並峙不磨也。公不階尺土，崎嶇戎馬之場，卻封於許，拒婚於吳，固已氣吞兩國矣。豈得以成敗論哉！至史臣陳壽謂公剛而自矜，余又以爲不然。方曹魏擅政，士大夫皆依違阿附，習以成風。見公之正直嚴毅，不屑與世浮沉，遂以此短公。嗟乎！剛，天德也。原本於浩然之氣，聖賢豪傑所藉以常有千古者端在乎此。充壽之見，必人人如華歆、董昭輩然後可耶？且以武侯之才壽，猶謂不長於將畧，則其刺譏亦甚無當也已。余近作重脩書院記，復喜此祠之落成也，於是乎連類而書。

康熙十七年。

（文見康熙《祥符縣志》卷六《蓺苑志》。王興亞）

重建常平倉記

毛際可

常平之設，所以均貧富，通豐歉，雖有水旱饑饉，不致流離而無告。自漢耿壽昌倡議以來，未之改也。大梁為都會之區，明季河決，無復常平舊址。本朝重經剙建，未幾，復併為公署。凡積貯之陳陳相因者，皆散寄於僧舍、道宇、戍樓、驛館之間。霧雨之所沾灑，鼠雀蟲鼠之所侵蝕，耗折賠累，日浸月盛，其病則在於官。而歲時給發，紅朽居半，鰥寡孤獨不得仰沾實惠，其病又在於民。蓋數十年於茲矣。

大中丞佟公，秉鉞茲土，念積貯國家之大命，遂以修復為己任。藩臬諸憲，暨郡邑之長，皆踴躍樂輸。而監督之務，專委之開封郡伯張公。初議，建置於延慶觀側，地下而窪，築基輂土，計弗且不資；張公乃相厥區宇，面陽而就高，擇日鳩工，百堵俱作，不逾歲告成。堅緻完好，力省功倍，命際可為文記其事。竊惟唐、宋大臣，出鎮方州，得操出入予奪之柄，而又祿賜豐盈。聽政之暇，競為臺樹池亭，以相誇示。我國家軍需浩繁，即廨宇獄庫之費，皆縮入以充正供。其或一椽一甓，懼于功令，不敢擅取之民。故庸碌者，傳舍其官，百廢不舉；即有賢者，亦咨嗟太息，將作復輟，而諉之於無可如何。今大梁當事諸公，獨能捐資以興永利，詎非甚盛事歟？抑有進者，昔王安石易常平為青苗，後世議之。然安石向為鄞令，際可嘗至其地。詢之父老，皆云安石以此法行之一邑，出納維時，權槩維謹，左右不得因緣為奸，較之假貸富室為甚便。迨後身秉國鈞，即以律己者，律天下之有司，以己之御胥吏者，槩天下之胥吏，無怪乎流毒海內也。富平為百世不易之法。而大梁數十年來，官民為之兼病，使非諸公同心襄事，其患幾與青苗等。可見有治人，無治法。後之人思成功之匪易，時加葺治，不致重興而後壞者，幸有鑒於茲文。

（文見康熙《開封府志》卷三十七《藝文志》。王興亞）

重修二程書院碑記

天下王化之本莫大於學校，而與學校相表裏者則惟書院。其散在海隅者，若濂溪、二程、橫渠、紫陽之屬，以資學人講貫習復，一時名公鉅卿奮起，為當世用不絕，其輔翼黌宮為菁莪棫樸之自出，所關誠鉅也。大梁之南繁塔吹臺間，舊有二程夫子書院，其創始歲月及後之廢興前記具載。嘗攷《聞見錄》，明季馮、邱二公重加修葺，課士其中。大梁之士，獲雋為最盛，皆極一時之選，此亦作人之明驗也。無何，九域飚迴，三精霧塞，流寇引河灌城，此祠遂與汴之民居同歸淘汰，蕩為荒烟野蔓矣。一自清甯，再覩萬類昭蘇，九市三衢，久還舊觀。而二程書院，顧猶委諸灌莽，揆之育賢致治之意，毋乃實有缺乎。今聖天子加意右文，表章正學，勅所在郡邑鼎新文廟，親臨闕里，近又褒揚諸賢翊道之功，分頒宸翰，遣錫程祠，凡屬臣工敢不仰體。余謂在梁言梁，書院宜亟先鼎建，爰捐貲新之，非僅汴人士實興之爲，亦聊以示所向也。聞之業精於勤，古聖王處士也，使就閒燕其心安焉，不見異物而遷焉，故其教不肅而成。今多士以績學纘言為職業，而顧安於汩沒洄潚，剽賊傭賃之俗學，心必有所不忍。斯祠既復，則誦習有地，更擇良師友相與摩切，於以咀精茹華，操觚染翰，鳳翥鵬騫，大何難之有？然學不如斯止也。夫學以六經為根柢，以程朱為繩尺，由是發為文章，樹為勳業，為偉人，為正士，名著鼎彝，功書史冊，故足述也。然必先自立志始，志定而品彰焉。如耕之有畔，織之有幅，斯畫然而不可紊。今二程夫子非多士之鄉人乎？耳濡目染，素習其遺言懿行，殆亦先疇之畎畝，高曾之規矩也。誠使正誼明道，一以兩夫子為志，不必刻畫衣冠，亦趨亦步，雖明銳通脫，魁壘俊雄，凡可以揚眉抵掌，出所學以衣被海內，皆兩夫子之徒也。德為實德，言為實言，功爲實功，不朽之盛，孰大於是。若夫兩夫子造於營道之周，而衍為紫陽之朱，啟後承先，薪傳聖脉，赫赫在人，頌述間祭。季通曰：天生堯、舜、羲、文，不生孔、孟，不得；二千年後不生二程，亦不得。多士亦熟聞之，余復何言？

是役也，多士屬耳目焉。將興起其視聽而澡被其心志，宮墻皆師保，仰止即高山，庶余之意為不徒也。工之經始落成，及殿堂門廡若干楹，記之碑陰。其庀材鳩工，悉出余資，不以煩有司。後之君子蒞斯土者，塗堊丹艧，踵事而增。俾規制益善嘉，與汴之多士，淬礪誦絃，搏風耀影，以裏皇治之盛。是則余拭目以俟者耳。

旹康熙貳拾陸年歲次丁卯仲夏之吉。

河南布政使司管理通省驛鹽仍以副使分守開歸河道加一級張思明拜撰。

分巡河南通省河道提刑按察使司僉事加四級俞森拜書。

（文見乾隆《祥符縣志》卷五《書院志》。王興亞）

新建演武廳記

閆興邦

國家之勢，所以磐固而不可搖者，非獨恃其文，有以治之；並恃其武，有以威之也。謀治者知其然。養之于平時，而始可用之于一旦；夫平時無禦武之具，而臨時無應變之才。譬之器焉，日與之不相習，而猝然遇之，其不至于扞格而難操者，幾何矣。古者，大司法之法，每歲四仲教其民，蒐苗獮狩，以講武事。故其民用之則為兵，不用則為農。左氏曰：天生五材，民並用之；誰能去兵，兵不可去。而超距投石，引滿蹶張，善用之，孰非干城之選哉。後世畫文與武而二之，甚至空談文翰，薄視韜鈐，使其勢積弱而不振。鑒于前者，宜思善其後矣。惟我皇朝，文武並重，內有八旗禁旅，外有統鎮戎卒。故兵威之所攝，及于海外，一二小醜，無不即時撲滅。說者以為可偃武修文，曰上太平之頌；而皇上宸斷英發，必使公侯之子弟，皆裕將帥之畧，不欲其養高而處閒。所以勳齊五帝，功邁三皇，由是道也。予膺簡命，既來撫豫，兼畀之以軍務，雖輕裘緩帶，亦當日進卒伍，而簡練之；詎曰我文臣也，而忘武備乎？

大梁，豫之省會。舊有演武場，在南薰門吹臺之前，已為河水所湮。今移于安遠門外，距城差遠，歲惟二至，終日而畢，未盡厥長。予恐其久而益弛，乃相度城之西北隅，得隙地七十二畝零。東西闊三十五丈，南北長一百二十四丈，因築臺基一座，搆大三楹，而面南為正己堂。臺之東西各建吹皷三楹，東建將臺一座；正己堂後，建正屋三楹，為休憩所；東西各建屋三楹，為廚茶房；東北隅廊屋一間，周圍牆垣俱備。使七萃之士，于大期則操于城外；于餘日則習于城中，以討軍實，以詰戎兵。民不知勢而益加嫻熟，非計之善者與。夫先事而籌之則整，因時而修之則暇。豫州當天下之中，四方之所環視，而吾以整暇待之。使器與人相習，人與器相安。猝而應之，無旁皇周急之慮，于以答聖天子軍務之寄，庶不瘝厥職云。若率其民而用之于戰勝，予則有志焉而已。

康熙二十七年。

（文見康熙《開封府志》卷三十七《藝文志》。王興亞）

重建清真寺碑記碑

　　大梁清真寺，在城之東南隅，乃教人禮拜祝國之所也。起於唐貞觀二年，其衆始入中國時，代修葺不圯。明永樂五年，敕賜增修建立碑記。壬午，流寇播亂，河伯助虐凶，凡樓閣臺榭俱委於洪濤濁浪中，而寺亦湮沒。迨我朝定鼎，越數十紀，梁園景況，尚是白茅滿徑，黃葦盈郊。官無駐節之地，民無棲身之所。大中丞張公來撫豫，心甚惻之，遂捐俸金修城池，招哀鴻，而安集之。於是，二三居民披荊棘，尋遺址，於寺基建草室數椽，因廬於側，以朝夕拜祝不輟。順治乙未，掌教曹明、教里人郭鹿鳴、李尚仁等倡衆募修，爲正殿五楹，兩廊六楹，門三楹，不數年間，門户垣墉，煥然一新。己丑仲春，仁等伐石爲碑，謁余求記。噫！清真寺因大有禆於吾梁也。往者闖寇之亂，賊攻汴圍城者五閲月，教人陳濟民、李文華等請於官，爲營以衛，城賴以不陷，豈非拜祝時有以養其義勇邪。間嘗博稽類書，西域之區，爲教甚衆，惟默德那國，道不拾遺，夜不閉戶，風土與中國小異，蓋其所由來也，善矣。余居近寺，觀其人率皆好言廉介，不尚紛華，儼然有古先民之風，且父傳其子，兄勉其弟，相與爲善，尤余之欣慕也。嗣後，倘有喜新好異之徒，不遵教制，更而變易，吾知於清真且有玷矣。因爲記。

　　進士出身吏部候補王珽選撰文。

　　郡庠生馬季篆額。

　　邑庠生袁式宏書丹。

　　時康熙二十八年歲己巳仲春穀旦。

（碑存開封市東大寺。王興亞）

重修皷樓記

閻興邦

　　豫州曰天中，以當天之中。其水曰黃河，其山曰嵩嶽，伊洛淮濟，既灌注之太行，崤函實環峙焉。四方之輪蹄舟楫，咸萃於斯，且與畿輔連壤，稱心膂重，地茅土平，衍而口口，民浩薄而涼瘵，天子□□□□□□□□□□□□□□□□疆圉也；戊辰季夏，予膺榮簡，來撫茲土。倍道而前，風馳電掣。凡七日而達，豫省民無知者。既至，旅文武于堂皇，告以我聖上所諭潔己愛民之至意，使之各率其屬，以修厥職。且予也，才不逮古人，尤望諸君子交相勸勉，俾八郡一州之民，得生聚教訓，歌舞於光天化日之中。此則所藉以報稱者也。及既視事，甫閲月，瀏覽省會諸廢而未舉者，更僕難數。獨鼓樓當中衢，蓋一郡之形勝，而傾圮剝落，將為荒煙蔓草；豈所以鎮方隅、警作息、司啟閉，禦不虞哉！因考舊碑，蓋嘗修于嘉靖之六年，距今百六十餘年。中間屢受河患，基址衝激，加以雨怒風饗，宜其密者疏、植者仆，民惴惴焉不敢仰觀也。予惻然憫之。因商之於藩臬諸大夫，各分其俸，凡若干金。而擇可董其役者，庀材鳩工，早作夜息；一木一石，一匠一夫，皆書之于冊，平其值而給焉。商樂而輸，民飽而奮，經始于戊辰之十月，閱己巳之三月而落成。上為飛閣，下為重關，羃飛矢棘，儼然如霞之天半而生其彩也；峭然如崖之壁立，而壯其勢也；豁然如門之洞開，而增其式廓也。拭目之餘，頓改舊觀。而屬予記之。予念我皇上之恩，隆于天地，今以全豫畀焉。數月之中，未能和恒其民，僅賴諸君子之力，得成斯樓，將何以示後人。然使諸君子同心協力，以交修予事，事如此樓。予方有厚幸，可藉手以報天子矣。茲役也，寬以聚之，悅以使之，不傷財，不害民，有節道焉；故不勞而功成。用書之于石，以告來者。

康熙二十八年三月。

（文見康熙《開封府志》卷三十七《藝文志》。王興亞）

改建名撫祠記

閻興邦

天下之大，兆民之眾，君與臣兼治之者也。君主治于上，而百辟乂萬國寧；臣佐治于下，而庶績熙亮工奏。內則百揆，外則侯伯。故堯咨四岳，周分二南。任之重者，其職尤艱且鉅焉。是以一人而兼數郡，以一身而理眾務，表百城之上，居九列之尊；在漢曰刺史，晉以後為持節大都督，唐曰節度，元曰行省平章，皆外官之極爵也。而巡撫之名，獨昉于明之宣德五年。時分天下為兩京，設省十有三；省置藩臬巡守道，刑名錢穀，各有攸屬。又恐總綱之無其人，事或分任而莫之稽，官或分轄而莫之統，乃立巡撫，以全省之職畀之，使事有所稽，而官有所統。

其時之撫河南者，實維少保于忠肅公，其經書之密，律己之嚴，興利除害之必盡，一十八年如一日。汴之人，既有庇民祠以祀之矣。嗣是而王忠簡也、王端毅也、原大司馬也、秦襄毅也、徐司空也、韓忠定也，皆功績丕□□□及人無遺識矣，□是□□□□□□□崇禎之季，豫土殆哉，岌岌而□□如□□□□□大司空效節，如汪總督、王中丞、□□□□□□國家之良輔哉。自皇清統一海內，設官授爵，依明之舊。故來撫豫者，若遼陽吳公、瀋陽張公、襄平佟公，皆手闢草萊，身□疆圉，起廢樹勳，奠兩河于磐石之安若此者，皆生有益于人民，而不獲俎豆于後世。所謂報德報功者，豈至今而忘之耶？大梁為全豫之省會，諸大臣之建斧鉞者，咸駐節焉，或五六年，或四三年，音徽如新，劍佩斯在，即其恩施徧于八郡。而歌咏贊歎，大梁之人尤流連而不去于心，蓋其耳而目之者，熟也。

府治之南，舊有名撫祠，有司歲二致祭；至明末，寇圍大梁，決河灌城，水高于城者三版。藩府衙署，無有存者；而諸祠悉蕩為墟莽，不可問矣。

皇清定鼎四十餘年，諸大臣勞來煦燠，後先濟美；故豫之民，漸樂其生；而大梁之遺蹟，亦漸次修舉。獨名撫之祠，未有繼而新之者。是使其民日戴堯舜之化，含哺皷腹；而申伯召虎之臣，來旬來宣，日蒸常未備，其誰之責歟。予承簡命，撫茲豫土，亦已改歲，方媿才力之不逮，無以上報聖天子付畀之重；惟日夜兢兢，取在昔大臣所以服官而敷政者，深自砥礪，庶幾可幸無過。則前乎我者，皆我師也。予既仰止情殷，而不新其廟貌，將聽其淹沒而不存，後之人何所取法焉？因擇城中地，重整其規模，垣墉榱桷，輪焉奐焉。乃自于忠肅公以來，迄於我皇清，凡撫豫土，而立德立功，係人思慕者，共二十九人，立主以祀之。仍曰名撫祠，從舊額也。由今思之，設官以來，歷二百五十餘年，城郭已非，人民屢更，獨此諸大臣之名，尚留于天壤。蓋其功其德，山高水長者也耶。《書》曰："以功作元祀。"《詩》曰："肇敏戎公，用錫爾祉。"繹《詩》《書》之義，稽秩祀之典，將自此而明，良喜起賡拜于一堂矣。寧獨為豫土之光？然豫實九州道里之均，非此諸大臣，何以聲施至今，與嵩嶽黃流並永哉！

康熙二十八年。

（文見康熙《開封府志》卷三十七《藝文志》。王興亞）

改建遊梁書院碑記

閻興邦

遊梁書院者，所以祀孟子也。孟子何以祀於梁？以其始遊之地也。始遊之地何以祀之？蓋以孟子心契周、孔之傳，志切成、康之盛，欲以鎬、豐、伊洛之治復見之於梁也。當戰國時，燕、齊、秦、楚之君，競以功利相高，此圖強兵，彼誇富國。於是儀、秦、髡、衍之徒紛紜雜進。抵掌華屋者，下之取金玉錦繡，上之亦不過引其君為齊桓、晉文而止，從未有望其君為堯、舜之君，望其民為堯、舜之民者。一自孟子遊梁，而獨告梁王以仁義，故於雪恥則教之以仁政，以歲凶則教之以重農，於沼上則教之以與民同樂。耕桑樹藝是井田之本也，庠序孝弟是學校之源也。使梁王用其言，得行其志，安在唐、虞、三代之休風，不再見於七雄爭勝之日哉！然孟子之言，終不見用於梁。於是之齊、之宋、之薛、之滕，而孟子欲以仁義易梁之心，則未嘗須臾忘也。故孟子雖不見用於梁，而梁之君臣父子無不聞仁義之言。是以歷漢、晉、唐、宋、元、明，以至於今，而梁之人所以不後其君，不遺其親者，皆孟子之一言有以維持漸摩於其間也。

粵稽歷代帝王，其尊崇孟子者，或修其祀典，或隆其封爵，或錫其土田，或廕其苗裔，斯云盛矣。欲求其獨標正學之宗，遠紹危微之緒，親灑宸翰，誦颺休烈，未有如我皇上今日襃嘉之至者也。嘗恭誦御製廟碑之言曰："述舜稱堯，私淑孔子。正學修明，百世以俟。"又曰："我讀其書，曰仁曰義，遺澤未湮，聞風可企。"煌煌天語，不獨表彰先哲，而其所以為世道人心計者，誠思深而慮遠矣。今使其生平所歷之境，不爲之搆其庭楹，崇其禋祀，不幾令大賢之遺澤泯滅不彰，而後世之敦詩說禮者無所景從，是亦守土者之責也。浚儀昔有遊梁一祠，始建於宋，修於明，萬曆間改爲遊梁書院。迨崇禎壬午圮於水，向之榱題堂構，一望榛莽矣。皇清順治乙未，始附於學宮，室宇湫溢，又不為立主守祠，蓋名存而實亡也。余以佔畢儒生，幸際右文之朝。歲戊辰，奉命撫綏兩河，仰承聖天子崇儒重道至意，敢為卜地於貢院之東北，捐貨庀材鳩工，重建大殿若干楹，廊廡若干楹，垣墉稱是。中祀孟子，配以高弟樂正克，而以公孫丑、萬章、公都子、屋廬連、陳臻、充虞諸賢崇祀焉。至於漢太常趙岐、宋龍圖閣學士宣公孫奭、司空孔道輔、明刑部尚書錢唐，此四君子者，皆有功於孟子，而不愧古大臣之風者也，例得並祀。

　　書院落成，即召此邦秀良子弟肄業其中，使之明性善之源流，識知能之本始，悟孝親敬長之無事，外求知養氣知言之由於正學。且使排箝捭闔之輩，不敢橫恣詖行，邪說之徒於焉捫舌，在國爲良臣，在鄉為善士，於以黼黻昇平，贊襄盛治，歷千百年而勿替。則是孟子一遊梁，而人心以正，王道以明，不與大禹之導河底洛，同功萬世哉！

　　按孟子生於周烈王己酉歲二月初二日，卒於周赧王壬申歲十一月十五日。當以其日致祭於書院，所以明崇德報功之意也。是爲記。

　　康熙二十八年。

（文見乾隆《祥符縣志》卷十五《建置志》。王興亞）

改建遊梁書院碑記

馮泌

　　按豫《通志》遊梁祠在祥符縣治西南，崇祀孟子，自宋代始。有明巡方御史方公大其規模，立學舍，置學田，聚生徒而講習之，兼爲養育人材地，而標名"遊梁書院"云。迨我朝蓋三遷焉。大梁當黃河既灌之後，開草萊而建學宮。郡守朱公僅於府學明倫堂後，署曰"遊梁書院"，存其名爾。已而，學使蔣公特建遊梁書院於其署之南，而顏其堂曰"闢利"。然地褊向幽，於制未善也。開府閻公改建於府文廟之北，重門甬道，堂廡巍然，擬諸文廟齋房廩給，一倣方公之遺，聚生徒肄業其間，而祀孟子於堂上，以樂正以下諸子配享。於是，遊梁書院制稱盡善矣。視學御史張公題其事，較士案臨，命為之記。愚惟古來聖賢豪傑，或產於其地，或遊於其鄉，莫不有名勝之區，以傳於後，使人憑而弔之，想見當年軼事，以庶幾其為人而動興起之思。孟子當紛紛言利之日，獨持仁義以正天下，顧其遊梁為生平出處第一事，七篇開宗第一章。王方曰利，開口即以何必曰利折之，所以杜其言利之口，攻其謀利之心，使知利果不可以爲國。而爲國者，並不可以利為言，然後，可以與言仁義也。答問間可想見其嚴嚴氣象焉。今建書院於此，奉以爲宗，而俎豆之使。夫人之由是門登是堂者，不覺潛消其交征之萌，而興其不遺不後之良，則孟子之神化，不儼然在乎！其崇祀梁也固宜，且擬諸文廟而不以為過者。文廟建之朝廷，達乎天下，其為制尊，故其爲祀廣。此則祀之者梁，建之者開封，其為祀專，故其為制，無嫌於侈。方今天子巡幸吾豫，御史公倘以是入告，將裁自睿慮者，更有非常之舉。於以光俎豆，而興起人心，又何如也夫！如是則珥筆以記者，當屬御史公矣。

康熙二十八年。

(文見乾隆《祥符縣志》卷十一《建置志》。王興亞)

重修孟子遊梁祠記

蔣伊

孟子遊梁，在惠王三十五年，實周顯王三十三年也。是時周衰，不能行王道。孟子遊齊、遊梁，皆以王道說之，而道竟不行，天也，非人也。然其心未常一日忘天下，退而著書，別人禽之辨，決舜、蹠之分；排楊、墨，輕管、晏，俾天下後世，皆知舍利而取義。人自總角以至皓首，莫不受其書而讀之。而歿其身於利而不知返者，眾也。七國時，見利而不見害，故縱橫捭闔之士，動以利進說。幸而其說行則立談，取卿相金玉錦繡，為織戚交游光寵；而不知攫而伺之者，已在其後也。故覆身滅宗，前後踵相接，而為天下笑。無他，知利之利而不知其害也。世安有初見人主，而力折其非，如孟子者哉！讀《孟子》七篇，而不能於取舍之際，弁然有以自立悲人。予考大梁城外，舊有孟子遊梁祠，以河決廢。乙丑秋，奉簡命視學兩河，求其故址不復得，乃購公廨之東南隅隙地數畝，重建祠焉。中為三楹，奉孟子木主于中，顏其額曰"闢利"；堂左右各三楹，以祀中州之鄉賢名宦。當孟子時，地有不入於魏者，今皆得附。以大梁為八郡之都會，俾遠近有所觀感也。自昔以來，其無愧於孟子者，幾人哉！或以忠義，或以廉潔，或有功德於民，或昌明絕學，以衛吾道，則祀之。亦以見孟子遊梁，而後千百世下，猶有聞風興起，見利不顧者，道雖不用於當時，而浩然之氣，常伸天地間。以之輔主，則堯舜可為；以之制行，則俯仰無怍。孟子闢利之效，流及奕棋，如是則已矣。彼珊瑚七尺，胡椒八百斛，何為者哉？予觀《中州人物志》，歷漢、唐、宋、明，諸賢林立，迄今耀幽，光垂簡冊，令人稱道無衰。其悉智併力，唯權貨是競，後欲求復出上蔡東門，何可得也。祠成，敬書數語於碑，以告後之願學孟子者。

(文見康熙《開封府志》卷三十七《藝文志》。王興亞)

重建遊梁書院記

孔毓圻

今皇上崇儒重道，雅化翔洽。曩歲，御製幸魯大典序文，暨顏曾思孟像贊；且頒"萬世師表"於學宮，"學達性天"於程朱書院；一時臣民伏讀睿藻，固已炳若日星，流諸海嶽矣。惟時，在內者，具左仁右義之畧，在外者，悉馮翼孝德之英。相與表章，往緒開詔來學，千古道統之傳，適於斯而際昌期。生斯時者，抑何幸耶？夫從來道術之顯晦，視乎風俗；風俗之淳漓，起自人心；而人心之淑慝，端由於在位者之訓迪而鼓舞之。惟豫與魯壤相接也，趾相錯也，往往聞其人心敦厚，風俗古朴，類皆能禮□□□□□，其風何隆也！其縉紳先生賢士[1]丞閻公教養之所□雲公以□□□□□□□□筮仕以來，歷縣令而晉卿尹。其持己接物，一切以聖賢為折衷。至其撫豫也，飭官常絕餽請，禁私派、隆學校、勤課習、緩漕餉、繩貪墨，有利必興，有害必除。鄰境之人，皆嘖嘖稱羨，謂有古大臣風云。且下車之始，首建孟子遊梁祠。祠成，錄豫之子弟美秀而文者，誦讀其中。以躬行實踐為先務，令其於利害關頭，體認親切。由是豫之人，爭自濯磨，無敢或外於名教者。常聞先聖以一身集文武堯舜之成，百餘年而至戰國，捭闔縱橫，與夫楊朱、墨翟之流，充斥天下；天下之人，誰復知昔聖昔賢，大中至正之道者。孟子驅車之梁，首揭仁義二言。以端風俗，以正人心。微言大義，賴以不絕者，孟子之功，真不在禹下也。遊梁祠宇，在豫省會城，漢、唐、宋、明以來，歷代崇奉如一日。明末流氛肆逆，黃流淹汴，漂沒於陽侯巨浪中，蓋委若泥沙矣。清鼎肇定，迄今凡四十餘年，撫斯土者，豈皆不暇過而問之哉？或以工浩而弗繁，未能計日而觀成也。公獨毅然舉行，復謂舊址之隘，尚擇善地，增其式廓，半載而工竣。俾豫之人，瞻斯祠也，學孟子之學者，即心孟子之心。儒術振起，吾道咸亨。上可以佐聖天子右文之化，前可以繼古聖賢危微之傳，下可以培百八邑多士之氣者，胥於斯而裕裕也。余於孟氏，世好也。不揣固陋，畧言於石，庶幾得附於不朽乎？而所謂遊梁祠者，雖未能至，已心切嚮往矣。

（文見康熙《開封府志》卷三十七《藝文志》。王興亞）

重修大梁書院並崇祀碑記[2]

閻興邦

古者聖王之教，有庠、有序、有瞽宗、有頖宮，四時於此釋奠釋菜。擇其國中功德之及民者而祀之。所以起化於微渺者，意深遠矣。斯禮廢，士大夫始為書院，率子弟肄習焉。惟宋為盛，至明幾徧天下，或以地名，或以人名。若汴之大梁書院，則以其地名者也。初建於城南，後移之繁臺前，迨明末決河灌城，墉垣基址，蕩入波臣，無由問諸水濱矣。

皇清定鼎四十餘年，百廢俱修。然事事從創，非能並力經營，恒需時日以舉行。予至豫，體聖天子重道崇文之盛典，既構遊梁書院，還其舊觀，即新大梁書院，無俾失墜，咸閱月而告成。凡筮仕茲土者，大小畢集，爰進而諗之曰：書院竣矣，盍審所當祀而妥侑焉。僉曰："曩祀周元公等十賢矣。"又曰："古聖賢祠，祀三皇以至明末諸臣矣。"又曰："近議

---

[1] 下缺三十九字。

[2] 康熙《開封府志》卷三十三標題作"重修大梁書院厘正祀典記"。

祀漢以下一百三十餘人矣。惟公擇而行之。"予曰："是皆未盡善，十賢似宜祀也。第海內皆祀之矣，大梁安得而專之？三皇及禹，未可下同於臣，若一百三十餘人，生有定居，職有守土，何容盡祀之大梁哉！夫行一事，必顧名思義。大梁，魏邑也，文侯之孫魏侯罃所都。當文侯之身師卜子夏，敬事段干木而式其廬。子夏，魏人，設教於魏之西河，密邇大梁，故唐贈魏侯，宋加魏公，推所自也。干木為子夏之高弟，宜祀子夏，配以干木，明梁之即魏也。而能重魏者，莫如信陵君，枉車騎於大梁市中，救趙破秦。秦、魏之深仇也。能報仇者，惟張子房，博浪一椎，祖龍褫魄，佐漢所以鋤秦也；而榮陽之圍，微紀及周，漢其楚矣。高帝安得過大梁，而為公子置守塚哉！宜祀留侯並贈太尉紀公、御史大夫周公。漢業中衰，光武克復，舊物從龍之臣，率產豫土。其發跡大梁者，王霸、堅鐔、傅俊皆繪象雲臺。而憂國奉公，椎刺姦將軍祭成侯，雅歌投壺，恂恂若儒生，應當與文臣同祀也。黨錮之禍，李元禮一世龍門，含冤北寺，漢事不可為矣！其後徐元直寓新野，薦武侯於昭烈，得延炎漢之脈。以元直之才，終身不為操畫一策，忠孝克全，與元禮同祀，不亦宜乎？薦武侯者元直，而鞠躬盡瘁以扶漢室者武侯也。侯之才，駕子房而上。晉唐以下，誰敢步其後塵？人知其隱於南陽，臥龍岡在焉，豈知其先寓於考城哉！考城，昔屬大梁，則武侯者尤亟當議祀矣。

"晉之繼漢也，雖取天下，再傳而亂。渡江之後，祖豫州，手剪荊棘，黃河以南，復為晉土。歿之日，士女如喪考妣，此安可不祀哉！

"距晉五姓而唐室受命，唐猶漢也。而再造唐者狄梁公，初刺豫州，再刺魏州，民愛戴之，生為立祠如公者，能勿祀耶！祿山搆逆，張中丞蔽遮江淮，顏魯公招討河北。睢陽之節，張公實為南許諸君倡，祀公可例其餘矣。矧歸舊隸開封者也，至希烈僭號於汴，魯公被縊，則握拳透爪，同於裂齒穿齦，不祀何以勸忠？唐至光、啟，寇蹂躪海內，大梁無寧宇矣。趙氏兩太尉百戰孤城，卒全陳土，兄弟之功，安可忘也。則祀之。

"自是至五代，皆都於汴，宋歷最久。上接漢、唐，尹開封者多名臣，而包孝肅為稱首，雖有專祀，不敢遺焉。他若范文正、歐陽文忠、張忠定、蘇文忠，相繼為京尹，皆包公之留亞，並宜祀之者也。當其時，產於大梁者，又有賢宰執如文簡呂獻可，焜煌史冊，至今稱之。而劉器之，真鐵漢，七謫遠惡地，幸歿於汴；數年後，敵發其塚，而貌如生，誠異人哉！皆宜祀也。靖康之際，忠義奮起，伯紀督戰京城，汝霖誓師河上，稽仲率子勤王，德祥和卿，封疆盡節，國有人哉！桓桓忠武，兵抵朱仙，竟害於奸臣之手。祀此諸忠，不令人肅然起敬耶。自是而大梁屬金矣。

"元之取金，攻汴踰歲，而忠孝軍總領完顏公，獨兩敗之後，走汜水，明白求死，折足劃耳，噀血而呼，此好男子，不可不祀也。

"明之取元，由汴濟師，而河南平章左丞察罕公，孤身扶翼，崛起沈邱，威鎮天下，定陝平齊，竟殞命於降將之手，如穎〔潁〕川王，不可不祀也。當明之初，馮宋國節制兩河，駐汴者十有七載，恩惠在人，其祠已廢，今宜祀之。考大梁有襃忠祠，祀鐵司馬五人。而少司寇王公死靖難之師，為祥符人。有三王祠，祀張氏三人，而英國公平安南，死土木之難，封定興王。祀此二公，於忠於義，允相符矣。若先達則軒介甫之品節，馬端肅之勳業。仕宦則年恭定之綏戢，陳恭愍之方嚴，何文肅之明惠，秦端敏之樹勳，周莊肅之清介，關副使之罵賊，擬於古賢，寧少讓哉！及乎末造，劉文烈一門殉義，邢兵憲父子捐生，而僉臬李公、太僕俞公一則碎骨鈞州，一則死綏汴地，勁氣英風，又何烈也，祀之豈有異議哉！曩者大梁有名撫祠，亦已淪溺，予既重創之矣。如于忠肅公以下，及我皇清吳、佟諸公，其勳猷垂史冊，其廟食在大梁，仍祀之書院，非復也，禮也。合而論之，自大賢卜子外，得名賢百十五人，或生於斯，或仕於斯，或寄跡於斯，立德立功，與嵩同峻，與河同深，皆於大梁有光，則進而祀之大梁書院。後之繼起者，有能與前人比跡，亦從而配食焉。以是傳之百世，俾登斯堂者，仰視榱題，俯對几筵，顧名思義，縉紳知所則效，子弟知所尊崇。以之事君，以之立身，起於一方，及乎八郡，各祀其所當祀，以修明釋奠釋菜之禮，予方有厚望焉。"聽者僉曰："善。"是祀也，正而可法，嚴而不遺，且適合於大梁。而惟以彝倫明教，爲天下後世勸，雖歷久不祧可也。

康熙二十八年。

（文見光緒《祥符縣志》卷十一《學校志》。王興亞）

于忠肅公鐵犀銘跋

俞梅

吾鄉太傅忠肅于公撫豫時，所作鐵犀銘也。鐵犀在城北郊隄下囘龍廟後，高五尺，圍八尺，銘列於背。辛未春仲，郊行得見之。夫昔公之為此以扞患禦災，非苟焉而已。今則在頹垣蔓草間，過之者田夫牧豎已耳，誰為取其銘而讀之。予憶丙寅家居，祈夢於忠肅公廟，夢中公謂曰："子將彈冠即吾官所也。"他語未敢悉。未幾，果補中州。既至，詢至都人士，誦公者盈耳焉。問："庇民祠猶在乎？"曰："圮久矣。"問："鄉校之俎豆虔乎？"曰："未也。"嗟乎！當時則德沒則已焉，何異於甘棠也。爰為之請於大中丞章公奠主於學。又二年，大中丞閻公葺名撫祠，公復與焉。公於是兩祠於汴，庇民祠則無經營之者。予力又未能也。予因思公之聲名勳業，天壤同欽，而馨香釋奠，猶有待而興，若此彼塊然之鐵犀，又何足為重輕！固宜其付之頹垣蔓草，而供田夫牧豎之耳目也。雖然，正統丙寅迄今二百餘年矣，滄桑都變，城郭已非，而猶能巋然獨存，則又安知非有呵護之者而可得謂，果不足為重輕，況其憂勞昏墊，力挽平成，讀斯銘，知公之思深而慮遠焉。予因書之，而勒之以石，以為憑弔者之一助云。

康熙三十年辛未三月吉旦。

（文見光緒《祥符縣志》卷十二《祠祀志》。王興亞）

重修禹王臺碑記

　　大梁，中原一大都會也。昔周之分封，宋之開基，皆在於此。故其間宮闕之嵯峨，垣墉之鞏固，與夫千門萬戶，三條九陌之盤紆，甲於天下。自夫黃流衝決，則高者湮而為谷，深者壅而為邱。問向之嵯峨鞏固而盤紆者，一旦舉成巨浸矣。而南郊之禹王臺則巍然獨存。夫禹王臺，昔名吹臺，一名繁臺，又曰平臺，蓋晉師曠創之，而漢梁孝王增飾之者也。昔人於此建禹王廟焉，是大禹之明德，所以呵護於是者，寧不歷千萬禩如一日哉。

　　夫水患莫甚河，而古來善治水者，莫過於禹。禹之治水也，以河為急，自積石歷龍門，至於華陰，而河始入豫州。凡五百餘年，商受其害，屢決屢遷，如避敵然。又千餘年，漢顯宗命王景治汴堤，而河之得安寧者，復千餘年。嗣是而宋決滎澤，金決渦渠，元決樂利。迨明則未有十年不一決，五年不一修者。大梁之名猶是。大梁之城郭井疆，已不可過而問矣。本朝定鼎以來，亦嘗一決朱源寨，再決荊隆等口，近賴我皇上神聖天縱，洞悉源流，諸所當開塞成，咸稟睿籌，動而有成。前歲躬詣禹陵，行祭告之禮，故天俞海若，罔不怵惕。則是平成之烈，昔在大禹者，於今而復覯我皇上也。臣承命撫豫，三年於茲，河戢波瀾，民安耕鑿。念無以答神庥而酬德於無窮，因思禹王臺半侵於風雨，半穴於齞齬。因為之捐俸，畀開封同知王永羲董其事。繕修廟之廢墜，整理臺之傾圮，計工若干日，皆不敢以絲毫累民，亦不以煩守土者。既咸落成，令有司歲時致明禋禮。於是，登臺而望，東穎西洛，南淮北濟，湯湯者流，各安其位。而河橫亙其間，不震不驚，舳艫帆檣，互相上下，此誠大禹之所呵護，以使民安其田里室家，而皆我皇上所感通而昭格者也。故大梁之遺跡，百無一存，獨有此臺，可以彰神功而符景運。臣安得不亟亟焉為之壑茨，為之丹艧也哉。爰是稽首疏請御書頒賜以光廟貌，幸蒙俞旨，行見雲漢之章，與成平之績，萬古為昭。因拜手而獻頌曰：

　　粵若陶唐，襄陵是懼。灑沈澹災，時惟神禹。顧瞻河洛，明德方長。厥後播遷，來噬大梁。數千餘載，刑牲用璧。一人負薪，羣臣鎗石。河伯效靈，佐我神聖。廟謨孔多，功司文命。帝曰非予，禹所隨刊。監視下民，畀以安瀾。作廟吹臺，枚枚奕奕。於萬斯年，河流永翕。□言人告，奐發天章。昭融四表，旭日爭光。

　　時康熙三十年歲次辛未季春吉旦。

　　巡撫河南等處地方提督軍務兼理河道都察院右副都御史加四級宣府閻興邦撰文。

　　河南等處承宣布政使司布政使加四級田啟光書丹。

　　河南等處提刑按察使司楊鳳起篆額。

（碑存開封市禹王臺碑亭。王興亞）

改建鐵犀鎮河神廟碑

　　出大梁之安遠門東北隅四里許，有回龍廟，面城背河，委在黃沙蔓草間。郡縣志所不載，亦無碑碣可考，詢之土人，曰：“以祀河神者。”相傳蓋久，今則殘垣敗宇，爲盲風苦雨所侵蝕，岌岌欲傾。且河環坎方，而廟乃離嚮，譬之南轅而北轍，不足以邀神之祐也明甚。廟後有鐵犀，猙獰蹲踞，半出土上，背鑿銘詞，凡二十二句，古雅蒼健，係正統十一年丙寅五月，巡撫于忠肅所鑄以鎮水者，其詞有曰：“安若泰山，固若磐石。水怪潛形，馮夷斂迹。城府堅完，民無蟄溺。雨順風調，男耕女織。”即此數語觀之，則公之爲大梁計安全者，可謂防之周而慮之密矣。大梁之人，寧得不子子孫孫思公如一日哉！公撫豫前後一十八年，歷窮鄉以殫經畫，勸收糴以備饑荒，止牧馬以綏閭左，絕苞苴以勵清風。又因河決侵汴堤甚急，親臨其地，解衣塞之，復籲天願以身代，而水果退。時恭定年公爲左藩亦有恩惠在大梁，民並祀之以報德。今廟雖飄搖頹蔽，惟此鐵犀巋然如故。當闖賊之圍大梁也，曾用萬夫移犀他所，千錘百煅，聲聞十里。浹旬，不能損其全軀，僅于左脇少穿一穴。壬午歲，遂埋沒土中，後人斸地而得之，視其銘詞，隱隱隆起，若商周鼎彝，銀鈎無損，可謂有神物焉爲之呵護矣。凡功德之及民者非獨人愛之，神亦默相之。峴首之碑，雷陽之竹，千載謳思，矧其陸離斑駁沁入人心者乎。予撫豫三載，往來河上，享安瀾之福，覩此廟宇，嚮南孤峙，失其方位，因捐俸畀開封同知王永羲爲之改作，正厥形勢，面對大河，爲垣爲門，爲堂爲廡，各盡其制，又爲亭一楹，置鐵犀于中。夫聖人在上，百靈效順，雖不必求之於溟漠，然衆水清而河獨濁，濁則易淤。衆水直而河獨曲，曲則易囓。衆水皆柔而河則剛，衆水皆平而河則險。剛者潰岸，險者崩沙。與其極人力以救之於已然，不如藉神力以制之於未然。且鐵犀有二義焉，鐵者金也，爲水之母，子不敢與母鬥，蛟龍咸畏之；犀即牛也，牛屬坤，坤爲土，性能克水。昔李冰治蜀江，亦作犀以鎮之，而勒銘其上。于公之爲此，蓋倣古人之遺意云。故予今日幸叨神庇，洋洋者河翕而不暴，遂得以餘閒葺其廟，妥侑神靈，仍祀忠肅、恭定二公於左右，用報膚功，復立鐵犀，潛伏水怪。此非止酬德於目前，亦欲吾民世世奠其田宅里居，則斯廟斯亭必有繼予而永保之者。予不敏，不能踵于、年二公之芳規，然安敢一日而忘斯民，以負聖天子重大之畀哉！是爲記。

　　時康熙三十年歲次辛未季夏吉旦。

　　巡撫河南等處地方提督軍務兼理河道都察院右副都御史加四級閻興邦撰文。

　　河南等處承宣布政使司布政使田啓光書丹。

　　河南等處提刑按察使司按察使楊鳳起篆額。

　　管理河南通省驛鹽兼理糧儲分守開歸河道布政司參政韓俊傑，河南通省巡理河道按察使司僉事牟銓元。

（碑存開封市北郊鐵犀旁。王興亞）

置買香火地畝碑

閻興邦

巡撫都察院加四級閻，捐俸置買本廟香火地畝，四至開後：

一、契買張維揚地一段，南北畛計地壹拾畝四分，坐落本廟西。東至本廟，西至張維揚，南至張維揚，北至焦奇。

一、契買劉善玄、劉懷斌地一段。東畛，計地九畝壹分，坐落本廟東北角。東至大路，西至廟地，南至張蘭，北至劉文炳。

又一段，東西畛，計地壹拾柒畝捌分，坐落本廟西北角。東至張葉，西至張維揚，南至張奇，北至張葉。

一、契買馬有地一段，南北畛，計地壹拾畝柒分，坐落本廟東南角。東至李楷，西至智龍，南至砭鄉，北至廟地。

一、契買李崇明地一段，東西，計地壹拾肆畝，坐落本廟東。東至李大，西至本廟，南至李楷，北至張奇。

一、契買單成地一段，南北，計地壹拾伍畝，坐落本廟東。東至梁昆山，西至李崇明，南至石文漢，北至郭文炳。

一、契買李楷地一段，南北，計地三畝捌分，坐落本廟東南角。東至五良，西至馬有，南至周文，北至大路。

一、契買馮印地一段，東西，計地六畝，坐落本廟南。東至張葉，西至大路。南至郭文炳，北至馮印。

又一段，南北，計地四畝捌分，坐落本廟正東。東至智龍，西至馬有，南至大路，北至智北。

一、契買郭文炳地一段，東西，計地肆畝，坐落本廟南。東至大路，西至土城，南至郭文炳，北至於洪海。

一、契買王舉地一段，東西，計地壹拾壹畝伍分，坐落本廟東北角。東至小路，西至張蘭，南至焦蘭，北至石文梅。

以上共拾壹段，計地壹頃柒畝壹分。每年額征糧銀伍兩三錢貳分捌釐玖毫，遇閏加柒分玖釐伍毫。

康熙叁拾年玖月。

開封府南河同知加一級王永羲立。

（碑存開封市北郊鐵犀旁。王興亞）

御書靈濟安瀾刻石

靈濟安瀾
康熙御筆

（碑存開封市府文廟。王興亞）

御書昌明仁義刻石

昌明仁義
康熙御筆

（碑存開封市府文廟。王興亞）

御書嵩高峻極刻石

嵩高峻極
康熙御筆

（碑存開封市府文廟。王興亞）

御書功存河洛刻石

功存河洛
康熙御筆

（碑存開封市府文廟。王興亞）

御書允濟靈源刻石

允濟靈源
康熙御筆之寶

（碑存開封市府文廟。王興亞）

御書匾額頌並序

康熙歲次甲戌秋七月，上遣官齎御書匾額四道，至河南摹勒，奉懸恭頌並序。蓋聞封山瀆川，古帝著懷之烈；報功崇德，盛朝颺作述之休。奠地軸於名區，必藉當陽錫命；樹人紀於億載，尤資皇極敷言。惟嵩山宅五嶽之中，而淮流居四瀆之一。頌神禹者，河洛為昭；景亞聖者，遊梁稱首。非遇文明之治，曷彰典禮之隆。欽惟皇上德業日新，制作時茂。乾覆坤載，包河嶽于同源；武緯文經，揆聖賢為一體。煌煌御製，固已躋雅頌而陟奠謨；奕奕宸猷，亦且麗日星而昭霄漢。至于怡情握管，睿藻開天，得意臨池，奎光亘世。念中州勝地，特沛嘉言，當秘殿燕間親摛綵筆。對羣臣而揮灑，頃刻霞飛；展廣幅以紛披，自然錦爛。懸鍼垂露，翔鸞鳳于行間；舞雪廻風，集蛟龍于筆下。點畫在方寸，而思薄穹高；卷舒惟丈尋，而神涵域表。觀者駭視而瞠目，聽者側耳而傾懷。良由運化從心，乃克靈機應手。斯誠寰寓之宏文而振古之大觀也。臣一介鄙儒，屢邀殊遇。曩塵館閣，時親東壁圖書；近寄封疆，渺隔西清琬琰。何幸遙頒宸翰，恍若得覲天顏。率吏民而拜堯衢，綠字儼來雲際；肅衣冠而瞻舜日，赤文正在天中。從茲川嶽騰輝，益令廟庭增重。于是，殫精摹繪，爰飭雙鉤，加意雕鏤，更施五采，晉懸祠宇，墨華與景曜齊新；刊揭碑珉，筆勢合祥雲競麗。兩河雷動，其惟近悅遠來；八郡風馳，詎止塗歌起舞？敢不敬承一德，敷賁多方。集神人並協之徵，期上下咸熙之理。謹拜手稽首以附吉，甫作誦之義云。

御書嵩高峻極頌

節彼中崧，四嶽之宗。室分太少，二十四峯。陰陽和會，風雨時雍。仙臺層列，巒嶂攸崇。朝有嘉禮，禋祀屢豐。秩秩篆碑，閱歷顯庸。特頒寶翰，奉懸祠宮。銀鉤鐵畫，照耀高穹。卿雲蒸蔚，旭日瞳曨。靈祇燕喜，祿福來同。惟皇受祉，圖大宅中。載瞻翠巘，坤維永隆。

御書靈瀆安瀾頌

《禹貢》導淮，桐栢始謀。昔獨入海，今會河流。帝念運道，茲焉上游。引清刷濁，疏瀹綢繆。誕錫嘉言，筆灑琳球。鴻文絢采，鳳藻揚休。古廟雲幕，漢栢風颼。赫赫瑤箋，賁于林丘。靈源發越，陟鑒皇猷。湜福孔多，神明贊幽。湯湯其逝，鞏護隄疇。澤國沃衍，景貺千秋。

御書功存河洛頌

粵稽神禹，錫圭告成。顧瞻河洛，明德長存。後世報祀，吹臺是因。巋然廟貌，平臨汴城。我皇神罟，黃運以甯。推美夏后，親灑墨林。光躔奎宿，色動台文。虔奉瓊樓，滲碧流金。羣歌帝功，惟禹是均。河伯孝順，阡陌徹平。幸際盛典，士女謳吟。守臣懽忭，載筆難名。

御書昌明仁義頌

人道攸立，繫聖與賢。巖巖氣象，啟後承先。周遊大梁，陳善王前。辭距楊墨，誦法文宣。聖主崇儒，闡述七篇。作君作師，德備道全。宮牋遙錫，鳳舞鸞騫。大哉德音，鏞鏗鼓鼖。多士肅將，遵迪言詮。沐浴光華，會歸陶甄。人文蕙起，仰接心傳。奉階六符，於斯萬年。

河南巡撫顧汧敬書。[1]

（碑存開封市禹王臺，文見康熙《開封府志》卷三十五《藝文志》。王興亞）

御書匾額頌

胡介祉

蓋聞羲畫初分，不備六書之體；軒文大啟，未全八法之形。探禹跡於岣嶁，僅留殘碣；辨周詩于石皷，詎出親題。何曾雲漢為昭，可使山川生色。肆觀後代，彌遜前型，飛白雖工，絕少牓懸。日下補戈縱善，徒令帖散人間。寶貞觀之圖書，流傳能幾；識宣和之押字，繪畫偏多。翫物翫人，安問懷柔嶽瀆；正心正筆，甯和崇尚聖賢。時有待於我皇，事獨超于往古。睠茲平成底績，夏王之德在九州；以及仁義立名，孟子之功存萬世。山則嵩嶽之大，稱長於恒華岱衡；水惟淮瀆之清，推高於伊洛瀍澗。雖四海之並包無外，而一方之望祀居中。特丞表章，俾垂永久。於是親揮宸翰，寶錫綸音。四字開天，煥神居之氣色；一星占斗，動使節之光華。蓋抑洪水而闢異端，頌軻者原謂不下於禹；乃配名山而為大澤，紀地者豈殊峻極於天。義本相宜，禮由於稱。從此平臺月色，衣冠見半夜之遊；梁苑風聲，絃誦作諸生之氣。指蓮花之絕頂，垂露爭妍；溯桐柏之靈源，偃波競態。官斯土者預有榮焉。臣祉世際唐虞，學宗孔孟。維申及甫，敢言生嶽之身；作楫與舟，竊媿濟川之志。恭逢盛典，敬勤蕪詞。比之輦路陪遊，光同瞻於日月，較以天章頒賜，命倍切于河山，顧慚有限之涓埃，聊效無窮之忭舞云爾。

四嶽徵虞典，高名未列嵩，五方應並重，二室恰當中。遂作群神長，非徒上秩同，祀因傳累代，班可領三公。縣以登封設，官邊提點崇，漢唐留御路，趙宋紀祠宮。正直途多坦，聰明感易通，恩常望巡幸，呼儼在虛空。實有精誠答，堪膺異數隆，寶綸垂若露，奎藻煥生風。峻極襃稱大，懷柔獲報豐，天文窺柳宿，光氣吐熊熊。右嵩嶽

直指揚為域，遙從豫發源，井形窺水脈，簪勢裂山根。入地初潛伏，排空忽倒翻，行藏時不易，動靜理俱存。就下趍吳會，爭先近海門，色惟看濟似，功可並江論。曩者黃流徙，茲焉白浪吞，合難齊緩急，分易別清渾。各挾雷霆怒，相持日夜喧，憂常殷黼座，慮豈徒農村。賜額言真要，宜懷旨獨溫，安瀾須奉命，靈異表乾坤。右淮瀆

---

[1] 原碑無紀年。

吹律曾傳晉，離宮憶自梁，臺名經屢易，禹德始相當。地攬山川勝，人瞻河洛長，靈祠尊昔後，御牓重今皇。迥逼星辰動，高懸日月光，越碑同體勢，夏璉承蒸嘗。特遣廷臣出，泰承使命將，成勞思萬姓，隆禮首三王。奔走祈神惠，遊觀仰帝章，風來披薤葉，雲起瀝椒漿。壁有唐碑古，庭餘宋樹蒼，巋然仍舊築，終此奠封疆。右禹王臺

當日談仁義，君臣那免疑，王惟知罪歲，子豈肯隨時。楊墨方交你，桓文更假之，言為萬世計，意貫七篇辭。功利復何用，縱橫安所施，王今羞雜霸，終古放淫詖。鴻雁已無沼，生徒尚有祠，斯遊非小補，國號竟長垂。日宇同昭揭，天章倍陸離，此心端在我，是路不由誰。正學昌明候，羣工際會期，敢將省刑罰，一奉聖書遺。右遊梁祠

（文見康熙《開封府志》卷三十五《藝文志》。王興亞）

御書匾額頌[1]

李國亮

自一中授受封山濬川，而後歷代原本斯意，各有表章之文。然精誠不貫而光暉未昭。我皇上繼堯、舜、禹、湯、文、武之統，孔、孟之緒，以宅中而圖大，遠軼有漢、唐、宋、元、明之世。乃於治安餘暇，睿思獨運，宸翰親揮，遣官賜河南境內嵩岳、淮瀆、禹王廟、孟子遊梁祠匾額。臣亮職在守土，以承宣德意，既祇奉摹勒，分懸其境。仰見精微廣大十六字，如對內聖外王之心傳；而一畫開天，奇偶備陳，又已通神明而類萬物。此非可求之于語言文字也。不禁從聖賢岳瀆歆格之餘，踴躍懽忭，稽首頓首而敬附頌□於右：

御書嵩高峻極頌
卜洛傳周宅，防河嗣禹功。明禋新廟皃，題識□宸衷。飛動龍蛇勢，憑臨泰華崇。一柱魏構開，照耀泖天中。

御書靈瀆安瀾頌
夏后敷文命，曾傳岣嶁碑。盛朝昭報典，特□吹臺祠。天壤留□絕。衡嵩各□奇。□煩金□秘，四字奠坤維。

御書功存河洛頌
設□懸□日，卑宮菲食年。今皇勤法古，寶翰修精研。治奏平□□，神超點畫先。由來前後聖，符契一心傳。

---

[1] 該碑字多漫漶，不可識認部分，據志載文錄出。

御書昌明仁義頌

深宮幾務暇，睿藻動如神。瑞應呈閣渚，光騰賜額辰。天文雲漢表，地軸潤瀘濱。禹績相輝映，長垂億万春。

臣周金然。

康熙三十三年。

（碑存開封市禹王臺碑亭，文見康熙《河南通志》卷四十《藝文志》、康熙《開封府志》卷三十五《藝文志》。王興亞）

禹王臺創建御書樓碑記

顧汧

國家開泰五十餘載，廓清區宇，覆育羣生，上恬下熙，罔有內外。豫居九州之中，陰陽風雨之所和會也。天子以腹心根本重地，每惓惓廑念焉。蠲賦免租，賑逮幽隱，惟恐一夫不得其所。視古帝王己饑己溺之心，無以加茲。去年癸酉春，汧奉命巡撫兩河，早夜兢兢，惟奉揚廟堂德意是亟。今年夏，天子軫念農田，大申捕蝗之令。守土諸臣，殫力分驅，蝗既衰息不能災，歲則大有。於時，清晏載歌，風行草偃，懷柔河嶽，萬靈協順。天子於聽政之暇，監觀往古，念禹王當懷襄昏墊，能出其神智，建萬世平成之烈；今溥天率土，尚宅爾宅、田爾田，而不木處而顛，土處而病也，伊誰之賜乎？食其德而弗克章，章其功而未有當，謂崇報何。惟是大河南北，伊、洛、瀍、澗之間，昔人所以流覽大川，追思明德；蓋禹功雖無所不被，而必以河洛為稱首，崇其大也，舉其要也。遂乃祇肅聖心，親灑宸翰，遣官賫捧，至於大梁；汧伏而祇念曰，帝王相與之際，豈不在傳心哉？心者何？天也；天視聽者何？民也。天為民而立君，君奉天而體之心。堯以是傳之舜，舜以是傳之禹。禹之後，湯、文、武、周，歷世久遠，至孔子而集大成。雖時異勢殊，功施各出，而與天同體之心，與民同患之意，則曠千古如一也。我皇上聖神天縱，遠邁百王，敬天勤民，無時少間。方今河伯效靈，安瀾滙海，而猶儆戒無虞。其於捍患禦葘之計，靡不精詳。非直與大禹之豐功駿業，並垂天壤哉！惟其無殊，故心與心相符望古遙集也。若夫天章絢爛，具鸞廻鳳翥之勢，備淵渟嶽峙之觀，尤亙古所未有。宜乎，官吏相與慶於署，紳士相與誦於城，黎庶相與歌於野。汧幸躬逢盛典，不勝忻忭。乃亟與共事諸大吏，進而議曰，主上有嘉命而弗克推廣，謂之固；主上有隆禮而不知致崇，謂之野。野與固，皆非所以昭勵翼也。遂各捐俸，庀材飭工，肇建御書樓三楹，為尊奉奎章之地；其餘為翼室，為左右，个為曲廊，鳥革翬飛，星羅霞布；庶或可仰副皇上嘉命隆禮之意於萬一乎！既落成，諸大吏請恭紀之石，以識久遠；汧敢陳其大畧如此。遂作頌曰：

聖績咸熙，監古作則。通追肇造，以為民極。地平天成，實惟禹力。奠厥攸居，九土是域。功罔不屆，河洛孔亟。昭垂儉勤，百王承式。於維我皇，宵衣旰食。痌瘝民隱，飢溺在臆。誕崇往聖，考建不忒。匪習其儀，允符其德。追念神功，天語軒特。綵鳳騰牋，靈虬吐墨。守臣奉揚，躩足勃色。欲隆芳軌，遑恤嚴飾。傑閣巍巍，飛甍翼翼。宸藻雲輝，歷禩千億。

康熙三十三年。

（文見康熙《開封府志》卷三十七《藝文志》。王興亞）

河南省城創建奎樓記

顧汧

從來風俗之盛衰，係乎士習之勤怠；而士氣之克振與否，則又在任斯土者有以作興而鼓舞之，使不安于委敝，而日進而不知止；夫然後士行漸興，而風俗可以復古。河洛爰宅天中，而會城尤八郡具瞻之地。水深土厚，原衍四達，其人多魁岸長者，往往文章道義有邁于時。數十年來，幸沐聖朝雅化，漸仁摩義，宜乎炳蔚聿興，而人才猶未逮古。說者以地靈之華落實區之。余嘗見形家言：巽為天，祿貴人。文峰高聳，可收三吉六秀之用。不知其說果可信否。特鄉之士大夫，羣情嚮注，以為奎樓一建，可以長國華而疏才畯。余忝風紀之任，鼓士氣，振頹風，是其責也。遂倡捐資給以其事，屬開封郡守董成焉。經始於康熙三十三年仲春，越五月告竣。諸在位及紳士請余記之。余惟天地秀靈之氣，實鍾于人。然人能自念其付託之重，體之於躬行踐履之間；德行日修，學業日進，實至而名隨之；處為醇儒，出為名臣，庶乎人傑地靈，有不戒以孚者矣。余固願諸士子自強精進，以振拔流俗也。況中原文獻之地，尊聞行知，出乎其性者哉。若徒侈竦擢之巍觀，而藉文星以自焜耀，天道遠，人道邇，傳有之矣。請以是為諸士子勗。

（文見康熙《開封府志》卷三十七《藝文志》。王興亞）

禹王臺記

臺者何？游觀之地也。記者何？紀游觀之勝也。古之君子，山川風物必有書，登臨眺望必有書，所以頌昇平而志燕喜也。而美勿專乎己，樂心同乎民。其念公，其辭正也。梁以臺名千秋者三：曰繁，曰吹，曰平。繁不知何所昉，而吹之以師曠，平之以孝王，昭昭也。於稽其地，蓋名殊而實一也。名殊實一，奈何先後屢更而不沒其舊也。今之以禹王名臺，又不知其何所昉也。曰有崇德報功之思焉，有追遠反本之意焉，不可易也。何居乎崇德報功也？禹之功德溥矣，其最莫如河洛。梁，河洛之都會也，昔曾沒於河，而臺固巋然獨存。臺存，而禹功並存也。曷爲乎追遠反本，慮民之習矣而不察也。然則臺名自此定乎？曰何必然也！仁者見之謂之仁，智者見之謂之智，意各有所取爾也。臺之上，天章煥若；臺之中，神靈赫若；臺之下，士女紛若。踵事增華，而游觀日盛也。臺之高，勢穹窿；

臺之曠，氣爽鎧；臺之清，遠山隱見，而水滔流下。憑虛攬勝，而景物之寓目無窮也。不有創者，其何以興？不有承者，其何以繼美？歸人，人而不必自己也。重門洞開，雙扉莫闔。瞻宸翰而非褻，拜夏后而常親。豫順隨時，而樂以同民爲大也。特未知今人之樂，何似古人？尚想風流，慨然有吾誰歟歸之歎者乃在夫三賢之列也。三賢爲誰？唐李白、杜甫、高適。昔游此地，而祠於臺左者也。

　　康熙乙亥春仲。

　　胡介祉題並書。

（碑存開封市古吹臺。文見康熙《河南通志》卷四十八《藝文志》。王興亞）

鐵犀銘碑

　　昔明中葉，河悍未戢。維於中丞，鑄犀鎮壓。馮夷效順，水怪潛蟄。越二百年，莫繩舊葉。廟背而傾，犀殘而溺。我來豫土，黃流允翕。天子聖神，百靈環集。爾宅爾田，不氾不齒。既釐廟貌，作亭樹碣。巖巖者犀，錚錚者鐵。以衛金堤，以豐玉粒。爰勒茲銘，用始前哲。

　　康熙三十四年歲次乙亥辛未季秋之吉。

　　宣府閻興邦識。[1]

（碑存開封市東北鐵牛村。王興亞）

重修帝君廟碑記

　　巡撫王日藻

　　帝君廟徧天下，雖蠻陬荒裔之遠，孤村僻壤之陋且微，莫不有尸而祝之者焉。汴居土中，向所稱都會地，其立廟不一而足。廟載郡志，奚用碑，碑所以志廟之所由來也。蓋自昔給孤布金，短簿捨宅，悉傳爲福田勝果。故凡祠宇之建，雖尺椽寸瓦，爲里人所樂助，猶必籍而登之，以爲後之好義者勸。況以一人經始其事，而可令其姓氏泯滅弗彰耶。間嘗考汴方全盛時，佛宇神祠，不可勝紀。自經河患，悉蕩爲平沙，欲求當年神所憑依之地，杳不可得。數十年前之遺址，大半蔓草寒煙，感慨係之矣。南門內關帝廟何所昉諸，昉諸里人，李應元之所肇啓也。應元饒於貲，性喜施捨，時有言地當離方宜建廟者。應元於順治辛卯歲既捐五百金，獨力構五殿三楹，山門一座，塑三義像於其中，土木之需不給，又鬻產以成之。總計所費約九百金。揆諸人情，可不謂之好行其義者乎。越三十餘年，大中丞董公建節於茲，見其規制湫隘，擴而大之，翼以廊廡，益煥然改觀。而兩番營造，碑誌

---

[1]　碑陰開列捐香火人姓名，字多模糊。

俱缺焉。余撫豫四載，歲嘗瞻拜階除，亦未知此廟之權輿何屬也。茲奉內召命瀕行，其子用和懼先澤之湮，再四具呈以請。因徧詢諸遺老，猶能道其事不誣。余曰："是誠可以風世也。"於是，書而勒之穹碑。是李氏與董中丞相繼經營之功，並垂不朽。若夫帝君之福佑汴人，昭昭若揭日月，固無待余言之贅矣。

康熙三十五年。

（文見光緒《祥符縣志》卷十二《祠祀志》。王興亞）

御書功存河洛記[1]

康熙三十三年甲戌秋七月，皇上遣內閣中書穆東格、翰林院筆帖式朱貴，齎奉御書"功存河洛"四大字，為河南開封府禹王廟題額。維時臣國亮職叨豫藩，佐撫臣汧肇建御書樓三楹於廟前。爰命良工虔鉤恭勒，施於棹楔之首，諏吉高懸。霽日，風清日齊，榮光萬丈，起而燭天。臣俯伏不能迫視，惟與視聽，臣民懽忻於鳳翥鸞翔，龍跳虎嘯之下，從茲持籌。餘暇，恒時瞻仰其間。越三載丙子，即蒙恩擢撫此邦，恪遵大禹政在養民之訓，政務簡而刑務清，期於府修事和，毋負皇明簡任。竊幸頻歲以來，時和年豐，大河安瀾無患，孰非邀神禹之靈，賴聖天子衽席蒼生，求寧觀成至意，以無虞隕越乎！今年夏，麥秋大稔，偕諸僚屬登禹王臺，觀民間刈穫，櫛比如雲，相與忻然，而樂以爲神貺之厚，視昔又裕焉。載瞻御書樓，翼翼然鳥革翬飛，金碧輝映，僉曰：前汧公故有御書扁額頌，蓋兼嵩嶽、淮瀆、遊梁並紀焉。惟茲樓爲特建，不可無專記也，盍補成之。則應之曰唯唯。微君等請，固願有一言。謹按古今來聖神首出，若堯、舜，德之至者也。功則得人而成，如湯、武，功之至者也。德則因時而升降，若夫德侔二帝，而勳華並□，其功□三王，禹商周於遜其德者。厥惟夏后氏哉？以昔賢歎禹明德之遠，又謂禹功與天地並，蓋自錫圭告成，何人不賴其憂勤，以釋木處之顛土處之病，何地不資，再□灌漑之利。利迄於今乎？□其功之由，其德之眾也。惟我皇上□得精一之心，傳□霄□，日不暇給。既親閱河堤，黃灌以次底績，不惜捐帑修治□河，而民安稼穡，俗回良阜。今者四方□同，東西□□，恩□□□，孜孜焉勤而不逸，與帝德王功，□絕千古，□□□聖□□相曾國撰也固宜。惟帝念功，親灑宸翰，與衡岳岣嶁，共垂不朽於天壤耳。

　　□□夫文命敷于四海者禹也。有天下而不與者禹也。□□□薄海而崇奉之，未足□昭報也。區區一方廟祀，於大聖何有乎。顧禹廟幾徧寓內，惟我大梁，獨蒙眷及，豈不以豫省居天下之中，陰陽風雨之所會，瞻言河洛，禹功尚存，特賜奎章，隆茲祀典。俾田川增其氣象，草木被其光華。詎非亙古榮觀，為報功德事哉。即謂中州一額，為天下禹廟樞紐可也。僉曰□□志其□於石。

---

[1] 該碑刻石三方，字多模糊。

康熙三十六年岁次丁丑□月。

巡撫河南等處提督軍務兼理河道都察院右副都御史臣李國亮恭撰。

日講官起居注司經歷加一級臣周金然敬書。

御書嵩高峻極頌

崑崙既遠，宗于外方，乾精坤粹，作鎮中央。帝顧畿南，宏闢古疆，維茲神岳，樞紐萬邦。爰錫坊表，宸翰飛翔，象形會意，孰敢單行。有光亙天，章厥靈長，實聞三呼，寶墨之傍。

御書靈瀆安瀾頌

孰益河漕，維帝其咨，淮流湯湯，源乃在茲。桐柏既導，獨立東之，助我軍國，萬禩逶蛇。如綸如綍，以標以題，香傳御案，彩煥靈祠。既章天寵，神之格思，借彼岳牧，職思其宜。

御書功存河洛頌

昭代平城，實繼禹功，帝不自神，維神是崇。豫治大梁，水土豐融，古臺廟貌，眷于宸衷。英華勃發，墨擁化工，擬圖擬書，河洛之中。御樓既新，昭示靡窮。罔不感悅，澄波日東。聖作物覩，先後攸同。

御書昌明仁義頌

曰仁與義，梁徒聞止，俾陳於今，樂則行矣。請瞻御書，千載褒美，亞聖雖往，儼然留此。於煥天章，溢自道揆，萬物得所，允惟厥旨。象日中天，照無遠邇，異端曲學，咸即於理。

（碑存開封市禹王臺。王興亞）

江南糧儲道參議道前戶部右侍郎櫟園周公墓誌銘

姜宸英

公諱亮工，字元亮，別號櫟園，祥符人。先世有諱匡者，仕宋，知江西撫州事，因家焉。其後三徙，定居櫟下。至公祖贈鴻臚寺序班庭槐，游大梁而樂之，復占籍開封。鴻臚生子文煒，即公父，國子監生，任諸暨簿。公中明崇禎十三年進士，授濰令。是時，濰被敵圍久，公以一書生乘障，親集鏃其身，城以不陷。事聞，行取授浙江道監察御史。未幾，京師破。順治二年，詔起公，以御史招撫兩淮，改兩淮鹽法道，陞海防兵備道，遷福建按察使。踰年，陞布政使右布政，尋轉左，首尾在閩八年。

其以按察駐節邵武也，邵武在萬山中，嘯聚彌山谷，城外烽火燭天。公權宜治軍事，募敢死士，日開門轉戰谿谷間，多所擒獲。夜則獨坐譙樓上，仰天長歎，賦詩高詠，衛士擊刁斗聲，中夜與相聞。事少間，建詩話樓，祀宋嚴滄浪其上，召邑諸生能詩者，日與倡和，境內益安。為右藩時，屢奉檄歷署建南、汀南、漳泉諸道，皆數反側地，人所顧卻不敢就，獨單車往來鋒鏑中，百方經略，所至輒見紀。故自內召出境，及被刼還質，質竟傳逮復入都，百姓皆扶老攜幼，頂香迎道左，爭奏酒食，勸盡觴，號哭聲竟數百里。閩詩人高兆作《四泣詩》紀其事。

初，公以左副都御史徵，上章言閩事，報可。又密有所建白，頗摘抉用事者，驟擢户部右侍郎，而聞者咋舌，曰：“禍始此矣。”未幾，督臣果飛章劾奏，詔赴閩勘。比到，前督臣已罷去，按察使與五司理會鞫，得其冤狀，列狀上中丞。時久旱，牘具，雨大澍，民為作歌曰束卷雨雲。復逮下刑部訊。秋，朝審可疑故事。獄上，可疑者報聞即釋，而是時始傳恩赦，凡已論囚禁減等，公反以赦例當隨輩徙塞外，待春發遣，緣大行遺詔免。尋以僉事出任青州海防道。

公生平喜為詩，凡按部所遇山川風俗，及臨陣對敵，呼吸生死，居閒召客，讌飲詼啁，吹彈六博，揄袂獻笑，無不以詩為遊戲。心營口授，史不給書。而頌繫前後數年，所得詩尤多。方坐獄，堂下健卒猙獰立，鋃鐺纍纍，呼暑聲如沸，手捧據地，顧伍伯乞紙筆，作《送客游大梁詩》二十絕句，投筆起對簿，詩語皆警人。

素與黃山吳生善，吳從公獄中久，其為《北雪詩序》，畧曰：“記初冬，余與生坐夜為詩，漏下數十刻，嗚嗚吟不止。或至心傷，則相對泣。嘗對臥薄板上，忽聯句。或兩人擁敗絮，從口吻中濕筆，露臂爭書，薄板躍起，短燭撲滅，一笑而止。”其高致如此。

按青逾年，遷參議江南督糧道，復遭劾，解職聽勘。事解，尋卒。

公材器揮霍，善經濟，喜議論，疾握齪拘文史。當大疑難，剸斷生殺，神氣安閒，無不迎刃解者。自筮仕，即在兵間。尋擢臺職，益欲以意氣自奮，不幸遭亂歸。才為時需，十年之間，歷盡卿貳，然時時與世牴牾。庚戌，再被論，忽夜起徬徨，取火盡燒其生平所著述百餘卷，曰：“使吾終身顛踣而不偶者，此物也。”

辛亥冬，某遇公西陵佛寺，留飲，拊几太息，謂余曰：“吾與子相見知無幾，今我年六十，子歸我作《怨老堂酌酒歌》而已。”怨老堂者，公所居著書處也。余渡江，詩不果作。然竊歎公之才，其轞坷歷落而老且衰於此，視其中默默如不自聊將遂已也。循公之迹，考公之志，則古之大人君子，其身尊名立，人望之若不可及。而其當壯年逾邁，俛仰身世出處盛衰之故，其皆有不自得者乎？則夫世之辭富貴而就貧賤，甯獨善其身，以置生民之休戚理亂於不顧，至於老死而不悔者，彼亦誠有所激也。嗚呼，可以知公矣。

公好獎與後進，嘗寘一簿坐上，與客言海內人才某某，輒疏記之。諸所嘗經過，雖深山穴處中，物色無不到。見少年能文士，觭辭隻韻，立為延譽，或數屏車騎遇之。老生貧交，相依如兄弟。其為文及詩，機杼必自己出，語矜創獲，不蹈襲前人一字，劌鉥淵濯，而歸之《大雅》。尤嗜繪事及古篆籀法，每天明盥漱出外舍，從容談說古人圖史、書畫、方名、彝器，皆條分節解，盡其指趣。客退，則手一卷，燈熒熒然至夜分歸寢，以為常。

元配馮淑人，生子五：在浚，國學生，考充官學教習。在延，庠生。在建、在都、在青，皆國學生。孫男女四人。卒年六十有一。將以某月日葬於某原。銘曰：

謂莫知耶，為大司農。谓逢其時，胡蹶而終。詭譎僞規，滑稽乃容。余不忍為，奚辭固窮。烏石巍巍，滔滔大江。文蒸武施，惟公之功。公之德威，汔於數邦。肆我文辭，砭鍼瞽聾。萬派千支，於海潮宗。如簀待搥，如懸待撞。晚歷嶔崎，益放而洪。誰其司之，命彼祝融。悠悠我思，蒼蒼彼穹。北山之崖，嗟櫟園公。

康熙四十一年。

（文見錢儀吉《碑傳集》卷十。王興亞）

莊修阿羅漢尊者供奉上方佑國禪寺碑記

豫之有上方寺，創自北齊，至宋仁宗慶曆年間重建，明正統八年中貴重修，天順元年，寺僧了明遣徒詣京，□□□請□額，得上方佑國寺。其殿堂各四楹，其中羅漢十八尊，今有碑記可考。明末，思宗歲壬午，黃流灌汴京而殿沈沒，佛及阿羅漢皆沒於浪花，□□□□。國家定鼎，重修殿堂。佛像已浸，□多舊第，阿羅漢尚未之備也。有天臺僧無穹，帥弟兩人，哥居上方寺，募化羅漢金身，□道而□□漢□□□成，其餘十一尊俱屬烏有。厥功未就，竟脫然而□，莫知所之。此段勝果，將置之半上不下，而其羅漢胎像，又在書店街□屋□止□□□□息而已。有衆善士等目擊心傷，遂相聚踴躍，倡首分工，各成一尊爲己任，遂鏐金□材鳩工，自丁亥正月起□□□奪目，遂僉議。此舉原由上方寺起，因通知上方寺老僧淡緣，用卜吉日，以幢幡導引，華蓋八座，衆信合掌，道歸上方禪□妥雕刻神座種種，如意功德。事竣，衆善士問記於余。余惟羅漢十八衆，其像各異，其少長各別，其性情玩好又各□不□天尊者，其詳自載在釋□，不暇具論。而大衆之誠，此勝果一段，真誠情摯，孳比爲善之心，□應表而出之，以爲世之光□而在推之。凡遇利人濟物之事，苟有闕略，皆宜勇猛合力。如是成就，則功德寧有涯哉！在大衆雖非專望福田，□益□爲□叟，亦不必多贅以文。聊述其事之巓末，以告天下奕世之後來者。是爲記。

康熙四十七年歲次戊子冬十一月上浣之吉。

賜進士出身中□大夫通政使司右參議仍支正四品俸前湖廣道監察御史乙丑會試監臨稽察□局掌登聞院事侍經筵掌河南道事貴州道監察御史邑人張都甫撰文。

祥符縣儒學生員梅體元書丹。

捐貲衆善士名列碑陰。

靳興鐫。

（碑存開封市鐵塔公園內。王興亞）

繁塔寺開山記畧

李為淦

汴之東南有繁塔者，其來久矣。而繁塔之有國相寺，則開山於桂山和尚。明末，河水灌汴，塔旁殿廡俱圮。國朝順治二年，桂山偕具徒孫明儒朝五台，道經塔下，見塔甚奇古，慨然曰："是必當年名剎，惜今廢矣。"為留連者久之。時巡河使者，浙江方公大猷遇桂山而奇之。留住塔下後洞閱一年，轉前洞又二年，屯田監司胡公知桂山苦行，命之墾荒，遂墾田四頃，接待往來僧衆。塔之東有吹臺，亦勝地也。明時改碧霞元二仙女祠，俗呼二姑臺，嗣又改禹王臺，時亦圮廢。桂山遂募資於其地創草殿三楹，以奉香火。六年，募方公修塔前寺，建後殿、中殿及開堂、放參等處。康熙七、九等年，方公批給明儒印照，令其開墾。明儒遂墾大興莊無主荒田二頃有奇。桂山又募巡撫張公自德修禹王臺前寺山門、鐘鼓樓、韋馱殿、伽藍殿、觀音、文殊、配殿，既落成，額之曰"國相寺"。桂山是秋八月初三日圓寂。

桂山，姓趙氏，廣東人。名行連，字不染，桂山其號也。明萬曆己酉舉人，以軍功改武職，累官山海關副總兵，擢廣西總兵。崇禎戊寅祝髮於杭州之天童山，歷主正陽關塌坊寺壽關北禪寺，後至繁塔寺云。

康熙五十二年八月立石。

（文見乾隆《祥符縣志》卷十三《祠祀志》。王興亞）

重修東嶽廟碑記

徐而泰

汴城仁和門以南，宋玉仙觀故址，有東嶽神祠。前明正統戊辰，自門外移入。一脩於嘉靖之初，載賜額於嘉靖之四十年。再修於萬曆七年，而規制乃濶而益大。明紀歲在壬午，流寇三圍汴梁，引水灌城，淪沒殆盡。本朝定鼎燕京，海宇清晏，百神受職。至順治九年壬辰，城郭室廬草創，咸有成緒。居民巫謀神祠而新之，頓還舊觀。惟岱稱宗，萬物出乎震。震東方也，物之所自生也。唐、宋以來，郡國莫不立廟。千有餘年，取精益多，用物益宏。其靈爽宜無微不格，無感不通。我皇上休養生息，教誨於今五十有二年。鬱鬱汴城，既富既榖，而聖神文武動合天心。故風雨以時，歲歌大有，則神之所以默相帝治，而佑民於必然之天者，亦何可以不報也？故再建以來歲，再見壬辰。歷時既久，其間有欹者，有傾者，有頹者，有剝者，有洇瀾不能支者，是又不可以不脩之。況郡有冤抑、水旱禱於神，影響潛乎，如叩斯答。會大中丞潁川鹿公開府中州於官方，既肅民慰民，隱而彰直道，並策後起者之克紹前徽也。於余心深有愜焉，因敍次顛末而為之記。

康熙五十二年。[1]

（文見光緒《祥符縣志》卷十一《學校志》。王興亞）

重修蒲圻廟碑記

徐而泰

　　昔穆叔論三不朽，而德居其一。德者冠功，與言而言之也。不擇地，不擇人，而亦不擇乎時。苟存心於脩德，而其德自立。汴城東嶽神祠之西偏，有祠曰蒲圻。凡屬隸役，奉之惟謹。僉曰："神生而為隸，沒而為神，顯靈異於長安。受唐封稱為護國蒲圻大王九天評事真人。"按《周禮·秋官》司寇隸人有五，統於司隸，率其民而搏盜賊，役國中之辱事，為百官積任器。凡因執人之事，皆隸役之。故[2]《春秋傳》曰：斐豹隸也，著於丹書。是隸之所職亦徵矣。神能心存愷惻，隨處利人，積久不怠。自唐迄今，歷千有餘年，垂裳秉圭，端冕而王。嗚呼！可謂不朽矣。非其功德之厚，而利澤及人之溥，烏能有此功德加於民則祀之，后稷之先，有名稷者，能藝五穀，而後人世祀。后稷以水土初平，教民稼穡，其功尤盛也。漢置司隸，相沿既久，非無積功好善者出於其間，而獨祀蒲圻神者，以神之德尤著也。今人不知善之當為，而權藉不屬，則曰"無為善之地也"，有其地矣，又曰"我非為善之人也"，既以為善之人自命矣，又曰"我將往拜弗行也"。天下豈復有善乎？余脩東嶽祠並神祠而新之，亦欲使奉神之祀者，秉神之心德，脩身於身，功及於物，則神之所以福之者，豈其微哉！工成，首者以立碼請，垂之不朽，為將來勸，遂書此以應之。

　　神何姓，萬春名，蒲圻人。

　　康熙五十二年。

（文見光緒《祥符縣志》卷十二《祠祀志》。王興亞）

游禹王臺記

　　歲戊戌夏五月，余奉天子命來旬茲土。閱誌乘，凡境內山川名勝，心竊慕之，而以治事，不暇登覽。任甫半載，復蒙恩簡巡粵西。時疏請廷見，塵鞅稍清，偕二三友人，率子姪輩，出東郭門，望禹王臺，而稅駕焉。夫禹王臺者，即古師曠吹臺遺址。後人思禹功德，春秋報祀，建廟於此。臺高數仞，兀峙平野，蓋大梁一古蹟也。余拾級而登，仰見崇樓巍

---

[1] 此記後為"是役也，經始於道光庚寅春，落成於是年秋。計用平泉萬有奇，其鳩工庀材，始終克成其事者，則北平王君起民之力焉，故並書之"。與本文不相銜接。當為裝訂頁碼有誤所致。按道光庚寅，為道光十年。

[2] 光緒《祥符縣志》原本載文銜接錯亂，今正之。

煥，榮光燦然者，今我皇上御書之所供奉也。入而殿宇深沈，金容嚴肅者，禹王神像也。瞻口而下，巡視兩廡，見神牌林立，姓氏昭然者，皆漢、唐、宋、元以來佐治水有功諸名臣也。左有三賢祠，祠有碑，即載唐高適、李白、杜甫酒酣高歌韻事也。出而循行廊外，俛仰眺望，村煙斷續，繡壤交錯，一目千里者，洵中原沃土也。余徘徊久之，不禁愴然有感。人生天地間，貴自樹立，以有功德及民，使生榮死哀，以垂不朽。禹，固聖人也。其治水之功，開天地之奇，立生民之命，至今廬居而粒食者，皆禹之德也。不然，洪水為菑汜濫無統，所謂：微禹，吾其魚者邪！千百世後，食德報功崇而祀之，固其宜也。然桑田滄海，變遷不一，不有禹以開其前，誰為之成天而平地？不有諸名臣以繼其後，誰為之禦漫而防河？以視世之徒慕富貴，竊祿養驕，漠不以民生為念，而與草木同腐者，不大相逕庭哉！余登斯臺也，非僅恣游觀之樂，蓋與古昔聖賢致君澤民之念有深契焉。竊恐有志而未逮也，時同游者孝廉呂子開、藩茂才、來子自西，潘子允升、余姪廷槐、子廷樞也，因各賦詩以詠其事。爰為之記。

三韓宜思恭譔。

康熙五十七年五月。

（碑存開封市城市古吹臺大殿外西壁。王興亞）

建牟公祠碑記

彭始搏

粵稽古岳牧名臣，抱非常之才者，斯能立不朽之德。負卓絕之識者，斯能垂不世之功。以一心精誠，作兩間正氣，當時和年豐之際，教行化洽，殆如造物之煦育默運，而人不知，設間閻之疾苦，一夫不獲其所，若己溺己饑，必置之衽席而後安。此在天為星辰，在地為河嶽，德在一己，功在斯世。是以捐館之日，萬姓哀思不忘。所謂捍災禦患，有利於民則祠之，非若博名高者之可幸而致也。如我大方伯東山牟公，以恢宏特達之才，膺海內重望，西秦東魯，荊楚吳越間，迄今三十載，實政賢聲謳歌不輟。己亥春，復膺簡命，屏翰中州。汴之紳士軍民咸相謂曰："公父兄三世蒞吾鄉，公之來，必能丕光先業，愛我人民，兩河八郡沐庭澤而載移思，千載一時矣。"迨公下車後，釐奸剔弊，政治一新。惠愛士民，蒸蒸嚮化。《詩》云"不競不絿，不剛不柔，敷政優優，百祿是遒"者，公實有之。未幾，輓運西陲。公持籌會計，以資運實，迨奏績而民不知有兵。辛丑夏，旱魃為災，河南赤地千里，遍野哀鴻。公亟請賑濟，且單騎查閱，視歷蔀屋，殷勤撫恤。予粟予金，全活甚眾。三年來，黃流洶湧，左右奔突，沿河田舍竟屬波臣。時堤防甚峻，公經營籌畫，凡所需柳株草米，俱不問之民間，自興築以迄成功，毫無驚擾。公護撫篆時，目擊赤子流離，痌瘝切體，因捐資三萬金，俾民復業，更奏准緩征舊欠。朱仙鎮為市舶名區，被水漂沒，公親往拯救，日在泥淖中不倦也。公之捍災禦患為利於民者，蓋如此。士民啣恩，遂勒石以誌公德。不意趨朝有日，竟以疾卒於公署。豫省男女巷哭而走祭者皆是也。士民固咸知公狷介，第情不自己公捐金以助公喪。公家君力卻不受。因相與立祠，以祀公焉。斯舉也，詎止報德云乎？亦聊以誌不忘而已。若公之修學校，恤孤寡，廉以律己，寬以御下，篤純孝以承兩人，忘爾我以敦式好，矢潔清以燕貽謀。生平大節，[1] 國史書之，家乘誌之。殆與星辰河嶽奠麗千古，雖古賢岳牧豈能出其右乎？公澤豫最深，余知公最悉。因闔省士人之請，遂略書梗概，而勒於石，并作歌以誦之。歌曰：

　　公自閶闔臨下方，仔肩宇宙形昂藏。崆峒積雪裹餱糧，東海烈煙肆猖狂。
　　公降霖雨澤汪洋，弱聲瑟瑟隱瀟湘。青江有水名滄浪，清流可與公齊芳。
　　重駕雲軿過河陽，手披濁浪損隄防。黃童白髮咸稱傷，淇源菉竹韻悠揚。
　　鴛鵲唧書飛翱翔，公擬赤鳥朝君王。農夫荷鍤女攜筐，摳衣跪拜我公傍。
　　忽聞騎箕歸高蒼，呼號奔哭震大荒。高雲慘淡水湯湯，山光滅滅草色黃。
　　羣黎泣涕不能忘，計取大木植松篁。更業琬琰字跡香，峙立庭前耐風霜。
　　歲時伏臘薦烝嘗，神其鑒誠來徜徉。億萬斯世屏大梁，忠孝之後而大昌。

　　　　　　　　　　　　　（文見乾隆《祥符縣志》卷十二《祠祀志》。王興亞）

雍正二年。

　　　　　　　　　　　　　（文見光緒《祥符縣志》卷十二《祠祀志》。王興亞）

文昌祠惜字文

王士俊

　　汴城桂香祠文昌閣，其原最古。余既為文誌之於石，又敬念帝君垂諭世人惜字，而人多不能恪遵寶訓也。因復為之推廣曰：夫字之為用，猶人之有口腹而必資飲食，有身體而必資衣服也。飲食衣服之用久，知其甚切，於人而愛之重之，顧字獨不知愛之重之乎？人有棄擲飲食，裂毀衣服，見者必咨嗟驚歎，而惜其後之不繼也。顧見字紙之棄擲裂毀，獨不知咨嗟驚歎，而委之已乎。且夫字紙之貴，人視之為布帛菽粟，天視之為奇珍異寶也。故乾出天苞，坤流地符，造字之初，天雨粟，鬼夜哭，龍潛藏，蓋洩兩間之秘奧，開天下之文明，潛人心之智巧，為功最普，為效最神。天固有所甚不得已而仁愛下民，又不惜罄以予之也。今世有甚。寶貴之物過於球琳琅玕、珍珠木難、瑟瑟諸品，我不自悋惜而舉以予人，而人之愛之者弗加珍惜，視猶草芥，夷諸泥塗，如己冠之口髦祭畢之芻狗，我見之聞之，有不忿然怒怒□傷者乎？以人情揆天意，而知不惜字紙者，不免於天之怒且傷也。為天所怒且傷之人，偶免於雷霆之斧，牛鬼猛蛇之口，純火純鐵純石之地獄亦

---

[1] 光緒《祥符縣志》印製裝訂卷十二《祠祀志》載文將彭始摶《牟公祠碑記》與劉青芝《重脩元帝廟碑記》二文合在一起，三十五頁與三十六頁相接，但內容不相銜接。

已倅矣；又安望富貴福澤，康寧壽考，世世子孫能讀書，掇科第耶。是以帝君諄諄垂諭，蓋仰體上天好生之心，俯擱愚民罹罪之苦，且曰罹罪之苦，如是反是而能敬惜焉。則所以受福於天者，亦屬無量恒河沙數也。余故就桂香祠偕藩臬監司諸君立一惜字會，現捐俸日購買廢字，計百斤給紋銀五錢，聚而焚之，送其灰燼於大河之中，先行廓清之策，再行持久之策，撥官田一頃，每年租銀三十六兩，交藩庫轉給僧人，專司收字之役。遴紳士二人董其事，月月焚送，豈以希福哉。揆之於理，亦應如是也。於戲，不能惜字，士大夫之罪較愚民岸更甚矣。士大夫置身青雲，承前啟後，獲上安民建功樹業，推□最下，筆耕□□以資俯仰，道皆由此。我日力日賴其養，而又狼藉芟毀之乎，且亦知其寶貴矣，而又視為草菅塵塊乎，律以天誅之條，必曰爾固為識寶之波斯胡。凡球琳琅玕，珍珠木難，瑟瑟諸品，無弗精辨其良窳真贗，而況貴於是者，我以予汝，汝又利之，汝又棄之乎。律以加等，諒非深文也。若夫皂隸賤夫婦女孺孩，不知惜字，或借為糊窗壁，夾針線，作包裹種種，隨手散擲，任足踐踏等類，士大夫切須代為收拾，寧量為給資相易並詳勸切戒，功德無量也。更有一種奸商黠賈，將廢紙廣收浸泡以水，俟其透入爛化，暴之烈日，加以鎚煉，如鞾鞋紙底多藉為用，名曰還魂紙。此真堪髮指痛恨，為利幾何，忍蹈大戾。司土君子，宜嚴察痛懲之。予耳聞目見此等頑惡，曾有各受雷霆之斧者。嗚呼！天恐雷部不勝誅也，則牛鬼猛蛇之口，純火純鋸純石之地獄，其留而待焉，直旦暮間事耳，寧不懼哉。又有官署之中，兩廊胥吏，率將廢棄案卷，檄移告示文書等類，散棄滿地，任其浥爛霉腐，更或濫為（热）火之熸塞向之塊，昔人謂浪擲字紙□在衙署，斯言信不誣也。所恃官長諄諭切懲□□□乎。蓋士大夫有督察勸化之責，律以天誅之，終必曰爾固為識寶之波斯胡。凡球琳琅玕，珍珠木難，瑟瑟諸品，彼盲於目者未之知也，爾可不一為指點，任其顛越受戾耶。故人為無與於我遂爾視之夷，然吾恐天網恢恢，疎而不漏，未必竟從末減絕不連坐耳。

余因推廣帝君寶訓，以明今之所由立者如此。嗟乎，河圖洛書，丹文綠字，庖羲畫卦之壇，史皇造字之臺，文字權輿，俱在汴洛，履斯土者宜何如愛護矜惜，數聖人神人臨之在上，質之在旁也。雖然，豈獨河南一省事耶！此會之所及者，僅區區省城偏隅耳。四國樂善之士，不以余言為河漢，尚共勉之。

雍正二年。

（文見乾隆《祥符縣志》卷八《祠祀志·祠廟》。王興亞）

河清頌並序碑[1]

今上御極之四年冬十二月初九日，豫省黃河西自陝州以下，東至虞城縣，澄清一千餘里，至十六、十七等日而大清，與湖淀無異。五年正月初六日以後，尚爾清澈，洵上瑞也。

---

[1] 此碑還刻立於武陟縣嘉應觀。

副總河臣嵇曾筠、巡撫臣田文鏡、提督學政臣于廣、巡察户科臣張元懷先後奏。聞虞城而東南河之水清同平豫。先經總河臣齊蘇勒具奏，內而諸王大臣恭請皇上升殿行慶賀禮。奉旨，覽諸王大臣等所奏，以黃河澄清，恭請升殿行慶賀禮。朕思上天之錫福降災，即如人君之嘗罰也。若上天嘉祐，示以休徵。而承之者驕矜縱肆，怠惰前修，則將轉福爲災矣。若上天譴責示以咎徵，而承之者戒愼恐懼，省改前愆，則將化災爲福矣。天人感應，捷於影響，皆視其人之自取。而天心仁愛，雷霆雨露，均屬成就之恩。一如君臣上下之間，用賞用罰，無非曲成之使其遷善改過也。如朕事皇考四十餘年，當時凡遇聖諭訓責、嘉獎恩寵，此心皆以恐懼儆惕處之。一念愚誠，深蒙皇考垂鑒。御極以來，事天之心，即當日事皇考之心也。乃數年之中，休徵疊見，難以悉數，稽諸史冊，咸稱福慶。而朕受寵若驚，不以爲喜，實以爲懼。蓋恐前此之受既無因，而後此不能仰副也。惟有君臣益加勉勗，一德一心，恭承天眷。昔皇考臨御初年，偶有一二災祲之事，此特兆三逆之變亂，由於氣數使然，而皇考朝乾夕惕，誠敬交孚，是以感格上蒼，錫以多福，四海寧謐，歷數綿長，此天道彰明較著者也。朕即位以來，敷政宣猷，豈足承上天嘉貺。惟孝敬思慕皇考之心，實爲誠切，或者仰邀皇考昭察，代籲昊天，默祈福祐，從前疊降嘉祥，今又有河清之瑞，蓋許其已往而勉其將來也。朕祗承之下，益深敬畏，黽勉不遑，若允行慶賀，則沿襲頌美之虛文，大非朕儆戒之素志矣。既蒙皇考錫以希有之瑞，應祭告景陵，申朕感激惶悚之誠。至於上年朱家口河水潰決，朕敕諭河臣悉心修築，今於十二月十三日決口合龍，越三日即有河清之應，具見河神福國祐民功用顯著，宜崇祀典，以答神庥。該部察例具奏。至所請升殿受賀，不必行。諸王大臣復以聖世河清，普天同慶，再疏恭請。又奉旨，覽諸王大臣等奏稱河水澄清二千里，期逾兩旬，爲從來未有之瑞，懇請升殿慶賀。朕言天下至大，庶務至繁，斷非人主一身所能經理，必賴內外臣工協力贊襄，然後，可以成一道同風之盛。若上有涼德之主，而下皆臯夔稷契之臣，則工虞水火佐理有人，政務亦不患其不舉。若上有堯舜之主，而下皆共工驩兜之輩，則耳目股肱無所資藉，政務亦至於廢弛。故人君之道，以得人爲要。而人臣之道，以奉職爲先，此一定之理也。朕統臨四方，雖刻刻有勵精圖治之念，然必賴內外臣工共矢公忠，各殫才力，然後有實政實效。及於吏治民生，方可感天和而錫繁祉。不然，則朕雖有勤政之念，豈能事事躬親辦理也。今見數年之中，荷蒙上天皇考默祐，疊降嘉祥，茲又有河清之上瑞，朕細推天人感應之理，自非無因應。是內外臣工能體朕宵衣旰食之懷，洗陽奉陰違之習，分猷效職。有數瑞之善，上合昊天皇考之心，是以錫茲福慶以勵將來。爾等試再思之，人事甫修，僅有數端之善，即邀上天皇考之嘉貺，若此而侈然自足，怠惰前修，則其獲譴又當何如，可不愼乎？可不懼乎？況天道惡盈，朕心方且因此益加戒懼，所請慶賀典禮，朕必不行。朕念君臣之間，實屬一體，上天皇考既垂訓於朕，朕即以此訓及諸臣。上天皇考既以福朕，朕即以此福及諸臣。凡屬京官自大學士、尚書以下，主事以上；內大臣都統前鋒統領、護軍統領、步軍統領以下、參領以上俱著加一級。其王公等管理部院都統事務者，應如何加恩之處，著宗人府議奏。自茲以往，內外臣工當益加黽勉，精白乃心，和衷共濟，矢勤矢慎．秉公去私。懍天鑒之匪遙，念感應之不爽，以至誠至敬仰承上天皇考之眷祐，則受福孔多，永永無替矣。勉之。仰見皇上聖德謙撝如天如地，惟歸功德於聖祖福祐於河神，而仁恩又下逮於臣庶。然考之紀載，《易乾鑿度》云："天降嘉慶，河水先清。"王子年《拾遺記》："黃河千年一清，爲聖人之大瑞。"況豫省黃河自皇上御極以來，長堤鞏若金湯，中泓刷深千尺，安瀾順軌，諸險悉平，今又逢此殊祥，從古未有。雖垂諸史册，昭示萬年，而守土之臣欣遇境內嘉庥，不敢不溯厥從來，頌揚至治。於是，率屬敬勒穹碑，以誌聖朝之盛。

清雍正五年河道總督田文鏡立石。

（碑存開封市禹王臺。王興亞）

改建河南貢院記碑

余奉命撫豫之三年，即今上御極之四年，丙午科鄉試，例得監臨場屋。惟時即見闈中多水，初以爲秋雨偶然耳。越己酉，晉秩制河東，仍得專豫省監臨事，而闈中之水如前。顧謂同官曰："是非偶然也。"撤棘後，相與登高而望，恍然有得其受水之故，因以推夫水之所由來。蓋闈以外，其東西北三面皆水塘，埒起如環牆，而以闈中以釜底，凡雨水之滙歸于塘者，復自塘滲入于院，宣洩無由，墊高不易，是此水永無涸期矣。咸起而請曰："公蒞豫六年，事無巨細，有未便者即請諸朝，次第就易，況掄才重地乎？非擇善而遷焉不可。"余從而下其事于方伯，轉及郡縣，於省治之東，得隙地方廣一頃九十七畝，固高原爽塏也。形家者言：是爲辛亥之龍，居奎壁之度。紫微垣于乾，文昌宮于巽，且鐵塔正當天祿，而魁閣恰在離明，洵稱吉地。叩其值，不及二百金，如數許之，有者亦樂從焉。遂進工師而命之曰：堂樓舍所，悉仍舊制，拆其可者移之而来，餘則補之，所不可無者增之，如此而已。共估銀二萬五千五百五十六兩有奇。余用敢推廣朝廷德意，具狀以請，疏入，天子曰可。於是，鳩工庀材，卜吉從事，經始于雍正九年七月二十七日，而落成於十年五月十二日，他無改作，茲不具贅。惟於闈垣之外，得餘地數十丈，非若前日之環以窪池深澤也。新添屋七十有五，以爲各執事棲止之所，非若前日之綴以蘆棚葦舍也。門之前，左右兩坊之間，勢復寬衍，非若前日之逼臨闤闠，湫溢囂塵也。而規制深嚴，棟宇宏麗，更非昔比矣。是役也，董其事者，總理則署布政司事、分守糧鹽驛道副使張建德，協理則開封府知府劉湘，監督則彰德府同知章兆曾，協督則開封府通判李綸，度支出入則祥符縣知縣劉輝祖，採買物料則杞縣縣丞韓儀、西平縣縣丞張惟唐、蘭陽縣典吏王鍾也。財則動諸正賦，力則雇諸傭工，不數月間，將積年所苦，舉而易之，如拔泥塗而登衽席，豈非快事！雖然，幸我聖天子崇右文教，加惠儒生，而乃有此殊典。多士克坐是邦，遭逢其盛，得以永免沮洳，從容拜獻，將束羣英輩黼黻皇猷，共彰雅化於億萬斯年之久，何莫非今日之經營圖度始也。因撮其大略,壽之珉石,俾知此新院之成也,其來有自。

太子太保兵部尚書總督河東等處地方提督軍務兼理河道督理營田兼都察院右副都御史加十三級紀錄七次田文鏡撰。

大清雍正十年歲次壬子季夏之吉。

(碑存開封市河南大學校園院內。王興亞)

重脩文昌祠碑記

总督王士俊

凡郡之東南,於卦位為巽,術家為主文章科第。夫離爲文明之象,不於正南而於東南者,蓋取巽之木生離之火也。文昌司命者係斗魁戴筐,六星四曰司命主賞而進德,故今士子進取祀之。考《黃帝占》曰:"文昌宮者,天府之離宮。"則固以離屬文明,今巽方祀之得相生之義,宜祀之。久而不替矣。汴城桂香文昌祠,在郡東南隅,正係巽位。昉於北宋,毗連太學舊址,明永樂五年,改徙學宮,而祠留不遷,後漸圮。嘉靖三十二年,周藩脩之,曹汴為作碑,紀其事。至崇禎十五年湮於黃水。我朝康熙三十八年,民掘地得碑,紳士遂謀脩之。鳩工於雍正三年三月十五日,落成於是年十一月十四日,舊碑復立。至十一年,余奉命總督河東,往謁祠。更解俸為置門樓,以奉魁宿,而祠遂完整。紳士另置貞石,而乞文於余。余於是祠之疊興疊廢,而不禁喟然有感也。夫是祠始於北宋太學,其時宋建都於汴,太學人才最盛。稽其遺制,學置八十齋,齋容三十人。外舍生二千人,升內舍。內舍生三百人,升上舍。上舍生百人,賜出身。則是祠之衣冠肅穆,廟貌巍峨,瞻拜絡繹,一時極盛,可想而知也。乃星移物換,一委於榛莽。而故明中葉脩之,再淪於波臣,而今日紳士脩之,豈盛衰之理,往復之機,夫固有數存其間歟!抑恭遇郅隆之會,光昌之運,司命亦思有以自見歟!且地固有靈異之大象,君子以申命行事,實有相繼而興之義歟!則今紳士之感激而興,誠敬而奉,洶動於不能自已者矣。雖然,使紳士以爲乞靈司命弋取華臕,斯乃庸見。鄙夫之見,甚有所不可也。蓋司命垂象,乃天之星宿耳。後人則以周雅之張仲實之如星,有傅說,即以殷代傅說當之之類也。顧既以有神,自能錫福。然《詩》獨歌之曰:張仲孝友。不頌神之文章,而頌神之孝友,誠以孝弟者,文章之根柢。所謂文章莫大乎是,是神之垂鑒可知。倘紳士不能首敦品行,次重詞華,則舉不潔之躬,日深拜跽,神將赫然,示之罰也,敢希福乎!所以巽卦九二云:用史巫紛若,吉,無咎。夫史巫紛若,即今祭祀之象也。惟九二有剛中之德,神其享之,所以吉而無咎。不然上九失中,同一巽在牀下,即不免於喪其資斧而為貞凶,可不慎歟!至此祠重葺於雍正丁未之歲,又合巽卦九五,先庚三日之義。蓋先庚三日,丁也。朱子謂丁寧於其初,而爻辭謂無初有終,占謂貞吉,悔亡,無不利。然則以營造之年推之,益合於吉,占符於方位,應於文明。紳士固宜砥礪飭躬,以戀承神庥矣,遂爲文以紀之。若舊碑所云,以爲神亦不幸而不生於上古之世，而生於溷濁之世，貪天之功以爲己力，其說誣漫不根，何足以文麗牲之珉也。是爲記。雍正十一年。

（文見光緒《祥符縣志》卷十二《祠祀志》。王興亞）

恭建萬壽宮碑記

王士俊

皇上御極之十有二年，乾曜光華，坤符炳煥。是年正月元朔立春歲月日時，俱會於攝提格。此自章蔀紀元以來，未有若斯之弘麻肇啓上瑞僉臻者也。蓋寅屬人生之義，主人君萬壽。《易》曰："天地大德曰生，聖人之大寶曰位"，非其旨與。而豫省之建萬壽宮，以爲祝釐之地者，於是乎告成矣。夫豫省萬壽宮何至期時而告成哉？

豫省天下之中，開封又居豫之中。四時所交，風雨所會，陰陽所和。陳圭置臬，占紫氣之燭霄；絳闕彤庭，繞黃雲而作葢。宜倡率以爲天下先，何以至斯時而告成哉？蓋向者當循序例，恭遇聖節，屆期謹於寺觀及貢院內，設黃幄，陳御鑪，列庭燎，序班位，莫不肅肅雝雝，而究於其地不專，其地不專，則其心亦不安矣。

雍正十一年癸丑春，臣士俊恭承皇上寵命，履河東總督之任。孟冬恭祝聖壽，仍在大道宮。揆之愚忱，竊以爲臣子仰報君父莫大乎忠愛之心。而忠愛之至，有過於虎拜稽首天子萬年者乎！前歷任粵、楚，俱各建有萬壽宮，巍巍乎，鬱鬱乎，志益以壹，儀益以整。中州係腹心閫閾，何遲之久而未及也。意者神臯奧區，有待今歲之景運尤隆，昌期彌泰，而後成斯嘉會，樹乃宏圖耶！於是，士俊率藩臬以下諸吏，環相成中，慎選方域，則有包塊圠之形，孕淑清之氣，於西北隅實獲基址高敞，氣象巍我，且在卦位為乾，洵莫踰於此。闔省庶司聞之，爭獻常祿之贏，以為鼎建之藉。恭擇雍正十一年季冬經始，庶民子來，百工麇集，歡如雷動，喜如川至，繪圖難摹，鼙鼓弗勝。踰四月竣事。其前拱以牌樓一座，黃金榜題曰："萬壽宮"。少進為五雉端門。門以內為馳道，長一百八十丈。表以坊曰"嵩呼"。兩旁環以碧沼，若蓬瀛焉。沿邊植以嘉樹，中央護以穿垣，分雙掖門而進爲修廊。循修廊而進為官員廳。由官員廳而進爲朝房。東西向外，砌文磚為九拜之所。由朝房而進爲經房，各南向。內供象教，為讚福之所。中為階陛，凡兩層，計六十四級。御道悉係蟠螭鏤珉。上為平臺，平臺之上為御座。正殿玉龍纏棟，金鳳摩雲。僊人在户，太乙臨窓。周施玳瑁之椽，徧覆琉璃之瓦。所謂開九天閶闔，萃萬國衣冠者也。凡夫析圭儋爵之臣，橐簡囊毫之士，山農石户之耆，輪驅蹄走之旅，飲天之和，食地之毛，圓顱方趾，含齒戴髮，林林總總，數不能紀，名不能悉者，莫不依日月之末光，望雨露之餘澤，沛然勃然，以歌以舞，蓋合豫中之億萬口如一口，億萬心如一心矣。士俊伏見皇上加惠豫州，蠲賜數行，滲漉日深，汪濊無涯也。如此，豫人之尊君親上，樂事勸功，不介而孚，不作而致也。如此，復率藩臬以下諸吏，拜手稽首，而颺言之曰："夫豫省建萬壽宮，實有獨盛於他省者。"

此非侈言之也。蓋敬稽天文地輿，徧考帝德王功，殆推之千載，而合絫之四海而準矣。請祈陳之窮天之垠，分野所徧司也，而豫省獨以角亢耀於省會。考諸《唐天文志》，角亢，非壽星乎？壽星炳於萬壽宮，所謂玉井金波映嵩柱，貝宮之采；鉤陳華蓋擁帝車，珠斗之祥。此其獨盛者一也。統地之軸，名山所悉鎮也，而豫省獨以嵩嶽峙其南境。考諸漢史，嵩嶽非三呼萬歲之地乎！三呼環於萬壽宮，所謂玉膏石髓，與太室而俱長；四栢三花，同崧高而偕永。此其獨盛者又一也。顧尤有超軼焉者，夫自鴻濛既闢，溟涬劃分，五帝三王，或建都，或巡歷，亦未有如豫省之疊興而彙聚者也。

粵稽上古庖犧氏，都於陳矣。神農氏初亦都於陳矣。黃帝都於軒轅之邱，今新鄭是也。帝嚳都於亳，今偃師是也。載稽中古堯、舜遊首山，歷河渚，五老來告。河圖係今河南府界。而龍門禹績所先，穀熟成湯所宅，西伯詩詞徧於南汝，武王定鼎營於洛都，此皆具神聖獨懋之德，弘開物成務之功，躋躋隆昇平之治。而又得天者厚，稟氣者淳，歷年最多，在位最壽。此尤豫省獨見其盛者也。三代以下，遼哉，邈乎！洪我朝聖相承，泰麻屢協，我皇上丕紹鴻基，昊天有成，命固已久矣。所以皇上首出庶物，敬承天祖，斯乃庖犧之觀天文，啓苞符也。皇上軫念民依，詳籌衣食，斯乃神農之制耕稼，治布帛也。皇上文德雍容，武功赫濯，斯乃黃帝之立制度，征蚩尤也。皇上虔脩祀典，雨暘時若，斯乃帝嚳之候日月，儐鬼神也。皇上恩蟠兩大，澤普九垓，斯乃帝堯光被四表，格於上下也。皇上崇儒重道，澄敘富方，斯乃帝舜之建學養老，知人善任也。皇上宵衣旰食，恤刑慎獄，斯乃大禹之常惜寸陰，下車矜罪也。皇上朝乾夕惕，謹小慎微，斯乃成湯之昧爽丕顯，銘盤自警也。皇上聖度謙沖，睿算精密，斯乃文王之如傷未見，武王之不泄不忘也。是以龍飛御極以來，日月合璧，五星聯珠，黃河澄清，醴泉騰涌，慶雲屢見，甘露頻凝，鳳凰和鳴，麒麟降生，靈芝蓍草，瑞穀嘉禾，不能縷述，而今歲四寅尤為罕遇。蓋我皇上合庖犧、神農、黃帝、帝嚳、堯、舜、禹、湯、文、武之聖以為聖，所以亦合庖犧、神農、黃帝、帝嚳、堯、舜、禹、湯、文、武之瑞以為瑞，而又即合庖犧、神農、黃帝、帝嚳、堯、舜、禹、湯、文、武之壽以為壽，此理之固然，事之無可疑者，而皆於豫省之萬壽宮丕昭其驗矣。則夫獨盛於他省者，豈侈言哉。矧今萬壽宮之成，又成於元朔協瑞之歲，所謂天開於子，地闢於丑，人生於寅，更由庖犧溯而上焉。凡天皇氏之壽，地皇氏之壽，人皇氏之壽，皆享億齡萬載而有餘，綿綿遠遠，悉為我皇上備之。然則萬壽宮之有待而成也，亦其宜矣。宮之既成，試循繚牆而旁矚，倚文城以延眺，北拱神京，不越咫尺焉。其東則泰山寶策之府也，其西則華山蓮萃之峰也，其南則衡山太虛之洞也，瑞丕周遭神山環護，斯所以居天下之中，而獨為可貴也。抑士俊又聞之豫省者，樂也，汴者，忭也。自萬壽宮既建，將建大樂與天地同和，而不僅鐘鼓之韻，大禮與天地同節，而不僅拜跪之文。秀士朴農順帝之則，四時之序，益交風雨之澤，益會陰陽之氣，益和安享太平永永無極，仍倡率以為天下先，可矣。而又何遲之有？藩臬以下諸吏俱以為然。請壽諸石，遂恭記之。[1]

---

[1] 順治《河南通志》卷七十九《藝文志》載文終於此。

董其事者，候選知州管理河南塘務事周文德，著有勞績，例得備書。
雍正十二年。

（文見光緒《祥符縣志》卷九《建置志》。王興亞）

汴城開渠濬壕記

國朝王士俊

　　古聖人六府孔修，五行利用，皆以水得其所為切要之務。況省會重地，乃萬家煙火鱗接，四國輪蹄駢集者乎。我皇上子惠元元，興舉水利，稍累於民者必除。視史冊所載勤勞溝洫，經畫河渠，洵有加焉。士俊歷任中州，考開封府之水，昔以汴河為大，一名浚儀渠，則以穿祥符而名也。一名浪蕩渠，則以合蔡河而名也。由滎陽縣大周山，東經府城，又名惠民河，則以所濟者廣而名也。復東經陳、杞迤邐入淮，凡許鄭諸水，悉滙以為尾閭而洩之北。宋建都以此最重。稽《宋史·河渠志》及王偁《東都事畧》甚明，乃自元朝至元間，河決祥符之義唐灣，奪汴而行，上流湮塞。前明洪武以來，河屢南徙，汴、蔡故道夷為平陸。明季，流賊李自成決河淹汴，城壕沙壅，歷今九十餘年。日積日高，霖雨之後，城中衢道水潦四溢，於是，市可行舟，竈皆產蛙矣。

　　曩余宰祥符時，即惄焉憂之。今恭承寵命，總制河東，周圍而視，有汙而為淖者，坍而為窪者，會而為沼者，或沮洳湠散，道不可行；或泛濫渟滀，室不可居。富者輕去其鄉，貧者土處而病，若不速行入告，非所以仰體聖天子保赤洪慈恤黎至意也。遂繪圖繕折以請，敬奉詔曰可。

　　是役也，詎容須臾緩哉。於是，士俊敬涓吉日，鳩工集事，爰率藩臬、監司、守令諸員，拜手稽首，颺言而記其事曰：甚矣。民之生於盛世者為可樂，而臣之仕於聖朝者為可慶也。今夫古今之事勢至不同矣。彼此之情形又迥別矣。迂濶之士，攘臂而起曰：“今日非濬汴、蔡二河故道不可，此所謂刻舟求劍、膠柱鼓瑟而不自知其非也。夫今日之為患，患在水之窒耳。窒者，求所以通之而已。又患在水之溢耳。溢者，謀所以貯之而已。通其窒，貯其溢，則其患立除。豈如長江大河，必藉海為委輸。使必濬汴、蔡故道而達之於淮，則勢逾陳、杞而東，非由睢州以達於亳，則由永城以達於宿，凡五六百里之間，壞民廬舍，奪民桑田，毀民墳墓，歌頌之聲未作，愁歎之音先聞，所謂疏之狹小則逾時仍塞，鑿之寬大則目前擾害者此也。且宋以前，汴、蔡二河得以安流，容與而無患，良由黃河循武陟、汲縣而北入於海，雖熙寧十年，一支由南清河入淮，然特支河耳，且與開封無與也。今黃河奪汴而行，勢已南迤復墊巨川，介在河淮之間，過傷土脉，形家所忌，多醲坎窞坤軸不宜此。汴、蔡故道有所不可復問，而亦有所不必復問者也。今第於城之內，籌之所以通其窒者，其道安在利用。開渠西北有浮沙不便疏引，自西隅節孝祠東，至宋門，計長八百暨六丈。自北門至水門，計長六百三十丈。順地勢之高下，酌鍬土之淺深，使積水歸於巨渦，節次貫注，建橋一十三座，以便行人。居民各自疏溝，以防梗塞，所以策城內者如此。天子許之，而萬夫協力，城內之窒者通矣。於城之外籌之，所以貯其溢者，其道安在利用，濬壕統計四門之壕，共長三千四百六十三丈。是即明季歷今，日積日高者也。有壕之名，無壕之實，倘任其淤澱，則城內四達之水無所歸宿，無所歸宿則勢仍盈滿灌決。環城以內，不改汪洋包幕而民累益甚。惟間之使寬，掘之使深，為潚水之澱，藏水之櫃，謂之壕也可，謂之海也亦可。凡城內逄騰而來之水，從容收之，止於其所。水門啟閉各有宣節，所以策城外者如此。天子許之，而萬夫協力，城外之溢者貯矣。窒者既通，溢者既貯，傳所謂數疆潦規偃潚也，經所謂土反其宅水歸其壑也。其自城之東以運城之北，仍用汴河故道，其自城之西，以達城之東，仍用汴河合蔡河故道，有師古之實，無泥古之名，得酌古之利，鮮拂古之害，豈可迂潤之士言耶。由是市不行舟，浸者屢也；竈不產蛙，濕者燥也；遷者以還，奠奧窔也；憂者以喜，登衽席也。婦恬子熙，出作入息，甘泉涌凝，河流順軌，年穀時熟，日長炎炎，非聖天子之賜而誰之賜哉！且夫開渠浚壕之利，所謂上而天，下而地，中而人，物胥受其福者也。

　　文中子不云乎，上天為雨露，行地為江湖，氣相蒸潤。《漢書》亦云：十二月咸得其氣，則水得其性。今水之得其性而順其行如此，是十雨五風之休，春溫秋肅之協可知也。《管子》又云：水者地之血氣，筋脉之通流者。然則向也積潦，固地之筋脉泣瀋血氣關格矣。水病則地病，地病則民病。今也宣暢流通，是地之病悉祛，而土膏之潤，百昌之遂，又可知也。荀子又云：流水之不腐。以其逝，故也。向也積而不逝，則水腐矣。水腐則鬱氣凝滯，承其液者厲，稟其氣者蒙。今也疏而洩之，廓而清之，是太和在宇，人文蔚興可知也。《周禮》又云：川澤之中，其動物宜鱗，其植物宜膏。向也城內一望破屋頹垣，城外一望沙灰塵壟，遑言物產之利哉。今也城壕之內，淪漪秀澈，畜以魚鱉蝦蛤，蒔以荷花蒲茭，且於堤岸之上遍栽楊柳，濃蔭叢翠，是取之不盡，用之不竭可知也。舉天地人物無不胥受其福如此，而總由於睿鑒之精，宸斷之果則甚矣。民之生於盛世者為可樂，而臣之仕於聖朝者為可慶也。六府之奏績，五行之順序，莫有大於此矣。於是，藩臬諸員胥以為善，請書諸石，遂敬書之。

　　雍正十二年。

（文見乾隆《續河南通志》卷八十《藝文志》。王興亞）

重修祥符縣儒學碑記

張淑載

　　祥邑學宮屢遷而屢葺，由來遜矣。稽諸往牒，前明洪武間改雲老寺為之，後汩於水。其改建於今之東南隅者，始於國朝康熙六年，邑令聶公之相度也。噫！善矣。東南於卦位為巽，巽主文章甲科。蓋離屬南方，有文明之象。而形家以巽當之者，木能生火也。是以趙宋置都於此，其國學亦舊在東南隅。一時太學三舍人材最盛。矧我朝文治光昭，上躋唐、虞，而中州省會首邑，乃繡壤領袖，顧聽其傾圮而弗易歟！余於乾隆元年調任茲邑，目擊門垣堂構之荒殘也，學師之署委諸草莽也，心懍然不安。計其土木之值約白金三百五十兩有奇，即欲廨去俸錢，又苦不給。迨蒞任二載，庫有積貯可支，乃請於撫憲尹公、藩憲范公、臬憲隋公、道憲黃公、胡公、府憲張公，俱命如議襄事。遂於三年二月朔，集僚屬紳士庀材鳩工，趨事弗懈。至三月望後，工已落成。一時禮殿講堂、庫廚庖湢以及學師公署，無不易圮就整，觀瞻殊壯。余既率邑人瞻禮拜畢，而重有感也。因告邑人曰：「昔者，孟子遊梁，首闡仁義，而闢功利，實在斯地。」又祥符即古浚儀縣，晉《地道記》云：儀封人請見孔子，即此浚儀也。於戲，盛哉！孔子之金聲玉振，孟子之仁育義正，胥萃靈於此，遂開伊洛淵源。中原文獻，綿綿翼翼，薪傳勿替，學者循是而之焉。仁義正途而外，勿以功利龐雜其間，則木鐸之振聾啟瞶，寧越於此，異之所謂申命行事是也。斯則文物聲明之大，而趙宋太學人材又不足專美矣。若夫重葺告竣，此實上官之教，諸君子之力，余何功之有焉？邑人以為然，請壽諸貞珉。余遂敷言之如此。董其事者，爲儒學教諭李君琰、訓導翟君琨、縣尉施君澤溥、邑紳丁酉科舉人原任山東德平縣知縣袁君舜裔、丁巳科進士杜君震鐸、鄉飲大賓毛彧、儐賓呂際周、介賓袁式安、常懷仁、鄉耆王琰等。例得書。

乾隆二年三月。

（文見光緒《祥符縣志》卷十一《學校志》。王興亞）

重脩城隍廟記

張淑載

城隍廟祀散見諸史，而所紀原始先後不一，惟元學士王惲作《汴梁路城隍廟記》云：「秦功臣馮尚見夢于漢高帝曰『奉天帝命，領城隍事』。」則實始秦、漢之間為最早，而顧發于汴梁之祠記，豈汴梁神祠尤著明威赫奕，以為各方權輿歟。乾隆元年，余由商水橄調祥符。邑居省會，號難理。古稱為宰者曰：有民人焉有社稷焉，然則為宰，而不治民可乎？治民而不事神可乎？事神而弗崇廟貌、肅俎豆可乎？邑舊祠荒圮，余心悚然，謀重葺之舉。是年冬引見，允蒙聖恩，實授知祥符縣事。歸而思，飭紀綱，脩廢墜，神祠其最大者矣。今夫明則有官，幽則有神。其職雖分，其道則合。勸課農桑，官之責也，而雨暘時若則惟神。旌別淑慝，官之司也，而福善禍淫則惟神。人能逃于官，不能逃于神。官非神不舉，然而官弗愛民，神弗歆也。官弗敬神，神弗報也。祠，神之所棲也。宜葺而不葺，可乎哉？是役也，余倡捐月俸，闔邑官民亦踴躍樂輸，共積二百餘金。經始於乾隆二年六月初二日，落成於本年七月十二日。圮者以整，荒者以新。翼翼峩峩，頓易曩陋。都人士之瞻拜祈報者，庶幾心有所惕，而貌有所肅矣。且古今之時勢不同也。考王學士所記，似乎吾邑神祠最先最靈。然豈敢援秦、漢靈異之事，而強證於千百年後歟。夫神聰明正直而壹者也，斯則道之不變者也，爰誌其興廢年月，俾後世有所觀覽焉。時襄其事者，為管理河南塘務事候選通判周文渙、本縣儒學教諭加一級李琰、儒學訓導加一級翟琨、朱仙鎮巡檢司巡檢加一級王佐、監工官典史加一級紀錄二次施澤。例備書。

　　乾隆二年七月。

（文見光緒《祥符縣志》卷十二《祠祀志》。王興亞）

重脩八蜡廟碑記

巡撫尹會一

　　八蜡之祭，始於伊耆氏，其典制靡得而聞矣。《周禮》籥章迎寒暑則吹《豳風》，祈年則吹《豳雅》，祭蜡則吹《豳頌》。說者曰：《豳風》，《七月》也；《豳雅》，《楚茨》以下四篇是也；《豳頌》，《載芟》、《良耜》是也。歲云暮矣，答神功，擊土鼓，飲椒馨之酒，解拔角之牛，沐浴膏澤，歌詠勞苦，無非達萬物之情而厚其報。後之人頌其詩，覿其禮，豈惟見成周之美盛，由三代以遡陶唐休風，伊可懷也。丁巳夏，予奉命撫豫，時值久旱，陛辭之日，親承聖天子敬天恤民之訓，星言赴任益厪，虔共時雨嗣降，幸獲有年，萬寶告成，冀酬神貺。而會城八蜡之神無專祀，迺謀同官立廟宇於劉猛將軍祠左。落成且有日，將伐石以紀厥事。土人見殘碑臥地中，啟而視之，乃前明周令班爵《重修八蜡廟記》也。異哉！陳迹湮而忽彰，新廟述而不作，豈廟之興廢自有定數歟？抑人心一念之誠，神之昭格即如響歟？然吾聞四方年不順成，八蜡不通，是以古之帝王敬恭明神，休息老物，至于召和降康，則非一日之積。蓋八蜡之通，由于年之順成。年之順成，由于雨暘寒燠。雨暘寒燠，關于貌言視聽。貌言視聽皆管攝乎。思凡蒞茲土者，寅恭乎一心，整肅乎百體，政通人和，神罔恫怨，此顯微無間，天人一貫之至理也。休徵至而祀典克舉矣。余述是廟興廢之由，彙詩禮之條貫，闡《洪範》之微旨，體聖天子之訓諭，推之以廣迪在位，蓋黍稷雖馨，要之以敬爲本。凡我同官，其共勖哉！工始於乾隆三年二月，告成於四月。廟凡有三楹，有門、有廡。監工官祥符令張淑載也，例得備書。

　　乾隆三年四月。

（文見光緒《祥符縣志》卷十二《祠祀志》。王興亞）

重建烈女祠碑記

尹會一

　　六烈女姓氏事蹟，詳見前明李空同碑云。夫節烈之有關風教大矣。余建節中州，既祀伊洛道學四十四人於大梁書院，尋復增祀柘城竇靜菴先生。時山長為余同年友，太史魯君語及祥符六烈女祠，祠故在郭西，今圮矣。余因亟謀重建。或曰：善哉！六烈女之死也，雖然，可以死，可以無死。余曰：不然。衛共姜中道而聞世子死，猶未婚也，即自誓曰之死矢靡他。《春秋》書宋災，伯姬卒解之者，曰內女之賢者二。紀叔姬以節，宋伯姬以烈。然伯姬之葬，書字此則聖人輕重之權，而伯姬尤處其難也。嗚呼，是可以定六烈女之死矣！祥符北鄰衛，東接宋，六烈女與共姜伯姬相望，僅在百里間，詎非聖人採衛風、修魯史，至教長存者歟！抑李碑云，爾忠爾孝，敢告君子。則祠之重修，其於書院俎豆先儒，有相表裏者歟。遂書以際魯君，魯君則諾。爰度地於縣治節孝祠之背，以類從也。督役者祥符令張君淑載，陝西進士，例書。

乾隆三年。

（文見光緒《祥符縣志》卷十二《祠祀志》。王興亞）

重建烈女祠碑記

尹會一

余既踵李空同之後，而紀六烈女事矣。踰年，祥符張令復以烈女張雪姐事告，余益奇之。張雪姐者，未婚而殉夫者也。張令之言曰："歲之五月，某同陳留王令循行，察田畂，暮宿掃頭集，與王令聯床簀，某夢一女子，約年十七八，面黝而瘠，衣布衣，藍色，手執高粱秸，離披冉冉至前。某驚問，答曰：'余冬天人也。公正人，願洗余身。'某不審所謂。遂叱之曰：'此莫非瘋顛女子乎？'女然其言而去。"竊以告王令。王令曰："得毋如古洗冤女子事耶！"旋辨色啟行。至王盧集，見有烏頭綽楔，表曰："烈女張雪姐之坊。"某心動，思雪非冬日有乎？亟召里老詢之，則曰："烈女早喪父，事母孝，已字邑民田登路，未娶，以心疾夭。母復字楊氏。女泣不從，遂自經死。於雍正十三年旌其門。今其母亦亡，居尚在也。某因至其居，鍵戶無守舍者。麥而入，則滿屋皆高粱秸，離披堆積，中有木主，即為烈女矣。某乃大驚，立命除去糧秸，掃清塵堁，廓如也。令居人毋再污烈女藏主所。"遂行，以告王令。王令亦大駭。俄有鄉貢生張鐸來謁，某見之重問烈女事。貢生泫然曰："此余族女弟。父曰國璽，廩生。此女秉性勤淑，矢志從壹，死於雍正九年四月三十日，年十八，狀黝而瘠。"某問曰："得非長若干尺、衣藍色、疏布衣而死者耶？"貢生愕眙，曰："然。公何以知之？"時王令同聞斯語，益大駭。事屬節烈，著斯靈奇，敢敬以告。余因謂曰："甚矣。貞烈之氣，久而不滅也。烈女廩生長農家耳，乃能秉意捐軀，如雪斯潔，入令夢寐，廩廩有生氣，不亦奇邪！"抑亦令能以襮潛為志，而有幽異之感邪！乃復從令之請，入主烈女祠，並書其緣起，而系之以詞曰：烈女六，續而七，謂王烈婦，未踰年，又得一。屏高糧兮薦蘭菊，令為洗之光奕奕。迓遲兮靈之弔，雪兮雪兮冬之日。梁園一賦兮神所宅，後之君子視刻石。

乾隆三年。

（文見光緒《祥符縣志》卷十二《祠祀志》。王興亞）

重修遊梁書院碑記

尹會一

　　自周衰洎乎戰國，道喪文敝，七雄爭疆，異端蠭起。維孟子以亞聖之才，守先王之道，揭仁義以覺天下，倡自遊梁，炳如日月。此七篇所以託始開宗，而百世而下，大梁孟子書院之所由建也。按志自宋建祠，在城西南隅。明改稱遊梁書院，後圮於水。入我朝改建，凡再易地。康熙二十八年己巳，巡撫閻公興邦迺建今院，廟制綦嚴，門庭悉稱，咨取本貫嫡裔給剳奉祀。越五年甲戌，巡撫顧公汧復增齋舍，聚師徒而講學焉。是年秋，欽奉聖祖仁皇帝御書"昌明仁義"四字，牓於堂。仰天章之煥爛，緬至教之切深，祀事孔明，與天亡極，固其所矣。顧歲久滋玩，漸即傾頹。會一奉命撫豫，登堂肅拜，於心怵然。藉監司黃君叔璥，以道署密邇，捐俸修葺，既還舊觀，迺進黃君載鰲祀典祭，俾規制盡善，嘉與汴之多士，淬礪誦絃，搏風耀影，以襄皇治之盛。是則余拭目以俟者耳。

　　乾隆三年。

（文見光緒《祥符縣志》卷十一《學校志》。王興亞）

賜雅爾圖之嘉樂詩碑

清高宗

　　民天佑古重，家鄉爲祈年。豫省災傷後今年河南被水，西城□地處。□看臺尺樓，儼歷有秋田。稍餘吾民□，按酒一暢然。

　　按艮園居士的錄文應爲：

　　民天依古□，宵旰爲祈年。豫省災傷後今年河南被水，西城□望虔。喜看盈尺穗，儼歷有秋田。稍解吾民慍，按酒一暢然。

　　六月□□日，雅爾圖進穗盈尺，喜不自勝，爰作詩志慶，書以賜之。

　　乾隆五年。

（碑存開封市龍亭照壁前。王興亞）

賜雅爾圖回任詩碑

清高宗

　　鳴珂辭魏闕，迴轡指中州；借爾丹誠罄，俾予愷澤流。
　　農桑圖治本，保障爲民謀；敷政何居要，端惟不兢絿。

　　乾隆五年。

（碑存開封市龍亭照壁前。王興亞）

惠濟河碑記

國朝雅爾圖

豫之水患，自河奪汴始，蓋水之發源於豫者淮為大，歸淮之水汴為大，汴固挾眾流以入淮者也。汴治則梁、宋、陳、蔡、許、鄭之水皆有所洩。元至元間河決，奪汴故道，汴遂湮。即今浚儀渠、乾河涯皆其蹟，率成平陸。賈魯者，元臣也。魯濬汳，自中牟經祥符而東，滙洺河，歷陳州境，入江南潁上，以達於淮。汴得入淮賴此，人戴賈魯功，遂以名河。而河淺而窄，上水驟輒溢。乾隆四年，夏秋大雨兼旬，開、歸、陳、許六十餘州縣漫為巨浸，平地水深數尺，會城中積月不退。其橫流下奔，並及江南之潁、亳、長、淮、衛，漂民田廬甚多。前巡撫尹公具以狀聞。

皇上惻然軫念，發數十萬倉穀、帑金賑之。民無饑餒流移之患，既忘其災矣。復念致災之由，特降旨命巡撫尹會一、總河白鐘山、布政司朱定元勘濬乾河涯，用洩開封積水。全豫水利，使源委疏暢，毋致泛溢。又計入淮之水，道經江南，恐下流人情阻撓，命江南水利大臣共議之。蓋九重之上，千里之外，如在几席。形勢情偽，悉歸睿照。所以為豫省計者至矣。

於是，前巡撫尹公、河督白公遵旨悉心籌議，委熟晰水利之管河道胡君紹芬履勘原委，度地相川。議以開封城中積水，茍濬乾河涯可洩，而將使開歸陳數十州縣永免水患，莫若分賈魯河以廓其流，請於中牟西賈魯河北岸，別疏一河，導入祥符之淺兒河，接濬至高家樓，則乾河涯之水入焉。又東匯於沙河，即循古汴、蔡河入渦，故道湮者瀹之，淺者深之，又東過陳留、杞縣，經睢州之挑河，柘城之永利溝，淮甯、鹿邑之老黃河，抵安家溜，以入渦而歸淮，則賈魯河勢得減，而瀕河各州縣潦水有歸，均免旁溢，商船亦可直抵汴梁，是不惟祛水之患，而兼可收水之利。巡撫尹公上其議，制曰可。

方議舉行，尹公遷內，余奉命來撫是邦。於是，年冬十月沍止，目擊災傷之象，沮洳載道，諮詢屬員父老，知是舉為豫省要務，不可緩也。

五年春，先令為渠，導城中積水，從東南水門出。門小，則添一門以暢之，使歸於壕。壕東則濬乾河涯，穿護城堤，至高家樓，而城中之水頓洩。既而分疏賈魯河之議，江南有司果異論紛起，乃復移江南督撫，各委大員會勘，重以水利使者汪公、德公按圖履跡，僉曰："是誠有益於豫而無妨於江南也。"濬之便覆奏，得報。乃令管河道胡君指授程式於各縣令。各縣令按其境土，募夫開濬河廣十丈，深一丈為率。長六萬五千一百九十四丈，出土為堰，以備漲溢。堰各離岸十丈，以防土頹入河。堰為涵洞，以宣田間之水。建閘於中牟，分疏口門，視賈魯河盈縮為啟閉，復高其底二尺，使賈魯河常留二尺以下之水，以利舟楫，為橋三十六，以便行旅。凡土以方計者，一百二十六萬七千二百有奇。方直銀八分一釐，出土於水加一分有八，計動帑金一十一萬五千七百有奇。自乾隆六年正月二十日興工,至本年六月初四日工竣。吏不辭瘁,直無侵漁,丁夫踴躍。既成,開閘進水,暢流而下。仍議歲動帑金四千,於農隙疏瀹,以杜淤澱。瀕河州縣從此可永無水患。士庶歡呼籲謝聖上澤我豫民世世無疆之福。因請錫嘉名,有詔名"惠濟河"。嘉名既錫,偉積孔昭,不可無紀也。

夫惠民之大者莫如水利。因所利而利之,孔子所謂惠也。顧水利之難成則誠如睿慮所及。下流阻擾,往往績用弗成,不思水必有歸,下有所洩,即上有可受。今天下四瀆之水已盡歸江南入海,非以江南為壑,以海為壑也。水性東下,自高而趨,存乎地勢,故淮受百川,汳與渦其一二耳。自禹以來,未之有改。即汴失其道而橫流,亦必漫入江南。乾隆四年之淮、潁開可驗矣。有河以分之力緩,而軱順下流亦有利焉。況茲惠濟河之水,特分賈魯河之水,而非有他水乎。特疏古汴蔡河入渦之故道口,非創闢乎,無庸過慮也。茲河之成,幸遇江南督撫水和使□,一時鉅公咸矢公忠,仰體皇仁化畛域之見,惟利濟民生是務,協謀僉同,以成此惠濟之功,實豫民之大慶焉。

乾隆六年六月。

(文見乾隆《續河南通志》卷八十《藝文志》。王興亞)

重修二程祠記

朱繡

吹臺之南,舊有二程夫子祠,自宋、元以來,數遭兵燹,明末,復有洪水之患,滄桑遞變,祠之創始廢興,不可復詳。我朝康熙二十六年,監司張公思明新之,迄今歷五十餘歲。乾隆四年秋,大雨水,榱桷侈剝,丹堊澠漫,余適來守是邦。越明年春,行視農至祠下,慨然久之,思所以謀復其故,而滿目哀鴻,有志未逮。後三年秋,農事既登,乃捐俸飭材更新之。落成於乾隆七年十月之吉。躬率吏士,告虔於祠,以畢余志。嗚呼!明道、伊川兩夫子,接道統之真傳,詔述前聖,繼往開來,在天為日星,在地為河嶽,久已從祀聖廡,廟食滿天下。區區專祠,曷足為先賢重。雖然,里巷之中有一耆德碩彥之士人,且見之而敬之,憚之而愛慕之,於是乎恥不及之,而爭相傚法之。況兩程夫子接道統,傳來學,百世之下,莫不興起者乎!吾知過其祠者,賢者動景行之思,不肖者生愧悔之念,其有補於世道人心於焉不淺。前人建祠之意,其在是歟!嘗考宋《道學傳》張橫渠擁臯比,講學京師,聽從者翕然宗之。一日,二程至,與之論《易》,遂徹坐輟講,歎為莫及。舊有相傳講《易》遺址,即今建祠處。蓋賢者流風餘韻,往往地以人傳。彼杜少陵、李太白、高適,夫詩人耳,且為吹臺增色,豈先賢講易之處,而可泯乎哉!今建祠之由來,既不可考,故漫為之說,以俟後之博雅君子尊崇斯道者,考訂之而飾余之陋焉,式廓之以廣余之志焉。則余之眷眷屬望者不虛矣。是為記。

乾隆七年。

(文見光緒《祥符縣志》卷十一《學校志》。王興亞)

創修金龍四大王黃大王廟碑

上南河同知羅光臨撰。

蓋聞先王之制，祀典也，能禦災則祀之，能捍大患則祀之，故天神與地祇並歸宗伯之掌，而名山暨大川同載王制之篇。凡以利濟宏多，裨益永遠，宜乎廟享血食，報功德之無窮焉。余當己未秋蒞任河署，下車伊始，沿汛查隄，凛然以任大責蒞重爲懼，勞心焦思，不遺餘力，虔誠默禱，惟祈神助。越明年，秋汛泛濫，浩浩渾渾，莫知邊際。上匯西雍，下漫東兗，而豫土墳墟實扼其險，且鄭中交界更當其衝。瀉九曲之洪波，滔滔傾注；倚一線之保障，岌岌孤危。手胼足胝，不惜捧負之苦；櫛風沐雨，幸獲水土之平。因酌永逸一勞，用開新河二道。九堡隄外，刷渠溝以回瀾；來同寨邊，疏濁派以引溜。瘁編氓之膂力，糜寶藏之金錢。然而人有鑒水之明，多拮据而莫就，惟是神妙防川之力，隨呼吸而輒通。爰卜基於鄭中十七堡，創立祀堂，鳩工庀材，喜得良木，施丹加臒，俾造行宮。建畫棟於河干，作中流之砥柱；繪繡閣於壖上，撐活水之源頭。鳥革翬飛，旋迎降臨之賀；桃花瓠子，已歌清晏之祥。河渚蘆州，束起千尋浩瀚；柳隄花岸，全消一派汪洋。從此水漲三春，不必事竹笭之用；亦復雨逢六月，並無煩璧馬之投。按諸祭法，而先王祀典之制，所謂禦大災捍大患，孰有踰於此者哉。竊惟以妥以侑，馨俎豆於千秋；伏冀來格來臨，廣水賴於百代矣。茲值大工告成之日，肅將一片銘勒之心，壽諸貞珉，永垂不朽云。是爲記。

乾隆七年仲秋。

（文見陳善同、王榮摺《豫河續志》卷二十。王興亞）

重脩元帝廟碑記

劉青芝

《傳》曰："非所祀而祀者，謂之淫祀。"淫祀無福。非謂所祀者之不當祀也，祀之者非其人，即謂淫祀。亦非謂福之不可徼也，而徼非其人，則亦無福。漢谷永曰："明於天地之性者，不可惑以神怪，知萬物之情者，不可罔以非類。"是以無福之祀，聖人絕而不言。然愚氓之情，每不畏人而畏神。而聖王之道，在於勸善而戒惡。今語人以爲善，未必樂赴。即遠不善，亦不之避。而曰作善，神將降之百祥；作不善，神將降之百殃。則雖癡頑之夫，兇悍之子，莫不震懾畏懼，奔走駭汗，相率逃[1]禍以趨福，故寺廟之建置，一倡百應。鳩工庀材，不日坌集。咸曰："吾將爲善，而神實鑒焉。"如是而責以祀之非典也，固弗能禁

---

[1] 光緒《祥符縣志》印制裝訂卷十二《祠祀志》載文將彭始摶《牟公祠碑記》與劉青芝《重脩元帝廟碑記》二文合在一起，三十五頁與三十六頁相接，但內容不相銜接。此文前缺。

矣。乾隆九年，宗人某重修祥符縣曹家寨元帝廟落成。中殿祀元帝，側殿祀財神、土地，山門祀靈官。元壇介大梁。族孫滴遣使走三百里，乞余文，以紀其事。

按元帝黑帝也。水之神爲黑帝，配以人帝曰顓頊，立冬迎於北郊六里以祀，因水數也。其餘所祀者，不見於傳記，故弗深考。蓋元帝宜祀，載在《周禮》，而庶人非其職。羣祀於古無徵，而人人祀之則已瀆。宗人某之不惜金錢，勤劬誘衆而爲斯舉也，其自求福乎？抑將使蚩蚩之氓，春秋饗祀，睹廟貌之威嚴，瞻神靈之有赫，怵然動於心，而翻然易其行乎？推之朝夕之間，時有一神明之象，巍然臨乎其上而鑒於其旁，將見其趨善也，當如饑渴之於食飲。而其恐陷於不善也，又當如御朽索臨深谷。果爾則宗人某之意，其於古先聖王勸善戒惡之旨，不其有合矣乎！固應勒石紀事，以垂永久。晉何瑾論非典之祀曰："正名爲淫昏之鬼，靡費乃百姓之蠹。"正不必以此例之也，又奚暇計其越職而犯瀆也哉！至起脩歲月，助貲姓氏，載碑陰，不具述。

乾隆九年。

（文見光緒《祥符縣志》卷十二《祠祀志》。王興亞）

孝廉方正湖南酃縣知縣劉君朝佑墓表

劉青芝

世宗憲皇帝御極之元年，詔府州縣衛各舉孝廉方正以備任使。越明年，祥符諸生咸以吾宗庠生劉朝佑膺是舉最宜稱，合詞列其狀於縣庭，以次達於巡撫、都御史加覆察無異詞。都御史田文鏡疏其名於朝云："持躬謹飭，克敦孝友，制行端方，堪樹儀型。"天子曰俞。賜以六品頂帶，都御史給咨馳驛遞，至京召見，特授湖南酃縣知縣。

初蒞任，即諮民所患。苦地不堪播種，而輸賦如故者凡七千餘畝，惻然傷之，百計導其墾闢，三年地餘於賦且過半焉。酃故規，凡官衙食魚取給魚舟，食器取辦窰戶，而官長有事鄉村，歸即具儀以謝，名曰過山禮，悉革去。士人他有所愛而不理其故妻，投狀於縣欲出之。用肩輿舁其妻至公堂，見其舉動遲重無一怨夫語，偵其素以孝姑聞。乃請闔邑文武官長及兩姓列庠序者，以大義質責曰："古云七出，汝妻有幾？"其人愧慚，遂爲夫婦如初。每聽訟日，老稚咸來聚觀，吏役驅逐，傳諭曰："賞罰所以示勸懲，吾政欲衆共知耳，何以驅逐爲？"性亢直，爲政多執古法，凡邑有大利弊，往往面爭上官前不少屈，由是多忤上官意，未幾，遂罷歸矣。

朝佑，開封祥符人，公貺其字也。至性純篤，父病癱，母有沈疾，每朔望，齋沐哀籲減算以代。自父病，家政一聽叔父，奉事惟謹。羣從諸弟教之學，每冬月設一大牀，兄弟同寢處，雞鳴即覺之起，更深矣，猶諄諄指誨不少休。晝則聚食一庭，無私啖也。蓋自祖父以來，家庭雍睦，食指衆多至百餘，服屬緦麻矣，猶不異煙，故五葉會居，聲稱嘖嘖夷門。鄰有窮乏及喪禍，輒周其急，閻法母王氏、張九鵬妻皷氏皆喪夫，貧無以自存，資之，卒完貞。其他煮糜活餓人，成梁不病涉，又未易更僕數，人咸以惠人目之。平生甘淡薄，厭華飾，衣之新敝，食之惡美，未嘗口及。少即不好弄，長益謹飭，子弟輩間有嬉戲友朋家者，聞公覵來，輒避匿。自歸田後，罕入城市，布衣蔬食，邀遊阡陌間，手錄古書心所契賞者，貯於囊中，每登高皋，憩長林，興會至，輒出而洛誦之。

昔張說為宰相，見張九齡親重之，與通譜系，曰後出詞人之冠。余與公覵通譜系，蓋在四十年前矣。余少遊大梁，晤公覵，恂恂然，道其家世頗悉，余固知能守其孝謹家風者也。公覵因以叔父行事余，余後每有事大梁，必來省視，至輒作數日談，凡檢身、涉世、治家、蒞官，論說娓娓，皆有志於古，故於世多齟齬。而余與公覵相賞於數十年前者，於今乃益歎其不誣也矣。

今年秋，其子澋、沛、枏以訃來，且請表其墓，余何能已於言哉！遂括其生平歸之，使刻於其墓之阡。

（文見錢儀吉《碑傳集》卷一百。王興亞）

幸翰林院詩四首

幸翰林院賜次學士及翰林等宴，因便閱貢院，乃知雲路鵬程，誠不易易也。得詩四首。

翰苑瓊宴酌令辰，棘闈來閱鳳城闉。百年士氣須培養，寸晷簷風實苦辛。
自古曾聞觀國彥，從今不薄讀書人。白駒翩習傳周雅，佐我休明四海春。

盡道文章接上臺，菁莪樂育濟時才。千秋得失非虛也，咫尺雲泥亦幻哉。
若有淚眶啼桂落，那無笑口對花開。鳳池多少簪毫者，都向龍門燒尾來。

萬里扶搖正翩搏，飛龍利見豈為干。志聖賢志應須立，言孔孟言大是難。
見說經綸推國士，從來桃李屬春官。但令姓字朱衣點，那惜三條淚燭殘。

周遭圍棘院沉沉，景物當前總人吟。材擬圭璋方特達，文歸雅正薄艱深。
禹門魚變辭凡水，喬木鶯遷出故林。寄語至公堂裏客，莫教冰鑒負初心。
乾隆九年十月二十七日御筆。

（碑存開封市博物館。文見光緒《祥符縣誌》卷首《聖制》。王興亞）

登春臺八韻

京國探遺蹟，苔碑率隱埋。何期得古最，果足暢今來。

勝日停鑾蹕，凌晨陟吹臺。傳蹤思頡曠，作賦羨鄒枚。
風葉梧青落，霜花菊白堆。尋廊攬郊郭，俯楹極崔巍。
杜子真豪矣，梁王安在哉？無須命長笛，爲恐豫雲開。
是日薄陰，頗因望雨，故云。
乾隆庚午立冬日御題並書

（碑存開封市禹王臺碑亭。王興亞）

重修祖師殿碑記

段有源

　　大道宮，豫會之一名觀也。其神北極元帝，福善禍淫靈應昭彰，奔走數省。每歲正，四方齎香朝拜者輻輳雲集，至月既而未已焉。香火之盛，不亞武當。舊址在城西南隅。明洪武二十一年，初名祐聖觀。正德元年，勅改今額。明季圮於河。國朝順治九年，改建於永寧藩府，規模宏敞，殿宇壯麗。康熙五十八年，楊大中丞又為重修。乾隆十六年，聖駕臨幸，以其地改建臬署，遂移於茲。噫！一廟也，前後之變遷至再至三，而神之威靈如故，百姓之供俸頂禮亦如故，不以時為改易也。斯地名萬壽宮，自廟移於此，又呼為萬壽觀。地勢下窪，頻年雨潦為患。住持苗謙先誠心叩募，遠近響應。不數月間而事畢工竣，亦可以見豫省年穀順成，人心好善樂施，而醵金勸闕易易也。夫善不論大小，義闕踴躍鼓舞，使闕不墮，未始不可以觀後，況由此而精勤不懈，日新月異，增其式廓，將昔之所謂與相國寺、延慶觀峙立為三者，安知不復見於將來乎！

　　乾隆十六年。

（文見光緒《祥符縣志》卷十二《祠祀志》。王興亞）

大梁書院五賢祠記

國朝桑調元

　　儒者嘗言，一為文人便無足觀，亦薄其徒，侈才藻鶩，雕章琢句之為，其行義不足重也。若據其宏負，崢嶸激發，大有關於昭揭天常世運，治忽之故細，亦拈舉動容，深入人心之隱，如古詩三千篇，聖人刪之為經，敢少之乎哉。五賢祠聯中州風雅之脈，俎豆之於吹臺禹廟之傍，始唐高、李、杜三公慷慨登臨，後人慕之而作三賢祠。空同、大復兩公壇坫，有明弘正間，聲實彰耀於中土，遂增署五賢，久之湮圮。

　　乾隆十有九年，司臬沈君慨舊跡之淪，過大梁書院，謀所以復之。院東故有書屋，規度軒偉，予謂祀五賢也宜。君即捐俸修堂，皇制龕幃，顏簷額，擇日率寮吏諸生潔奉牲醴，安栗主於堂，墜典以舉。時空同八世孫辛燿拜謝於階下，喜大雅之景光久而彌炎，後裔誦先人之清芬有餘榮焉。其興起斯文之功甚鉅。夫知人論世本真，乃出唐天寶之亂，杜公、高公走間道，一謁帝於彭原郡，一及於河池，亮節如日。明中葉，權璫盜枋，李公奮筆代草疏，何公封事偘偘生風，俱身名挺持，獨青蓮公傳聞異辭，《新唐書》稱公於祿山反，轉側宿松匡廬間，璘起兵逃還彭澤。至宋人次第公史誤前哲，亦早有辨其非者。予特以杜詩證之，而知公之志行不可誣也。杜詩於王維則表其緣王而病瘐信之收心跡可原於鄭虔，則啁嚴譴之傷心，悼台州之得罪，初不以忘形。爾汝之交，曲為解也。獨於公比諸還漢之蘇武，不事秦之黃公宿松匡廬間，何殊持漢節茹商芝乎。復大書楚宴辭醴與逃還彭澤之特筆，合顧此義，誰陳當時之法，已用所為冤痛於梁獄上書之辰也。杜之詩不誠為信史矣乎。然則《唐書》、杜詩烺烺可據，正不必援子儀再造唐室，指其救免之功，為足掩其罪也。嚼君名廷芳，字椒園，仁和人。中詞科，由編修累階今官。然五賢垂輝千古，其著述之根源光明如是。茲其難能可貴也歟。嗚呼，來者多賢，可以興矣。

乾隆十九年。

（文見乾隆《續河南通志》卷八十《藝文志》。王興亞）

重修文昌閣碑記

古汴舊有文昌祠，居明藩後山之隈，國朝掄才地也。上列星垣，俯瞰棘闈。凡勵志青雲者，瞻拜於斯。越康熙三十年，建皇亭其上，廟遂東移，即今文昌閣是。攷厥制，大門二楹，中廳三楹，正殿則巍然屹立遐邇，咸矚煥發，人文後先相望。時大中丞閆因之，命官鳩庀，勒銘紀事。頻年雨水浸霪，門廡垣壁，淤滓過半。斷碑殘碣，亦偃仆於烟荒草蔓，所存正殿將榱崩而棟折。嗚呼！廟所在，神是依。帝君以文章□命玉軸權衡，胡竟不蔽風雨至斯耶！幸同譜庠生昆仲偕賀黨諸君子，倡義捐修，各紳士商民，傾囊相助。余暫解組歸里，會際興工，念先大父文簡公揀焚字紙，董事茲地，成勞是嗣，義無可辭。然必賴衆力共勷，何敢云繼序其皇。茲屆工竣，問記於余。余不揣固陋，略紀始末，以貞諸石。庶後之君子，知名教人所爭崇，其亦有所觀覽而興起乎！

原任雲南糧儲道張薰撰。

乾隆二十年歲次乙亥季秋之吉。

（拓片藏河南省文史研究館。王興亞）

重修三光廟碑記

布政使都事陸王在

自古福田真宇，疊有廢興。其自興而廢也，人為之而實神主之。其自廢而復興也，神主之而亦人有以成之。如省城之東北隅三光行宮者，創自我朝康熙年間。其正殿棟宇嚴整，供奉三光神像，後院爲三清殿，三楹聯貫。雖未媲於敻邃上宮，而靈所式憑，亦宛然小玉虛也！繼值李大中丞國亮開府天中，其太夫人篤信元根，敬崇靜果，從越禮天竺回，更葺是廟而新之。自是崇奉益衆，而香煙日加盛。乃未幾，而三光殿值祝融一燼，蕩焉無存。三清殿亦隨圮毀。不二三十年，而漸致苔埋蘚渤，將成榛莽之區。此自興而廢，亦猶天道之有盈虛也。近幾年來，郡之紳士耆老，咸來屬目，眷遺址而思復之。遂矢倡緣之願，冀還瓊室之觀，仗呵護之金仙，萃捐施之善信，如裘集腋，遂爾庀材鳩工，率作興事。經始於乾隆十八年，重脩三光殿竣，嗣復集衆力，再葺三清殿，於二十五年三月前後俱落成。軒楹殿宇，巍奐依然。此自廢復興，亦猶人事之有消長也。繼今以後，願俱無忘成業，羣力護持，則歷久常新，是廟未嘗不可與甘露、吹臺並峙梁園於不朽也。李君龍文勒其端委於貞珉。因是廟之復備，而有感於廢興之理也，遂援筆而爲之。

乾隆二十六年。

（文見光緒《祥符縣志》卷十二《祠祀志》。王興亞）

重修孟子遊梁祠記

國朝阿思哈

天生聖賢，以明道而覺世。其教澤之入人心者，非可以跡求也，而跡之所在，後之人亦往往低徊而不能置。今儀有請見亭，陳有絃歌臺，於衛、於蔡、於洛，則有擊磬、問津、問禮之處，皆孔子之轍環見於豫土者。若孟子之遊梁，則七篇中首書之者也。凡居其地，過其都者，莫不遐想焉。此遊梁祠之建所由來也。

攷舊制，祠肇於宋，閱元、明屢有遷易。我朝定鼎之初，附祀於學宮。康熙二十八年，中丞閻公始改蔔於茲地。三十三年，恭奉聖祖仁皇帝御書"昌明仁義"扁額懸於正殿，天章煥然，與御制廟碑同垂訓於萬世。乾隆三年，中丞尹公復修之。閱時既入，漸就傾圮。余恭膺簡命，來撫中州，時開封郡守劉君以重修爲請。余惟孟子之遊自梁始，而其言仁義也，亦爲開宗第一義。當戰國時，所尚者皆富國強兵之術，言利之害極矣。孟子獨以仁義之不遺其親，不後其君者，陳於梁王之庭，蓋欲行孔子之道，必以堯、舜之道望之時君也。其後所言者，不過三四事，而同民之樂、制民之產，省刑薄斂，以規富教之成王道之始終，於茲備焉。梁王雖不能用，然自孟子一遊梁而仁義之旨昭昭然在人心矣。昔昌黎韓氏論道統之傳，斷自孟子，且推其功以爲不在禹下。今試由禹跡之在豫州者，旁及八州，以觀滄海，未嘗不歎明德之遠也。孟子生衰周之世，懼仁義之充塞也，故承三聖之後，息邪說以正人心，非特楊、墨之邪說誣民者辭而闢之而已。其斥桓、文、管、晏為其依乎仁而盜利也。其與告子辨性，所以明人性之皆善，不得外義以病仁也。洪水平而昏墊之患始除，人心正而生民之命始立。其功同也。韓子不洵為知言哉。方今聖天子在上，以仁育萬物，以義正萬民，海宇昇平，無一物不得其所，庠序之教，遍於直省郡縣，視唐、虞、三代時為尤盛矣。茲祠之亟宜修復，固守土者之職也。爰命劉君鳩工庀材，一新堂廡。閱月而功告竣。舊有奉祀生仍令處於西偏，以司課獻。登斯堂者，切私淑之志，矢願學之誠，知仁義為人心人路，則居之由之者不可不以賢哲自期也；知仁義由於愛親敬長，則擴而充之者不可不以忠孝為本也。鄒魯之遺風，近在是矣。豈徒以遊蹤所歷瞻廟貌之巍峨也哉。

劉君名標，歙縣人。蓋能以道守官，以政教為已事者。是役也，專有賴焉。是為記。

乾隆二十八年。

（文見乾隆《續河南通志》卷八十《藝文志》。王興亞）

陳浩祇園小築詩序

乾隆三十一年夏四月上諭：河南撫臣之請命以帑金萬兩重修古相國寺，落成之日，復頒御書區額、御製碑文，上為聖慈祝釐，下為豫民祈祜，而訓勵臣工之至意，尤加切焉。四方來觀者，日數千人。咸仰聖天子仁孝誠敬，久道化成，登春臺而躋壽域，歌舞徧於康衢矣！寺西有別院，曰祇園小築，蓋以廟工之餘力成之者。其中亭池樹石之勝，為前此所未有。而灑掃蠲潔，門戶常扃，亦非往來游跡之所得至。祥符令沈君蔭園，時董其役，以所記園中景物屬。爲賦詩記之。

乾隆三十一年夏四月。

（文見光緒《祥符縣志》卷首《聖製志》。王興亞）

御製重修相國寺碑記碑

清高宗

伊古興作必書，非修廢舉墜者弗善。然徒惜其廢與墜焉，而曰：修之舉之，其事無裨乎政理，其功莫致乎官師。雖極之通都大邑，靈山福岫勝跡，閱悔重光，而制不可以幾於備。即製備而傳之，不可以要於久。開封相國寺者，沿北齊建國寺故阯，洎唐始易今名。宋元代加庀飾，寵堲爲招提最。及明季以河水灌城，奄就頹迤，罕還舊觀。歲庚午，朕恭奉安輿，巡幸河南。咨牧采風，彞章咸秩，有如營嵩陽，繕太室，展精禋也。自姬文洹蕩，衛武淇源，以迄稽隴、孫臺、邵窩、嶽祠，葺治勿遺，昭封式也。旁攬都亭、繁臺、兔園、艮嶽墟甃猶存。時亦流詠行編，兼示法戒也。至僧祇初地，則香山、少林，爰逮大生、會善、寶光、白雲諸寺，壞直經塗，所司汛掃潔蠲，用供頓憩，而茲寺獨以久芇不除。未遑即事，稽典宜若有待。越丙戌，撫臣阿思哈以中州士氓所和會，古剎志乘所表彰，環籲斤新，合從興望，又言：臣撫若司統轄道府以下官，分隷遼闊。其以時抱牒決事大府，或捧檄察計、會讞至省者，既不應聽其越在旅肆，而寺中故多別院，館斯餼斯，公私交以爲便，鳩工其曷可濡。乃俞其請支公帑之羨萬金，其下畚桐子來，匪紆匪棘。以是年四月經始，訖戊子十月落成。而後通門廣阼，穹宮曼廡，名藍規度咸具。所以上爲聖慈祝，下爲豫民祈祐，皆於是乎在。且核之繪圖，四阿繚垣，界道淨宇，蕢區罫畫，標置寓舍。若者開、歸之屬，若者彰、衛、懷之屬，若者南、汝、陳、許之屬，於以聯官師，佐政理，集思廣益，和衷協恭，懋襄郅治，臻乎大當。一舉而賅衆善，則尤其可書者，而豈特豔炙？夫國使行香，緇林贊唄，遠徵洛陽伽藍之記，東京夢華之錄而已哉！記成並題殿額以賜。惟寺名爲歷代所仍，不復改署云。

乾隆三十三年歲在戊子孟冬月御筆。

（拓片藏開封市博物館。王興亞）

相國寺寶瓶碑[1]

碑一

汴城相國寺，創自隋唐，盛于北宋，向有藏經閣，設寶珠一座爲頂，由宋迄明，代多滲壞，嗣經周藩修葺。至明季河決，而復淹沒土中。本朝康熙十年，當事諸檀越，捐貲修建，重飾寶珠，腹內供奉佛門法寶一十七宗。閱今百年，殿宇復皆傾圮。幸我皇上重熙累洽，寰宇承平，於庚午孟冬月，巡視中州，知古刹就傾，即有鼎新之願。越歲丙戌，大中丞阿公請帑重修，復偕藩臬道府州縣，同心興復。閱兩歲而告成。於是，規模宏整，檐角輝煌。撤閣上寶珠，另鑄寶瓶於羅漢殿中脊，榮光高峙，可與佛日常明矣。爰將珠內所存法寶，仍供奉寶瓶中，並係以經始落成之歲月云。

釋實有撰文並書。

碑二

總理監督巡撫部院提督軍門節制滿營官兵兼理河道阿思哈，布政使司布政使調任甘肅布政使佛德按察使司按察使今升布政使何焻，按察使司按察使楊景素，分守糧儲驛鹽道溫必聯，分巡開歸陳許河務兵備道孫廷槐，開封府知府護理糧儲驛鹽道周于智，署開封府事汝寧府知府常喜，開封府理事同知富德，開封府清軍同知朱家濂，開封府糧捕通判陳漢章，承辦料物綜理工務祥符縣知縣沈之燮，禹州知州今直隸汝州莊鈞，武陟縣知縣張德履，儀封縣知縣王績，督催工務試用知縣沈望，試用知縣戴如煌，試用知縣李保極，試用知縣彭良弼，祥符縣縣丞高鉅，祥符縣典史陳大經。

碑三

管理工務任恒棠安徽懷寧縣人，沈愉祖江蘇長洲縣人，龔國用江蘇武進縣人，高岐江

---

[1] 該碑刻石三方，分別爲碑一、碑二、碑三。

蘇吳縣人，范炯江蘇長洲縣人，石水潮江蘇元和縣人，張錦璧山東滋陽縣人。

  工房劉維新、范君敬、周天相、張壽長，俱祥符人。

  料理頭王印、朱國興、李振海，俱祥符人。

  木匠頭蔡裕章，江蘇人；賈福，祥符人。

  泥匠頭楊升，祥符人。

  石匠頭焦治鳳，山西人。

  漆匠頭王祖良，江蘇人。

  鐵匠頭陳洪謀，江蘇人。

  塑匠頭呂士奇，江蘇人。

  鑄匠頭單文明，直隸人。

  夫頭李尚珍，祥符人。

  乾隆三十三年。

（碑存開封市相國寺八角殿。王興亞）

重修相國寺並建行館小記碑[1]

  河南相國寺創自北齊，初名建國，唐睿宗始易今名。歷宋、金、元、明，代有修葺。洎成化間，又改名宗[崇]法，後爲河水淤沒。國初，中丞賈公重修，仍稱相國寺。溯自建設以來，迄今千二百餘年，天下寺院之古於以此爲最。余於乾隆癸未來撫是邦，距賈公甫逾百載，而寺已坍塌殆盡，僅存大殿。藏經樓亦頹敗不整，佛像傾欹。僧衆止棲息於放生堂數椽，餘成荒圃，半爲水窪，過者低徊，久之未忍去。竊惟封疆大吏，承天子命，責重旬宣，如何休養生息，如何飭紀振綱於以宣布皇仁，勤求民瘼，事非一端，枚不勝數。若夫祇園蘭若，非壇社城隍比，不在爲政之列，守土者所弗暇及也。初，豫之士民以修相國寺請，余固拒不之許。既三年，時和歲豐，政事粗理，小民漸知安業，而寺僧乃在外稍稍募捐。或有以兹寺隙地甚廣，宜建各郡行館，以資憩息爲言。蓋兩河遼闊，自監司、刺史以下，牧令百有餘員，分隸其地，皆當糾繩識別，量才而用之，故捧檄至省者往來不絕也。省中旅店湫隘，既困於館人之居奇，復龐雜於市肆中。行館之設，未嘗無益。况使寺基不終廢棄，而工費又計歲分輸，事尤易舉，遂韙其說。或又以周遭各設公廨，則居中殿宇，曷可不新？且募項已有成數，余既嘉行館之有裨於政體，是修寺之舉，宜未可恝置，因以入告。仰荷聖恩，給帑萬金，以勗其成。於是，通省官紳士庶踴躍樂輸，子來恐後，寺工遂有成局。經始於丙戌四月，訖工於戊子十月。寺以内爲山門，爲鐘鼓樓，爲接引殿，爲大殿，爲羅漢殿，最後爲藏經樓，以觀音、地藏二閣副之。西院各配殿以及戒壇方丈，

---

[1] 光緒《祥符縣志》卷十三標題作"重修碑記"。

衷焉大備，洵中土選佛勝場矣。各郡行館同時告竣。星羅碁布，次第秩然。官之來會城者，各寧闕宇。奏成之日，蒙欽賜碑文扁額，鎮法界而昭治理，非千古盛典歟。於戲，事之廢興雖有定數，而緣起之故亦非無因。相國寺本無裨於地方，苟非行館之設，足以衡人才，考庶績，通達民隱，策勵官方，以成寅恭之美，安能佛日重輝，以永休光於勿替哉！

是役也，汝州牧莊鈞、儀封令王績、武陟令張德履分任之，而經營謀度始終蕆厥事者，則祥符令沈之燮之力為多，例得並書。是為記。

河南巡撫陞任雲貴總督長白阿思哈撰並書。

乾隆三十有四年歲在乙丑季之月望後二日。

（碑存開封市相國寺藏經樓前西牆上。王興亞）

具甘結碑

具甘結人李法聖等，為甘結勒碑以杜後患事。緣聖等俱係連班老寺，學不正之言，違悖連班老寺，寺以旁擅建新寺，行獨班寺，經官令拆毀，聖等悔悟，俱改前非，遂託老寺□□王洪立、穆文□□進朝金國興罰，仍歸老寺，如有口是心非，不遵會規者，許老寺之人結具稟，以憑究逐，甘結是實。勒碑為據，行規矩條自開列於後。

一得拜行連班禮。特連自上□[1]

乾隆四十七年。

（碑存開封市東大寺中。王興亞）

李仲謀墓石誌

武億

故友李君坊，字仲言，後易字仲謀，籍祥符人。入開封府學，為廩膳生。乾隆乙巳夏四月二十五日，以疾卒，年三十有九。予未及走赴。踰歲，過其家，當君之忌日，與君知交孫偉卿、張西園會，哭若初喪之者。

君方十五六歲時，伉俠慕交遊，與兄敬堂知名于世。敬堂行修潔，動必以禮法。而君落落喜事，數與人接，喤然大言，竊比古儻儻非常之節，自為矜詡，由是人多嘆其奇。然性尤簡易，奴視其儕伍，不一置意，居嘗佯佯不適，欲求四方得友有風烈者，一當其人。或以某告，君趨見而返，恚曰："向殊妄聞此曹，徒一行屍耳，乃勞某過從邪。"他日，君在京邸，鄉人官廣平者慕君，邀君主其幕。不合意，棄去。間從李西村官所，前後幾五年。自西村初署縣事，及得補實，君恒不避嫌怨，為之左右。其童奴僕御胥吏外內聽役，日有

---

[1] 該碑下部殘缺。

常約，違輒痛繩之。或有驕頑，君手撲其人，一署飮暗，莫不屏攝。後西村以憂去。君于交代，委悉强力，綜練條分簽疏事，覈其實，以故與後事者忤，至詬厲不少顧。藉俾西村，幸無累。然後，自謀歸。策蹇走三千餘里，轉貸以抵里門，至是亦倦于游矣。

癸卯冬十月，聞兄在京師疾，亟即馳赴，旬餘，兄奄逝。君既謀歸兄之柩，奉母及弱小南返。迨營葬畢，而君已感疾，形寖削瀰，不酬應人，獨喜與余言，夜分嗽液狼藉，喉間咯咯，漸如嘶，猶不返內室。予强之去，戒明輒來。予坐隅馳辯如故。數日，予告歸。君以所蓄善馬，命僕謹護送。予謝馬，君笑曰："猶慕苟曲邪。"吾謂此馬幸負老統生不虛作馬矣。勉乘之，何如老統者？予舊字所知，呼之脫口，多如是也。予別後，歷長沙，越歲歸。聞君病，遣人走視之。君答書，字跡詰曲，不可復次。獨其略云：某幸依君言，今遂獲殁于牖下，終死不敢忘。予心慘其語，歎仲謀竟不起邪。未幾，果卒。初，君在京師，謝弔者，嘗遇一顯人，自具小柬書名，投其門，竟去不顧。人多以是非君。君曰："吾狃野習，安識所謂士大夫禮？且如公等指，即謹易手本亦與今外司道府謁尚書同儀，獨非僭邪。禮不下庶人，吾諸生何殊于庶人？幸勿復言。聞者羣服其辨。而不知君固負氣，以詭詞解也。

君曾祖澐根，江西瑞州府知府。祖松乾，候選直隸州州同。父煇，獲嘉縣縣丞。自君之兄貴，並贈君祖、父、朝議大夫、刑部江西司主事，加三級。君元配周孺人，繼王孺人，皆先卒。子大鏴嗣。君從兄增，周孺人出。次狗兒，君遺腹生，今王孺人出也。女二，均未字。人以某年月日葬君谷家莊先塋之次。祔獲嘉君墓之右。

嗚呼！予交君淺也，然得識其與予所自知者，亦足以見君已。

乾隆乙巳夏四月。

（文見武億《授堂文鈔》卷七。王興亞）

畢沅施給相國寺齋地記

乾隆五十一年歲次丙午冬十二月穀旦，蒙巡撫部院畢大人施齋，相國寺智海，禪院僧價買菜園地壹段，貳拾畝零陸分。坐落南關外藥樹庵西偏。東寬伍拾步，西寬肆拾陸步，中長壹伯零叄步，□有園房壹座，磚井壹圓，土木相連。東至賣主，西至路，南至賣主，北至王姓。恐後人□□，立石為據。

住持實有□門院大衆虔立。

（文見光緒《祥符縣志》卷十二《祠祀志》。王興亞）

東永安觀重建銅瓦大王廟碑

河東河總督李奉翰撰文。

孔繼涑書丹。

嘗讀《周頌·臀》之章曰："允猶翕河。"朱子謂河善泛溢，今得其性，故翕而不爲暴。

蓋王者懷柔百神，精誠孚格，川澤昭靈，胥是道也。我皇上敬神恤民，朝乾夕惕，固已底績安瀾矣。瀚於己酉暮春，奉命重涖河東，即赴中州，遍閱兩岸工程。惟蘭陽銅瓦廂爲頂衝迎溜之區，河勢最爲險要，尤宜預爲防護。閏五月，移駐其地，晝夜巡守，至二十五六日，河水陡長七尺餘寸，大溜溢湧，堤工岌岌如堵牆。因思昔在豫工，瀚與大學士誠謀英勇公阿公、前撫軍何公議增格堤。洎蒙諭旨允准，建築此堤，至今完固。惟內塘較外河高下懸殊，亟宜酌放水餞，方資抵禦，爰相度形勢，令於背溜處所啟溝引水。六月三日，水塘甫經平滿，而大河之水於初四日復長至一丈二尺七寸。兼之雷雨交作，浪若排山，竟潰大堤而入。幸內塘水已灌滿，以水抵水，不致有建瓴衝擊之勢。迨漲水消退，不數日，澄淤一丈有奇，化險爲平。維時撫軍梁公臨工督護，分飭沿河州邑購運秸料，畚鍤雲集。而方伯監司丞令協力襄事，罔或後時。事既定，瀚與撫軍進工員而告之曰：是役也，不啟水餞無以禦全河之大溜。水餞不速成，無以當驟漲之狂瀾。安危之機，實在於此。豈吾等與二三子所能幸致乎？斯皆仰承聖主指授機宜，防於事先，得邀神明默佑，閭井安恬，其可不上體宸衷，竭誠以昭事耶！先是奉上諭特頒內府辦香虔祭河神，及瀚等以銅工安固，飛章入奏，上欣慰覽之，愈言聖心感召之捷，如影赴形，如鼓應響也。舊廟前瀕大河，今改建格堤之西，以妥神而昭報，銅瓦廂廟成，厥土燥剛，厥材孔良，春秋禋祀，靈口聿彰，傳稱能捍大災，禦大患者其神之謂歟！明春翠華幸岱東，數天衷對，瀚將進禽河之頌，以揚神庥云。謹記。

清乾隆五十四年。

（碑存開陳北汛十五堡堤上。王興亞）

增修龍亭碑記

　　古者建邦設都，必審形勢。而神道設教，亦所以奠安斯民。維上章涒灘之歲，恭逢我皇上親政之次年，特詔各直省將存閑款修葺神祠，用昭妥侑。凡列入祀典，可以爲民祈福者，即著於閑款內動用修葺。天語皇皇，甚盛典也。是歲，予適自陝右恭膺簡命，重涖中州。職任旬宣。凡神廟之傾圮者，均一一遵旨檄飭各屬，次第修理。而龍亭實省會之望，尤不可以緩焉。形家者之言曰："中州爲天下之腹心，而祥邑爲全省之閫奧。曠四達，以水爲龍，自亥方入首，六龍聚會，必高阜爲主宰，以挈領振綱。左鐵塔而右鼓樓，龍亭適居中，而近坎應元武之位，控制左右，領袖八方。亭高三丈六尺，石堦七十二級，上應天象。磐石在西，鐵鼎在東。石橋南跨，以通呼吸之氣；鐵牛北鎮，以司水土之權。

　　昔人創造，井井有法。大抵豫省負河爲固，河慶安瀾，則民生永賴矣。斯言也，予始聞而疑之，繼按邑乘稱，斯亭係勝國時周藩露臺遺址，經河決不毀。國朝定鼎後，黃流順軌，撫茲土者，面斯臺之勢，創築城邑。迄今百六十年間，舟車輻輳，户口日增，永無河患。則形家者言，不爲無據。臺端初建，萬壽宮左右有齋房，爲正旦朝賀之所。嗣乃改爲廟宇，金碧煥煥，遙矚巍然，俗所謂龍亭者是也。歲久傾圮，無以肅觀瞻而隆祈報。爰庀材鳩工，仆者起之，壞者易之，漫漶者黝堊之，俱仍其舊，而不改作。亭內正中立石，圖《五嶽真形》，上懸太極，以應中天房心二宿。石堦中節附築臺基一丈六寸，創殿三楹，祀元帝像。像後懸畫坎卦，以導昆侖之源，則塔形家言而新建者也。落成之日，甘雨應時，俎豆迭陳，士民欣躍。庶幾哉金堤鞏萬年之固，德水安千里之瀾。神人協和，年穀順成，以仰副我聖天子妥侑神靈，爲民祈福之至意。爰書於石，以告後之官於此者，有所考鏡焉。是爲記。

賜進士出身欽命河南布政使司布政使前翰林院庶吉士三韓馬慧裕撰並書□□。

嘉慶五年歲次庚申孟秋之吉。

（文見光緒《祥符縣志》卷十二《祠祀志》。王興亞）

吹臺宴別詩碑

辛酉仲秋，將歸金陵，承諸同好，招登禹王臺，極飲饌笙歌之盛，即席賦謝，兼誌別懷。

七年五次記登臺，未到重陽有舉杯。十里郊行秋色里，白楊颯颯帶聲來_{往予工詩社諸君有九日五登吹臺。}

磊落襟懷繼大儒，_{君太梧刻先生令詞}。也因惜別共招呼。持螯在乎何多讓，君是人中偉丈夫。_{童明帆將歸府稱紹興}

勝友東南集似雲，相州風雅張□□吾軍。政寬政猛誰能識，之後還思借寇君_{孫明府□□時將返□□}。

肴羹精美盛庖廚，曼倩詼諧信不誣。坐客正疑何處去，雨中青蓋望模糊_{王明府鏡湖後至時雨}。

驅車結隊挈壺觴。師曠亭空雨更涼。忽聽一聲長笛破，臨風唱起不隄防_{高都吏念齋唱彈詞}。

紅樓籌小伴花藏_{坐中以紅樓夢酒籌同爲藏花之戲}。雜坐紛拏不厭狂。拇戰幾人齊斂手，風流度曲羨周郎_{王刺史友鈞長於音律}。

作吏中原屈宋士，翩翩馳馬快登臺。歌喉酒令都稱妙，曾赴瓊林宴里來_{椿明府繩山}。

長才揮霍孰堪儔_{謂令兄衡齋觀察}。伯仲今皆第一流。他日都門仍捧檄，多因有蟹到中州_{張明府問齋}。

梁園聲價比金臺，懷抱相逢特許開。兩起沈郎幬中酒，不嫌人向索書來_{袁參村工書時軍堂病新愈}

雅量豪情迥不同，談深常共夜燈紅。論才不獨師前輩，渾厚尤欽長者風<small>繆參軍幕最，象山遊久。</small>

高標如玉出塵姿，不減雞羣鶴立時。往日鄒枚曾作賦，君今應有勝遊詩<small>何參軍橘友。</small>

汪汪雅度讓誰先，坐上惟君最少年。厚重由來多載福，允宜公綽守金錢<small>邢筦庫斅堂。</small>

不辭爛醉爲多情，怕聽驪歌細雨聲。今日登臨同一別，夷門歸去老侯生<small>予引疾將歸連州諸方餞飲□醉。</small>

漁洋曾賦冶春詞，歲暮懷人數十詩。我欲繪成圖一幅，秋來常憶吹臺時。

上元朱溶題。

北平張琛書。

嘉慶六年九月。

（碑存開封市禹王臺東走廊牆壁上。王興亞）

包歐二賢祠碑記

劉書元

府廨東舊有糧廳署，經前撫憲馬朗山先生奏明，將開糧通判改爲中河通判，建署於工次，而斯署廢。歷年既久，日就傾頹。嘉慶十一二年間，張公諱裕慶守茲土，就其基而修建之，以爲公餘憩息之所。未及竣，張陞任去，工亦遂停。余庚午秋，調任於此。奉文催解估變糧廳舊存地基、磚瓦、木料各價例限，將逾解交清欵。因思張公修葺廢廨頗費經營，而余又爲批解估變各價，若不落而成之，殊爲可惜。於是，鳩工庀材，前後庭院俱加葺補，普施髹漆，煥然一新。閱四旬而工竣。繼又思之，此室若徒爲憩息之所，宴遊之地，即無補於官方，而且負此盛舉。追溯前人，守是邦者，如宋之包孝肅公、歐陽文忠公，皆功勳昭著，照耀古今。生爲名臣，死當廟食，足以立懦廉頑，風化後世，凡爲官者，皆宜奉爲準則。其關係豈淺鮮哉？府署東南隅，向有包公祠，創建由來，載諸郡志。而歐公弗及，余心歉然。且其嗣宇卑陋狹隘，未足以妥神靈，遂設神龕於堂中，包公左，歐公右，署其門曰："包歐二賢祠。"歲時致祭，登俎豆而薦馨香，可謂德有其隣矣！夫世之人皆稱包嚴歐寬。而所云嚴者，非酷厲之謂也。剛腸不屈，鐵面無私，故人望而畏之。所云寬者，非姑息之謂也。簡易循理，不求赫赫之名，敦厚和平，故人望而愛之。在二公之性情雖異，而輔世匡時，安民察吏，其公忠之心則一也。茲就神殿東偏，另葺一院，作爲發審局，且於後圃建亭三楹，俾承審諸公，會讞於斯，息遊於斯。法乎嚴而思其嚴之道，法乎寬而思其寬之由。觸於目必凜於心，遵循恪守，則庶幾近焉！是舉也，張公創始於前，余落成於後。其意雖始於余，札商張公，亦復樂從。並經詳明立案，以傳永久云。

嘉慶十五年。

（文見光緒《祥符縣志》卷十二《祠祀志》。王興亞）

山陝會館晉蒲雙釐頭碑

　　伏以汴省徐府街有山陝商民創建會館，修立大殿，祀關聖帝君，接簷香亭五間，傍構兩廡，前起歌樓，外設大門，廟貌赫奕，規模閎敞。每逢聖誕，山陝商民奉祭惟謹。漸次日久，風剝雨蝕，丹青渙漫，廟貌日就傾圮矣。嘉慶四年老會首張恒裕、車日昇、昭餘館、保元堂等集山陝商民曰：聖廟創立業卅餘年，莫爲之前，雖美弗彰；莫爲之後，雖盛弗傳。前人既已創建，後人若不增修，一非妥侑聖神之道，並失前輩向善之誠，可公仝議處，各行抽取釐頭，以爲每歲添設重修之費。但需各自斟酌，量本抽除，不拘一例，勿沒人善，弗強所難。此善念純篤，籌畫彌周，歷久經多之論也。同事者舉稱爲善，聖事原冀勷成。況帝君聲靈顯赫，振于寰宇，窮鄉僻壤，黃童白叟，咸知敬理。凡我同仁，誰無此志，俾金碧交輝，俎豆森列，薦紳衿裙登堂拜謁，睹日星之常存，凜聖靈於如在，四方君子軒車過，亦莫不羨山陝人士奉聖惟格也。惜蒲屬本小利微，力簿費繁，不能望人項背，謹遵前議，與本行同約，鋪中每進錢一千，抽取二文，錢數亦然。自嘉慶四年五月初二日起，泊十三年正月初二日止，九年共抽錢三百八十三千一百四十七文，節次交清，老會首收存，以爲每歲補葺之用。歷年工務繁雜，未及列清勒石。李喬齡等以此項錢爲數無多，歷時已久，如不口彰，恐今之慷慨捐施者意淡心弛，即後之恪誠奉聖者善念亦沮，遂意捐資立石，鐫刻名號，並數之多寡，使今之捐輸者鉅細畢彰，庶後之向善者亦可聞風而起矣。此盛舉亦善事也。余處館汴城，因囑爲文。義不容辭，謹如所陳，序顛末以志。

　　彰德府林縣廩膳生員薛登瀛撰文。
　　山西蒲州府虞鄉縣儒學生員李松齡書丹。
　　首事人李喬齡、歧金聲、邱統勳、王國梁、王育文。
　　住持許陽霖。
　　石匠吳玉屏。

　　李義聚捐錢叁拾叁仟壹伯肆拾柒文，李天佑捐錢貳拾捌仟伍伯貳拾文，森茂號捐錢貳拾肆仟陸伯壹拾叁文，雙興號捐錢貳拾貳仟貳伯肆拾伍文，日昇號捐錢貳拾仟玖伯四拾貳文，興盛號捐錢貳拾仟零柒伯貳拾肆文，晉和號捐錢貳拾仟零伍伯肆拾捌文，東永泰捐錢拾陸仟肆伯貳拾肆文，同勝號捐錢拾伍仟陸伯伍拾貳文，昌盛號捐錢伍仟伍伯貳拾貳文，宏泰號捐錢拾貳仟零柒拾叁文，西天佑捐錢拾壹仟壹伯伍拾捌文，意合號捐錢拾仟零陸伯零肆文，永興號捐錢拾仟零叁伯玖拾肆文，武長號捐錢玖仟陸伯柒拾柒文，西永泰捐錢玖仟伍伯肆拾捌文，長泰號捐錢玖仟壹伯玖拾玖文，興隆號捐錢捌仟肆伯陸拾捌文，合興號捐錢捌仟壹伯零叁文，晉興號捐錢柒仟玖伯壹拾捌文，趙聚盛捐錢柒仟陸伯零玖文，邱盛復捐錢柒仟肆伯壹拾叁文，志成號捐錢柒仟叁伯壹拾壹文，永盛號捐錢柒仟貳伯伍拾叁文，新聚號捐錢伍仟玖伯柒拾捌文，盈泰號捐錢肆仟肆伯陸拾捌文，三益號捐錢叁仟叁伯玖拾貳文，信成號捐錢叁仟貳伯陸拾伍文，王裕喜捐錢貳仟陸伯捌拾柒文，梁義興捐錢貳仟貳伯肆拾壹文，協泰號捐錢貳仟貳伯壹拾玖文，存誠號捐錢貳仟壹伯肆拾玖文，趙合興捐錢貳仟零肆拾文，長順號捐錢壹仟玖伯肆拾貳文，元亨號捐錢壹仟伍伯叁拾捌文，晉昌號捐錢壹仟伍伯貳拾壹文，毛永盛捐錢壹仟伍伯文，劉永源捐錢壹仟壹伯貳拾玖文，歧生文捐錢陸伯文，同豐館捐錢肆百肆拾捌文。

大清嘉慶十七年三月穀旦立石刻名，又捐錢拾肆仟零貳拾文。

（碑存開封市山陝甘會館院內。王興亞）

重修大梁關聖帝君廟碑

巡撫文寧

夫天爲質闇理，絕言提尚矣。然九素流慶液之雲，六淵起寒童之嶽，則知旌輝霓葆，必選霞墟，瓶錫藤蒲，定遵雲術。豈有神聖降臨之地，馨香式薦之區，而不蜺引虹騫，接霄暉之上下，金浮玉暎，準弦氣之往來者乎！大梁關聖帝君廟者，爲乾隆四十三年前撫臣徐績奏請勅建者也。據城闉之紫陌，擅幕府之青墟，雉堞近而刁斗鳴，鳳剎隣而鍾梵接。東海公高牙，曾建雲屯萬竈之師；壽亭侯新廟，孔安人識三分之傑。維時掄民猶逆，騁竄怒而亂天綱；羣賊蟻從，奮螳臂以當車轍。眾方怒其犯順，神實助而誅凶。雲中而見虬拜，城上亦揚霓旌。熊羆之士雷奮，遂解白馬之圍；螻蟻之穴冰消，大破黃巾之眾。僉謀廟食，以答神庥，卜此廣場，有嚴報祀。趙司空下斧斤之令，唐司馬勒金石之文。卅有餘年，四方共仰。今者居諸既易，巍煥漸非。春雨銅鋪，日染莓苔之色；清宵銀鑰，雲侵劍戟之藏。經前護撫臣吳邦慶率僚屬等創制維新，經營孔亟，擴鮮原而啟宇，人奉權輿，蠲吉日以程功。圮嚴瞻視，聿隆陛制，用肅靈承。日月有期，規模已備。及文寧奉命來此，益令考工重加肸飾。天章式煥，奎畫高懸。從此赫濯彌彰，四海仰承平之福；雨暘時若，一方沐樂利之庥。所望諸君子，德加孟晉，福不唐捐，服教畏神，降祥產嘏。世既蒙其澤矣，神亦受其歆矣。推其致此之由，實維聖天子格被幽明，故徧其德於羣臣百姓也，豈不鉅哉！是爲記。

兵部侍郎兼都察院右副都御史巡撫河南等處地方提督軍務兼理河道前翰林院編修文寧撰。

陽湖呂子濱書。

嘉慶二十有二年歲次丁丑仲冬月吉旦。

（碑存開封市西大街，文見光緒《祥符縣志》卷十二《祠祀志》。王興亞）

重修黑岡大王廟碑

新授安徽池州府知府前護河南開歸陳許河務兵備道開封府下南河同知蘇州王仲澣撰文。

粵稽黃河出崑崙，下壺，過洛汭，至大伾，由澤水大陸北歸於海，五代以前，汴梁固無河患也。自宋熙寧間，河決澶州，水道南徙，遂為豫患。迨元至正十一年，從賈魯議挽河東行，南匯於淮，又東入海，由此，汴梁逼河而居，有隱憂焉。明崇禎九年，河決黑岡，而黑岡之名始著。《禹貢》："豫州厥土惟壤，下土墳壚。"注曰："壚，黑岡土地。"又曰："玄而疏者為之壚。"黑岡其即以此得名歟。國朝順治十年至十五年，凡三築黑岡隄。康熙三年間，築黑岡月隄，越一年，又築黑岡隄。自後歲時必加修築，誠以都會所在，保衛宜嚴也。祀典舊載有黑岡大王廟，未詳創自何年，廟址本建隄頂。

乾隆五十三年，河溜逼隄，潰及廟前。退徙於後。嘉慶二十四年秋，黃溜異漲，自寧夏以至萬錦灘，下及沁河，積計凡長水十二丈三尺有奇，為百餘年來所未有，遂至汪洋浩瀚，兩岸長隄悉受漫溢。維時大吏督飭在工員弁拼力搶護，迄難兼顧。明宮保潘季馴之言曰："黃河防禦難，而中州之防禦尤難。"蓋以由閿鄉至於虞城綿亙千有餘里，厥土皆沙，保障洵非易事也。矧黑岡在省西二十五裏，地處上游，勢若建瓴，設有潰溢，則城郭淪沒，民生昏墊，必有不可問者。仲淮時權開歸道事，往來巡視，寢食不遑，凡三十餘日。尚賴神靈現身示衛是隄，保護安全。迴念急流澎湃之中，霆雨連綿之際，險者以夷，危者以存，藉非神之佑國保民，昭章顯應，豈能宴然若是？事平之明年，復增築隄墊，倍臻鞏固。大府因議擴充廟址，捐俸建修。而仲淮時董其役，爰庀材飭工，計高於舊者三之一，廣於舊者三分之一，並增建殿前重軒二，鐘鼓樓各一。又置官廨四楹於前，羣房四楹於後，於是巍焉，頓改舊觀。廟中向祀金龍四大王暨黃大王，而不及朱永寧侯，茲並祀焉。

是役也，共捐俸錢一百七十餘萬，仲淮出錢二百餘萬，一時民獲神惠，不啻子來，甫五旬而工畢。今而後盥洗有所，虔息有地，陳牲設醴，肅修明祀，庶幾仰答神庥焉。其在《詩》曰："神之格思，不可度思，矧可射思。"又曰："來假來饗，降福無疆，昭靈貺也。"爰以告後之有責於斯土者。

道光元年歲次辛巳秋九月穀旦。

（文見陳善同、王榮揩《豫河續志》卷二十。王興亞）

重修一覽台大王廟碑

嘗聞防河在堤，而守堤在人。沿堤設立堡房，令堡夫常年住守，法之備也。又每於沿堤險要之地，建廟祀神，募僧棲止，而從事人員巡防於三伏九秋之際，風雨晦明得所障蔽。是廟以東，即時和驛，乾隆四十四年曾經漫決，當時修築勤勞，神明顯應，載在前丞《布公顏碑記》，不煩更述。先大夫三權下南，講求修守，洞達窾要。於嘉慶十年為丈立官地四十三畝七分，予資養贍，不獨香火是司，且冀唪誦之餘，眷懷恆產，亦有守望相助之益焉。仲淮於十九年承乏斯土，夙夜在公，悔尤謹免。二十四年，權開歸道篆，值黃河異漲，稽之前乘，詢之耆舊，實罕聞見。所屬之祥符上汛六堡，下汛六堡，陳留汛之七堡，水高堤頂者數尺，先後漫溢。雖及時搶護平定，而倉皇顛沛之形，有難以言狀者矣。是地素稱舊險，獨無驚恐，是又非人力之所能防禦，為非神佑其可得歟？因於修葺沿堤各廟之明年，復出俸錢七十萬有奇，聿新廟貌，重加丹雘，藉答神庥，永懷先德焉。是何年創建，年月無可徵考。惟廟有鐵鼎一，為前明崇禎二年管河同知王元衡、林剛中所鑄，亦可徵其由來久矣。距廟數十武，下有深澤，曰黑龍潭，浸廣尋丈。旱潦祈禱，誠感輒應。落成之日，書其梗概，並連類及之。

清道光元年九月鐫刻立石。

開歸陳許河務兵備道開封府下南河同知王仲淮撰文並書丹。

（碑原在開封市西郊大王廟，現存開封文化館。王興亞）

重修二程祠記

程含章

自孔、孟沒，歷千四百餘歲，而後河南程氏兩夫子乃生。當聖道晦盲，否塞反覆沈錮之餘，兩夫子互相師友，獨能以《大學》為宗，殫實功於格致誠正，徵實用於修齊治平，使夫言道者知聖學之有真，言治者知經世之有本。六經於是而明，人心於是而正，洵足以上接鄒魯之傳，下啟紫陽之緒。其在聖門，則顏、曾、冉、閔之流亞也。雖春溫秋肅，所造不同，要之皆聖道之正宗，學人之標準也。汴梁南門外國相寺後，相傳為兩夫子讀書講道處，後人就其地，建立祠堂，以祀志景仰。祠設奉祀生，舊有祀田，久為佃人隱沒。祠堂傾圮，歷數十年，敗瓦頹垣，鞠為茂草，神牌朽蠹，字跡不可辨識。每春秋二仲，祥符令捐資往祭，置神牌於荒煙蔓草中，鞠躬三拜而退。噫，陋哉！道光二年春，余藩宣兩河，親至其地，瞻其遺址，俯仰太息，輒歔欷流泣，不能自止。爰籌經費銀千二百兩，付祥符令蕭君元吉。蕭君捐銀三百六十兩，即故址擴而大之。余並捐金三百，發典商一分生息，以供久遠修祠之費，地方官與奉祀生不得侵蝕。工役未興，余適奉命巡撫粵東，調任山東。越明年，蕭君始以落成來告，復建祠堂五楹，啟賢堂、左右廡、大門各三楹，屏門二檻，井竈庖湢，繚垣悉備。而請余為記。余惟兩夫子生不逢辰，其道雖不顯于當時，而振絕學于千載之下。讀遺書者，猶如聞謦欬。況兩河學士大夫之登斯堂者乎！自此以後，知必有私淑奮興，以接兩夫子之傳者，用書修祠之本意，以俟來者。

道光二年。

（文見光緒《祥符縣志》卷十一《學校志》。王興亞）

重修二程祠記

常茂徠

國家崇儒重道，凡以為化民成俗計也。故先聖先賢先儒，代必脩明釋奠之禮，即通都大邑，曾爲當日寄跡之所，亦必建祠宇，隆禋祀，俾搢紳士庶知所則效，識所尊崇，君子以之立身，小人不敢犯義，此故國家右文之至意，亦惟官其土者有攸責焉。大梁會城南二里許，吹臺側有二程夫子祠，蓋當日講《易》處也。祠之肇造，其來已久。考舊志，有明成化二年，巡撫李衍徙書院於斯，祀兩夫子於講堂，為二程書院，即舊大梁書院也。明季河水灌城，此祠遂廢。

國朝康熙十二年，巡撫佟鳳彩改修書院於城內，更無問所為夫子祠者。康熙二十六年，鹽驛道張思明始即故址重建，易今名，並以門人張繹、謝良佐等五十人從祀。迄今百四十餘載，久未修葺。道光元年春，滇南程方伯含章旬宣中州，謁其祠。覩其堂構摧敗，垣墉傾圮，慨然曰："斯祠之修，非異人任也。"夫士君子修德立行，賴鄉先生之澤不泯耳。夫子生長是邦，講學斯地，為世名儒。其為鄉先生也大矣。周道衰，孔子沒，秦、漢而降，羣儒聚訟，後復雜以佛老，人心日漓，聖道日晦。兩夫子生二千年後，力起而振興之，攘異端，闢偽學，接孔、孟不傳之法，使聖道復明於世。沛若江河，炳如日星，其功詎不偉歟！今吾官斯土，蒞斯民，方期士敦詩書，民習教化，顧聽其祠湮沒於荒煙蔓草間，果誰之咎也！爰捐俸金，謀改建。工未興，公遷粵撫，鬱鬱不忍去。適新安程中丞祖洛下車，與公同志，迺襄其事，鳩工庀材，次第課功。中為殿三楹，後為啟賢堂三楹，旁為兩廡，前為大門，繞以圍牆。數月工竣。古人有言曰："上之所為，民歸也。"又曰："上之好者，下必有甚焉者矣。"蓋民之從違，惟視乎在上者之舉動。今二公來官斯土，首先此舉百餘年就廢之祠，煥然改觀。使士庶之眾，知正誼、明道之必不容泯，咸思所以取法，其於崇儒重道，化民成俗，豈淺鮮哉。或曰二公俱夫子後，斯舉也，亦水源木本，數典不忘之意。殆淺之乎，測二公矣。

道光五年。

（文見光緒《祥符縣志》卷十一《學校志》。王興亞）

創建彝山書院記

栗毓美

豫介坤輿之中，河嵩秉靈，往稱人材淵藪。會城大梁書院，為甄治全豫俊髦之區，省屬舉貢生童，胥萃處而講肄焉。歲久傾圮，且湫隘過甚。大中丞新安程公奏請移建文昌宮右，添葺住齋，增廣膏火有差。於是，橫經者日益眾，每值漕試之期，多士雲集，齋舍不能容，而額取文童至無布席地。又以所業攸殊，赴課者遂更廖廖。余承乏開封，念培養英才之道自成童始。迺偕祥符令黔中劉君蔭棠議另建書院一所，取之賢知者之過也。今夫高談元妙，索隱探微，不足以見道之實際也；株守一編，小廉曲謹，不足以見道之妙用也。昔子程子傳道統，特表章《中庸》一部，為明道之書。《中庸》引夫子之言曰："道不遠人。"又曰："忠恕違道不遠。"又曰："君子之道四，某未能一也。"又曰："言顧行，行顧言。"君子胡不慥慥爾。然則忠者道之體也，恕者道之用也，子臣弟友求道之大端也，言行盡道之實功也，必也明。夫忠恕以立道之本明，夫事父事君事兄，交朋友之道，以達道之用，明夫庸德之行，庸言之謹，以峻道之防。夫而後天命之性，率性之道，修道之教，可得而明焉。夫而後戒懼慎獨、中和位育之道可得而明焉。格致者，格致此道也，博約者，博約此道也，省察克治存養者，省察此道，克治此道，存養此道也。子程子所以表彰《中庸》，亦即此道也。此道明，而基之在倫常日用之間，達之於天下國家之大，慎之於語默動靜之際，極之為參贊化育之功，惟明故誠，惟誠乃益明善。夫文潞公題純公墓曰："明道而正。"公敘之曰：先生生乎千四百年之後，得不傳之學於遺經，以興起斯文為己任，辨異端，闢邪說，使聖人之道煥然復名彝山，撥文童肄業其中，以專教課。其未建以前，暫假叢學棲止，請於大府，報曰：可。相率捐廉為倡，闔屬僚友，與紳耆之好義者，咸源源樂輸。屬劉君綜理其事，擇地諏吉，鳩工庀材。經始戊子年冬月，越己丑小春蕆事，師生脩脯廩餼之需，亦歲出俸錢支給。並廣續籌備經費，發典生息，為經久計。長白存君業嗣縉郡符，毗陵鄒君鳴鶴調祥符任，又相繼添建齋舍，捐增經費。凡前此所未逮者，靡弗規畫詳盡。事既竣，余以創建顛末、新定名額、章程，暨董事者之勞，不可以或沒，且策後之官斯土者之踵成其美也，勒諸石而為之記曰：

古者學校之設，有大學以育成材，有小學以迪童蒙。循序程功，無或躐等以進。是以其業專而精，其教不肅而成。國家械樸作人，京師既立成均，自省會下逮郡邑，皆葺書院以蒸陶髦秀，德甚厚。至於推闡教澤，區所部之成人小子，使之樂羣敬業而不相淆，則有司責也。今既締造講舍，俾諸生肄習有所，而其所以為學之方，則尤不可以不講。夫人於什伯庸衆之中，翹然而命之為士，皆於所學判焉。而學莫先於立志。自古師儒之望公輔之器，方其為童子時，識明於世，其以此夫。然則學者有志於道，亦惟以明善誠身以求所以，順親信友，獲上治民之道，則所以溯伊洛之淵源，勉聖賢之事業者於是乎在。余既喜書院之有成，因著所以改題明道之意，與子程子所以傳道之旨，以為之記，且以質當世君子之有志斯道者。

是役也，董修者為永城候選道呂君永輝，邑紳前山西大同縣知縣許君貞元，襄事則前永城訓導鄭君孚先，監工則候選主簿王君書雲，例得備書。

道光八年。

（文見光緒《祥符縣志》卷十一《學校志》。王興亞）

包孝肅公祠碑記

存業

《傳》稱有功德於民則祀之，所以崇民望，勵官常也。宋開封府尹包孝肅公，治郡政績彪炳，本傳班班可考。其馨香俎豆，國家固已頒諸祀典矣。而秩祀之外，另有專祠在府署東南隅，歲時伏臘，都人士胥集報賽。蓋公之遺愛在民，固若是其深且遠也。

道光己丑春，余由東郡移守大梁，下車瞻謁祠宇，見其傾圮過甚，心慘然者久之。夫化行南國，撫甘棠者尚深珍護之思；續著襄陽，覽遺碑者猶切流連之慕。而況官斯土，理斯民，德澤所及，洽於民心。本其愛敬之忱，創為崇祀之地。乃竟任其風雨漂搖，不加繕治，非獨是邦人士之憾，抑亦守土者之羞也。第工鉅費繁，蕆事匪易，爰捐廉以倡，並集同人釀金，諏吉興工。凡向日之頽垣敗壁，悉葺而更新之，為堂三楹，佐以配殿，繚以崇垣，下至為門、為階、爲戶牖以及丹膁黝堊，靡不畢具。規模閎敞，氣象一新。中祀包公，東西殿宇奉蕭文終侯、曹懿侯、暨寧公，仍其舊也。落成之日，偕僚友咸詣瞻拜，是邦之人咸觀厥成。於以俗既純之後，脩舉廢墜，予因以為請。報曰可。且捐俸創始，予始得興事鳩工。計土木埏埴丹堊之需，凡四千餘金。而郡人事亦樂助赴工，易其朽腐，扶其傾側。迺墼迺塗，迺丹迺膁。於是，正其部位，安置妥貼，改塑神像，咸就條理。如山鎮殿於前楹，退六曹於兩壁，改戲樓於大門，更樂樓為鐘鼓之類，不能殫述。而七十六司之無關勸懲者，倣燕京式改造。其寢宮及他祠宇，暨西玉皇，東西兩元帝廟，凡一百九十九間，皆仍舊制而更新。使瞻拜其下者，生敬生畏，勉爲善良。則脩舉之功，不無小補云爾。或曰山川之神，各有所司，祀者也各有所主。汴屬豫州，宜上祀嵩岳。予曰：不然。蘇文忠不云乎，水在地中，無往不在，而人獨信之深思之。焄蒿悽愴，如將見之，譬之鑿井得泉，而曰水專在是，豈理也哉！或又曰祀東岳神宜也。前在上清官、太子宮、十王殿、太尉殿、七十六司設傀儡像，旁有啟聖閣，後爲竈神，為演樂所，為廚房，為蒲圻廟，無乃雜而無紀乎？予曰：是也。《傳》曰：有其舉之，莫敢廢也。不有勸者，誰與為懲。不有懲者，誰與爲勸。譬之觀劇，忽喜忽怒，忽歌忽泣，人皆知其非真，而喜怒歌泣不自禁者，有所感也。此象教之所以設歟。或人唯唯而退。

道光九年。

（碑存開封市東嶽廟殿前左墀，文見光緒《祥符縣志》卷十二《祠祀志》。王興亞）

修復吹臺三賢祠記碑

洪洞劉師陸撰。

桐廬徐元禮書。

吹臺三賢祠，列祀唐代高、李、杜三公。蓋自明正德以來然矣。後益以空同、大復，始有五賢之目。久之湮祀。國朝乾隆間，徙五賢之祀於城西南隅大梁書院。繼又以蘇門先生高子業從何、李後，更名祠曰"六賢"。六賢者，皆以詩名，皆嘗遊詠於吹臺者也。道光五年，既移建今大梁書院。於是，即舊院之址爲嶽瀆祠，而六賢祠以廢。抑不惟是祠之廢，將疇昔之五賢云、三賢云者，不且忞忞乎並忘之也耶。余與二三子誦讀之暇，過訪遺跡，得前山長桑、工部陳詹事兩先生所爲碑記於瓦礫中，歸告當事，爲扶立而龕諸新祠屋壁。不移置今書院者，恐日久失據也。巡撫侍郎楊公既論定諸名宦，若鄉賢配食嶽瀆之庭，念六賢祀事闕如，慨焉思修而復之。會祥符令鄒君初受事，則以爲古今祠宇之在吾管內者，有其舉之，莫敢或廢，令之職也。而吹臺禹廟之東，實有屋三間，明之三賢祠碑在焉，修復之於此爲宜。爰請於公，公韙之。命新其椽角，布其几筵，卜日奉唐三賢木主位南向，明三詩人東西向，各用年代爲序，祠遂以復。仍榜曰"三賢"者，從其明也，且因以示後之人，雖三，可該夫五六焉。若曰繼之，今有昌其詩而登於斯，眺於斯，沒而祭於斯者，其人可以遞增。若祠之名亦庶幾其無黷改也。

道光十年歲在庚寅夏四月既望刻石。

（碑存開封市禹王臺。王興亞）

增建禹廟水德祠祀典記碑

古者爲政，莫要於事神，治□□之中，有沒而爲神者，□□法其類有五：一曰法□□□；二曰以死勤事；三曰以勞定國；四曰能禦大災；五曰能捍大患。而每歲之春，復有修祭典之令，□者舉之，闕者增之，政之得失與爲政者之敬怠，恆視乎此。此河南按察使長白麟公於禹廟附記之。典所□□議增修也。人皆知吹臺有禹廟矣，若水德祠之□而或知之，至問以所祀□□之，罕有能舉之者。然□曰：今人多不習舊事，前此《縣志》有書矣，《府志》、《通志》有書矣，又何以莫之及也，豈盡忽而忘之哉。蓋沈淪廢失者三百年，於時爲已久矣。先是公自穎州守擢開、歸、陳、許道兼司河務。暇日讀明李濂《汴京遺跡志》，見禹廟兩廡，嘗分祀中古以來治水有功者二十有九人。至嘉靖時，木主已蕩然無存。公用是喟然，思復其舊。顧涖官前後五年，日往來河干，早夜宣防之不暇，則修復之機，不得不俟諸異日。而此五年中，講求古今人治河利病，若者善，若者不善，殆指諸其掌焉。於是，天子念公勞久績著，遷其官俾不離其所。公則以爲，今而後吾志庶可酬矣。由嘉靖迄今，其間不少功業烜赫者，即向時所祀，自魏鄴令始起，下逮明河南右布政使王亮諸人外，擇其應祭法者，於明得二人，曰工部尚書宋禮，曰三韓經略前河內知縣袁應泰。於我朝得六人，曰河道總督朱公之錫，曰河道總督靳文襄公輔，曰河道總督陳恪勤公鵬年，曰體仁閣大學士前河東正總河稽文敏公曾筠，曰河南巡撫雅爾圖公，曰河南巡撫胡恪靖公寶瑔，乃條件事跡，請於巡撫侍郎楊公，使與二十九人者列祀一堂，仍名祠曰水德。會鄒君鳴鶴以光山令調知祥符，就廟之西偏屋三楹飾而新之，爲栗主凡三十有七，皆南向。卜日肄几筵，省之大吏暨羣有司，咸與於祭，而囑師陸爲記，以勒諸石。師陸曰：脩秩祀，報有功，政之大者也。謹敘次其事而直書之。

麟公姓完顏，名麟慶，滿洲鑲黃旗人，嘉慶己巳進士。

洪洞劉師陸撰。

桐廬徐元禮書。

道光十年歲在庚寅夏四月十有六日刻石。

（碑存開封市禹王臺大殿。王興亞）

重修河南貢院記

兵部侍郎兼都察院右副都禦史、巡撫河南等處地方兼理河道督理營田崇陽楊國楨撰文。

河南等處承宣布政使侯官林則徐書丹。

河南等處提刑按察使長白麟慶篆額。

豫省貢院，自順治間創建於會城中央，即明周藩舊址，至雍正九年，總督營田端肅公以其地窪下，改建於東北隅，形勢既高，無虞積潦。當時請帑僅二萬五千餘兩。蓋堂樓舍所折其中折其可者移以來，餘則補之增之，如此而已。歷年久遠，棟楹牕楯，蓋瓦級磚之屬，皆殘缺朽弊，雖歲事脩葺而頹落有不可復治者。且我國家二百年來，樂育涵濡，人才日盛。比歲試額多至萬餘。舊號舍既不足以容多士，則益之以蘆柵，旁風上雨，士子病之。

余蒞豫之初，撫軍新安程公即思為脩治計，會以憂去，未果。余旋蒙榮擢恩命，由藩司擢任陝巡撫。歲戊子，以監臨入闈。周迴相度，恐不脩且不脩且壞，脩之則傾圮已甚，又慮事之不易集也。於是，開封守栗君起而請曰：「公前此嘗移建大梁書院，而義學之設殆遍中州。凡此類非易事實力為之，卒皆能有成。矧掄才重地，及今從容以圖，又安知無收效之日耶。」余心然之。乃捐廉為同官倡，官紳士庶亦各次第樂輸。適栗君轉鹽糧道，而河南府存守調任開封，仍俾栗君率存守總其事。商之學使儀徵吳君，選都人士之廣能者庀材督工，一切官為覆覈，吏胥不得假手焉。於是，擴東西隙地，築新號二千有奇。未幾，經費稍集。復議築長垣，拆舊號九千餘楹，一律脩整。高廣加於舊四之一，不惟廓其有容，且免向者席舍之苦矣。顧百事治公之所，則猶未暇及也。已而，捐資日充，而新安程公由司空出撫湘南，過豫，留白金千兩，迺商之司道諸君，為籌其工之緩急，僉議曰：文明堂、至公堂、明遠樓，頗皆先完好，監臨院、提調監試兩署取足辦公，此無庸更張者也。兩主考公廨、內監試官房及東西經房，則宜稍拓而更新之。更有亟須改圖者，內收掌榜錄吏向與經房同院宇，殆非所以昭嚴密，請移內收掌於東經房後。而以榜吏置內監試之西，庶使關防。若彌封所、對讀所、謄錄所，地狹人眾，錯處薰蒸，供役者易至草率從事，宜易淺隘為爽塏，易頹敗為完固。余是其議。今以次興工，毋費毋侈，通計前後所脩為號萬有一千八十有六間，為屋百有九十九間，鑿井五，以供汲炊。甃池八，以消停潦。

溯自經始泊落成，歷時以月計，二十有三，為費白金以兩計者，七萬三千三百有奇，視曩所用之數且踰再倍，其成之之難如此。抑猶幸時和年豐，裏間樂業，出有餘之積，以建不朽之規。不費一帑，不役一民，而事畢舉。向所慮為艱鉅重大者，卒從容後先告竣，此固余始願所不及，不可不告我後來。而一時同官倡率之勤，薦紳贊襄之力，與夫全省士民趨事赴功之美，皆非可以泯沒不書者也。

是役也，總理則前布政使今授刑部右侍郎戴宗沅、布政使林則徐、前按察使今授福建布政使惠吉、按察使麟慶、前開歸陳許道今授湖北按察使栗毓美、糧鹽道黎學錦、開歸陳許道張坦。

協理則署彰德衛兵備道開封府知府存業、署理開封府知府下南河同知王掌絲、前祥符縣知縣今授光州直隸州知州劉蔭棠、祥符縣知縣鄒鳴鶴、候補知縣周昺潢、嚴芝、王依中、布政司庫大使邢牧、布政司都事邢得和、候補布政司庫大使程廷鏡、候補直隸州州判屈文台、候補縣丞張沂、武安縣典史陳肇奎。

購料則祥符縣貢生申儒、廩生萬金鏞、附生崔含輝。

會計則候選知縣張光第、候選訓導宋佩經、拔貢常茂倈、副貢崔家蔭。

監工則揀選知縣謝方里、州同銜石紹庭、舉人石鑒、按察司照磨銜邢鎮宇、廩生李棠、附生王靜觀、馬光溥、高念祖、馮朝相、監生景步邍。

道光十一年歲在辛卯秋七月辛亥朔立石。

（碑存開封市河南大學校園內。王興亞）

修學碑記

鄒鳴鶴

學之建自上古。其天下府州縣皆立學，則自宋慶曆四年始。杜、韓、范、富諸公同時柄用，天子開天章閣詔言事，建學其一端也。是時，海內士大夫之學，皆務正而近乎古，以是庠序之興為汲汲，而祥符之為縣，實隸開封。開封乃京府，領赤縣二：曰開封，曰祥符。祥符之名，肇稱真宗封天書之二年，其後開封邑廢，而祥符獨名，實總省會。鳴鶴初任邑事，首謁至聖廟下，見其地勢卑窪，祠宇湫隘，榱桷凋朽，弗尊弗虔，又無彝倫堂，以及諸生講業之所，私心戚然。既踰載，乃與郡伯存公及邑之賢士大夫謀，咸以為亟。首工於道光十一年季秋，暨明年夏首始畢。鳴鶴改官河工，未及竣事，實捐廉以助其成。邑人士咸來乞言。鳴鶴固陋，不足以知學，而斯事本末不可無所記載。於是，乃進邑人士而告之曰：孔子之學，大明於宋，而宋之儒者昌明孔子之道，以二程子為稱首。是時，祥符之地實為京都，四方君子固皆彬彬焉，習業於斯。而二程子之近在畿甸者，慮無不在焉。聖朝崇獎正學，其於孔子及二程子，固已尊隆極其量。近者寧陵呂子、睢州湯子，又新奉詔書，恭列從祀。中州人士宜何如興起而感發？而況祥符為首教之地，諸大吏復皆以躬行身化為本，如鳴鶴之不敏，亦幸得奉教以兢兢。自今以往，斯邑人士，其益篤行博文，克勤修治，庶幾無貽斯學羞。昔者，宋建學之初，盱人李覯實記袁學其篇末，進諸生以毋徒弄筆墨、徼利祿，必歸本於說禮樂而矢忠孝。若是者雖鳴鶴之不肖，亦竊援斯義，為都人士正告焉。是役也，重建彝倫堂、東西齋房，改建者崇聖祠、大成殿、東西兩廡、齋宿所、櫺星門及左右門樓，增建者名宦、鄉賢二祠。濬泮池，庀垣圍，築甬道。規制皆踰於舊，凡費錢一萬一千緡。監工則祥符縣丞鄭君鑑、閿鄉縣丞瞿君琪，董事則附貢申君儒、拔貢常君茂倈、廩生萬君金鏞、崔君含輝、候選教諭宋君佩經。其土木價值之數，列諸碑陰。再褒崇列左。

道光十二年四月。

（文見光緒《祥符縣志》卷十一《學校志》。王興亞）

重修山陝會館增制寶幔鑾儀碑記

中州之山陝會館，道光丁亥歲所修葺焉。美哉輪美哉煥，巍乎爲中州之盛觀。太平商民貿易於茲土者，人既多，生理日臻茂盛，莫不仰慕神庥，咸被默佑也。既潔齋而將事，必隆儀以告虔。合會等衆，踴躍輸誠，各解囊金，共襄盛事。不旬日之間，而捐錢百六十有奇，誠哉，祈福報功之典重，鄉里尚義之心同也。因敬制神前寶幔，臺殿彩簷，以及旗幟、傘蓋、鑾輿、儀仗，俱美備焉。離離乎金碧交輝，縵縵乎綺羅相映。悅神靈而壯觀瞻，庶乎備矣。事既成，因紀其事於石，並勒諸芳名於左。

珍昌興捐錢五十千文，宏興齋捐錢四十三千文，德寶齋捐錢四十千文，東興隆捐錢卅七千文，公義成捐錢卅一千文，□益昌捐錢卅一千文，富興仁捐錢卅千文，順良興捐錢二十八千文，良興號捐錢二十七千文，新晉□捐錢二十二千文，長盛建捐錢二十二千文，通興齋捐錢二十千文，餘昌公捐錢拾玖千文，新順號捐錢拾玖千文，虹興長捐錢拾捌千文，宜昌永捐錢拾捌千文，義聚永捐錢拾柒千文，會元齋捐錢拾肆千文，鼎盛易捐錢拾肆千文，資泰賈捐錢拾千文，義生合捐錢拾千文，長豐輝捐錢玖千文，世盛煥捐錢玖千文，恒泰成捐錢玖千文，王盛建捐錢柒千文，萬盛建捐錢陸千文，定昌德捐錢伍千文，高參桂捐錢伍千文，李建滿捐錢伍千文，賈□□捐錢伍千文，張自德捐錢肆千文，賈仰□捐錢叁千文，張鳳樓捐錢叁千文，張德麟捐錢拾千文，劉□鈺捐錢叁千文，高江□捐錢叁千文，孫慶順捐錢叁千文，李文祿捐錢貳千文，柴上達捐錢貳千文，解陽淵捐錢貳千文，李長春捐錢貳千文，李萬祿捐錢貳千文，高歧文捐錢貳千文，關□□捐錢貳千文，高石□捐錢貳千文，陳緒祖捐錢貳千文，李連登捐錢貳千文，李成泰捐錢貳千文，柴濟美捐錢貳千文，毛樹周捐錢壹千文，趙顯良捐錢壹千文，張□選捐錢壹千文，柴天佑捐錢壹千文，程海明捐錢壹千文，賈□捐錢壹千文，劉□慈捐錢壹千文，劉丕綺捐錢壹千文，李廷敬捐錢壹千文，高陞階捐錢壹千文，張河通捐錢壹千文，賈本善捐錢壹千文，楊學禮捐錢壹千文，高攀龍捐錢壹千文，李春茂捐錢壹千文，柴連元捐錢壹千文，賈延慶捐錢壹千文，李善同捐錢壹千文，張春榮捐錢壹千文，牛輝嶽捐錢壹千文，王道廣捐錢壹千文，盧玠捐錢壹千文，楊殿元捐錢壹千文，李若琳捐錢壹千文，吳雲捐錢壹千文，郭左農捐錢壹千文，劉清遠捐錢壹千文，□永金捐錢壹千文，□永齡捐錢壹千文，賈之蘭捐錢壹千文，劉太和捐錢壹千文，楊松□捐錢壹千文，□養梅捐錢壹千文。

經理人珍昌號、公義成、德寶齋、鼎益昌、東興號、富興仁。

大清道光拾肆年歲次甲午菊月吉日。

太平會商民公立。

(碑存開封市山陝甘會館院內。王興亞)

重脩桂香祠記

常茂徠

桂香祠在城內東南隅，禮文昌帝君，鄰今學宮，相傳為宋太學故址，祠即太學內桂香祠也。歷金、元、明以至國朝，綿延幾九百年，而地仍其祠，祠仍其名，於戲，舊矣。或曰祠以桂香名，取文昌主科第也。或曰祠在東南隅，取巽方文明也。第士君子不奮志讀書，潔身脩行，雖神靈不能強之，掇高科，登顯仕，豈惟不能強且必有大不悅於心者，乃沾沾焉委之神靈，惟乞靈於禋祀之豐且備。吾知神未有不吐之者，安在其能錫之福哉。雖然，文昌之祀，亦自有說。蓋士有百行，莫先於孝弟，而教列四科，特重夫文章。我朝以孝治天下，文教昌明，自古未有倫比。士被涵濡者皆知本道德為文章，以仰答聖天子壽考作人之化。況文昌職孝弟之實錄，為文章之司命，其必有以蔭騭於其間者乎。世之稱帝君者，咸曰張其姓，仲其名，即《詩》所云張仲孝友者是。夫文昌上應列宿，自有天地，即有文昌星，即宜有文昌神。若務求其人以實之，然則張仲以前殆無文昌耶。予以為文昌之神不必深辨，有其神則廟之可，有其廟則新之可，且既能新文昌之廟，是必能敦孝弟者也，是必能重文昌者也。又豈求媚神靈弋科名餌華臙者所可同日語哉。廟既成，僧丐予為記。予聞是役始于道光十六年三月，竣於十七年十月，凡為大殿一，中殿一，歌臺一，兩廊廡各一，兩隅門各一，共用錢若干萬有奇。因並書以壽諸石。[1]

道光十六年。

(文見光緒《祥符縣志》卷十二《祠祀志》。王興亞)

宋贈鄂王岳飛謚忠武碑文

李將軍口不出辭，聞者流涕，藺相如身雖已死，凜然猶生。又曰易名之典雖行，議禮之言未一。始為忠愍之號，旋更武穆之稱。獲覩中興之舊章，灼知皇祖之本意。爰取危身奉上之實，仍才戡定禍亂之文。合此兩言，節其一意。昔孔明之志興漢室，子儀之光復唐都，雖計效以或殊，在秉心而弗異，垂之典冊，何嫌今古之同辭；賴及子孫，將與山河而並久。是鄂王改謚忠武甚明，乃世鮮知之。今乾隆三年，廟中刻巡撫尹會一書改謚事云：宋岳少保以忠死，謚忠愍，中更武穆，後追封鄂王，改謚忠武。然至今稱武穆者獨多。予

---

[1] 國家圖書館藏本因裝訂差錯，致使載文有誤，今據內容改正。

同年友蔣行人祝遂言曰：稱武穆非所以妥王靈也。初，高淳張進士自超自言，嘗夢入王廟，王禮之，告以平生盡忠宋室，至死不悔。宋嗣王業，改諡忠武，而世俗仍稱武穆。豈吾心哉！言訖，寤，心異焉。嗣應浙撫徐公聘主敷文書院。適書院落成，徐公將伐石以紀。王之守墓人不謹，或竊碑石剗削來售。忠武字隱隱石間，見之心動。憶曩時夢中語言於徐公，還其石。越十五年，制府李公亦延主敷文書院。時相國朱高安師纂《歷代名臣傳》，寄制府開雕，知王之改諡忠武，囑攷敕文年月，志慎也。制府語祝詳為訂正，祝倩人詣王廟覓改諡碑記，不可得。乃齋三日，謁廟，檢碑記，歷二十有奇。至後殿，豐碑猶在，字跡可識，是為宋理宗寶慶元年五月二日，賜王改諡忠武，敕明王鳳洲先生所立石也。遂據此入傳，報相國。然則王非終諡武穆，可衆著無疑矣。會一聞行人言肅然。父王之忠，固不待以諡顯，雖然，諡則惡可不正。嘗讀本傳，宋高宗手書"精忠岳某"，制旗賜王。後被檜誣。王裂裳以背示何，鑄有盡忠報國字，深入膚理，傳爲太夫人刺。王之忠根於天性，而又奉君親之命，自靖自獻死生以之，後世舍其大而稱其細，何哉？蓋忠武之諡，不見諸本傳，而見於《理宗本紀》，故傳之者少。鳳洲立石於前，吾友校勘於後，大行受大名，忠武之諡照耀千古矣。予以懼夫見名臣傳者或寡也。書其事，梓以傳之，敬詳厥諡，蓋神所憑依，亦以勵臣節云。[1]

（文見乾隆《祥符縣志》卷八《祠祀志》。王興亞）

重修大梁試院碑記

常茂徠

　　直省試院皆在節署。豫省節署地狹，因以羣學為試院，在開封學宮西偏。其地舊係遊梁書院，改建明倫堂、尊經閣，是謂羣學。每歲科兩試及郡縣皆校士其中。自康熙四十五年徐太守重修試院，百有餘年矣。大梁省會興賢造士，而試院顧聽其頹壞，其何以考校士耶？且風雨燥濕之不時，而聚千百士子於其中，又何以庇寒畯也？道光甲午，督學滇南趙公視學中州，以"冰玉"顏其堂。按臨開郡，覯號舍牆宇頹圮，惻然者久之。試竣，與中丞桂公、方伯朱公定議捐修。丙申秋九月經始，丁酉夏五月落成，大門、儀門、公堂、東西號舍、內外廂房、後堂，一切煥然改觀。移尊經閣碑碣於堂後，其規模，較舊試院爲恢廓焉，費製錢七千緡五百有奇。合郡官民樂觀厥成，爰勒諸石，以垂不朽云。

　　道光十七年。

（文見光緒《祥符縣志》卷九《建置志》。王興亞）

---

[1] 光緒《祥符縣志》卷十二因裝訂頁碼錯亂，致使載文有誤。

會館重修牌坊碑記

蓋聞有基勿壞，建瓴瞻鳳翼之舒，而即舊圖新，煥骨仰龍門之峙。拜殿前置有牌坊一座，創於道光五年，迄今簷角猶新，雖睹雲霞之絢爛，柱頭旋側，難經風雨之飄搖。爰邀首事，速議重修。支非一木，共成集腋之裘。費約千緡，咸樂解囊之助。夏日督工，秋風告竣。緬三峰之屹立，輝聯對面樓臺；合五彩以彰施，光耀中天日月。伏乞神威永護，克崇廟貌於千秋。更欣碑碣常留，允著芳名於百世。

兵部侍郎兼督察院右副都御史總督山東河南河道提督軍務加十級紀錄二十次栗毓美捐銀貳百兩。

長慶典捐錢五十千文，福興典捐錢五十千文，天成典捐錢五十千文，永成典捐錢五十千文，公茂典捐錢五十千文，日隆典捐錢五十千文，恒裕典捐錢五十千文，仁裕典捐錢五十千文，酒行捐錢壹百千文，油行捐錢伍拾千文，太平會捐錢五十千文，皮襖行捐錢五十千文，蒲州會捐錢三十千文，布行捐錢三十千文，稷山會捐錢二十千文，成衣鋪捐錢十五千文，天成金店捐錢二十千文，通順煙店捐錢十五千文，天裕金店捐錢十千文，同泰金店捐錢十千文，三合煙店捐錢八千文，天元煙店捐錢七千文，大成金店捐錢五千文，長慶煙店捐錢五千文，天興煙店捐錢五千文，玉成煙店捐錢五千文，協德煙店捐錢五千文，協和煙店捐錢三千文，協盛煙店捐錢三千文，元利煙店捐錢三千文，德裕煙店捐錢三千文，老君會捐錢二十千文，汴綾行捐錢二十千文，臘行捐錢十五千文，福星正捐錢十五千文，日增錢店捐錢十千文，中和錢店捐錢八千文，德和錢店捐錢五千文，福興泰捐錢五千文，富有續店捐錢五千文，保元堂捐錢五千文，老九華樓捐錢三千文，金鍾號捐錢三千文，長春藥店捐錢三千文，張恒裕捐錢三千文，豐盛米鋪捐錢三千文，口米鋪捐錢三千文，益順慶號捐錢二千文，朝邑周至徐疑捐錢二千文，王良興、東良興、祥發緞店、祥發錢店、福德全、長興全捐錢貳拾千文，文盛京貨店、合盛線鋪捐錢五千文，增盛鐵貨店、建興鐵貨店隆盛鐵貨店捐錢十千文。

以上捐佈施錢連銀共作錢壹千三百零陸千捌百伍拾捌文，共使錢捌百陸拾玖千伍拾捌文，除使淨存錢肆百柒拾三千文。

首事昭餘館、車日昇、張恒裕、師保元。住持孟暘東。

大清道光十八年歲次戊戌桂月同上瀚穀旦。

（碑存開封市山陝甘會館院內。王興亞）

計開十三件碑[1]

計開十三件
一、每逢誦經，法題好索咧務須重念兩遍。
一、每逢誦經，古禮呼索咧務須重念兩遍。
一、每逢誦經，口格畢咧從萬蘇薥念起，至終皆道忒克壁咧。
一、每逢喪洗亡人之時，務須默念他哈。
一、每逢喪葬，與亡人站澤那則務須穿鞋，不可赤足。
一、每逢喪葬，喪主款待賓客，宜戒留戀歡暢。
一、每逢禮拜時，頭纏忒斯塔咧，務須將穗子從上往下曳。
一、榜補搭德後與地格咧拜後，俱念法題好索咧。
一、每年兩次開齋佳節，與聚日及寅時之拜，俱拿手取和。
一、至聖衛忒咧拜之後，要兩叩頭。
一、念色哈得忒之時，要乍捐。
一、寅時之拜與申時之拜，不叫阿密，乃下餘三時之拜與二德之拜、聚日之拜，俱念阿密乃。
一、主穆而拜期在念客非之後方念幫克。
大清道光二十年歲次庚子合寺鄉老等公仝立。

（碑存開封市北大寺中。王興亞）

增修彝山書院碑記

鄒鳴鶴

彝山之麓，東控淮徐，北連趙魏，西有成皋洛陽之固，南撫汝、鄧、陳、蔡之疆。大氣磅礴，鬱積於天地之中。宜有狂簡之士，其立言行事與聖人之道相發明者，生於其域。自子輿氏遊梁，而後二程子復表彰其道於崇山大河間，士之薰其德，而善良指不勝屈。他若信陵之豪俠，鄒枚之詞藻，則猶其術之偏勝者也。夫欲造人才，先崇正學。而欲崇正學，首在童蒙。豫中之應童子試者，舊與博士弟子員共課於大梁講舍。非特人浮於地，且父攜其子，兄絜其弟，尤不免假手之嫌。前河帥栗恭勤公典郡時，別建彝山書院於城之西偏，爲童子軍肄業之所。其捐輸之數，工作之資，脯修膏火之條，督責課程之例，俱見於《恭勤碑記》及故府官牘矣。追道光辛丑，河決祥符之張灣，水圍汴城，四隅滲漏之入城中者，積地至三尺

---

[1] 碑之上部爲阿拉伯文，下部爲漢文，此處僅錄其漢文部分。

許。書院適當其衝，牆屋半頹於行潦。越明年，河復故道。余時奉恩命守開封，乃首出俸金二百為倡，復謀於合郡紳耆，撥善後局捐項銀二千四百兩，因舊阯新之。復於院之東，購地二畝許，立講堂、奎星閣，並建考棚二十餘間。設課時可以扄試，除鎗代抄襲之弊，以拔擢真才。於是，書院之規模粗備。經始於壬寅之仲夏中浣，落成於十月朔日，因書其事於石。嘗以為三代以下，黨庠術序之制廢而書院興。庠序之教，專統於官吏。書院之教，兼統於師儒。官吏與學者疏，僅於簿書錢穀之餘，偶試其優劣。師儒與學者親，可於几席丹鉛之下，時按其功修。然則主講席者果得其人，官復從而時考之、月驗之，使羣萃州處，收相觀而善之益，以視黨庠術序，有過之無不及也。余不敏，從恭勤後來守是邦，深恐無學為諸生表率。幸主教者為宛平史孝廉叔平，勤於訓迪，就其質之淺深，為課之同異，必各盡其所能而後止。士亦靡然從風。未一年，而文章詞賦皆秩然有軌範。乃擇其尤刊而行之，使才之既優者有所鼓舞，以純其業。且使才之未逮者，亦有所激厲以底於成焉。余惟願由是而沉酣經術，培養根柢，以擴其識，以拓其才，以探嶧山心源，以承明道伊川正軌。一其學於中和醇茂，毋習於偏勝者之所為，則此時匡居坐誦之英，即他日楨幹鹽梅之選，吾知必有磊磊英多者起而輔天子清和咸理之化，以不負河山之雄秀者。諸生其勉之哉！余於茲有厚望焉矣。

維時監院祥符縣儒學教諭王懷玉，監工者候補知縣袁繼長、李樹穀、詹秉銳，董事開封府學廩生宋繼郊，祥符縣學附生王彬彥，例得備書。

道光二十二年。

（文見光緒《祥符縣志》卷十一《學校志》。王興亞）

改建奎星樓記

史致昌

壬寅秋，增建彝山書院於巽位，建閣祀奎星。閣居大門之右，高僅丈許。議者以為湫隘，不足煥文明，請更之，而力未之逮也。歲甲辰，家洵侯刺史任祥符邑宰，出俸錢一百四十五千，購鄰地長二十九丈，寬四丈許，復出俸銀一百兩為修費。於是，各當事從而助之。先後共得銀九百兩，錢九十千。爰鳩工庀材，於乙巳十月興築，改建奎星閣為三層，高三丈許，增圍牆三十八丈。丙午二月，增學舍十四楹。將次落成，所費猶不足，昌自出修脯百金，足成之。計主講七年，前後增修者，除學舍四十五楹外，有閣有山，有亭有池，有樹有泉，有橋有園。煥然者，文昌燦列也；巉然者，奇石環抱也。翼然者亭，湛然者池，樹木蔭翳，泉聲清越，橋橫則流水環門，園開則菜花滿徑。諸生習業於斯，得毋怡然曠然。相與切磋琢磨，日新月異，啟嵩洛之秀，昭棫樸之盛乎。時司其事者，為國子監典簿職銜路青雲、東河候補主簿高峻德、直隸候補縣丞徐應辰、附生李光峯、崔家篤、童生王三山，例得備書。

道光二十二年。

(文見光緒《祥符縣志》卷十一《學校志》。王興亞)

重修河南貢院碑記

【額題】重修貢院碑記

國家勸學敬教，崇化厲賢，直省都會賓興校士之地，必擴其次舍，辨其職守，嚴其藩棘，固其垣墉，所以慎考覈而簡畯良也。中州貢院，明初，因元臣竺貞故宅爲之，在浚儀街苟完而已。其後一移于城西南隅，再移于舊巨盈庫，至季年河患，遂遠遷於輝縣之蘇門山，不克修復。我朝順治中，始規城西北故明周邸以爲試所，締構權輿，規模尚隘。其移建今地，則前河東總督田端肅公之所爲也。拓號舍至九千間，然猶不足容多士，每試輒編蘆架木爲棚號附益之。道光己丑，前撫部崇慶楊公捐廉率屬，士民樂輸者相繼。於是，廓而大之，增其舍至萬有一千八百六十六。其後十年，予奉命來汴，適有事棘闈，攬其經營之跡，宏遠周備，爲心儀者久之。辛丑之夏，張灣河決，會城當其衝，怒濤澎湃，上薄埤堄，前撫部武威牛公督率文武，登城捍禦，而城中素無儲秸，其在工次相距遠，即調發不能以時至，乃用前河督栗恭勤公甄工之法，設廠懸購囊下之以拒水，水輒卻。顧民間儲甄少，旬日而盡。時猶在伏汛，大波卻而復上，城益損壞。方事之急，或言于有司，以貢院地近，盡用其甄以拯危難，不得已而從之。得磚數百萬，城賴以全。及河復故道，井廬安堵，瑣尾來歸。於是，圖所以修我疆事者，則建復城墉，濬隍疏渠，將以次舉行。予惟古者安集勞來之政，在定民志而已。而士爲民首，學校興而士氣復，政乃有成，況是爲賓興校士之地，尤亟務也。遂于壬寅七月興工，明年四月蕆事，惟至公堂、謄錄所完固，仍其舊，餘率重建。鱗次櫛比，萬廈一新，凡官府次舍，棟極柱石，丹堊煥然，頓還舊觀。計修建公所七百八十二間，重建號舍萬有九千，葺復者千八百五十七，鑿井五，凡糜制錢十一萬有奇。是役也，監司郡守，程督既勤，而汴之士大夫輸忱勸功，罔不盡力，以克底於成也。豫省固先賢桑梓地也，流風遺韻，至今多懋學敦行之士，又躬被右文之化，每科應試來者，歲額有加。當水患未平，猶聞有執經請業于其師者。而兩年以來，予從都人士共事城垣，類皆行醇謹篤於尊親之誼，其風尚尤美，於以仰見聖世之教，思容保至深且厚。而菁莪樂有育賢才，奮興固有過於前代得人之盛者矣。及試院之落成，書以發之，並以爲多士敦勖焉。

兵部侍郎兼都察院右副都御史巡撫河南等處地方兼提督銜長白鄂順安撰。

前兩江總督河南巡撫武威牛鑑書。

道光二十四年歲次甲辰十月上浣吉旦。

(碑存開封市河南大學校園內。王興亞)

重修河南省城碑記碑

　　中州左右齊晉，拱翼神京，爲西南遮罩，省治居其中，地尤雄勝。其城始築於唐李勉，趙宋以後，或廓而增，或圮而復，至於明季，巨寇憑陵，濁波引灌，而遺址殆盡矣。

　　聖朝龍興，實始重建，其地即宋之內京城也。周二十里有奇，厥勢巍壯。然自茲垂二百年，惟乾隆初元，嘗一整葺，未遑大修也。道光二十一年夏六月，河決張灣，潰護堤而入，環城四周，澤流超湧，幾凌於埤堄。前撫部牛公身當水衝，率吏民晝夜乘墉以守。先數月，余奉諱還京，逮河警上聞，銜命重來，至即乘舟登城，從牛公竭力捍禦。時方大汛，砰訇蕩擊，揚汩所及，城墬壞者動輒數十百丈，蓋瀕危而獲全者數矣。牛公總制兩江去，余接署巡撫事，旋以塞茭之役。明年二月，河復，而城之在巨浸中已二百餘日。屏墉頹毀，積沙壅其外，將謀修復，工巨非常，費無所出。知開封府事鄒君鳴鶴，舉鄉之縉紳，前襄陽府知府王君，前福建閩縣知縣張君等集議，僉以捐輸請。余惟國家德澤濡此邦，俗益醇厚，蓋好義勸功，其志然也。遂以奏上，如所議行，數月而貨大集。乃備物用與人徒，百堵偕作。城舊高二丈四尺，今增高一丈，又益女牆六尺。城之西北隅全圮，西及南關段圮，其袤六百丈有奇，皆重築焉。旁干題楨，長栽短腺，悉用古版築法，滌外垣之沙而更甃之。重建五門及內西門，升高一丈。宋門涵洞升之三尺，而開渠達於惠濟河。月城及城樓廟宇之屬，均復其舊。自二十二年三月興工，明年九月告成。凡用墦蜘八百六十萬。甄磚二百六十六萬，堊以斤計八千萬，他竹木鐵石之需稱是。計糜製錢以貫百二十六萬有奇，白金以兩萬七千有奇，猶有餘財累數十萬，以濬池濠，築護堤，復貢院，次第悉舉。是皆聖德感孚，都人士遲週胥勸，采錯事策力羣效，而予乃籍手以有成也。民生於焉安業，明神於焉秩庶司，百司於焉復其常職。予既幸受其成，又以爲異時求地志者必將有考於斯也。於是乎書其藩臬兩使以下及汴士大夫有勞者，前以名入告。詔書褒勵備矣。其終始厥事如鄒君，先從禦河，繼總城築，勤勞尤至。王、張二君，功分節用，亦其亞也。依古人金石之列，宜並書焉。

　　兵部侍郎兼都察院右副都御史巡撫河南等處地方兼提督銜長白鄂順安撰。

　　前兩江總督河南巡撫武威牛鑒書。

　　道光二十四年歲次甲辰十月上浣吉日。

（碑存開封市博物館。王興亞）

新建大王廟碑

　　道光二十一年六月，祥符上汛三十一堡河水漫溢，皇上命大學士王公鼎、侍郎慧公成駐工相度機宜，乘時堵築，暨河臣朱公襄、撫臣鄂公順安督率在工文武員弁，購集料物，於是年十月興作，次年二月合龍。維時勢河溜旁趨，祥符、陳留下游一帶咸成澤國，梁園適當河衝，奔騰澎湃，城不沒者三板。東折西傾，異常危險。加以冬令酷寒，堅冰屹如山立，施工較難。壬寅正月四日，正在金門掛纜，猝遇風狂雪驟，大溜挾冰而下，壅注中流，囗門埽占因之走失，下南河同知王濮，方親督兵夫拯救搶護，竟沒於水。一時人心岌岌，均有難色。幸賴執事諸君飛章入告，不動聲色，另請錢糧，董率在事員弁，鵠立風雪中，晝夜趨辦，逾月而功以成。官民歡呼夾道，萬口一聲，謂非神功默助曷克臻此。《記》有云："能禦災則祀之，能捍大患則祀之。"合龍後，奏請立祠，以崇報饗，奉旨敕建。由前開歸陳許道楊以增，率同下南河同知賴安，集貲涓吉，於祥符下汛七堡地方經營建度。嗣於道光二十五年中牟工竣，下南河同知羅鈞亨庀材鳩工，始得蕆事。廟既成，殿宇堂廊，既莊既嚴，門庭庖湢，以整以飭，正殿供奉金龍四大王、黃大王、朱大王神像，其左右偏殿，一供風火神，一供陳九龍將軍。東西兩廡，列祀各將軍神位，而原南下河同知王濮，歿於王事，亦列祀於廟之右側。嗚呼！神人相孚，捷於影響；司事者專精之至，神必通之。《詩》云："神之格思，不可度思。"又云"相在爾室，感召之端"，確有可憑，非僅修香楮拜跪之儀已也。祥恭誠簡命，總督東河，竊願共事諸君各殫乃心，各勤乃職，盡人事以迓神庥，庶仰副聖天子懷柔之誠、何赤之意，而榮光有慶，恒基於此矣。祠成，羅君以碑文請，爰敘其端委，並述神人交孚之理，勒珉以示永久云。

兵部侍郎兼都察院右副都御史總督河南山東河道提督軍務加三級鍾祥撰文。

候補知府前開封府下南河同知調任蘭儀同知羅鈞亨。

監修賞戴藍翎知府用下南河同知趙書升書丹。

道光二十七年四月穀旦。[1]

（文見陳善同、王榮搢《豫河續志》卷二十。王興亞）

重修延慶觀記碑

汴城西南隅延慶觀者，有宋時朝元萬壽宮也。前殿祀呂祖，後峙傑閣，供奉昊天上帝。道光辛丑，河溢張灣，浸入城，觀以全沒。越丁未春，方伯素園王公屢過遺址，以昊天上帝陰騭下民，呂祖回瀾保障，崇封孚佑帝君，不可不興復而奉祀之也。乃節廉倡捐，鳩工庀材。不數月，工竣。鱗次翼舒，舊規全復。汴人士歡欣鼓舞，禮拜者駢集。乃屬余為文記之。余慨然曰：是觀，當有宋宣政時，道君率林靈素、王文輩，每修內醮，必臨其地。星冠絳服，混跡羽流。識者憂之，後世譏之。今方伯興復是觀，汴人士歡欣鼓舞，若深幸其成，

---

[1] 陳善同、王榮搢《豫河續志》注：碑在下南分局，地名大馬圈。

而惟恐其不成者，何也？天視自民視，天聽自民聽。道君惟不恤民事，而日以齋醮爲急。後世遂以病道君者，並病是觀。方伯救災拯饑，日有孳孳，而於勤恤民事之暇，出餘力以復古蹟，且舉陰騭斯民，保障斯民者，虔誠奉祀，以冀永庇吾民。吾民有不歡欣鼓舞，大異於宣政內醮時乎？其崇奉是觀同，而所以崇奉之者正相反也。抑余更有慨焉，自觀創始於宣政，後洪武六年易今額，成化十六年重修。迨崇禎十五年，闖賊決河灌城，觀沒於水。我朝康熙初，一統昇平，大河順軌。汴人趙足行等始興復之，歷百八十載。至道光辛丑，復以河患沒。越今丁未，河復城完，民大和會，是觀乃亦重建。上下八百年中，大抵河防壞，則民散而觀以廢。河防治，則民安而觀以興。其關係爲何如也？吾願後之臨斯汴者，勤求邦本，慎固隄防，俾千萬年安瀾永慶，吾民乃以千萬年永安焉，而是觀乃以千萬年永固焉。是方伯之志也，是汴土蒼生之願也。抑亦昊天上帝，孚佑帝君，所千萬年佑啓之而呵護之者也，是不可以不記。是役也，方伯偕廉訪觀察，率百執事，以次輸捐，計費錢六千二百六十千有奇，計成屋五十一間。督工則河東主簿潘恭豫，董事則李國照、沈大茂、金鑑法、沈武揚、謝禹功。而相度經營，與方伯協力定議者，則吾友上虞顧奭世也。

開封府知府鄒鳴鶴撰。

大清道光二十七年。

　　　　　　　　　　　　　　　　　　　　　　（碑存開封市延慶觀。王興亞）

重修文昌祠碑記

潘恭壽

文昌掌福祿，主科名，朝廷春秋崇祀，著為憲典，汴城有專祀矣。外此為居人士創造以祈福祥，亦不一而足。然則是祠何為而建哉？同鄉鄞縣李君國照、越城金君鑑法貿遷客汴，道光二十三年歲癸卯春，糾同人為延年集惜字會思久遠計，未有公所，因購省城南門內惠家胡同惠宅廢址，欲構數椽，為經理之地。適同宗恭豫需次在汴，以文昌為文字總持，咸知敬奉，宜祀以祈佑，為諸善信勸，此久遠之道也。僉以為然。於是，鳩工庀材，經始於是年六月，至二十八年九月落成。為外門二，中門一，左側焚字爐一，東西廊廡凡六間，藏所收字紙以待焚者。中殿三間，供神以奉祀事。左側有廚灶臥室，延僧明德為住持，奉香火。東院三楹，顏曰福善堂。蓋收瘞之局附焉。堂側作舫，室外有隙地，雜蒔花木，俾司事者得以憩息其間。創建之規，周且密，已考之惜字之說，不見經傳，以秦漢前皆用簡策，藏棄不難，無虞毀擲。自作字以紙，而字之用者日多，字之棄者亦日甚。上自眾賢書集，下及閭閻會計以至往來筆劄，童稚日習，無處不有，不知敬惜，作踐不可勝言矣。惜字果報，見於漢唐以來諸勸善書者，幾於家喻戶曉，所患知而不行，習而不察耳。是集規條悉具，計慮精詳，載在簿書，洵可循諸永久，以崇善業，以廣福田，上質明神，當邀默鑒。今年冬，又購東鄰地為建魁星閣，計俟費集而工竣，則祠之規模大備矣。

是役也，吾宗恭豫經營督率，實為始終其事。其協助得上虞顧熙世、吳郡陳兆觀、四明陳世椿，或出己貲，或為勸捐，皆與李、金二君有同志焉。壽去冬自秦至汴，獲交李君，得聞建祠之顛末，因敘次而為之記。

道光二十九年己酉七月上澣。

（文見光緒《祥符縣志》卷十二《祠祀志》。王興亞）

熏塔施茶碑記碑

蓋聞燈傳寶相，臨照眾生。茶煮石泉，困消周道。塔影煥佛光之彩，灑甘露於千枝。茗香流僧餉之芬，散福星於一路。圓靈普護，賴之消害消災。慷慨設施，願共解煩解渴。瞻繁臺之挺秀，慧業欲明。念溽暑之載馳，廉泉宜酌。敢冀枝頭相助，分焜耀之藜光。效他竹里同煎，保平安於行旅。熏數重之煙靄，化來都是慈雲。贈一椀之芳津，受者即沾膏雨。常值上元嘉會，表揚閭里休明。每當六月朔時，吹起瓶笙音律。祭蟾輝初滿，高蒸瑞氣於元宵。待雁信來傳，方息中途之遠慮。從此羣仰光華，復旦均□占來往履亨，吉事有祥，行人無恙，甚盛舉也。凡我同人，須求既濟，有緣同善寶塔。

共鑄神燈壹佰伍拾三盞，每次熏塔共用香油陸拾觔。

同善堂眾會人等開列於後：五品銜候選縣丞袁修業捐鑄塔燈錢拾仟，呂祥榮捐鑄塔燈錢拾仟文，曹元捐鑄塔燈錢柒仟文，孫敬捐鑄塔燈錢伍仟陸百，劉敬捐鑄塔燈錢叁佰文，侯璧捐鑄塔燈錢肆仟伍百，于紫垣外捐助供器錢拾仟。

同善堂首事人陳國梁、朱銘、張成法、馮樹德、曹興業、王訓、郝毓芳、沈瑞金、侯翼程、張清和、李松、申斯恒、程豫南、董文明、謝從正、嵇振裕、于紫垣、屠慶霖、張澍、李學海、曹元吉、魏興、方恒、吳振海、馬清傑、劉衡、武德，同立石。

祥符縣舉人孫育均撰文。

祥符縣文童侯翼程書丹。

石匠邵永祿刻。

主持僧　空月　覺恕勒石。
（季／因）

大清同治貳年歲次癸亥拾月上浣穀旦。

（碑存開封市繁塔寺。王興亞）

重刻繁塔寺開山源流記[1]

【額題】源流碑記

汴之東南有繁塔，其由來已久。而繁塔之有寺，曰國相寺。其開山者誰？乃桂山老和尚也。塔自明末流寇灌汴，至我朝順治二年，塔下惟荊榛灌莽，並無寺院香火。桂山和尚朝五臺，道經於此，見塔甚奇古，曰當年必名勝地，慨然太息，有復古之志，因流連者久之。

是時，巡河使者浙江人方公諱大猷，遇桂山和尚而奇之，遂留下蒲團住塔後洞一年，又轉前塔洞二年。又有屯田監司胡公知老和尚苦行，因命墾荒，遂墾先大父施田四頃，接往來僧衆。塔之東有吹臺，明季，改爲碧霞元君二女仙祠，俗呼二姑臺，後改爲禹王臺。是時，亦荒涼無片瓦存者。桂山和尚又募資創草殿三楹於臺，以奉香火。順治六年，巡河方公尚未解任，因募方公修塔前寺，建後殿、中殿，以及開堂放參。至康熙七年，巡撫部院張公諱自德下車，又募張公修葺禹王臺，並修塔前寺山門、鐘鼓樓、韋馱殿、伽藍殿、觀音文殊二大士配殿。功完，題其寺曰國相寺，大繁塔寺亦俗呼也。桂山老和尚即於是年秋八月初三日圓寂，其復古之志，亦可謂酬之矣。其開山之功，豈忍沒乎？

桂山老和尚俗姓趙，廣東人，名行蓮，號不染，又號桂山，曾中明萬曆己酉科舉人，後以偉略就武職，爲山海關副將，轉升廣西總戎。未經到任，於天啓七年遷移江南廬郡之六安州。崇禎戊寅年，薙髮爲僧，皈依杭州天童山蜜雲和尚弟子修大師。乙卯年，遊於正陽關塌坊寺，參費隱和尚座下書記。辛巳年，住錫壽關北禪寺。順治二年，至繁塔，創建國相寺以及香火田若干頃。其創建前後共二十餘年，功完圓寂。此開山之功，自應垂之貞珉云。然承受衣鉢而爲住持者，乃桂山老和尚之孫，名明儒，號大興。夫不傳於徒而傳於孫者，蓋因桂山之徒名超二，住正陽關塌坊寺，並未至本寺故也。大興係超二弟子從桂山老和尚至汴，於繁塔寺修葺之功，亦與力焉。且大興住寺，能承祖志於老和尚在日。順治九年，巡河方公批給大興和尚印照開墾。大興遂墾無主荒田二頃餘畝，坐落大興莊。又募

---

[1] 光緒《祥符縣志》卷十三《祠祀志》載文標題爲"繁塔寺開山記略"，載文與此稍異：

汴之東南有繁塔者，其來久矣。而繁塔之有國相寺則開山於桂山和尚。明末，河水灌汴，塔旁殿廡俱圮。國朝順治二年，桂山偕其徒孫明儒朝五臺，道經塔下，見塔甚奇古，慨然曰是必當年名刹，惜今廢矣，爲流連者久之。時巡河使者浙江人方公大猷，遇桂山而奇之，留住塔下後洞，閱一年，轉前洞。又二年，有屯田監司胡公知桂山由苦行，命之墾荒，遂墾田四頃，接往來僧衆。塔之東有吹臺，亦勝地也。明時改爲碧霞元君二女仙祠，俗呼二姑臺。嗣又改禹王臺。時亦圮廢，桂山遂募資於其地，創草殿三楹，以奉香火。六年，募方公修塔前寺，建後殿、中殿，及開堂放參等處。康熙七、九等年，方公批給明儒印照，令其開墾。明儒遂墾大興莊無主荒田二頃有奇，桂山又募巡撫張公自德修禹王臺及塔前寺山門、鐘鼓樓、韋馱殿、伽藍殿、觀音文殿。既落成，額之曰國相寺。桂山是秋八月初三日圓寂。

桂山，姓趙氏，廣東人。名行連，字不染，桂山其號也。

建地藏庵，施茶至今，功德不廢。至康熙十年圓寂。其徒名實坦，號梁州者，江南潁州人。潁州大户，俗姓徐。順治四年，十四歲，在本寺剃度爲僧。桂山老和尚常向大興和尚曰："此了敦樸，而内卻精明，可以付託者。"及長，桂山老和尚與大興和尚相繼而逝。梁州繩其祖功，凡於寺中未完功德，悉完之。且治常住有道，馭衆僧有方，日無寧晷。四五十年，乃成叢林。康熙四十六年九月十三日寅時西歸，年七十四。臨終時，謂平生遺願惟本寺大殿狼狽未修。言畢而逝。其徒濟元輩，念厥師之願未遂，而未敢一日去諸懷者，是又在後日之隨緣以成之也。

嗟乎！釋院興廢亦事之常，而開山源流，自不忍沒。故歷詳其由以識之。若夫克承先志，綿綿不墜，使禪院永興，又在後人之自立者。是爲記。

峕大清康熙五十二年秋八月上浣之吉。

大梁後學李爲淦山濤甫撰並書。

　　　　元　　願
　　　　□　量　緒　法　　□
住持：僧濟□、了惠了信了遠，遠顯悟慶仝勒石。
　　　　□　　□　壽　□　　□

石匠邵永禄。

石匠王炳。

大清同治二年十月重刻。

浙江紹興府會稽縣縣□□書丹。

住持僧：空□、空□、空□、覺□、覺□、覺□、覺省、覺春、覺華，性堯、性□、性□，性禪、性合、性慈、性彬、性廣、性居、性緣、性□，本□□、□□、□□，重勒石。

（碑存開封市繁塔寺。王興亞）

重修後道院記[1]

汴省帝君廟爲我山陝會館，由來久矣，其中正殿五楹／

前有臺榭，悠遊歌詠以和神人，其四旁則左侗右侗，東序西序，以備宴會，以便棲息，龍翬鳥／

大清同治三年歲次甲子孟冬上浣穀旦。

（碑存開封市山陝甘會館院内。王興亞）

---

[1]　該碑／處，字多殘毀，無法辨認。

重修倉聖廟祠記

巡撫李鶴年

粵自兩儀，肇運風雲，煥其文章，一畫開天，羲皇用參化育，爰制書契，以代結繩。左襄右英，飛龍洽瑞，曼乎偉矣。迨夫羣生滋蕃，萬物大備，而聖王政教，日用倫常，分理未周，曷以通津。億載闡言無自，詎足恢閎四方？逦鐘英靈，聿誕聖哲。降嶽井鬼之野，佐命角亢之區。四目窺天，神明生而有自；五行在手，箕斗燦而為文。爾其左史為官，沕穆夙政，流睇八紘之外，遊心萬變之機，動靜陰陽之狀。其庶彙蟲魚鳥獸，悟厥風徽。於是，擴充六書，形聲相益，亦復旁羅九野，幽顯畢通，憑盈測虛，不謬圭撮，分類辨名，無乖絫黍，宇宙驚其神奇，造化泄其元秘，是用鬼神夜哭，知魑魅之難潛；精誠格天，致雨粟之嘉瑞。可謂功參蒼昊，道契遂皇，赫矣煥乎，無得而稱已。大梁城北十五里，舊有造字臺，又西北二百餘步有墓，縣誌所謂蒼皇陵也。今古百遷，蒼桑億變，荒碑僅峙，遺跡空存。道光己丑，鄉人醵金重葺，聖蹟一新。至於癸卯，河決開封，激浪沉沙，臺墓俱失。

同治丙寅，余奉命撫豫，視師之餘，輒一問古，過軒轅之里，慨想雲官，溯[1]文字之源，憬然倉史，屬以時方多事，地正煩兵，馳青犢於中原，誅蒼鷟於洛下。已而，捷書夜奏，寇警晨消，始攄敦古之懷，用展崇賢之典。夫事功不泯，禋祀宜昭，微管之思，撫事彌切。況乎義理所歸，文詞所託；禮樂之所維繫，神姦之所震驚。洪水橫流，其文斯在；秦火酷烈，其跡愈彰。並千支以同功，偕山川以不朽。竊以後賢勛積，尚享祀於丹青；古聖遺踪，詎轉吝其宗布。適在籍翰林院編修，前湖南按察使倉君景恬主講大梁書院，念厥先人曾葺神廟，纘承勿替，謀與省垣官紳，議建祠宇於城中文昌祠後。拓隙地之三弓，起崇規於千古。捐貲倡率，羣爭樂輸。邪原繁錢，欒巴立社。曷候不遠，功作告成。永奉神居，用昭虔祀。開物成務之道，始具觀瞻。格天光表之功，宏啓盛典。若夫臺墓遺基，悉存其舊。庀工揆日，百堵同興。培厚增高，一時競羨。嗟夫！太古非邈，直啓赤鴈白魚之瑞。斯文厖達，想見諧聲轉注之勞。即闢宇於層霄，亦鏤文於鍾鼎。敢寓言於雕篆，願永福乎藝林！

同治六年。

（文見光緒《祥符縣志》卷十二《祠祀志》。王興亞）

浚惠濟河碑記

河南之省會曰開封府，治背河而城，內窪外亢。自明以來，歲以積潦爲患，歷久益甚，至不可居。同治七年十月，浚惠濟故河，導城中之水，出東南水門，入於惠濟。歷陳

---

[1] 原本頁碼排次有誤，今正之。

留、杞縣、睢州、柘城，至鹿邑，而與渦水合，凡長五萬五千三百四十餘丈，深丈有五尺至八尺，廣十二丈至八丈。肇功於十月六日，訖功於次年三月六日。用帑白金四萬兩二千三百七十九兩有奇。積水大出，人安其居。自省東達於鹿邑，旱潦之災澹焉。先是乾隆初，前撫軍長白雅公始闢惠濟河，以洩城中之潦。其後，時通時塞。

道光二十一年，河決黑冈，經城址西北隅而東，泛濫於陳、杞、柘之境，惠濟故河遂堙。越一年，水退沙留，傳城之地益高，較城內街衢高至七尺有奇。歲歲之雨，皆留不出。積三十年，塘泺皆滿。水出地上，壞官私廬舍以千計。蔀屋小民棄家露處，饑凍啼呼。衙署至棹舟出入。城中稍高之地，湊潤上徹，皆成舄鹵，望之皓然。任指一地，掘之一尺之下，水隨鍤出，有陸沉之懼。同治四、五、六年，浚渠戽水，功屢不成。議者以下流之地爲河沙所澱而高，疏鑿無益，惟遷城於許爲便。

當是時，予方督豫軍，與楚、皖諸帥合剿流賊張總愚於直隸，不暇省視內地。七年六月，殲張總愚於博平。八月，自大名府振旅回省，議所以除昏墊而奠城邑者，或猶以下流地高爲疑。予惟惠濟河直省垣之東，黃河雖潰堤東下，其性善曲，時南時北，沙之所停，不必與惠濟河之所行相值。地勢西高東下，今因故河去壅塞，乘高下注，歸之於渦，宜必可治。於是，設公所，遴僚屬，籌經費，遣員四出審視。果惟杞、睢及省東二十五里之地爲高，其餘皆如平地，可以遂其就下之性，乃決策興工。自附郭至祥符縣東界之太平冈，發官帑以治。下此，則資諸民力，時出官錢，以獎勸之。冬寒就功，冰淩在地，沙淤壅塞，隨掘隨長，歷五月而功始訖。啟閘放水，疾如飛瀑，喧豗之聲，響徹遠近。自是至五月之半，晝夜流渾渾不息，閱七十餘日，流始漸止。積年之惡，一旦輸盡。下游之民，日見濁流踵至，魚鼈皆漂浮水面，咄咄稱怪，莫知其由。水既退，量城中牆壁水痕，高者至一丈，低者猶四尺餘。去汙就燥，人還其家，官私廬舍已圮者新之，存者塗治之。街衢之水，皆返塘泺，官民歡忭歌舞，道路相慶，遷城之議永息。明年冬，益治支渠，引小池之水入於大塘，內甓外石，綿絡縱橫。又明年，益增爲之。凡城內暗溝者三，水益暢出。是年夏，大水，自省以西、以南，皆苦潦，而省城及省東五州縣晏然，然後知下流之果未嘗高也。銘曰：

濱河之邑，其地多沙。乘風而飛，委於卑窪。開頭何難，填關何易。必常治之，乃底闕積。城中坑坎，萁置雲屯。苟無恤澮，曷抵水門。內增支港，外濬涇流。敢告後人，無廢歲修。

撫豫使者三韓李鶴年記並書。

同治庚午冬月。

（碑存開封市禹王臺大殿前東壁上。王興亞）

敕建僧忠親王祠碑記

同治四年，科爾沁僧忠親王戰歿於曹州。天子宸［震］悼。命死事地方及出師省分咸建專祠，有司春秋致祭。於是，直隸、江南、山東、河南、湖北，皆次第舉行。河南爲王立功地，鶴年適承乏是疆，既削平諸逆。因以七年冬，檄布政使卞寶第委知府李德均，鳩工庀材，數閱月而祠成。凡爲堂五楹，門階三重，東西廡序，附祀相望，牲庖灌燎之所，籩豆彝勾之器，以新以堅，攸處攸宇，所以宣主上之恩德，飾下民之觀仰者，不侈而完，不華而崇。落成之日，躬率所屬，以少牢告祭。四郊之民扶老挈幼，觀者如堵牆，有泣下者。以是知王之恩澤，其入於人心者，於豫爲益深且久也。

憶昔官翰林，歷御史，出入承明，數遇王於朝堂。時方承平，王以勳戚居藩衛，雍容謦躍之間，初無所爲表樹，而沈毅之氣，深閎之度，使人望而增畏敬。及王秉鉞闔外，一遏噗夷，再剪粵寇，功業漸著於天下，則又未嘗不心焉異之。迨至鶴年奉命參軍事於宋州，親與王居兵間，見其所設施，一出於忠誠惻怛，而所指麾部列，雖老於行陣者不能及，乃始歎向之所窺於王者，猶其淺焉者耳。獨冀追隨軍旅，得與王佽至策勳之末以爲幸。乃未幾，移泉畿輔，備兵保南，猶時髣髴王之治軍以即戎事。明年來撫豫，而王已授命於疆場。區區之志，卒不得與王共功名，以垂不朽，爲可慨也。

夫方其禽張樂行，破苗沛霖，旬月之間，賊勢瓦解。向非曹州之衄，中原已可奠定。不幸一蹶，逆焰復張，殆亦有數存焉。然蕩平之局，實基於此。大廈成而匠石隕。王亦可以無憾也矣！論者或以王之忠義勃發，有功社稷，擬之金日磾、李晟、渾瑊，不知王之交孚簡在，雖阿衡之一德，無以過之。出師近十年，置家事於不問，則又庶幾胼胝乘載八年，在外之遺軌也夫，豈三代以下所可比數哉！王之功烈載史冊，德意浹人心，俱無待於言。茲特就鶴年與王離合之故，中州士民所謳思不忘者，敷陳其概，書於麗牲之石，又爲之詩，以妥神侑樂焉。其言曰：

天命在清，丕基肇造。蒙古索倫，澳汗其號。四十八部，屏翰盛京。王爲之率，實長厥盟。世篤天姻，恩禮有備。胡公封陳，呂伋宿衛。入典禁旅，出爲總戎。安撫內外，廓清豫東。兵威所臨，男驦女忹。耕織不驚，市廛無變。田之果穀，下無人蹤。及其既去，乃反怨恫。維豫之民，霈被渥澤。維豫之民，歌懷無斁。蒸嘗報祀，萬舞在宮。溪毛潢酌，簞壺來同。史藏其功，祝受其祉。刻詩穹碑，以示無止。

賜進士出身誥授光祿大夫頭品頂戴兵部侍郎都察院右副都御史巡撫河南等處兼提督軍務節制各鎮李鶴年撰並書。

同治十年五月吉日立。

（碑存開封市高東棚板街小學校。王興亞）

考定朱大王生日記

爲天神地祇作生日，斯妄也。若以人而神者，其生日炳然可考，即以人道事之，於其日薦牲醴，奏管絃以娛神而祈福，亦固其宜。大河之尊神三，一曰謝，一曰黃，一曰朱。

朱，爵侯也，而與謝、黃並崇，稱為王。謝、黃誕降之辰，人多傳之，獨朱王之生日未著。咸豐五年，王顯聲靈於工次，當事列狀，請加封號於朝，報允。觀察周君煦徵，以未得知王生日，歲闕此祭，深用爲憾，乃託之筵篿，定為八月初三日，為文梁之石。余以同治十年，持節行河，讀周文而疑之。維王去今未久，其家當有譜牒可徵，假為卜筮而武斷之，無乃誣神歟！王，義烏人也。遂書與浙中官府從義烏令求索之，今得報，書錄其家乘來，乃知王為十二月初七日誕生，快然自幸，喜免於欺罔之愆。夫天下事固至賾也，不可遽數而偏識也。有不知者，必就其有可知之道，徐以求之，求之而終不得，斯可無恨。若不深求而恣臆為之，靡不誤者，誤然後悔，悔亦無及矣。凡百施作，能無慎乎，今既灼知王之誕辰，至期必蠲饎歌舞，以告歡忻而通蠲胏。庶幾明神之昭格，爰鑱石書其事，置于壁間周君記文之右，以曉吏民，且垂為常典焉。

治河使者塗水喬松年記並書。

同治十二年五月五日。

（拓片藏河南省文史研究館。王興亞）

國朝重修祐國寺下院鴻影菴碑記

梁自子輿一遊，仁義之化，歷漢、唐迄宋、元，灝灝穆穆，醇古甲天下。明崇禎之季，流氛熾虐，中原腹心之地蹂躪不堪者十之八九。梁以省會，衆心成城。賊三圍汴，決黃河而梁乃不可爲矣。我大清定鼎，混一海宇，凡省會重地，俱以襲黃處之。而周公經守梁，稱者稱最。公當哀鴻集澤時，百計招撫，誅茅削屨，成聚成邑。梁民於是無有家而有家矣。當是時，公於聽政之暇，百廢漸興。有心坤者，禪那之領袖也。公命築菴於禪寺下院，而名以鴻影者。以鴻行有序，進以漸云爾。夫《詩》之《鴻雁》也，始曰爰及矜人，哀此鰥寡。終曰維此哲人。謂我劬勞。民當鴻驚匿影之始，而公安集撫綏。俾肅肅者變爲栩栩，謷謷者變爲衍衍。是詩也，其公之謂歟！

（文見光緒《祥符縣志》卷十三《祠祀志》。王興亞）

郁伽精舍

郁伽精舍

郁伽者，有威德之謂也。

同治甲戌季春。

鶴儕喬松年。

（碑存開封市禹王臺。王興亞）

善義堂祥符縣正堂出示曉諭碑

欽加四品銜補用府即補直隸州開封府祥符縣正堂加十級紀錄二十次

查爲出示曉諭事。照得人材隨世運爲轉移，學術與民氣相維繫，故治民之事，教化爲先。而教化之方，學校爲本，所以古者一鄉一邑，亦必設塾，進生民之秀者而教之。今義學之設，即此遺意。祥符地居首會，五方錯處，良莠不齊，允當振興文教，爲潛移默化計，向雖義學之設，以軍務倥偬，蒞斯土者，未暇經理，漸就廢馳。本縣蒞任以來，漸臻妥善，茲復據在城商民（忠義和、馬自忠、信義長、蘇占傑、明發祥、伍廷發、義升德、于義升、德盛店、洪德語、復盛和、馬自鵬）等聯名□□，稱該商等祖居兩秦，貿易來豫，食毛踐土，已數十年，近聞左宮保勒定西陲，其善後事宜，內有設立義學，延師教讀，每學生一名，日給白米二斤，以資養贍一條。商民等欲仿照其法，公捐資財，在城內鵓鴿市買民房院一區，前門臨鵓鴿市街，□□鐵佛寺，名曰善義堂。內設經學，俾回民子弟，從□誦經；外設義學，聘請名師，不分畛域，俾回漢兩教貧民子弟，入學讀書，朝夕漸磨，變化氣質，未嘗非養育人材一助也。正欲仿照禮拜寺內設萬歲龍牌，以致誠敬，是否可行，伏乞賞賜，祗遵等情稟懇前來。查該商民等，捐資設塾，事屬善舉，是思仗義疏財，足堪嘉尚，已批准立案辦理矣。合行出示曉諭。爲此示仰省城軍民、土莊人等知悉。爾等或有子弟，願入善義堂讀書者，應即告知首事等，務當愼重其事，認眞經理，延請品端學粹之士，作爲館師，實力訓課，漸義磨仁，通經致用，本縣有厚賞焉，各宜懍遵毋違。特示。

右命通知。

同治十三年十月二十九日。

告示。

（碑存開封市善義堂清真寺中。王興亞）

勅建誠孚栗大王專祠碑記

誠孚栗大王諱毓美，諡恭勤。生於山西渾源州，以拔貢出宰河南，卓著政聲。歷縣令、州牧、郡守，由開歸道升湖北按察使、河南布政使。道光十五年，授河東總督，精於治河。嘗乘小舟周歷南北兩岸，察其地勢之高下，隄岸之險夷，水溜之緩急順逆，莫不洞悉原委，形勝均在胷次。創築甎壩，二千餘年，自恭勤始。至今北岸之原武、陽武，南岸自黑堽，以土凡屬險要之區，成壩鱗次，恭勤之敎也。道光二十年，薨於位。吏民以流澤孔長，立廟祀之。其生也，精誠常在兩河，歿後屢著靈應。數十年間，每遇洪流巨險，輒示靈迹呵護東豫居民百千萬家。大吏順民之所請，臚列實事，入告於朝。朝議以禦災捍患宜隆馨香之薦，敕封誠孚大王，東豫居兩省；沿河許建專祠。甚盛典也。

光緒元年夏，國荃履河督任，亟思修建廟宇，以經費無出，遷延久之。其明年，開歸陳許道吳潮稟明河南巡撫李慶翱，欣然曰："余撫中州，兩河百縣，奉神以恤民，余之職也。"諭司道及衆官僚曰："自古有功德於民社者則祀之，禮也。宜籌費以資之。"又諭德馨曰："黃水所經，號曰神河。汝有管河之責，宜度地興修，以答神貺。"德馨於是夙夜維虔，親率候補同知董克紹、薛成琳，即相國寺之西，擇地一畝為基址，鳩工庀材，閏五月二十四日興工，九月初三日告成，共大廟五楹，廟前明廳，左右官廨十間，大門三間，樓閣俱備。二門三間，僧房齋室十數間，廟中神龕儀仗，錦幔彩幡悉具。絢以金碧，飾以丹漆，凡費金錢萬三千有奇。廟成之日，適當秋祭，瞻拜之餘，王之聲靈如在其上。自茲以往，兩河士民咸被無疆之福，又豈有窮期耶！饗禮既畢，德馨正襟謂國荃曰："宜有紀。"國荃既具奏，籲請御書匾額，荷蒙聖恩頒賜"金隄保障"四字，仗託神庥，躬逢盛事。竊維王之功德，載在口碑。王之政績，詳諸國史。王之靈應，臚於志乘。固毋俟敷陳矣。宜紀其建廟之日月，及與議贊成一時守土同官諸姓氏，壽之金石。

　　是役也，總其綱領主修者，長白德馨也。經營監修成於不日者，董克紹、薛成琳也。承巡撫之命，贊厥成功者，布政使劉齊、銜按察使傅壽彤、督糧道陳世勳、彰衛懷道吳潮也。至於竭力集資，俾毋匱乏者，則德馨、吳潮率下南河同知陳桂芳、上南河同知余潢中、河通判張仁普、黃沁同知劉觀光、祥河同知蕭彥申、下北河同知王慶琳、衛糧通判秦培也。知開封府者馬先登也。知祥符者鞠捷昌也。國荃樂觀厥成，謹書端末，樹之廟門之外，以告後之守土職官及專司河務者。是為記。

　　光緒二年丙子歲九月。

　　太子少保頭品頂戴河東道總督調補山西巡撫一等威毅伯湘鄉曾國荃撰。

（文見光緒《祥符縣志》卷十二《祠祀志》。王興亞）

古井碑刻

【額題】碑記

　　南關舊有一座，聞創自蔡公之手，始於康熙之年，買地一段，鑿井四眼。及後，首事議定會規，盡美盡善。屢爲損壞，疊經修換，迨至我輩任事，添東廊三間，山門三間，神龕一座，供棹一面，香爐、蠟臺、神磬，義地六畝六分，此係衆善士之捐資，李文光之承辦。今當更替，並獻匾額，以立碑記，永垂不朽云。及捐資姓氏開列於後。

　　光緒六年荷月吉日立。

（碑存開封市南關老井沿街。王興亞）

善義堂祥符縣正堂出示曉諭碑

　　善者，國之珍；義者，事之幹，聖賢以此訓人，朝廷即以此治世。今陝人建堂於汴之鼓樓南街，以善義顏其額，誠盛舉也。自咸豐初，避秦亂來汴，豔中土人物之繁，風俗之厚，多挈眷而至，聚族而居，蓋三十餘年於茲矣。半居市廛，半習經典。修廬舍，延名師，後列善堂傳教，而恪循祖訓，前爲義塾典學而作育人才。渭南候選同知馬君自忠，大荔蘇君占信總戎，首先輸金購地一區，約同鄉馬協鎮策勳等，出資助力，鳩工庀材。經始於光緒十三年仲秋，八閱月而落成，用銀壹萬玖千餘兩，輪奐聿新，規模宏峻，仿各直省會館之例，常聚鄉人於斯堂。吾願自此以往，孳孳焉樂善不倦，見義必爲，俾三百家之子弟，讀書明理，正規同歸，豈曰小善小義哉！同事者爲馬自忠、蘇占傑、伍廷發、于義升。監修爲馬自忠、蘇總戎占信。至捐資姓氏，堂若干楹，另有冊籍可稽，無俟贅及，爰自其緣起如此。

　　按察使銜前安徽鳳潁六泗兵備道劉毓枬撰文。

　　祥邑附生倪桐書丹。

　　光緒戊子清和月既望吉日立。

（碑存開封市善義堂清真寺中。王興亞）

古制連班序碑[1]

　　竊惟聖分東西，而道合符節；國有中外，而治無二理。其言語文字，雖有不同，而紀綱名分，未嘗獨異也。是故天房國君□穆罕默德，安□服之分，諱獨一之名，而於率應拜□□之儀，不敢獨列連班天子之禮，□獨一之尊，雖左右□戴弟自□班之中□□身制其□下者，以盡長□□之禮，伸之義也。若夫設師長以□□，譬如中國□州縣，以教民也。師長□□王曰倪麻木，副曰黑忒布默爾，譬如州縣之佐貳也。學師有二，一曰噶，一曰阿林，譬如教諭訓導也。其母福滿喇等，譬如齒德紳士也。率衆拜主倪麻木不敢僭國君之禮，第自首班之中，出衆一肩，副師學師等□□□左後倪麻木一肩，其禮拜之班，亦州縣率佐貳學官紳士等拜牌謁。

　　制也，教□□行於西域，流延□漫於中華。唐朝玄宗知默德之教，同中國聖人之道。天寶元年，遂命督工官羅天爵，創建清真寺教之衆，奉崇□教□□□明位，天房使聖□□馬□□□金，太宗察其賢，於永樂五年重修清真寺□，特此敕諭。護持默德□遵連班。益天下明□□□年遠，學者厭舊，獨爲新說，遊說四方，以倪麻木爲當獨拜于首班，倪麻木

---

[1] 碑文共三排。第二排後部與第三排文字多有磨損。

喜其事與辨其是非，□□□□而連班獨□本□，幸賴敕兩賢□記，敕諭昭班，千年不改也。

（碑存開封市東大寺。王興亞）

重建明道書院碑記

河南提學邵松年

前明有書院在省城外東南二里繁臺左，曰大梁，中祀宋二程夫子。崇禎年廢。國朝康熙十三年，巡撫佟公鳳彩改建於城內。二十六年，鹽馹道張公思明即其地建二程書院，並增祀程門弟子於兩廡。乾隆七年、道光二年，知府朱公繡、巡撫程公祖洛兩修之。今祠在，而書院竟廢。光緒十九年，余既於大梁書院設辨志齋，調取各學諸生有學行者來肄業。而地近城市，出入喧囂，非僻靜讀書所。越年夏，試竣旋省，與大梁院長商城蔣仲仁前輩、永城呂扉青觀察商。咸謂城外二程書院舊址猶存，若重建，移諸生讀書其中，地甚敞。余親往履勘，郊原空曠，樹林陰翳，且繁塔高峙，尤可偶爾登臨以息焉游焉。於是，先倡集千金，諸紳士俱各踴躍襄事，遂即祠前展拓，增建講堂三楹，齋屋十二楹，剋日經營。閱四旬而工竣，因改題曰"明道書院"，說者謂以兄統弟。學者讀書其中，溯伊洛之淵源，勉聖賢之事業是也。而余意猶末盡。今夫道之在天下，古今同也。子曰："道之不明也，我知之矣。"又曰："道其不行矣。"夫朱子曰：由不明，故不行。慨自俗學相仍，浸淫功利，窮年矻矻，佔畢徒勞，道之不明也久矣。矯其弊者，又或病舉業為空疏，鄙制藝為無用，不研夫《六經》、《四子》之精，而專務遠紹旁搜，以自矜博洽，不探夫修齊治平之本，而唯是談今論古，以日詡經綸，雖不同背道而馳均。

光緒二十年。

（文見光緒《祥符縣志》卷十一《學校志》。王興亞）

岣嶁碑[1]

承帝曰咨，翼輔佐卿。洲渚與登，鳥獸之門。參身洪流，而明發爾興。久旅忘家，宿岳麓庭。智營形析，心罔弗辰。往來平定，華嶽泰衡。宗疏事衰，勞餘伸禋。鬱塞昏徙，南瀆衍亨。衣食制備，萬國其寧，竄舞永奔。

夏岣嶁碑，筆法奇古，洵爲百代冠。

撫豫使者劉樹堂書。

立吹臺。

大清光緒丁酉餘月中浣穀旦。

（碑存開封市古吹臺。王興亞）

---

[1] 碑石四方。

重修名撫報功褒忠三祠碑記

河南巡撫劉樹堂

自辟廱頖宮之制立，而學校以興。古者天子諸侯以上丁釋奠於先聖先師，大昕鼓徵，儒官講學，三老率胄子世子及國之俊士選士圜橋觀聽，文教之昌遍於列侯。蓋崇先烈於罔替者，人以嘉後學於無窮也。國朝崇儒重道，超越前代。省府州縣，皆有學宮，以祀至聖先師孔子，四配十哲及諸先儒。至書院，尤學校遺義，更以造就士林，振興文教，如鵝湖、鹿洞、嶽麓、鍾山，皆祀典之經奏定者，益信崇先烈，即以嘉後學，守土者所急當舉行者也。豫省繁塔寺前，舊有大梁書院，康熙中改造為二程書院，祀明道、伊川兩先生，並設講堂，為諸生肄業之所。有曰褒忠祠者，在省城南薰門外。有曰名撫祠者，在縣治西南。明季，二祠皆沒於水，國朝康熙時重新，名撫祠與學道署南褒忠祠尚未興修。光緒六年庚辰，六安涂公撫是邦，更葺二程書院，易其額曰明道，而移褒忠、名撫二祠於其西，內增報功祠。自勝朝以來，凡官是土之有功德於民者，以次崇祀。其所以守先而待後，均於所製碑文見之。今又十六年於茲矣。使者巡撫是邦，展謁三祠並明道書院，時湘南黃曙軒先生主講是席。謂祠宇又將就圮，以修葺請議，於祠東廡署曰孝廉堂，西廡署曰蓬瀛館，以居鄉人之登甲乙第者，使為諸生倡。今合三祠與書院而一之。蓋猶前賢移置之意，亦將以崇先烈者嘉後學歟。

國朝文運宏開，名臣碩儒輝映踵接。有守土之責者，皆將章志貞教，以追辟廱頖宮之盛。今先生先得我心，是尤樂觀厥成。乃急為籌款，檄黃令弼臣董斯役，肇修於丙申九月，閱五浹旬而工竣。尤願後之撫是邦、抗是席者，尋創建之故碑，興重葺之微意，永為守先待後，以綿綿於無替。因述其緣起為記者，已訣其然，無佗志先定云耳。且朝廷所以養士，將使讀聖賢書，志古人之志，事古人之事，經明行修，蔚為茂材魁友，備異日幹城腹心之任。其引掖而屬望之者，甚大且遠。雖然，志不可域於小就，而學則必期於漸進。夫上達之業，緣下學以為階，天下無不可學而成，要不可一蹴而至。鼓其英銳之氣，則勇於圖功；斂其虛憍之心，則精於謀理。舉古昔載道之文，童而習焉，相與優遊，饜飫講明，而切究之，躬行實踐，本心得以發為文辭，則其人已偉乎遠矣。又安在今之不古若耶？中州名臣鉅儒，項背相望。昔賈太傅建《治安策》，年甫十八。程伊川先生著《顏子所好何學論》，亦方十八。厥後德業經猷，為古今第一流人物。諸生英年邁往景仰前徽，勿馳騖以隳始基，勿捷取以徼速成。服古通經，為明體達用之學。其志既卓，其所造正未可量。出則廊廟之楨，處則儒林之表，用副聖天子敦學甄英茂典。鄉先生之遺風，將於二室兩河間遇之。余亦深慶人材之盛而樂觀厥成也矣。

光緒二十三年。

（文見光緒《祥符縣志》卷十一《學校志》。王興亞）

山陝甘會館西南界石碑

山陝甘會館西南界石。
光緒二十四年立。

（碑存開封市山陝甘會館院內。王興亞）

同義社碑

嘗聞子承父業，乃世繼之常；兄終弟及，實生亂之媒。矧搭棚一業，原所以專門名家借資糊口。省會業棚者積至數家，事簡人繁，本非獨家行市可比。按家計工，祇昔日未半之數，而充工人等轉較舊額加多。做工若無章程，派充必難編及，投閒置散，空度歲時。在稍知自愛者尚能遵守行規，各安義分。而不規之徒，至鑽營請託，攜帶親友戚族，假名冒充，其與本社行友反致壅擠。余爲整飭社規，保守世業起見，因與同社諸人同心立社，公議條款，爰勒諸石，以重永遠不朽云爾。

一、議子承父業，昆仲叔侄不准冒充入社。
一、議人工既有定額，一概不准外收徒弟入社。

以上條款公議，永不准混亂社規，違者同社公議。
光緒二十八年五月初十日。

（碑存開封市東大寺。王興亞）

山陝甘會館修建春秋樓記碑[1]

　　□□□□□□□□牽車服賈□□□□□□□□之製作備而□□□□□□□□□之，於是，思有以提□□□□□□□晉何公星橋、陝西陸公吾□□□□□□三觀察連翩以起，始乃相宅□□□□□後得隙地二三畝，何公乃以館中曆□□□千餘金建美哉！始基之議，陸、白二公復先後慨捐鉅款，以爲鄉人勸。夫而後遊宦經商，莫不簞醪投河，惟力是視，未逾年，而經費之集有三倍於所積者。而觀察黃君坦原，尤能以精心擘畫，宏厥規模，又得丞卒牧令中若王君幼崖、賈君淦川、王君叔明，羣策羣力，鳩工庀材，躬親其事，而經營之用，克董其役，而蕆其工。館既成，建春秋樓於堂北，顏額其上，示明德維馨之義也。余聞而韙之，益欽鄉人之顧名思義，雖當觥籌交錯之會，猶必嚴對越，以

---

[1] 前二行缺。

答神庥,豈不大遠於世俗遊觀醼飲之爲歟!《書》曰"率作興事,屢省乃成",旌有功也。《詩》曰"維桑與梓,必恭敬止",尚有德也。今將銜命南下,竊見吾鄉人說禮樂而敦詩書,有足美於古先哲者,援筆記之,俾鐫諸石。

吏部左侍郎江蘇學政大同李殿林謹撰並書。

光緒二十八年壬寅冬月。

三省同人公立。

富平張純源鐫石。

(碑存開封市山陝甘會館院內。王興亞)

龍馬負圖碑跋碑

古者,得包羲氏之王天下也,仰觀於天,俯察於地,於是,始作八卦。文明之端,實肇於中州。迄今太昊之陵,昭著萬世,而河圖所自出,則久已湮沒弗傳。今者奉命治河,駐節水濱口,概想古聖靈跡,神奇恍惚,欲求諸千萬年之後,則信以傳信,疑以傳疑,固非人心思議所能及也。丁未秋,復治河睢陽,閱兩月而告以成功。畹香方伯以古碑墨拓貽余,則宋包孝肅手書"龍馬負圖處"也。聞方伯於乙巳歲奉詔稽察賑務,往來大河南北,阻風霾於黑崗廢堡中者兩晝夜,夢遠祖文通公誡以培堤禦災,克期集事。取土數尺之下,遂得是碑。入汛果異漲,不沒堤三尺,即增築新工也。於是,方伯感焉,建祠購地,用報神祐,因置碑於亭,以紀靈跡所自始,異哉!皇古邈矣,其軼事見於外紀者,率多附會。若河圖者,聖人則以之畫卦,世關三古,理闡四聖,實與日月經天,江河行地,同照耀於宇宙。中州,帝王之宅,遺跡流傳,由來遠矣。汴梁爲宋故都,孝肅爲宋名臣,大書深刻,信而有徵。方伯於七百年之後,荒原曠野中得此墨寶,非神之默祐若或啟之哉!昔方伯官京師,天子嘉其勤勞,余於九卿中尤所心契。及出任封疆,佐余治河者再三矣,匪躬蹇蹇,體國恤民之志,有古大臣風。仁能濟物,誠能感神,故有以通神明之德,彰茲靈貺,他日立朝,名節媲美孝肅,兆瑞於此矣。是舉也,以承先德,以勤民事,以昭聖跡,一事而三善備焉,余固樂書之,以傳諸不朽云。

經筵日講起居注官太子太保武英殿大學士誠謀英勇公阿桂撰並書。

光緒三十三年。

(碑存開封市北大寺大殿南面牆壁上。王興亞)

開封縣（祥符縣）

新建山門戲臺碑記

竊聞卜□土而建帝君廟也，有年，所隨建樓[1]

康熙三十三年甲戌仲冬吉旦。

爲首人：張□美、董學機、張□、閔城、智蘊□、劉錦陽、張□、高倫，仝立。

姚江何肇□薰沐拜撰。

古晉河東弟子陳道隆叩首敬。[2] □□□、□義成、楊恒順、劉貢生、□順、□□□、□□□、□□□、楊□、楊□、楊□、王永全、泰盛號、孫永號、談永盛、天成號、恒發號[3]衛元泰、潘興盛、李久大、黃萬盛、楊萬聚、李陽春、劉德政、薛彝興、楊大生、朱源順、賈玉興、崔聚盛、張晉榮、張興泰、岳玉盛、賈聚興、蘇長生、王太興、□永泰[4]周贊化、盧承儀、元□號、□紳、長興號、陳永盛、翟興盛、車恒順、□世耀、陳興盛、屈瑞興、李義興、張明川、牛瑞興、張全盛、□隆盛、吳有財、□有道、劉玉盛、劉信實、賈明遠、岳玉興、石峻、崔太興、李明德[5]以上俱□□。李晉興四錢、趙永昇四錢、魁盛號四錢、姚合盛四錢。潘重興、趙光宇、李元昇、興順號、信義號、順店、陳德□、汪宏豐、汪永盛、王如升、和盛、洪同泰、□□□、山查行、張良傑、譚存良、譚經、恒盛店、隆盛店、復興店、大生店、梁新店、韓長興、程琮、朱芳聲、楊之亮、郭自福、朱相如、藺寅長、郭□□、沈敬明、牛天和、毛漢如、李世和、田客人，以上俱三錢。朱永豐二錢。劉漢璧、徐自成、劉珍、金聲號、方州□、程永耀、王弘順、袁大興、李隆盛、李福順、程豐珍、聚魁號、□順號、李加佑、馬復興、張雙義、牛廷選、孫種吉、裴宗堯、于修公、桂文英、於從淵、李發才、孔昌、李從善、劉龍、朱之燦、王自海、□□□、□□□、姚合興、童弘舉、朱昌之[6]程之泰、協成號、朱嗣美、永順號、馮德盛[7]。裴良臣、徐義興、李明旺、李化龍、李慎、楊肇基、趙明、景自成、龐自益、屈瑞，以上俱二錢。任封珍二錢。王興隆五錢。徐環五錢。程讓一錢。藺晉隆、洪玉成、洪隆盛、金爾功、張元鼎助工、

---

[1] 以下碑文殘損。

[2] 以下捐款人姓氏，前三排不清。

[3] 以下三十六字殘。

[4] 以下十八字殘。

[5] 以下二十四字殘。

[6] 以下二十四字殘。

[7] 以下十八字殘。

王忠孝、梁國祥、□□□、□□□、王殿臣、何永盛、李光輝、史合盛、馮嘉冕、康三順、孫隆盛、晉元號、李仁順、六合坊、張晉卿、趙成錦、□輯五、郭興盛、張相、孫貴祥、章仲賢、孫九錫、陳碧順、王元遠、惠耀、益仁堂、樊瑞宇、中和號、李養善、張文種、□文學、□□□、苗如堂、趙璉、君盛號、盧清山、陳學孟、王久成、徐公太、王君盛、梁恒太、張神功、張洪玉、馮建碧、馮玉樓、劉進福、王太興、吳□景、袁文、□元坊、興盛鋪、李永和、嚴紀廷、陳在魯[1]□□□、□□□、□□□、□□□、倪漢章、解盛軒、李金盛、雙泰坊、牛瑞之、高昌基、泰來鋪、寇之錦、王維佾、侯君愛、寇之茂、王子敬、煙行、鄭鼎泰、盧韗、□□□、□□□、□祥吾、何成龍、范惠甫、□壽山[2]孫有信、幹海、何應魁、劉備望、張兆先、張玉蒼、李如桂、張趙遷、徐天龍、李古、□□□、□□□、吳志傑、賀永福、張國柱、張國棟。信義店客銀伍兩伍錢伍分。德化店客銀四兩四錢四分。萬順店客銀一兩四錢四分。大有店客銀一兩一錢一分。雜貨行公釐銀七兩。□房罰銀□兩八錢五分。□際隆銀三兩，桐油十五斤。雜貨行公助應分高腳用銀五十兩，徐補足。義和會銀二十兩。馬捷、楊瑔、劉自美、李洪、劉芳譽、陳天祿、王孝、徐有才、田春、戴固聰、陳可興。

共計：共收銀二百五十九兩六錢一分，共使銀二百八十四兩五錢三分。

（碑存開封縣朱仙鎮關帝廟殿後東。王興亞）

皇清邑庠生員敬公張君(作霖)同配袁孺人合葬墓誌銘

【誌文】

賜進士出身翰林院編修加一級年眷弟杜藻頓首拜撰文。

賜進士出身內閣中書舍人改授候選知縣年家眷姻晚生宋晶頓首拜篆蓋。

特簡湖廣廣濟縣知縣丙子科舉人愚弟孚先頓首拜書丹。

敬公張君，祥符縣□橋鎮之大族也。家學淵源。其曾大父諱從政，邑庠生員。大父諱淑繹，邑庠生員。父諱振英，增廣生員。生子三：伯諱作哲，歲進□。季諱作孚，丁酉科經魁。君其仲也，諱作霖，生於順治八年辛卯四月十一日午時。狀貌魁梧，姿性明敏。以弱冠而補博士弟子員，屢試俱列前茅。公至孝，承意旨，迎色笑。凡父母好施樂予之志，靡不將順其美。至於兄弟友恭，式好無猶。其處比閭族黨間，溫厚和平，救人之難，濟人之急，閭里傳□。不意於康熙二十七年三月初八日申時，方三十八歲而賓天。越明年，葬於陳橋北二十里許薛家莊祖墳之側。娶同郡候選通判袁公諱勃如長女。生於順治六年十月二十六日子時。貞靜賢淑，受班昭女訓，通其大義。十六歸君家。事舅姑也孝，待妯娌也

---

[1] 以下十五字殘。

[2] 以下二十一字殘。

和。教子則以母而兼父□□畫獲，□政則以婦而代夫，克勤克儉，稱物平施，與人無忤。且婢不出外庭，僕不入中門，家規凜凜。年七十一歲，卒於康熙五十八年十月二十九日亥時。生男三：長誼，貢生，娶祥符庠生李公寅長女，繼娶封丘庠生萬公猶龍長女。次謹，娶嵩縣教諭鄢陵蘇公□三女。俱弱冠而逝。三誧，封丘庠生，娶監察御史封丘方公永經次女，繼娶長垣候選州同成公□□三女，繼娶□□連江參將東平州侯公大經三女。陳留縣丞□□□□□□□□□武庠生趙公□長男□□□□□□□□出，娶妾卯科舉人封丘何公任長女。二橋佩，□□娶封丘主簿徐公九齡三女。三橋□，□□□誧出，未聘。孫女四，俱誼出：長適陽武庠生劉公煒次男紹祖。次適封丘□公萬□長男貢生岱。三許字封丘貢生孫公弘緒長男。四許字祥符庠生宋公天沐長男。銘曰：

　　君之文學，難和難賡。母之壼範，可揚可旌。百行□備，純而以精。四德無虧，宛若性成。剛柔相濟，丕振家聲。蘭桂森立，家□簪纓。龍音鳳誥，下賁佳城。刊石刻銘，永肇祥禎。

　　孝子□□納石。

（拓片藏河南省文物考古研究所。李秀萍）

起建大殿重修山門樂樓碑記

　　關聖帝君庵，創建有宗，但歷年久遠矣。慮難成事，所以首創久之，綢繆終缺。余等謹約同者十餘人，實係共襄。不吝捐資之助，雖曰多寡不一，丙申歲而告竣。[1]

　　山西。

　　雍正拾壹年。

　　首事衛枚、宋佩、行大運、李國祥、程瑛、許復信、劉汝銓公立。

（碑存開封縣朱仙鎮關帝廟殿後東。王興亞）

觀音菩薩堂重修碑記

　　朱仙鎮東宋家寨，有菩薩閣，係乾隆肆年九月創建。上有文昌帝祀雷星神像，爲今之計，約有數十年矣。風雨摧敗，棟宇傾折，牆垣毀壞，雖有住持僧守，僅有存身之所，不可以目。於是，有人往來無不而歎曰：善哉！此閣也，壯一方之觀瞻，啟四時之祥瑞。人能深培善基，而文明之象，肇此地矣。盍募之而重修，無奈功程浩大，人皆不敢任其事。或曰修廟敬神，人人事也，一方之經理焉。衆善其言，遂具疏按户登名，議爲每畝地捐錢伍十文，積少成多，不數日而捐資齊備，鳩工庀材，計日增修。乙丑之歲，厥工告竣。當

---

[1] 以下六行，字多漫漶。

是時也，廟宇煥然新矣，香火從此盛矣。附近之人心無不壹志向善矣。功德莫量，福祿無窮矣。書其事，勒諸石，以志不朽云。

河南開封府祥符縣歲貢生李廷瑞撰文。

滎陽縣儒學儒生徐廷魁書丹。

乾隆十年。

（拓片藏開封縣文物保護管理所。王興亞）

捐銀碑[1]

【碑陽】

【碑陰】分巡福建臺灣道張挺捐銀伍拾兩。彰德府分府吉大泰捐銀伍拾兩。祥邑衆當商公捐銀壹千壹伯兩。直隸絳州段宸極捐銀貳伯兩。牛廣興捐一伯廿兩。牛福興捐一伯兩，此店後捐廿兩。西廊高邑會捐一伯兩。賈恒盛捐銀六十兩。侯長春捐銀五十兩。旺盛號捐銀五十兩。統祥號、同盛號公捐一伯卅兩。裕順號、廣盛璜記捐肆十兩。

社塘煙號：敬盛允記、敬盛挺記、天成篤記、久成玉記、大魁和記、久成虹記、天成佐記、公信鳳記、偕義麟記，九家公捐肆百廿兩。

雜貨行：高吉恒益捐八十六兩，師德昌捐五十七兩，席信義捐五十一兩，龐六合捐五十一兩，趙鼎豐捐五十一兩，李資生捐五十兩，恒豐店捐廿九兩二个，靳享裕捐廿八兩，李元茂捐廿五兩，崔森茂捐廿四兩，劉隆昇捐廿二兩，敬匯餘銀八个，十一家共捐四伯八十兩。

桐油會捐卅兩。

大板煙號：義盛號、元泰號、元隆號、顧永盛、北永盛、興順號、義合號，公捐二伯兩。

鉛丹行：靳義興捐四十兩，吉大興捐廿四兩，郭如松捐十八兩，靳世興捐八兩，共捐九十兩。

粜麻號：吉復興、朱新盛，各捐六十兩，萬盛號、新盛通號，各捐十二兩，新盛同號、恒興號，各捐五兩，長盛號捐三兩，誠心會捐七兩，共捐一伯六十四兩。

粜米字號：李全義捐四十二兩。新盛號捐四十兩。正興號捐卅五兩。合盛號、豐義號、永萬順、興隆號、東萬有、元隆號、萬盛號、雷興隆，各捐卅三兩。協萬順捐廿八兩。順號捐廿七兩。二仙號、旭昇號，各捐廿二兩。正萬順捐廿一兩。馨萬有捐廿兩。豐裕號、李豐裕，各捐十六兩。廣益號、豫順號，各捐十六兩。廣裕號捐十四兩、廣成號、長盛號，各捐十二兩。恒盛號、合興號，各捐十兩。永興號捐八兩。文興號捐七兩。同泰號、豐泰

---

[1] 該碑碑陽正文殘損，無法辨認。

號、建興號、成玉號，四號各捐六兩。永吉號、王芝緒，各捐五兩。和盛號、廣興號，各捐四兩。永順號捐三兩四仈。萬錦號捐三兩二仈。紹字號：大隆號、紹萬順，各捐三兩。王源發捐二兩五仈。存誠號、復興號，各捐二兩一仈。沆興號、長發號，各捐二兩。廣順號、張興隆、振興號、宋興盛、務本號，五號各捐一兩二仈。以上共捐七伯卅二兩九仈。

高平縣各號：普盛號捐四十兩，布德重記捐十八兩，布德如記、和興號，各捐十五兩，如陽號捐十二兩，永裕號捐十一兩，共捐一百一十兩。

纓帽行各號：任新興捐七十兩。史雙裕捐五十兩零三錢四分。鄭王永順捐五十兩。復興照記、仇三益、李德盛、復興珍記，各捐卅兩。魏福順、王新興、王福順、趙興盛、劉盛店，各捐廿兩。張復興、霍新興，各捐十六兩。屈大興、復興英記、劉先和，各捐十二兩。李全興、吳永盛、張利來、趙永順、李全盛，各捐十兩。張福盛捐六兩趙永盛捐八兩。馬金興、姚永盛、王盛、侶永順，各捐六兩。馬福興、馮新興、王復興、李保益，各捐五兩。劉眾成、鞏和順，各捐四兩。李永豐、趙良泰、黨孝，各捐三兩。王合義捐二兩五仈，李永興捐一兩五錢。以上共捐五伯八十二兩三錢四分。

京貨行：恒豐號、吉祥號、大成號、美峰號、常盛號、同泰號、洪興號、常益盛、李新盛、大興號，各捐廿七兩。瑞豐號、楊新盛，各捐廿四兩。和祥號、瑞興號，各捐廿二兩五錢。望順號捐十二兩五仈。慶生號捐十九兩五仈。天聚號捐七兩五仈。濬太號、衡太號、大盛號，各捐四兩六仈。路義順、崔新盛、王集大，各捐四兩三仈。趙玉盛捐四兩二仈。韓聚盛、馬永盛，各捐一兩六仈。牛通興捐一兩五仈。新順號捐一兩三仈。王通順捐一兩。億興號捐三仈。以上共捐四伯五十一兩一仈。

梭布店：人和號捐十九兩五錢。統盛號、存誠號，各捐十二兩。

鐵貨鋪：李晉興、接盛號、馮義興、李太生，公捐七十兩。李大興、王義興、李鏡太、田協和捐廿兩。稷山眾信捐廿兩。張學謨捐十二兩。

靴鞋鋪：薛存誠捐廿三兩。趙日盛捐十五兩。北日昇捐二兩六仈。太原各號元恒豐記捐卅八兩。日新岩記、景新岩記、元泰公記、元亨永記，各捐卅兩。謙光明記捐十五兩。萬和號、萬有號、允盛號、三和號、隆盛號，各捐六兩。郭新天捐五兩。永慶衡記、豐泰號、福泉號、翕和號，各捐三兩。永泰號、德盛號、恒裕號，各捐二兩。萬盛號捐一兩。泰和號、漫隆號，各捐五錢。

以上共捐二伯卅兩。

翼城縣各號：昌記號捐二十兩。日生號、東記號，各捐八兩。友仁號捐六兩。以上共捐四十二兩。

瑞豐緞店捐十兩，大荔趙永盛捐十兩。

估衣鋪：翔天號捐廿七兩。美豐號、大隆號、同興號，捐十七兩。永豐號捐十六兩七仈。萬錦號捐十三兩。全義號、恒隆號、萬盛號、萬順號，各捐十兩。三盛號、日增號，各捐九兩。益美號捐四兩。義合號捐三兩四仈。盛號捐三兩三仈。和順號捐二兩五仈五分。

萬興號捐一兩六仐六分。應盛號捐一兩六仐。以上共捐一伯八十二兩二仐一分。

曲沃縣各號：貴生號、世泰號、景盛號、萬鎰號，各捐卅兩。宗盛號捐廿八兩八仐。萬和號捐廿五兩。卿盛號捐廿四兩。協合號、振興號，各捐廿兩。弘興號捐十八兩。興順號捐十七兩。益謙號捐十六兩。辛萬盛捐十五兩。義成號捐九兩二仐。解長盛、敏茂號、承裕號，各捐六兩。公明號捐五兩。長生號捐四兩八仐。百隆號捐四兩二仐。合興號、翕豐號、王合盛，各捐四兩。文昌大記捐三兩八錢。萬盛號捐三兩六錢。朴盛號捐三兩五錢。永和號捐三兩二錢。大順號、萬興號、允太號、張豐盛、衛永盛、曹萬盛、祁萬字、晉字號，各捐三兩。景順號捐二兩九錢。楊合盛捐二兩五錢。德順號、晉興號，各捐二兩四錢。景盛巷記、天順號捐二兩四錢。日昇典、六合店、信義店、李長盛、王永盛，各捐二兩。李永盛捐一兩九錢二分。恒玉典、永興典，各捐一兩八錢。元大號、張元盛、吉升號，各捐一兩七錢。連興號、楊謙正，各一兩五錢。郭世泰、遷興號、孫公盛、郝福茂、張福聚、辛太昌、容王號、雙玉號、合義號、繒茂號、天祥號、衛福興、李萬盛、許宏、瑞祥號、珩字號、泉通號、長春號、田豐盛、周同聚、李永利、劉隆興、賈鼎泰、李新盛、關永茂、福隆號、馬長盛、常新盛、因日增、王德玉、徵太號、景慶號、郭萬順、合義西號、郝德義、楊連順、傅軒字、李日昇、王玉盛、楊永盛、趙公盛、翕興號、瑞盛號、植禾號、許三合、新盛昌記、大有典、王協泰、大順號、耿新盛、高新盛、楊元茂、玉成號、德義號、口泰號、王振興、馬玉盛、福順昇記、許玉盛，以上各一兩二錢。吉恒號、協豐號、森茂店、振興發記、王合義、王景泰、王敬泰、姚宣興，以上各捐一兩。許和字捐六錢。王義美、元興號，各捐五錢。

以上共捐五百一十三兩九錢二分。內除做旗幔銀一百一十三兩九錢二分，廟內淨收銀四百兩。

絳州各號：王廣益捐廿四兩。孫永茂捐廿一兩。黃馨盛捐廿兩。徐永和捐十四兩。關廣益捐十二兩。合盛公記捐十兩。段合泰、永和功記，各捐十兩。趙三興、偕義和記、通盛顯記、長盛號，各捐八兩。盧萬興、楊同興，各捐六兩。張仁義、趙萬順、劉日盛、段馨盛、萬和號、義盛威記，各捐五兩。彩字禦記、永順朱記、黃大隆、通順永記，各捐四兩。萬盛健記、張文盛、馨盛松記，各捐三兩。左元豐捐二兩四錢。張和盛、祥集號、協盛通記、永順王記、西盛呂記、張合盛、劉永盛、王協盛、楊協成、田永盛，各捐二兩。永豐號、偕義明記、薛永盛、王正泰、段三益、隆泰輝記、馨盛東記、和世泰，各捐二兩。常廣順、趙安豐，各捐一兩三錢。許萬順、朱美盛、永躍王記、馮信易、薛祥盛、姚興盛、左瑞豐、馮萬元、范合盛、黃合盛、寶長盛、賀君盛、吳永和、張宗泰、傅兆興、郝集瑞、孟合盛、南方盛、支亨通、韓永盛、段協成、陳千祥，各捐一兩。黃山垠、薛君盛、周合盛、楊繼仁、李瑞豐、衛如瑗、欲生號、永興號、陶存誠，各捐一兩。張弘昇、常存義、耿敬虞，各捐五錢。以上共捐二伯九十二兩九錢。

蒸酒館各號：晉陽館、北雙泰、復興館、六合館、張晉厚、謙光館、二仙館、三合館、萬和館、東雙泰，各捐八兩五錢。穆三賢捐二兩。以上共捐一伯零八十七兩。

門神作房：隆盛號捐十四兩九錢，崔義和捐十四兩四錢，李同興捐十二兩五錢，李合盛捐十二兩一錢，安玉盛捐七兩六錢，陳三如捐六兩六錢，阮永成捐六兩五錢，北義和捐六兩三錢，陳永莊捐五兩九錢，錢義盛號捐五兩二錢，和同昇捐四兩，武功號捐二兩，南永莊捐一兩二錢，陳聖美捐九錢，以上共捐一伯兩。

門神作房：衆匠家捐六十兩。纓帽鋪：張豐解同□，各捐十三兩。屈永興、孟永泰，各捐十兩。孫統裕捐六兩，班公信捐三兩，柴玉盛捐二兩四錢，賀宏興捐一兩，以上共捐五十九兩零六分。

衆茶字號：義興裕記、隆裕德記，各捐十六兩。義盛李記捐七兩二錢。湧興隆記、天順正記、恒盛文記、隆盛順記，各捐六兩。永興謙記捐五兩。永泰恒記、純裕和記，各捐四兩。和興記、和合明記、元順生記、永興泉記、源盛益記，各捐三兩。永合成記捐二兩三錢五分。興旺永記、隆盛□記、新泰岩記，各捐二兩。常新岩記捐一兩。以上共捐一伯兩零八錢五分。

黃白酒館：義和館捐五兩五錢。德□館五兩四錢。仁和館、義順館、同泰館，各五兩二錢。有恒館四兩五錢，和合館三兩八錢，慶盛館三兩六錢，協盛館三兩五錢，盛館三兩，聚和館二兩九錢，王續□緒二兩一錢，衡太館一兩四錢，以上共捐五十一兩三錢。

衆煤灰廠：許義順捐十兩零八錢。劉同心捐五兩六錢。劉四盛、李際魁、李維奇、趙永發，各捐五兩六錢。安久盛捐三兩四錢。畢萬盛捐二兩七錢。李永盛捐二兩五錢。王義和捐二兩四錢二分。趙永生捐二兩二錢。唐明盛、段貴可，各捐一兩二錢。董三合、郭德太、□聚號、劉同興，各捐二兩。展文信捐七錢。梁茂盛、劉協盛、焦俊源、畢萬有、趙永成，各捐五錢。劉萬盛捐二錢五分。以上共捐六十二兩零七分。

和順店捐五兩。協興客記二兩。王義昇一兩五錢。王統泰、申盛、晉興號、靳合興，各捐一兩二錢。馬德昇捐一兩。屈六義捐六錢。衆繩鋪：王合盛捐一兩五錢。任聚運、程同興、郭紹玉、王雙玉、任世興、任世福、牛□□、程恒興、郭同順，各捐一兩。郭相臣捐九錢四分。任正□捐五錢。王一立、郭興，各捐四錢七分。張廷順捐三錢。趙錫大捐二錢。任增捐一錢。以上共捐十三兩四錢八分。

（碑存開封縣朱仙鎮關帝廟拜殿後。王興亞）

重修大殿山門樂樓碑記

蓋聞神威赫奕，千秋肅瑟，祀之瞻廟貌巍我，百世仰／[1]

關帝廟者，創建有年，重修越紀矣。向者之飛甍煥彩，粉堊／

---

[1] 該碑殘，／以下文缺。

每見遊人瞻仰，肅恭起敬焉。不意年來霜露漂泊，風日/
已歲，蒙桐油□烟雜貨行鋪諸商賈，以及各善信/
殿共山門生色，而樂樓諸處亦光彩如昨矣。斯役也，/
五色輪奐嵬峨，宏功偉績，而厥功有終，前後炳煥，詢宜/
石以為志。
山西平陽府絳縣後學李懷揚/
山西澤州府陽城縣後學朱如林/
乾隆拾陸年肆月吉日。

（碑原立於開封縣朱仙鎮河東街關帝廟東側。王興亞）

重修觀音閣碑記

嘗聞五時禪會，並象教於鷲峰；四面金身，涌蓮華於法海。散落繹於多寶之塔，已極赫聲而濯靈。繞金光於大殿之廡，豈庸榱崩而棟新。良以慧明丕□，自必堂搆重新。如宋家寨舊有觀音閣一座，廟觀輝煌，煙光繞聚，神靈在宥，四時無不栴檀，法鑒匪遙，一方於焉保障。觀斯像也，洵大觀乎！法象所居，塵封土溺。風雨所患，廢瓦頹垣。禪舍雲堂，惟有齟齬棲棟。峰頭眼界，□見榛棘含煙，此誠有心人所極目而傷懷，亦即信善所撫衆而增感者也。近因會首趙萬瑚等立意重興，虔心起造，即崇朝而造極，亦指日之合興。爛熳依然，金殿與蓮臺爭麗；輝煌如昨，蒼松共翠柏齊榮。行見其神通自可廣施福慧，功名裔嗣有感必通，疾苦災危無求不應。念彼神力普明照於衆望，聞茲妙音宏慈悲於下界。今因三年醮誠之後，爰建新碑，以垂不朽。

嵗大清乾隆拾捌年菊月。

郡人庚午科洪定愈撰文並書丹。

會首趙萬珍、聖儞、趙萬璜、董起鳳、趙萬瑚、陳正仁、趙萬這、宋朝君、趙萬瑞、趙萬瑜、趙萬璣、張君愛、張聖學。

住持僧自禎，徒性文，孫園良，曾孫明魁公立。

石人馬朝相鐫。

（拓片藏開封縣文物保護管理所。王興亞）

大清國河南開封府陳留縣八官保趙千家寨碑記

邑南五里有□曰趙千家寨者，舊有火德真君神會，於每年正月初一日遊廟，通遊至是廟，□爲火德真君香火祠，見其像貌頹敝不堪，爲靈爽所憑。會首趙光寶等述其虔誠，建議重新。因出會中錢糧，命工糾匠，改塑金粧。於三月初一日為始，至初七日告竣。像貌煥然。雖□□爽恍若監。茲謹述其事始末，用垂不朽。特記。

　　增廣生員張鍋沐手書丹。

　　會首趙光□、會首張□□、會首□□□、會首□□先、會首朱國□、□□、楚文煥、□得、代起□、□越、羅福田、陳□、路如銀、孫士信、鄭□聖、李□□、劉□章、趙文福、趙□、李虎、張光俊、路□、□進德、馬士□、趙□□、□□□、□□寧、趙崇德、趙□、□□、張興、趙崇現、趙高、趙光珍、張永吉、張永照、趙興、田自坤、田正強、田正龍、崔天福、趙天有、趙天祥、趙望□、趙光彩、程永才、趙文成、趙庭誠、趙文高、劉環、劉虎。

　　石匠孔吉祥。

　　皇清乾隆二十五年歲次庚辰孟冬上浣吉旦立。

（拓片藏開封縣文物保護管理所。王興亞）

本廟全圖[1]

【碑陽】

本廟全圖

【碑陰】

　　儀封縣當典：劉熙運、謝大成、雷太源、劉興順，各捐九兩一錢七分。劉永和、劉永太，各捐六兩六錢六分。以上共捐五十兩。

　　天吉鹽店捐六兩。

　　通許縣：裕恒典、廣積典、元隆典、協成典、全德典、世興典、新盛典，七家公捐五十兩。

　　蘭陽縣：泰成典捐十兩。

　　尉氏縣當典：劉如祥、許恒信、劉日新、賀啟源、任廣全，各捐七兩。

　　洧川縣：恒足典、如興典、心盛典、永太典、務本典、慎內典、恒盛典、全義典，八家公捐四十兩。

　　全裕典捐三兩。

　　密縣：豐太典捐五兩。陳源生、辛大豐、順裕鹽店，各捐二兩。

　　朝邑縣：徐方昌捐五兩。雷瓚捐四兩。

　　睢州當典：趙慶祥、謝廣裕，各捐五兩。

　　柘城縣：劉裕順捐五兩。

　　杞縣：劉裕遠捐三兩。

---

[1] 該碑碑陽，圖形漫漶，無法識認。

登封縣：晉恒順捐三兩。辛信成捐二兩。秦多益、董益、劉永昇、秦乾元，各捐一兩五錢。賈雜捐十兩。焦金裕捐十兩。趙永隆捐十兩。巨文密捐十兩。宋文和捐六兩。宋五仁捐五兩。衆醋房公捐五兩。

雜貨鋪各號：南恒昌捐四十四兩。崔聚盛捐卅一兩二錢。協盛號捐卅兩。北恒昌捐廿九兩六錢。公順號捐廿九兩四錢。崔合盛捐廿四兩。恒興號捐廿二兩一錢。德政號捐廿二兩五分。弘昌號、恒聚號、中興號，各捐廿二兩。合興號捐廿兩五錢二分。益昌號、貞泰號、吉興盛、永興號，各捐十四兩七錢。董復興捐十三兩。天盛號捐十二兩五錢。德泰號捐九兩。雜盛號捐八兩二錢二分。啟興號捐七兩七錢七分。宏字號捐七兩二錢七分。靳合號捐六兩三錢。敦代號捐五兩。祥太號捐四兩九錢四分。永合號捐四兩四錢。謙合號捐四兩二錢。侯茂號捐三兩五錢。王萬盛捐二兩四錢六分。萬興號捐一兩二錢。瑞興號捐二兩。瑞成號捐一兩一錢。以上共捐四百六十九兩五錢七分。

張蘭王盛捐四兩。六陳行：仁字號捐六兩五錢。王永裕捐三兩。太平縣各號：沈富盛捐三十四兩。發育號捐十五兩。張直興捐十三兩。李太吉捐十二兩。光益號、李世寶，各捐十兩。柴益盛、新盛興記，各捐五兩。李天成、鼎珍號，各捐三兩。王永茂捐二兩五錢。柴永盛捐二兩四錢。張新興捐二兩二錢。閻如興捐二兩一錢。劉太順、永聚號、李順裕、王通順，各捐貳兩。興盛豪記捐一兩四錢。劉文盛捐一兩三錢。雷隆、恒利號、丁萬有、李同盛、永盛號，各捐二兩二錢。太亨號捐一兩六錢二分。長盛號捐一兩。吳全興、師合興、賀大有、高源生、李盛隆、劉恒裕、康復興、王魁聚，各捐一兩。恒益店失落小像簿一本。餘佈施捐銀七兩零二分，不知何號所捐。以上共捐一百五十八兩九分。

白米行：盈太店捐卅兩。衆信店捐廿五兩。保合店捐廿兩。義順店捐六兩七錢。永隆店捐四兩九錢。晉衆店捐三兩。以上共捐八十九兩六錢。

鄭州元吉典捐十二兩。張清捐三兩。泰米號捐二兩四錢。王和泰捐二兩四錢。炮房：李萬順、常義和、牛旺順、李永盛、郭義合，五家公捐十八兩。絲繭行：暴明恒捐六兩五錢。□天成捐六兩。楊興盛捐五兩。郭萬順、陳裕興，各捐各三兩九錢。侯仁合捐二兩六錢。楊萬興捐二兩。王義合捐一兩三錢。劉義合捐一兩。以上共捐卅二兩二錢。

氈帽作房：王允鳳、李世亨、行天禮、楊懷璋、王振紀，各捐三兩。王國順捐二兩二錢。張永義捐二兩。王國祥捐一兩五錢，以上共捐廿兩七錢。汴城雜貨鋪：張萬興捐四兩、鼎昇號、李天成、同昇號、恒豐號、郝益盛、敬泰號、李玉成，各捐三兩。賈資太、先裕號、恒順號、合盛號、恒足號、公義號、和興號、萬聚號、王豐號、趙宗盛、趙運棟、盛號、東合盛、西合盛，十五家各二兩。玉盛號捐一兩二錢九分。史魁盛捐一兩。王雙聚捐五錢。以上共捐五十七兩七錢五分。

朝邑縣各號：楊大順、劉隆盛、[1]趙極隆、張永順、張宏盛、王人和、石新盛、董俊

---

[1] 以下空二十行。

義、雷元成廿九家、人信號，各捐二兩四錢。周元順捐二兩一錢六分。閻永吉捐一兩。柳永魁捐五錢。以上共捐七十二兩九錢六分。

過客店：郭振坤捐五兩。盧發祥、寇玉雜、□維禎、李仁義、寇成學、程讓，各捐二兩。寇方義一兩五錢。以上共捐十八兩五錢。

羊毛各號：南公正五兩。張甫昌、侯國甫，各捐三兩。陳啟國、陶福榮、馬魁孝，各捐三兩。張君德、張文盛、薛大儒、胡休元、李啟興、吳文典、支日昇、利來號，各捐二兩。譚宗煥、儀天福，各捐一兩三錢。袁士進捐一兩二錢。侯國興、裴公義、薛如盛、馬魁義、衛景如、胡體乾，各捐一兩。譚有昌、張君瑞、陳起堯、永興號，各五錢。馬大參四錢。以上共捐四十八兩六錢。

胡成貴、同興號、高金良，各捐二兩

棗米鋪：楊永春、李源生、賈弘盛，各捐二兩。

鄢陵縣：懷德典、恒太典、源錦典、永益典、廣義典、廣九典、永和典、正順典，八家共捐十一兩。任永太、張恒裕、馬宗泰、連雙隆、蕭繼稷、呂豐□，各捐一兩。

裘皮房：趙天成、張廣興，各捐三兩二錢。董□興捐三兩。陶君禮、趙染馨，各捐二兩四錢。黃復興捐二兩二錢。楊燧、史照，各捐一兩六錢。杜應科捐一兩五錢。李鳳鳴、李正先、史冊江、騫有德、李文麟、王玉興、黃立乾、亢禮、馬德福、孫士德、何朝武、羅銀字、陳斌捐八錢、田□珍、趙秉才、馬汝德、辛壬好，各捐七錢。史□佐、李君□、袁順興、李周興、白如英、段玉純、朱□資、王澤民、楊念和、顧林、高鐵永、李文全、元繼宗、趙興正，以上各捐一兩二錢。史世興、陳士松，各捐一兩一錢。田魁盛、陳起連、張正英、張永□、任大江、馬煒、張廷魁、劉子學、劉洛、藺宗興、陳斌、馬如德、辛全好、王澤民、楊念和、顧林、高鐵永、李文全、元繼宗、趙興世、趙寶祥、王廷耀、周君美、李鵬、□清士、王經美、王廷顯、李秀、李天凹，以上各捐二兩。

各捐七錢。

劉文躍、劉炳、郭忠孝、楊如傑、張□□、謝壽，以上各捐六錢。馮管、李貴、姚文魁、張條禮、樊金第、張可宣、傅仁林、馮世魁、李元起、楊朝壽、楊國朝、高芳蘭、楊祿、劉□和、藺愷、藺茂、邢芝、顧武、楊天保、馮永慶、劉倍、劉天培、張宗意、陳大儒、劉傑、孫士、任光耀、張朝儀、張正斌、李天秀、李天大、張福□、任芝茂、張文選、元宋。

一百卅四家共捐一百零八兩八錢五分。

劉晟、任同、趙秉善、樊京直、王登龍、張德壽、陳鐸、劉漢臣、郭真、劉尊其、陳永麒、王輝宗、賈福連、蒙大倫、周居功、董貴、程振興、張文英、陳起蛟、徐饒、張文學、楊福昌、毛豐盛、和興號、同成號、公盛號、孔隆合、元吉隆記、付德泰、傅永興、牛世興、郭長盛、劉永慶、魯全發，卅一家各捐五錢。

恒太號、北旺盛、張朝緒，以上各捐五錢。

趙永會、陳魁、白士學、薛廷柱、王吉，以上各捐三錢。

新盛號、萬升號、萬鑒號、復興號、侯協成、黃三益、李永合、支長興、薛興盛、付益盛、興盛號、徐同順、張長順捐二兩。肇豐號捐二兩。

同順號、多順號、北永瑞、元吉永記、郭義和、史廣興、怡興號、張永茂，廿家各捐三錢。

張隆順各捐二錢九分。

順升號、王大成、公同裕、李東興、茹簡裕、孔永太、文盛號、陳復興、馬廣興、信成號、喬晉興、張合盛、通興號、多興館、姬旺盛、秦瑞盛、新盛號、楊益興、關益新、王瑞□、李萬和、□文福、孔元興、許恒盛、張玉恒、趙文和、趙君成、焦大義、張祥茂、李文盛、源生號、東蘭盛、趙公盛、朱義和、僉協□、趙晉興、焦順興、林晉興、焦西盛、順興號、公順號、德瑞號、萬盛號、張永發、司元聚、公興號、畢和盛、趙立成、魯新盛、福德號、王魁盛、杜恒仁、張永盛、黃長盛、公發號，以上六十四家各捐二錢。

張登科捐一兩。郭義成捐銀一兩。

司通興、張晉、韓泰、永瑞號、公□號、仝盛號、德興號、李順興、泰長永、永益典、通興號、賈朝盛、彭森詡、柴茂盛、福聚號、呂義順、公興號、慶雲號、張九成。

□縣各號：鄭□□三兩二錢。郭新□二兩。鄭□克、王廷盛各一兩五錢。鄭爾□一兩二錢。柴同□、李□寧、李□□、郭德盛、乾連號、新泰號、許新盛、陳克巳、鄭義永、□號，十一家各捐一兩。李鴻儒五錢。以上共捐銀十九兩九錢。

晉公店各字號廿一家共捐二兩九錢。徐吉生捐五錢。衛永盛、順興號、上元號、宗生號，各捐一錢二分。張永興、張義魁、隆泰號、付九成，各捐一錢。

皮房：陳士鏞捐三錢五分。李芳捐三錢。同盛店捐六錢。馮天裕捐三錢。董自來、永發號、袁德順，各捐二錢。

收絳州各號修拜殿銀二百廿九兩七錢七分。收陝西修財神殿鐘鼓樓銀一伯六十五兩。收翼城縣修碑樓銀二伯百兩。收修匾對銀二伯八十六兩四錢四分。

使用於後：

開工、敬神、獻戲使銀一伯六十兩，獅柱條碑匠工使銀七伯零三兩六錢四分，石灰使銀五伯四十六兩，送祖師駕佈施銀三十一兩四錢，木料銀一千四伯七十兩八錢，顏料銀三伯四十兩零三錢，香爐棹裙門簾銀二十九兩五錢，琉璃銀五伯九十二兩七錢三分，赤金銀二伯四十八兩零八分，旗杆銀四十二兩四錢，磚瓦銀一千二伯八十二兩八錢，油漆銀二伯兩零四錢，木作使銀一千零五十二兩六錢六分，壞土小工使銀一伯二十五兩一錢八分，泥作使銀一千零八十一兩九錢，鐵器匠工使銀五十七兩五分，油畫使銀八伯百二十四兩六錢，廟役工飯錢使銀八十二兩八錢四分，鐵釘使銀一伯四十九兩七錢，各工煙茶犒賞使銀八伯百九十一兩一錢。

總理首事段宏極、張秉慧。

總理錢糧永發。

監工首事李新盛、久成玉記、敬盛允記、任新興、龐六合、蕭萬勝、敬盛挺記、大魁和記、王炳、李合興、吉恒益、田新盛、薛存誠、段豐裕、李全義、王基周、梁志、劉降升、恒厚鋪、關大成、鄭翔美、李元茂、吉興盛、鄭益美。

住持楊智慧。

木作孫可秀。

泥作長厚、□厚。

油畫常昌、復觀。

石工白可勤、紹厚。

鐵筆劉恒泰。

（碑存開封縣朱仙鎮關帝廟殿後東。王興亞）

重修關帝廟碑記[1]

【碑陽】

【碑陰】

重修關帝廟捐財姓氏列後：

通過收過佈施銀壹佰捌拾貳兩玖錢陸分，除收外使過會內銀柒兩柒錢肆分。

劉守志拾兩。李升恒肆兩。劉隆興肆兩。方隆順三兩。宋朝塘三兩。張廣三兩。徐恒新三兩。柴復興三兩。崔寶慶三兩。張栗三兩。張開昌二兩。葉起元二兩。竹鳳儀二兩。周廣盛二兩。莊信盛二兩。崔希篆、張人龍、鄭森茂、梁廣興、徐全義、潘元茂、尹永順、任□、任國珍、張炳實、趙起楨、陳廷麟、景九如、翟應元、景義聚、田之珠、許義和、賈鳴鳳、劉夢耀、劉一俊、梁柱、張躍朗、譚宗孔、譚經、宋景龍、張希忠、田之珍、楊通順、張文亮、陳國賢、蕭國禎、王文進、何耀羣、陳光德、戴其瀾、張先德、李聯桂、鄧文燦、蔡之芳、劉一林、張鳳，以上各一兩。趙起榮、李桂芳、丁亮、張輔臣、劉成耀、邢肇基、趙林德、楊啟璉、唐楨肆兩、常碧、劉國聘、王曰然、陳永泰、趙鑒、董日如、于貴、閏登雲、朱之燦、張養哲、趙春義、張鎮、武逢源、余立登、朱懋坤、程光榮、王宗奇、方載、楊福亮、項茂壽、曹士勳、李之雅、王臣昌、屈俊、陳永寧、張國政、杜文光、李篤敬、王卓、李淞有、李鳳雲、謝致和、何日新、王泰昌、邵兆泰、方守禮、邢文秀、徐自學、張銓、戴慎魁、杜枝、彭文升、蔡思禮、程訓、郭士成、翟士榮、郭一松、穆潔、李永昌、高岱、李長榮、張公盛、趙應祥、石文、汪一奇、楊仲士、汪奎臨、楊調元、張啟秀妻吳氏、李爾寬、張培、錢修、姜應時、楊實，以上各伍錢。陳維新、程奇盛、

---

[1] 該碑碑陽模糊，無法辨認。

張忠興、陳典禮、單□奇、李之才、李文秀、中和館、劉昌運、徐大澤、侯恤民、李誠秋、楊文善、殷捷、李鶯、楊國棟、李用和、杜明遠、申光宗、石守印、翟挺、蘇聯芳、李伯宗、葉日蕃、宋明、張光運、侯存節、鄭國祥、馬文元、蘇進表、黃甲選、張弘亮、龔有植、賀君錫、楊昇，以上各三錢。周進邦、靳士嘉、邵鳳、郭保康、王名軌、程道盛、袁之隆、仵維桂、張文棟、李開甲、張世昱、李從仁、杜澍、楊林、文祥、金漢、李維德、鄧士雄、楊可曾、謝三禮、黃鳴遠、張雲鳳、張星魁、陳明、李玉鳳、裴三俊、馮起伸、常景華、屈軼門、陳昇、蘇緒芳、靳貴、高志學、張貴、趙尚寶、王世傑、康思敬、晉福泰、魯秉禮、董成、崔景陽、恒盛號、高旦綸、張天佑、尹景奎、郜愛珍、王三邈、吳元福、張映軫、鄧廷章、方居正、胡敏極、王天壽、白太素、周贊化、褚明道、武大邦、梁臣、楊三元、張弘道、王啟心、談文、龐起朋、褚惟凡、李耀、張錦、李國棟、郭賢英、趙三德、孫進俁、吉永泰、王韓、吳國瑚、王胤乾、王珍、馮祥、趙積慶、趙國啟、趙永治、王民悅、吳應時、楊奇林、張春元、張學孟、張明宇、徐伯達、袁通、楊奉山、馮三益、王玉之、宋溥、王有才、王起吾、何門蔡氏等、席嘉賓、趙士弘、趙士松、趙士□、王之璉、王新德、宋良佐、李文奎、王尚信、李文、王懷廣、陳寬、孫國福、楊逢春、陶珍、王廷璧、李長福、賈國祥、高明學，以上布施錢分灰土不等。

重修妝金、大店、前後大門、過廳、閃屏、木料、磚瓦、顏料、石碑各色工匠等項，共使過銀壹佰玖拾兩零柒錢。

妝金畫匠劉芳世。

木匠阮泰俊。

泥匠田得銀、史相。

油漆匠劉玉彩。

鐵筆王以蕃。

（碑存開封縣朱仙鎮關帝廟拜殿後。王興亞）

重修觀音堂記

宋家寨東南隅，舊有觀音堂者，乃一方庇陰也。棟宇修潔，瑰鬘莊嚴，□□父老之禱祀，靡不趨舍其中焉。時有修葺。及乾隆二十六年，黃流氾溢，適當其衝，垣墉殿陛蕩然無存。趙君萬期等顧而問之，商及鄉里，率先募化，鳩工庀材，以示更新，不逾月而告竣。仍塑魁星於其上，蓋不惟慈航普渡，抑且文光未耀也。□之舉善矣。鄉人喜其事，屬余為之記。余是以其本末而書之。

邑增廣生員翟作槐撰文。

祥邑贊禮生員高其道書丹。

石匠翟國棟。

木作□真。

泥作閻斗才。

畫工于□龍。

住持僧性文，徒園良，孫明魁。

峕大清乾隆三十四年歲次己丑仲夏月下浣穀旦。

（拓片藏開封縣文物保護管理所。王興亞）

移修舞樓碑記[1]

【碑陽】

朱仙鎮乃古汴勝地也。鎮西北隅關帝聖廟，鎮之鉅觀也。廟前有舞樓，春秋報賽以獻戲而酬神焉。斯樓也，舊制在照壁之外，巷衢之南。前人有嫌其為照壁所隔，恐音響舞蹈神弗見聞，爰移樓於照壁內。余南游，道經茲土，瞻禮帝君畢，信步游覽，見舞樓逼近帝座，固想鎮為大都會，居民稠密，商賈輻輳，似此湫隘，□□遇酬神獻戲時，必致擁擠錯雜，囂淩不靖。揆之奏格之誠，未免有礙。神之精靈，何所不照，鉅有音容協手，節奏□昌，通乎天地，而曰神弗見而聞耶？今山陝眾商，善念同歸，翻修正殿，起蓋山門舞樓。原修則繫山右大板烟號，公論照板捐資，而今復□其地，舞樓又移置衢南壁外，局度開闊，氣勢悠長，較前逼促之模，頓覺改觀。而且巷衢則以石鋪之，東西則以□□□，易照壁而為木柵，內外得以□氣□□□也。

斯樓之移，□□□□之照□之□□，因鎮□□不視，□南□□□□□，與舊制相稱，不過數武之遙。然而，聲容遠布，陽春白雪之音與潺潺流水相唱和也，舞袖翩翩之□與瑞□彩虹相掩，與□璀燦□□□現麗制之雅，而足以壯西北之氣，□而為一鎮之大觀也。遂有囑余為文者，余援筆而紀其始末，並作七律二首。曰：

此日歌樓氣象雄，規模遠比當年同。

且移咫尺天涯□，□□□□帝座宮。

羽調聲聞流水外，□□已映彩霞中。

從今瞻拜冠裳肅，便是千秋俎豆隆。

又曰：

歌樓那便偪神居，移向南來位自如。

□□□□迎俎豆，□□□□近清虛。

宮商永奏春風際，節拍輕敲秋社餘。

會此功成且勒石，諸公一一細陳余。

---

[1] 該碑碑陽字多漫漶。

賜進士出身誥授朝議大夫現任歸德府知府加五級紀錄十次山右杜憲撰文。

特授文林郎嵩縣知縣加三級紀錄五次山右李一德書丹。

乾隆四十年歲次乙未仲春上浣穀旦。

【碑陰】

山西衆大板烟號捐積銀兩，移建戲樓，而今完工告竣，書名勒石，各號施銀開列於後：

元泰和捐銀柒百陸拾壹兩陸錢柒分，元隆昌捐銀伍百玖拾柒兩貳錢壹分，義盛泰捐銀伍百零玖兩玖錢陸分，北永盛捐銀貳百肆拾兩柒錢貳分，興順公捐銀柒拾兩零肆錢柒分，田義和捐銀伍拾壹兩伍錢柒分，許永盛捐銀拾玖兩壹錢陸分，永順號捐銀拾捌兩伍錢壹分，楊永盛捐銀拾肆兩三錢三分，南永盛捐銀拾壹兩捌錢三分，司隆盛捐銀捌兩貳錢壹分，高興隆捐銀陸兩三錢三分，臨泉號捐銀伍兩三錢柒分，祥泰號捐銀三兩柒錢三分，牛新盛捐銀貳兩零捌分，新盛號捐銀肆錢伍分。

創立石柱木柵：義盛泰、元泰和、元隆昌、元潤號，公捐銀陸拾捌兩壹錢捌分。

採買物料使費銀兩列後：

大會佈施使銀貳百兩。

石條石碑柱頂坏灰使銀貳百伍拾玖兩伍錢玖分。

木植磚瓦使銀玖百零伍兩零肆分。

雜役使銀壹百肆拾陸兩壹錢肆分。

琉璃脊獸筒瓦使銀貳百三拾陸兩捌錢貳分。

赤金顏料油漆膠鰾使銀壹百陸拾貳兩柒錢捌分。

各匠工價使銀肆百壹拾伍兩貳錢伍分。

石柱木柵使銀陸拾捌兩壹錢捌分。

工已告竣，本會佈施無存。酧神、獻戲、懸扁、勒碑，眾議各出心願。

多寡捐資薛尚忠、元泰和、義盛泰、元隆昌、顧永盛。

完工費用，碑不錄敘。

督工首事義盛泰、顧永盛。

經理首事北永盛、元泰和、元隆昌、興順公。

住持楊智慧。

木匠孫可秀、王瑄。

泥匠李紹唐、李長聚。

石匠翟書。

油匠趙惠。

畫匠卓漢章、吳振。

（碑存開封縣朱仙鎮關帝廟拜殿後。王興亞）

重修伏魔庵大殿樂樓碑記[1]

關聖帝君之庵，自被洪水傾圮，修正完固後，迄今十有餘／
乙未之歲，上值天水連綿，下際河水暴發，遂致大殿牆／
瞻資以為多年勝觀，竟淒涼以致如斯，孰意閱未幾／
有鼓眾往管，旬月間，而大殿樂樓復煥然一新。胥／
益一由聖帝威靈之所感，一因眾善誠虔之所致，將見自茲以往，荷／
樂施之眾，恢宏繼續之溥，亦更緣此而益多也歟。予因眾／
為記云。
萬壽科武解元兵部後推守備／
魯水後學／
乾隆肆拾柒年歲次暮春吉旦。[2]

（碑存開封縣朱仙鎮關帝廟。王興亞）

關繆宮重修碑記[3]

慎之□□橋東有／
於今政六十年，歲月積深，滄桑多變，棟宇牆垣，半爲風□。時煥然一重新，視舊規而擴大之。落成，以記屬余。余嘗讀旨者明故其注，念於君臣之義者，純相生死利害之，以照灼於斯人之心，遂使斯世之人，無論深山窮谷，正心悅誠服。因孔子後一人而已，寧□廉頑立懦寬鄙敦薄。

高□沐手撰文。
／薰沐書丹。
／薰沐篆額。
會首張興泰、宋朝塘、劉門志、李升恒、方隆順、劉隆興、楊賓、周廣盛、慶信盛、許義和、徐鵬遲、蔡隆盛。
／旦勒石。
住持僧自照暨徒勝印仝立。

（碑存開封縣朱仙鎮關帝廟殿後。王興亞）

---

[1] 該碑殘，／以下文缺。
[2] 柒字前渙漫，據文中乙之歲。
[3] 該碑上半部缺，／以下字缺。

關帝贊碑[1]

神威奮大武，儒雅耆經文，天日心如鏡，春振義薄雲。

道義配天地，忠烈貫古今，凡有血氣者，孰不樂尊親。

壬寅仲冬蒲阪弟子李玉昌敬題。

典衣鋪捐施姓名開列於後：臨津樊進忠銀四兩四錢，祥符王口興銀四兩四錢，封丘黃經口銀四兩四錢，蒲州田戊成銀四兩四錢，芮城楊元亮王福銀四兩四錢，蒲州田啟銀四兩六錢，絳州田建盛銀四兩，曲沃許建盛銀四兩，武安楊口順銀四兩，祥符于海口明銀四兩，絳州黃口口，蒲州李口喜銀四兩，王口連銀四兩，祥符張英銀四兩，錢際泰銀四兩，祥符呂澤茂銀四兩，祥符婁德口銀四兩，祥符申之口銀三兩，絳州喬口口銀三兩，蒲州口之口銀三兩七錢，蒲州口義祥銀三兩，太平郭九圍銀三兩，祥符劉致中銀三兩，蒲州翟耒徵銀三兩，杞縣楊守耀銀二兩七錢，榆次崔文學銀二兩五錢，潞城張同心銀二兩二，曲沃衛兆吉銀二兩，祥符李從讓銀一兩八分，絳州賈文鬱銀一兩五錢，祥符郝秀銀一兩三，臨津樊登進銀一兩一錢，楊永順銀一兩一錢，祥符李聚盛銀一兩一錢，蒲州趙祚許銀一兩一錢，蒲州張揮臣銀一兩一錢，臨津荊本生銀一兩一錢，李君一銀一兩一錢，晉州王有學銀一兩一錢，通許孟良臣銀一兩，祥符常治銀一兩，祥符閆世法銀一兩，李中立銀七錢，臨津李口英銀五錢，絳縣石彪艮五錢，蒲州李君惠艮五錢，薛原性銀五錢，太平李世賢銀五錢，祥符郝鼎艮五錢，芮城黃儼銀五錢，芮城李維艾銀五錢，蒲州李忠銀二錢，絳縣續福銀二錢，臨津樊登臣銀二錢，劉玉生銀二錢，王明銀二錢，劉光生銀二錢，太康田曰功銀二錢，曲沃蘇眉口銀二錢，祥符高誠銀二錢，蒲州屈常銀一錢，太平朱鼎民銀一錢，絳州孔肇林銀一錢，李純盛銀五分。

以上共施銀壹百貳拾伍兩貳錢伍分。

外積伍拾貳兩貳錢伍分。

畫工藍。

住持僧隆德／圓科存圖傳信。

鐫石王天祿，徒王廷珍。

（碑存開封縣朱仙鎮關帝廟拜殿門前。王興亞）

---

[1] 該碑上半部字殘，不可辨認，僅錄存文清晰可識者。

重修關帝廟碑記[1]

以昭其文，五色異彩以彰其度。使尊卑秩 /
鎮之東河。舊有關帝廟，其來遠矣。 /
冠冕法像加九五之尊，御使幽明無異致也。 /
爲功程浩大，欲漸及而成不能。以無待也。 /
務極藻麗，曩之暗然者，一旦而爍，增光凝旒 /
命者前有草創，而諸君子施以潤色。其 /
首事王廷玉、於海、田啟、李玉昌、黃宜中、田萬善、樊進忠、楊得禎同立。

（碑存開封縣朱仙鎮關帝廟拜殿門前。王興亞）

重修泰山廟碑記

河南開封府陳留縣東北隅二十里東來集，舊有泰山廟。形勢浩大，廟宇繁多，鐘鼓二樓，分列左右，閣君□□峙立東西。前山門，後寢殿，靈爽宛在。左真武，右元武，神威莫測。而且上接雲漢，九連閣高出重霄。他如戲樓聳峙，羣廟巍峩，更僕難數。此誠陳邑石□。內有大佛殿一座，自明歷清，數百餘年。廟宇雖存，神像殘缺，色妝黯淡。倘無繼起者整飾重修，不將盡爲傾圮乎！今有賈家寨女善人賈門張氏，目擊心傷，意欲改妝聖像。奈□□□□□難成，因於附近莊村信女，敬約一會，數年之久，積少成多，貲財贏餘。遂聘賈有林、徐果、王理正等諸位會首總成善果。金妝大佛殿神像三尊，圓尊菩薩一堂，殘者補而缺者增，黯者顯而淡者新，諸□聖像莫不煥然改觀。自嘉慶拾年陸月興工，至拾壹年柒月告竣。刊石徵言，余實不文，據事實書。庶幾覽文，□感虔心頓發，以善繼善，俾廟貌永存，神像常新，百世之後，不至廢弛。余俟有厚望。

古杞後學張允恭薰沐撰文。
□□生員王文煥謹書。
石工孔繼善。
金妝神像班廣泰。
嘉慶拾壹年歲次丙寅七月孟秋既望立。

（拓片藏開封縣文物保護管理所。王興亞）

---

[1] 此碑與上頁《關帝贊碑》刻在同一方碑石上，/後文缺，標題係補加。

捐資姓氏碑

通政使司右參議張督甫，提督福建學政司百職，直隸大名、廣平兩府督河分府高茂選，吏部候選知縣胡文耀、候選知縣□式鑛，候補主政胡祚永，開封城守營頭司把總陳光祚，歸德府儒學訓導劉國聘，□□州同知竹鳳儀，崔希篆、任儀、翟應元、張珂、李永梱、彭懿、候選訓導張超，候選教諭翟璋。

監生李翰、馬標桂。

生員汪景順、□師栻、劉希□、李宗洙、□琅、潘之耀、宋希弘，候選經歷汪一貴、徐鵬遠、李士傑。

信士金用光、彭漢□、何可成、楊盛彥、□鈺、毛□□、張□□、袁式□、曹謙、宋□之、□詞選、王□居、□□□、馬珠、王應□、吳養十、張懷璞、張開基、孫□、魯□周、□彭年、孫進敏、李維艾、陳弘志、劉漢英、葛弘業、葛弘道、趙憲普、宋弘運、張二銘、王□、陳德弘、陳玉前、陳宏範、陳宏仁、解倫、夏之英、邵其聯、周替化、賈蘊古、李天奇、□永祿、楊遷義、楊國輔、韓守□、□□□、□□□、□□□、汪景清、張越恒、王謐、楊嗣美、劉瀛、田之□、王明□、唐育寶、宋萬順、戴德勝、王惟一、王之洪、高腳行、宋盛、關大成、閆義盛、唐□盛、松甫正、李祥發、段希典、趙吉祥、閆順義、秦瑞豐、宋盛、劉君盛、王道生、趙國隆、蕭國楨、賈□豐、吳尚麟、李永祥、周臨盛、張□榮、廖天成、王一元、王恒泰、馬文□、徐秀之、黃聲遠、劉德故、趙恒盛、薛□興、黃□盛、柴玉昌、曹大興、李萬興、□□道、張通盛、□全興、朱再成、□□□、馬奉先、許興邦、張玉林、趙明德、張致志、吳比盛、柴恒□、牛打一、趙恒興、劉大有、楊大生、尉忠信、何大遠、王合興、趙公茂、劉協成、楊萬聚、張義茂、朱源順、文永興、同發號、永全號、任聚興、□長生、王大型、賈御泰、謝永太、王元盛、劉德盛、翟長興、董同盛、翟興盛、柴貴生、趙春生、李玉生、宋晉盛、張德盛、王萬利、張義合、潘成興、衛元大、李鞋城、桐春館、許聚盛、俊榮軒、丁長春、集霞軒、許聚興、傅長興、王義合、楊世俊、王元益、董學機、嚴振宗、徐鉉、宰有賢、黃加貴、賀天恩、楊成公、許祥、王儒、劉聖旺、歇工替、薑霖、劉敦、李公佐、□顯、□岐山、□□鳳、張元惠、江□□、梁光先、□式鍠、丁尚仁、高進賢、石璞、孟成祥、劉暉吉、朱紱、法倫、張本相、麗人傑、趙琰、申規、熊應壽、吳良玉、馮隆昌、趙起龍、陳士□、劉德峻、柴維仁、李炳星、張丹、李如□、□□□、李天祥。

善信弟子李之□，男國紳、國組、國緟。

雕作傅銓遇。

木作李如蘭。

泥作石現。

畫作趙玉還。

油作吳名揚。

鐵作張先誥。

主持全真□太然。

徒孫馬一純、秦一林。

曾孫邵陽寬、陽敏。

元孫楊來緒、師來柱。

六代孫□□元。

(碑存開封縣朱仙鎮岳飛廟。王興亞)

朱仙鎮新河碑記

自滎陽西南諸山谿谷，合京、須、索、鄭之水東流，至祥符，經朱仙鎮，達周家口，復合沙、潁諸水，委輸於淮，以元臣賈魯實治之，遂名賈魯河。往時，舟楫暢行。上可以抵京水鎮，以故朱仙鎮百貨充牣，會城因之號繁富焉。

自道光二十三年，河決流淤，屢濬屢塞。予初任豫撫，即有意修復之。既以遷擢去。光緒七年秋，復撫豫。縉紳父老為予言水利宜莫先於治賈魯河，且請自王堂改疏新河達鎮，循舊河淤道入鎮南行而建閘，以資蓄洩，為經久計。予察其工鉅，民夫不任勞役，費且不貲。躊躇未即決。既思予於五年任河督堵築黑堽險工，嘗檄北東二鎮練軍暨毅軍健卒合力並作，諸軍故予舊部踴躍勝民夫數倍。以是知兵力之足用，迺謀之統帶豫銳營蔣東才軍門，蔣君夙具幹濟才，且勇於任事，毅然請行。予復進而語之曰：事莫難於經始，茲河之役，非一再矣。道光間，發帑金大治之，功卒不就。當事者且獲咎。同治十二年，工甫竣，不旋踵而淤淺如故。進銳退速，將徒勞而無功，予其慎持之。

於是，蔣君躬摯所部駐河上，諮謀相度，率作興事。明年，春三月，予奉命閱伍，道經朱仙鎮。蔣君遂為予言挑濬狀。自李牧岡至張市數十里，皆疏通無阻患，且規畫王堂新河，功效利弊，瞭如指掌。予樂其可與圖成也，以書告之司道諸君。蓋大治修具，增犒賚，以期集事。而蔣君督勵將士以兵法部勒，暑雨無所避，晝夜兼作，凡四閱月，而新河成。水泉暢流，舟行無礙，商賈驟集，居民謹呼相和，向之壅遏煩滯，一滌而新之。縉紳父老舉欣欣然。知有以樂其樂，而利其利也。相率請為文，以紀其盛。予曰：“豈直唯是而已。後之踵而有事於斯者，若建閘，若歲修，周之復之，方綱繆未艾也。”乃敘其顛末，勒石於鎮，俾來者有攷焉。

是役也，以八年二月二十五日開工，七月二十八日工竣。凡用銀七千五百兩，董其事者，記名提督蔣東才。與其事者布政使覺羅成孚、按察使豫山糧臺候補道黃振河、署開封同知英惠、新息通判沈宣昭，皆例得備書。

光緒壬午八月撫豫使者義州李鶴年記。

(拓片存開封縣朱仙鎮文物保護管理所。王興亞)

（陳留縣）

文義會碑序

即選道前任陳留趙培桂

文義會為寒儒鄉會試設也。桂以漢南寒儒徒步赴都觀光者十次，計程往返八千里，所藉以敷衍者，全賴公項，約得二十餘金。陳邑去者，僅四十餘里，距京亦千有餘里。雖所需無多，然能如桂之嘗苦者，有幾人哉。甲寅，署武安，設立文義會，寒士藉以潤色，而占科第者亦不乏人。爰倣而行之，分廉倡捐錢乙百千文。生童等續有所捐而數不相符，又撥沙壓局錢五百千文，因就書院之款，統入分出，交相慰借，冀圖久遠。僅舉合款勒石，以垂不朽云。

光緒年間。

（文見宣統《陳留縣志》卷四十二《藝文志》。王興亞）

莘野學堂碑記

郭世棟

莘野之有書院，相沿已久。今改為學堂者，因時勢而變通也。國家承平，尚道德不尚技藝，觀於董宣之忠，茅容之孝，江逌之直，劉忠之貞，無非本書院陶鎔代出，為陳留品望。吁已偉矣。所謂三綱繫命，道義為根也。乃陵夷至今，泰西列強，崛起海外，專以製造之精，為便民利國之計。自中西交涉，壟斷獨登，商戰之勝，中夏幾難於抗衡。故朝廷變法救時，詔天下郡縣徧立學堂，俾志道者益復遊藝，勿圖空談。據德依仁，動為世變所窮，特陳邑偏小，學堂建修，未易遽辦。邑侯柏琛翁公不欲以籌款故，累及百姓，姑就書院半頹之舊址，捐廉六百千，委棟監工經理其事，修緝坳塈，三閱月而煥然一新。又添齋房七間，制器具一百餘件，購書籍二百餘卷。功程甫竣，即延名宿二員，取士二十名，應吉開講，朝夕不倦。公於列始之後，又恐難持久，後於書院月課外，損車紀局應給署內之號草錢四百八十千，為學堂常年支銷。更定堂中章程二十五節，條分縷析，斟酌盡善。公之嘉惠後學，可謂至矣。噫，書院者，今南劉公創其始，漢南趙公振其中，浙右俞公亦其中。三公協心，相時制宜，而俞公獨難者，運數之為也。

方今歐、亞逼處，需才孔亟，入學肄業者不必專效西學，即中國之制器尚象，興神物於前民者，觸類引申，因端以竟委，由粗以詣精，馴致其極，而泰西之聲、光、化、電、礦、算、汔、重等學，亦無不會而通之矣。況西藝之專門名家者已嚆矢也。誠由是道藝兼營,體用相資,數年後,必有奇才異能,超出泰西諸國上者。人心何患不振,國運何患不昌!我俞公興學育才之厚望,亦何患不慰。

爰為勒諸貞珉,為學者勉,且冀後之宰斯邑者,相引而勿替焉。是為記。

宣統元年。

(文見宣統《陳留縣志》卷四十二《藝文志》。王興亞)

通許縣

新修儒學碑記

國朝陳爌

聖王以民社之寄，屬之分土而治者。郡邑大夫唯社稷是祀，昭明齊邍，以將祈報爾。已而，辟雍之興，雖天子必執爵再拜，獻南郊而外，禮莫與媲焉。降而九列，重臣涖事於外，甫入境，亦必齊被謁所在先師，不及他祠廟，是澤宮之隆重，無都會州邑，當崇餙，不當窳圮也。蓋社稷義主養，庠序義主教，養之責可分操，教必統於一尊，肅大聖人之宫，以晜弦誦之侶，而胥天下聚而凜素王之一治。士以聖為歸，民以士為重，故士束於矩，則無勿束也。司治之大端，審先端而圖之，則餘蔑不舉。矧新朝奮興，純理嘉與，薄海維新。宸衷方躬親太學，以倡侯甸一道同風之本，舍興行無繇，顧荒莾罔戢，不亦長吏之羞耶。歲癸巳，賈大夫來涖許，甫肅謁見，牲璧委諸灌莾，蓬藋之室，以奉尊儼，旁不容几席，安問廡樹。大夫愍如曰：事孰有大且亟於斯者，毅然謀新之。雖費實不貲，而公灼見其鉅，在易巽之九五，以議革也，曰後庚三日吉，後庚為癸，人養漸裕，則教益亟，烏可緩諸？立與兩先生謀，鳴鐸衷衆，余將為。若先城闕之謀，寧唯余是恫。二三子矗其勤實枚之役，捐鏹鳩工，不匝歲，告成事。於是，峩宮丹闕，峻宇周垣，春秋肆祀，儼然迓宣聖之衣冠。來其色笑，前此未有也。夫修復聖宫，以宏教思；振新士氣，以壽國脈。顧不得之他人，肇之我公，似夫徘徊焉以屬賢有德者，有功名教，僅社稷臣云哉。斯役成，豈都人士之福，諸父老實嘉賴之。異日讜言駢興，秀良聿起，無不中才之累以憂厥先。詩曰"夙興夜寐，無忝爾所生"言敦行也。大夫之德，造於懋矣。若夫絳席之克襄，薦紳之捐助，羣弟子之分董，胥賢人也。例得並紀，以志不朽。

順治十年。

（文見乾隆《通許縣志》卷九《藝文志·碑記》。王興亞）

城隍廟記

邑人進士王章炳

考厥祀典，有功德於民者，例得徽朌蠁，由天宗而次之岳瀆方社，皆被赫濯，司馮生命脈者一同之。內秉陰贊陽，時風雨，捍災患，呼吸與民通，唯城隍之神是視，廟祀優崇，所固然已。曩季天不挾明，敵烽爇遍，汴豫許，逼左輔，焚燬尤烈，勢不令祠宇獨存。清鼎肇興，唯神道隆則隆，毅然來相陰隲，爾困踣斧，餘之赤子言旋言歸，壯其筋力，以闢荒歲。更從翳林茂草中，幻出麥菽，贍諸乏粒食者，民乃得不餒仆。克康功積十有二年，及今師旅不擾，祲害不傷，人和年豐。閭閻之嗣，繁碩易磧，礫為綠疇。始則野無鳴吠，漸且户有馬矣。始則瀰望窅烟火，漸且商至如鶖矣。始則祇聞哀弔聲，漸且絃歌溢東壁、抒軸韻西軒矣。猗與！微神力寧及此。歲己丑，關左姜侯來，從父老言，謂修舉廢墜，盍先諸廟，陞尊而體肅。庶幾大夫親邊士駿奔，庶婦伏臘禱籲，頫首爇旆帛，咸無有隕越。聿新之工未竟，姜君遷。古韓賈侯來，侯固於事神寧民之道尤摯者。自癸迄乙，悉出善政福民。凡民之歌舞而沐浴，以為潛啟嘿佑，胥神庥也，益樂輸而終事焉。殿寢罍廡，庖湢師祀，室共若干楹，朱丹彩繪□其中，翬飛矢棘耀於外，歸歸鉅觀於焉告竣，神所憑依，歷在斯矣。嗣今閱千萬禩無斁之廟貌，咸後先兩大夫、洎諸彥士耆庶難量之膚功也。其樂施董督協濟之姓氏，不可以不紀。

順治十二年。

（文見乾隆《通許縣志》卷九《藝文志·碑記》。王興亞）

邑侯費公墓道碑記

國朝江西江天涓

天地間，偉人生不偶，死更不庸。死，大事也。與兒女子訣，不若與詩書訣，又不若與國家之百姓訣。其死也，端而雄，仁義而神明，則通許令費公其人與。公令通許甫四十日，流賊以萬衆猝薄城下。公執矢登陣以捍數日，援不至。公度不支，乃屬邑之父老曰："食且盡，事去矣，徒效睢陽無益也。我生不能全，若我死而若全矣。苟若全，而我死又何惜也。"父老莫不泣下。公乃正笏端冕，望闕北拜，懷笏躍入井中，死事在崇正［禎］十四年十二月二十二日也。翼日，賊入城，得公尸，面色如生，衣冠不損，屹如也。賊怖而義之，瘞以禮。嗚呼！度公之靈必曰：賊礫我則榮，殯我則辱我矣。公寧樂為賊瘞者哉！邑人士德公活許人數萬，無男女少長皆為公縞素匝月，改瘞於鳳形岡，至今享祀無缺。墓去城不數武，歸然道左，過此者，皆將識為明通許令費公之墓。余承乏宛，李以公誷，過許，陳牲草，祝拜公墓下，固以梓眷，實鯀景慕也。許令君賈獻之先生曰：公祠許名宦。許人哭公，詩章載志矣，曷碑諸。乃以碑詞屬余，以余知公詳也。

公，豫章之鉛山人，諱曾謀，字畊道。成化丁未廷試第一，拜相國諱宏，諡文憲公之元孫也。家世傳臚者二，成進士者六，孝廉七。淵源古學，聯臏臚仕者，公之父明經蔚菴公、叔明經去非公也。公以《五經》應崇禎拔選，文章奇古，然非公之事業也。公之事業，其在與許士大夫百姓為訣之日乎？而又有謀余為公圖歸瘞者。余應之曰：與其高楓大槐，子孫守之，泯泯無聞。何如與許之百姓士大夫長黍稷，盤桓於凄風寒月之下，百姓快而公亦快，併過此者，皆得拜稽，為公快哉。

（文見乾隆《通許縣志》卷九《藝文志·碑記》。王興亞）

西王母香像碑記

國朝邑令惲騮

　　許邑舊無西王母祠，邑人亦未知崇奉。康熙十八年，里中張會極等傾心道教，嚮往長生之旨，建會而尊禮焉。因於城西隅剏立殿宇，雕繪香像，金碧輝煌，儼瑤池之降，羽儀整肅，駕青鳥之輿，徑僻地幽，瞻廟貌者不啻若玉山瓊島，真可邀仙馭而契清修矣。已落成，屬余作文，以垂永遠。時余將赴景州任，重違士民請，因記其事而復為考所從來，以示之。常讀《穆天子傳》與《漢武外紀》，載王母晏天子於瑤池，及來降漢，殿如所謂白雲黃竹之謠，滄海桑田之說，若有其人，而當世帝王，慕尚仙靈，真可與之延接，而躬承教者。其事雖詳，其語頗誕。故後人於兩君不能無譏，世之君子又往往藉兩君以諷切時主神仙之好，以為淌洸欺謾，未可信也。惟道家者流謂王母為修真之始祖，夫西為金位，萬物之所成就也。金，太陽之精也，亦屬坤方。坤，母道也。故道家稱西王母亦稱金母，用配東皇與木公夫，亦隱約其義，以喻真修之秘，而非必實有其人，而乃世之人，相率而崇奉之，不亦惑乎。雖然，神之所在，莫不憑依。苟屬信心，又何非左右所陟降而伊然可接者乎？今夫人之所處不同，則其事亦異。貴為帝王，承天治人，一日二日萬機也。不但臺池犬馬，制防宜慎，即神仙之好，亦必痛絕之。如周穆、漢武且貽譏於後世，至士庶人矢心求道，建宇設像，朝稽而夕拜，而人無有議之者，何也？此無他。帝王之位危，而士庶之責寬，理固然也。然則諸善信之，為此舉也，雖未必即證元修超列上真，然其心已無淫邪，匪僻之萌矣，固其可垂遠而不替焉者也。遂為之記。

　　康熙二十二年任。

（文見乾隆《通許縣志》卷九《藝文志·碑記》。王興亞）

創建魁樓碑記

邑人景暹

　　《斗魁》戴筐六星曰文昌宮。按天文斗為地車，魁主日。平旦建寅，德在東方，故天下祠文昌者，宜設位於東方，從所向也。夫列宿之數，與朝廷建官相埒，各有所司。文昌司士錄，掌桂籍。而斗四星為魁，其職與文昌等。東晉張氏言之綦詳，固非尋常之懸象，著明昭布於天，與人事無所係維者也。我許前代科目先後相望，典型可觀。邇者春秋兩試，數黜於有司。二三篤志之士，垂首喪氣，泯泯伈伈，絕口不敢言文。堪輿者曰盍建樓於東南城隅，繪魁像於內，萃文明之氣焉。歲丙寅，合同志謀之。庚午夏，厥工落成，計其費幾二百金。凡所以荒度經營者既靡且久矣。事成，何可以無記。

　　余惟文明之代，地絕天通，神人不襍揉。凡夫修身立命，盡人合天之功，決之於己。

一切福相造物，矯誣怪誕之術，皆所不道於此。而謂惝恍竇漠中，有陰操人主之柄，而進退天下士者，往而求之可得也。其誰聽之！今吾輩毋亦玩日廢時，於修業缺焉不講。問經史，謝不知。問諸子百家，謝不知。問當代掌故，謝不知。日汩沒於帖括中，而乃乞靈於天官家言，曰："吾自有默運者以司之。"不知司錄之神所何愛此瞽惑之士，以開僥倖之門。雖牲牽酒醴，日陳於前，而燔柴告虔，究何益乎！雖然，天下事因其事而導之，從則用力者多也。

是舉也，都人士屬耳目焉。曰茲以往，其將一乃心，凝乃神，精極八荒，取材百代，以求質對於司錄之神，或庶幾一當焉，未可知也。且多士既洗心研慮，以邀神聽，神默佑之，以啟其聰明而益其智慧，使不至於闇闇汶汶，終於無就，亦未可知也。

然而不敢恃也。夫文者，春華也。行者，秋實也。神所憑依，將徒以其文乎，抑以其行也。浸假優游漸漬，含英咀華於經術中，而顧恃學而驕矜已自用，則環視斯世之皓首窮經、牖下終老者，又豈少哉！然則今日宜何如，曰磊落光明以植品，清心寡欲以明志，博古勤求以廣識，神明變化以盡材。立身惟是，文章惟是，得之惟是，失之惟是。仰觀之無忝，捫心之無憗，胥此道也。所謂地絕天通，神人不褻揉者，於是乎在脫已之不立，而徒諄諄於天官家言，則又余之所不敢知也。

康熙二十九年。

（文見乾隆《通許縣志》卷九《藝文志·碑記》。王興亞）

白衣大士建閣粧像落成記

尉氏國朝學政靳讓

咸平西南十五里，為北魚營村，何氏世居焉。其村西北有觀音寺，由來舊矣。明天啟二年，何公諱登科者，以善行著于鄉，立會醵金，建白衣大士閣於寺之坎方。寺無閣，有之，自何公始。明末，毀於寇，遺址雖存，而金碧莊嚴不可復睹矣。順治辛丑歲，公之子奇榮為余姊夫，懷永言孝思之心，為興廢振頹之舉，復約會以圖重修。會遭河患而止。康熙元年壬寅，河又決，工訖不能舉。姊夫榮亦齎志以歿。越戊申，榮子從坤思約會以成先志。次年，已酉秋，再大水，願仍弗克遂，逮庚午春，余姊下世。屬纊時，囑從坤曰：白衣大世閣，創之者汝祖也。自兵燹後，汝父屢欲修之，而機會多失勿論。無以妥侑明神，且恐不能告無罪於祖父，汝其識之。從坤受母訓，無日敢忘。辛未二月，即庀材鳩工。甫月餘，而閣成。甲戌五月，裝白衣大士像袝於閣，計費五十餘金，盡出之囊中。他如為瓦為木，弗算也。繼父志述祖事，而頹者舉之，廢者興之。六十年來，閣乃自今始巍煥如舊。於戲！何公可謂有孫矣。余姊夫與姊可謂有子矣。說者曰：其奉神也，至敬也；其輕財也，至義也；其承先也，至孝也。一事而三備焉。然余之所以嘉而予之，蓋有獨重者在。慨自佛教流入中國，梵宮剎宇幾徧通都大邑，並逮窮巷下里，莫不家□□奉，已數千年矣。何有於斯一閣也者？唯是從坤奉母，事死如事生，事亡如事存，恪尊易簀之命，能紹已絕之緒，為仁人孝子之用心，不可以不表而出之也。其在《詩》曰"君子有穀貽孫子"，何公有焉。又曰"以似以續，續古之人"，從坤有焉。《書》曰："厥父肯堂，厥子乃弗。"肯搆甚矣。繼志述事之難也。余是以樂為之記，不獨教善，且以教孝，用詔夫何氏之為子若孫者。

康熙三十三年。

（文見乾隆《通許縣志》卷九《藝文志・碑記》。王興亞）

中州學人遜翁景公墓表

國朝冉覲祖

以庸人與才人較，庸人林立，而才人或百里、數百里而一見，其多少之數異也。以才人與學人較，才人猶可屈指數，而學人曠世不一覯，則於少之中又絕少矣。所謂才人秉穎異之姿，挾邁往之氣，或工制義，以弋取巍科，或嫻詩文，以馳聲藝苑，非不可以鳴得意而騁豪情，而侈汰自態者有之，困頓思沮者亦有之，不能終始一於學，僅以才見長當時而已。若夫學人中和成性，恬默自守，利祿不以干其懷，聲華不以動其念。以詩書為師程，以禮義為步趨，顯晦同觀，險夷一致，終始一於學，不易其業，以希聖希賢為志，而無蕩閑踰檢之行。有才不以才見，此其所以難覯也。吾嘗以此物色天下士，於中州得一人焉，曰遜翁景公。

公諱遷，字允升，遜翁其號也。先世某人，自某公始，占籍通許。父含生公，邃於學，有聲黌序。公在襁褓，即識人意旨。七歲授書，期年，《四書》成誦。九歲能文，十歲應童子試，為邑令所獎許，目以神童。十一歲，隨父館於汴舍。生公與友人會，文公雖垂髫亦與焉。文成，無不驚服。及入庠，學使歎為異才，期以掄元。年二十，卓然自立，謂聖賢可學而至。知得一分便行得一分，以此名日起，巨室多以禮延致，乃就館課舉子業，專意《四書》。凡《朱註》、《或問》、《輯畧》、《大全》、《蒙存》，淺達時下諸講，無不逐卷點定，令學者知所適從。讀《周易》以《本義》為宗，取《蒙存》相參，尤嗜《程傳》。嘗曰：吾於卜筮象數，未深研究，但取三百八十四爻之德位。時變乘承，比應與已相質，亦自覺有得力處。作《讀易五則》，刻石學易堂以垂後。於八股文遍蒐前輩名選大家傳稟，嚴為去取，成、弘、正、嘉、隆、萬、啟、禎，分為四編，仿唐詩初盛中晚之例，為前此所未有。

其論古文，以明道為主。凡言之無關於道者，槩置弗取。謂風雲月露，朝華夕菱，不可以言文也。又取司馬《通鑒》、朱子《綱目》、《大學衍義》、《衍義補考》，叢人物事類，以求實用。晚尤嗜《性理大全》、程朱全集暨元明諸儒語錄，體驗身心，謂外此則歧路旁門，不以淆亂正學。教童蒙入塾，必先讀《朱子小學》及《近思錄》諸編。其為學近裏著實躬行心得，嘗謂道不遠人，凡日用行習動靜語默，其天理合當處，即所謂道。須在在省察，方有真實受用，非見道之卓，不能如此洞悉言之也。不喜為詩，而論詩頗當，謂古人命意，遠寄託深，讀之令人興感起悟。若以韻府類書，餖飣成篇，於道性情之意遠矣。所著書《家訓》二十四卷、《隨筆瑣言》十卷、《孝經貫通正解》二卷。

綜其生平，少而壯，壯而老，無日不學。所讀皆正書，所著皆確論。以之自治，則尊聞行知，一禀成憲。以之立訓，則成人小子，皆奉良規。身不離書室，事不越目前，而其神情舉止，終注於學，謂之學人，非溢美也。其敦倫於家，生事葬祭，皆如禮。母疾幾殆，虔禱請代，竟延母生歷十年，飲食藥餌，手奉不敢離，為人所難。能夫婦白髮相守，終身無失言失色。教子以忠信篤敬，無慕奇行，無由詭道，毋華而鮮實，毋見利而忘義。子皆尊教惟謹。代從弟完租，而又助其父子之姻。教甥成名，勗以端人正士，免貽姊憂。修祠堂，四時奉祀，常祀從吉，忌辰從凶，一遵文公家禮。其施德於鄉，成人之婚姻，不悋財也。釋人之怨爭，不惜力也。誨人之不及，而懇誠相告。恕人之非，禮而雅量，能容其公。言於庭，條利害必悉中。典禮必核，表人之孝，旌人之節，邑令欽其品而從其言，倡衆約媧睦，社月一會，一豆一觴，立石四隅，為鄉人勸。恢孔廟之基，除泮池之穢，正啟聖之位次，免首貢之直宿，修忠義費公之塋，復先賢子羽之祠，皆能一呼即諾，咄嗟而辦。其取信于人，不于既事後而見。臨終囑子曰："無用浮屠，無作淫樂，無用戲具，芻靈一遵家禮，不可塗飾觀聽，有失儒風。"可謂得正而斃，以檠公之生平，純乎終始於學矣。

丈夫子三：份，乙酉舉於鄉；侊，邑廩生；佶，太學生。皆能世其家學，志存顯揚，衰服走百里，持狀求予表公之墓。

予歷覽史傳，以求為公位置。其著述之富，則《前漢·儒林傳》之后蒼、韓□也。□□□遜翁。罷科試，則《後漢·遺民傳》之高鳳、韓康也。其品詣之高，則《唐書·卓行傳》之陽城司空圖也。然皆得其概不能舉其全，因仿《宋史》周、程、張、朱自為《道學傳》，擬公以學人可兼衆美，題曰："皇清明經中州學人遜翁景公之墓。"樹石隧道，後之人過其地而憑弔者，山環水繞，瑞氣氤氳者，墓也。日麗霞明，晶光照映者，碑也。仰溯學人，庶髣髴遇之。邑有行人子羽祠墓，邑人欽崇修，瞻拜之儀不絕。今而後尋訪古蹟，公與子羽百世同不泯。

（文見乾隆《通許縣志》卷八《藝文志·墓表》。王興亞）

重修通許縣痘神廟碑記

奉天國朝邑令陳治策

通許痘神廟在縣治南。襄平大司馬公諱鳴佩所建。修之者，則大司馬曾孫安陽使君貞庵也。大司馬從龍樹業，為山右楚南屏翰，晉少司農，總制宣大，持節兩江，聲績懋著。當壬辰之歲，監司星沙道經通許時，公子文毅公尚在髫齡，適發痘症，既瘥，大司馬心喜而歸功於神，為建祠以祀。關西大司農黨公文以記之。蓋文毅公為異日名世，宜乎神之呵護而默佑也。迨文毅公既長，雅負才望，歷官司空，遷閣學，出撫粵西，興大利，清積弊，士民登衽席，三載值滇氛騷動，文毅公從容赴義。暨元配李夫人，冢媳董淑人，闔門殉節。事聞，上特沛溫綸，賜諡文毅。親灑宸翰，勒諸貞珉。官長子以四品京卿，浮歷副憲，擢司寇，轉司馬，陟少宰，往撫黔南，遂督漕淮，上相繼督師，塞垣所在，功業炳炳昭人耳目。貞庵即督漕公之冢嗣也。其宰安陽之三年，余來令茲邑。甫下車，見南城內有痘神廟在焉。都人士為余言曰："此襄平馬公之所創也"。惟茲痘神，求而必應，感而遂通，數十年來，靈爽赫濯，何莫非馬氏之功德歟！伏念大司馬及文毅公之事業滿天地，忠精貫日月，足以感動人心而生其嚮慕，舉凡四海九州之內，靡不歌功頌德。而茲邑痘神一廟，亦為遺跡所存，故都人士之嘖嘖稱道不衰也。會貞庵暨余俱以公事過汴，握手晤言。余為具道其所以，相與感慨者久之。貞庵曰：建廟之由，早已熟悉之。雖曰神所憑依，亦即祖功宗德之所寄也。何可以勿修。於是，捐貲庀材，葺而新之。嗚呼！向令此廟不遇貞庵，邑之人士亦且念神庥之永賴，思忠義之流風，必不忍使其飄搖風雨，頹廢於荒煙蔓草中。乃既有大司馬公作之於前，而又適遇貞庵使君新之於後，不可謂非神之默為感召，而令其祖孫之作述相繼，益使人傳為美談而歌頌於勿替也。余與貞庵以梓戚而叨舟濟，又與貞庵外父康程程公為同堂寮寀，敢不共襄盛事乎。既竣，爰集紳士式薦牲醴，遂述此為記。

時康熙乙亥仲秋。

（文見乾隆《通許縣志》卷九《藝文志·碑記》。王興亞）

新建聖母痘疹神廟碑記

尚書黨崇雅

《易》曰："神通明之德，類萬物之情。"何以故？其即人之德與情，其相召乎？故元氣保合，則天地之生機乃來，而人之一身，有以萃之，靈根逗茁，為萬有珍寶。如養生家所云，天下之母而孩天下之嬰兒，皆以存乎其人而已。世傳感應之說尚矣。然不越二氣為本，若乃躬之陰陽，不調而以生。生之理，望之司命，其可得乎？此聖王治天下，必以人道先之。司農馬公家世三韓，從龍來勳業，固自燦爛。余侍同堂，且知公也最深，性聰學博，由監司而總督，而主籌國計，矢清矢勤矢慎，無念不為斯民保太和無事，不為國家培元氣生機，乃來斯。其有以萃之，而造化在心矣。洎其往巡湖南，道豫之通許，而子雄鎮痘陡發，愈不數日，公德不自德，而歸德於聖母之靈應。乃於乙酉陽生日鳩工，及騰踰月而畢其祠。循南門入西，折房營一區，敞以庭堂，列聖母像三，榱桷几筵，恍能變動，兩廡像以痘神，所專司事之童，至堦城墁圬，重門具備。緇流羽士，伐鼓扣鐘，炳肅如縷，幃照徹宵，豈曰俾此之繪，榮者恆於斯，齋祝者恆於斯。蓋謂惟德動天，公不自德之意，難以語人，而寄之祠歟！倘後之人識公之意，陰陽各符其則。此德此情，直可與神明萬物通，將生齒日登於版，又誰不懷公嘉惠，一如嬰兒之望慈父母焉。俎豆公於社矣。余信之理，以測之乎數。知公湛澤覃孚，永錫祚胤，於以延瓜瓞於奕世，胥斯世斯民，得食繩繩蟄蟄之報，則燮理陰陽，而平成在天地，長養在萬物，經邦宏化於公乎益信矣。

康熙四十四年。

（文見乾隆《通許縣志》卷九《藝文志·碑記》。王興亞）

創建殉難邑侯費公祠並修塋域碑記

邑人景暹

維《傳》有之，有功德於民則祀之，以勤死事，以勞定國則祀之，能捍大災禦大患則祀之。洵斯言則宜祀者，莫如我費公矣。

公以崇禎十四年篆通許，時流賊訌，塞兩河，憑陵州縣。公自維斗城，強與爭鋒，必被屠戮，乃泣語百姓曰："時勢至此，我惟一死，可以全爾。"乃抱印綬北拜，投井以死。國朝定鼎，崇祀名宦，事載墓碣可考。唯是塋域近城塹，日就淪沒，且饗堂不設，繚垣不具，已為芻牧踐踏之場。公在天之靈，能無怨恫乎。暹目擊心傷，約同志修舉，值東海林公下車，廉知其事，慨然曰："表章先烈，寄土者之責也。"遂首捐俸，且倡好義者為之助，於是平溝壑，築牆垣，建祠堂三間，廡房三間，凡庖湢之所，無不具舉。檢書院舊基暨荒岡十畝，繞塋隍濠養蓮，俾僧守之，世世勿替，擇吉入主。同難縣丞田公，教諭謝公附焉。祀禮既成，不可無記。竊思士人束髮受書，莫不以名教自期。及一旦遇大變，臨大節，不覺依違洇涊覥顏而偷生者，比比而是。即或一念激烈，經遂以往，卒使刃挫身敗，屍䩄原野，城郭淪於邱墟，廬井變為蒿萊，於職非不云盡，獨如民命何哉？若公之捐軀報國，孰如其忠；臨難不避，孰如其勇；審時度勢，孰如其智；全活億萬，孰如其仁；仁智忠勇，一身備之。所謂以勤死事，以勞定國，捍災禦患者，微公其誰與歸？顧使憑依無所，硎簋缺如，無論報功非宜，將所藉以勵世磨鈍者，又奚恃焉？乃閱七十年，始得林公提挈以底於成，可知天常民彝，不謀而合，變則履其事，常則存其理，心源相印，若合符節。孟子所云其揆一者，不益信乎！自茲以往，睹斯祠者，知賢人君子雖遭際不幸，而至德幽光，久而彌彰，皆油油然勉而思忠，勉而思孝，敦節義，植綱常，而人心風俗庶其瘳矣乎。爰為辭二章，歌以侑食，其迎神曰：

體在塚兮主在房，公歸來兮毋徬徨。撫長劍兮斬欃槍，為我民兮暫韜藏。溯往事兮淚如滂，正氣塞兮與天無疆。郊有牛兮田有桑，匪公賜兮胡不牂。公之留兮還賚公，牲牽潔兮設中堂。父老戴兮永不忘，維公飧兮樂未央。

其送神曰：

駕言出兮何方，繫鉛山兮故鄉。鄉賢祀否兮滿目淒涼，靖節此邦兮地久天長。肅肅龍驤兮兩公同行，挽強弩兮射天狼。天狼射兮呵不祥，福我人兮庇我疆。河之南兮江之西，往復邅兮任翺翔。

康熙五十年。

（文見乾隆《通許縣志》卷九《藝文志‧碑記》。王興亞）

邑侯孫公遺愛碑記

邑人景暹

康熙四十一年壬午，聞喜孫公視篆通許。甫下車，環視邑民凋弊已極，即以恩勤卵翼、培養元氣為急務，乃擇弊政之不便民者，一旦革之。又書聯於門曰："居心似水，若受賂貪財，使一人抱屈者，神誅鬼滅。執法如山，倘通情畏勢，有一事不公者，男盜女娼。"爰是敦禮讓，明人倫，重學校，表節義，清火耗，公聽斷，嚴賭博，鋤奸宄，在在與民更始。治許二年，百姓安堵，雍雍熙熙，不知有吏。中丞徐公進同官言曰："若輩當以許令為法。"許令守身如處女，愛民如赤子，不事表暴而名自著，不愧古循良矣。甲申八月，以疾請休，仍留俟代者，不得歸，遂歿於官舍。計至今已七年矣。邑人追思之，伐石以誌其事。余因之有感焉，自吏治深刻成風，非鉤距則謂無才，非猛烈則謂無威。張皇顯爍，赫赫有聲，一時之阿附渷忍者，承其意旨，編為歌謠，粘街糊巷，以為揄揚。及時異勢去，而譽之者轉而毀之，頌之者轉而詛之，孰若公以既歿而歸，歸且七年，曾何要結於人，而愛戴追慕者愈久愈切。亦可知天理之不容泯滅，而公道在人，雖百世有同心也。由是言之，凡人之情，當其時，畏愛殊途，毀譽互見，無定論者久矣。追至情識盡捐，而好惡自有真也。後之視今，當不異今之視昔也。後之君子可以掘然興矣。

公諱子昶，字曰永，號主一，己未進士。

康熙五十年。

（文見乾隆《通許縣志》卷九《藝文志‧碑記》。王興亞）

書鄭行人祠碑陰

邑人景暹

嘗觀古卓犖之士，負長材，抱偉畧，其言論風旨苟可表見於世。後之人逡逡即其里居遊息之地，流連詠歌，以寄其思慕之懷，而況為聖人之所稱許，行事見於經史，有不動人景仰尸祝之念者哉！

許治東三里，岡阜綿亘，環繞紆折，有塚峙立，高插雲表者，鄭行人子羽墓也。形勝家謂一邑文風所繫，理或然歟。粵周、鄭壤為今新鄭地。鄭自莊公後，其國漸強，其地日闢。許去鄭僅五舍，地隸鄭無疑。則行人之卒葬於鄭地，固其宜也。子羽當成公時，公孫僑、裨諶為大夫，公孫揮為行人。國有諸侯之事，子產每問子羽，使與諶適野，以謀可否。如楚以兵逆豐氏，用子羽言，遂垂橐而入，詐不得行，則其善於詞令，亦可見矣。夫人臣之當國也，上為君，下為民，鄭當晉、楚之樞，凡四十年，君安於朝，民安於野，固僑之力哉。行人亦何多讓焉。夫子於為命而書曰："行人子羽修飾之。"蓋重美也。春秋之例，人臣不稱其職，則削其官。諸侯寡德，則書其名。今書曰行人，則無愧於官，可知書曰子羽，則德足以配位，可知記事於名。鄉多微詞於子羽，獨深嘉樂予，則其人之克當聖心，而為聖之徒也，抑明矣。

今塚在許之近郊，而祠堂不設，繚垣不具，祭享無常儀，典守無專責，誰居斯土而令先賢之邱壟没於蔓草耶。且境內塚墓不一，廣武君有祠，廣野君有祠，陳思王有祠，而行人獨無祠。余以吾輩誦法孔子，而不能推尊孔子所表章之賢，心甚惡焉。因欲糾衆，創為修餙書院。其左右翼，立討論、潤色二齋，講學其中，振興一邑之文教。但所廢浩大，功難猝舉。會三吳李匡山先生視篆斯土，甫下車，即捐俸獎勉，為建祠堂三間，門房一間，繞以櫺牆，砌以臺坫，庶先賢之靈於茲妥侑焉。若夫配置祀享之田，養典守之人，則余有志焉而未逮也。後之君子儻能踵事增美，以勸余之所不逮也。是闔邑文風所由係也。予踵望之。

康熙五十三年。

（文見乾隆《通許縣志》卷九《藝文志·碑記》。王興亞）

新建公孫子羽祠碑記

邑令李為憲

康熙甲午歲，余承乏咸平，簿書餘暇，問士風，訪舊蹟，東關三里岡塚屹然，傳為鄭行人子羽墓云。夫子羽系出公孫，位均七穆。當時，晉、楚交爭，鄭靡寧日。子產有辭，尤倚行人以為重。觀其對公子圍數語，楚人垂橐，則以文章詞命弭患於未然，而保全□。夫羽圍是奇傑才也。通邑，即古許地，鄭自莊公入許，使大夫百里奉許叔以居許東偏，壤地褊小，隸附於鄭。行人沒，而隴廟留此，有自來矣。獨怪夫寒原零落，荒草斜陽，徒供憑弔，而未有一椽之植，片石之銘，以表識於無窮，豈世遠風微，而勳業有未盡悉者耶！將世所重者在縱橫捭闔之士，而雍容儒雅，止干戈於談笑者，未及察耶！抑情深思古而倡導崇祀，使無忘前烈者，必有待其人耶。景遜翁先生穎學醇儒，留心名教，歲乙未，與令似孝廉心水相度墓旁，募貲興役，將建祠焉。以其事辱，謀於余。余喜夫俎豆先賢有同志也，乃為禁芻牧，設經營，捐俸相佽鳩工庀材，繞以繚垣，樹以松栢。不數月，而向之寒原荒草，煥然改觀矣。祠既成，先生恐久而易湮也，屬予記之，並為立法，使可傳於久遠，以誌報功微意云。

康熙五十四年。

（文見乾隆《通許縣志》卷九《藝文志·碑記》。王興亞）

改正許大夫百里廟記

國朝邑令王應珮

百里池之廟，為許大夫百里也。斷斷然矣。通許故許地，秦始屬郡陳留，至五代猶稱通許鎮，不謂之舊許地而何？抑又考邑志之引《左氏》者曰：隱公十一年，鄭伯入許。許莊公奔衛，鄭伯使大夫百里奉許叔，以居許東偏，今城西舊額猶存。則許之有百里，不自今日始也。城西十里許大夫碑在焉。此尤足與《傳》相發明者。且其廟不建於他所，而於百里池。池之以百里名，豈非所謂地以人傳者耶。合是觀之，吾以知廟之為許大夫百里也。斷斷然矣。而流俗亂之曰"奚王廟"。嗟嗟，安所得此齊東之語哉！君子論古，必務從其可信，而力屏其不經，彼奚王者，果何經之據而信之耶？考奚本末，虞人也，許故非虞也。既而走宛許，又非宛也。其後乃相秦。許之去秦也千有餘里，奚之於許也，足未一窺，奚終何補於許，而許人德之，廟祀不絕，以迄於今乎？且人亦知奚之臣事者秦繆公乎，繆且公也，奚何自而王之，知奚之非王，則知廟之非奚矣。知廟之非奚，則知廟之為百里矣。總之，百里所同也，百里奚易知者也，許大夫百里不易知者也。信其易知者，而舍其不易知者，倡於一人，附於眾口。流俗之情，大率如是，而豈如奚固賢者也。賢者必不敢居冒上之名，而竊據他人之所有，而流俗之於奚乃若是。吾知奚且有聞王之號，而芒刺在背，顧許之烝嘗而默者而懣者，其然耶其不然耶？請還質之奚，而斷斷歸其廟於許大夫百里，且以告許人士之往來池上，與夫修享祀於廟中者。

康熙五十七年任。

（文見乾隆《通許縣志》卷九《藝文志·碑記》。王興亞）

重修廣生聖母廟碑記

國朝邑進士景份

許有果報菴，奉廣生聖母，蓋聖母體天地生物之心，慈祥愷悌，保赤育嬰，功至普德至渥也。乃歷年既久，殿宇日就頹圮，神像剝落，住持尼僧惻然憫之。謂非所以穀士女，答神貺也。爰謀之善信斂金鳩工，殿則重修之，神則丹艧之，金碧輝煌，煥然一新。工竣，屬李子問記於余。余聞之《易》曰："陰陽不測之謂神。"蓋以視之弗見，聽之弗聞，學士家往往置之不論，懼其廢人事而不修，棄天良於不問，懷徼倖之心，行謟媚之術，故慎之也。然聖母之顯爍，邦之戶口係焉。況自古在昔，高辛有高禖之祀，聖母有尼山之禱。載在史冊，歷歷可考。夫以大聖大賢為嗣續計，猶且躬親禱祀，豈索之冥冥惑於不可知之數哉。亦以天人響應，捷於桴鼓，是固有至理焉。而非同於諂媚徼倖，查實怪誕之說也。然亦有求之不應，應之或爽者。平日言悖乎倫，行畔乎道，盋自戕其生生之理，一旦犧牲酒醴，拜跪趨蹌，謂足以詆神明而長子孫。夫神固聰明正直者也，能毋吐之乎。今日者棟宇維新，既足以肅觀瞻矣。吾尤願此都士女，男宜於室，女宜於家，平乃心，易乃氣，孝親敬長，周急恤貧，夙夜自省，返躬克治，去忌刻之念，存忠厚之思，絕強暴之行，養寬大之福。俾生人之理，浹洽於人心。太和之氣，洋溢於宇宙。以是而祈神之祐，長育兒孫，宏啟宗脈，神必顧而樂，委曲矜全，默為保護，未生者誕之使生，既生者庇之使成。所謂積善之家，必有餘慶者，此也。不然，如前之所云，不但求神而神不應也。夫且求生者靳之，已生者戕之，而要非神有意於其間也。栽培傾覆，因材而篤實，理之必然而無疑者矣。故余謂人求嗣於神，必先求嗣於心。蓋必求嗣於心，而後可以得嗣於神也。施財善信，得勿與余意有合焉者乎。爰將姓氏列於碑陰。

雍正。

（文見乾隆《通許縣志》卷九《藝文志·碑記》。王興亞）

清故通許學博杜公（謙）孺人常氏莫氏李氏合塋墓誌

【蓋文】

清故顯考邑拔貢生敕授修職郎開封府通許縣儒學教諭杜公諱謙字萬吉顯妣孺人常氏莫氏李氏合葬墓表

乾隆五年十二月朔一日

孝男業文立

【誌文】

清故通許學博杜公孺人常氏莫氏李氏合葬墓誌

杜公諱謙，字萬吉，乃吏部驗封員外郎公之長孫也。員外公生二男：長邑庠廩生，諱興祚，字伯起，早逝，無嗣。次拔貢生，諱弘祚，字伯振。生二子，長即萬吉公也，與伯父承繼。公生而穎異，幼讀儒書，甫弱冠，即入庠闈。二歲，應國家選拔，方奮然有凌雲志，不意叔父亦中年棄世。公以一身，上有祖父、母及嗣母雷氏，賴公奉事；下有幼弟年不滿旬，賴公撫誨。而公天性孝友，器宇恢弘。事祖父、母則奉養殯葬，無不盡情盡禮。事嗣母，則承顏諭志，恪供子職，迄年老送終，衣衾棺槨，擗踴哭泣之情，一如其前之葬兩大焉。殆所稱□□克敦者乎。待弟則殷勤鼓勵，俾弟既克入庠，旋援例以納貢。同居數十世。撫諸姪，則朝夕教誡，延師授學，可謂手足情篤者矣。至其待族人之仁，處鄉黨之義，養僕隸、臧獲之寬嚴各得，而足為人所敬重者也。尤可羨者，公年逾知命，奉簡書秉鐸通許，蒞任以後，閣學推戴，通省知名。各上憲嘉其才學兼優，將交章舉薦焉。乃天嗇其數，忽得項疽，延挨數月，竟終於官，是可傷也。公元配常氏，邑庠生常克讓之長女，無出。媵妾□氏。生女大姐，適廩生王昌遏。續絃莫氏，邑庠生莫光斗之三女。生女二姐，適廩生莫廣。三娶李氏，陝郡庠生李元善之五女。生女三姐，字桃林太學生王帝命之次男業儒王綿世。又有側室王氏，無出。而天道無知，不免鄧伯道之悲，季□業之承繼焉。公生於康熙十七年十一月十五日寅時，卒於乾隆四年九月二十四日寅時，享壽六十有二。今擇吉於乾隆五年十二月初一日，合葬公與孺人於祖塋之側。先期求予為文以誌。予不辭弇鄙，為之質言以誌，且係之銘。曰：

維公之德，孝友純良。維公之才，幹濟有方。卜試通許，聲聞顯揚。鐫之貞珉，萬世不忘。

邑庠廩膳生員眷王大謨頓首拜撰。

癸卯恩科進士伊水弟汪聞銓頓首拜書。

時乾隆伍年十二月朔一日掩扃。

孝男業文，孝侄業廣、業善全百□。

（拓片藏河南省文物考古研究所。李秀萍）

重修通許縣城碑記

邑令阮龍光

通邑為許古國，歷秦、漢、晉、唐皆分隸他邑，無專名，五季稱通許鎮，宋真宗時置為縣，名咸平。金更名通許。元、明迄國朝皆因之，編戶計十二里，外而岡原環繞，內而城郭委蛇，居然汴省左輔之一。明邑令余君更於城北增築小城，未幾，圮焉。國朝順治間，修舊南城並北小城。康熙初年，繼修之，迄今百有餘年，漸就傾頹，謀所以固金湯，衛人民，非官斯土者之責歟。乾隆壬午秋，予承乏是邑，入境甫三日，躬閱城垣，即以修葺為懷。唯是河患之後，稽流亡，察賑濟，疏濬溝渠，周遭境內食息未遑，不得不以此舉為後圖。越明年，民困漸蘇。適奉上憲飭修城垣之檄，予乃幸夙願可伸也。爰于甲申春，集邑紳耆相度形勢，僉以北城為贅，設丈南城，周圍計一千四百四十步。建城應崇二丈二尺，廣一丈，陶旅工冶，需費若干。邑人士略無難詞，遂選期集明倫堂，議簿書出入者若而人，辦置物料者若而人，催督工匠經理事宜者若而人。派分既定，卜日興修，得孟夏之吉焉。乃設儲財局於署北，捐俸千金為之倡。於是，邑人之輸金者刻期雲集，頓加倍蓰。予初猶以勞民傷財為慮，而不意踴躍爭先之竟若斯也，亦可以覘民俗之淳矣。肇工於四月十日，訖工於十一月二十五日，計費銀五千七百八十兩有奇。基址堅，垣墉固，樓櫓巍峩，四門峻起，橋梁池濠次第觀成。是役也，際重熙累洽之盛，蒙各憲計慮之周，予得於民和年豐，風醇俗美之日，合眾志以襄厥舉，何其幸也。是則邑人之急公與夫董事諸紳士公正自矢，乃能相與有成。爰為請諸上憲，額其門曰"公爾忘私"，且勉之曰異時宣力王家，有猷有為，胥於是役基之矣。諸紳士不居已功，請臚樂輸姓名以為後之急公慕義者勸。予韙其請，遂援筆而為之記。

乾隆二十八年。

（文見乾隆《通許縣志》卷九《藝文志·碑記》。王興亞）

重修先農壇記

邑令阮龍光

上古耕稼未興，茹毛飲血，至神農氏始為耒耜，以教民口。后稷物土之宜，教以樹藝。自是而高黍下稻，春耕秋斂之利迺徧寰區。其為萬世俎豆，不亦宜哉。禮有八蜡之祭，由先嗇司嗇，遞及于郵表，畷諸神。又《禮》載：天子藉田千畝，諸侯百畝。耕之日，天子冕而朱紘，諸侯冕而青紘，躬秉耒以耕，天子三推，三公五推，侯伯七推，子男九推。先王治人事神之道，可謂詳矣。後世踵而行之，築壇以祀，無庋于古者祈年報祀之義。然向惟京畿省會有之。國朝雍正五年，昭直省各府州縣衛所立先農壇，行耕藉禮。于是，通許令王應佩於城東南隅修壇一座，高四尺五寸，廣袤四丈七尺，布以磚，壇北建神庫三間，東西配房各一間，壇南建閣樓一座，覆以瓦，繚以垣，環以桃柳，門外立豐碑。又置藉田四畝九分，每歲仲春亥日，邑令率屬員耆老農官農夫致祭耕藉，如子男禮。乾隆二十六年，河溢陽橋。邑當其衝，閣樓垣牆悉圮於水。前令李廷瑞詳請動款修復，值解任，未及興工。余適承之其後，百廢未舉，勢難並理。竊念是壇為勸農力穡之所，不忍聽其頹敗，苦無公項可動，為躊者久之。既而捐金修城，工竣，計有餘貲，爰即舊壇基址，依前式修之，牆宇堅完，氣象嚴整，神得所憑，祀無所缺。比年來，蝗螟不入，年穀順成，未必非神之賜也。《詩》曰："貽我來牟，帝命率育。無此疆爾界，陳常于時夏。"言教之必資于養也。《書》曰："暨稷播，奏庶艱食鮮食。懋遷有無，化居。"言穀熟而百物通也。斯壇既成，將見許之人民飲食徧德藝黍牽車，事其耇長，胥于是役基之矣。因誌落成歲月，而為之記。

乾隆二十八年。

（文見乾隆《通許縣志》卷九《藝文志·碑記》。王興亞）

重脩通許縣學宮碑記

邑令阮龍光

嘗攷虞庠上下，夏序東西，殷有左右學，周立東膠。虞庠學之制既不同，而所稱先聖先賢亦無定位。漢興，始以太牢祀孔子於闕里，魏正始七年，釋奠于辟雍，由是孔子之祀行于太學。唐武德初，詔國子學立周公、孔子廟。貞觀二年，升孔子為先聖，顏子為先師，罷周公之祀，而以顏子配之。嗣是太學及各郡州縣學必立廟。至宋尊孔子為至聖，冕十二旒，服十二章，執鎮圭廟三門，列戟二十四，配以四子、十哲，分祀七十子及先儒于東西廡，歷元、明以迄昭代，無改其制。誠以端學術，敘人倫，胥賴聖人之道，雖荒陬遐壤，亦莫敢舍正教而趨異徑也。通許學宮在縣治之東，建于宋咸平間，元末燬于火。前明縣丞范世英、知縣李本中先後修理。國朝一修于知縣賈待旌，再修于知縣惲驌，今已八十餘年，風雨剝落，日就傾圮。夫學校為起化之原，道德乃政治之本，昭盛典而振文教，非守土者之責歟。龍光於壬午冬吏茲土，謁廟後，即志在修葺。唯是邑當大潦之後，井里凋瘵，噢咻卵翼之不暇，而興賢育材之地，不得不視為緩圖。越二年，歲事差豐，瘡痍漸復，適奉檄修繕城垣，而邑人士勇于赴功，不呼而集。閱七月而工竣。以所餘貲集陶旅匠冶，即大成殿舊制而重修之。繚垣牆，新戟門，去頖池之洿濁，除廊廡之榛蕪，廡設栗主，笙磬豆籩，若槃若鼎，若几案之屬，略為次第之。啟聖宮向左，廟堧苦湫隘，乃移建于殿東院，宇爽闉慶，行禮之有地焉。廟左忠義祠，頹圮已極，既新之，改為節孝祠，而以東門內之節孝祠為忠義祠，移建于節孝祠之右，選材中度，煥然一新。于是，進諸生而語之曰："爾亦知古人之為學乎，席珍以待聘，強學以待問，忠信以待舉，力行以待取，非僅務乎詞章訓詁之末也。自夫城闕貽譏，茂草興嘆，而所稱章甫逢掖之士，不過剽竊一二陳言，以為弋取青紫之階，幸而得之，則角逐于名利之場，且并其平日之所有，而盡棄之，揆之聖賢立教之心，朝廷取士之典，其有當乎否乎？諸生誠能于修學之後，奮志于詩書禮樂之途，薰陶涵育至十年、二十年之久，所謂濟濟多士，克廣德心，將復覩其盛，而處則為通儒，出則為賢臣，于古人何多讓焉。"

是役也，經始于乾隆甲申仲春，閱三月工竣，計費白金三百兩。董役者儒學教諭黃銄。乾隆二十九年五月。

（文見乾隆《通許縣志》卷九《藝文志·碑記》。王興亞）

重修文昌閣記

邑令阮龍光

嘗考《史記·天官書》以斗魁戴筐六星為文昌宮，曰上將，曰次將，曰貴相，曰司命，曰司中，曰司祿，皆星也，非人也。至搏土肖像，執圭，服袞冕，號為帝君，不知起於何代，而又以帝君嘗化身以覺民，在周為張仲，晉為涼王呂光，五代為偽蜀孟昶。其說蓋出翊流，不可以為典要。雖然，三公應治，郎官應列宿。凡有功德於民而其行誼可以奉為表式者，擬以天象。而非誣意者，其瑞氣之所鍾也。矧此司桂籍秉士錄，氣萃文明，象懸紫極之靈曜，獨無鍾美於人哉。故雖道家之說，不得斥為無稽，而設祠致祀，以崇文教，以肅人心，亦有不可缺者焉。《記》有云：凡祭有其廢之，莫敢舉也。有其舉之，莫敢廢也。通許學宮東南，巋然有閣，曰文昌。春秋之祭必及之。閣為明萬曆間知縣錢夢鰲所築。厥後，歲久增修，仍其舊式。國朝雍正六年，知縣王應珮修葺以來，今已三十餘年，傾頹零落，幾無梯級可循。余於蒞任之明年，奉檄修城。又明年，城工蕆事，以其倡捐餘貲，首繕學宮，次及斯閣，改舊制而新之。閣高三尋五尺，周圍十尋六尺，結頂若浮圖，閣前後二門，帝君位東方面西向，上層啟八牖塑魁像，魁建平且主文明，與帝君同祀，宜也。工既竣矣，吾知奉俎豆以告虔者，瞿然思所以自樹，以祈昭對於神明。當必敦倫紀崇禮讓，誦習詩書，風氣蒸蒸日上，寧僅博一衿一第以誇耀於閭里哉。且是閣高出城垣，岡阜之綿亘，林木之陰翳，耕者憩於田，牧者□於塗，茅屋參差，夕陽高下，靡不望而得之，又是為憑眺之一助云。

乾隆二十九年。

（文見乾隆《通許縣志》卷九《藝文志·碑記》。王興亞）

重修玉帝王母二殿碑記

國朝人貟映第邑人

《虞書》記肆類燔柴之文，周室隆二后作配之典。大抵迎長日之至，祭於圜邱，以大報本返始之義。初未聞有玉帝之祀，自秦宣公作泰時於渭南以祀青帝，漢成帝從劉向神祇感應之言，遂復甘泉諸祠，以祀五帝。後世玉帝之名，或倣諸此。至王母之有祠廟，尤不見於經典。惟周穆王奉事王少君，好神仙，駕八駿造父為御，遍遊天下，乃西觴王母於瑤池之上。《漢武內傳》云：“七月七日，上於承華殿齋，忽有青鳥來集殿上”。東方朔曰：“西王母欲來也。有頃，王母至。上問度世之術，王母告以愛精閉氣，行之不倦，易骨易形，變化成道”。於是，通都大邑以及閭里鄉井，紛紛然建廟宇，塑法象，而西王母至今特聞。又傳玉帝有殿，曰通明臺，曰瓊臺。王母則有玉樓十二，元室九層，左瑤池，右翠水，皆所謂清虛極樂之鄉。塵寰間，縱丹楹刻桷，金碧輝煌，豈足息玉帝、王母之駕，而使之授以長生之術哉。雖然，玉帝為東方木公，主宰陽和；王母為西方金母，養育羣生。男子得道，名隸木公；女子得道，名隸金母。夫以古之帝王，處富貴之極，一聞神仙之說，遂游神於窈窈冥冥之鄉，以至數千年來，無敢以神仙為誕妄者。今必欲使之無惑此說，是猶勸飢人之勿食也，其可得乎！通許西城外有玉帝、王母行宮，日久破壞，居民于昌榮倡衆重修。土木告竣，問記於予。予乃摭其事而為之記。

（文見乾隆《通許縣志》卷九《藝文志·碑記》。王興亞）

重修朝陽菴碑記

國朝貟映第邑人

昔者兜率天降神於西域，淨梵王宮摩耶夫人從右脅而生，時多靈瑞，生而能言。年十九，踰城出家學道，勤行精進禪定，六年成道，具三十二相八十種好，姓釋迦，號牟尼佛也。《佛地論》曰：佛者，覺也。覺一切種智，復能開覺，有情如睡夢覺，故名為佛。按佛生於周季，其時未入中國。自漢明帝夜夢金人飛行殿庭，傅毅以佛對帝，遣使往天竺，得佛經及釋迦像，于是，佛法入於中夏。其寺觀之多也，白馬之建始於永平。蕭寺之繁，肇于梁武，招提卓錫不一，其稱净土，上方各極其盛。他如創於大歷者，謂之雲華；修於來廷者，號為定閣。大抵皆踵金田之遺跡，而為佛居之勝場云。通許僻處汴南，人多樸僿，而事佛則謹。緇廬紺宇之在邑境者，不可殫述。城耳崗之朝陽菴其一也。是菴創自前明，百餘年來，時為修葺，規模較大于前。近者毘廬殿而加粉澤，璀璨可觀。觀音、白衣諸殿，亦無不煥然一新。每值晚霞未散，旭日初升，鴛瓦流輝，丹楹煥彩。岡之峙，溪之流，飛鳥之翱翔，林木之森秀，實足為是菴助勝，而騷客遊人偶然憩此，發吟興而祛俗累，其心曠神怡，為若何也？至如浮圖感應之理象，象教千年之說，儒者所不道，姑略焉。是役也，馬君御環倡其謀，而助之貲者，闔邑士民之力也。爰記之。

（文見乾隆《通許縣志》卷九《藝文志·碑記》。王興亞）

重修通許縣仲子祠堂記

邑令阮龍光

儒術之重於天下，由來尚矣。孔門為儒者宗，崇廟貌，薦馨香，非必為其子姓者然也。自漢高帝以太牢祀孔子，洎明帝東巡，詣闕里宅，廟祀孔子及七十二弟子。唐太宗貞觀四年，詔州縣皆立孔子廟，春秋上丁之祭昉焉，有正殿祭，有兩廡祭。正殿由孔子而及四配，次十哲，仲氏子路子贈秩衛公，列祀十哲，與孔子為無極，屬在後之學者，咸樂而宗之。雖然，為後學者宗其道，為後裔者則宗其祖也。余嘗舟過兗東，見仲廟巍峨，古柏森然，聳峙河濱，故先賢之遺蔭長存，亦何莫非後裔為之培護哉！通邑仲氏舊居兗之泗水。明永樂初，邑遭兵燹，先賢五十四世孫諱謙者，始來中州，下宅於邑東十八里羊羔橋。厥後子姓日繁，勢難東歸，迺建先賢祠于所居村東，用以聯屬一本，而追溯所從出焉。迄今年所多歷，棟楹傾圮，粉暗丹蝕，族長三松，戶長文元復率族眾各出貲財，卜改建於村中。爰鳩工庀材，運斤削增黝堊，經始於乾隆三十年九月，落成於乾隆三十年十月。計費白金一百兩，規模宏敞，視昔加隆。列俎豆，陳牲醴，大小駿奔，彬彬乎可以觀焉。於時拔貢生仲肅亭名蘊恭者，丐余一言，記其事。余維王者化民成俗，首在尊祖敬宗。凡厥庶民且將廂以追遠之義，使動木本水源之思，而或聖賢之裔，越高曾之矩矱，視一本如途，人又何責乎蚩蚩氓庶也。今仲氏去鄉四百年，支既分而派愈遠，大懼子孫日失其序，不復知為先賢之遺，慨然葺新宗祠，以序昭穆，以別親疏。禮儀是式，酒食相洽，族屬實嘉賴之而為法，鄉黨孝弟之心油然自生，則斯祠之有關於名教者不淺也。豈得以聖賢為學者之宗，而為其子姓者，遂可釋然於中，不更致其慨聞優見之想哉！肅亭潛心力學，自余承乏斯土，數以文字請謁。余觀其氣宇軒昂，無齷齪態，知不愧為升堂苗裔也。因諾其請，而為之記。

乾隆三十三年十月。

（文見民國《通許縣新志》卷十四《藝文志》。王興亞）

重修蕭曹廟碑記

邑令阮龍光

　　三代而後，相業之隆，推西漢。自高帝創業，代有名臣，而溯定鼎之功，則以酇侯蕭相國、平陽侯曹相國為最。二公皆秦人，一為刀筆吏，一為治獄掾，無所表見于時。及漢興，酇侯鎮撫關中，謹守管鑰，轉漕給軍。天下已定，作律九章，第其重輕，較然畫一。漢于是乎大治。曹以汗馬功多，封平陽侯。初，與蕭相國不相能。蕭卒，舉以自代，人咸服其公。而曹以治行入相，預趣舍人，則二公之相信以心，視後世之黨同伐異者殊矣。及為相，一遵成式，不事更張，清淨寧一，天下歌之。夫二公以吏事始，以相業終，勳業顯于當時，令名傳于後世。太史公稱其與閎夭散宜生等爭烈。二公實足當之。宜後人追思偉績，立廟祀，以致其虔也。通許治東南隅，舊有蕭曹廟。創自吏人張問善，迄今多歷年所，風雨侵蝕，半就傾頹。乾隆三十四年，吏員某等恐無以妥二公之靈，復鳩衆葺修。雖仍舊制，而宋宇高敞，繚垣牆，塗丹粉，煥然一新，蓋視昔加隆焉。嗟乎！余蒞茲土，忽忽八年矣。脩城垣，葺文廟，建奎樓，舉祠壇之廢墜，疏溝渠之淤塞，次第就理。獨公署尚未暇及，故于二公之廟，亦在所徐圖，不謂某等能肩其事而為之。余深嘉其先得我心，俾無遺憾，要亦以見二公德業聞望入人者深，雖典史諸人莫不慕仰謁庥，瞻依遺像，以各矢其神明如在之誠也。爰樂其舉而誌之記，俾鐫諸石，以垂不朽云。

　　乾隆三十四年。

（文見乾隆《通許縣志》卷九《藝文志·碑記》。王興亞）

鄭烈女願姐碑銘

江右邑令陳書升

　　烈女氏鄭，名願姐，邑之廣化鄉子臣女也。閱《南史》東都則有荀、劉、馬、鄭，鄭著姓已舊。康成有功聖門，雖婢子亦達禮知詩。矧乃閨閣烈女，秉靈毓秀，少嫻姆教，長循女箴，天性純懿，端祥安度，從其堂叔庠生金鐸識字後，授讀經史，尤喜紫陽《綱目》，其中忠孝節烈，經權常變，諒深備悉。幼訂婚於同邑儒童李承伯。承伯以藐孤依其伯父建基耕讀自安，舊屬詩禮門第，納采納徵，誓重山海，諏吉于歸，已有期矣。生命不辰，盟緣降割，烈女得報，咽淚吞聲。其母慰之曰："兩家衣食粗給，爾生可守志，否則終身母家，不汝窘，汝無憂。"先是其父身殞，再繼以血，復遭此厄。自念齊衰待母側，倚□之戚，非子非婦，重增母累，不孝孰甚。百地圖維，其何以生？夫節烈本一致，能盡烈即能守節，隨境以行，心之所安，似此翁姑已逝，孝無所施，所天又亡，義難苟活，烈女之一死相從。其殉也，其烈也，即其節也。即其守於禮，達於變，而仍不失其正者也。烈女年十七，捐軀於嘉慶二十三年三月之六日，即其聞凶之夕。援禮合葬，妥其靈也。

余宰斯土，風化攸關，廉知其事，親即□何以弔貞□□□□筐彰□，又為詩表□□，爰□梗概，□□珉石，弔垂不□。為之銘。銘曰：

女之性正而真，女之德潔而純。三從已矣，煢煢厥身。一腔熱血，磨而不磷。相從地下，毅然志神。明以盡義，順以成仁。吁嗟烈女，維風勵俗兮名不淪。

嘉慶二十三年三月之六日。

（文見民國《通許縣新志》卷十四《藝文志》。王興亞）

歐陽文忠公墓田記

邑令黎士華

宋之歐陽公，偉人也。史載公大節詳矣。余少時受公文于塾，想見其為人，嘗以不得拜公祠墓為憾。迨公車過西江，又未獲遊公里。今春攝通許篆，邑之村有以歐陽岡名者，公故廬陵人也，此何以稱焉？越月，因公過之，村之北，有墓巍然，祠三楹，中有雍正九年碑，言公墓基甚悉。是岡以墓名，村以岡名，有由來矣。然邑志僅載公祠及岡，而未詳公墓及何以墓于此。古之人歸葬為仁，隨葬為達。昔者宋都汴梁，去茲百里許，意公卒于京師，隨葬之。北邙之間，多貴人墓，其諸此與？嘉慶間有廬陵孝廉來訪祀，與里老訂囑而去。是公家乘，固確載葬處，特志闕書之耳。顧墓所，蕪穢不治，祠宇歲久剝落。無田，故春秋享祀缺如。吁！是則長吏之責也。爰出俸錢，葺而新之，村旁置田十二畝有奇，舉歲入之半，俾近祠人士春秋仲月備牲體，肅衣冠，詣祠奠之。半給墓戶，以時灑掃廟宇，培植塚樹，其有樵夫或牛羊踐履者，鳴官治之。因牒其事于廬陵令，令與公家乘相證，庶少足安公之神，而志都人士之景慕乎！筆其巔末，堅墓田經界如左。蓋增崇祠宇，□□祀□益尊而光之，則又吁後之君子及邑之夫秉彝之好者矣。

道光二十二年。

（文見民國《通許縣新志》卷十四《碑記》。王興亞）

陳公墓誌銘

何裕承

公諱萬清，字又勤，河南杞縣人也。由武舉中式。嘉慶己巳科第二名武進士。初任陝西靖遠協屬八營守備，歷任長武營都司、靜寧協都標、左營遊擊、漢中鎮標、中營遊擊、署理平涼城守營遊擊、宜君營參將、署理靜寧協副將，所在多功。於道光六年七月內，奉派帶領西鳳等營官兵，出征喀什噶爾。至七年二月間，在銀娃臺牌斯壩阿娃臺地方與賊遇，公持槊大呼，躍入賊軍，眾皆披靡，官兵乘之，殺賊數萬餘名，生擒無數。又於是月二十九日，在七里河地方，見對面河岸賊排陣勢，橫長二十餘里，諸軍猶豫，恐其邀擊，莫敢先渡。公審視情形，輒曰："此疑兵也，當與諸君破之。"三月初一日黎明，奮不顧身，首先渡河。諸軍皆渡，殺退賊匪，乘勝追至喀什噶爾，攻破城池。當由大帥保奏，蒙宣宗成皇帝恩賞花翎。遂於初四日前，赴英吉沙爾、葉爾羌搜捕餘匪，收復二城。諸軍欲少休息，公曰："賊險已失，破竹之勢也。"即由葉爾羌前赴和闐，在昆滿遇賊，生擒一千餘名，拿獲賊頭噶爾勒。追至故碼地方，脫逃賊頭玉帑斯一并就擒，和闐地方以次恢復。公愈加奮勵。又於閏五月，同果勇侯帶兵前赴卡外賽里湖，進拔達克山一帶。大兵由伊斯里出卡，晝夜兼程，銜枚疾馳，生擒賊頭張格爾於鐵蓋山。西陲底平，公之力為多焉。是時，獻捷於宣宗，成皇帝嘉悅，特旨召見，將策勳行賞，公應在不次之擢。而公因太夫人春秋高，勞於王事，久曠定省，乃告養歸籍。嗚呼！忠以事君，功成身退。孝以事親，衣錦還里。夫豈尋常武勇之所可擬歟。公狀貌雄偉，方口虎額，見者多比之褒鄂二公。其在軍中，尤深沉多謀，驍果敢戰，有時出奇制勝，運用在心，每合於兵書。同事大帥，皆以軍事諮之。而公屢立戰功，撝謙自矢，又善拊循軍士，如家人父子，以故人皆為效死，所至克捷，可謂賢矣。

公歸籍後，遷於許之底閣，遂家焉。和睦鄉里，恂恂若儒生。有與接談，幾不知為一代名將也者。於道光二十八年四月二十一日以疾卒，享年六十有九。其曾祖諱有貴，未仕。曾祖妣張氏。祖諱亮工，累贈武功將軍。祖妣王氏，追封夫人。父諱定魁，累贈武功將軍。母馬氏，追封夫人。本生父諱定國，由武舉任懷孟守備，累贈武功將軍。本生母蘇氏，追封夫人。公累官至副將，誥授武功將軍。初娶劉氏，繼娶馬氏，俱封夫人。子一，曰繼曾，業儒。女二，長適韓，次適金。孫四：曰五經、五倫、五常、五禮，俱幼。以道光二十八年四月二十三日，葬公於底閣新阡〔阡〕。乃為之銘曰：

允矣陳公，克奮厥武。產於東婁，顯於西土。功成弗居，謙謹自處。恂恂德心，洋洋軌度。勒諸貞珉，歿世不沒。

道光二十八年四月二十三日。

（文見民國《通許縣新志》卷十四《藝文志》。王興亞）

邑令侯公去思碑記

去歿不碑，茲何以碑？誌悲也。何誌乎悲？悲吾邑人士及邑宰侯公也。何悲乎吾邑之人士？吾邑賭風素著，盜賊多有，川流縈紆，稅務浩繁，又臨南北孔道，担夫船隻之送迎，與夫差徭之供給，吾邑人士之憔悴於斯數者有年矣！侯公下車伊始，即以禁賭緝盜為事，又將担夫船隻，按約分班輪值，差徭雜稅，皆準情鏊定數目，不得額外索錢。不數月而賭風息，盜迹斂，無奔走叫號之苦，有安居樂業之慶。又擬捐鉅款，課諸生，事未竟，而侯公卒於任。此所以為吾邑人士悲也。何悲乎侯公？侯公者，豫人也。勤儉自奉，御下以寬，明察以斷。其聽訟也，皆得其情。宜其壽期頤而享厚祿也，乃薀茲未期年而歿。所經營，多不獲覩厥成，並遺其孀妻弱息於萬里外，以清廉故無長物，由友人糾資還其喪，此所以為侯公悲也。悲侯公，即以悲吾邑也。悲吾邑，又不得不追慕侯公也。因悲侯公以悲吾邑也，故有是碑云。[1]

（文見民國《通許縣新志》卷十四《碑記》。王興亞）

建修北門橋碑記

邑舉人馬永傑

戊午初冬，皖捻始入通境，爾時流離失所之狀，不勝殫述。蓋避之而無可避，亦逃之而無可逃也。於是，趙永泰與韓性天、傅會一等約眾築寨，聊固吾圉。經始於嘉平朔日，不終月而告成焉。隸斯寨者，咸恃以無恐。自是厥後，寇至者屢矣。而賊眾相戒，均逡巡於數之外，不敢逼斯寨而過焉。是斯寨之威聲丕振，固一鎮之金湯，亦汴南之保障也。特以風鶴報警，晝夜靡定，車担雜湊，人多擁擠，一時顛連墜落之患，往往不免。惟時北門首事趙珍、李宗、王好敬、陳得春等惻然憫之。遂於辛酉首夏，糾眾就內外壕建修橋梁，中外便之。由是而南而西而東，各門首事，咸樂義舉，以次建修。其立意之善，亦與斯舉也從同。同是橋梁之設，非第觀美云爾。固欲與斯寨相維持於無窮也。然則數萬眾之身家性命賴斯寨以保全，而斯寨之規摸宏遠，又得斯橋而益善。夫豈徒司馬題柱驢背興思，足以供一時之吟咏已哉！故將勒貞珉，樂道其事，而為之記。

咸豐八年。

（文見民國《通許縣新志》卷十四《碑記》。王興亞）

重修關帝廟碑記

田西成

通邑北楊家莊舊有關帝廟一座，固一村祈賽之所也。自道光二十一年，張灣口決，淤淤倒塌。越一年八月，阜口又決，水既深夫數尺，河復堵以隔年，而遺迹幾不復存矣。乃二十五年之水患初平，二十七年之旱災又至。斯時也，飢殍相望，流離相屬，至今憶之，猶有不堪迴首者焉。此後轉歉為豐，民命稍蘇，方謂可以安居樂業矣。不意咸豐之三年五月間，髮逆猖獗，由歸杞而直逼省城，因雨雹而退朱鎮，附近村邑盡皆逃竄，然猶幸其盤

---

[1] 民國《通許縣新志》注：公諱亮工，道光戊戌進士。署廣東□源縣知縣，歿任。□邑人思之，為之立去思碑。伊曾孫連瀛遊學該省，經過此地，特為抄錄。

居未久，亦僅為暫時之騷擾也，而豈意皖匪之蠢動于後乎。夫小醜不靖，猶以所離尚遠不足為患耳。乃咸豐之十有八年十月之二十四日，自鹿邑迤邐而來，由馬頭橫亙而至，長不知其幾何程，闊孰測其幾十里，戈矛耀日，旌旗蔽天。肆焚燒，則燄煙偕屋瓦齊飛；縱搶掠，則錦市與錢窖俱徙。誰無父母，遇之而椿零萱萎；誰無妻子，逢之而玉碎蘭摧。由是扶持殘年，提攜弱稚，靡明靡晦，爭效鄧攸避亂。無貧無賤，儼若王粲離家。彌野之車聲雷動，載塗之喘息風生，莫不望東南妖氛，而驚惶向西北沙漠而奔竄者也。幸而天牖其衷，鄰村各築寨堡，人始得以自圍。然或月一至，或數月一至，有寨者雖可稍安，無寨者豈能稍息乎？況賊未動而詡為已動，訛言直語真言，兵未來而豈料果來？衛我旋成殃我。此數年之顛苦，較前之水旱頻仍，不更甚乎！然此猶其輕焉者也。最難堪者，昔同治之五年，值六月之初旬，逗遛幾至數月。人度日而宛同度年。巢據邑之一面，逐隊連羣徧境內，而日見哨馬禍延邑之四隅，擄男掠女，逼濠邊而爭喊贖人。又曰天助賊而為虐，淫雨惟當晚下，賊因天而出奇彼校，但恃夜攻。所以于莊寨、桑莊寨，相繼而冰消瓦解，窰皂寨、王金寨，失機而家破人亡。於斯時也，真所謂驚心動魄，喪膽亡魂，呼天無路，入地無門者也！又誰知賊盛極而有必衰之際，人困極而有必亨之機也乎。現今匪類廓清，歲時康泰，人既有優遊之時，神可無妥侑之地。於是，公議重修，同襄盛舉。乃尋舊址，乃拓新規，不數月而告成焉。行見廟貌聿新，誠籍人之感格，威靈丕振，德仍神所憑依。而香煙篆平安之字，燭燄結福壽之花矣！工竣，屬予為文，勒諸貞珉。予因綜三十年之時勢，而為之記，使後之覘世運者，知吾村人士之得以仍享太平之福者，誠非易易也。

同治五年。

（文見民國《通許縣新志》卷十四《碑記》。王興亞）

開鑿濟民泉碑記

華懋欽

粵自禹平水土，因勢利導，或注江，或注海，而懷襄之患始息。厥後畫井疆，正經界，十夫有溝，百夫有洫，千夫有澮，其法至周且密，豈好勞哉？誠以備旱潦而通宣洩，為萬物立命故也。

同治壬申歲，中丞錢公來撫中州，關心民瘼。凡有民社之責者，莫不諄諄告誡，以拯饑救溺為先務。夫為豫謀利莫重於水利，為豫除災莫急於水災。余攝篆咸平，親履四鄉，體察情形，見邑之東隅有地名曰北沈公，距城二十餘里，地勢底窪，一經雨水暴發，竟成一片汪洋，民苦歉收，由來已久。若不設法疏通，閭閻被害，伊於胡底。爰集紳民而告之曰："水潦頻仍，雖有可耕之地，幾同不毛之土。與其坐受此困，何不為一勞永逸計？"聞者唯唯，無不歡欣鼓舞，次第興工。遵禹帝治水法，由上而下，今自陳崗老王莊、趙塊崗西首興隆橋，而范張祠南陳莊東首，由東西婁莊中間，鑿成一道通渠，袤延十二里許，歸之郭河，俾無水潦之患。此固中丞因利而利之善政，抑亦羣力之躍踴使然也。第事既創始，又貴圖終，日久或有淤塞，猶當歲事加脩，狹者寬之，淺者深之，庶幾物阜民康，億萬年共食無窮之福矣，豈不快哉！

同治十一年。

（文見民國《通許縣新志》卷十四《碑記》。王興亞）

清故貢生夏二公墓誌銘

邑人李樹屏

曩者遊大梁入汴垣，周覽各街市，見有蔴業商店，碁布星羅，不下數十家，而曹門大街恒隆號，門面特宏廠，貨品特豐裕，沽客特擁擠。詢之彼都人士，僉稱該號為城內蔴商巨擘。竊思該號剏業主非顯宦家，必巨富族也。及與夏君清華談，始知係乃父清故貢生夏二公所手剏。噫，奇矣。

公諱振玉，字佩玖，世居通許西南前付村。弱冠窮乏不能自存，北走汴，入製繩工廠充學徒，藝成，即為該廠工師。勞動所入，足糊口而已。駸駸伏櫪，志在千里。公夙抱大志，固不甘以株守薄技終也。既而展鴻籌，運妙腕，南採六安、固始之貨，北給豫、晉、直、魯之用，以汴垣為屯售中樞，而恒隆蔴店，遂嶄然露頭角，於藩司署東，白手崛起，大業肇造。古人云：長袖善舞，多財善賈。以公觀之，竟不為然。苟非具魁宏磊落之奇才，烏能有是哉！夫世界近百年來，商戰劇烈，歐美民族以商戰優勝強其國，支那民族以商戰劣敗弱其種。華人短於經商，幾為世界所公認矣。關若夏二公者，可謂長於經商者，非耶？不假尺寸，憑藉以窮困而成巨賈，視彼西人先招多額股本，方能建設托辣斯者，其才貽又過之矣。公採辦貨物，久寓南方，南人極信仰之。周口、黃埠、葉集等處各商家之富有蔴貨者，其他沽客雖出善價不肯售，曰：吾俟我夏公也。公歿時，南人不遠千里來弔者以數十計。其盛德之感人也深矣。自公組成商業後，銷路日暢，獲利日厚，出其子金，梓里置田數百畝，家族沾其餘潤者，蓋數十口云。

清同治年間，河大決，政府派員築堤塞之，需蔴無量。賴恒隆號之接濟，以速其成。黃河流域居民得早免昏墊之災者，實受夏公之賜也。

公生於道光二年，卒於光緒十一年，壽六十四歲。德配孺人張氏，秉性淑賢，薄於自奉，勤於理家。公遠出貿易而無內顧憂者，張孺人之力也。子男二，長清華，次清風。予少就學清華君，聞公之誼行最悉，不忍聽其湮沒不彰也，謹撮敘其大略如右，並為之銘曰：

端木貨殖，陶朱興業。卓哉夏公，克紹前烈。奚俟招股，焉用集貲。空空妙手，大業成立。大業既興，厥號恒隆。銷暢利厚，梁苑稱雄。家蒙其福，國被其利。築堤塞河，賴公接濟。接濟靡缺，河堤促成。沿河蒸黎，咸慶更生。嗚呼！伊誰不崇拜頌贊我夏公。

光緒十一年。

（文見民國《通許縣新志》卷十四《藝文志》。王興亞）

張淑人墓碑誌銘

邑廩生馬良用

嘗讀漢文劉向《烈女傳》，標目有八，而婦有一德，即可流芳青史，若通邑之淑女賢媛，古今來更僕難數。然或青年矢志操並松筠者有之，或白首完貞清標管彤者有之，求其以身殉節與夫偕亡者卒鮮。其人有之，則自張淑人始。張淑人者，山右張公鴻魁之女，邑人王公子謨之妻也。張公經商來通，因有餘積，遂家焉。後以女字王。女性溫和，遵姆訓，歸王後，事翁姑以孝聞。處娣姒雍雍順讓，終始無間。翁先故，姑老身弱，家事悉委焉。淑人則躬親操作，夙夜匪懈，潔□□，察寒燠，色養備至，人皆以賢婦稱。王公素篤於親，失怙後，孝慈母尤甚，祇以羸弱多疾，不勝憊。自淑人相其家，始得安心，自攝堂上之憂，稍解。人生而聰敏，愛讀書，稍有倦怠，淑人即以勤學相勸勉。卒至學成遊泮，內助之功居多焉。迨光緒癸巳年，公赴鄉試去後，母病，淑人延醫調治，親侍湯藥，恐誤公科名，不肯招之回。及鄉試畢，始促之歸，而母病日久，遷綿不愈，淑人曾割股禱天，願以身代。不數日，而太君盍逝。夫婦一口幾絕。友人以順變節哀慰之，遂以禮葬焉。

公性豪邁，輕財好施，不計有無。因家事紛繁，用□□□□人，則屏去婢僕，勤施家政，先雞鳴而製錦燈紅紗門，後鳥宿而弄機杼響霜屋，幾歷寒署，而家竟號小康焉。淑人有姑母二，長適周莊孫姓，家式微，淑人則時常接濟，雖傾囊倒篋無稍吝惜；次適水窩趙姓，早歿，遺女幼，糊口無資，婦人攜至家，殷勤撫育如己出，及笄遣嫁，粧資豐備，又時加周卹，歷久不渝，鄉黨益欽敬焉。公飲食素好清潔，每日三餐，淑人必親理餐飧，不假諸媳手。公因受風，痰疾復發，淑人則事之倍謹，衣不解帶，目不交睫者數十晝夜。及病篤，百藥罔效。公謂淑人曰，吾瞑目後，汝將何以理家？淑人嗚咽良久，不忍言，慰以疾尚可為，勿自苦。促之再，泫然流涕曰：“以身殉，勿我念。”公病危，氣息奄奄，淑人仰天泣曰：“吾夫休矣，吾何以生為。”將衣衾棺槨料理畢，遂離臥簀而飲毒焉。家人偵知，尋藥解救，而淑人尚能言泣，辭曰：“勿療治，愛我者，當全吾志，從夫地下足矣。”語未竟而氣絕，年五十有二，時光緒癸卯念三日也。越數日，王公亦卒，同日殯焉，觀者如堵，所有婦人女子莫不涕泣道旁，驚相歎曰：“節烈如此，真所謂空前絕後者也。吾輩孀居多年，對於淑人幾愧死矣。”

夫人生百歲，不能無死之一日。然死或重於泰山，或輕於鴻毛。輕於鴻毛者，不妨與草木同朽。重於泰山者，自當與日月並明。儒學兩師為淑人請旌入祠，良有以也。淑人生子五：長桂森，次桂榮，三桂山，四桂芬，五桂林，皆能恪守家規，聲明卓著，相稱為五桂騰芳焉。不幸伯仲與季先後逝世。遺有三子桂山字叔峯，現充救濟院主任。五子桂林字月波，現充財務局局長兼東城首事，均勤慎奉公，素孚眾望。今而後，丕振家聲，箕裘賴以不墜，克繩祖武，堂構因而復隆，咸謂淑人潛德之報，有固然耳。迄今淑人往矣，邑人思其懿行，不忍使之俱往，公送匾額，以"德純節高"頌之。然頌其德之純，猶未闡揚其德何以純也？頌其節之高，猶未表白其節何以高也？故舉淑人之事實，勒諸貞珉，以垂久遠，尚望後之修志書者為之立傳，以作後人之表率。嗟呼，淑人之有關於世道人心者，豈淺鮮哉！爰為銘曰：

嗚呼王公，生而聰睿。克家成名，天立厥配。唯張淑人，山右名姝。閨嫻姆訓，出嫁相夫。孝聞割股，勤能佐讀。撫孤卹貧，賢名爭呼。獨於夫婦，愛情彌深。夫如嬪天，婦獨何心。蘭桂滿前，不足解憂。日月無色，天地為愁。惟有一死，唱隨地下。完其情愫，表白無他。同生同歸，有關風化。豐碑高矗，千秋佳話。

光緒二十九年癸卯。

（文見民國《通許縣新志》卷十四《藝文志》。王興亞）

范張兩先生神祠碑記

楊天培

後漢范公式，字巨卿，山陽人也。與中州張公郡字伯元者，同遊太學，相得甚善。各將歸，范與張約，二年後當過拜其母。及期，張白之。母曰："兩年之別，千里之約，何期之審也。"張曰："巨卿，信人也，必不負我。"言未畢，范果來拜禮。升堂，飲食盡歡。張母大悅。別後，張病篤，以不及見范為恨。時范為功曹，於夢中見張，語以死葬之期，且曰："非君至，柩不能行。"及范至，張果死矣。范素車白馬，執紼導引，柩始入壙。此范、張相交之始末也。嗟呼！此二公者，何篤於友誼若是哉。夫人之交也，合則相親，離者疏焉。生者盡情，沒者已焉。若二公離合不異其志，生死不二其心，真所謂出肺腑，同肝膽，與四時共其不欺，與日月合其永久者也。厥後桃園之約，覽范張之遺事，為之三嘆而泣涕哉！非信義之至，有以激勵夫後賢也耶！當時天子嘉其德，命五倫丞相為之封禪，月居中並享。有明之代，建祠吾鄉，春秋奉祀，皆所以彰乃昔賢風我後人也。奈殿宇日久，鳥鼠為災。有眾善言重修於前，未及勒石為記。今諸同人，克承其志，刊石於後，庶幾後人之名與昔人之賢而共彰歟。是為記。

（文見民國《通許縣新志》卷十四《碑記》。王興亞）

醉綠亭記

渤海趙學濟

醉綠亭者，遼西杜司馬之宴息亭也。永叔釀泉之建，樂可同民；子瞻扶風之營，祥能召雨。匪肆情於山水，豈眈志於逸遊？政本風流，比召公之泮渙；吏行水上，樂羊緒之清廉。退食，自公舉酒屬客其地，則左招書舍，右接仙鄰，有桑一株，其蔭數畝，依依樓村之蓋，童童錦里之材。落涼影於簷前，碧能遮日；蕩清蔭於檻外，紅不飛塵。樹已十年，花為四壁，信怡神之佳所，亦賞心之樂事。當夫青陽應時，朱明駐景，雜花生樹，薰風韻琴。長庚春夜之遊，坐花醉月；子桓南皮之宴，沉李浮瓜。公乃鶴氅披襟，龍皮製扇，花栽躅怱，草號迎涼。藉芳樹以開軒，招命儔而延爽。清談則霏玉屑，縱歡而泛碧筒。到陳遵之門，車皆投轄；入北海之座，酒盡盈樽。又或蓐收肆威，玄冥弭節；青女被野，素月流天；東坡後遊，江山忽改，襄陽雅興，簑笠自隨。風篁淒兮，軒序涼霜，花下而林野。蕭公乃飛箋召友，命酌開爐。或口雪以憑欄，或問梅而依樹。歐陽聚星之會，白戰銜枚；文公石鼎之吟，黃昏擊鉢。良辰勝地，一詠一觴，自非疾風甚雨；公私冗迫，曷嘗不可敘遊處之好，窮心志之娛者乎。夫迎暉亭，高晉公之闕宅也。澆花亭，小迂叟之閒居也。古人功高百辟，心在一邱，嘯傲湖山，流連泉石，挹風月於千里，召煙景於四時。地以人傳，其樂無極。此期一弓闢地，萬字廻欄，孤花媚兮照人，片石奇而當檻。渡書聲於花外，清韻疑琴；邀月影於杯中，閒情似水。衆綠皆曉，一醉陶然，亦足以暢敘幽情，自成逸趣也。余以霋下中郎作暮中，王粲數陪文讌，每把豪情，與王少談倦作失眠之客，共裴趯語，冷然彈瑟之聲。分梓澤之花光，息河陽之樹影。文慚大雅，頌比斯干。語並蟬鳴，豈庾信小園之賦？寫成繭紙，續夷陵至喜之篇。

（文見民國《通許縣新志》卷十四《碑記》。王興亞）

賀同業指困為賑碑記

扶溝人王作賓

天地之大德曰生，體天地好生之德，躬而行之，推而廣之，大德所以敦化，小德亦以川流。故德之大者，參造化，侔鬼神，不惟煊染史乘，而廟貌且徧天下尚矣！至于鄉黨之賢者，恩周閭里，名傳口碑，所謂生祭酒，沒而祀于社者非歟！光緒丁亥秋，黃河南決，通邑南鄙盡委波臣，一片汪洋，飲河幾同鼴鼠，萬家墟落墜水，無乃其魚。斯時目擊神傷，指困為賑，發粟六十石，全活數百家者，勤理賀公也。越明年春，河工雖竣，民食尤艱。湖廣諸善士集合巨款，為救災恤鄰之舉。委員黃公來賑是鄉，而公適為東道主。時公父增廣生員諱景福，品學優越，談吐風生，接待黃公，既款以洽。遂痛陳災黎疾苦，黃公為之心動，賑濟饑民較他處為獨優。嗣巡撫裕公聞而義之，頒發"博濟功深"匾額，以旌其門。嗚呼！如公父子非所謂鄉黨之賢者耶！

公諱同業，勤理其字也。性慈善，好施與，而相貌魁梧，膂力絕倫，少業儒術，長嫻弓馬。光緒戊子，既應祥符試，旋又投考本籍。及放榜，兩縣俱列前茅，真材自有定價，良不虛矣。公行二，配張氏。孺人生五子：尚賓、貢賓、賽賓、贊賓、質賓。女二。頌曰：

吾啼饑，賀公食之。吾號寒，賀公衣之。吾有患難，賀公救之。賀公而生，吾其依之。賀公而死，吾其哭之。我思賀公，碑以誌之。

（文見民國《通許縣新志》卷十四《碑記》。王興亞）

公立司公碑記

邑郡廩生侯崑玉

秦、漢以來，生而有功德政事者，皆立碑。然鄉愚不能識遠，如近世某縣某令之德政碑是也，某邑某先生之義行碑是也。

蓋嘗推立碑之意，或出自好善樂施，或出自禦災捍患，或出自創造非常，或出自公事勤慎。是皆有以感被于一時，而深入乎人心者矣。余黨有京監五品頂戴司公澤民，字恩普，少以孝聞，長而孺慕不衰。其家居已立為人之本，而其生平善行義舉，尤令人稱道不絕於口。光緒年間，中工決口，通邑被災尤劇。公首呈災，勘驗沙壓，豁免錢糧，為國裕民，一也。咸豐年間，捻匪作亂，約衆修寨，捍賊衛生，保全鄉里，二也。同治年間，蒙縣尊諭當事，重修黌學，以興文教，三也。創修書院，以培士類，四也。增修文昌宮，以振文風，五也。其尤可稱者，通邑車馬積弊已久，一旦呈請，立局減價四分之一，隻身出首，闔邑食福，六也。他若鄭工決口，報災請賑，以濟里黨，七也。遇風災而請賑，開倉被澤者十有三地方，八也。具此數善在人心目，準以功德政事之義，是固可碑之者矣。或曰公之善行義舉，百口之後則入鄉賢祠，即生前不必急急，豈患無碑之者哉！不知被其澤者，銘其恩；享其功者，報其德。身受者，每懷感激不勝之意，使優游而俟諸異日，則公之善政不容泯哉。吾恐石碣表誌，疑為諛慕之浮辭，或不如此碑之實錄也。是以公同勒石以為誌。

（文見民國《通許縣新志》卷十四《碑記》。王興亞）

候選知縣階平馬公夫婦墓碑記

邑貢生侯召棠

蓋聞男政位外，女政位內，內外交修，而雍雍乎倡隨於一門，偕老於九原者，其階平公夫婦之謂乎！階平公諱開泰，天方之派，通邑望族。曾祖諱成玉，祖諱士明，親善睦鄰，代有隱德。父諱文德，候選州同，天性孝友，家教尤嚴。母王氏，淑慎有賢行。公生而安重，不與羣兒伍。比長，身列膠庠，品學建樹，多有可觀。厥後援例納貢。問公事數十年，恂謹老成，邑宰屢嘉其勤勞。邑之人皆推為長者，信不誣也。升遐之日，享壽六十有八歲。以禮葬於邑東南祖塋之次。然嘗考其生平大節，咸同年間，捻匪倡亂，所過屠掠，人民逃竄，流離轉徙無依。公斯時為西城首事，練勇防守，慨然出閒房百數，以庇難民。光緒三年，荒旱為災，公辦賑務，開粥場於東關，竭力奉公，一塵不然，全活甚衆。由今思之，兵燹餘生而得以有室家，凶年遺黎而得以長子孫者，皆公之賜也。他若修書院，建文廟，築城鑿池，積穀發倉，善舉累累，不可枚數。其令人稱道弗衰者猶其餘事耳。其德配王氏之淑媛，謙益公之愛女，幼遵母訓，夙嫻內則，來嬪於公，內助皆得稱人。湯藥親嘗，事翁姑以孝聞，並白躬操，相夫子以順稱。有子二：長秋田，次良田。義方之教，庭訓恪遵，故棣□並輝，皆能紹家學淵源，而□泮水之序。至於紡績有飭，衣食濟人，僕婢感其厚恩，貧窮霑其實惠。詩歌凡民有喪，匍匐救之者不是過也。升遐之日，享壽九十七歲。亦以禮與開泰公葬於祖塋之次。前後相隔二十九年，向所謂倡隨偕老者，於今見之矣。吾鄉父老慕其德，思其人，覯宿草而憑弔欷歔，以為公之夫婦道範若此，閫儀若此，苟非有所撰述，將使馬鬣之封，久而就湮，通邑士女無所矜式於焉。建碑立碣，以極表揚之雅意。揭之曰：開泰公之夫婦之墓，庶純謹行誼與金石而俱壽云。

（文見民國《通許縣新志》卷十四《碑記》。王興亞）

張氏祖塋碑記

邑舉人鄭中衢

昔張氏自黃帝以來，其第五子因職為姓，歷有年矣。厥後賢哲輩出，相承至今，猶為巨族。通許縣西南二十五里小河口村南首，舊有六公墓在焉，是張氏之始祖。相傳遷自山西洪同［洞］縣。時兄弟六人，例遷其半。三公遷懷慶，四公遷鄢陵，遷于此者為六公，遂家于斯而葬于斯。厥後瓜瓞綿延，子孫繁盛，環塋而居者常有百餘家。析居而遷者，多自南而北焉。故至今大小河口南北二村之中，惟張氏一族，恆居其大半。第恐支派愈繁，世系愈紊，況前有敘譜之議，有志未逮。及一旦陵谷代遷，滄桑偶變，舊譜雖存，而故迹難問，是以子孫而忘其祖考也，可乎哉！自族長建與朝而後，往往年近耄耋，縱懷垂久之計，愧乏辦理之才，特選族中家修、觀生以輔之，將曩時祭田所餘之貲，命四班執事者，重修祠堂，買石勒碑，歷誌顛末。非敢云有功前代也，第使後世子孫覯斯石者，有動木本水源之思焉。則庶乎尊祖敬宗之義，不無小補焉耳。至于支派之親疏，門次之遠近，以及相傳之數世，四班之輪流，則現有纂修之譜牒可考，此亦無容多贅焉。

（文見民國《通許縣新志》卷十四《碑記》。王興亞）

蘭考縣（蘭陽縣）

四賢祠記

邑人吏部武備

祠者何？立楹施棟，覆宇木主而奉之者也。賢者何？有功于民，有德于士，能禦大患，振法紀，俾風變而治美，一時稱之，歷紀頌之，衆所嚮也。四賢者何？山左歷城璵函劉侯、畿內長垣抱一張侯、山右介休肖初董侯、三韓瑞軒丁臬長也。誌所載宰邑多矣，獨三公者何？就目之所見，身之所被，與傳聞異，而耆老言之，後者信赫赫之，猶在人前，不特標恐鬱人情，而至治之不宜也，宰宜矣。臬司者，都會之長，河南北之總憲，非蘭所獨得也。自有省以來，臬司多矣，而舉丁公者何？以汴罹黃流之難，中丞直指以下藩閫、道府寄治他所，而蘭為丁公駐節之地，故屬之蘭也。夫褆身臨民，以廉為本，愛為用，有所創建非常，以為經久不朽，日新月盛之業，習者不覺也。靜言思之，其危者何以安？其瑕者何以固？其絃誦、禮樂、衣冠、文章何以進而愈茂？其恩澤砥礪何以久而不衰？謂時為之乎？人能造時，時不自為主也。造時之人，人思之服之矣。思服藏于心，無以形之則賢不彰；賢不彰愚蒙之怠，而安者忘其所自，猶日月之長運，雨露之時濡，付之造物耳！有識者所不取也。夫求廉于不易廉之時，則廉難；求愛于不易愛之時，則愛難。上之用人，未有不用其廉者、愛者；人之喜上，未有不喜其廉者、愛者；士之家居讀書，未有不矢為廉者、愛者。然廉愛亦為官之本等耳，何足異耳？遘之如空谷之足音也，況其大者乎。夫廉愛，四公之所素具也。況四公值易廉易愛之時，而以廉愛賢公者小也。邑舊無堤，春冬宴如，夏秋炎殆，曾貫城而闊矣。劉公堤之，而危者安。舊無城，壘土為垣，睥睨不具，曾鼠竊之莫禦，而況風鶴乎？張公城之，而瑕者堅。舊科目寂寥，人無奮志，委之氣數。董公下車，首先舉行，與諸生揖讓周旋，若師弟一堂，晰款宣蘊，丹鉛青黃，視生為龍，而望其驤；視生為鳳，而望其翥。若授之以尺木，而示之以竹實也。猝至鱗甲，具而羽翮豐，為中州之望，未售生供，儼然有拏雲朝陽之望。丁卯至今，四十二年，冠進賢陟卿貳，以至內外之組符，林立霞蔚。其為治也，皆可觀。豈氣數偶旺乎？有昌之者矣！丁公至，而環劉公之堤，安張公之城，臨董公之士子，其提綱挈領，明罰敕法，猶劉公、張公、董公之意也。其出身加民，敬邇見遠，醒兩河之昏憒，與以精爽，覺雲日猶遠，瞻依獨近，蘭何幸哉！非獨蘭之幸，兩河之幸！而徘徊膝前者，與邑之父母同。夫以臬司而下同父母之慈，俾蘭之父母從而慈，兩河之父母觀而慈，直當尸祝于汴，廟貌于各府州邑，而蘭以為臺之近水也，汲汲然祠之曰：我之丁公也。豈獨我之丁公也哉？夫政之成也，以志人之服也，以思志在先務，務成矣；志在興學，學成矣；志在刑期，無刑可以弼教矣。其志純粹者，感而為服。服之無斁者，凝而為思。思之應志也，影之於形，聲之於響也，無膠漆而固，無纏徽而聯。較之循良所稱，為更切焉。世遵四公以為政，則規矩之於方圓也。吾邑仕者，遵以為政，則廉愛其緒餘，而大建豎不難因心而辦矣，非但祠四賢以抒心之所注也，為後賢深有望焉。至四公之陟而內，轉而外，其政自有祀者，不備此也。創始于某年之月，落成于某月之日。思或解乎？恐瞻木主而思愈甚焉！是役也，蓋葺之于隔代後，于數十年後，其人皆古人矣。匪人存而誄焉者比也。

順治四年。

(文見康熙《蘭陽縣志》卷八《藝文志》。王興亞)

清故户部右侍郎眉居梁公墓誌銘

王鐸

順治六年七月三十日，少司農眉居梁公終于北畿。一時薦紳咸哭于寢門。十月初九日，子吏部考功司員外郎羽明扶匶返窆于蘭陽。予肺腑親窺觀公志慮恪勁，臨事凝定，不自輕重衡諸義，若大敵發肘足，極計所以固維。迨事機至，奮起不宴。處呂憂，遺于國，沉摯百算，可謂國家棟梁。而寢疾一月逝。多事之凊，失一老成肩鉅之臣，不亦深可悼歟！

梁公諱雲搆，字眉居。上世某縣人，徙開封蘭陽。數傳至某。某以某科為沐陽令，多嘉政。生公，壬子，舉鄉第一。尋中阻，移六名。戊辰進士，授行人。癸酉冬，授御史，巡三城，即糾權奸不法事，迅霆所擊，無不靡折。甲戌，按宣、大，赤衷皓表，邊事方棘，公整武犀利，弭變儲糧，修整發軔不玩以自狃也。而耀鼓鐸鐲鐃，非□為戎務者。又巡廬、鳳，除贖金，猾胥咋舌，釋疑獄。流寇勢邊擁，薦食諸郡縣。公多所保護，視齺于漰，察弊竇，恤商竈，又懲治大憝。捨海盜，肆諸市，遂無魚肉它患。

辛巳，為少京兆，陞操江僉都御史。楚、湘逆帥唱亂，大艘遮江，欲東下，有輕邊吏之心。公擐冑力率諸士武禦于江上，約諸軍勿扇擾百姓。梟沙船大寇縣之燕子磯，無呼應者。是以眾不輊，軍聲疾決，敵亦不敢相鏺。夜草檄，以動之帥心。弛無折矢乘馬之傷，金陵帖肰。自為御史，疏凡百餘。其小心恪畏，勁風氣能，□無觀望。大略如此。

乙酉，大兵渡江。後蒙恩念有績金陵，補左通政使、大理寺卿，陞户部右侍郎。

公性敏健，濟之沉摯，視義如繩。凤興赴部任事，即疾在躬，風雨不以疾，故偃私室以勞瘁疾彌篤。公凝肰如丘陵不可搖。以利怵以禍者，其□日萬人滔之，一身砥之，侃肰無互非肩鉅之老成，為國家棟隆者乎。醇德不瑕，遠略未究。士君子之聚苦也不亦宜歟！

公生萬曆甲申九月十九，壽終六十有六。某年月日，啟城東南祖塋土窆焉。公孝友愷悌，多濟拯物救荒，不細紀。鄉人勒之碑。博學，工詩古文，卓耀大家。必能不朽。《豹陵》一集、二集、三集，海內稱服。

公配淑人李氏，子一，即吏部考功員外郎。公孫二，某某。女若干，婿某某。嗚呼，予第三子無回，為公子婿。予三十年，遇儅鍥橫屬，受公德愍諒衍。適以公為師，□哉。

可悼不逾切耶。銘曰：

孰是之材也，金鏞淳古。孰是之器也，翼爲匡輔。安得百齡，其政爛以摩鈍乎，世比勳于仲山召虎，上帝攸需也。喪是良梁，爰有文之星爛，其式茲塚土。

（文見王鐸《擬山園文集》卷七十。王興亞）

梁康僖祠碑記

浙人侍讀胡會恩

古來達尊有三，鮮克膺其全者。擅其全美，而聲施于廟食，享報于子孫，則造物栽培之，故有歷歷不爽者焉，如豹陵簪纓之淵藪也。閥閱之盛，唯梁氏爲最。梁氏自單父徙蘭，累代流徽，篤生沐陽，君隆名碩德，蔚爲世望。而後康僖公神穎特起，克纘述而光大之。康僖公英敏奇特，偕先君子同登禮闈。是時，奉常公已薦於鄉，父子才華，霆奮飆發，當世以爲濟美。越六年，而奉常公釋褐登朝，楷模當代。所謂南山橋梓，偃仰相承，九皋之鶴，在陰相和，真足與石氏于門後先媲美者也。康僖公先以大行人之職，歷晉崇階，開府江南，清忠端亮，一意引大體，別蠡求瘼，娓娓上封，事皆經國謨猷。遷少司農，克勤其職，卓爲名世。奉常同時起家，躡鳳池爲天子簪筆臣，升秩容臺，即恬居林下三十餘載。仕宦之榮，罕有其匹。其見於朝野，載在史冊者，固已炳炳烺烺在人耳目矣。漢二疏之擅重千秋者，以奮恭敬無比，建慶馴行著聞。是父是子，揚雄氏亟稱之，于公決獄平，東海爲立生祠。定國由侍御史起，治廷尉，上下誦其不冤，其行誼，相肖如此。嘗聞梁氏數世孝友恭讓，不以貴達矜其鄉。子弟循謹，不以才知加人。家庭授受，唯以詩書。忠厚之澤，洽比鄉黨。他如扞患賑荒，保全億萬生靈，種種善事，蔭及桑梓。故能凝承太和，迓續天休。康僖公壽六十有八齡，賜諭祭，諡榮名。奉常公亦登八衮。餘彼都人士既立萬人碑以頌揚之，更欲其不忘矜式也，相與立祠而尸祝之。即官斯土者，例皆春秋詣祠，以崇禮之，則梁氏之祠堂非衹見重於一鄉，而直可法於邦國天下者也。世之爵齒並崇，而輔世長民，永垂不朽者，孰有踰於此者歟！迄今積厚流光，奉常之長君梁園綰二千石組，屢爲國家屏翰大郡，勳猷爛然。次君津園，舉孝廉，儲金門玉堂之器。文孫林立，瓊樹琪枝，英英乎名業彪炳，未有艾也。憶余趨庭時，習聞先君子之訓，蘭譜之榮，莫如梁氏。迨余入詞垣，修國史，始悉康僖公與奉常公之出處大節。既而與梁園昆玉世譜言歡，因得詳其祖、父居鄉之德，與建祠致祭之由。以余忝職史官，屬爲文，誼不敢辭。余惟君家之祠，所以重俎豆而型鄉國者，於斯備矣。敢泚筆而紀其概。

順治九年。

（文見康熙《蘭陽縣志》卷八《藝文志》。王興亞）

重修歸鴻集小演寺碑記

邑進士侯良翰

中國之西數萬里，有國曰身毒，釋迦牟尼如來示現之地。聚徒千二百五十人為一眾，每會菩薩遇演法而至者難以億數。國無三惡八難，眾寶以為飾；人無三纏九惱，羣聖以為友。一敎所統，心法無異，居居處處如一家，真極樂之國也！漢時，神丈六金身，發明帝之夢，而其道漸被於中土。賢知慕其清淨，杜魯怵於禍福，崇飾廟貌，懸像家室，遂云佛身遍滿於法界矣！蘭邑歸鴻里，在明為西南鄉之鉅鎮，後以兵燹交雜，鞠為茂草。清朝定鼎，招徠開墾，五方有力者，畚、鍤、鉏、犂並集，伐其灌蒙，闢其薈穢，立室廬，畛原隰，十數年間，百室以盈，人相交愛，不異出鴻濛而太古，以為非神庥不至此。此謀所以報之，且折覯於後也。乃披草萊，啟荊榛，得小演寺舊址而重整焉。規模弘敞，楹棟森列，藻繪奇麗，金碧輝映，經數載始就。前為大門，重明向離。禪家云：由信門而入者，其義同也。進則中殿接引，佛直立援手。蓋憫凡夫之顛踣陷溺，而思拔之于彼岸也。左右大菩薩十二，是皆嚴淨毘尼，弘範三界，助佛流通，大敞者也。右配六祖，是一華五葉，詣宗之自始也。左配伽藍，是誓淨冤魔，衛正袪邪也。再上則為大雄寶殿，中坐釋迦，左右二佛，巍巍堂堂，是鈔湛總持首楞嚴也。左右二禪堂，將使學人祇夜伽陀，雜揉精瑩，心目為之開明也。殿背相依，則觀世音菩薩。是十方圓明，獲二珠殊勝，慈力上同於佛，悲仰下同眾生也。北面仰瞻，崇閣特峙，中則上帝，是萬物本乎天尊，統天資始之理也。極上則三教之祖，蓋三聖皆從性上起，用機見差，別成三旨，天下之道也。然則居此鄉，朔望秉誠而至，入門瞻闕，肅然生敬，登殿昇閣，蓋有洋洋如在其上，呼吸通於帝座者。將為善益力，比閭而居，合氣同聲，渾如一父之子，若千二百五十人之同處祇陀林，斯深得極樂之意，而於諸佛無愧矣！

夫是里也，在明為孟陽集，余祖父田千餘頃，少時曾課農而來，或信宿、或浹旬乃去。迨余遊宦於外，遂委棄焉。吾夢魂猶應戀此也，故於善信總領會首等之請，欣然援筆而樂為之記。

康熙八年。

（文見康熙《蘭陽縣志》卷八《藝文志》。王興亞）

修觀音祠記

邑人參政張天機

昔釋迦牟尼學佛燈光，命其號佛國記。為母說法天上，偕梵天王帝釋，釋寶金玉堦下。每盡一階即化餘數階，深入地中不可盡，而三竺精舍玉山之中，大山佛踪，法顯傳聞，或見之東行。中華建像則左藥王、右帝釋、廡伽藍、六祖、五韋駝，後普陀；山門則轉輪能正，五九照南閣；菩提二八，十二照西衢；耶尼三七，十一照北箇；單越四八，十二照東弗婆；名山大都更勝。吾邑剎在東城河伯宮東，舊金碧輝煌，梵唄清肅。遇刦旁殿門從爐，大雄棟宇僅存，龍像無光，佛再感予寢。商於主持見空，發願增修。用觀音名者何？色聲爲緣，眼耳爲戒，意識爲際，遷流變化莫窮。元始虛空，名貌瞪視，發勞筋，轉脈搖，爪生髮長，終不內見，而欲於雷鳴潮起，獅吼龍吟，鍾響鼓動，舌齒喉唇，徧十方界，如萬恒河沙。用我目力，徹彼諦喉，則佛之肉眼、天眼、慧眼、法眼、佛眼，能內觀自在。因得是悟三十二應，同證阿耨多羅三藐三菩提。而佛眼則舉四大部洲，鼻息出入，蠛翅飛停，咸動慈悲。何況力行爲善，勸行爲善事，如陵迦音。當轟西土，前明後暗，左右三二八百功德佛，以八萬四千清靜寶目，周覽三界五剎鈴鐸，豈應九寂？《金剛》云：如來三十二相，即非三十二相，即爲三十二相，無我相人相衆生壽者相。方是不金成無量功德。觀音之義，得無然乎？

（文見康熙《蘭陽縣志》卷八《藝文志》。王興亞）

風伯祠碑記

李若素

蓋余嘗觀夫宦遊競尺寸之名，商賈逐什一之利。江湖大河之中，晉舶、吳舠、越艎、蜀舲，舳艫相望，往來如織。其利涉者，朝發暮達，聯檣而款。乃不則履危冒險，臨流而太息。江之神，湖之君，河之伯，神功顯赫，人知之，在在有常祀矣！獨風伯不載祀典，問諸水濱，曰乃壇祀則有之，水濱烏有也。是未知風之所以爲風也耶。余江右簿宦，成自章貢，登舟而湖而江，逾六十餘日，始泊金陵。見夫大塊噫氣，披拂水上之行，方其波恬浪息，安如夏屋者，其風定也。即細浪漣漪，自在中流者，其風微也。時或鼓棹飛蓬，瞬息千里者，其風便也。倏而石尤號怒，鷁首洄流，凌波不前，維楫罔功者，其風逆也。甚則衡颶四起，駁浪排空，轟隆澎湃，篙師失色者，其風颶也。風有權乎？無權乎？余舟行，遇逆風屢矣！遇一即仰天而禱靈，胥亦齊心而祝風伯，似覺隨呼隨應，而履險若夷也。豈非風伯之有靈，而水之權爲風伯用耶？是與江之神、湖之君、河之伯，宜並列祀典。何操舟者，日用而不知也？余己未歲冬杪抵家，乃弗及。庚申春，祈於河伯，尊神之旁，鳩工庀材，小構一祠，以爇香火，祀報曰，此宦遊商賈之家或亦有繼此而興起者乎！則泛舟涉川之際，神其據之矣。

康熙十九年。

（文見康熙《蘭陽縣志》卷八《藝文志》。王興亞）

重修城隍廟兩廊記

邑人知州梁羽皇

名教之防，所以繩檢君子。鬼神之說，所以怵惕小人。故言名教者，必有禮樂文物之盛；言鬼神者，必假刀鋸鼎鑊之威。三代而下，刑律日繁，犯科者衆，君子以爲不可，小人以爲可。尼父所云無忌憚，不畏狎與侮是矣。然不幸不知有名教，猶幸知有鬼神；不幸不知有禮樂文物，猶幸知有刀鋸鼎鑊。是鬼神者，所以通名教之窮；刀鋸鼎鑊者，亦所以補禮樂文物之不逮也。邑有城隍，列於正祀。宰以治陽，神以治陰。陽以成明，陰以成幽。其廟廊儼衙署也，其冥司儼寮屬也，其鬼使儼吏胥也，其勾攝簿書儼文移案牘也，其斧鉞鞭笞儼刑獄讞錄也。世不能盡君子之不媿，則當爲小人之不敢漸，且由小人之不敢求。至於君子之不媿，因畏而敬，因敬而誠，誠通乎鬼神而洋洋在上，在左右，馴入於名教也，又何難哉！今城隍廟兩司，歲久剝落，瞻視生玩有手足敞壞者，有耳目缺少者，有形狀消滅者，有欹側者，有倒仆者，害已去籍，無乃快小人之心，而傷君子之志也耶！許子克翀毅然倡修，蓋亦假鬼神之說，立名教之防者，功不可沒，並勒以紀之。

康熙二十年。

（文見康熙《蘭陽縣志》卷八《藝文志》。王興亞）

河渠河伯祠碑記

邑人太常梁羽明

河渠以濱河名也。黃河之水，獨與諸河異。蓋諸河可引爲灌溉之利，而黃河性急，直則順流，曲則激而泛濫，怒而衝決。中原土軟地坦，無高山峻嶺以束之，又不可作支河旁引以洩之，固世受其害矣。受河之害既深，受治河之害倍深。夫役、樁柳、築塞，經年無已。官府之金錢，閭閻之脂膏，歲委棄於洪濤巨浪中。以故河畔之民，怦怦惕惕，蚤而作，夜而息，惟以安瀾利導爲庥。濱河皆然，不獨河渠也。河渠去河既近，知河之無害即利，村落土著相與捐金，購區建祠，肖神而祀。司河者，亦崇報之意也。今聖天子在上，文德武功，覃敷中外，海宇澄清，百神懷柔，是以河伯效靈興歌。既道桃花蘆絮，無煩漢璧之沉，瓠子宣房，立見禹圭之奏，神之庥，非帝之力哉！羣黎百姓以祝景祚者，介神祉即以答神庇者，賀國瑞祠兩得焉。況五嶽四瀆，列在正祀。朝廷之典禮，室家之祈報，正相符耳！首事之功，與樂輸之義，例得俱勒貞珉，共垂不朽云。

（文見康熙《蘭陽縣志》卷八《藝文志》。王興亞）

靜居寺碑記

邑人太常梁羽明

　　靜居寺屬邑南司業地，不知其肇建何時。自張大參公石平讀書其中，邑之問奇者，多踵相接而寺遂顯。是寺之標著，以公爲因緣也。公既通籍，布金而輝煌之，寺藉以巍然如魯靈光，是寺之莊嚴，以公爲護法也。公遂初衣將三十年，而寺之傾圮漂搖者，與氣數爲轉移，故不禁感舊棲而思修葺。募疏未訖，公旋乘鶴去，幸其高足張孕秀，不沒公之志，而卒成之。工既竣，求余記。

　　按公之疏云：靜居寺，古刹也。有云思王寺者，以寺中附祠陳思王，故名。思王封於魏，古重其才。佛興於漢，至魏漸盛。寺必鄉人之重佛者，祠必鄉人之憐才者。嗚呼！公可謂能推寺、祠之始，而余謂不妨寺、祠之合也。佛之度世，時現宰官身。而遐舉遠引之高賢，亦多皈依釋道。且古之大才通儒，皆具靈根宿慧。如眉山長公者，非其人乎？即公奮筆精舍，錐骨蘭若，飛騰炳蔚，治行交章，流播寰區，而始之下帷於寺，終之注念於寺，名儒佛祖，詎可判視寺與祠，千古並存可也。獨是舉也，有三善焉。公之不忘故蹟，一善也；孕秀之不負師命，二善也；措材鳩工之士，俱有尚古慕道之心，三善也。均與寺共傳不朽矣！

（文見康熙《蘭陽縣志》卷八《藝文志》。王興亞）

漢留侯碑記

邑人太常梁羽明

　　蘭之西南十里許，有白雲山。據邑乘所載，張留侯辟穀處也。數百年來，黃流變遷，兵燹燔毀，舊址半滅，丘墟棘榛矣。山之有道者，時徵聞見，乃爲脩其故壠，植以松柏，望之鬱然，髣髴赤松圯橋在栩栩間。又恐歲久失傳，欲勒貞珉以垂不朽，屬記於余焉。余因憶是年春，儀有漁於河者，夜舉網而伺於湄，俄見殿呵前驅，輿一髯翁，容止肅若，其儀從，皆蕭灑不似塵埃僕。僕呼漁者而衛之，行間訊及余，授一函，命致焉。漁者亦恍惚數十里。及返故所，已達旦，疑爲縉紳素知，持而投諸閽。余啓之，則隱然寓侯姓字，相勗數言。玩其宗旨，總歸一忍，復函筆一矢，豈侯以余之夙志有符於侯者，授余筆以作侯記耶？獨是由漢逮今，已千餘載，精神湮沒，冥漠難通，何至形之筆楮，故作此不經事耶？然余謂以此侯者，蓋侯之功罨，如龍門眉山，古諸君子論列詳矣。或謂其始終爲韓，或謂其鑒於淮陰，而托言遠引，皆足以知侯，而不知侯之功成名隱，得力乃在一忍。博浪之擊，疑在未進履之先，躡足數語，侯已入忍三昧。其教余以忍者，正以余知侯之忍也。余優游泉石幾二十年，生平境界，久以忍字銷之。而復奉侯教，永鐫藥言。謀於山麓，贖地建祠，鎔金肖神，歲時俎豆，而獲與二三里老唸嘯徜徉，白雲片片，回翔而繞護者，依稀幅巾芒鞋，鶴唳蕭清，見侯於朝嵐夕靄中也。仙風高躅，景仰後人。詎特粉飾陳蹟，裝點景色已哉？余之有志如此，因山人之請也，而並記之。

（文見康熙《蘭陽縣志》卷八《藝文志》。王興亞）

芝山梁公祠碑記

邑令劉蔭樞

邑西南白雲山有漢留侯塚，凡三紀，縣乘弗載祀典。荒烟斷草，土人僅識其處。芝山梁公始修復，周以垣，列以木，構祠墓左，率衆請於前邑長，申奏獲從祀二戊。蘭之古蹟，於是稱勝。當是時，公之加意於侯也，不過慕侯之爲人已耳，豈嘗計及於身哉！公沒葬甫周，余視事於庭。民之樸者、秀者、老者、幼者，癃疾扶杖，環拱而前曰：吾儕白雲民也。太常梁公嘗建祠留侯墓左祀侯。吾儕願即其左建祠，並祀公於不朽。敢請命。余聞之瞿然曰："公何德於汝？"而請祠者百千人，皆曰："吾儕爲此，非所以德公也。今之匍伏庭前，有與公通姻戚者，有嘗以事干公者，有未謀公之面聞公之言者，人人而煦悅之。公將何以爲德？獨是蘭罹兵燹，廬盡摧，畝半蕪，大河潰崩，郵傳繞境，民驚懼無寧居。公急爲安慰，諸大役身任其重，以爲紳士倡；子弟秀傑者，誘以詩書；遇荒歉，倒廩贍乏；鼠牙雀角者，片言和解如初。公閥閱世族，勳望重，富貴恬不驕人，教子弟，恂恂與鄉里齒讓，先後爲通儒，童僕聲嘗不徹里門。吾儕愚民也，公之盛德大業在朝廟，天下者不及知，若此則飫於耳而厭於心者也。因請建祠。"余喟然太息曰："士君子之生，非必有爲於天下。勒鼎彝，植甘棠，乃足千古。凡事可僞爲，惟鄉里之人心最爲難欺。苟其言足孚世，而行必宜人，初終一節，久而弗怠。今一鄉之人，愛之、敬之、思之、慕之，又從而尸祝禱祀之。一鄉如是，一國如是，推之天下，無不如是。昔韓昌黎《送楊少尹》云：古之所謂鄉先生，歿而可祀於社。其在斯人歟！蓋謂其遺風流傳，砥礪末俗，長養百世，今即公之所以感人歟！人之所以思公者，而知其後先同符也。公慕侯，祀公於侯之側，允宜急構祠，余將顏其額焉！"

康熙二十五年。

（文見康熙《蘭陽縣志》卷八《藝文志》。王興亞）

陳思王祠記

邑人參政張天機

陳思王者，魏武二子曹植，子建也。十一年中，凡三徙，蓋文帝嫉之，曾王雍丘。邑南十二里，舊有祠，歲時粉榆椒酒奠其前。靜居寺在祠之西，隔路相向。明，河決，經邑南，圮靜居而祠存。里人布金重建祠東壁，前後五殿一門，環以鉅槐，望之鬱蔥，時著靈應。至今或稱靜居寺，或稱思王祠云。崇禎己巳、庚午兩載，余假館讀書寺中，時在祠想南皮之西園，祇園之精舍，禮金仙而晤才子，若將終身。嗣宰渭南，言念疇昔，捐俸薪，兼囑二法師鉢持近遠，齋等乞施，起思王三楹爲閣，東殿之方丈地亦建閣，夾殿如連雲然。夫佛法至魏猶未盛，思王以八斗才，蔚爲人豪，雄千古。豈知千年後，與名刹同受香花茗果乎？嗟夫！陳思之於文章也，譬麟羽之有龍鳳，音樂之有琴笙。孔子之門，如用詩，則公干升堂，子建入室，景陽潘陸當坐於廊廡之間矣！今其詩固在也，精詣者罕能造其氣格焉，若如來以十三視輕十種仙。自晉而塔殿徧天下，初二十四部來自天竺，後傳譯愈勝。今浙之嘉興天寧寺所藏板七百八十五經，而疏論不與，何其盛也！佛以聲聞爲小乘，茲之語言文字可汗牛，孰爲鍵關可階而證焉。從戒生定，從定生慧，此語與儒宗不遠。司馬溫公曰："吾廣文中子之言爲六偈：忿怒利欲，是名阿鼻獄；顏居陋巷，孟安自然，是名極樂國；孝弟忠信，是名作因果；仁義是名不壞身；道德聖賢是名菩薩，言可師，行可法，是名光明藏。"然則溫公之言，是儒而佛也，非逃儒而佛也，奚必緇衣梵唄乎？余案頭有《子建集》、《楞嚴經》二種，以供昕時之玩，故祠與寺，時時在臆中。然昔之寺，因祠以新；今之祠，將因寺以永。其終始固相倚也。恐後失其從來，遂記之。

（文見康熙《蘭陽縣志》卷八《藝文志》。王興亞）

攝邑篆商濔陸公去思碑記

邑人知府梁碧海

司馬陸公，驂歸德，有廉聲，薦紳大夫以及學士庶人，無不交口德公。公慈藹謙厚，而治事明敏沉摯，擔當不撓，上憲重其品兼愛其才，會蘭缺尹，推公攝邑篆焉。夫今之爲郡邑者難矣！而蘭尤甚。地界兩河，厥壤潰鹵，水旱頻仍，閭閻窮乏。按籍稽版，居然百里封也。其各項供應，爲額又不減他邑。仰屋束手，雖有卓魯行且格於勢，而嘆撫宇之無術矣！以故從前宰是邑者，即久任歷有年所，日惟救過不暇，奚暇問民瘼哉！公來攝篆，爲日可屈指而計，傳舍視之，何遑他及？乃甫閱月，而邑之利弊洞達周悉，毅然與百姓造命，爲牧其民而痌瘝不切，有司者之過也；受其事，而悠忽相沿，士君子之恥也。古來者太公報政，僅以五月；尼父相魯，三月大治。於蘭爲日，固可屈指而計。第舉其大者急者，以休息斯民，後有來者，踵而行之，猶冀其底於成也。

蘭濱河，昔之爲患也，在起夫。今之爲患也，在徵柳。河無衝決，夫尚無常役也。雇募行而夫之患稍息矣。柳有常課，歲比而貯之場，久則泡爛，有需而後徵收之，積數十年之逋欠，責之于旦夕，無論其辦也。即辦矣，運腳之包賠，監牧之刁難，物一費百，堡夫苦累，里下幫貼，咨嗟太息，誠不聊生。公力詳得請豁除重困，此其最大者矣！往歲里費，每畝議有貼銀一二分不等者，雜派禁革，奉行以名，實未盡去也。里書更爲之上下，豪強間有沮抑，孱弱之民，或至一而再，再而三矣。脂膏剝削，剜肉醫瘡，曾無已時。公下車，凡百經費，出之囊橐，數苦不繼，而毫不責之民間。有以循舊例爲言者，叱弗聽。父老聞之，感激至於泣下。夫省一分之物力，受一分之全活；寬一分之徵求，蒙一日之麻養。此其最急者矣！他如優獎士類，一二畸訧者莫匿其形；勸輸諭納，孤寒參差者不竣其法。虛以受訟，而人無不得之情；嚴以御下，而吏無敢售之奸。念行旅而通衢，沛甘露之恩；恤病患而流寓，沾藥餌之賜。在蘭雖閱月也，較賢良相繼數十年舉之而不克舉，去之而不克去者，彼獨行之，如駕輕就熟，不諉不疑。蓋其品如此，其才又如此，宜乎重上憲而孚下民也！闔邑之衆，糾力礱石，將以勒公績不朽，屬余記。余聞之姚崇爲揚州長史，政條簡肅，人爲紀德於碑。王祥別駕，徐州百姓歌曰："海沂之康，實賴王祥。邦國不空，別駕之功。"公之在歸德也，歸德人歌之紀之；其在蘭也，蘭人歌之紀之；無異姚、王也。然皆不足盡公也。公諱遇霖，字濬若，號商溟，江南武進人。余既紀之，而復爲頌。頌曰：

允矣君子，德音孔昭。平臺監郡，視民不恌。令聞令望，玉潔圭操。顧茲蘭沚，梁宋之交。君子攸芋，豈惟崇朝。棠風遠蔭，露液遲翹。清澄鑒水，聳立雲霄。就之春旭，望之海嶠。寬以敷政，靜以化嚚。不解於位，勞心忉忉。嗟哉積逋，歲供柳稍。無樹萌蘗，財匱空枵。善詳籥請，實惠民邀。懲兩敝賦，需索彌驕。可以無取，比屋何騷。紳曰矜式，士曰甄陶。眷懷不里，更約科條。澤之深矣，匪潤涔潦。天之覆矣，匪止山高。帝之錫矣，璽擢綸褒。譽之永矣，貞石難澌。

康熙二十五年。

（文見康熙《蘭陽縣志》卷八《藝文志》。王興亞）

攝邑篆笱山曹公碑記

梁碧海

凡親民之寄，治道多端。其要在寡欲清心，奉法循理，順民情，勵風俗，而治已近于古。然必漸摩浸漬，久道化成，非可驟期於旦夕也。住者守土之賢，或以風土異宜，人情捍格，率皆期年累月，弦手始調，官民方習。若兼攝篆事，未有不傳舍視之，陽以發奸摘伏盡職，而陰以伊渠將須潤私。所謂民情風俗，遑顧問哉！我蘭何幸得際公視邑篆，僅兩月，而爲治之道，乃適協也。

公貴池名閥，乘時奮飛，副驂汝南。汝之民，久已稱孟博頌公孝矣。且才大而富於學，雖監郡實冷署也。方其染翰操觚，嘯歌自適，典冊流傳，汝人士莫不奉爲南金東箭。新硎具在，即盤根節，恢恢乎遊刃有餘，豈僅沾沾百里才。以是列憲成器重之，亟推之矣。會蘭邑乏尹，得注公車。凡兩月，其錢穀催科猶是也，簿書期會猶是也，訟牒讞鞫猶是也。而何以成竹在胸，恩膏下逮，風俗民情翕然丕應？會無異宜捍格之嫌，而待之期年累月者，輒奏效旦夕也耶。蓋惟公之才大而學弘，因之治孚而民悅。古人謂何武所至，無赫赫之名，而常令人思者，豈異人任耶。夫公既不忍以傳舍視蘭，而民亦不忍以過客待公。宜乎愛戴感慕，淪肌浹髓，非徒效媚茲之常情也已。一日，父老羣集，請予言以揚公德，且致詞曰：歌頌之文，或鄰於諛也，否則亦冀上官之我顧而肥惠耳。今公且及瓜代去，勢不克遮道借徇，第吾儕小人，直道難泯。以公賢共德公，以公僅攝蘭兩月而賢更德公，所謂諛與異者無有焉。夫蘭之歲功雖嗇，而徵輸如故，緩之則匱餉，急之則病民，勢也。公惟額從正，比從寬而好義者輸將恐後，此里甲德公也。凡差催紳士諸役，皆奉法唯謹，無咆哮，無需索，向惟以父母之身代受嚴比，今則蒲鞭示辱而已，此催差德公也。里書往供公費，悉編戶脂膏也。公至，日用皆自給，閭閻無擾，此里書里民德公也。蘭行戶不敵他邑，日未及會臺，而阜財行布者闕如。公涖任，闤闠晏然，從不以毫末累窮賈，此行戶德公也。堡夫困柳束，困堤工，幾不聊生，仍有欲以賠補運腳貽伊戚者，公嚴飭不行，此堡夫德公也。兩造質成，曲直立剖，乃有同室操戈，遠事葛蔓，無不繩之以法，而重之以情。相率涕泣而歸，卒致敦穆如初，此閱牆雀角者德公也。至襃揚義民，弘獎節孝，虛延儒流，參較紀傳，而泉壤孤芳，孝子慈孫，藉以感慰，將蘭之世世罔不德公也。而更有關於教化者，月吉躬率紳衿、萃父老黎庶于明倫堂中，宣揚上諭，而且恭刻成書，頒詣鄉約，令其家喻戶曉，務令多稱畏壘，比戶可封。此無論在邑在野，而罔有不德公者也。公之賢如此，公之賢著於兩月者如此。吾儕小人既不疑於諛，值公且去，又不嫌于冀公之我顧而加惠者，而獨是直道難泯，烏容默默而已也。

　　余不佞，竊嘗服膺公爲治之道，並嘉父老黎庶之直，且稔悉公之優禮縉紳，培植士氣更有加焉，固樂從乎若儕之後也。因記其言，以備覘風者之采，且爲繼起者式焉。是爲記。
　　康熙二十五年。

（文見康熙《蘭陽縣志》卷八《藝文志》。王興亞）

留侯崇祀錄記

邑人明經潘沆

　　按留侯之祀，舊在塋中，未有專祠。塋東有崔姓者，從戎遼左，忽動鄉關之思。適有綠衣道士張姓者云，居崔氏村西里許，約與同行，路資於張者甚多，至家百里餘，因別去，云："回時可相見也。"崔回家待之不至，遍向西村訪之，未有其人。忽悟村西里許，或者謂張留侯歟？因建祠於村西，肖其像而祀焉。厥後，康纘成塋中種柏約萬株，不數年蒼萃挺挺，蔚然勝景。邑紳梁太常又於塋中建留侯祠，繚以垣牆，樹以花卉，遂成洞天福地。太常即世後，里人思之，建三楹祀太常於祠東。清風道氣，詢爲不孤。前康熙十九年，內閣學公呈崇祀留侯，署縣事錢公以禎申請上臺，允行春秋二祭。今備爲錄識，一以紀留侯之明哲高蹈，一以紀蘭陽之崇祀荐馨也。
　　康熙三十四年。

（文見康熙《蘭陽縣志》卷八《藝文志》。王興亞）

重修泰山行宮記

邑人明經卜鍾

泰山，岱宗也。《禮》天子祀五嶽，諸侯祀境內山川。舜秩于岱宗，而魯僖之頌，有曰："泰山巖巖，魯邦所瞻。"此祀泰山之大較也。後世受命、易姓、報功，告成必於泰山，故史稱封禪七十二君。其見於《四子書》者，孔子不然。季氏之旅夫泰山，而天下瀆祀之，不可至泰山而天下爲之行宮焉，不益妄乎！然民俗相沿，牢不可破。苟無關大故，雖聖人在上，亦順聽之而已。獨是學士大夫，附和其說；矜奇好辨，穿鑿愈甚。姑爲正其非，而後申余募修之說。按《輿志》泰山絕頂，有青帝、碧霞二祠。今稱泰山者，元君也，而不及青帝，謂元君即天孫矣。或又謂華山玉女，何也？考元君之始，黃帝封岱，遣七女雲冠羽衣，迎昆侖真人，元君其一也。而祠前載西牛國石氏之女，得曹仙指入天空，山爲碧霞元君。俗人因而廣之，又有紫霞、配霞，共爲三仙。亦何據哉？說者謂《博物志》："泰山一名天孫，織女次舍，河西與河東危宿同垣，司幽冥，判生死。"夫織女亦稱天孫是矣。《皇極書》曰："天少陽之氣爲星，星象奏日，列宿錯峙，皆象也。"《春秋說》曰："星之爲言精也。感精符亦言山川之精，上爲星。織女亦精與象耳。"何稱爲元君而復名之哉！總之，以爲泰山有神，其憑之則可以爲有星，其主之又妄也。然則不惟天下瀆祀，而且爲行宮焉，何也？則余所謂民俗相沿，牢不可破，無關大故，雖聖人在上，亦順聽之者也。縣南官廳，去縣五里。相傳昔爲館驛駐節之所，前帶巴河，清流蕩漾，檣帆簫鼓，通晝鏞焉。東則流渠故城，煙火萬象，村落相望；西有張成山，白雲飛岫，蒼翠鬱然，此地名勝，居址鱗集，爲邑大觀。泰山行宮其一也。滄桑變易，近梢岑寂，所稱爲壯麗者，祠宇如故，今且圮矣。余別墅比鄰，歲數數過，不無今昔之感，倡爲募修，亦曰民俗相沿，在所順聽者行宮焉可矣。況出雲爲雨，崇朝而遍天下，有功萬物，莫若泰山。若置此不言而妄爲穿鑿，余欲申募修之說，安得不一正其非也。持此爲募，落成即勒之記，曷不可哉！

（文見康熙《蘭陽縣志》卷八《藝文志》。王興亞）

三教閣碑記

陳殿臣

教何以立也？人性本善，而不能不囿於氣質之偏，習俗之累。有聖人者出，因其所固有而利導之。明善復初，俾于生人之理，無少虧欠，是之謂教。教又何以有三也？堯、舜以來，精一執中之傳紹，在尼山以韋布，接往開來，其言人倫物紀；其德仁義禮智；其倫父子、兄弟、夫婦、君臣、朋友；其事日用飲食；其理遠而上古，大而六合，小而一物，近而一瞬，不能離也。外此者，教其所教，非吾所謂教也。然世俗之見，好異喜新，怪誕百出，舍實騖虛，索隱斌寂。於是，有祖佛老者，別爲衣鉢。譬之大宗小宗，各溯其所自出而已。夫《道德》五千言，清靜無爲。漢文用之，間致刑措。釋典之多，什倍四子。而蕭梁之君，卒以罔效。由此觀之，布帛菽粟，不失儒素。觀于海者難爲水，登泰山而小天下。三教之有尼山，猶天地之有日月、星辰、河嶽、江漢，歲時之有陰陽、寒暑、晝夜也。彼老與佛者其閏耳！佛老者流，不必盡歸之儒。第取其靜者治吾紛，取其寂者治吾囂。要之主敬窮理，實求向上工夫，三教之旨歸，又何以相存不悖也？此鄉建三教閣，未可邊語乎此。但共體教子之義，皆教人爲善，不教人爲惡。而出作入息之間，熙熙焉油油焉，即得老之清淨，佛之忍辱，亦何父慈子孝，兄友弟恭，朋友相信，俗臻古處。使尼父過此，必且曰"里仁爲美"。於聖人之教，不既得乎！

康熙三十四年。

（文見康熙《蘭陽縣志》卷八《藝文志》。王興亞）

善人傳

梁碧海

善人姓袁氏，名樸，字素宇。世居河北。弱冠，當鼎革之初，鴻雁甫集，草萊初闢，困於差徭，衣食恆不周，追呼負累，委頓窘迫，殊不堪。而賦性倜儻不羈，處患難如履坦途，不以境遇自撓其志氣。逮後勤事耕鑿業，家道小康，即毅然體仁行恕，謂向之歷憂虞，備艱辛，得離悔咎，推己類情，宜擴吾胞與也。里中有小不平，輒為削之。歲獲所餘，悉以贍貧乏，助喪婚。鄉黨頌之，嘖嘖不去口。子列黌序，孫茂才華，太和凝聚庭幃間，數院共庖，百口同爨。入其門不聞訴諄叱厲之聲，恂恂怡怡，有秩有敘，恤姻敦睦，念祖亢宗，孝友仁讓，化俗型方，交遊誠信，勿貳勿欺，譽聞日起，祺祐日新，力善既有成效矣。迺持之益堅，積之又久，年臻遐齡，老而靡倦。所居址，東接山左，北近畿輔，大河以南，本邑鄰比，若祥符、若陳留、若儀封，地錯犬牙，村坊相望，人無不知善人之賢，和善人之德，質成者踵接，户外無虛日。得善人一言，曲直立判，忿恚冰釋，紛解爭平。以故不永所事，不涉公庭，由善人終吉。其有緩急情苦舉告，善人出囊中金，廩中粟，曾無躊躇顧惜，作慳澀狀。人之饑渴而來，滿志而去者，不厭數數。善人撫懷自快愉，德色固未形於面也。古之所謂高行，所謂長者，蓋如是乎？庚辰之秋，遠邇食善人惠，嘉善人行，揚扢之於邑，長官給之匾額，以示風勵。兩河數邑之衆復謀泐貞珉，志寰間，垂不朽，徵余作傳。第為質言之如此，寧足以盡善人哉。

康熙三十九年。

（文見乾隆《蘭陽縣續志》卷八《藝文志》。王興亞）

文昌祠石香爐銘

邑拔貢傅星

　　文昌石像，至自牙城。浮水示異，司徒殫城。建閣媽祀，備極寅清。桑滄遞變，歷久圮傾。我來祠內，中心怦怦。維時奉常，當代名卿。率衆文學，冠蓋日迎。迎入東序，俎豆犧牲。文章兮司命，科目兮秉衡。維石香爐，雙龍交橫。斯琢斯磨，以經以營。神□□□，豈同瓦罌。嗚呼！棟宇早毀之日，惟石像與香爐爲永貞，是以熏沐而係之銘。

（文見乾隆《蘭陽縣續志》卷八《藝文志》。王興亞）

重修張留侯祠碑記

邑雍正八年進士李國柱

　　蘭之西有白雲山，蓋一邑之表望也。載之邑乘，採入《通誌》，固中州之勝蹟也。山無巑岏巉巖之危，而輕煙淡掃，秀致繽紛，故四方之薦紳學士往來斯土者，率皆感慕風徽，綴之吟詠，託以騷雅，低徊不忍遽去。下有洞，曰黃風，鬱曲邃窅，人莫窮其底。止緣漢之留侯息機于此，又號子房洞云。去洞三里許，即子房墓。古木環匝，屹然三塚並列。蓋子房神之所運，以飾愚民之耳目者也。乃今吾邑之人，望白雲之縹緲，即若有子房之光奕，煽其眉睫；景子房之高躅，即若有白雲之噓吸，通其馨欬。則夫子房、白雲，固有相濟益輝者乎！嘻，子房以千古人傑，一出而存韓扶漢，逐楚滅秦，及勳載旂常，乃翛然遠引，脫軒冕於敝屣，絕世網於塵埃，真所謂鳳凰翔於千仞，大鵬息以六月者。固非白雲不足以定其踪。而良其始之發詳也，則授書於黃石公；其後之逃遁也，則從遊於赤松子。赤松耶，黃石耶，白雲耶，是一是二，忽合忽離，其不可思義，固如是哉！獨白雲之表峙，則灼有可憑，子房之芳躅，亦確有可指。然則白雲之冉冉，爲卷爲舒，大而垂天，小而花蕊者，安在非子房之神隱隱攝之？故靈異夭矯，若斯之可望而不可即乎！子房越今千載，靈爽所昭，時有顯應，或見爲農夫，或託爲牧樵，如崔氏之綠衣道士，梁奉常之投書授筆者，足徵其一二，豈好事者之妄言哉？予自康熙癸卯，讀書於邑西南之宜王村，屆留侯塚四里耳。步趨瞻禮，心敬慕其爲人，歸而狂吟四律，識不忘也。神之所感，夜忽夢人授箋半畫半詩，筆跡飄飄欲仙，而誌曰：饒催既窘而無以白也。因取其款字析之，乃欣然有悟曰：饒之義曰人良，又三土之下一人之義，則山人也、佳人也、仙也。啟發昭豁，因爲驚累日，則夫仙風道骨，固至今猶存者乎！邑人感其靈異而爲之建祠於墓之旁，凡有求必禱焉。滄桑變易，疊廢疊興。今復以歲久，欹傾附山。諸君子情動於中，義形於色，乃捐資而維新之，復爲置碑以記其事。斯盛舉也。落成，屬言於予。予方愧無所以致慕於子房者，茲得集衆美之成而踵其後。爰摭拾奇徵，敷陳顚末如此。竊冀後之君子，時而葺之，將留侯之盛跡，傳之永永而未有艾也。是爲記。

(文見乾隆《蘭陽縣續志》卷八《藝文志》。王興亞)

涵洞記碑

　　蘭陽縣袁家寨、馬家寨、蕭家庄、黃家庄、潘家寨、谷家營、張村一帶，地勢低窪，每遇陰雨連綿，西來數十里之水，彙聚於此，民田宛在水中，國賦無從措辦。雍正五年十二月內，居民黃治國等，具呈懇請於汰黃堤決口，設建涵洞，以洩積水。經前署蘭陽縣知縣郭耕禮據情轉詳，蒙前總督部院田批，仰河北道轉飭蘭陽縣，作速會同長垣縣親詣於汰黃堤決口處所，秉公會勘，應否建設，妥詳報奪繳等因。經蘭陽縣知縣繆孔昭將勘過涵洞，急宜開挖緣由詳覆。嗣因長垣縣知縣胡承璘會勘互異，具詳直隸總督部院劉，移咨山東巡撫部院岳，各委員會勘。雍正十年二月初一日，經直隸順德府知府陳法允、大名府通判方鳴夏、元城縣知縣王曰恭、長垣縣知縣劉揆、河南開封府下北河同知李世傑、儀封縣主簿顧世瑞、山東署兗州府黃河同知劉曰章、曹州州同孫士鶴、蘭陽縣知縣繆孔昭，齊集會勘，公議涵洞可開，河道可挖，將儀封、長垣、東明、曹縣一帶下流處所，合宜接挑河渠，引涵洞之水，由陶北河歸注南湖緣由，繪圖貼說，聯銜詳蒙直隸總督院李准允，開建涵洞，接挑河渠。咨覆山東巡撫部院岳，河南署撫都部院孫，飭行開工，具報等因。經蘭陽縣知縣繆孔昭查明，上流袁家寨一帶地方，現有流水溝跡，通行無滯。後涵洞倘有塌毀，溝跡倘有淤塞，隨時修補疏濬，便可暢流。將建設涵洞於二月十八日開工，二十九日完工，緣由、日期，報明在案。合將建設涵洞始末原委，勒載於石，以垂永久。

　　清雍正十年二月立石。

(文見乾隆《蘭陽縣續志》卷八《藝文志》。王興亞)

御製惠安觀碑文

　　河南蘭陽縣，地當黃河之衝，板廠其最衝也。洪波汎溢，歲資堵塞。雍正六年春，有神像乘流而至，漫口沙淤，工遂底績。居民覩厥奇異，踴躍歡呼，謂亙古所未有。河臣以靈蹟上聞。我皇考世宗憲皇帝，軫念民依，特命建祠，以昭神貺。遼宇周廬，流丹映碧。落成之日，賜名"惠安"。越乾隆三年秋，河臣奏："蘭陽自立廟以來，黃河底定，順軌循行，孚應之靈，彰彰不爽。恭請勒石記載，以示來茲。"朕惟河性遷徙不常，而中州土壤平衍，更為難禦。歷考前代捍衛之策，大抵皆一時權宜，不久即生他患。蓋湍急雄悍，挾沙而行，頃刻數十百里，防護實有甚難者。我列聖相承，經營盡善，凡所以順水性而奠民居者，莫不隨地制宜，因勢利導，以故桑田廬舍咸蒙樂利之休。而且感召嘉祥，明神默相，安瀾有慶，功應卓然，尤足徵我皇考之德盛化神，至誠昭格，捷於影響，為尋常人所不能及也。惟爾守土之臣，瞻廟貌之式崇，念堤工之非易，其益精白乃心，恪共乃職，以無負皇考子惠元元之至意，則神之降福孔時者，將永永無極。瀕河黎庶長享衽席之安，而朕心於焉大慰矣。

乾隆四年二月日。

（文見乾隆《蘭陽縣續志》卷首。王興亞）

修大南門外橋梁碑記

《周禮》：野廬氏掌國道。又爲邑民出入必由之徑。始以地勢窪下，每當大雨時行之日，則充溝盈潦，波濤洸洋，阻塞南北，車馬有臨涯之歎，徒人有泅涉之苦。雖舊有平橋一座，而日沿歲久，車踐牛踏，漸就塌圮。甚或大水洊至，則浮出梁上，隔絕人踪。以故基雖存而不利於行，跡雖具而不濟其濡。海王澤國，實爲缺典。我侯許老公祖，涖政二載，留心民事，百廢俱修。爰乃目睹心盡，慨捐俸資，指畫相度，論於舊橋之南，更立一橋。而兩橋之中相距之處，復爲培土增厚，高聳延袤，勢若遊龍，以防涌漫。乃諭紳衿四民並力協成，濟此美事，固一勞永逸之意也。於是，不旬日，而工告成，長虹遠駕，臥波騰輝，行人爲之旋舞，商旅爲之躍耀，僉指而歎曰："仁哉！賢侯之用心也。"夫履周道者曰坦坦，頌王仁者曰平平，誠美其人之德，而因物而志感也。今我侯之敷政也，平者其如底耶，厚者其如阜耶，將綿延四達而令名播於無窮耶！不寧惟是，更因一斑而窺其全制，其並有感於樂育人才者，將使士樂培成而大道爲之也。一如此橋之蟻渡也耶！其並有感於視民如傷者，將使患也爲之堤防，而災也爲之衽席也，一如此橋之奠麗也耶！永賴之利，悉兆於茲。顧而樂之，爲之載歌。

乾隆五年。

（文見乾隆《蘭陽縣續志》卷八《藝文志》。王興亞）

祭賽花神記

涂寧光

夫庇民翊國，神焉是依。而食德報功，義所當盡。故凡有益於生民者，歷代莫不尊禮。漢之郊祀，圭幣雜異。唐之大中小祠，凡七十九祭、四十五祭皆定日，著於祀典，三十四祭不定日辰。宋之神宗，改舊制凡九十有二，胥以重民生也。豈特四立四郊、六神三祀也哉。蓋禮有常經，而神無定位，故君子不必拘禮之有無，而視義之可否。神有異施，則人有異報。適以相酬焉耳！禮可以義起，義可以情生，是率民而從乎義，亦從乎禮也，則其爲功於禮也大矣。苟泥於跡，拘於文，吾未見其善，權乎禮也。

蘭邑舊有花神廟，每歲小民皆勤禱於斯，而應驗如響，人竊神之。蓋是邑之土地原隰，皆以種花爲宜，其利益有加于禾麥，民多以此爲生養之計。故民益重其事。當春夏之交少雨，麥收弗十足，而秋霖沛，如棉花獨茂，民欣欣有喜色，曰："吾可以無寒，並可以無饑矣。"於是，父老舉酒而祝曰："不可忘所自也，亦向者吾勤禱之至，故有是感通耳。"則邑之父老子弟得相與優游而曳此元黃者，皆神之賜也，其又可忘耶？聞之花之種類，來自大宛，自漢博望侯攜植中土，懞懞而生，厥利之普，視來牟原蠶而較倍，既衣我食我，猶不以社方之禮禮之耶？夫一日不再食則饑，終歲不制衣則寒，六府之修，闕一不可。今農有田祖之禦，桑有蠶神之祀，此獨無以報之，是謂背德於焉。取八蠟之儀制，亦昉賦事獻功之典禮，庶幾哉斯爲仁之至而義之盡矣！若夫雨暘時若，涵育生成，奠斯民於衽席，普美利於不言者，是又祈報所深願而錫福於格外者也。神其鑒之。生年甫冠，因家君作宰斯邑，定省來茲，得覽其風土民情之美，欣然援筆，而爲之記。

乾隆七年。

（文見乾隆《蘭陽縣續志》卷八《藝文志》。王興亞）

祀漢壽亭侯關帝碑記

邑令涂光範

自昔有德于民，有功于民，與禦大災，捍大患者，皆在祀典。矧公之精誠，與日月共其光華，與江河同其綿亙者乎！邇者特典屢加，春秋匪懈，良有以也。歲癸亥，麥秋雨澤偶愆，旱幾彌月。余與二三父老心切憸焚。圭璧既具，彌神不舉，爰率邑人步禱于公之祠宇。或且曰："是非公之所司也。公職在禁暴鋤邪，扶忠植孝耳。顧屑屑焉是雩是足，生我百穀耶？"余曰："不然。仁之至者，於民疾痛慘怛，無不惻然心動。今五日不雨，則無禾，民食安賴哉？況奉牲以告，民力普存。倘三時有害，其何以薦馨香？以公之至仁大德，而謂能漠然已乎？"越三日，時雨大沛，禾遂大熟，于我稼既同之後，迴思如惔之苦，正如痛定思痛，皇皇焉有不可以終日者。故邑之父老子弟環吁於予前曰："微神之力，吾儕小人欲優游以寢食，其可得乎？功德所及，孰大于是。災患之禦捍，亦蔑有過于此者，而可徒以歌且舞，以答乎神庥哉！"余曰："神之功德，固不可沒。然天道遠，人道邇，感應之幾，惟責之人；必節儉力行，敦信崇義，毋侈爾心，毋僞爾行，而後神之惠我者以實，而我之答神者不虛矣。僅載神德，遂能徼福于神永永而無射耶。"爰書其事，欲以紀神庥者，即以惇民俗云爾。

乾隆七年。

（文見乾隆《蘭陽縣續志》卷八《藝文志》。王興亞）

創立近梁書院碑記

邑令涂光範

粵稽十室之邑，必有忠信；一行出宰，首重賢才。蓋遠以紹墜緒之茫茫，近以篤維日之孜孜，上之而勘相國家，下之而乂安億兆。胥於人是賴，即胥於學是資。然則朝夕之講貫，師友之切劘，所係良非淺鮮，徒工咕嗶博科，第弋金紫，誇耀於一鄉一里云爾哉！故雖聲教之所弗訖，語言之所弗通，蠻邦象郡，君子猶治以學道之治，若文翁之於蜀，昌黎之於潮，得趙德爲師而翕然丕變。至鹿洞、鵝湖，超絕千古，更無論矣。吾蘭密邇大梁，伊川之理學，涑水之經濟，康節之明道經世，諸葛之寧靜致遠，餘韻流風猶有存者。有志之士，苟克自振拔，卓然爲不朽之人，亦易易耳！況際聖天子文治之極，道一風同，即遐陬海澨莫不炳炳鬱鬱，日新月盛，而於中州乎更何有哉？雖然，昆山產玉，而追琢之功未能全廢。鄧林多美材，而較短絜長，施以成室者，端推大匠之巧，使棄而磨礱，舍而繩墨，輒詡詡自負，爲希世之寶，棟梁之器，誰其信之？而謂書院之設，教育之功其可緩哉！余下車之始，懷此久矣。而抵障狂瀾，慼慼靡暇，茲幸獲寧宇，迺謀之學博黃、劉二君，僉曰："邑孝廉王君諱勉者，以學以行，堪師多士。"緣葺署南官舍數楹，復虞資脯不豐，恐有不承權輿之慨，乃捐金六十，爲王君壽，俾得以悉心督課，各玉于成。然諸生中，亦不乏有志上進而扼於終竇者，若令其謀道之心，兼營謀食，則縱有明師益友之麗澤，亦迄于無成。緣檢得官灘地四頃，撥入書院耕種，以資膏火。于本年二月繕文具請，府憲朱據文轉詳藩憲嚴，蒙批："設立書院，乃造就人材之盛舉。該縣能捐資舉行，並將查出官地撥入書院，以爲經費，辦理甚善，應如所請。所撥荒地，免其陞科等"。因轉詳撫憲碩於閏三月初二日，批准在案。遂遴選邑之俊秀數十人，肄業於斯。王君之循循善誘，固爲無忝皐比；而諸生之勵志藏修，無間寒暑。其已入書院者，固有造有德，就將征邁，自不可量。即聞風而興起者，亦爭自濯磨，以得入吾門爲快。余籌策數載，至此日而規模粗備，庶幾不負敷教在寬之任。迺與二學博顧而樂之曰："梁苑之鄒枚，其在斯乎？"因顏其名曰"近梁"。黃、劉二君曰："十年之計樹木，百年之計樹人。矧是舉尤宜永永而無斁者，而可以歲月計乎？當爲文以勒之貞珉。"余曰然。乃不辭固陋，直書其巔末如此，且誌其地畝畛域於碑陰云。

乾隆十一年。

（文見乾隆《蘭陽縣續志》卷八《藝文志》。王興亞）

（儀封縣）

儀封聖裔重建聖廟記

萬泰

郡縣建學，祀至聖先師，制也。儀封於邑學外，建立聖廟如闕里，特典也。特典不昉於儀封，於唐貞觀十一年，山左大亂，太宗以聖人之後不宜瀕危地，乃封三十三代嫡裔德倫於中州之寧陵，襲爵褒聖侯，敕建聖廟，欽賜祭田拾肆頃有奇。寧陵於是有聖廟。沿至明之正統九年，河決廟圮，聖廟於是乎再移儀封，俎豆世守，禋祀時舉，綿亙幾二百年。不圖運丁百六，流寇飇起。迨崇禎十五年間，勢益猖披。逆熸所指，郡邑無完坤。而儀封之廟貌，瞿回祿靡遺椽矣。硎羹薦馨之地，一旦委之灰燼，耆儒故老無不過而欷歔，矧為氎衍者耶？恭逢皇清應期，海隅底定，有六十四代孫、世襲國子監學正尚林，與其子衍齊，日夜焦思，恫神靈之靡所棲也，殫貲庀材，風雨拮據，崇建琉璃殿三楹。廊廡門闕，粲然壯觀，落成於順治十二年，闢堂構，奉豆籩，誠盛舉也。泰夙濫雍承，與衍齊為同官，囑予記顛末。予竊觀先聖一生驅車列國，無日不有志於大道之行。三代之英，而究也老於東魯，以刪定贊修，師表萬世。木鐸一言，宛然左契，則封人為大聖人知己，而在天之靈終不能忘情於茲邑，斯亦理之不爽者矣。尚林父子之再造宮牆也，其有功於名教，而無愧於大聖人之苗裔，顧不偉歟！嗚乎！創之於前，尤望繼之於後，使纘厥續者，踵事增飾，歷千萬禩如一日，木鐸逸響，吾知其常振於終古也。爰不避固陋，為之記。

順治十二年。

（文見乾隆《儀封縣志》卷十一《藝文志》。王興亞）

重修儀封縣學記

崔維雅

儀封為吾夫子過化地，封人木鐸一語，具足千古，迄今請見、飲泉兩亭子，巋然比魯靈光。地以人靈，誠重之也。余尹儀封，既下車，肅衣冠，謁先師，見欞星門就圮，四周無壁，曾不敵梵宇琳宮，不禁太息。及拜殿階下，鳳瓦參差，丹楹剝落，以興賢育才之地荒陋迺爾。而啟聖祠且頹矣。先師之靈，實應且恫。至名宦祠又廢，如召棠何？予以河工孔棘肅肅鴻羽，未忍盡其力。嗣敉釐後，民豐以和，爰鳩工飭材，諏日率作。首欞星門，撤朽易新；次修復啟聖一祠，及名宦、封人二祠，為俎豆光；繚以周垣。厥工告竣，余乃進青子衿而諭之曰："若等知國家建學之意乎？三代之學，載在往牒可考。漢高帝馬上得天下，鹹項滅秦之餘，道經曲阜，以太牢祀我孔子，史嘖嘖此舉，實培四百餘年之元脈。迨光武息馬論道，庠序隆興，復建四姓小侯學，武人亦令通《孝經》章句。外國遣子入學，風化之美，延及奕世。至漢季，諸名碩以氣節擊九鼎，老瞞沒世未敢問；學校所關，重且大如此。爾多士生濂洛鄉，沐二程澤，誦詩讀書，尚友千古，觀前人影樣之多，當中夜起鬚眉之懼。吾鄉椒山先生云：'本來面目頻頻照，恐落寰中第二人。'諸生勉乎哉！為子孝，為臣忠，為弟悌，夫貞友信，言可經，行可法，處為真儒，出則名世，豈金玉其外敗絮其中，為覆瓿子所訕誚欺？如徒取科第，拾青紫，微利達，豈國家興學育才之意哉？為諸子羞，亦不佞恥也。諸士勉乎哉！"

是舉也，諸紳士蠲金義相贊有成。起於十四年三月，訖於十五年十月竣工，教諭高託，訓導王用六董其事，庠生張驪駿奔從事，實效將伯助，例得并書。爰勒之石，因系之銘曰：

於爍聖道，杲日麗天。高山景行，探珠於淵。以似以續，譬火薪傳。厥維羹牆，希聖希賢。係敦百行，若鑒斯懸。百爾君子，視此鐫言。

順治十五年十月。

（文見康熙《儀封縣志》卷四十《藝文志》。王興亞）

田賦歷朝條議事由[1]

儀地，自大河北徙，東西南北四面受水。萬歷中，民困難支。知縣張邦俊於萬歷三十年，申請上司，分地為三等。其遠離河岸，永得種收者為上地；其次則水退地出，雖不獲歲歲耕種，然有土可耕，間或薄收者為中地；又其次則地可行船，風沙荒莽，塌毀無常者，為下地。條上駁查，委勘得實詳允，分別三等起稅，立碑畝數，載赤曆中。

儀自萬歷三年乙亥以後，歲辦夏秋稅課折色等項，總依張江陵一條鞭之法，至今未改。其在萬歷年中，南北兩岸，好地每頃老户征糧三兩六錢，寄莊每頃征糧四兩三錢。自萬歷三十年，申請三等起稅之後，又以中下地所除之糧，扣加上地。嗣又漸加漸添，因不過釐毫絲忽，不與校正。至明末已至五分有餘，求如萬歷初年輕糧，不可得矣。今上地征派畝數、銀數，載諸赤曆，中地每畝二分，下地每畝五釐。自萬歷間，至今未有增減。

徐府侵田，在嘉靖十一年均田之際，有中山武寧王徐達佃户陳留縣常志原之裔常濟暨李斐、蕭通等冒援徐府佃户各色，以其祖洪武中，隨衆應詔，開墾儀封境內免科諸田，捏稱徐莊田投獻徐府，既入均丈者四十餘頃。嘉靖二十三年，又有寄莊民，及本縣民王良、王臣、羅澤等，復效前尤，充為徐府佃户，將前項開墾及續易民田，復獻二百餘頃，書吏飽賄潛通，儀邑遂有徐府莊田之說。嘉靖三十年，陽城王公國光來知縣事，洞悉奸弊，軫念民隱，據邑民劉廷等呈告，轉詳上官，事乃昭雪。隨以嘉靖二十三年復獻之地除首發改正外，仍以前墾田七十八頃歸儀，其前獻四十一頃，於嘉靖四十三年查明歸儀。詳見邑人僉都御史張鹵《復田記》。

---

[1] 崔維雅纂《儀封縣志》題為"附咨訪條議"。

康熙七年，知縣范端查儀邑田賦，前明萬曆間，分作三等起稅，法久弊生。狡黠者將上作下，規避徭役；愚魯者頂虛為實，包賠糧差；負逋者或逃或亡。刊單猶曰上戶，素封者多田多丁，編審假為荒絕，昔為上地，今忽為下；今為下地，後忽為上；或種無糧之地，或納無地之糧，在冊與在野不符；立法與民情不便。今日若不早為釐定，則將來之遺害何堪？於是，平均田賦，約法定令，與民休息，里則分方，東西朔南，各列所止，分為一十五里。田則從里。濱河之里，田在水中，厥田惟下；堤北堤南，波濤在中，廬舍在岸，土泥相半，乾濕無常，厥田惟中；在浚之郊，在浚之野，禾不湮溺，居不漂移，厥田惟上。賦則從田，流水之田惟下，厥賦亦下；泥土之田惟中，厥賦亦中；郊原之田惟上，厥賦亦上。賦定矣，乃立法均里。各里派上地二百二十一頃二十五畝三分三釐，中地四十一頃五十四畝一分八釐，下地八十七頃二畝四分一釐。里均矣，乃立法均戶。有人無田者，則給以田；有地無人者，則綏其人。逃亡之丁，則除之；壯盛之丁，則補之。戶累者則恤其役，則緩其供；戶厚者，則時其徵，則公其徭。蓋政令既定，積弊成除。及乎期月，已臻田賦均平之效。是以闔邑紳士，公請將三色地畝分派數目，勒諸石，以垂不朽云。

（文見乾隆《儀封縣志》卷五《食貨志》。王興亞）

田畝按方定里碑記

儀封縣，原額上中下，共地五千二百四十七頃二十八畝九分九釐七毫。上地三千三百一十八頃七十九畝九分九釐三毫，中地六百二十三頃一十二畝八分四釐，下地一千三百五頃三十六畝一分六釐四毫。自遭明末荒亂之後，人民流亡，土地荒蕪，其中有有人無地，亦有有地無人，其遺下荒逃亡錢糧，節年盡屬十牌里書包賠。自康熙七年，按方定里，均里均派，將逃亡糧銀，抵補清訖，地畝俱足原額。誠恐日久更變，奸弊復生，為此刊石垂久。今將十五里上中下實在地畝，開列於後。

計開

在坊里：上地二百一十六頃二十三畝三分五釐九毫。中地五十三頃二十九畝九分六釐。下地一百一十頃八十六畝二分三釐一毫。

通德一里：上地二百一十九頃七十二畝七分九釐六毫。中地一十五頃九十九畝四分三釐三毫。下地四十八頃六十八畝六分六釐二毫。

通德二里：上地二百一十八頃九十八畝六釐八毫。中地六十一頃九十五畝九釐七毫。下地一百二十六頃二十一畝六分七釐六毫。

隱賢一里：上地二百二十四頃五十九畝五分八釐二毫。中地四十五頃七十五畝五分八釐七毫。下地一百三十六頃七十畝二分二釐五毫。

隱賢二里：上地二百一十五頃五十三畝五分九釐二毫。中地七十五頃六十三畝八分八釐六毫。下地一百五十四頃一十四畝八分五釐。

隱賢三里：上地二百二十五頃三十六畝六分九釐五毫。中地三十五頃六十八畝八分五釐六毫。下地六十頃五十五畝八分二釐九毫。

隱賢四里：上地二百二十六頃四十六畝七分四釐八毫。中地六十四頃八十六畝三釐六毫。下地一百六十九頃三十二畝五分六釐一毫。

崇化一里：上地二百四十八頃九十七畝七分五釐七毫。中地六十六頃四十四畝七分五釐。下地一百四十九頃三十畝五分七釐。

崇化二里：上地二百二十三頃三畝二分三釐二毫。中地一十七頃四十六畝五分四釐一毫。下地六十一頃七十畝六分五釐五毫。

崇化三里：上地二百一十九頃九十九畝八分七釐七毫。中地二十一頃一十六畝九分二釐七毫。下地四十八頃五十畝八分一釐五毫。

堌陽一里：上地二百二十二頃五十六畝九釐五毫。中地六十頃八十二畝九分四釐一毫。下地一百二十五頃八十五畝八分六釐一毫。

堌陽二里：上地二百二十三頃四十三畝九分七釐。中地十頃五十七畝三分七釐二毫。下地二十八頃七十九畝二分四釐六毫。

麟遊一里：上地二百二十三頃四十一畝六分二釐六毫。中地二十五頃二十一畝六分一釐八毫。下地三十四頃八十一畝六釐。

麟遊二里：上地二百二十一頃四畝五分五釐二毫。中地三十頃六十八畝九分八釐。下地三十五頃二十六畝五分二釐四毫。

圈頭里：上地二百一十九頃四十二畝一分四毫。中地三十七頃五十九畝九分二釐八毫。下地四十五頃四十九畝四分四毫。

耿按：賦役不均，在昔不免。然未有甚於今日者，膏腴賦輕，沙瘠賦重，田多者差少，田少者差多，甚且有田者無差，無田者有差。弊端橫出，不容殫述。蓋昔之以勢作威，依法以削者在官吏；而今則在以暴民逼良民。夫至以暴民逼良民，而善類無容足之地矣。要其弊皆由賦役不均起，安得恤民之由司釐正之。

康熙十六年。

（文見乾隆《儀封縣志》卷五《食貨志》。王興亞）

請見書院記

張伯行

吾邑有飲泉書院，蓋因孔子飲泉遺蹟而搆椽於此，以紀其勝。一邑之士，得以時講習焉。自明中葉，迄於國初，聞人學士傑出乎其中者，實繁有徒。余髫齠時，往遊其地，私心竊慕，低佪不忍去。亡何，邑令某議欲毀之。余聞而駭，以爲聞有建書院者矣，未聞有毀書院者也。闔邑紳士欲出一言沮誌，卒畏其嚴厲，相顧不敢發，而書院竟毀。令亦尋卒。余嘗有志興復，以羈於官，弗獲從事。甲戌，丁外艱。服闋，方欲鳩工庀材，又念舊址為官地，私造非宜，乃於請見亭西署田二十畝為之基址。旋請命於邑令王公，而改作焉。今年二月，講堂及大門落成，餘亦漸次整理，顏之曰"請見書院"。今而後，諸君子可以朝爭斯夕，如良工之入肆，以成其器矣。余因之有感焉。封人隱於下吏，等軒冕若塗泥，而獨於大聖人之庪止，求一望見顏色，即能決其為上天所生，以撥亂反正之人，何其望道之切，見道之真。吾願學者登斯堂，入斯室，顧名思義，羹牆往哲，毅然以斯道為己任，不淪於俗學，不溺於異端，處則為幽獨不愧之身，出則為國家有用之士。今雖去聖已遠，不獲一親炙其高風。而行誼若此，是亦聖人之徒也。余因記興作之始末，而並述所期望於諸君子者如此。若夫維持風教，推獎英才，樂今日之有成，防他年之廢墜，俾得繼飲泉舊業，永垂不朽，當事賢大夫之責也。余何有焉。

（文見乾隆《儀封縣志》卷十一《藝文志》。王興亞）

請見亭碑記

周棐

邑之中，凡城郭、溝壑、學宮、廩庫、郊關、望候之館，以及廢沼、頹榭、荒堤、官障之址，其燦陳於耳目之所寓者，若俱不足以所稱，必求其得乎古人之遺蹟以為快，是何也？譬之世有人焉，其所居雖環堵蕭然，而入其室者，有圖書千百卷，其所晤對者皆古人，其所言者皆古人之事，其不流連感歎者寡矣。非是者，雖珠玉錦繡之盈於前，徒見其可鄙而已。然則一室之間如是，而況天地之大乎？眾人且然，而況天地間之一人乎？而又目為天地間之一事乎？維吾夫子萬古天地間之一人也。傳記封人請見一事，亦萬古天地間之一事也。是豈可概等於古人之陳跡，亦豈可概等於一方一事之跡乎？乃吾儀竟適得而有之。嗚呼！其亦幸矣乎！西郭外舊有亭，相傳為封人請見之地，今蕩然矣。廣文張先生步於郊，求之不得，悄然以恐，淒然以悲，曰："繫誰之責耶？而漸滅至此！"於是，商諸邑人，拮据經營，苦於力未給。而邑劉侯適至，先生請之。侯慨然捐俸以倡眾，得若干貲，為亭三楹於郭西之塘中，前為橋，橋前為門以達。閱數月工竣，將勒之石以貽後，而屬記於予。予曰："是役也，非獨為我邑為之，實為終古之天地為之，當與天地同其志也。而兩先生之志則遠矣。然則士之過其下者，豈僅為徘徊憑弔而等於故宮荒址之跡，以為流連勝蹟云爾乎！"兩先生曰："善"。遂勒之石。

康熙二十一年。

（文見康熙《儀封縣志》卷十二《藝文志》。王興亞）

重修請見亭文

王恒

竊嘗聞之，創復名勝者，有位之責；而修補匡贊者，學士之功。考陽以儀名，由來舊矣，而見稱於今古者，是賴宣聖之過化，封人之請見。故木鐸一語，炳若千古，煌煌典策垂不朽焉。若然，則地以人傳矣。而請見之遺蹟，固足為千古大觀哉！往者，勝朝或有亭榭。要以兵火之後，盡屬茂草。國朝定鼎，不乏賢宰，但城郭、學宮，漸次修復，故未暇及焉。迨邗江范公來蒞茲土，深悼古蹟久廢，乃捐俸卜地，掘地為池，累土為臺，將搆亭其中。工未告竣，而綸宣擢遷。迨宛陵劉公繼其事，儒學張公督其役，閣邑紳士各捐資以勸厥成。庀材鳩工，建亭三間，規模雖不弘廠，而聖賢名蹟不賴以表彰耶！夫儀，固大梁之屬邑，古衛浚城耳。其在風詩"孑孑干旄，在浚之郊。孑孑干旌，在浚之城。"素絲良馬之風，久以稱美於當時。習俗之醇朴，人士之賢俊，有由來矣。今睹此請見之亭，低徊憑弔，感至聖之過化，慕封人之風節，庶幾宰懷循良之治，士尚砥礪之修。不誠為廣教化，美風俗之盛典歟！或者曰：此地有泓渠碧沼，楊柳荷香，況靈區海潮，峙其左右，則騷人逸士可以留覽，以同乎醉翁、豐樂諸名勝。豈知立亭之本意也耶？

康熙二十五年。

（文見康熙《儀封縣志》卷十四《藝文志》。王興亞）

諭祭張伯行碑文

清世宗

雍正三年九月遣河南布政司分守開歸道沈廷正諭祭文：國家重禮樂之司，寅清攸賴；人臣勵靖共之節，恩卹宜隆。生被殊榮，沒膺異數。聿頒綸綍，寵及泉扃。爾張伯行厚重凝姿，恪誠立品，巍科早掇，既經術之夙優；仕籍旋通，即政聲之克懋。由監司而敷化，節鉞頻加；歷中外以宣猷，度支尤謹。潔清自好，凜終始之不渝；澹泊可甘，徵涵養之有素。朕眷懷成績，命長春官。方冀克享遐齡，詎意忽聞奄逝。考彝章而賜祭，稽諡法以易名。嗚呼於戲！舊德猶存，永垂休於竹帛；新恩載貢，誕被澤於松楸。爾靈有知，庶克祗受。

（文見乾隆《儀封縣志》卷三《建置志》。王興亞）

太子太保禮部尚書張清恪公伯行神道碑

朱軾

聖天子繼統御極，衆正盈朝，萬邦作則。於時耆德宿望之老，明道通經之儒，咸見登用。而太子太保、禮部尚書張公，特為上所器重，自倉場入為戶部侍郎，旋陞禮部尚書。蓋上意所以顧公者甚厚，恩寵錫賚，殆無虛日。而時賜接見，咨謀天下之務。公感激知遇，夙夜匪懈。中外之士皆望公精力未衰，將盡出其所蘊以膏澤斯民。而公年已高，歲餘，遂薨於位。自朝廷及四方之人，莫不高公之醇德豐功，輝映兩朝，為邦家之瑞。而尤悲悼公之可以及於人者無窮，天下之所望於公，而可以為之者尚未竟也。其子師栻、師載等，奉公喪歸河南，以丁未歲某月日葬公，而來請余文，以揭於墓之原。余素慕公之盛德，而又嘗辱見知於公，與公同在朝脩職事，相從三二年，所受益於公者宏多，而竊自謂知公者，其可以辭！

公諱伯行，字孝先，号敬庵，河南儀封人也。其先出上蔡，明洪武中，始祖彥實徙儀封，因家焉。曾祖諱自新，廩膳生，累贈光祿大夫、禮部尚書。曾祖妣戴氏、扈氏，累贈一品夫人。祖諱醇，邑庠生，有隱德，有司表其閭，累贈光祿大夫、禮部尚書。祖妣傅氏，累贈一品夫人。考諱岩，以太學生考授州司馬，好義樂施，鄉黨稱之，封徵仕郎、中書科中書舍人，累贈光祿大夫、禮部尚書，祀於鄉。妣郭氏、梁氏，累贈一品夫人。繼母耿氏，未封。梁太夫人實生公也。公自幼嗜學，既長，銳然以聖賢可學而至。嘗概聖人之道，自秦、漢以來，惟濂、洛、關、閩得其宗，後之學者，源遠而末分，相與為異說，或汨其意，亂其真。近世惟許魯齋、薛敬軒、胡敬齋最純不雜。深闢姚江王氏之學，常以為經世事業，必原於道德，乃可措正而施行。至於權謀功利，雖苟有就，君子弗貴也。凡所以切磋友朋，勉進後輩，尤以程、朱之學為急。

辛酉，舉於鄉。乙丑，成進士。壬申，補內閣中書舍人。甲戌，改中書科中書舍人。是冬，丁父憂，挾櫬歸里。喪一遵文公《家禮》，啜粥寢苫，不入內，三年如一日。鄉人有假貸未償者，悉稱遺命焚券，歡聲動遠邇。建請見書院，招來志行之士，講道其中。延冉太史覲祖為之師，公與磨礱浸潤，期於大醇。

己卯夏，天雨堤決，水溢入城中，居人大恐。公募民囊沙土填築，得無患。總河張公閱堤，異而問之，遂題疏以公效力河工，連年著績。

壬午冬，題補山東濟寧道。值歲荒，不及申請，出家財賑救，衆賴以濟。未幾，奉檄賑濟，動用倉穀二萬餘石。藩司移文責公專擅，公具詳河撫兩院，言百姓方待哺，不急賑，恐流離散亡，罪將誰任？且將來衆咸以某為戒，民命幾何？公以運河自南旺以北水勢甚小，乃相高下，度淺深，開水北注。又與郎中德某者，晝夜商畧，蓄洩得宜，事竣為書，名曰《居濟一得》，紀其事。

遷江甯司臬，時撫軍某者，怒維揚諸生六人，欲盡去其衣巾。公固爭，乃免。視事僅兩月，衆稱明允。

丁亥春，聖祖皇帝南巡，知公材可大用，就陞福建巡撫。以是年夏入閩，值旱荒，題請動支庫帑賑濟，全活甚衆。閩中人稠田少，米價常貴。公每歲遣官赴江浙買米入閩平糶。又多置社倉積貯，以備旱潦。逮公去閩，民不阻饑。禁止淫祀，汰師尼之年少者，令所親贖回，貧不能贖者，為設法歸之，輿情大愜。乃大張綱紀，褒廉糾墨。訪猾胥之為民害者，置之法。公待人以誠，不為谿刻崖岸之行。比及一歲，風化大行，奸宄屏息，在職者莫不洗心濯慮，奮勵自新，數千里肅然也。公居官以教化為己任，所至必立學延師，置書籍，召生徒，肄習講貫。在閩建鼇峰書院，為學舍百二十間，祀周、二程、張、朱五先生，貯古今經史子集數萬卷，梓前賢先儒之書亦五十餘種。訪求閩中士有行誼博聞好古者，令郡縣資送，延入學舍，給衣服資用。公每月中三四至，與講論儒先為學之旨，修己治人有用之學。所成就人材甚眾，人以為道南嗣音焉。聖祖賜匾額，曰"三山養秀"。今學舍、學租、規範猶昨也。

庚寅春，移江蘇巡撫。時淮揚連歲荒歉，公上疏請海、高等十三州縣暨徐州乏食軍民設法賑救。又以江蘇等屬帶徵災漕，一年而完年半之租，民力不贍，請暫緩以舒其困。又上疏請於江蘇藩庫撥銀三萬兩赴鄰省買米，分下各屬減價平糶。疏發即行。聖祖皆俞允之。公正道直行，董戒休威，而總督噶禮每事違異。公志不獲伸，屢求去，不許。

至辛卯，江南科場弊發，公據實奏報。上遣京堂官二人與督撫鞫實，而督臣復力持其事，使者蓄縮不敢問。當是時，噶禮氣張甚，公乃上疏劾督臣噶禮營私壞法、穢跡彰聞數十事，及通同考官為奸、私相庇護狀，請即行解任，一併研審。疏辭有曰："振千古之綱常，培一時之士氣，除兩江之民害，快四海之人心。"天下傳誦。督臣亦星夜馳疏劾公，上命俱解官聽審。使者連審問，皆歸曲於公。疏再上，而聖祖知公特甚，下諭朝臣，以公為天下清官第一，留公撫江蘇而黜督臣去職。初，公之解官聽審也，吳、閩二邦之人相與齎咨涕洟，奔走籲呼，如失怙恃。及聞公復位，則又相與踊躍騰歡，感上之恩，繼之以泣。江南數萬人，行數千里，詣闕下跪香進疏，願各減年壽一歲，祝添聖壽萬年，以申感戴罔極之意。聖祖亦大喜。自是公名益顯，雖嘗持論與公為異同者，莫不傾心折節，直聲浩氣震天下。公治江南數年，吏習民安。既底於理，建紫陽書院，規畫未竟，不及在閩時，然正學賴以昌明。

丙申春，入為總督倉場侍郎，旋兼理錢法。職事既繁，又頻年兼賑濟、酌議社倉、視河等務，公精勤弗懈，經畫靡不周悉云。

公平生於科場尤留意，在閩時嘗監文闈，典武試，奸弊屏絕。至是，典丁酉順天鄉試、辛丑會試，盡心校閱，得人尤盛。

壬寅冬，聖祖仁皇帝升遐，公哀痛盡禮。我皇上登極，知公宿學元老，忠愛出於至誠，以倉場、錢法事繁，令專理戶部事。凡朝中會議大政、保舉大臣，皆令與焉。元年九月，遷禮部尚書，特恩晉一品，追贈三代，賜之匾曰"禮樂名臣"。公益竭忠盡慮報國，而精神亦衰憊矣。三年春正月，自檢平生文集及所論著授其子師載。二月得疾，即口授遺疏上之，敘述兩朝知遇之恩，累懷報稱而未能。勸上"崇正學，勵直臣"。此二語皆公平日所以自為，臨沒猶汲汲焉以告君，可想見其生平矣。公歷官數十載，常俸外未嘗受一錢，所用粟米絲布，皆自取給於家，公餘悉為養士恤民之費，惡夫古節度之進羨餘以自浼者。所薦士，不使人知，其尤著者數公，皆炳炳在人耳目間，其餘不可勝數。遺疏入，上深為憫惻，祭奠卹典皆加厚，而特晉太子太保，命朝臣咸臨其喪，賜諡清恪。

嗚呼！惟篤學守道者能有經世才節，人多謂公德勝其才，余謂公之才節，卓有表見明效。撫閩、吳兩省，興學養民，靡所不悉，是其才也；吏治肅清，絕去貪黷，苟有不率，劾及同官，是其節也。若以簿書期會、權謀辨給為才，公未能或之先；若以察吏安民、秉公忠以報國為才，公固魁然遠矣。

公生於順治八年十有二月初五日，卒於雍正三年二月十有六日，享年七十有五。以某年月日葬於某所。配王氏，累封一品夫人。次王氏，贈宜人，實生二子：長師栻，候選知州；次師載，丁酉科舉人，一品廕生候補員外郎。女三人，俱嫡夫人王氏出，長適太學生馬晉，次適東昌府管河通判曹元夢，次適太學生孔毓璁。孫一人，景白，師載出也，尚幼。公自少至老，儒先之書未嘗釋手。嘗所著《困學錄》及《濂洛關閩書注解》，參訂諸儒之說甚眾，皆傳於學者，茲不具載，載其功跡著於當世者。銘曰：

休明啟運，純和毓精。中州間氣，湯、耿有聲。公其踵美，正學是扶。研慮覃思，張《銘》周《圖》。述緝前典，折中後儒。出其底蘊，撫閩及吳。公所居邦，穀登人和。抗節鋤奸，愁痛笑歌。令出民從，既去而思。何以能然？至誠之為。聖明乘六，命作秩宗。皤皤黃髮，以代天工。咨謀襃崇，無斁初終。公之休烈，先哲有繼。自今以始，欽於世世。

（文見錢儀吉《碑傳集》卷十七。王興亞）

誥授光祿大夫禮部尚書加二級贈太子太保諡清恪儀封張先生墓表

沈近思

中州自二程夫子闡絕學於千載不傳之後，上承洙泗，下啟紫陽，聖賢道統，如日經天。當時及門尹和靖、謝上蔡皆能守其師說，至元而有許魯齋。豈非天地清淑之氣萃於中州，而斯文有厚幸耶。我朝前輩湯公潛庵、耿公逸庵，為中州理學之冠，海內學者多宗之。儀封張先生，生於二公之里，幼聞聖賢而喜。比長，毅然有志於學道，孜孜焉深嗜而篤好之，尊信程、朱，獨得其正。凡稍涉異端邪說、陽儒陰墨之論，舉不足以淆其胸中，其為學也醇矣。遭際聖明，敭歷中外，由監司而躋九列。所至平糶賑饑，褒廉糾墨，問民疾苦，宣布朝廷德意。興書院，育俊髦，慨然以教養人材、倡明絕學為己任。而辛卯江南場弊，奮劾督臣噶禮一疏，所云"振千古之綱常，培一時之士氣，除兩江之民害，快四海之人心"，乃先生平日養成剛大之氣，沛然直達於筆墨之間，重道嫉邪，有不自知其激烈者。聖祖仁皇帝深鑒其誠，屢賜保全，加之大用。皇上御極之初，晉大宗伯，恩禮優隆，極千載人臣所難遇。先生感激涕零，方竭誠以圖報稱，而年力已就衰矣。

嘗考先生生平，撫吳政績，署同睢州；而尊信程、朱，則又近於嵩陽。可謂得二公之所長，而不徒託之空言也。當湖陸稼書先生為本朝醇儒第一，與先生科第後先，不甚相遠，知遇不如先生之隆，名位不如先生之顯。而先生篤信其道，以為繼薛胡之後，得程、朱之傳，就其家訪求遺書，梓以行世，而中心尊而奉之，退然自居於後學之列。此又見先生望道未見之誠，樂善無我，有非他人所能及，而學者所當師承傚法者也。

庚子之冬，近思始見先生於京邸，質疑就正，於《大學》一書，頗有論辨。至今六載，先生下世又一年矣。因葬期將屆，為之表以揭於其墓，使人知伊洛以來，魯齋四百餘年之後，有尊信程、朱卓然不雜如先生者，亦足為中州興起斯文之幸也已。至先生生歿年月，子孫名字及生平事蹟，具詳壙誌中，不復贅。

（文見錢儀吉《碑傳集》卷十七。王興亞）

張清恪公墓誌銘[1]

桐城張廷玉

有明中葉，姚江王氏之說興，一時恢奇自喜者，多陰棄朱子之學以從之，雖賢者不免焉。惟高、顧諸公，號為能謹守繩墨。自我聖祖仁皇帝篤信朱子之學，親纂語類、文集，以為學者準的，躋廟祀之位，次於十哲，然後薦紳之士，非朱子之學不敢言。然數十年來，海內所信，為能守朱子之學者不過數人，而吾同姓儀封公其一焉。公八歲遊飲泉書院，叩所居，曰："為士者，當如此矣。"

乙丑，成進士，授中書舍人。丁父艱，服闋，建請見書院，與鄉人子弟講誦，若將終焉。會大水，遂寧張公巡河，知公家居私募土人築堤，以捍河患，方略異衆，疏請檄公贊理。有司敦迫公赴部。以疾辭，不許，乃以辛巳春至河上。踰年，題補濟寧道。丙戌，擢江蘇按察司。踰月，特命巡撫福建。

己丑，移鎮江蘇，與制府噶禮議事，輒齟齬。制府為大吏數十年，多羽翼，性鷙驁，意所不可，必巧構陰中以禍，用此，衆莫敢攖其鋒。辛卯，鄉試弊發。公疏稱事由制府，並暴其生平貪暴狀。聖祖仁皇帝再遣重臣就鞫，而制府習於文法，官吏畏威承意，證者皆避匿。所劾無徵，於法公當罷斥。讞詞屢奏不決。及命下，則留公而罷制府，制府遂由是敗。方公劾制府疏出，遠近傳誦稱快，而不能不為公危。及再訊無徵，江南士民如沸，聞者喪氣。至是有心有口者，莫不嘆天子之聖智，而幸公之忠誠，所以自達於君者有素也。公既留任，尋以張令燾私通洋賊獄事，為異己者所中。復命重臣就訊，奏公應落職聽鞫。七奏始得命，遂當公重典。而聖祖皇帝特召公入內，引見乾清宮。踰月，命署倉場總督。庚子冬，補戶部右侍郎。今天子嗣位，特恩晉正一品，尋遷禮部尚書。每賜宴，先帝舊臣必與焉。

公在官，不以妻子自隨。齋用絲粟以上，皆運致於家。循分自盡，不務為赫赫之名，

---

[1] 錢儀吉《碑傳集》標題作"太子太保礼部尚書張清恪公墓誌銘"。

而人皆信之。所至必興書院，聚秀民，導以學朱子之學，而辨其所以異於姚江者。閩俗祠疫神，氣焰動人，禍福數有驗。公命悉毀之，半改為鄉塾，藉比邱尼以妻貧民。性篤厚，居喪一如《禮經》，父歿，以遺命棄債弗收。校訂先賢遺書五十餘種，次第刊布；註解濂、洛、關、閩書，及所著《困學錄》，悉躬行心得之言。天下知與不知，皆曰是能謹守朱子之學者也。

公諱伯行，字孝先，號敬庵，卒年七十有五。天子震悼，遣諸王大臣致奠，加太子太保，賜諡清恪，於常祭有加。曾大父諱自新，大父諱醇，並邑庠生。父諱岩，以邑庠生入太學，皆累贈如公官。自曾王母以下，並贈一品夫人。配王氏，封一品夫人；副室王氏，贈宜人。子二：師栻、師載。女三，皆適士族，孫一：景白。於雍正五年丁未三月十五日，賜葬於通安鄉藕河村之原。銘曰：

天生哲人，為世之鐸。志學伊、顏，道宗濂、洛。實踐真知，匪由臆度。百家紛挐，謹其疆索。剛方正直，立朝儼若。履險如夷，何愧何怍。誠意交孚，天心以灼。高朗令終，歸神冥漠。斯道未亡，後其有作。

雍正五年丁未三月十五日。

（文見乾隆《儀封縣志》卷十一《藝文志》。王興亞）

重修渡蟻橋碑記

嵇琰

粵自大宋仁宗皇帝崇儒重道，設六科以收羅賢俊，一時海內向風，人文蔚起，得士之盛，甲於歷朝。其間或父子同登，或兄弟聯榜，不一而足，而才德之隆，首推浚邑宋氏二難。史稱宋祁，本擬元也，因有弟不先兄之議，乃先郊而後祁。其時，棣萼濟美，雁行競秀，而勳獻彪炳，製作輝煌，迄今七百餘年，赫赫史乘可按而稽也，茲不具論。會今聖天子龍飛乾隆之元年，歲紀丙辰，余以治鄢，忝調茲邑，即留心咨訪前賢舊址。幸識此邦耆碩，有孔學錄者，名毓彤，字丹書，為人卓犖英偉，博古通今，年介古稀，而意氣精神少壯弗如也。常為予詳說二宋故事，謂邑東三十里之沈村，昔號大宋集，係祁也舊坊，孔公所居；河北小宋集，為祁也故宅，現有狀元祠、渡蟻橋等遺踪，可遊覽而瞻拜焉。余聞而喜慰交至，每躬履其境，回翔弔古，見舊存狀元祠，雖地勢湫隘，而廟貌依然。獨渡蟻橋歷年殘圮特甚，且屢遭大水浸淤，亦幾幾乎僅有其名麗，盡亡其實矣。且夫興滅修廢，本屬守土之責，而學錄孔君竟毅然以修舉為己任。詎意余蒞官甫二載，即罣放黜，而學錄公亦以家務繁冗，未暇他圖，遂逡巡。至甲子之冬，余正閉門僵臥，日事藥鐺，而學錄公過避荒齋，諄諄以未修渡蟻橋為抱歉之事，因述是秋偶過茲土，見村兒持磚相戲，遂得此橋故址，即口占一律，以志欣慕之忱焉。而重修之計乃果，捐貲之志益堅，屬余一言，為記其始末。余愧羈留殘廢，既無冠裳足重，復無同善之施，何可靦顏握管，而學錄公乃能全始全終，若此洵不失為信義之君子乎？今既庀材有日，鳩工有期，行見湮蹟重新，梯航再造。昔年渡蟻，今年渡人，彼時宋氏二難，廣行陰德於昆蟲，此際尼山賢裔，普濟艱難於行人。且此橋落成，又舉狀元祠葺而新之，則學錄公之樂善不倦，為何如也？是為記。

乾隆九年冬。

（文見乾隆《儀封縣志》卷十一《藝文志》。王興亞）

張清恪專祠碑記

張學浩

學浩束髮受書，足不踰戶外，世事鮮所聞見，及稍有知識，竊聽長老緒言，歷數當世理學巨儒，於公首屈一指。其稱公也，則冠以儀封。儀封見於《魯論》，故聞之易入而記之甚真也。踰十餘年，隨叔公宦游江南，江南之父老，稱公先後撫吳甚詳，其教士澤民如春風，如膏雨；其鋤奸遏暴，如斧鉞，如雷霆；其為忌者所擠，如將摔而投諸萬仞之淵，率賴聖明保持，并邀天下第一清官之褒。又如立拔於水火之中，而亟表其冰霜之操，使聽之者為公喜、為公怒，為公危、為公感，急詢其今居何官、蒞何地，則曰：晉大宗伯。旋聞為道山之遊，數年於茲矣。嗟乎！曩者聞長老言，以為古人不可復見，孰意本理學為勳獻尚在長老論列之後，今真不可復見矣。為之睪然長望，撫然自失者久之。乾隆五年，學浩行役河干。十年，任儀、考通判。儀為公里，急訪之，則有專祠在。展拜階下，見公像如見公焉。十二年，以實授入都，謁今倉場。少司農張公時為宗人府府丞，蓋見公哲嗣，益如見公焉。凡以志景慕之忱，倦倦弗置也。今學浩奉檄兼攝儀篆，謁文廟畢，退而摳衣庭階，焚香肅拜，顧瞻榱桷，徘徊不能去，以為必樹穹碑、敘原始，求之弗得。

時邑人士之觀禮者僉曰：曷志之。學浩汗浹衣襟，俯首不能答。蓋公之德業聞望，豈後生小子能道其萬一哉！公既崇祀鄉賢矣，官蹟所經，馨香弗替，復以公與道南一派，勤勤懇懇，以接程、朱之緒，而行洙泗之傳。都人士復請置主東林書院，與龜山先生並祀，乃儀之人，若惟恐公之不為我有者，而報德之忱，輿情若一。爰於雍正九年，請建專祠，以永明德。遂奉上官允行。蓋公之為善於鄉，禦災捍患，濟困扶顛，莫入人者最深。是舉也，誠古者鄉先生沒而祭於社之遺意也。學浩於公之學，不能窺見藩籬。然公治水之成書具在也，披肝之奏牘具在也，智以明理，而仁且勇見焉。今學浩學鮮淵源，甫膺一命，視公不啻如塵盎之於喬嶽，涓滴之於滄海。然猶是水猶是民，且水之所經，公之井疆也；民之所隸，公之桑梓也。防維愛護之道，默默中若有提命者。蓋至是而知吳中父老之言，非諛詞，不僅如聽長老論列時，徒付諸耳受已矣。越日，邑士人復申前請，學浩又念昔之人有嚮往前哲者，則文以紀之，詩以詠之。厥惟舊哉！乃洗心滌慮，攄意修詞，以志私淑。雖無當於毫末，公在天之靈，或不斥其無知而忘分也乎？

乾隆。

（文見乾隆《儀封縣志》卷十一《藝文志》。王興亞）

川南湯公墓誌銘

郭善鄰

先生姓湯氏，諱豫誠，字素一，號曰川南。其先晉人，遠祖望自洪洞東徙儀封，遂家焉。曾祖來賓，祖繼禹，並為明太學生。祖妣尚氏，以節孝受旌典。父式九，邑庠生，以先生貴，贈中憲大夫。母王氏，贈恭人。先生年十二，恭人及中憲公相繼謝世。同產兄作霖，弟作枚，俱早卒，與仲兄曰璉，相倚為命。年十四，始從塾師受讀，踰冠為諸生，問業於中牟冉蟬庵先生，遂勵志聖賢之學，以麟經登康熙壬午科賢書，己丑成進士。需次家居，閉戶潛學，所得益邃。儀士信從受業於門者日眾。庚子，授山東海豐令，為政清嚴，絕苞苴，嚴請託，鋤豪強，禁娼賭，勸積貯，表節孝以重人倫，設鄉學以崇文教。諸凡為民利病者，次第興革。前任柏令，虧庫帑盈萬，責償於諸州縣。海豐攤派千金，飛差催提，先生度無所出，即移疾求解職，闔邑大震，上書各憲臺籲留，撫軍慰諭再三，情辭懇惻，盡免所派金。境內有活佛會，走士女如狂。先生命曳其像焚之，民始駭疑，既久，乃帖然大服。雍正初元，遷東昌府知府，以治最陞山東督糧道，兼理德州倉事務。始涖任，裁革諸州縣規禮，設法簡明，吏不得緣為奸。會歲饑，以查賑至海豐，鄉老數輩謁先生於公館曰："我輩自謂不得再見父母矣！"言之愴然淚下。未幾，轉山西冀寧道，督理糧屯驛傳事務。為雁平道謝王寵所誣訐，奉旨解任質審。事白，遂補授雁平道。先生三任監司，潔己率屬，威聲凜凜，官吏皆爭自濯磨。雍正乙卯，改直隸口北道，僅兩月，以承辦運車。主者欲有所乾沒，懼先生掣肘，飛語上聞，奉旨解任赴京，補戶部山西司員外郎。今上嗣服，先生在部踰年矣，念事多牽制，兼之衰老，不能卒有所建明，即告病回籍。家居十餘載，以乾隆十二年丁卯七月二十日，終於里第，壽七十有四。先生孝友篤行，節廉自將，幼受鞠於仲兄，恭順終身，教養遺孤，恩義周備。家徒四壁，非其義不為苟得。居官益勵清操。督糧命下，夏津令懷八十金為贈。先生曰："爾欲我受暮夜金乎？"令愧謝，懷其金去。自分藩三晉，始有恆產自給。然周恤親族，歲不下數十舉。其約己裕人如此。先生之學，殫精經術，薈萃群言，潛思默證，務求深造。投紱歸來，鍵戶觀書，雖垂老不替也。所著有《四書困學編》、《周易象說》、《詩經說略》，於《春秋》分別經傳，用力尤苦。配張氏，覃恩誥封恭人，勤儉宜家，門內化之。先六年卒。葬於湯家寨之新塋。乾隆己巳十月二十日，孤元長奉先生柩，啟張恭人之墓而合窆焉。銘曰：

在官惟明，涖事惟平，立身惟清。既學而仕，以恢其聲。既仕而止，以完其貞。古道是敦，先民是程。嗚呼先生，河嶽炳靈。鬱鬱佳城，終古其寧。

乾隆己巳十月二十日。

（文見乾隆《儀封縣志》卷十二《藝文志》。王興亞）

重修城隍廟記

文安紀黃中

郡邑之祀城隍，不知昉於何代。自山陬海澨，以及村婦農氓，莫不汗濯衣冠，潔治籩豆，以告虔於殿陛之間。夫非春祈秋報神之大有造於民歟！語云："先成民而後致力於神"，明乎。理民事神，均係宰職，識者於此覘治化焉。儀邑城隍神祠，建立南街，前明洪武間，邑宰于侯敬祖創造。成化間杜侯瑄、正德間韓侯邦彥先後增修，規模宏敞，自殿門至寢宮，暨左右兩廊，深廣三百餘尺，袤斜一百餘尺，後以法禁漸弛，附近居民，恣意侵佔。嘉靖間，邑宰劉侯一孚鰲揚弊端，廟貌克復舊制，歷今且二百年矣，間有修葺，漸就傾頹。凡茲茆屋窮檐，孤墟荒落，咸有室廬以蔽風雨。顧以闔邑廟亨，委諸湫隘囂塵，廢蕪弗除，非所以寧神，亦非所以將敬也。庚辰春月，爰集里中紳士耆老，計費議繕。聞者響應，相互踴躍醵金，奔走效力。隨舉老成練達董理其事，庀材鳩工，涓吉興役，越數月而事竣。殿宇整潔，金碧輝煌，士民咸慶落成。於是，焚香展禮，因躋公堂，求立碑碣以垂永遠。予謂山川之載祀典也，以出貨財也；社稷之載祀典也，以始稼穡也。他若能禦大災、能捍大患，均宜隆其胙蠁，以答休嘉。儀邑瀕河，土田半屬斥鹵，旱乾水溢，得以有備無虞，惟我神靈實司保障。予自己卯下車，二載於茲，所幸雨暘時若，民物阜安，非有默相之功，曷克臻此？則今日率里之人，聿新輪奐，祇薦馨香，用以仰酬神貺，正以俯恤民依。吾知自今以往，家慶盈寧，年書大有，神之降惠於儀邑，且未有艾也。是宜勒諸珉石，以示來者。

乾隆二十五年。

（文見乾隆《儀封縣志》卷十三《藝文志》。王興亞）

重修儀封縣文廟記

邑人張師載

儀，古衛邑也。昔夫子嘗三至衛，庶哉一歎由富而遞加於教，大哉言乎。豈獨為衛，治天下之道，不外是矣。邑相傳為封人請見地，或又以為在蘭陽之儀城，聖人車轍所經，往往為後世所爭託，然以鄉先正王肅敏公之言考之，則在儀者近是。余曩時讀書，至木鐸數語，未嘗不窣然高望而深思也。堯、舜、禹、湯、文、武之治，必待我夫子而大明，故夫子雖不得位，而牖世覺民之道，閱萬世而不變。自朝廷達於郡國，有由之則治，不由則不治者。三代而下，井田封建，勢難復古，而廟學之崇，遍於天下。昌黎韓氏謂祀典之無地不有者，惟社稷與孔子，其典禮為獨隆。由今思之，圜橋璧水間，修宮縣而盛千羽，豈僅僅為塗飾觀聽已哉！聖人之道，未嘗一日息於天下，使天下群相習而明之，如寐者使覺，迷者使返，其為教也大矣。儀廟學舊制頗宏敞，歷年既久，漸就傾頹。

己卯春，紀侯來治邑，下車之初，仰瞻廟貌，仿徨者久之，乃揖諸博士弟子而昭之曰："學校者，教化之本也。儀雖蕞爾邑，大聖人有轍遺留焉。顧學宮蕪廢弗治，其奚以妥靈爽而宏化澤歟！盍思所以新諸。"咸唯唯受命，踴躍輸將，爭先而恐後。推才之幹濟老成者，分董其事。爰諏吉經始，鳩材庀工，具木石瓦甓，髹彤黝堊之屬。朽者易，缺者補，閱十約月而竣事。殿廡、齋廚、門垣、陛戺、庖湢之類，咸煥然改觀焉。又於泮池之側，增修封人祠三間，與奎星閣東西相望。既落成，邑人士相與美之。乃械書沛上，來告其事，且屬余記。余邑人也，義不敢以不文辭。雖然，吾儀之人，知美侯之新學，亦知侯所以新學之意乎？奕葉相承，重熙累洽百餘年於茲矣。我皇上崇儒重道，廣勵學宮，往者翠華東幸，載謁廟林，典禮優崇，曠古以來，所未嘗有也。為中州文獻之區，涵濡聖化，既深且久，數十年來，河嶽效靈，雨暘時若，熙熙然食舊德而服先疇，孝悌禮讓之心，有油然而自動，由富而教，固其所也。而侯之來，適以是時為之興學尊師，以鼓舞而振興之，抑可謂知所先務者矣。士之瞻拜趨蹌於斯者，仰觀殿宇之崇隆，穆然如見宮牆，退而溯聖人過化蹟，殷勤請見，一時心契景象，萬古如新，道人之徇，又豈外於此哉！若夫規制宏遠，經營完善，猶其後焉者，諸君子倘以余為知言，請礱諸麗牲之石。

侯名黃中，直隸文安人，涖儀多善政，茲其大者也，法得書。

乾隆二十五年。

(文見乾隆《儀封縣志》卷十二《藝文志》。王興亞)

重修儒學記

文安紀黃中

蓋聞言子絃歌，武城化洽，文翁教授，蜀郡風移。國家立學校，置博士弟子員，相與講明經史，誦法聖賢，上正彝倫，下維風俗。自古牖世覺民之道，莫此為先。儀地為古衛邑，夫子驅車至止，封人請見，木鐸一聲，萬古常留逸響。行道之人相與踪跡稅駕之區，搆亭立石，以誌不忘。矧以廟學鉅典而顧廢弛不治，夫非有司之責歟！儀邑文廟之設，昉於前明洪武間。邑宰于侯敬祖時，維縣治初遷，廟制未備。宣德中閻侯威，天啟中李侯魯生，購買民居，擴其土宇。其地界中街，廟宮在前，學舍在後，門牆重峻，綽美觀瞻。我朝順治間，安侯國珍、范侯龍循整舊規，復加新造，設"進德"、"修業"兩齋，置教諭訓導各宅，會講有堂，射圃有亭，由是儀學規模誇美中州諸邑，距今且百有餘年矣。遷延歲月，剝落雨風，求所謂明倫故址，棟折榱崩，漸就顛仆，加以居民錯雜其間，恣意作踢。師儒幾無容膝，殊非所以宏教化而勤絃誦也。予自己卯春仲調任來儀，首先謁學，惻然神傷。時以甫經下車，未遑遽興土木。明年庚辰，幸民情漸浹，案牘稍清，爰於上丁釋奠，進紳士而謀所以新之，聞者莫不響應。不旬日而議成。相與計金估價，庀材鳩工，公舉老成幾人，董率其事，務期堪垂久遠，弗徒粉飾一時。自大殿兩廡，以至櫺門魁閣，亦既聿新廟貌。因念講堂學舍，典禮攸關，大為釐剔侵佔，掃除荒穢，重建明倫堂五楹及兩學署，煥其戶牖，繚以牆垣，經始於庚辰年二月二十七日，落成於本年十二月十五日。百年舊制，恢復一朝，諸生額手稱慶。僉謂斯文盛事，宜存記述，以示來茲。予謂是役也，惟諸生實贊勷之，予何能焉！雖然，儀為夫子游歷所至，存神過化，遺澤未衰，人文蔚起。楊司馬之峻節清風，王肅敏之豐功偉烈，載在往牒，至今猶有存乎？他若翟參政之潔廉，雷農部之高曠，張太僕之望重清藩，劉御史之力排奸璫，莫不比肩接踵，騰實飛英。近如清恪張公之巡撫江左、川南，湯公之參政沱陽，流風善政，兩地之民猶稱之。儀其父母之邦，遺烈尚未泯歟！諸生游息膠庠，楷模遺範，惟爾鄉先正是訓是行，庶幾處為真儒，出為名世，無負國家建學興才之意，不佞有厚望焉。是為記。

乾隆二十五年十二月。

（文見乾隆《儀封縣志》卷十二《藝文志》。王興亞）

御祭張師載文

清高宗

乾隆二十九年四月，遣河南開封府知府張珽諭祭文曰：任畀河防，持節奏安瀾之贊；禮垂令典，飾終邀裡薦之恩。念陳力於封疆，常資保障；用酬庸於俎豆，式展哀榮。爾張師載起自世家，早翔郎署。風清典郡，分符竹以宣猷；計善持籌，司莞庫而稱職。泊提刑而陳臬，允執法以平情。旋擢銀台，並參宗秩。更佐度支於民部，能籌轉運於太倉。繼開府於皖江，特專節鉞；兼司河於淮右，仍領修防。嗣因累誤以去官，旋沛殊恩而入召。既前愆之曲宥，望後效之可期。資贊理於兵樞，藉轉輸於漕節。河渠久歷，俾克殫夫勤心；疏築隨時，乃屢臻乎順軌。方專司之攸寄，忽遺疏之上陳。晉錫崇階，爰申奠醊。嗚呼！緬宣房之故蹟，底績常昭；增泉壤之休光，榮施勿替。靈而不昧，尚克歆承。

（文見乾隆《儀封縣志》卷三《建置志》。王興亞）

御祭張師載墓碑文[1]

清高宗

朕惟恪勤率職，臣子之本衷；優卹明恩，朝廷之鉅典。若乃久於其任，措置攸宜，慎

---

[1] 耿愔加按：嘗聞諸故老云：吾儀昔當全盛時，達官塋域多在縣治左右，賜祭賜葬，御碑林立。自公爵阿桂奉命理河，屢閉屢決。乃奏請自青陵岡放河而南，儀城正當其沖。鬱鬱阡表，盡付洪濤。其至今僅存者，惟戶部湯公墓耳。自時厥後，登顯仕者，無復幾人。如曹給諫宗瀚御史、給事中。其祖，兵備芝田、山東登萊青兵備道，父鹽法恩綬山西河東鹽法道。及近代孫吏部紹陽，吏部右丞，其墓又均不在儀境。曹氏三世墓，皆在杞縣西南三十里高陽屯。孫吏部墓，在蘭陽北三十里栗家莊。惟張愨敬公墓既沒於河，其繼室王夫人沒，無所衬，另行營葬。當愨敬公立朝時，夫人入朝慈寧宮，甚被寵眷，又數蒙殊賜。當時有皇姑之號，及其沒也，賜祭賜葬，於常有加，故至今人猶稱為皇姑墓，墓在王大瓢寨西北里許。

爾在官，封圻胥賴。尤深軫惻，是用褒崇。爾加贈太子太保、原任河東河道總督張師載，始任農曹，出膺劇郡，能諳吏事，遞予超遷。逮晉秩乎京卿，遂佐襄乎河務，堤防克固，疏瀹咸通。自是雖領他御，皆兼茲職。朕留心水利，廑念民依，每秋汛之屆期，必機宜之親授。是以棄瑕錄舊，朕何嘗預設成心。趨事赴功，爾尚克祇承德意。方念老成之可任，何圖朝露之易晞。覽爾遺章，良增悼念。爰飭厚終之典，用昭眷舊之仁；晉加宮保之銜，賜諡"慤敬"之號。嗚呼！檢身率屬，功名永著於河堤；奉職宣猷，勞勳深鐫於碑版。欽茲懋典，貽爾後人。

乾隆二十九年四月。

（文見民國《續儀封縣志》卷三《建置志》。王興亞）

太子太保光祿大夫兵部尚書總督河南河東河道提督軍務諡慤敬張公師載神道碑銘

陳兆崙

　　河中儀封張氏清恪公，諱伯行，康熙朝仕歷江南、福建巡撫，內擢侍郎，以廉直名海內，聖祖仁皇帝嘗稱為"天下第一清官"。其仲子師載，字又渠，號愚齋。初得官陛見，先帝指示宰臣曰："此張伯行子，好司官。"今上眷遇益隆，每召見，輒詢及隨父任時事，天容溫霽，賞賜優渥。公故以報國活民為心，用是益感激奮勉，懼有玷缺為名父羞。乾隆甲申，以東河總督卒於位，年六十有九。

　　公由丁酉鄉舉，得一品廕，補戶部員外郎。雍正元年，授知揚州府。直揚州歲饑散賑，而高郵湖西之民，緣被災分數少輕，不得與。公行部至其地，見道旁人多骨立待盡，大驚，召長吏詰責，隨請於上官，不待報而廩之，凡活男婦數千口。江都之芒稻閘，為淮、黃、高、寶諸河入江之關鍵，所司貪商人餌，惟知蓄水為運鹽地，藉口必奉鹺使令乃開。會夏潦暴漲，低田盡淹。公訪知運鹽須水六七尺，而既通其半，遂單騎馳往，督役啟閘。纔啟四板，水暢出甚疾。仍艤舟宿其旁，明旦田皆涸出，然後走白鹺使。使者大恚，責公專，公謝曰："知府信有辜矣，第拯溺不淹刻，必預請而後行，如此万家烟火何！"後竟具文上大府，請歸府轄，許之。芒稻之屬府啟閉，自此始。

　　公雖隨清恪公外任，晨夕唯讀父書，及研精宋五子之學，不與吏事，尤於水利絕少見聞，乃其出守初政，即已可觀若此，故知才智由惆愊以出，而其一生周歷中外顯職，遂與河務相終始，豈非冥冥中有意篤生為聖朝宣力者歟！自知府遷秩，兩任河庫道。河庫掌管鑰，不任功過，向為美官。公以才為前後督臣所依信，輒委辦險要大工，以故於河務寖熟悉。乾隆十年，遷江蘇按察使，未任，調江西。尋內遷右通政。明年七月，由宗人府丞擢倉場侍郎，命閱視天津河道。

　　旋以侍郎出副江南河督十有六年。上南巡，接駕，道授江、安巡撫，仍協理南河事。

明年秋，充省試監臨。在闈中而河溢二閘，徐州被衝，公與文定高公並褫職，在工贖罪。又二年，放歸。丙子，起為兵部侍郎。五月，遷尚書，總督漕務。丁丑正月，調今任。時山東孫工口決，賈舶漕艘如泛大海中。公冒風雪宿河岸。燈熒熒達曙，如此閱冬春，疏築始完。公嘗言：「河東水勢，土性与江南異。兩岸相距寬，宜多挑引河以殺險。土多浮沙，宜厚培客土以實虛。」自此由濟寧治所抵開封，歲往來如織，而公心力亦瘁於是矣。

先是，乾隆三年，在河庫任，伯兄某病故原籍，而王母太夫人王在堂，遂剋期告養。上官固留，不可。前此，雍正末，河督文敏嵇公母卒，蒙在任守制之命，將具摺固請終喪，衆以違旨獲罪為疑。公慨然进曰：「公父孝母節，門望非常，患請之不力耳，何禍之觸？」文敏謝曰：「謹受教。」其在江西，嚴無故遷葬之禁，奏行連坐法，薄俗竟革。撫江、安二年，多偏災，皆據實上聞請恤，全活甚衆。痛懲匿名訐告時習，以靖地方。蓋資孝以事君者，不敢惡於人，因之宣德達情，而澤流百姓，亦固其所。凡此，皆清恪公之教也。

公平生治水方略，有著書藏於家，其隨時措置條理及一切治行，已具諸城相國志中。而長君景渭之子重裕穀，及次君景沆，又次後伯兄者曰琦，復合辭遣信詣余，丐以崖略揭之碑。銘曰：

禹跡既湮，治河孔艱。上策難行，在漢亦然。或議棄地，墳廬蕩焉。匪徒衆譁，於心奚安！意惟深刷，去沙是急。廣開支港，以通其塞。於末求本，此猶計得。增庳培薄，救時之為。為之務實，亦大有裨。毋忽蟻穴，庶屹金堤。惟公任勞，南北周遭。保障千里，通行萬艘。清恪有訓，毫毛毋竸。只此俸錢，無慚見聖。家風清白，如秉繼震。鬻產奉公，破家積行。帝鑒其誠，諡曰愨敬。爰賜祭葬，松楸輝映。哀亦增榮，善斯衍慶。樹碣道旁，永為世鏡。

（文見錢儀吉《碑傳集》卷七十六。王興亞）

重修封人祠碑汜

邑人耿蘭陔

儀舊有封人祠，歲久圮於風雨。今上嗣位之壬午，光緒八年，既新黌宮，並改建而新之，落成徵記於余。

余按：春秋時多隱君子，見於他傳記者，弗具論，即《魯論》所載，若楚狂、若沮溺、若丈人、若晨門荷蕢，皆隱居自樂，於世無求。但夷考其行，不失之僻，則流於矯，難語中道。惟封人樂行憂違，實合君子素履，故朱子注《論語》稱為賢而隱於下位，既沒而祀於鄉，誠為宜也。然吾又考《論語》澹臺氏，僅見稱於子游；林放氏問禮一節外，他亦無多表見。今皆配食宮牆，俎豆馨香，封人請見數語，詞氣雍容，雖聖門言語文學之科，殆無以過。至木鐸一言，千古莫易。其智足知聖，亦豈在從游諸子後，允宜列位兩廡，遍享天下禋祀。乃二千年來，未有議及從祀者，僅見崇拜於蕞爾之儀。況儀之為儀，興廢不常，即此域於一方者，亦若存若沒焉。則所以崇賢報德者，典禮未為完備也。故余既記其事，而復為私議如此，以俟後之議禮者。

光緒八年。

（文見民國《續儀封縣志》卷十三《藝文志》。王興亞）

文林郎耿勖庵先生墓誌銘

永城呂永輝

國朝以理學名臣重天下者，首推儀封禮部尚書張清恪公。後百年，生公之鄉，克篤公之學者，曰耿勖庵先生。按：

先生諱蘭陔，字荔園，號勖庵。先世山西洪洞人，明永樂時，遷居河南滑邑。四世復占籍儀封。世以耕讀相承，十七傳至先生。父諱光燦，慷慨好義，矜式鄉間，生四子，先生其季也。生有異質，十歲失怙恃，幼就學，端重如成人。自塾歸，見者肅然。家貧，時不舉火，至饑餒形於色而誦讀不輟。中夜有得，暗記壁上，晨視拭去之。歲久，墁泥盡脫。弱冠應試，受知張子青學使，冠其曹，旋食餼。同治庚午，舉於鄉。同考官張蔭庭家槐者，名進士也，闈中得一卷讀之，驚喜曰："此儀封耿某文也！"遂以元薦，及揭曉，果先生。蓋張嘗奉使儀、考，於諸生課藝中常見先生文，獨以知道相許，故其神契之深如此。

三赴公車不第，絕意仕進，改就教職，專以進德講學，成就後學為事。先生教人，一本心得，先躬行而後文藝。質懦者有立，才高者就范，四方歸之，學舍不能容。嘗設教東明，一時興起者甚眾，而戶部杜公力請赴杞，教其二子。東邑士子，思先生教澤，復敦聘主邑書院教事。未及赴，冬膺寒疾，遂捐館舍焉。先生初學，即恪守程、朱，潛心格致。及得邑先生張清恪公所表、章，書讀之，愈自信。由宋五子，上溯六經，以主敬為主，以存誠為要，以復性為宗，明則服膺薛敬軒、胡敬齋，本朝則推陸稼書、張敬庵為的派，於陸、王之學不少假借，又深非孫夏峰、黃黎洲之依違調停，輯朱子《白鹿洞學規衍義》、《陸王學辯》以示學者。撰《家訓》以教誨子孫。所作詩文，門人私訂為《咬菜根齋文存》，於天文、算術、律歷、卜筮，各極其妙，而不以語人，卜筮尤不輕用，曰："惠迪吉，從逆凶，自然之理也"。

持身謹嚴，未嘗倚側，几案必整，衣服必潔，家庭肅穆，不言而化。痛幼年失怙恃也，遇忌日，則終日慘然。四時之祭，必誠必敬，每為子弟言，冠、婚、喪、祭，禮之大者，為人生所不可離。力行之，以為四方則。與人交，以至誠。與武陟李序亭、杞縣韓震東、同邑程冰如、張敬甫四先生友善，子孫數世往來如家人焉。配邵氏，處士艾庵公女。婦德純備，相夫教子，助以成德。三子：長惲，增廣生；次，恂，郡庠生；季惜，廩膳生。均克傳其學。女二：長適邑庠生楊海清；次夢蘭，適太學生張敬甫長子永祺。孫八，女孫三。

先生於道光十三年癸巳十月二十三日生，光緒十三年丁亥十二月二十三日卒。享年

五十有五。葬先塋之次,不作佛事,不用鼓樂、酒肉,遵遺命也。其季子愔,從予遊,來請銘。銘曰:

儀封清恪,丕振學綱。於維先生,克纘厥長。承先垂後,教家教鄉。先民有作,千秋之光。

光緒十三年丁亥十二月。

(文見民國《續儀封縣志》卷十四《藝文志》。王興亞)

（考城縣）

御製訓飭士子碑

　　禮部題奉欽依刊，立臥碑曉示生員。

　　朝廷建立學校，選取生員，免其丁糧，厚以廩膳，設學院、學道、學官以教之。各衙門官以禮相待，全要養成賢才，以供朝廷之用。諸生當上報國恩，下立人品，所有教條開於後。

　　一、生員之家，父母賢智，子當受教；父母愚魯，或有非爲者，子既讀書明理，當再三懇告，使父母不陷於危亡。

　　一、生員立志，當學爲忠臣清官。書史所載忠清事跡，務須互相講究，凡利國愛民之事，更宜留心。

　　一、生員居心，忠厚正直，讀書方有實用，出仕必作良吏。若心術邪刻，讀書必無成就，爲官必取禍患。行害民之事者，往往自殺其身，常宜思省。

　　一、生員不可干求官長，交結勢要，希圖進身。若果心善德全，上天知之，必加以福。

　　一、生員當愛身忍性，凡有司官衙門，不可輕入，即有切己之事，只許家人代告。不許干與他人詞訟。他人亦不許牽連生員作證。

　　一、爲學當尊敬先生，若講說皆須誠心聽受。如有未明，從容再問，勿妄行辨難；爲師亦當盡心教訓，勿致怠惰。

　　一、軍民一切利病，不許生員上書陳言，如有一言建白，以違制論，黜革治罪。

　　一、生員不許糾黨多人，立盟結社，把持官府，武斷鄉曲。所作文字，不許妄行刊刻。違者，聽提調官治罪。

　　順治九年二月初九日頒刻。

（文見民國《考城縣志》卷八《學校志》。王興亞）

重修文廟記

　　粵稽三雍祀宣聖，昉古釋奠遺意，春干秋羽，歲禋其丁昕焉，曠典也。第學校廢弛，子衿為刺，閟宮有侐，奚斯頌美，以是知泮壁存沒，犧罍振墮。凡國家治亂，人材消長，風俗隆替，於焉是出，非細故也。往者，明季失馭中原，俶擾禹跡，周原半付秦焰楚炬中。顧茲蕞爾，罹禍屬劇，升墟而望，矗遷者城社也，枕籍者骷髏也。育賢官人之府，竟為鼠走狐集之窟，彼黍離離，吾道非耶？有不勝且歌且泣者，已十閱星霜矣。迨大清鼎定燕京，嗣登大寶，四年而綸褒曲阜之裔，八年而遣禮闕里之堂，右文崇儒，可謂三致意焉。至於郡邑祖來，新甫之採，有焉孔碩之修，俾萬民是若者，專寄之賢守令食，良有司。庚寅歲，秋八月，劉公仰承皇眷，令尹蔡土。方下車，祗謁先師，見頹垣圮墉，土陁石泐，太息之下，即謀所以興復之。繼思瘡痍甫起，驚魂未輯，執溝瘠啼呼之餘，驟督以橋門太和之會，恐經營未卜，而澤晳載謠，非所以替教宣化，撫字有漸也。相延而遲越兩載，壬辰，斯果其任。典鐸王先生諱樂善，躬瘁省課，宵旰不違；司訓何先生諱六典，亦夙夜贊畫，焦勞罔怠。遂舉學中淑慎而敏於公者，會計出納；博員王明傑、張翼升，實董厥役。於是，掄材鳩工，次第建置。殿隅夾圮，築砌層台。東西兩廡，簷斗齒錯。門屏楹礎，丹雘堅栗，敷教堂構，樅賁之司也；苞茂矢棘，端拱左右，廟寢棟宇，籩薦之所也。宏敞巍峨，倍於往者，雲漢作人之基，庶奕奕其一新矣。先是兵燹頻仍，黨術塾序，久絕絃誦之聲，長裾博帶，競逐商賈之利。今則亭堠既撤，耕讀自便，閭巷鄭鄙，邃谷密菁之中，亦皆有執卷而橫經者。貴介之家，遇逢掖之士，而敬禮不為慢易，凡席溫厚而寡文行者，學人羞與為伍。彬彬吉多，雖不足接踵江蔡諸先哲，而鹿蘋葉葚，振鷺聯翩，亦堪遙映孫董以下君子矣。人心風俗，不彰明較著哉！

劉公諱愈奇，字會玄，山西唐川人，寬厚明敏，已勒輿誦碑文，今上擢為屯政同知，妥侑先賢，表勵後人，務皆可重也。落成之明年八月甲寅記。

順治九年。

（文見康熙《考城縣志》卷三《藝文志》。王興亞）

創建奎樓記

內院試中書舍人邑人王明世

蓋聞邦治之隆替，首視學校之廢興。追維科名之盛衰，實因風氣之向背。余嘗讀《通鑑》宋太祖乾德五年，五星聚於奎，自此天下太平。以基一代文明之治，是文明之麗於奎光也，審矣！夫雄文俊傑，資固乎天德地靈，至於陵谷變遷，補缺振響，端在人力；移風易俗，惟神明宰是賴。溯考邑之文風，於古為烈。自莊周崛起，雖志尚清虛，實本於易之撝謙，然猶致思於培風。至史弼、仇香，顯耀士途，聲價崢嶸；燭之武者，辭令妙品，却敵如銅城鐵騎，豈不偉哉！文通行堪佩貂，英華為六朝冠冕。迄今千載，令人追慕何極。後代甲第雖不乏人，求其炳彩藝苑，煥猷麟閣，鮮能繼響，何哉？果古今之風運遞遷歟！抑人事之未盡耶？緬懷漢之王令愛士引賢，媲美文翁雅化，垂芳百代。今值龍飛凝圖，文教誕敷。考邑書聲日起，鹿鳴疊見雁塔，需時而至。幸天惠楊侯臨乎敝邑，外勗九農，內弘五教。穆薰風而扇物，垂愛景以育才。憫斯文之未振，咎風氣之散漫。周覽形勢，喟然歎曰："學宮雖自宏敞，文風猶借聖基；濯濯青衿，縱能映雪截浦，安望瓊雕岳立，搏羊角以垂天，展驥足而騰景乎？爰相佳址，崇建奎樓，棟楹瓴甓之料，出自清俸，為紳衿倡，而文社諸子復掄材鳩工，勞毀不避，數月而告成工。

考，下邑也。當兵燹沉陸之後，侯於簿書旁午之餘，敦重儒業，欲復千百年文明之盛。植斯高標，徒壯觀而已乎？上映星躔，下鼓士氣，使地運推移，日至王澤，滲漉自深，其嘉惠諸士者，詎讓美於漢令文翁哉！按星紀奎為講讀，故名降婁。凡我士類，當爭自濯磨，念侯培養深思，曷即境以探真，因象而達義，寧忍負雅意耶！嗣是而奮勵激昂，華實兼修，將見文江飛瀾，仕進流芳，飲水知自緊侯其人。侯之姓氏、鄉貫，敬列於左，以便仰戴。同事者例得併書，以見緇衣之好、向化之誠云爾。

康熙年間。

（文見民國《考城縣志》卷十二《金石志》。王興亞）

建三教堂記

邑舉人陳毅

孔子之不肖像，百餘年於茲矣。自明允宗伯張公議毀其像而主祀，厥後無論村落俗子，不獲仰承道範，即業儒者，亦未嘗間遇焉。夫京都郡邑，皆奉我夫子而丁祀之。至於善男信女，鳩工庇［庀］材，塑像廟貌者，諸神所在都有，而孔子不與焉。意者限於制歟？抑吾夫子鄙群衆而吐之耶？縣治之有大寺，由來舊矣。凡萬壽朝賀大典，詣其所而習儀焉。其創建修葺，不知累幾何年。一日余詣而創見者，前殿諸佛，金光焜耀倍前，後殿更新，煥然改觀。近而睇之，慧珠瑩瑩者空也迦也，丹田澄澄者虛也聃也。又見圩頂堯顙有聖人之表者，非尼山孔子也耶！胡為列於斯？議者謂三教之一貫耶。抑釋與道皆尊吾孔子而歸吾黨耶，抑世之人皆知尊吾孔子而列於諸神之間耶！

嘻！異矣。詢首其事而捐資以倡之者誰？僉曰："僧會司僧會印河述其事，而繼之者，徒常玉及徒孫僧會宣來也。"協其事而捐資以助之者誰？僉曰："府胥張嘉寧、王漢臣是也。"要其成竣乃事，而募化以金其像者誰？僉曰："矇瞍趙應元是也。"

嘻！異矣。吾儒之尊吾孔子恒也，而釋尊吾孔子異矣。府史胥吏亦尊吾孔子又異矣。至於矇瞍亦知尊吾孔子，可謂盲於目而不盲於心，尤異矣。

夫瞽趙應元者，募化衆資，以金衣偕衆神而衣吾孔子，此吾孔子所見而作、過而趨、而矜之者也。吾夫子尚披衣而起，起而舞曰："雜吾於佛之中，是吾道之行於佛也。釋者、胥者、瞽者皆知置吾於佛之中，是吾道之無所不行也。"幸也！是不可沒人之善也，余是以承夫子之意，而為之記。

康熙年間。

（文見康熙《考城縣志》卷三《藝文志》。王興亞）

靜海縣知縣陳毅墓誌銘

柘城竇克勤

陳孝廉苗實為予同年友，攜其尊人靜海公行狀，來匄銘于予。予以猶子誼不容辭。且公碩德顯猷以傳於後，抑又何敢不以一言表厥微。謹按狀：

公諱毅，字士可，有明自洪洞遷考，至所養公積益熾，遂誕降公。質端謹，不與時人伍。幼不嬉戲，嗜學。早年聲震黌序。未幾，父母相繼逝，顛躓流離之際，營葬靡不盡力。數年風木悲深，乃負土築墳，崇數尺，遠近觀者稱純孝云。世亂躬耕，復舊廬，撫孤姪如己子。化仇暴，長令名於鄉。前後得王、馮兩孺人內助力，又抱偉畧，能解人於厄。值學使者校士，營丁搆隙，士遭辱，公以片言息其禍，器量過人如此。喪亂初平，獲殫精製。舉文以大士正希為歸，不逐逐於時好。辛卯中副車，癸丑擢經魁，一時傳誦其文者恨相見晚。自是洛陽紙貴，和名徧海內。顧公天性朴厚，雖漸顯不易素志，仍家居教授，多士歸之。庚申，授陝州學正，與士子講孝弟忠信之行，立考課法，作養無遺類，饋遺概置弗論。值歲歉，諸生輸納或後時，慈諭肫懇無陵虐狀，士以是德之，頌聲不輟。己巳，遷靜海令。至官，吏有以賂遺者，痛褫之，人莫敢犯。民貧生計維艱。公曰："先寬養民力，勿削脂膏自奉，後可圖也。"平市價，官與民等，由是商賈願出其塗者數百家。歲旱，民待甦急，公請緩征，以紓民力。播皇恩踏勘災傷，聽民以災報，得蠲租。又逃人為靜海害且久，公令捕者勿累民。獲逃，輒言得諸道塗孤寺，或窮鄉僻壤，訊明立解，良民不致遭攀陷，境內謐如。靜邑鄰近天津，舊日鹽引最為商民患，俄有分派靜海之議，物情沸騰。公曰："人情狃於便安，不足謀。除爾患，息吾事，顧憚勞勦乎？"往返天津，引民疾苦，言於視鹺使者甚力，民賴以安。噫！公蒞任三月，善政輒班班可紀。向使得大行其志，豈惟與龔黃齊美，抑且與韓范爭烈矣。及卒之日，靜民奔號如失慈母。公嗣苗實等扶柩歸，猶執紼哭送，如攀轅狀。嗚呼！其亦可謂得民之深矣。

公生於明萬曆四十六年，卒於康熙二十八年，享壽七十有二。子六：苗實，康熙壬子科舉人，候選知縣；苗穎，國學生；苗栗，廩生；苗傑，康熙丁卯科武舉；苗裹、苗發。女一。孫男十：俊、偉、侗、俠、傅、佺、佑、佐、備、份。孫女十。曾孫一，克恭。曾孫女一。銘曰：

大河之濱流既長，嶽土中央厚為臧，積善綿綿子孫昌。

康熙二十八年。

（文見民國《考城縣志》卷十二《金石志》。王興亞）

貞烈胡氏墓碣

烈婦胡氏，爲寧陵諸生鄭惟一少室。惟一卒，自縊而殉，蓋在明崇禎甲戌，迄今六十年矣。

惟一之孫宅仁，屢介知舊述其王母及世父、父母，無不以胡氏婉淑小心執事，數年在下陳，未嘗一行一言忤君與女君意。家人無不宜，且以烈死。值世亂，未得邀朝廷表里之榮，抱恨於心不能忘，他日吾子姓或能暴其行，使此女溫懿之德，慷慨之節，不至沒沒，即可謂能負析薪者矣。遞相詔語以至於宅仁之耳，雖耿耿在懷，然既賤且貧，終不望致旌命樹烏頭，以光耀乎泉壤。念獨得匍匐乞靈於耆儒碩士，編彙其軼事，續表忠激義之牘，名姓附以不朽，亦可謂克承先志，以少逭不孝罪辜，言必隨以清淚。

余雖有善善惡惡之志，而才劣名微，懼不足取信於來世，徒勤仁孝之心，終無以塞其所求，因固以辭。而宅仁請之不已，至於首尾數年，其誠既不可拒，而胡氏尤不可使無傳。謹書其事而銘之碑碣之墓上，往來者過而讀焉，知一女一廣所守，與號爲大人先生，安於頑鈍，無恥以自容其身者不類，則此女亦可氣吐於九原矣。

按：胡氏僅以籍微傳，其來寧之詳，與所以歸鄭之故，不可得而知也。獨記鄭易簣時，家人環視，鄭指胡氏謂其配曰："必嫁是。"胡氏聞之曰："何相待之薄也，自反生平無一事敢自苟，抑何行之失爲主君所窺，而致賤若此，妾知罪矣。"宅仁之母寬之曰："翁慮少姑年正芳，恐不足以自誤，意無他，奚恨。"胡氏遂不更言。鄭既瞑，竟死在床，胡氏未嘗去其側，家人方當嚴遞，時亦不及察胡氏食飲慘痛有異也。斂畢，適邑有貴賓至，留之飯，乃求胡氏責所司，已縊於樓左户縗，去頸尚咫許，氣絶而面色如生。時旁陳一榻，則絞衾含隨皆具，遂用以斂。客聞，更拜而奠焉。聞於邑侯，邑侯亦親往致祭如儀。上其事於巡按御史，章未及報而明亡，旌命遂寢。既述其事矣，係之以詩。詩曰：

田光成丹丹見疑，魚父脫胥胥未知。不信長者行儻戲，生不如死何生爲。墮地七尺爲男兒，膽大骨堅具鬚眉。手摩日月踏虹霓，寧容短長待人持。嬴然弱女質委靡，何知古烈心疑追。大姬之裔王爲恣，子子依人肯自卑。十八信命常自期，宜其家人稱女師。欲俾無尤古是思，魏仇臨命命尚治。日急嫁是刻無遲，如聞是言淚如絲。穢同犬彘行魅魑，區區相鼠猶有皮。何典人面施容儀，三尺素練劍淵媲。沒命黃壚慊所私，不見終年好爵縻。出入閨閫驕從隨，文綺天既賜累累。立身如韋復如脂，傴僂匍匐視指頤。人間曾不重毫氂，斯乃安身無禍危。心實滔天顏令怡，固權擅柄恒在茲。羞惡雖有棄如遺，豈若巾幗重綱維。婚姻疑懷心苦悲，我獨何辜鄙若斯。殺身成仁險如夷，蒼頭傳呼車漫馳，恐過墓道見此碑。

皇清誥授奉直大夫候選州同加二級顯考靜宇府。

康熙三十二年。

（文見蘭考縣儀封《鄭氏家譜》。王興亞）

清歲貢生伊陽縣訓導王如奐墓誌銘

常翼

丙子之春，余奉命祭告秦陵，事竣歸里。六月將復命，四方親友，咸來慰勞，置酒話別，座中素冠者，爲考城王子儕庚，乃余子鋐禍選拔年友也。倜儻不群，望而知爲讀書守禮之士，而俯首戚然若重有憂者。問之，知尚守父喪。其父爲誰？則伊陽學博葵鼇王君也。當余使車之去秦也，過龍門，歷少室，邅汝墳，經伊洛，見其山川繡錯鬱蒼蒼，不禁慨然曰："此中必有隱君子焉。"因採其風土，詢其宦績，其父老子弟往往有稱葵鼇先生者，官伊陽司鐸。雖不久於其位，而盛德懿行，足以風世勵俗。夫學博，微員耳。非盛德感人，必不能留去後之思，使人頌德不衰也。因極欲見其人，不期已作古，人不可見也。雖然，思葵鼇而不可見，見其子儕庚，如見葵鼇也。於是，索其狀讀之，因不揣固陋，敢按狀而爲之誌。

葵鼇諱如奐，號肅雍，而葵鼇其字也。其先世常有文名，迨其祖佐才，官郲郞司訓。其父曇，中崇禎丁卯副車，有剛方正直之譽，臻上壽，其遺行載邑志中。曇有一子，即葵鼇，生而穎異，就傅時，即刻勵讀書，目常數十行下，經史子集，無不淹貫。即當寇氛摽掠，避難播遷時，猶誦讀不輟。迨採芹入泮，試輒冠軍，聲名籍甚。以丙辰歲薦，於庚申除伊陽縣訓導。越一載，以疾致仕。是歲，充鄉飲正賓，又一年，遇疾遂卒。從來官司鐸者，位卑祿薄，恒慮饘粥不給，皇皇謀食，亦無傷於廉。葵鼇自甘淡泊，其任伊陽半載中，凡三卻饋金。昔楊震卻金有四知之稱，夫楊震之卻金者一，而葵鼇卻金者三，賢於震二矣。至嚴月課以造士，常捐俸供饌，薰其德而善良者幾千人。見有餓莩，樂施錢以賑之，此皆首蓿先生所難能者。宜乎伊洛之間，父老子弟，猶嘖嘖稱頌不置也。若鄉飲酒禮，古今之盛典也。賓者接人以義，歌《鹿鳴》，奏肆夏，非盛德之士，孰能當此而無愧乎？葵鼇事親以孝，聞推以本，以敦睦親族，其同堂昆弟，皆賴以有成，而於其父之姊妹，饋問不絕。父母既沒，葬祭盡禮，宗族咸稱其孝，其他積善陰行，難以枚舉，如息趙氏訟，延胡氏嗣，白韓氏冤，焚岳氏券，排難解紛而無所取者，此天下義士也。葵鼇之濟困扶危，其今之仲連乎？德音孔昭之詩，葵鼇洵無已。余職司風憲，將來天下之遺老名士，積德陰行，表而出之，以勵世俗而風有位，葵鼇之積德陰行，既爲余所向往，而復重器其子，則按其狀而誌之。誌其墓而銘之，誠余樂爲也。葵鼇生於天啓二年壬戌六月初三日午時，卒於康熙三十三年甲戌，春秋七十有四。銘曰：

爾之自奉也儉，爾之接物也豐。爾之孝也，以事親始，以立身終；爾之仕也，有詩酒之雅，有卻金之風；爾之壽也古稀。爾之孫也振振繩繩，可媲周之達，適與有虞氏伯虎仲熊。

康熙三十五年。

（文見民國《考城縣志》卷十二《金石志》。王興亞）

純孝王命時先生墓表

張伯行

　　士君子有微顯闡幽之義，雖異代殊方，有善必紀，況梓里世交，知其齒德，而忍令湮沒不傳乎！祥符王命時先生，少從父力學，工帖括，父以遠大期之。時際明末，流氛灌汴，奉父母出危濤，抵河朔，鳴鏑載途，播遷輾轉，常躬自耐飢而必陳甘旨，愉色承歡，使親忘其亂離之苦。寇平，父母思故土，先生亟奉言歸。當是時，廬沒田荒，蕩然靡有，乃草刱棲止，家室黽寧，率古人牽車服賈之義，以孝養父母，或勸其重理舊□取青紫。先生答曰："家貧親老，竭力以供，子職即此，是學榮親，則以俟後之人矣。"父年六十七，病劇。先生親調藥餌，百餘日衣不解帶。母七旬，得末疾，臥牀不起。性好潔，服用器具，先生親為浣濯，飲食起居，日夜扶掖，嚴寒溽暑無倦容。及連遭大故，哀毀踰常，皆三年廬墓，不御酒肉。逢忌辰，往往不食者三日。先生原配徐氏，同心仰事。曾籲天代翁刲股，雜芼羹以進。城困之際，姑以疾，艱於食，乃棄其幼子，專以乳姑。翁瘧瀉，濱危，研麥糊以續其命。時有一兒扳袂以索，竟不與。先生之仲弟溺於水，弟婦朱矢節遺腹子無乳，亦乳之如己出。嗟嗟，迹內人之懿範，可以信丈夫之刑，於非先生純孝過人，孰能倡隨一致如此哉！世俗但知先生以子之登第而顯，親孫之接踵而華□，稱封公贈公。而余獨揭先生之大節，而特書之曰純孝。夫孝，仁之本也。孝而純，合治亂常變而無閒者也。其斯以為天爵乎！後之子孫，雖位望聲華，不可限量。其尚以先生之孝行，內外交勉，奕世繩繩，淑人心而厚風俗，斯為大矣。

　　先生生於萬曆四十一年八月三十日午時，卒於康熙四十年正月初九日酉時，享年八十有九。其先世居洪洞，有宦金陵而籍於歙者，傳數世諱演，偕同懷姪官豫，藩長理來汴，是為初遷之鼻祖。先生為樂善好施諱希烈之長孫，為篤行設教諱世輔之長男。生四子：斑、璽、瑾、琰。孫九：符震、符霂、符雯、符電、符霖、符霈、符雱、符靀、符霙。曾孫四：蔚、著、葵、蓋。元孫一，孝輅。余與先生之子斑，同登乙丑進士。斑之子孝廉中翰符震相見閩南。余敬附茲篇，俾鐫諸石，以彰純孝於勿諼也。

　　康熙四十年正月。

（文見張伯行《正誼堂續集》卷八。王興亞）

明進士中大夫太僕寺卿管廣東鹽屯水利道事實陞一級紫屏何公暨配傅淑人墓志銘

張伯行

　　予撫閩時，振興學校，於省會刱立鰲峯書院，擇八郡之有德誼者聚其中，講濂、洛、關、閩之學。閩之人及一二好賢、有司咸以何子維嶽名為予言，且稱其祖父舊德碩望，學有淵源。予亟招之，適何子負米入粵未歸也。戊子秋，何子既舉於鄉，將上公車，始縕袍謁予。其明年罷歸，從予請業，未幾，遽辭去。察其色，若有汲汲不自寧者。及予調撫江蘇，復以書招之。何子至，則又遽欲辭去。詰之。曰：維嶽祖若父謝世久，貧不能襄葬事，雖然，卜兆之心一夕不敢忘也。於是，出其大父紫屏公狀，長跪請曰："昔曾子固為其先人求傳於歐陽公，謂惟有道德而能文章者，方足永其傳。今維嶽不揣，欲邀長者一言，儻力及，為當先唐吾祖將藉為泉壤光焉。"予惟何氏簪纓相望，維嶽祖若父官皆不卑，而一貧至此，其為清白，子孫可知也。因感范忠宣於曼卿故事，捐俸成之，而為之誌。

公諱運亮，字忠寅，紫屏其別號也。先為吾中州固始人，唐末隨王審知入閩八大姓，何即其一。居於泉之晉江，世有好德稱遠不具載。至學博怍庵公，雅以聖賢教家。生屏臺公，仕至廷尉，與其母弟大司空理學名臣鏡山先生並著清節。屏臺公生封中大夫視屏公，即公父也。公生而神姿溫肅，氣宇淵深，鏡山公早器重之，嘗顧謂視屏公吾姪有子。崇禎壬午登賢書，癸未成進士，授粵東海康令。甫下車，即詢民所疾苦。凡弊所當革，利所當興者，悉次第舉行。而廉潔清敏，治尚寬厚，不事煩苛，尋調南海令。南海為粵東首邑，煩劇百倍，康海康公一以治海康者治南海，循聲蔚起，行取，授工科給事中，例陞粵東廉憲，督理鹽政。無何，晉冏卿理鹽政。如故鹽法舊有多斤溢引之罰，牙吏得藉是為奸。公至，則逐其老而且猾者，一切舊例及諸不便商者悉除去之。當是時，軍興旁午，公為籌畫處置，豫貯穀數萬石，以資飛輓，事聞於朝，晉階一級。不數月，太淑人卒於家，公退，讀《禮》於五羊城外。追國已非，戢影荒郊，與遺世諸先達，共結詩社，或擊筑浩歌，吞聲痛哭。誡嗣君曰：我即死，當如唐梁震書我碑。騎箕之日，家人具袍笏曰：吾將謁先帝於地下，三十載遺臣，今願畢矣。嗚呼！仕則忠於其君，公之大節如此。方太淑人之訃至，商民遮道留公。公固請終制，疏凡三上，始得俞旨。猶以不及視含殮，終身若抱沈疴，祝天減算，以延視屏公遐齡。視屏公既壽終，哀毀骨立，無異孺慕。嗚呼！處則孝於其親，公之大節又如此。公惟篤友于，撫視猶子，真切懇摯，異於尋常。公守廉吏家聲，薄田不及頃，而宗族戚黨挾所願來者，公必勉應之，力或不能，恆抱歉終日。公林居二十餘年，未嘗以辭色少加於鄉黨。或有非禮相加者，處之若忘，即子弟有不率者，亦必從容稱述先德，引之於道。自王公大人，下逮庸夫牧豎，莫不以公為忠厚長者。每相語，必曰是誠好德。公既克敦大節，而其睦於族黨鄰里又如此。公之教子弟也，不專尚嚴要，以敦倫明理為主，嘗書"養身讀書"四字授冢君曰："此而祖以勖我者，今以示汝，汝其省徵逐慎，喜怒毋過炫，聰明毋少劇，思慮全真守樸，是謂'養身'；虛其心，靜其氣，定其識，堅其力，窺聖賢之閫奧，會書史之指歸，處有守而出有為，是謂'讀書'。"見冢君領省解，勉之曰："第一人科名易，第一人品格難，毋汎汎隨俗步趨也。"公天資英敏，目數行下，博覽羣書，而於詩律尤工。所著有某草，予雖未及詳讀公書，然觀其大節不苟，凡居官、居家、居鄉，溫厚端凝，道氣盎然，必有如朱子所言實於此學上下得工夫者。而冢君有名石渠金馬間，次皆經明才茂。冢孫又知卓然向道，不徒為科舉之習，則公之所以貽謀者遠，而其家學傳授，誠非無所本也。公配淑人傅氏，癸酉鄉進士、郡守積庵公諱元禎之女也，年十九歸公。時公方肆力於學，淑人輒紡績相助，率漏下三鼓乃罷。公筮仕海康，以國事悾偬，淑人奉太淑人歸鄉。太淑人病篤，淑人躬親湯藥，衣不解帶，雖瀚滌賤役不以委任婢妾。褆屏公耄年得疾，淑人鬻簪珥為養，奉起居無敢怠。凡公之所以盡瘁於國而無顧子職者，淑人有以相之也。淑人天性溫厚，撫側室之子如己生，蓋有《樛木》《螽斯》之化焉。當其逮事，太淑人寸鏹尺帛不入私橐。及太淑人棄世，家政又一歸之冢姒，其退讓出於天性，而孝敬誠樸，克勤克儉，閭里談女範者，必舉以為法。公丈夫子五人：長龍文，己酉解元，戊辰會魁，辛未，選授翰林院庶吉士，傅淑人出；次雲。雲公生於萬曆乙卯年二月初八日，卒於康熙乙卯年四月十一日，享年六十有一。淑人生於萬曆丙辰年正月初七日，卒於康熙丁卯年十二月十五日，享年七十有二。今維嶽之歸營公穴也。尚其體公平生清白之意，貧無厚葬，是亦濂、洛、關、閩諸君子之所以為教者也，并豫為銘以授之。銘曰：

人之行己，勿庸匪奇。忠孝大節，所不可虧。繄維我公，丁時之艱。盡瘁於國，厥親在焉。公既盡孝，亦復盡忠。荊棘銅駝，遺悲無窮。允矣佳城，鬱乎芊芊。公之風流，與時偕綿。爰告我公，公有哲嗣。公應有知，皭然而喜。

康熙四十八年。

（文見張伯行《正誼堂續集》卷八。王興亞）

翰林侍讀澹成陸公墓表

張伯行

澹成先生陸公，余乙丑同年友也。憶甲戌歲，公在館閣而余官中翰，維時文學侍從之臣各充纂修官，修明《五經史鑑》，公輒預焉。每有撰著，同時皆為推服，以故受主知禮遇優渥者，亦莫如公。公之卒也，在丙子八月二十六日，距今一十有五載，而余適調官公里。公喆嗣秉鑑、賜書等謀建石琢辭，以示來者，且亟請於余，謂曾附譜末。其所見聞，尤足以信今而傳後，余復何能辭！

公諱肯堂，字遼升，一字澹成，世居浙江湖州府歸安縣。公之祖諱廷楫，字彥超，始遷蘇州，今為吳縣人。彥超公飭行好學，旁及天文地理，靡不精通。生平尤樂施予，鄉人德之。誥贈中大夫。祖妣吳太淑人，生三子，次即公之父，誥贈中大夫，吳邑諸生諱袞，字山補。公性倜儻，多大略。妣誥封沈太淑人，生一子，即公。公自幼穎悟嗜學，日誦數千言。耳目所接，一過不復忘。其為文肆筆而成，滂沛閎闊，凌厲頓挫，如萬斛泉不可遏止。甫弱冠，補博士弟子員。丁巳，授歲貢生。辛酉，舉江南鄉試經魁。甲子夏，授潁上學教諭，未之任。中乙丑會試第一人，是科皇上親自命題，主考錄前列十卷進呈，親拔第一，優獎甚至。及殿試，遂大魁天下，授翰林院脩撰。丁卯，主試江西，所得盡知名士。人咸頌其公明。比還，充日講官起居注。辛未，擢右春坊右中允。壬申，轉左，又擢侍講。癸酉，轉侍讀。蓋自出典文衡，以至陪侍螭頭，入直講幄，皆不循年資超擢。且疊荷天語褒嘉，兩謂閣臣曰："陸肯堂學問甚優，人品亦好。"嗚呼！士君子立身行道，豈易得此遭逢於聖世哉！先儒謂士必有學有德，而後其言行有可觀，則夫養之不裕，縱修飾文辭，枝葉焉已耳。公惟本根深厚，故其在館閣也，凡誥命制敕、傳記詩章，務歸典要。及遇大著作，則前後掌院諸先生無不交相推重。迄今讀擬撰闕里孔廟碑文，及試瀛臺諸作，纚纚洋洋，華實並茂。至於動容周旋，鮮不由禮，卓然儀表一時，公真所謂有學有德、立乎言行之先者，固宜備膺聖眷，錫賚頻加，寵光勿替，有則是也。公天性孝友，篤於仁義。父早見背，事其祖能盡色養。撫異母弟，爰護深至。幼孤，輔之成立。而於女兄弟，尤曲盡恩禮，于歸必豐其奩具，或婿貧不能娶者，埽館迎之。宗族戚友饋遺賙貸，各致其情而後已。又自以為分所宜，然非有所為而為之。嗚呼！《宋史》稱王文正志不在溫飽，德望勳業，不愧科名，公實近之。年壽不永，設施未竟，所可見者止此。悲夫！

公卒時年甫四十七歲。娶張淑人，封內閣中書麗敷公女。子男三人：秉鑑，賜書，秉鉠。女六人。孫男二：遇安、元善。孫女二，俱秉鑑出。公卒之某年，葬其里之某虛。嗚呼！公則已矣。余觀公之令嗣，皆當世所謂賢者。陸氏之興，實自公發其祥，後之人儻擬余言為不欺，其尚有考於此也。夫爰撮其事，擬表諸墓，且係諸銘，曰：

先生名譽振千秋，馬蹄得意入鼇頭。經天奎壁雲漢浮，文章禮樂砥中流。一代絲綸公獨細，黼黻盛時猗歟休。前途遽爾阻驊騮，日付厥後心無憂。姑蘇之原林麓幽，靈巖鄧尉護松楸。過者視此式其丘。

康熙五十年。

（文見張伯行《正誼堂續集》卷八。王興亞）

山西榮河知縣王汲墓誌銘

張伯行

嗟夫！士之所以自立於天地間，何哉？修之於身，措之於事，達之於國家天下而行無不得者，是已名與位非君子所急也。然有其道矣，苟名與位之不得，則勢有所詘，力有所不能振，君子雖不此之急，亦未嘗敢惡而逃之，何也？名與位所以行吾道者也。然得名與位矣，而循之以求其實，其所以自立於名與位之中者無有也。赫然炫耀於時者，徒名與位焉已耳！如是者可以譁愚俗而不足以端士趨，君子鄙之矣。然則士苟行道於家，行符於鄉，其所以修於身者，足以信於人，雖名與位之偶失，而其品自可尊。君子固不以顯晦之迹，而異其優絀也，惟其人之信焉耳。

考城王君黯公，以康熙辛酉與予同舉於鄉，其闈中之文，海內一時傳誦之。既而六上春官不第，君日以讀書爲文自娛，其文日以工，而略無不得之慍。年五十四筮仕，得山西之荣河。人皆爲君賀，而君以爲忻已而休；人皆以爲君惜，而君亦無戚容。其居家也，孝於二親，侍疾久而不懈；友于諸弟，室無私蓄；篤於友誼；睦於族戚。有田數千畝而囊無十金之儲，食指幾百口，而內外無間言；仰以食者日有其人，或以緩急言，必力營濟之。其沒也，邑之人識與不識，皆痛悼曰："善人亡矣。"其天性光明正直，遇物待人，一主於誠而厚，生平不作一欺人語，故人人信服之。嗚呼！此吾所謂道行於家，行符於鄉，雖不必名位之榮，而其品已可尊者也。豈一命之得失，足以爲君重輕哉！是可銘已。君諱汲，字黯公。王氏之先世，爲考城人。元時有諱祐者，名勒學宮之碑，其後族益大，代有聞者。高祖庠生澤溥，曾祖歲貢之傑，祖縣學生夢賚，著邑節烈傳，考歲貢生，書以文行，爲邑人祭酒。妣馮孺人。君兄弟六人，君其長也。娶趙氏，卒；繼張氏，卒；繼秦氏。子若孫，詳譜中。君生於順治十四年丁酉，卒於康熙五十年辛卯，享年五十有五。銘曰：

維古程品，以善爲基。夫何末流，巧僞日滋。有美一士，淳懿其姿。不官而榮，家政是施。永閟幽室，勒此銘詩。

康熙五十年。

（文見民國《考城縣志》卷十二《金石志》。王興亞）

文林郎嵩縣儒學教諭傅君上襄元配范孺人合葬墓誌銘

张伯行

余表姪蘭邑匡山傅君，余祖母之曾姪孫也，長於余三年。余少時，每至蘭，登堂拜表伯左予公暨表兄止園先生，退即與匡山坐書室，談文講道，惓惓不忍去。後余因家務繁冗，讀書其家，益得與匡山接席聯牀，動靜與俱，乃盡有以識匡山之所志所學，蓋難於今人中求之也。爾時余方為諸生，而匡山已領鄉薦。余謂匡山獲售南宮，干霄直上，在指顧間，而蘭之先達梁奉常、張大參諸公亦皆以翰苑目之。奈匡山命運乖蹇，屢試禮闈不第。癸亥，遂以廣文小就。而乙丑後，余亦宦遊於燕、齊、吳、閩之間，不相見者三十餘年。每當公務之暇，獨居靜坐，憶及昔日相對時，猶覺神氣靜穆，豐度端凝，千里可接。方期數年後，歸老林泉，與匡山把臂談心，為暮年之樂。而不意匡山已於己未秋告終嵩署矣。嗚呼！如匡山者，乃竟以廣文終耶！雖匡山能以義命自安，亦不以是而加損，而天之所以位置匡山者，豈應若是已耶？今其嗣君靜來將奉匡山之靈而葬焉，遣使持狀請余為之誌其墓。余知匡山最悉，欲表章之也久矣，又何敢以不文辭。按狀：

匡山諱上襄，字渡平，余外曾祖淇縣教諭明經宗孔公之玄孫，萬曆戊午舉人翔宇公之曾孫，鄉飲正賓太學生左予公之孫，甲午拔貢止園先生之冢子也。生而聰穎異常，出語輒驚人，左予公珍愛之。及長，下帷苦功，雖嚴寒盛暑，誦讀不輟，為文力追先正，不逐時好，尤工書法，精詩律。十七補邑博士弟子員。己酉，年甫廿二，遂領鄉薦。當是時，左予公春秋高，喜而顧止園先生曰："吾家賦鹿鳴者有之，宴瓊林者無人，此子庶破吾家天荒乎。"豈意匡山之終艱於一第耶！

匡山性至孝，事祖父母、父母，先意承志，備盡色養。當庚申止園先生之捐館也，擗踴哭泣，淚盡血繼，三日勺水不入口。左予公曲為勸解，方少進食。居喪三年，曲盡禮節。及丁卯、戊辰，連遭左予公、王太孺人之喪，身居承重，亦復盡哀盡禮。丁丑，卞太孺人即世，哀毀骨立，幾至滅性。若其撫幼恤孀，不貽父母憂，則又孝友並至云。三任學博，率以興學造士為先務，立社主盟，多方鼓舞，以故所至人文蔚起。在柘則丁卯中式者五人，皆其門下士。在嵩則戊子中式者，屈君寬、張君星煜尤其所最心賞者。

先是，嵩之魁樓久壞，匡山首倡捐修，即以屈、張督其工。落成之後，題其門云"魁曜臨三聞，文光照兩銘"。迨戊子榜發，而二君果破壁高飛。人服其藻鑑焉。戊寅、己卯，在里守制，讀《禮》之餘，立心行社。邑中知名士遊其門者，爭自奮勵，相繼獲售者指不勝屈。生平不治生產，不趨時附勢，嘗聞其病中答某詩云："田園半廢恆心在，肌肉全消傲骨存。"其清高之品，端嚴之氣，於此可想見矣。

匡山生於順治戊子年三月初八日午時，卒於康熙乙未年九月二十五日酉時，得壽六十八歲。配范孺人，邑明經范公諱龍驤女，幼失恃，從父受《內則》、《閨範》、《列女傳》諸書，寓目即曉大义。凡一言一動，莫不循循有規矩。于歸匡山後，事姑舅以孝，相夫子以勤，處娌娣以和，教子睦族，持家御下，種種懿行，皆足為姻黨矜式，古之內助賢媛，何以加茲。孺人生於順治己丑年十二月二十四日戌時，卒於康熙辛巳年五月十二日未時，得壽五十三歲。生子一，馴，邑增廣生，娶張氏，候選知縣康熙乙卯科舉人張公劭女；繼娶太學生馮公宗崇女。女二：長適邑廩膳生史公崇雅男庠生維綱；次適江南廬州府廬江縣知縣順治丁酉科舉人儀封王公仁深男太學生廷模。孫四人：長義方，邑增廣生，娶太學生范公宏受女，繼娶文學惠公聲廣女，繼娶文學李公宏烈女，張氏出；次寧方，聘太學生李公均女；次通方，聘候選知縣康熙乙酉科舉人韓公懿女；次經方，聘邑增廣生范公宏仁女，馮氏出。曾孫二：長專，聘太學生范公延先女，范氏出；次傳，聘文學李公世簪女，李氏出。備誌之而系以銘。銘曰：

大河之滸，篤生名賢。人切斗山之仰，世慶鳳圖之占，躬盛德者宜受天祐，而竟得此屯邅。豈不終其身，必於其子孫，食報愈遲則愈長，而不必盡在乎生前。不然，胡為乎以公輔之器，而終老乎一氈。

康熙五十四年九月。

（文見錢儀吉《碑傳集》卷一百十一。王興亞）

考授州佐潛若程君墓誌銘

張伯行

辛卯之役，余以糾發科場事與制府訟，奉旨解任。即訊時，制府怙勢作威，日遣詗事者刺余左右，籍記姓名，將羅織致重罪。人皆惴恐避匿。獨揚州程生正家晨夕過從，隻身往來維揚、姑蘇間，凡歲餘而事始解釋。繼於乙未冬，被命入京，程生徒步從余，嘗與余黑夜聯三舟渡江，一舟履，余與生僅而獲免。嗚呼！生可謂彊力好義、守道不惑之君子也。生至京師讀書，余寓中者半年。一日欲歸，葬其親，出其父潛若君之行狀而乞銘於余。嗚呼，余忍不銘？按狀：

君姓程氏，諱國明，字潛若，世籍於歙，係出東晉太守元譚公後，代有達人。至君之祖爾參，以修德有聞於時。父仲台，治鹺淮南，因家焉，今為揚州人。生三子，長即君也。君幼時，授書即通大義，稍長益嗜學，文譽蔚然，謂功名可庚契致。而父疾作，委以家政，君遂棄舉子業，專意治生，以例考授州佐。顧君雖為布衣，其志與眾異常，不自私己，而慨然以濟人利物為務。遇事輒鬚髯戟張，不屑屑計較利害。於財物無所顧計，賑施揮千金不吝。以故諸公咸重之，願折節與交。而君亦慷慨發抒，不以引嫌避也。黃水舊為淮揚患，泰州串場河勢尤湍急。歲屬商人疏濬，費以鉅萬計，力不支，將以悞公獲罪。會聖駕南巡，駐蹕茱萸灣。君率眾跪迎道左，具陳所以。上嘉納之。卒大減其役，商困以蘇，而河工亦告成。居無何，揚之商人有以鹽價病民為科臣所糾者，廉聞及數十家，眾讋不敢出聲。君條具鹽法事宜，愷切陳之。當事悟其冤，為據實題覆，而商人皆得不坐事。具載《兩淮鹽法志》中。嗚呼！君之一二事，其見於世者如此，其小者可知也。使假以尺寸之柄，其利澤之及人者豈有既乎！而卒止於此，可慨也已。君生二子：長正道，次即正家，俱諸生。孫男五人，皆業儒。生某年月日，卒於某年月日，年六十有八。配黃氏，有賢行，先君二年卒。君故饒於資，以好施，故喪其業，而君不以為悔，晚年益篤好善。教二子，俱卓然有志行，不為利害傾奪。即程生之與余如此，可以知君之家教矣。余故不辭而為之銘。銘曰：

士生斯世，齟齬猥鄙。過小利害，觀望首鼠。由於挾私，惟利是視。嗟乎冠裳，而行賈市。君獨不然，與物為體。敷陳黼座，大役斯已。烏臺一言，庶獄消弭。流澤孔長，同彼淮水。是宜賢嗣，克踵厥美。佳城鬱鬱，崇山萃崒。君歸幽宅，勒此銘詞，永固不滅。

康熙五十四年。

（文見張伯行《正誼堂續集》卷八。王興亞）

羅氏宗祠碑文

張伯行

《禮》曰：君子將營宮室，宗廟為先。士無世官，則建祠而不立廟，所以妥先靈，序昭穆，敦禮讓，厚風俗也。聖天子久道化成，山陬海澨，罔不率俾。矧閩為儒學奧區，而汀州據上流，接壤甌、粵，秀者橫經，樸者負耒，最為近古，其源本皆自立愛立敬始。憶余撫閩時，奉聖諭十六章，頒布各屬，實心講解奉行，又建鰲峰書院，闡明濂、洛、關、閩宗旨，民風士習，頗知崇尚古道。有汀之長邑羅生紘者，子武闈主試所得士也。詢其家世，自宋南渡時，遷居汀，聚族數百年，半耕半讀，少陵競忿爭之事，亦著姓也。辛丑，羅生來京，請曰："某在邑同族衆某某等建一宗祠，五載始成。願夫子爲文勒於石。"余思水源木本之思，葛藟庇根之意，乃昔賢所以風勵後人，使人無忘本支。則夫講求合食睦族之禮，隨子孫繁衍之後，而自高曾以至雲礽秩然，不失其序次者，皆賴宗譜，爲之永垂於不墜也。予既嘉羅生此舉，用弁數言。羅生持歸，以示其族人及其鄉黨，使人皆知敬其祖先，而聯屬其宗派，皆勉爲孝弟，而耻爲澆薄，則余之志也夫。

康熙六十年。

（文見張伯行《正誼堂續集》卷八。王興亞）

御祭張伯行碑文[1]

清世宗

朕惟人臣勵篤棐之忱，靖共匪懈；國象垂股肱之誼，恩卹攸隆。生則異數頻膺，沒則嘉名用錫。煥丹誥而樹青珉，誠盛典也。爾張伯行秉姿耿介，立行端嚴。監司奏試，著勤慎於河防；觀察旋遷，奏公平於獄讞。秉海疆之節鉞，攜琴鶴以相隨，駐澤國之旌幢，凜冰霜而自勵。洎乎董天儲之出納，掌邦賦之度支，常凜小心，彌敦素節。朕眷深毗倚擢長春官，不圖疾病之偶嬰，遂軫老成之奄謝。晉加宮秩，沛以褒崇，載考典章，諡曰清恪。嗚呼！襟府常澄，用蓄潔清之操。朝端宿望，尚傳儼恪之心。永勒豐碑，昭於奕世，不亦休歟！

雍正四年四月。

（文見民國《考城縣續志》卷十四《雜記》。王興亞）

山西榮河縣知縣王汲墓表

河南有耆宿曰王先生，諱汲，字黯公，世爲考城人。通才博學，行誼著於鄉，嘗與儀封張清恪公友善。公平生慎交遊，獨於先生誠相敬慕。康熙辛酉舉於鄉，爲同門友，交益摯。於其亡也，爲文以誌其墓。先生讀書，日以寸計，既補博士弟子員，文譽日隆，然潛居闇修，性耽經史百氏，尤研窮於性理諸書，每有所得，期於濟世。後以名孝廉，六上春官不第。年五十，始授山西榮河知縣。未之官，竟以病歸。人咸爲先生惜，而先生泊如也。少間，愈勤於學，所詣益醇，爲後進矜式。至其侍養二人，務盡孝道，親有疾，衣不解帶者經年。沒則喪葬如儀，而有過時之痛。友于兄弟，田廬什器，悉與供之。家素封，有田數十頃而室無餘積，姻族有貧乏者周之，不克婚葬者助之，其鄉人仰以給者幾千人。故生

---

[1]《張清恪公年譜》載：雍正四年四月，張師載至省城布政使司，恭領御製碑文。

則人愛敬焉，死者人悼痛焉。其卒以康熙五十年正月初三日，距生於順治十四年七月十七日，春秋五十有五。娶趙氏，繼張氏、秦氏，咸有淑德。男汝礦、汝弻、汝舟、汝和、汝合。女嫁趙鎔，士族也。既葬之二十載，余奉命視漕山東，汝礦方官迦河通判，以行狀暨張清恪公之誌，來請表墓，余從祖安化府君佳，爲先生齊年生。先大人出清恪公之門，在公第與先生周旋久，幼時過庭側，聞其學行甚詳。頃與汝礦道兩家世舊，情誼彌篤，見其服官謹慎，益知宿儒之有後。未竟之志，將與其子發之乎？遂不辭而爲文，以表之云。

賜博學宏詞出身奉政大夫直武英殿同修起居注翰林院編修改授江南道監察御史仁和沈廷芳撰文。

賜進士出身中大夫內廷供俸日講起居注官翰林院侍讀學士加五級海寧陳邦彥書。

召賜博學宏詞國子監學正欽賜表里二次錢塘延年篆。

乾隆十年。

（文見民國《考城縣志》卷十二《金石志》。王興亞）

合邑追思王公明傑碑

國朝王琨

□□王公諱明傑，考城文學士也。居鄉多隱德，鄉人感之。嘗三飲於鄉，其生平悉公墓誌中。己巳春，邑人追慕公，釀金鑱石，不下千餘人。一日，老者少者往返走百五十里，丐余為文，以歌思之。惟邑人之言曰：吾輩鄉愚耳，於事無所知。竊聞之鄉先生云：古者君子性亢爽，多義氣，遇事發憤，無所撓避。今者以吾公子之行，質之鄉先生之言，知吾公古君子也。他不俱悉，請述其最裨邑弊慷慨獨行者。順治年間，里下養馬，甚為民患。馬或死，官輒追賠，奸猾乘間牟利，往往妻子縲縶，破家廢產，卒不克償。邑中坐此敗者，蓋十數家。公不避利害，上言民苦狀。當事者用公言，令養之官，而此患遂除。邑中走馬，舊例皆里民充之，雖衿士不免。官租坐櫃，士民往往雜役。公謂此不獨累民，且非待士體。議置公役，至今便之。邑瀨河，夫柳時出，一日輪柳上船，事甚急，公議官運便，宰不納。公自驅莊下平車載柳，四鄉相望至河，邑紳衿大戶皆感公義，共運之，民不至累。吾輩竊觀里巷中所稱君子者，平時談事如流，遇利害僅毛髮比，首尾疑慮，眾難塞胸，卒趑趄□，恐不敢前。吾公識明膽決，遇事敢為，絕不類。吾輩因知吾公真古君子也。古君子好行義，往往羞伐其德。邑侯程公諱夢簡，丁艱，不克歸。公善其政，出十頃田養之。當是時，富巨十倍公者凡數家，公獨能慷慨如是。典史王君死，公賻葬之。曹邑毛主簿流離縣中，公推□食之，死且殯焉。劉主簿辱學博王公樂善，公與□□公訴，上官怒，眾皆遁，公獨爭上官前，卒笞劉主簿。正□□河憲方公諱大猷被劾，人誣以□□論死。公為力□□□，已而，方公謝。公拒不見。其侃侃豪舉類如此。且公之□□南公，登歲進士，德行文章素稱邑最。其子大千，邑廩元，純孝嗣烈，遇父難，憤奪刃殺賊，賊亦害之。懿行載縣志中。

公弟溟南公，輕財重義，有古賢豪風。明末，賊卒至橋，撤戰河外，溟南彎弓射殺賊首。令人持長竿渡水中，人活者甚衆。公門皆有令德，今其子姪蕃寔、昀田、宜田、化田與其姪孫綸音、曾姪孫黯公韻陸，悉錚錚鄉校，連舉賢書者三。或者天其報之與！余曰然。爾公真古君子也。可以記矣。因如鄉人言為記。

乾隆十四年。

（文見乾隆《衛輝府志》卷四十四《藝文志·碑》。王興亞）

重修考城節烈祠碑記

梁賓

天地正氣，鍾於男爲忠爲孝，鍾於女爲節爲烈。雖陽剛陰柔不同，所以淬礪名教，感發人心，其致一也。治邑官署西，舊有節烈祠，以祀邑之名完節全者。歷年既久，榱杙瓦毀，幾不足蔽風雨，無牆垣門户，以閑内外，過者傷焉。予蒞兹土，簿書鞅掌，屢欲重修而未暇也。既而歎曰：“事成於敏，敗於懦，奈何以維持風化之所廢傾至是。”爲首捐薄俸，邑中好義者欣之，又倩紳士老成者一二人襄其事。鳩工庀［庇］材。未三月，祠宇煥然一新，爲之環其垣墉，高其門户，序神座，禁出入，俎豆馨香，以妥烈魂。於是，進襄事者而告之曰：“君等日夜不遑勞瘁，成此義舉，急人所緩，可謂能見其大矣。”

按：邑雖彈丸載國，著之《春秋》，沿革詳於《水經注》。周秦以前，代有名賢，自東江，歷元明，矯矯者若史平原之謇直，仇蒲亭之化理，江、蔡、董底勳業文章，照耀青史，流風餘韻，濡染既久，雖婦人女子，有士君子之行，以節著以烈聞者，在在可數。風化轉移之機，有所觸而動。故此祠重修，非謂有其舉之莫敢或廢，謂標準立而善人多，此實振厲之一藉也。豈尋常廟祀之可比乎？君等勞瘁，急人所緩，可謂能見其大矣。衆皆俯首唯唯，即丐予言以勒之石。予不文，略敘梗概，質言如右，以應紳士之請，並以告後之司牧兹土者。嗣而葺之，庶幾引之勿替云。

乾隆年間。

（文見民國《考城縣志》卷十二《金石志》。王興亞）

重修玄帝廟鐵碑

崐山徐傳星

考城縣治之南，有大阜蜿蜒綿亘，可二里至葛岡。岡之首顛，有北極玄帝廟，不知建自何代。松檜交蔭，下有古碑，皆誌前明重葺，蓋未久矣。廟貌巍峨整肅，考人士春秋焚頂俑拜，如蟻附蜂集。微帝顯靈，護佑此一方，曷克至是哉！星來寄是土，協民之心，敬事亦如之。今年春，土人以廟區閣座未整，鐘鼓兩樓宜修葺，皆負土輸材，不旬月而工竣。

道士乃告余曰："善信男女喜落成而廟益宏敞，欲永其跡，擬鑄二鐵碑，垂之不朽。"乞敍言，余慨然謂之曰："自余初來此，即當霖潦之餘，見閭閻閥閱傾圮，不知凡幾，而梵刹寺觀爲尤甚，獨葛岡之玄帝廟輪奐巍然獨存。嘗觀福善之地，則神式憑之，香火歷千劫不磨，比比然矣。考人士宜益修善行，以召感天庥，即此一隅，土岡梵宇，自與武當金殿同峙萬禩，奚必鑄鐵碑爲也。"敬爲誌，以名於是。

乾隆二十五年。

（文見民國《考城縣志》卷十二《金石志》。王興亞）

重修元武廟碑[1]

儀邑東北馬家店舊有元帝行宫一座，因黃水漫溢，棟宇汩沒。

嘉慶庚午科舉人候選知縣儀封弟子魏文節撰文。

嘉慶十六年三月上浣吉日立。

（碑存蘭考縣賀村。王興亞）

創建公輸子廟碑記

自來古聖之制祭祀也，德施於民則祀之，故烈山植百穀，後世祀爲稷；后土平九州，後世祀爲社，載在《禮經》，彰明昭著矣。他如智創一術，巧精一業，以利民用，以垂世法，利用者每念其始，守法者不忘所師，亦莫不立廟設像，肅瞻視而修明禋，豈不以先民有作，惠我無疆，思其德，故隆其報哉！即如工事之由來遠矣，制器尚象，人胥賴焉。溯其所至，能無返本之思。顧共工命於虞廷，殳戕弓矢，諸子有專美而無兼長；《考工》補乎《周禮》，金玉木皮，元公有成書而非匠氏；求其身妙衆藝精成一家，爲工人百世師，非魯班其誰與歸！

班者，公輸子之名也。嘗考公輸子名班，又名般，魯之巧人也。班而係以魯，明乎其爲國工也。又或以爲魯穆公之子。《檀弓》季康子母死，公輸若方小斂，般請以機封公肩父，謂爲嘗巧者，即是人也。總之，傳聞異辭，疑事勿質可也。而要其以巧擅長則固無二說云。今自其可知者言之，略見於《戴禮》，詳傳於《墨子》，佚存於《酉陽雜俎》之書。如所謂木鵲可飛，木人堪御，木仙能指，雲梯善攻，大抵皆奇技異術，非必有功於後世。惟孟子曰：公輸子之巧，不以規矩不能成方圓。又曰：規矩，方圓之至也。聖人，人倫之至也。天下不能一日無人倫，則不能一日忘聖人；不能一日廢方圓，即不能一日忘規矩。大匠誨人，必以規矩，則夫公輸子之寓巧於規矩，而即以規矩傳其巧者，固與聖人同一不

---

[1] 該碑字多模糊不清。

朽之盛業也。又況工恒爲工，箕裘有自；巧以生巧，弓冶可追；其相與立廟設像以祀之也固宜。考邑城中，城隍廟南，關帝廟東北隅，於嘉慶二十三年創建魯班廟三間，塑像以便供獻。今欲勒石，首事者請記於余。余時方繼先君子隨二三同人後重議續修文廟事，而深嘉若輩，各念青藍，克承權輿，共成盛舉，與吾儕俎豆至聖先師之意，有同心焉。於是乎書。

邑人周方煥撰。

清嘉慶二十三年。

（文見民國《考城縣志》卷十《古蹟志》。王興亞）

重修玄帝廟碑

馮謹

玄帝，北帝也。北帝於位爲坎，萬物之所歸藏，翕閉涵育，以培春生，成終所以成始也。《周禮》小宗伯，掌建國之神，有青、赤、黃、白、黑之五帝。而《月令》言即太皞、炎帝、黃帝、少昊、顓頊，蓋有功德於天下者也。漢郊祀五帝，北帝爲顓頊，冬至迎冬，北郊祭黑帝，車服皆黑，歌元冥，舞育命之舞，則玄帝爲祭祀之正典，由來尚矣。其後漸及於天下鄉邑之間，罔弗立廟以祀。蓋養萬物者，爲萬物所報享，理固然也。以北宿言之，故又有元武之名。其爲像，衣青袍，建皁旗，被髮跣足，亦其位宜然耳！而世乃有梵王太子之說，則道籙之語，縉紳所不道也。

舊考南三里許，有葛堌集，北頭玄帝廟，自乾隆四十三年黃河漫溢，城被沖壞，而玄帝廟亦漸傾頹。自四十八年改放黃流，知考城縣事雷公移神像於西關堤圈內，重建廟宇以祀之，今已三十餘年，牆垣磚瓦復就零落。會首楊鏞等鳩工庀材，募資修理，煥然一新，訖工礱石，以記其事，而乞言於余。記曰："有其舉之莫敢廢也。"楊鏞等可謂能繼其功矣。抑又怪世之言玄帝者，率爲荒誕不經之詞，以或世之耳目，故爲考據經史所載，述其立祀之由，使知祀玄帝者，古今之正典，非凡祀所可比也。是爲序。

嘉慶二十五年。

（碑存原考城縣玄帝廟，文見民國《考城縣志》卷十二《金石志》。王興亞）

始祖碑

明洪武二年二月，有兄弟三人，曰大老、二老、三老，由山西洪洞縣同遷河南鹿邑縣之侍郎集。二老是吾祖也。是年八月，二老復徙寧陵縣西北鞋城村而家焉。鞋城之有鄭氏，自吾二老始也。二老，非名非字，即行次，而以老尊之。二老生元，元生清，清生寬，寬生亮，五世共列斯塋。亮生聰暨明，明越四傳之樓而嗣絕，聰生子四：麒、麟、鳳、壽。麒之後，現居管溝寨者，僅存一二。麟後他無聞，相傳遷近睢境之龍門寺，爲十世諱惟中壽之後，遷居西北，再傳無考焉。凡吾近族，皆鳳後也。鳳生子三：得時、得節、得富。節與富，悉不嗣。得時生國祥，冠帶於鄉。國祥生惟一，爲邑諸生。惟一生吾伯太高祖（諱一經，字我常，邑庠員）與吾太高祖（諱五經，字我備，邑庠員）。我備公明封南城兵馬司副指揮，自是支派始分，戶丁漸繁。相傳日久，先世淵源恐難記憶，且列祖墓石，多經風雨殘蝕，兼嘉慶癸酉黃水淤沒，有十六世聿字行名修者倡議重建，力爲經營。自始祖以及十世，各立墓表，雖旁支多有未詳，庶吾本支不至失考。吾謹述其略，以志於後云。
　　嘉慶二十五年秋月刊石。
　　十六世聿煦謹識。

（文見蘭考縣儀封《鄭氏家譜》。王興亞）

張世貞祠碑

張鴻遠

　　儀封太學生張公，諱世貞，字寶仁，號正齋，清恪公裔也。父芝圃公早亡，恪遵母彭太恭人訓，幼讀書，知大義，性情豪爽，有傑士風。咸豐九年秋，皖捻北犯，欲越長堤伺考城，邑人共結鄉團，以禦匪徒。正齋任勞任怨，躬督其事，毀家紓難，親身簡閱，遂削堤爲壁，沿堤爲濠。又以人心不一，爲之詰奸禁暴，扶弱抑強，一時號令嚴明，各團歸附。十年三月，捻匪大隊復來窺堤，正齋帶勇防剿，親歷行間，並約各團以爲犄角。糧餉不足，令家中老幼親自炊爨，以給軍食。捻匪無隙可乘，因而難竄。復慮賊蹤無定，激勵衆心，圖以後舉。計一歲之中，越堤剿匪，如曹郡之韓集、安陵集、金堤頭，曹州之定陶、單、曹，及火星台、磚廟集，又如儀睢高小集，考城流通集，凡有警報，靡不慷慨任事，轉戰無前。大府嘉其義，諭以爲合邑團總，賞給五品翎頂，並防河大旗一面，而滅賊之志益力。十一年正月十一日，長槍會勾結皖匪，自東北入堤，正齋聞信，帶隊北迎二十里，與賊遇，奮勇直前，鏖戰三日，殺賊數千，賊始越堤去。是時，會匪爲難，皖匪又不時來，居民無自存活，因集衆議，築寨濠，與鄰境鄉團爲聲援，並辦南岸防河事。夏四月，會匪串通焦國昌、李遷、李標等樹旗爲匪，威挾東方，各寨頷旗從逆。正齋乘夜親赴考城、單、曹縣各寨，密探消息，經六晝夜往返七次，期各團以同心協力，誓不從匪，曹、考各團依爲保障。至八月，逆匪董治信等盤踞曹邑之魏灣，相距數十里，衆以農事方殷，日切焦思，欲會各團襲滅之。適奉考城縣張公諭，蒙中丞嚴公劄，節張世貞曾通各團，同陳參府協力進剿，遂於九月十一日寅刻，行抵魏灣西南，與賊遇，交戰未幾，賊遂敗退，追至魏灣寨濠，四面圍攻，賊乃傾巢而出。正齋帶令前隊殺入，相持正急，突遇援賊，將兵勇衝作兩斷，正齋身罹重圍，猶復勇氣百倍，奮不顧身，竟以矢亡援絕，北向自刎。亡年二十六。當道者以其事聞，蒙恩賜恤。嗚呼！正齋一布衣耳，無尺寸之柄，乃能不吝資財，不避艱險，持正務公，厚賞薄罰。居寨則號令整飭，防匪則隊伍森嚴，身經數十戰，惟矢滅賊之志，倘其奉命專閫，爲所欲爲，智濟其謀，勇濟其力，其勳業固當何如？卒至儒生效命，爲國捐軀，豈不惜哉！然傳之家乘，光諸史冊，曹、考間皆知有正齋其人，百世下聞風起慕，當必頑廉懦立者。語曰："志士仁人，殺身成仁。"其正齋之謂歟！

咸豐十一年。

（文見民國《考城縣志》卷十二《金石志》。王興亞）

重修生花書院碑記

知縣事李璋

河南二程夫子，內主敬而行恕，讀書窮理，以《大學》、《中庸》、《論語》、《孟子》爲標準，而達於《六經》，誠其意，正其心，自家而國，達于天下。伯惇先生德性寬大，規模宏遠；正叔先生氣質剛方，文理密察，德異而道同；洛陽邵子堯夫先生，溫良好樂，故諡曰康，能固所守，故諡曰節；上蔡謝子顯道先生，以生意論仁，以實理論誠，以常惺惺論窮理，爲入道之門；洛陽尹子德充先生，克己功夫，在偏僻最深處先克之；開封呂子約恭先生，謂爲學之道不誠，未有能至者；輝縣孫子鍾元先生，隨時隨地體驗天理，以倫常爲本，以慎獨爲宗，見義必爲，無可避就。嘗謂識得天理二字，爲千聖真脈，非語言文章可以承當；睢州湯子潛庵先生，窮理必精，居敬必至，喜怒哀樂必求中節，視聽言動必求合理，子臣弟友必求盡分。又嘗謂魚躍鳶飛，如何是子思子吃緊示人處，只是滿前洋溢，俱是發育峻極，何處得個空間，容我疏放？然卻隨處自有個恰好道理。考城蔡興宗、江徽深、范懋賓、江秉之、劉中豫、孫拱極、董道夫、江士清諸先生，以孝友聞，以清節著，或則篤志進修，或則家貧力學，諸生居同桑梓，非皆其所朝夕涵濡者歟。今諸生修建生花書院，工成，請余爲記。余不能文，備舉鄉先生之嘉言懿行，而書之石碑，肄業於斯者，咸觀覽焉。庶幾得所師承，而不徒爲記誦詞章之學也。昔朱子知南康軍，新白鹿洞書院，進諸生而講之者，窮理以致其知，反躬以踐其實，居敬以成，始而成終。或問曰："上希賢，賢希聖，聖賢可學而至歟？"曰："可。純天理、盡人欲而已。"曰："如何？"曰："非禮勿視、勿聽、勿言、勿動。今人通道不篤，以聖賢爲不可幾及，而遂自外於聖賢，雖終身咕嗶，甚無謂也。"生花書院在城西隅，久廢，重建于同治七年十七日。堂房廊舍，共五十六間，几案器械悉具。董其事者，另泐石，是爲記。

同治七年。

（文見民國《考城縣志》卷八《學校志·書院》。王興亞）

廣文公墓碑

台阻山水爲郡。漢、唐以前，禮教不通於上國，蓋夷俗也。自公以廣文謫此邦，官司户，毅然以興文教、易風俗爲己任，遂選其俊秀者，教以先正之道、倫常之義。由是家敦禮讓，户盡詩書，理學名臣代不乏人。故至今誦公之德勿衰。

余守土於茲，修舉廢墜，凡先賢之俎豆馨香於今蕪沒者，靡不表揚。若東湖之"樵夫祠"，北固之"遜志齋"，其較著者，獨公之祠未行修葺，不勝有志未逮之感。歲己巳，始償斯願，毁"福清庵"爲"三台書院"，後一秀爲"廣文祠"，奉公祿位。俾學者顧名思義，不忘本源出爾。既竣事，其後裔之俊秀者以公之墓在白石金雞山，今已碑斷碣殘，若復數十年，保無豪强侵佔之危，因乞余爲之記。

今年秋，余以公務過公墓廬，剪拜之。余見夫青山環繞，綠水彌漫，洋洋乎如在其上，如在其左右，蓋公之英靈不泯有如此者。嗚呼！周京禾黍，憑弔流連。召伯甘棠，淒涼剪拜。古人有言："高山仰止，景行行止。"雖不能止，心竊向往。余之於公不能無低徊景仰之思，則公之子孫又當何如哉？書此以鄭生之請，勒諸貞珉，以爲公墓碑記。

　　台州守者岳陽劉璈頓首拜撰。

　　同治九年歲次庚午季秋穀旦。

（文見蘭考縣儀封《鄭氏家譜》。王興亞）

始祖碑

吾鄭氏始祖二老洪來公，於洪武二年，自山西洪洞縣遷河南鹿邑縣侍郎集。本年八月，徙寧陵縣西鞋城村，傳十一世，至一經我常公、五經我備公，始分兩派。我常公爲諸生，我備公明封南城兵馬司副指揮，是吾本門始祖也。我備公生四子：在仁、體仁、宅仁、履仁。在仁生四子：子、璣、琴、容。璣爲鄉飲正賓，康熙癸巳舉人，截取知縣。又四世至我祖世重，徙居邐崗集。邐崗之有鄭氏，自吾祖始焉。略述本源，俾後人知所自來云。

　　孫澤昆沐手敬撰。

　　光緒五年己卯仲秋穀旦。

（文見蘭考縣儀封《鄭氏家譜》。王興亞）

署分宜縣知縣吳公碑

吳運成，字文舫，世爲考城人。任江西南昌縣丞，署分宜縣知縣，罷官歸田時，皖匪跳梁跋扈，屢犯考城。於是，糾合鄉衆，爲自保計，凡器械糧食之屬，皆自備；什物技擊之事，皆自習；視唐代子弟兵、宋時忠義社大約相同。與同邑蔡文懋、張世貞諸團作犄角勢，互爲聲援，俾一方有所恃以不恐。及事之殷也，匪等紛至群來，驅衆砦外，擬爲久困之計，且以危言詟語迭相恐嚇，運成屹然不動，守志彌堅，雉經未殊，乃置毒懷中與家人永訣，其家亦各藏毒物，誓以死守。既而僧親王至，圍乃解。王爲請於朝，賞戴藍翎，光緒十四年五月十二日卒於家。

光緒十四年五月十二日。

（文見民國《考城縣志》卷十三《人物列傳》。王興亞）

李靜山德政碑

繫夫嵩高，毓秀百代，蔚起人文。洛學分支，二程實肩道統，闡遺編於灰燼，端士習於淪胥，德莫媲隆，功稱極盛矣。雖經神學海，曠代不少儒宗，而同氣連枝，一門幾見兢爽，遐哉！其惟我李先生伯仲乎！伯子諱正修，字靜山，仲子諱安瀾，字普慶。蓋前明中憲大夫，南京都察院右僉都御史敏公之十七代孫也。家傳紫綬，業衍青氈。階前之仙桂初榮，堂上之靈椿忽老，時則兄稱幼慧，少逸詠竹之年。弟號神童，平仲題筆之日。太夫人劉，篝燈課業，績帛供貲，江都素不窺園，溫國居常警枕，後先捋泮壁之英，次第分饗宮之膳。機雲名溢乎四表，元季品重乎二難。馬氏庭中，高啟授徒之帳；鄭家宅畔，屢停問字之車。既而靜山先生膺鶚薦而高騫，卜鴻儀於特選。傳經漆水，膠庠之月旦猶新；振鐸小黃，芹藻之風流未渺。收荒運策，佐賑宣勞。旋登薦牘，以知縣用，加內閣中書銜。方冀惠洽花封，勳書薇省。迺香吏促玉樓之詔，鶴唳雲端；傅岩騎箕尾之星，鯨沈波底。於光緒十四年六月，卒於陳留儒學任，春秋六十有七。惜乎痛哉！

光緒十四年。

（文見民國《考城縣志》卷十三《人物列傳》。王興亞）

于公祠碑記

陽湖呂君耀輔，攝考篆之五年，重修新城隍廟。廟旁得隙地，築室三楹，為前明于忠肅公祠。按《明史》載：公，河南人。曾祖九思，仕元為杭州路總官，請老，家錢塘，遂為錢塘人，不言其發源何邑。己丑秋，余奉檄回考城任。呂公以新立公祠告，余始聞而疑焉。歷代名臣祠，攸關祀典，考據失實，識者譏之。邑耆宿李博學奎璧實襄厥事，當能徵文考獻，特進而詢之曰：「有公裔孫繼先刻公集，本末俱備，事可據。」越日，以集呈署，余受而讀之。首卷列公年譜。考公之先，自七世至五世，皆仕金為顯官。金亂，譜牒散佚，官職僅存，而亡其諱。四世伯儀，值金亡，始奉母由考之雲中，元初復徙蘇州。子緯變，俱仕元，是為公高祖。再傳即九思，為錢塘始遷祖。凡公一生事蹟，較正史為詳。其係出考城，亦良確。末載景泰八年，英宗復辟，公被害事，與正史同。惟械繫家屬時，裴太監憐公忠冤，匿其少子廣，潛逃考城祖籍。嗚乎！此與程嬰存趙後，王成匿李固子燮，王安竊祖遜庶子道重藏之，同為千古義俠。厥後事白，允堪勸忠，正史何以闕而不書？且成化元年，公長子冕，奉詔釋戍復官，改文秩，歷官至應天府尹，致仕無子，以族人允忠子為後。竊意公有子廣，冤宜無不知。既蒙恩敕，廣何不出首與兄圖完聚。冤無子，又何以不訪求弟所在，取其子承宗祧，皆若有可疑者。然而，徐石陷公之時，陰霾翳天，覆巢之下，必無完卵。廣年稚，生死存亡不可知。裴監以廣遁原籍，冤固萬萬不及料，獨蒼蒼者存公血嗣，以視程嬰諸人，或故吏，或門生，或爲家蒼頭，皆激於平日恩義，廣乃全於中官之手，其事爲尤奇。洵可補正史之闕文，信忠臣之必有後也。先是廣冒裴姓，事平，復本姓。至今子孫繁衍，蔚爲望族。是錢塘之雲仍出公旁支，考城之瓜瓞實公嫡裔。廟食於茲，固公之魂兮歸來，歷千百世，樂享其祀者。彼河伯肆虐，城郭無存，木主遺像獨得出於洪濤巨浪中，非其明驗歟！今日者，煙荒草蔓，廢敗不知幾何年，呂君忽從而新之，安知非公靈爽默啓於冥漠而實式憑焉！余懼後之人終以未見正史，有乖祀典爲疑，故詳爲考證於左。若公之公忠大節，則有《明史》及諸公論贊在，茲不復贅。

知縣郭藻撰。

孫昭陽書。

清光緒十五年。

（文見民國《考城縣志》卷十《古蹟志》。王興亞）

創建葵邱書院碑文

知縣事郭藻

舊城八鄉，距今縣治遠且百二十里，士人從無肄業江花書院者。藻再治考之明年，假客舍往就課焉。一時堦下環集者近千人，被服雍容，彬彬揖讓。客有過而觀者，稱其向學之勤，近世所罕也。既而紳董吳錡等合詞以創建書院請。藻亟捐廉爲之倡，而吳錡等亦醵金以助焉。於是，鳩工庀材，相基於舊城之西偏，寬廣四畝有奇，閱期年而工成，實光緒十有八年九月二十日也。

今河東總督奉新許公，巡河駐節，顧而樂之，題名曰葵邱書院，而額其堂曰尚志堂，親作擘窠大字以賜之。且語藻曰："考城，古之葵邱也。春秋時爲宋地，宋之藪澤曰孟諸，曰蒙澤。蒙澤在縣境，故葵邱憑形勝焉。又戴[載]並於鄭，亦縣境，縣治西徙七十里，故爲儀封。儀，衛邑也。葵邱，本古鄭、衛、宋三國之門户，而今則爲豫、直、魯三行省之邊區，因地宜以作興人財，司土者之責也。子其勉之。"藻竊維儒者志在《春秋》，《春秋》備書五霸，齊桓葵邱之會，其最盛者也。使春秋無葵邱之會，則二百四十年之史，於義無所裁，孔子亦必絕筆而無可作。聖人生其時而存其事，後人生其地而亦當存其蹟。然則許公命名之意，其即《春秋》之志也夫！

或曰睢州近有葵邱驛，不必以一邱之蹟而兩邑分歧，且霸圖已矣，於書院何取焉。[1]

---

[1] 原本後有"講"字，係衍，刪去。

按葵邱在考城東南一里百五十步郭內，即桓公會處，載在《括地志》、《一統志》及《方輿紀要》諸書。自乾隆四十五年縣淪於河，所謂葵邱聚者不可見。今舊城南有盟臺寺，雖廢而蹟猶存。又有盟單、盟雙鄉，其即古之盟臺鄉也。夫靖兵車於天下，嚴中外之大防，聖人或猶仁之，孟子羞稱桓文，而葵邱五禁，獨詳於其書。多士以孔、孟之學爲學，即以《春秋》之志爲志，雖近代書院之設，所業者賦詩綴文，非復三代學校之舊，然禮義廉恥之維，四者不可一日廢而不張也。苟於所業，孜孜講求，其四維之大，則三代經綸，天下之大經，由此著矣。此之謂尚志，而奚以功利爲病哉！況夫聖賢設科，來者不拒，睢州以葵邱名驛，未聞何據。實則考城東南二驛，皆曰葵邱，即謂考之舊境，割隸爲睢北七里，而盟臺寺亦在割隸之內，今北七里生童自以爲考民，咸就近附院肄業，其於院工之成，實有不日子來之助焉。固不得畫疆分界而引詞訟賦役以爲比。

院爲堂五楹，講堂三楹，凡學舍十有二間。記之而詳加辨論，亦俟好古者折衷而定其所志焉。

光緒十八年九月。

（文見民國《考城縣志》卷八《學校志·書院》。王興亞）

邑庠員文樵公碑

先生姓鄭氏，諱澤遠，字文樵。其先世，明初由山西洪洞遷寧陵。八世祖諱五經，明封南城兵馬司副指揮。叔高祖諱樂，乾隆戊午人，南陽縣教諭。曾祖諱東明，徵仕郎，有隱德。祖諱廣平。父諱華金，母氏生子三人，先生居長。生而莊重，兒時即不妄言笑，尤聰敏，善讀書，受經於恩貢生諱南金先生之胞伯也。年十三，《五經》已成誦，所得之講貫者，退即見之於行。於《小學》、《曲禮》、《少儀》諸書，尤慊心。其先人奇之曰："後日爲吾族光者，必此兒也。"

先生有大志，讀書不屑章句，爲文以先正爲規範。年十七入邑庠，銳然進取，既屢試不售，語人曰："功名有命，而學問在己。"遂專心於性命之學，輔以博覽，凡先賢著作及先儒語錄，無不多方購求，聞親友中有秘笈，往往數十里求借焉。尤邃於《易》及《理學宗傳》，常曰："讀書貴有心得，不必存門戶之見。近人好詆毀陸、王，亦妄之甚也。"其教人以躬行實踐爲務，日講《四書》、《五經》各數節，有講小學儀禮，謂學者曰："士當以器識爲先，根底厚則文藝自茂矣，毋徒誦讀已也。"故從遊者多，余力即謹厚之士。

先生天性純孝，丁外艱，盡哀盡禮，不飲酒茹葷。母歿，於墓側終三年無笑容。性尤友愛，仲弟卒，慟哭終日。先生無子，視弟之子如所生，且教之有法。先生尤以忠義聞。癸丑間，粵匪至，人皆逃，公曰："此正臣子效死之秋。"整衣冠，端坐書室，既而匪過，竟無恙。德配張氏，先先生卒，亦有賢聲。先生生於道光六年丙戌十月初八日酉時，卒於光緒十九年癸巳五月十八日未時，享年六十八歲。其從遊弟子撮其實德，表之於道，以爲土林模焉。

睢州洛學書院主講楚南黃舒丙敬謹拜撰。

光緒十九年五月。

(文見蘭考縣儀封《鄭氏家譜》。王興亞)

葵邱書院楹聯

楊調元

以三寸舌為帝師帷幄贊襄是前法呂伊之匹；

出一編書授孺子淵源付託開漢庭黃老之宗。

光緒閼逢敦牂陽月之吉日。

(文見民國《考城縣志》卷十《古蹟志》。王興亞)

清敕授修職郎候選訓導李公壯猷墓表

親之恩無不至，親之恩則無能名。大抵幼而撫養，長而教誨。禮義詩書父教之，父之恩，多鍾於子；針指縫紉母訓之，母之恩，多鍾於女。若露蓉之父，實一身而兼二人之劬勞也。露蓉六歲失恃，父鍾愛之，多倍諸姊，女箴內則，諄諄誥誡；又令略通文墨，恨不能易笄而冠，博取功名，建立事業，助父晉秩增榮，坐享豐享。以致設館四方，外勞於教化，內擾於撫字，徒抱腹笥飽學，屢薦不第，壽逾七旬，竟以明經終。是露蓉之遺憾也。後又隨夫宦遊，疏於歸寧。揆諸反哺之義，殊多慚歿。後銜恩圖報無從，輸購石鐫修墓碑，附數語，以表孺慕，庶幾我父之軼事亦略見焉。

適琅琊郡六女露蓉謹志。

(碑存原考城縣順流，文見民國《考城縣志》卷十二《金石志》。王興亞)

杞縣

文林郎中書科中書舍人侯君元棐墓誌銘

王源

君姓侯氏，杞人，諱元棐，字友召，人稱之曰兔園先生。以辛丑進士知湖州德清縣，擢中書科中書舍人，外艱，卒于家。卒十有三年，其子方曾請某為其墓之銘，以藏於壙。謹按狀：

君高祖諱于趙，都察院右都御史、巡撫山西。曾祖諱應瑜，以鄉薦知泰安州，歷鄖陽知府。而諱邦寧者，其祖；諱體巽者，其父，俱邑庠生。父封文林郎，德清縣知縣。君性至孝，當明末造寇亂，舉家竄徙，時年十五，常懷乾餱供親。祖母卒客邸，父母同患癘疫，君雪涕經營調護，流離險艱備至。久之，復歸里，郭外皆土寇，城中斗米錢二千，君日率兩弟採柳絮、挑菜甲，雜糠為食，而父母甘旨未嘗缺。未幾，大清兵渡河，中原悉歸附，杞始安堵，然家中落。於是，教授鄰邑為養，而以不能時奉大父父母色笑，輒爪其胸，胸痕血縷縷不絕，見者悲之。

君生於天啟丁卯。稍長，日誦千言，時生計窘，封君嗜飲，每夜篝燈一，君撥火執卷侍，封君且飲且授君書，曰："吾與若祖晚年惟視若，若不力學，更誰望乎！"於是，君益刻厲。十一歲應童子試，不售，文為里中傳誦。後輾轉他鄉，戎馬未嘗廢學。年十七，補弟子員。鼎革後，舉辛卯鄉薦，辛丑成進士，己酉，除知德清縣，於是，始得祿以養。乃居官八年，善政不可勝紀，而家無餘資。

庚戌秋，霪雨害稼，君籲上官請命。中丞范公承謨覈之，君力陳請，淚應聲落，災民數萬號泣動地。范公歎曰："侯君真民父母也。"即令陳救荒策，乃條三事以上：一曰借庫金通糴平穀價，二曰折蠲糧稅免流亡，三曰輸穀納監以富民養貧民。范公一一奏請。乃復請發米千石，勸民輸米二千石，煮粥食饑者，又發平價米八千一百石，分極貧、次貧給符驗糴；范公亦發賑米九百二十石，凡活九萬二千三十五人，於是，民困大蘇。次年，又苦旱，君為文以禱。旬日，甘露降於禾如漿，大雨霑足。而壬子蝗災，復以全荒請蠲折如庚戌。兩年共免四萬餘金、糧六千餘石。邑人至今頌之。范公之撫浙也，馭下嚴明不稍貸。初覈災傷時，守令無敢發一語。癸丑，君以歲饑復請發米千八百石、錢四百萬賑之。分守嘉湖道參議某，以范公檄，稽覈屬吏，微服入德清，見其給賑，寂然無譁，饑民悉得實惠去。歸白范公，公曰："吾固廉其賢也。"檄他邑為法，而手書勞之，其見重如此。

初，德清居霅水上，當天目下流，設斗門版牐隄塘備潴洩，久不治，易浸涸。而人丁詭寄，俗健訟，多盜，漕胥、汛兵、勢族恣奸害。君修水道，請編審，講鄉約，嚴保甲，革漕弊，抑豪強，風俗丕變。又念賦重民貧，課民蠶桑。屆期市杭扇數千，手書"勤農"

字，從一二輿隸徧往驗之。所至，婦子爭出筐以視，勞以扇，惰者薄治之，鹽利遂倍于昔。

當是時，君再迎封君及曹孺人就養署中，而王父以年高不得往，封君、孺人至即旋返，君每以不獲事奉，拊膺飲泣，欲乞休。范公督閩去，志益決，屢請。會滇、閩叛，兩浙所在竊發，君募鄉勇，修弓矢械礮，晝夜訓練。太湖寒山賊蜂起剽劫，獨不敢入德清界。久之，以計間其黨降之，餘散去。而禁旅南下，供億繁，君如期立辦，里閈晏然無擾。制府武定李公之芳嘗謂諸將軍曰："侯德清真奇才也。"

甲寅夏，君大父卒。訃聞，慟幾絕，欲歸不得。丙辰，告休文一月三上，遂移中書科中書舍人以歸。未抵舍，封君訃音又至。君搶地泣血，袖淚朱殷，勺水不入口，披髮跣行數十里，號哭入郭門，觀者莫不隕涕。君數年來積勞成疾，至是哀毀逾禮，遂不起。君得年五十二。元配李氏，封孺人。子二：長方曾，甲子舉人；次京曾，庠生。女三，適某某。孫四：某某。

君為人平易，不立崖岸，而正直不可干以私。初涖德清，微漕糧吏以例金進，杖之，立散還民間，刻石永禁。壬子，分校浙闈，檄未下，有以賄請者，叱之去。及居家，厚于宗族故舊，造福鄉里，善難枚舉。卒之日，無親疏，莫不同聲痛悼，公之賢蓋可知矣。銘曰：

吁嗟侯君孝稱純，幼遭閔凶勤且辛。雪溪之水流清淪，移孝作忠何振振。殫心乃職瘁乃身，毀以滅性成其仁。彼蒼不憖遺哲人，我銘斯石志不泯。

（文見錢儀吉《碑傳集》卷九十二。王興亞）

華亭王大中丞祠堂記

邑人舉人孔衍櫃

大中丞華亭王公，撫我豫土四年於茲，政和民輯，天子嘉乃丕積，不欲公久勞於外，以司寇召。將行，五儕攀轅之情，胥不能已。諸生武亮止者，素贊公預修荒政者也，率眾建祠以奉公衣冠，而豎碑於丁村岡之通衢，昭公惠也。屬余為記。余惟中丞公仁人也。初下車時，為政有體，惟以寬簡率屬，屬吏悉惴惴奉法。指顧間百廢俱舉，善政彪炳，難更僕數，而荒政其大端者。癸亥甲子，連歲二麥丹殺，三秋潦沒，民窮飢餓，朝不保夕。公逐歲為設粥廠於汴郊，全活者以數萬計。比及乙丑歲，復大饑，公度國家常平之儲，不足活億萬之眾，而那移轉輸以濟時。如漢汲長孺開倉發粟故事，有勢格不行，日夜焦勞，憂形於色，遂慨發俸資，廣開粥廠，以救窮黎。由是環汴州縣之饑民，皆在乳哺中矣！又念幽遠曠邈，保無有鳩形鵠面而傴塞不能就食者，吾所大戚也。旋檄州縣勸令捐粟煮賑，而丁村岡諸生武亮止者，慕公德化，遂為倡首，約同里生孟宏敘等十四人，先捐粟二十餘石，煮粥於本岡二郎廟中。次年，杞令徐君、陳留令陳君各率屬僚，分勸紳士，共捐粟七十餘石，煮賑其地，如初年例。生既為丁村士，村之利害熟悉，嘗言此村周圍四十里，與太康接壤，下窪尤甚，一遇水潦，輒為澤國。富者貧，貧者死矣！且明時此村半係下下，而鼎革官吏踏丈不審，誤入上賦，民之所以苦也。至乙丑之飢，計三歲矣。村民飢死者枕籍。武生慕義忘身，亟請於公。蒙公慨發賑金五百兩，杞、陳二縣侯又各助穀百石，生能一一條分縷析，賑濟枵腹，起白骨而肉之，皆公賜也。嗚呼！非生不能善成公志，非公烏能知生之深哉！昔富鄭公在青州，處饑民，措置得宜，率俾士人分掌之。而不以胥吏與其間，非此意歟。然一鄉如是，則一邑與數十邑準此矣。我公洵仁人也！《周禮》大司徒以荒政十有二，聚萬民首曰聚財，又遣人掌縣，鄙之委積以待凶荒。今之賑救得法，何殊古昔，竊快昔人所散者國之財，今公所散者一己之俸也。世有公爾忘私，國爾忘家，如公者乎？可以為天子大臣矣！居民感泣願留，勢不能挽。乃建堂勒碑，以垂不朽，猶南國之思召伯云。余既樂述美績，而又嘉生之感恩於知己也，遂書其事於碑陰。

康熙二十四年。

（文見乾隆《杞縣志》卷二十一《藝文志》。王興亞）

重修東婁公碑記

常山人邑令徐開錫

今之杞縣，乃古婁公之舊封也。周所以封公於杞者，崇禹祀也。唐、虞之世，洪水滔天，民將淪胥為魚鱉，賴禹鑿龍門，通三江，疏百川，而東注之海。俾民出於昏墊，咸得安居粒食，有若乾坤再造，程功較德宇宙無兩。故武王克商，分封帝王之後，東婁公得與陳宋並授茅土，蓋以禹功德在人，萬世莫能泯也。周襄王時，杞遷緣陵地入於鄭，更名雍邱。其民立祠祀禹，世世弗絕。故《水經注》云：雍邱城內有夏后祠。昔在二代享祀不輟，厥後連遭兵燹、河決，縣治遷徙無常，而廟之興廢亦不可考。

余視事之暇，詢於邑人，皆言縣治之東偏有禹王廟，而以東婁公配享，故俗人亦呼為婁公廟。正殿三楹，重廈南向，翼以兩廡，以藏俎豆更衣冠焉，甚盛典也。後人於廟前隙地，建漢壽亭侯廟，西向臨街，恐失祭享之初意，仍題名額於兌門，曰：東婁公廟。後經寇亂，廈宇傾頹，基址侵佔。歷來大尹訪得其處，僅於門下作禮而已，亦不復問其從來，力求修復，無怪乎千年祀典委諸草莽也。康熙初，邑紳丁敬、鄭偉輔各捐貲，倡邑人修建，以鄰火延燒木植，工遂廢。迄今無踵成者。余聞之，矍然曰："夫禮君子之壇宇宮庭，斯須不可去也。五禮莫大於祭，禱祠祭祀供給鬼神，非祀不誠不莊，若壇宇宮庭，可苟而已，安用禮為？何以蒞官行法，教訓正俗，而責小人之禮乎？今守土者，以縣治為傳舍，視祠廟為不急之務，莫肯修舉，乃以封內舊祀千年祠廟，聽其鞠為茂草，無過而問者，是可慨也。"遂首捐俸倡導，杞諸紳士庀材治具，因召二宦後裔使董厥役於焉。朝夕趨事，以成先志，務期修復舊觀，而後慊於心。然余為此舉者，以妥神靈，以崇正祀，實欲望其禦災捍患，福蔭一方，非敢私徼福也。後之君子幸同此心，若遇殿宇穿漏，垣墉頹塌，即當及時修葺，毋俾大壞，則神必歆其祀而降之福矣！

又按縣治，禹廟歷數千載，而東婁題額，昉於近時俗人。東婁雖肇封之君，要不得以配享，掩其正祀。考諸經史，禹稱夏后，未嘗稱王，故於殿前題額曰"夏后行宮"，以崇正祀。廟額仍舊，以順人情，則兩得之矣。相度廟側，尚有塽地，爰構數楹，創立義學。延寒士為師，以教窮民子弟之有志讀書者，兼習廟中香火啓閉。蓋以廣聖天子崇重儒學，培養人才至意，亦思善體乎大禹祗承二帝，敷文命於四海之心也。並勒諸貞珉，以告來茲。

敬，字恪臣，廣西按察司僉事；偉輔，字佐臣，候選知縣。經始於春月，落成於秋月。捐助姓名咸列碑陰。

康熙二十六年。

(文見乾隆《杞縣志》卷二十一《藝文志》。王興亞）

重修劉文烈公祠堂記

廣寧人河南巡撫閻興邦

名垂宇宙之內，氣塞天地之間，能以其身自家而國而天下，後世感其至誠，景其遺烈，愈久而愈不忘者，則平日成仁取義之學問，有以信於己而孚於人也。明有天下二百八十年，而節烈莫盛於建文。其間俎醢滅族，萬死不悔，能令志士拊心，懦夫泣血，後遂萎靡隱忍，恨不起方、黃諸公於九原。嗚呼！國之元氣，一削不振，誰之過歟！然甲申之變，以身殉主，猶若而人劉文烈公其最著矣。公甫生而孤單，安人鞠之，荼苦萬狀。少勤於學，弱冠登賢書，菽水養親，事兩兄有加謹。未嘗以貧故，束帶干人，為孝廉三十年如一日。至甲戌年，逾艾矣，始捷南宮，對策大廷，天子親擢為第一，乃授修撰。當是時，四郊多壘，饑饉洊臻，土崩瓦解之形已成，公日夜憂虞。於召對間痛哭盡言，屢頷主頤。而當路目之為迂，有所陳奏，率沮不行，浮沉史館者十載。癸未冬，晉中允。明年三月，闖賊薄京城，公勸大臣悉出家財為死守計，無有應者。及城陷，君、后皆死社稷。公繼配萬安人，妾李氏，先投環。公具袍笏北面再拜，入家祠拜祖先，引筆書贊畢，從容自縊，家人同死者十二人。賊雖悖逆，過其廬，皆叩首出涕。明既亡，恤典不行。至我朝世祖章皇帝之十年癸巳，始遣祭賜田，諡曰文烈。閱三十餘年，丙寅，邑令徐開錫立祠於公之故里，趾基雖廣，僅為三楹，遠視之如野廟。予巡雍邱，過其祠，以制為未備，不足妥公靈，遂與前令王典謀增廣之。首先捐俸，而王令亦即捐俸。召工計值，重構寢堂於後，祀萬安人、李氏從之旁，祀公之子三人而於廡下。置屋數間，使同死之僕亦與食焉。自己巳五月起工，閱數月，工未成，而王令捐館舍。繼之者，署縣事歸德府通判陸遇霖，新令李繼烈，各為捐助。迄今歲五月告成。於是，前後左右秩如也，翬飛矢棘，頓改舊觀。非止表公之忠，且使綱常名教流行於天壤。臣知有君，子知有父，妻妾知其夫，奴隸殉其主。聞公之風者愈久而愈不忘，有益於人心匪淺鮮也。且當明之季，早從公言，協力同心，疆場可以不蹙。

即闖賊圍城時，諸臣肯出家財，為守死計，召援兵，紓君父之難，亦不遽至墜滅。及城既破矣，國已亡矣，而凜凜大節如公者，竟死矣！夫人誰不死，其死而名磨滅者比比皆是，惟忠與孝正氣常存。矧公也率其父子兄弟，夫婦僕妾，以報其主。死則死矣，究竟公何嘗死哉？彼垂宇宙而塞天地者，歷久如生也！乃繫之以銘曰：

嵩洛之中，天地正氣。蜿蜒而東，封夏於杞。篤生吾公，金相玉粹。積學砥行，五十而仕。公仕於朝，四野飄搖。危言入告，讒口囂囂。極於甲申，日沉月銷。守此大節，百鍊不撓。一門殉國，雷霆激烈。名炳丹青，魂藏碧血。聖代表揚，忠貞如揭。賜諡賜田，樹表樹碣。惟杞多文，名元五人。孰若吾公，取義成仁。聞其風者，咸識彝倫。有廟在焉，奕世常新。

康熙二十八年。

（文見乾隆《杞縣志》卷二十一《藝文志》。王興亞）

重修杞城碑記

邑人訓導何彝光

城者，盛也，猶器之盛物云爾。邑之人所恃以禦災捍患，永保厥生者也。修築之道，毋或卑，卑則飛鳥越之矣；毋或直，直則搖鞭易之矣；毋留罅漏，罅漏則蟻穴潰之矣。萬櫓不能使之下，而三板不能使之泥，始號堅城，池則濬之，期深廣而已。昔人比之金湯，良有以也。故任疆埸之責者，恒以修理城垣為兢兢。

杞當梁、宋之衝，中州一巨邑也。厥土平衍，無崇山峻嶺以為屏蔽，所恃者邑城之數雉耳。三韓李侯蒞政之初，攬轡熟視，慨然動修葺之志。伊時百務待理，未遑也。越歲餘，仁政全洽，恩威並著，於杞民已成臂指之勢，乃齋沐請於中丞閻公曰：杞城之不葺，垂六十年，重以明季為寇所毀，中間歷五中丞十縣令，而迄無毅然經營之者，某實感之，願黽勉從事。中丞深嘉之。歸而謀諸士大夫及鄉耆，以資力不給為憂。僉曰：「城者，吾人百世之防也。侯念及此百世利矣，敢不竭力以祇侯命！」是日，侯先蠲金三百以為倡，而若僚屬，若鄉紳，若孝廉、明經、太學及邑諸生，各蠲金有差。由是庀材僝工。環視城之周圍，共一千六百二十丈有奇，分為九工，按工考成。而甓瓦，則取諸陶也，木則取諸林也，灰石則取諸山也，匠則取諸官，夫則取諸里甲也。由是，出納有經，既稟有時，勤惰有稽，作息有節，故民皆踴躍起事，而鼛鼓有弗勝也。由是，城之闕者補之，裂者完之，甑者固之，攲者齊之，惟五甕城皆鼎新之。五門各營前後二樓，樓三楹，丹壁彩椽，輝映郊野。堞共三千六百有零，胥易以瓴，固以灰。望之巖巖奕奕，稱重鎮云。

是役也，起於十月二十六日，訖於十二月十七日，共五十日而工竣。所謂用力寡而成功多，侯其是歟！既落成，侯顧而樂之，屬余為文記其事。余惟城池聖人所以周未然之防也。《易》曰：「王公設險以守其國。」《大雅·烝民·韓奕》諸篇，城齊城韓，恒三致意，盛世君臣相與咨儆以保疆域者，道如是爾。後之為政者，不圖百世之計，而狃一日之安，因循偷惰，以勞民傷財為速謗，以福先禍始為難居，輾轉支吾而責已謝矣！幸而疆場無事，可也。一旦有弄兵潢池者，城郭未修，何以待之？侯之乘時建此偉績，豈非知為政先後者哉！又按今之杞城，蓋元時張武康公因河決而創建，以遏宋師而固元南鄙者，張公創之於元初用武之際，而我侯葺之於國家無事之時。彼則草昧之經濟，此則未雨之綢繆也。泰山盤石之慮，二公有同心矣！於以酬閻公之知而副聖天子保障之任，山輔韓侯寧得擅美史冊乎？侯諱繼烈，字圖麟，奉天遼陽人，以明經蒞杞，凡政績別有紀。茲敘厥城工，而繫之以銘曰：

杞承夏祀，國肇東婁。秦漢為縣，易名雍邱。由宋及元，河決而圮。蔡國武康，實城南杞。明代因之，壘土而城。時勤板築，未覩崢嶸。晚季申侯，易土而甓。巨寇蹂躪，遂墮厥積。李侯蒞止，憂形於色。思奠金湯，慮乏財力。杞人感激，爭輸樂蠲。瓦甓木石，輻輳城邊。經始營室，落成鑿冰。冬盡無雪，助乃功成。杞民曰飢，侯乳以哺。杞民曰寒，侯溫以煦。懼懾於兵，築此堅城。安不閉戶，危則乘墉。侯慮我民，計何周密。一日之勞，百年之逸。土壤易盡，拮据難忘。卓哉遺蹟，萊竹召棠。城不厭高，池不厭深。金湯之績，誰其嗣音。

康熙三十一年正月立石。

（文見乾隆《杞縣志》卷二十一《藝文志》。王興亞）

太常寺少卿耿公惇墓誌銘

呂謙恒

康熙五十六年丁酉九月，太常寺少卿子厚耿公以疾卒於里，其子大烈千里齎狀以誌請。余與公舊嘗同官，知其行誼，不容辭，遂按狀為之誌。

公姓耿氏，世居開封府杞縣北鄙。王父贈公諱如山，有隱德。家饒於財，歲荒平糶，里黨賴之，避亂於汴，寇圍汴，乏食，嘗出粟助餉，以第五子慶貴，贈文林郎、江南江陰縣知縣。父贈公諱輔，邑增生，文行並優，壬午河決城陷，遷於虞，遂家焉，以公貴，贈儒林郎，戶科掌印給事中。子七人，公行四，諱惇，字子厚，號木庵。幼岐嶷，儼若成人，贈公撫而喜曰："大吾宗者必是子也。"為文宗先正，不事浮靡。戊午，舉於鄉。己未，成進士，授汝寧府教授。丁贈公憂，哀毀盡禮。服闋，補開封府教授，以卓異陞廣東平遠縣知縣。丁太安人憂，一如贈公時。服闋，補廣東龍川知縣，中丞彭公薦清官第一。引見，賜袍服，授吏部考功司主事，陞本司員外郎。乙酉，典試湖廣。丙戌，授吏部稽勳司郎中。丁亥，改刑科給事中，轉戶科掌印給事中。甲午，內陞，補太常寺少卿。乙未夏，告假歸里。越二年，丁酉九月病卒。蓋公生平出處大略如此。

其教授兩郡，課士以讀書敦行，規倣安定。初尹平遠，巖邑也，公盡革陋項，民無游惰，境無肱篋。無何，歲大饑，富室擁厚資貸於貧民，常子母牟其利；兼錢廢穀貴，持百錢不得升合。公蹙然曰："吾忍視吾民飢而死乎？"遂盡發常平穀萬五千石。及歲登，民爭償如額。噫！亦難矣。他若偵掠賣之盜，卻暮夜之金，合將判之婚，人稱神君焉。其治龍川，尤以招徠流亡，俾民復業為急。分校粵闈，典試兩湖，所拔皆知名士，若閩撫陳公、大冶胡君、宮贊彭公，尤其表表也。在刑垣，則以寧失出、無失入為心。在戶垣，則以綜其成、核其實為事。大抵公文章經濟，皆成於涵養，故取士得其人，在官舉其職。方公官太常時，且旦夕踐九列，乃決意勇退，視溘忍不知止者，不啻相什伯，苟以世情測其冲襟，抑何陋也。公與大梁劉公篷聞、鹿邑劉公于修同官臺諫，先後辭滿去。論者謂當世廉退風，賴數公維之。史稱汝、穎之間多佳土，信然哉！

公生於順治二年七月十九日，卒於康熙五十六年九月二十四日，得壽七十有三。原配王氏，封安人，先公卒，懿行載別傳。子四人，孫三人，孫女五人。銘曰：

維耿始封，得姓於晉。豐功淳德，世有令聞。遷汴遷虞，動與時順。公也挺生，其德淑慎。廷獻家修，孝弟忠信。以臨其民，惠心勿問。廊廟有光，林泉無慍。夫何昊天，一老不慭。兔園壞沃，孟諸澤潤。卜宅允臧，終焉茲遯。

（文見錢儀吉《碑傳集》卷四十一。王興亞）

大清國河南開封蘭陽縣司業地方古冢寨會首古良知暨領合會人等玉帝廟進香碑記

粵稽太極初分，兩儀既定，始有乾坤之象。□覆於上，坤載於下，而人倫方生。玉帝者，人倫之首出。上開乎乾，而有日月星辰之照；下辟乎坤，而有山水動植之物。世傳渾氏、盤古氏皆不可考。自天皇立而名之曰天，地皇立而名之曰地，黃帝立而尊之曰帝。是玉帝誠天地三界，十方萬靈之真宰也。九州既分，邑始建夏代。東婁公封杞邑，北有玉帝大殿，三月六日會戲四方。善男信女□不進香。有奉台郡司業地方古冢寨古良知秉虔暨領合會人等，進香已四載，香願已完，遂開石碑，列合會姓氏，所望四方諸君子游斯地者，瞠目驚心，年年進香，善類無窮矣。是為之記。

撰文並書侯天錫。

匠人樊成玉、王得相。

乾隆元年三月初七日會首古良知恭會人等立。

（碑存杞縣文物保護管理所。王興亞）

焦喇寺建伽藍六祖殿碑記

邑人內閣中書侯方曾

焦喇村者，春秋鳴雁鄉也。余始祖明初遷杞卜居是村。余每省祖墓至其地，則留連不忍去。東阜古寺有宋碑，高可三尺許，方四面，似矮屋，柱頂尖銳，稜簷下覆，似丈夫而笠者，又似小浮屠。然碑而鑴梵經，年紀太平興國，摩挲之餘，輒動弔古之思。正殿祀大雄氏，旁列羅漢，具歡喜悲憫、勇猛莊嚴、疎散諸態度，極有生氣，非時下工人所能貌塑者。殿前古槐一，霜皮溜雨，黝如爛銅與漢瓦器色，洞其中，叩之，作木魚聲，蓋數百年物也。余戊子仲春，偶至寺，箕坐槐下，而族人諱延倫者繼至，指東偏新宇曰："此吾與衆善人所建伽藍殿也。"今復營建六祖殿，經始有日矣。至秋九月，延倫走邑告余曰："六祖殿伽藍殿已告成。祈為文已紀歲月。"余不獲以不文辭。夫釋氏，號関公為伽藍。蓋護法之稱，而俎豆不輟，則以節義動人，不可磨滅云。

按《指月錄》六祖得法於宏大師，符一花五葉之數，無端饒舌，說個菩提無樹，明鏡非臺，曹溪流派直至而今，不須門外漢，更打葛藤矣。獨於是役，竊有愧焉。嘗與從弟及族人居焦喇者，謀為歲時掃墓之會，而迄無成說。乃延倫者，敬信佛法，倡率同志，土木成功，易如反掌。豈吾輩致愛致愨之念，不抵彼種果邀福之願耶。抑子姓糾合之難，不如善信聚集之易耶。或事局之成，各有時會，時會未至，人力固不能強耶。他日至寺，復徘徊宋碑古槐間，延倫輩又將何以教余耶。

乾隆三十三年九月。

（文見乾隆《杞縣志》卷二十一《藝文志》。王興亞）

重修學宮記

周璣

學校之設，所以尊聖重道，施教化，厚風俗，自古聖帝明王率以此爲國家首務，其典最鉅，其意至深且厚。杞學自元以前，改移遷徙，與縣治略同。至前明洪武三年，縣丞姚敏始創築於今所，國朝因之。至康熙十四年前令涂山崑、二十六年前令徐開錫，兩次修葺，體制略備。迄於今，幾經百年，歲久屋敝，坍頹傾側，雖以大成殿重地，先聖先賢神位所在，亦幾幾乎不蔽風雨。噫！此獨非宰斯土者之責也哉。余自下車以來，每釋奠行禮時，循廊廡，仰榱桷，輒爲怵然。然猶以連年旱歉，未敢興役。又以黃河工料往來奔走，日不暇給，爲怵然者久之。去秋歲稔，地方寧謐，遂首捐俸，決然與邑紳士等創議興修。而邑紳士之明理達道者，亦踴躍鼓舞，相與捐貨，捨力以助予之所不逮。於是，鳩工度材，埏植丹艧，一時並起。其自明倫堂，前令徐新修無缺外，首葺大成殿及兩廡、齋房、禮庫、樂庫，以至碑亭、門坊、泮池，廢者起之，壞者補之，頹者振之，駁落者修飭之。餘如崇聖、鄉賢、名宦、忠義、孝弟、節烈諸祠，率因是經營完整，無稍缺略。閱數月，而大功蕆焉。夫風俗之盛衰，關乎教化。教化之盛衰，視乎學校。學校廢，則教弛而俗敝，青衿城闕，詩人所由歎也。學校興，則人知尊聖重道。型仁講義，立品修節，其君子敦詩說禮，通達而有文。其庶民亦敦厚崇樸，急公而好義。化行俗茂，所關匪淺。況我杞邑向多忠孝節義，名賢傑士，彪炳今古，其有不因是舉而益為振起者哉！抑吾又有慮者，凡事有興必有廢，今雖一朝塗茨，而積年累月風雨之所侵蝕，鳥鼠之所穿穴，積而久之，又安保其不敝？其所以隨時經理，俾之勿壞，以永為教化風俗計，則又在後之官斯土者。

乾隆五十三年。

（文見乾隆《杞縣志》卷二十一《藝文志》。王興亞）

東婁書院記

周璣

書院之設，延明師，嚴考課，其義專以培士子，為國家養育人材，所以廣學校之所不及也。在昔鵝湖、鹿洞，大儒設教，闡理學，敦品節，醞釀經濟，名重千載。自是而後，代有名賢，必崇書院，如前明薛文清公，雖居官後猶兢兢不置也。本朝以來，教養特隆。皇上御極之元年，尤特恩整飭各省督撫學政，嚴擇名師，慎簡秀士，諄諄勸誡，恩意至優極渥。於是，屬在大邑具興書院。百餘年來，比屋弦歌，人文蔚起，尤稱極盛。惟我杞邑在前明無所考。本朝順治時，邑令吳公始即尊經閣、敬一亭遺址，創設義學，繼重建於玉泉街，又移之學左，寄之古寺。遷徙不一，規制簡略。至乾隆十七年，安溪潘君乃購宅為書院，置書籍，設資斧，意良厚也。然而地當孔道，近市囂塵，不可為居業地。又或假為賓館，時形棼擾，余躊躇厪念者久之。去年冬，始購得巨宅於城東隅，改而張之，經營繕葺，閱數月乃成。榜其門曰："東婁書院"，從其朔也。門以內為堂師之所居，則取程門立雪之意以名齋，欲為師與弟者，各盡其道，以精於學業也。堂之內外俱有廡，為諸生肄業地。其若門房、從房、廚房，一切咸具，規模大備。今夫天下之事，難成而易敗，而所尤切忌者，名存而實亡。當共謀居處，設經費，規成書院，輒累年月，始未嘗不延師聚徒課文，謂人材可立就也。及其後而延師者，或狥情誼，狥爵位，狥虛名，而不在真才實行。其師或苟且寄食，而不知教；或行止不檢，不足為多士法；又或佻達不羈者，濫入其中，不知尊師重道，務敦實學。如是則有書院與無書院同。然則欲書院之循名核實，不徒視為具文，其必在主持書院者乎！余不敏，不能獎進後學，幸都人士踴躍相與，特為此舉，將以求益，為先審其弊。如此自今以往，務求經明行修者為之師，精擇秀異好學者為之弟，先德行，後文藝，勵廉隅，勤講習，俾之融經貫史，明體達用，以應盛世掄才之典，以副皇上作人之意。其庶幾乎！其庶幾乎！鵝湖、鹿洞去今未遠，自有來者當共體此意焉，可也。

乾隆五十三年。

（文見乾隆《杞縣志》卷二十四《藝文志》。王興亞）

重修冉子廟碑記

邑令周璣玉甫

歲在尚章單閼季秋之月，璣自尉氏調任杞縣，繙閱縣志，知杞東二十里伯牛堽有冉子墓，墓後有祠。詢紳士張企載等，僉曰："先賢冉子之墓"。墓前有石碣，閱二千餘年，封樹依然，墓後之祠莫詳所自始，遭明季兵火，基址僅存。於康熙十四年，生等家先世同事十餘眾爲修之，又植槐柏百餘株，捐地若干畝，為守廟住持養身之費。嗣後，每春秋祭時，紳士等衣冠勤祀事，一時濟濟稱盛。迄今歲時既久，廟貌傾頹，自乾隆三十四年，企載等邀集同志，捐貲興修，繼因歲收告歉，河患孔亟，末及蕆事。至四十五年，乃復鳩工庀材，協力修整，今於四十九年正月告竣。敢請樹之崇碑，昭示來許。余聞之喜曰："此正我國朝崇重儒道，右文之雅意也。"於是，復考縣誌，謂冉子魯人，杞不應有墓。又以汜水有伯牛堽，孟津有冉耕墓，而以杞之冉墓爲傳疑。竊謂不然。夫孟津之冉墓，其有無不可得而知也。藉如舊志所云，杞不應有墓。夫杞之去魯未甚遠也。孟津在大河以北，去魯千數百里，杞不應有冉墓乎？若汜水之伯牛則地名也，見於《左傳》及杜預注甚明；不當以彼蒙此而輕有疑。且自周末至今，陵谷變遷，古蹟之湮沒者，不可勝數。獨哲后明王與賢聖之徒，其塚墓祠宇，無毫髮損，非若其他神廟，假光景赫奕，以聳動氓俗者可比。則其非聖賢之道，有更千萬世不可泯滅者哉！且夫體魄復土壤靈爽，合乎穆清，山川不得而間之，時代不得而移之。有事於廟，薦其馨香，焄蒿□饗若或見秉彝好德，民有固然，而有志聖賢之學者，其嚮往思慕，當更不能自已。今張君偕諸紳士景慕冉子而護其墳壠，新其祠宇，則杞之人士，盡人皆冉子之徒，而可與進於聖賢之學者也。嘉美之不暇，而顧以疑沮之當不然矣！敬因張君之請，敘其修舉之本末，且辯其墓之不必疑者而刊之碑，所有墓地並祠之屋宇界址樹木，詳列碑陰，以垂永久。

署杞縣知縣周璣謹撰。

峕乾隆四十九年季春下浣。

（文見乾隆《杞縣志》卷二十一《藝文志》。王興亞）

重修城隍廟記

長洲蔣慶均

杞邑城隍廟，建自洪武二年，因神顯靈江滸，詔封顯佑伯之職，命誥至今猶存。五百年來，屢加葺治，悉有碑記可攷。嘉慶二十年間，榱裒城圮，里人懼無以展誠敬妥神靈，而莫為之倡。紳士孔繼章慨然有興修之謀，邑之人聞其風，罔不踴躍樂輸者若恐後。即於二十二年丁丑八月經始，迄己卯二月蕆事，正殿後宮亭台門廡庫藏，庳者崇之，傾者建之，朽者易之，泐者甃之，剝蝕者塗茨丹艧之。用人之力，以工計之，凡二千貫一百四十八千有奇。道光四年秋，余由朗陵調任，下車瞻拜，廟貌森然。越二載，孔君請為文，以識其事。考城隍之祀，始吳赤烏二年，由唐逮宋，或賜廟號，或頒封爵，明初則昭封天下城隍，府者公，州者侯，縣者伯，勅郡邑里社各設厲壇，以城隍神主祭。春秋二時，與風雲雷雨山川同壇並享。謹按《大清通禮》直省府州縣各建神祇壇，祀雲雨風雷，境內山川城隍之神，歲春秋仲月諏吉致祭，在城文武各官皆與其事。城隍之祀，由來重矣。況杞邑保佑生民靈爽尤著，有報有祈，虔禱輒應，則堂構妥侑，體制宜隆。今以五百年來相沿之制，不二載而觀厥成，整齊嚴肅，巍乎煥乎，以仰體我國家務民敬神之意，以下遂我士庶事神如在之誠。急公好善如孔君者，誠無愧於聖人之後矣。爰紀歲月勒諸石，用告來者備覽稽焉。

　　嘉慶二十四年二月。

（文見道光《杞縣志》卷二十二《藝文志》。馬懷雲）

重修先賢冉子伯牛墓記

長洲蔣慶均

　　嘗攷《一統志》先賢冉子伯牛墓，在廣平永年縣西五十里。又云在泰安東平州。又云在滕縣南三里伯冢社。其說不一。今杞邑東北二里冉賢崗，則為伯牛墓。又志乘可據者，墓後舊有祠，歷經邑中張氏偕同人鳩貲修理，茲於道光三年，張生九畹承父式楷遺志，偕陳生家玉等重葺，榱桷煥然，松楸蔥鬱。工成，乞記於余。聖門四科，德行為首。冉子亞顏閔而冠諸子，宋高宗為之贊曰：德以充性，行以澡身。二事在躬，日躋而新。並驅賢科，德顏與鄰。不幸斯疾，命也莫伸。夫自古聖賢豪傑往往造物蹇嗇其遇，以抑鬱其身，甚至蹇嗇之不已，而復加以疾病。後之人過其墓而整衣冠，謁其祠而肅拜跪，其靈爽式憑，常在人間，則生前之蹇嗇與疾病，何關毫末哉！

　　按：冉子於唐開元八年從祀孔廟。自是以後，贈郓侯、東平公、郓公。至明嘉靖九年，改稱先賢冉子。四海之內，學校如林，俎豆徧天下矣。而窀穸之孔，固魂魄之所歸，自不同於天下之享祀者。余籍隸蘇州，時登虞山言子墓，緬想絃歌遺化，低徊不能去。張生九畹之志，猶余之志也。乾隆中，余伯父恪庭公諱喜宗，由祥符令洊歷彰德、歸德郡守。凡車馬所經先賢祠墓，類有題咏。其歌冉子墓曰："冉賢崗同冉堌村，地以人傳永不朽。"按冉堌村在曹縣東北，為冉子雍墓。又稽古之士所當攷證者。而伯牛，一作百牛，則見於白水倉頡碑云。

道光三年。

（文見道光《杞縣志》卷二十二《藝文志》。馬懷雲）

新建義學記

長洲蔣慶均

　　國家設學造士，餼廩以勸之，冠服以榮之，師儒以董之，三年大比以升進之。所在郡邑博士弟子，宮牆濟濟，蔚乎盛矣。顧秀民年十五以上，操觚學藝文，歷郡邑，誠以達學使者，程其藝可書，乃入於學。其初之蒙，非賴有賢父兄所向慕歸往而遜其志哉。至於孤貧弱穉，衣食之不贍，奚暇驅而之善，故往往流移失業，其甘自暴棄者習於非僻，其馴謹有志者亦欲從而末由，此尤可怵惕惻隱者也。雖然，天地之憾而堯舜之病，即世族子弟有不能保其數世而後無失教者，而況徧戶之衆乎。余於甲申秋，由確山調任杞邑，屆歲科試及書院月課，樂與諸生論文，亹亹不倦。今歲承大吏意，捐俸建設義學。邑之紳士急公而好義者相助為理，俾得蕆事。夫今之義學，即古之小學也。學無大小，而特謂之小學者，亦以人之近而習之遠也，必從孩提稍長良知良能中，自然愛敬，一點真心培養擴充，無有放逸，然後日引月長，融會貫徹，迄於行而著，習而察，則格致誠正，修齊治平之道，無不同條共貫。程子曰："自灑埽應對，可以至聖人。"朱子亦曰："小學者，學其事。大學者，學其小學之事。"之所以然，下學上達，曷嘗歧而視之哉。況東婁為夏后氏遺俗，治最近古。小子有造，天性未漓，將離經辨志，爭自濯磨，升之庠序，舉於鄉，而貢於朝，以副聖天子作人雅化，暨大吏栽培寒畯之至意。余有厚望於諸生也。抑均之六世祖憲副公為前明名宦。宰上蔡日，興崇學校，葺謝良佐先生祠，設義學其中。五世從祖公美公之良為經師，人皆向道。有葛守誠者，智勇兼備，以忠義為一代人物，義學可勿重哉？均原與諸生互勉之。

　　道光四年。

（文見道光《杞縣志》卷二十二《藝文志》。馬懷雲）

杞縣西關外土冢記

長洲蔣慶均

　　自古掩骼埋胔，為王政之本。居官居鄉，宜時存憯怛之心，俾存者歿者，咸得其所也。查杞邑普提菴中西間，有三十年前寄放一棺，據土人云，係前上蔡典史，姓名無考，某年正月初七日，歿於西關外旅店者。屢易主，今已歇閉。然典史之說，究未知確否也。又，南關內尼菴中一棺，係前任陳留署杞縣山東人施明府建燜之外姑陸門王氏，被火沿害者。又有杞邑典史天津人沈少尹名歧之妻弟鄧賢一棺，亦久而未厝者。余心傷之。於己丑臘月二十二日，在杞邑西關外，覓地安葬。其在東首為典史某公及鄧姓之穴，其在西首為陸門王氏之穴。　惟願後之宰斯土者，每歲春秋設祭，以安魂魄。春於清明節前後，秋於霜降節前後，則此舉可久而勿替矣。爰勒碑冢前，揭紙存案，並載入縣誌，以垂永遠。余有孫女壽椿幼殤，即附葬西首焉。壽椿生於己丑五月十八日未時，殤於庚寅二月初六日卯時。是地，捐廉向茶庵住持購得。附記。

　　道光十年。

（文見道光《杞縣志》卷二十二《藝文志》。馬懷雲）

尉氏縣

重修儒學碑記

衛紹芳

　　治平之道何先？曰用賢才。賢才之出何自？曰由學校。夫學校者，養育賢才之地也。可不重哉！重則廟貌貴於巍峨，雖輪焉奐焉不為奢也，何也？文廟巍峨，所以崇儒也，崇儒所以重道也。道始於伏羲，傳於四帝三王，以至於孔子，集羣聖之大成，是孔子之道，內聖外王之道也。自天子以至於庶人，由之則治，不由則亂。吉凶因之而分，安危因之而判，大總天地古今之運，而約只在喜怒哀樂之間。以此立心，則五性全；以此制行，則五倫備；以此參天地，則五行之理合矣。故論治不外養教，論學不越知行。至易至簡，亦高亦深。然孔子而前，立教自上，詳而有法；孔子而後，立教自下，逐末忘本。所以學者從事古訓，不過資記誦辭章之習，以梯榮祿，而聖賢修己治人之功，蓁蕪久矣。安在逆闖之焚，始為學廢之秋哉！

　　國朝鼎新，知重文士。為士者更宜勉自修飭，以聖賢為必可學，以天下為己任，以斯文未喪為吾責，如此則出始足為世重。不然，沉浮波靡，有士不如無士，有學何如無學也。不肖謬任茲土，地荒民流，撫字無策，朔謁文廟，會集諸生。然艱苦荼蓼之中，皆有彬彬文雅之致。因思人之良心，多失於逸樂之時，而存於危患之際。諸生身經大亂十餘年矣，窮見節義，勞必善生，有不待觀經史，質師儒而後曉且喻者。不肖忻然曰："人心此時可與言學也。而學宮廢圮，無以動觀瞻，啟尊仰，安望其勃然興起，進善不倦哉！"於是，庀材鳩工，擇敏練之士、忠厚之耆董其役。然後大殿、兩廡次第告成。是役也，工大費繁，申請無多，幸鄉大夫士多樂輸者。而上進儒童願獻良木，助襄廟事，皆當一一勒石以志其誠，然不肖尤有望焉。朝廷設學，非以為觀；吾之修學，非等修梵宇以祈福也。諸生各推修學之心以修身，勿徒為記誦辭章之習，而實體內聖外王之心法。此予修學之志也。是為記。

　　皆大清順治五年歲次戊子陽月立石。

（文見道光《尉氏縣志》卷十七《藝文志》。席會芬）

衛侯再造邑朝碑記

馬義則

　　邑之有治所也，嚮明奠位、控四境、泣千室於是焉在。猶薇垣之統九野，朝闕之隸九州也，故亦以邑朝名之。茲縣在春秋，為鄭國地。嬴秦郡縣天下，因尉繚名邑，而治所之宅於厥中也。相沿者遠，雖代易鼎遷，凡令斯土者，各有建置，遠者莫稽。據記石所載，如涂侯之揮拓門觀，阮侯之創建鐘樓，蘇侯之更新堂宇，雖一作一修，猶勒珉紀績。而況繼緼定草，除礫披荊，百楹千堵，煥焉維新，而可無大章隆碣，昭茲來許耶！侯以丙戌解褐，除月蒞尉，自丁歷戊，甫閱兩期，而蒿萊闢，堞隍築，學宮建，郵院修，廢墮漸興，流鴻來集，固已丕哉！有成匪但汔可也，猶以為未足。是歲，定方中場。甫紹召工曹而命之曰："吾將有事於縣治爾？為我簡其墮者，而詳其數，以便經始。"曹有難色，以歲中穫工浩大，時詘未可舉羸也。侯謂："財用吾自辦，餼廩吾自備，第借籌於羣策，征役於羣力而已。"曹唯唯。翼日上其狀，衙舍俱歸煨燼，止存鐘庫兩樓，亦岌而欲圮，其餘峙者悉燬。垣僕者，悉敝瓦無可因也。侯頷之，旋下命曰："歲暮農暇，職思其居。縣衙久廢，理宜修葺。合作推諉，報竣無期。今將應修庶工程保分，治材價工餼，本縣按給督夫，委公直購財，委現年期於旬月，各務告完。怠玩從事者有罰，決不食言。"冢門懸象，布令縣治之冠冕也。規制宏潤，三婁劉鄉，通力合修儀門，以肅騶從，兩腋角門便出入也。工差減，永康保，專修大堂牧寅賓館之禮，衿紳也；其修責百堙總鋪之達，公文也；共給所之儲委積也，其修責尹郭倉廒畜備，而法藏於地也；囹圄懲憝而象貫索於天也；其修責栗岡與隗村龍亭室小而藏者，重申明、旌善兩亭，制在而敷政者，所不敢廢也。其餘一個一廈，一牏一堵，責諸保之力，稍豐者而附焉，此旁治之締搆也。其分工曲當又如此者。令既布，督者展畫，催者展能。四民子趨，鞭樸弗庸。畚鍤陝陝，斧鑿薨薨。材鳩甍萃，泉湧雲騰。峻壁森立，鱗瓦齊升。將將其戶，殖殖其庭。如苞如茂，如翬如繩。客冬營之，而茲春落成，此始卒之時月也。其量工命日，不愆於素，果如此者，且是役之舉，作以萬指，董以百臂，策力共效，臂指遞使，侯之任人而善用衆也。其措運如韓淮陰，木以千計，磚以億計，餼廩不貲，公給其費。侯之視邑猶家，而不私其囊橐也。其寧澹如蜀武侯，夙省暮視，□瘠躬劬。一時之勞，百世之逸，後之繼侯而蒞斯土者，臥理堂中，而下免於征役，並忘誰之賜也。其貽澤之長裕如周郇伯，一舉而衆美備，是何可以無紀也？

邑恩選貢士馬義則沐手謹記。侯諱紹芳，山西猗氏縣人，丙戌進士。

當大清順治六載歲次屠維赤奮若桐月上浣之吉。

（文見道光《尉氏縣志》卷十七《藝文志》。席會芬）

重修城隍廟碑記

張士吉

粵稽尉自有城以來，匪伊朝夕之故矣。立邑朝任縣令出政敷教，以迪百姓於吉康，而是廟於焉創建，蓋所以妥城隍尊神，而寄死生禍福之權，以扶宰邑者之所不逮。作善降祥，作不善降殃，感應捷於影響。其英靈赫濯，更有以懾入人心，使邑人士入廟肅然，靡不髮指股栗，而為善去惡之心，其興也勃焉。此神道設教洋洋乎鉅典也哉！遠不具論，緜明距清，年所多歷，其間風雨之摧折，鼠牙雀角之蠹壞，傾圮者不一，修整者亦不一。猶記故老傳聞，學士大夫口碑。正德時，流氛寇尉，官民紳士束手無策，而尊神顯聖於雉堞，鬼怪彰異於甲光，賊遂遁去。因而廟貌重整一新，以答神貺。嘉靖庚子歲，左氏國璣透玲碑文昭然在人耳目。不寧惟是，萬曆二十八年，殿廊就圮，善人胡淶等集財鳩工，毅然修舉，秩如燦如，猶之乎嘉靖年之修也。尚書靳於中有文以章諸石，至天啟六年而圮復然，而修亦復然。天啟七年竣事，猶之乎萬曆年之修也。白之魁等功，顧可沒乎！崇禎元年，縣主賀鼎其碑文可述，而誌猶未也。崇禎十四年十二月十九日，逆闖下尉城，入廟焚寢宮，尊神自火光中凌空而上，賊眾惶懼出走。寢宮繕於道官李清垣，出會貲囊金，以共襄厥成。而殿廊又露圮象，凡拜謁禋享，不禁目擊心惻，倘修葺少緩，有滋敝難圖耳。善人趙光傑等募財於眾生員，李諫董事於工。但見殿宇廊廡，巍然如故也，神身鬼貌煥乎若新也。兼之金碧流輝，丹堊泛采，俾前功不至遏佚，而更多於前功者，眾善人報神之庇，其功不少也。工始於聖天子鼎新十三年四月朔，告成於十五年二月望日。礱石命匠，鐫文以紀，而下請於余。余不文，謹核修舉軼事，並勒諸珉。

清順治十五年二月望日。

（文見道光《尉氏縣志》卷十六《藝文志》。席會芬）

張公惠政碑記

靳標嵩

張公宰尉氏之三年，政和民蘇，四郊吐氣，闔邑而頌，無間貴賤。將勒公惠政於石，一以昭德，一以示遠，為尉氏萬姓百世瞻仰，悅諸心，播諸口，紀諸碑。斯民也，三代之所以直道而行也，豈偶然之故哉！群聚鳩工選石，筮日鐫豎，復托不佞一言。不佞稔悉公政久，今日乃有循良如公者，比之漢擢外牧為三公，例當竚茲目，何敢以不文辭？嘗聞古今治法，大要利弊二者而已。二者並論，則除弊為先，利之不興由於弊之久錮。如蠹蛀然，其樹植也，噬彼根也，而漑其枝葉，直立槁耳，況從而斧斤之乎？此吏治之難，非有明燭剛斷之才，出以慈惠絪緼之養，未易起彫殘而衣被，飲食如灑甘露，而滌煙颮也如公者，豈非救時之賢令乎？三年來，興學、禮紳、息訟、省費、羔羊械樸之風，葦杖懸魚之操，不能殫述。特拈其除弊救時之急者，其一曰革漕米之貼解也。貼解沿為陋規，不苦於解者必貼，而苦於解者未必盡解，苟不支節民即幸趨輸矣。公曰："飽宿蠹長此安窮，我即不能三代，民其蠹之耶！"於是，毅然革之。是役也，不止省民之費十之五。一曰革收糧之解戶也。解戶例用簽報，不難於解者必戶，而難於戶者不止身解規避巧脫，不則為壟斷耳。猾於解民不堪，愚於解民愈不堪。公曰："官任之不傷財不害民，古誌之矣。"於是，毅然革之。是役也，又省民之費不止十之五。不佞於是覘公之才之養，為聖天子分撲席，宰天下可矣！何也？此二事也。仍陋規者希充橐，不肯革。懼累上者，寧累下，不敢革。以胥獝為耳目者，勢倒柄於鼠雀，雖知當革而亦不能革。公非明燭剛斷，慈惠絪縕，烏能剔其弊而定其心，毅然為百姓去割肉剜瘡之隱痛。而予以安堵雞犬之怡怡哉！高忠憲曰："君子不隨時，不足以有為。"所謂隨時者，懲往事者之過不及。及時為之，以利益斯民耳！矯其時而隨之，非公之善於隨時，以不隨為隨者耶！革二弊而百弊息，百弊息而千利興矣！豈不可為聖天子大臣乎？試看今尉氏之歌樂只者何如也？而能已於勒碑紀政之盛舉哉！故曰非偶然之故也。謹記公諱士駟，號均公，辛丑進士，江西南昌人。

康熙十一年。

(文見道光《尉氏縣志》卷十七《藝文志》。席會芬)

翰林院提督四譯館太常寺少卿王公墓誌銘

湯斌

太常王君子厚，以省覲南歸，道病，卒於臨清之舟次。訃至京師，士大夫咸歎息泣下。子厚在詞館後余者十五年。余再起入都，相與為忘年友。嘗觀其氣槼嶽嶽，不苟隨時趨，心竊儀之。官諫垣十四載，前後章數十上，皆關國家大計。使一旦秉鈞軸，盡攄其生平所蘊，必大有建豎，而今竟已矣。雖其所表見已自章章於世，而不能盡其才，使朝廷收得人之效，是可歎也。冢嗣延禧卜葬且有日，乃奉其王父封公書來京師，以隧石誌銘為請，余不敢辭。

據狀，子厚諱曰溫，一字綠野。其先山西洪洞人也，明初遷尉氏之古三亭岡，遂占籍尉氏。傳十餘世，皆有隱德。至芝童公，萬曆庚子魁於鄉，漢中推官，遷同知青州府。生子二：長鳴玉；次鳴球，即封公也。封公中順治庚子鄉試第一，甲辰中會試。有子六人，子厚其長也。

子厚少負軼才，年十一補博士弟子，有神童之目。癸卯舉於鄉，丁未會試中式，時年甫二十三。初，封公甲辰未與殿試，至是，父子同對策大廷，人以為榮。封公考授中書，需次里居，而子厚選弘文院庶吉士，慨然有志於經世之學。己酉，授兵科給事中。遇事侃侃，無所阿附。時有旨甄別督撫，而不及提鎮。疏言："提鎮為封疆大帥，權無異於督撫。今有歷任七八年或十餘年者，果人人稱職乎？請一體甄別，以肅軍紀。"是時，拜官甫數日，時論韙之。詔赦軍犯，而地方官往往淹滯不遽釋。上言："朝廷布宥罪之恩，而奉行者率至五六年之久。脫其中有客死異鄉者，如曠典何？"又言："詔欵內逃人、窩主、干連人犯俱准赦免，而直省地方距京師遠者數千里，近者數百里。有赦前起解，而赦後猶械繫道路者，天時酷暑，鋃鐺烈日之下，保無暍死道上者乎？臣以為與其豁之於解到之後，曷若宥之於未解之前？請勅部飛檄各督撫，立釋歸農，使蒙赦者蚤慶更生，幸甚！"皆奉俞旨。自是，或密奏，或公陳，多見採納。蓋其意感朝廷知遇，思奮發以圖報稱，孜孜以清吏治。重人才，分別激勸，綜核名實，雅不欲以悻直償事。而忠愛惓惓，尤有人所難者。間嘗有所搏擊，不避大僚。側目者衆，而卒安然無幾微震撼之虞者，仰賴皇上至聖大仁，優容諫官。故讀其奏疏，不獨可以見其志，亦足彰主聖臣直之治象也。一日，上召集臺垣，策問進剿機宜，轉輸方畧。子厚敷對稱旨，奉有"條奏詳明，克稱言職"之諭，蓋見知於上者深矣。數年之間，經筵侍班，掌印戶垣，筦登聞鼓者再。晉鴻臚光祿寺少卿，轉通政右參議。尋轉左，以至提督四譯館、太常寺少卿，駸駸大用矣。壬戌五月，上念河工關運道民生，簡公廉大臣往勘。會大司寇魏公以年老辭，則命偕少司寇宋公往。瀕行，陛見者三。單騎馳往，西至蕭碭，北至唐宗山，東至海口，南至淮揚，周迴長隄三千餘里。尺計寸較，繪圖入告，蓋其勤慎如此。

甲子冬，遇覃恩，誥封父如其官，母某氏為恭人。上將東巡，遣大臣祭告嶽瀆。而子厚分詣東鎮、東海，將事惟虔。事竣，念封公家居日久，便道歸省。子厚性純孝，晨昏定省無間。封公促之入都，居常忽忽不樂。丙寅，復請假歸。初陸行，至松林店而病。乃買舟張家灣，走天津。轉劇，至臨清，遂不起矣。

生平友愛最篤，遇親戚故舊，咸有恩禮。課子諄諄，誡以守清白，勿驕溢以墮家聲。其他懿行如此類甚衆，不暇著，著其大者。生於順治二年乙酉閏六月十七日，卒於康熙二十五年丙寅閏四月十七日，享年四十有二。配蘇氏，封恭人，邑庠生光訓女。子五：延禧，拔貢生；延祐，候選州同；延祉、延祺，廩膳生員；延祚，附學生員。女一。康熙二十六年某月日葬於某原。銘曰：

嗚呼王君邦之傑，楷柱言路羞踧躇，位躋奉常神人悅，藏骨於斯山巀嶪，後億千年視斯碣。

康熙二十五年。

（文見《湯子遺書》卷六。王興亞）

新建文蔚橋碑記

靳標嵩

尉南里許有古渠，曰康溝。渠臨冰窖，蓋三十六陂匯流之總渠也。直達闤闠，衝射郭門，識者常以水箭憾之。明建傑閣，以厭其上，從堪輿也。年久陂障不脩，溝洫淤塞，商羊之虐，蛟浪溯騰，瀾漫四野，以為民田害，其患固已久矣。我國朝四十年來涖茲土者，無不欲疏濬故道，以納衆流。而邑鄰牟洧，源發殊界，上流之失防，下流之災也。鄰國之壑，尉實丁之，以故週年產蛙沉黿，籲甡無已。茲逢大中丞閻公撫豫，軫念民瘼，數下防河之令，屢飭濬修之文。顧余長吏職任有責，於是，訪之土著，詢之故老，咸曰："康渠之不脩，陂流其何洩乎？惟是開鑿隄路，架以石梁，乃可以甦吾民"。余曰："材不素儲，時詘舉贏，其如吾民之敝劫何？"民曰："吾公之舉，吾民之福也。利將萬年，何惜一勞。"於是，擇日鳩工，畚鍤雲舉，就頹垣之遺甓，建雁齒之修梁，庶民樂役，不戒而成，導長波以東注,會大渠而合流。菡萏飄紅,菱荇疊翠。梅卿逐銀蟆以瀉水,吳剛操桂斧以飛香。將使浮牛泛斗,復流影於當年。而蔚藻湧金,起文光於今日。豈獨民墊有宅,町疃無腐浸之禾哉!名以文蔚,是其余之望也夫!是其余之望也夫!

清康熙二十七年。

(文見道光《尉氏縣志》卷十七《藝文志》。席會芬)

魯山教諭李君兆元墓誌銘

靳讓

康熙四十年,歲辛巳正月,魯山教諭蘊庵李君卒於任,其孤以狀來請余敘卒葬。余惟李氏之先代稱甲族,君先世洪洞人,明初徙大梁,後徙尉氏。數傳至大父諱懷碓,力學好古,不求聞達。父孝廉公諱會,字淞冷,崇禎癸酉登賢書,甲戌中副車,潛心理學,所著有《四書雪光錄》、《尚書管見》、《史略》、《勸學課行》諸書。明季,寇陷尉氏,欲授以爵,不屈罵賊,自投於隍死。丈夫子三:長諱周元,字伯和,余己酉鄉同年也;次及君,諱兆元,字仲顯,号蘊庵。垂髫授書,儼若成人。孝廉公就義,君年未及冠,擗踊號泣不欲生。未幾,祖妣以疾終。方寇賊搶攘,時丁兩大喪,佐兄含斂祔葬,雖倉卒,一準於禮。大事竟,率母避亂河朔間,竭力致養,益勤於學。寧家後,兵燹餘燼未撲滅,所居村,寇相戒不入,里人以為孝感云。

壬子,登賢書。為陳留令王君所拔士,禮闈下第歸,即讀書陳留署。制藝題一,文必二之,一短篇橅先輩,一長篇為順時之作,莫不各踞其勝。己未,就教職,需次里居,遘母夫人病,衣不解帶者三月餘,母夫人竟獲安。乙丑,除鞏縣教諭。故事,學官由孝廉授者,得計偕上公車。君志氣彌厲,而卒不售,命也。在鞏廉靜守職,立教條以示諸生,每月集明倫堂反復訓誡,以敦倫立品為首務,次以文藝定甲乙。又梓先儒格言,遍給諸生。鞏士一時彬彬稱盛焉。學宮樂章殘缺,舊維因陋就簡。君至,乃致曲阜樂師授習於學宮,又製禮樂器,小大燦然畢備。每值丁祭,檢閱鼎鼐牲全,務從豐潔。至今鞏縣禮樂為八郡首稱。

庚午,聞母夫人之變,勺水不入口。太守汪公檄令俟新任交割。君不可,即日俶裝出郭門。諸生祖道畢集。歸臥苫塊中,喪葬一依考亭《家禮》。壬申服闋,補魯山縣教諭。學宮殿廡戟門撤而新之,課士立教,一如在鞏時。間與僚友攜琴出游,採商餘之仙藥,弔紫芝之高踪。邑北有琴臺,时登臨懷古作詩以寄慨焉。

先是,兄伯和司鐸光山縣,君寓書期以冬月同乞身歸。無何,伯和卒。君常鬱鬱,庚辰遘疾,改歲而卒,正月二十一日午時也。距君之生天啟甲子三月二十六日亥時,得年七十有八。

君留心禮樂,以敬恕為本,主作字必端楷。晚年愈好讀書,六經諸子,朝夕不釋於手,旁通天文算數九流百家之說，問奇者踵相接也。聞耿逸庵倡學嵩陽書院，君命子瀚往問策，復購書送藏書樓。河使者俞存齋過鞏相訪，談至夜分，歎服而去。竇靜庵亦嘗寄書，商訂所學。洛東高士趙玉鉉執贄其門，每來請益，講學娓娓不倦。又篤於天倫，輕財樂施，貧士匱乏乞假，不厭其頻。有官於鞏者物故，君贈賻獨厚，且恤其家。伯母劉，子少，高年嬰疾，君訪醫藥不憚勞，賴以痊復。後數年卒，經紀其喪，無不曲至。所著詩、古文甚夥，尤邃於《易》。喪歸尉氏，鄉黨知與不知，無不哀慟泣下。君之忠信篤實，感人者遠矣。

子潾以是年十二月初九日葬君於邑之東南理村崗祖塋。元配潘氏，邑庠生潘士彥女；繼配祖氏，直隸新城縣庠生祖述道女。子三：長潾，邑庠生，娶邑庠生楊健女；次瀚，庚午科舉人，娶邑庠增廣生劉呈詳女，繼娶浙江太學生錢棲梧女；三瀏，殤。女四：長適通許縣庠生張坤；次適通許縣范文貞；三適扶溝縣盧徵雲；四適扶溝縣張個。孫男五：維楠、維橋、維桓，潾出；維櫺、維榛，瀚出。孫女二：一潾出，一瀚出。曾孫一：煇，維楠出。因勒石紀君之生平於窀穸丘，以告幽明。銘曰：

三亭降英，仙李擢秀。濂洛宗旨，千載俎豆。君學既邃，而位不副。搴彼芹藻，芃彼薪樗。入拜馨宗，出教齒冑。經義治事，湖州有後。人之云亡，失此耆耇。封域既安，松柏斯茂。于斯萬年，比天地壽。

（文見錢儀吉《碑傳集》卷一百十一。王興亞）

皇清特授提督浙江學政按察使司僉事伯遜靳公墓誌銘

翰林院檢討冉覲祖

公諱讓，字伯遜，一字益庵，世居尉氏青龍岡。曾祖於莊，邑廩生。祖滋旭，鄉飲耆賓。父標彩，邑庠生，以子令浙之宣平，受封如子官。母高氏，封孺人。曾伯祖於中，明刑、工二部尚書，營別墅密之具茨山麓，避寇氛，挈家以居。而公生焉幼擅慧性，誦讀倍常兒，為文自出機軸，雋快無晦澀態。十五入邑庠，屢試高等，食餼。己酉登賢書，丙辰捷南宮，己未廷對，賜進士出身。歸，益肆力於學，以聖賢為程式。

丁卯，謁選授宣平令。值旱蝗為災，鄰邑相視因循，公請蠲賦甚力，受知巡撫張公鵬翮，獎為賢令。己巳，封公卒於里，匍匐奔喪。資斧弗給，貸於友，始得歸。乙亥，補官汾西，罷里差、減耗例；訟至立判，人無冤滯。清編審之冊，而丁無虛冒；正夫婦之禮，而婚不亂倫。歲旱民饑，擅自停徵，發所貯倉穀以賑，而民不至流亡。聖駕北征，晉屬例有供應，入計費酌取，皆存籍記，無橫索中飽之獘。次年再供軍需，公念民力已竭，即出正賦以辦。時諸邑騷然，汾民獨以無事。其事亦尋已，巡撫倭公倫特加獎賞，連委隰州寧鄉攝篆，而且以列薦章。張公鵬翮復首贊公賢，乃有侍御之擢。或以重賄求代言某事，公曰："吾不以鬻本規利也。"自繕三疏入告，一言察吏安民，實行教養；二言禮部解冊解卷之費宜革；三言沿邊同知，宜簡用。後二疏，下部議行，而首疏所指陳過於切直，皇上疑其大言無實，試之繁劇，以觀其效。左遷通州守公，布衣羸馬，戴星以赴。其禁私錢，則究鋪家以絕其流，斷私鑄夾帶以塞其源。其審結禁河打魚一案，則別真贋，分旗民，誣者獲免，犯者薄懲。二事能稱旨，威望以之日隆。旗莊諸作奸者，概繩以法，不少貸。有謀開麥豆總店以專利者，侍衛達於宸聰，諭部行查，公具牘申覆，言其無例，事遂寢。有謀開薑總店者，托以囑公曰："吾不能媚貽害地方也。"拒之。派養駝馬供應殊苦，而監牧之員，遇地方官無大小，皆陵虐無禮。公正色臨之，乃不敢慢。其他善政可以尋常意計，而指數者傳之通人，不能縷述也。

會九卿保舉學差，公初不與，皇上憶公名，特命提督廣西學政同保舉諸人，試以詩文。蒙天語褒嘉，賜御書一幅，勅部改銜，以僉事道赴任。粵西文教，素萎薾不振。公至，加意鼓勵文武生童，各有刮磨自奮之意。試未竟，復奉命移浙易道。而院浙文較粵稱盛，而弊較粵實多。公深為防維，搜剔殆盡。其課士則先德行，後文藝；其校文則先理致，後詞華。浙固才藪，亦皆翕然悅服，稟教恐後焉！其不納苞苴，不受請托，在公不待言也。

聖駕南巡至蘇，賜玻璃盤一對，綠石硯一方，墨一匣，羊二隻，食物十一種。至杭賜御書一聯。公懇請御書匾額以榮母壽，隨賜"天麻堂"三字，後復賜"萱庭春永"四字，賜公御書唐詩金扇一柄。駕旋至蘇，賜皇輿表一部，松花石硯一方，皆異數也。公以母老乞終養，不俟命下。而歸日，太夫人寢疾，謹視飲膳藥餌，日夜不離側。踰歲，太夫人告終。公執喪，不延僧道，不拘陰陽，設奠不計七，開弔不掛幛，不動樂，發引不請路奠，題主不倩點硃，從禮不從俗，以誠不以文，子道克修，於風化有裨焉！其孝友媚睦，諸行備美，鄉黨宗族，尤我稱之。公既以哀毀致疾，延之服闋，猶鬱鬱不自寧，終以弗瘳，竟溘然棄人間世也。跡公生平為臣忠，為子孝，可稱完人。較其任之始末，為令、為守不媿循良，為御史不負言責，為學使不玷文衡，又可稱純臣。若夫荷皇上深知而位不躋台鼎，誨不徧海宇，乃數使然。在公不可謂不遇也。

公生於前癸未八月十六日子時，卒於庚寅九月十三日丑時，享年六十有八。元配同邑庠生傅淇之長女，卒贈孺人；繼扶溝庠生盧世印女，封孺人。生子四：基、址、堃、垵，皆廩生。基娶同邑生員張維新女，址娶同邑候選州同知王曰恭女，二婦皆蚤亡。堃娶通許福建提學道司百職女。垵娶同邑辛酉舉人王階女。女一，適鄢陵縣太學生梁承震。孫男三：綱、維、經。綱、維，基出。綱聘扶溝盧克恪女，維聘同邑己丑進士、候補內閣中書張端翊女。經，址出，未聘。孫女一，址出。許嫁未行。堃、垵先公卒，基以維為堃後，基、址卜吉於康熙五十年辛卯三月初八日，葬公於廻龍岡先人之兆，問誌銘於予。予與公雅相知，公所履之險莫如通，而名之最著亦莫如通。方予官禁院，時公以御史言事，被謫守通。及以提學粵西去通，入都，皆予耳目所及，每深歎有烈丈夫風。故撮其大端誌於石，且為之銘。銘曰：

司空避地，別墅是營。具茨攬秀，公也挺生。年當舞象，發跡尉氊。文陣奪標，藝苑揚旌。釋褐出牧，兩奏循聲。晉秩臺端，朝陽鳳鳴。三疏聯入，仰贊昇平。天威震動，重以責成。履險若易，坦受靡驚。力任繁劇，法嚴令行。豪強屏息，姦宄匿形。旗民安堵，畿輔肅清。帝念弗釋，憶其姓名。特宣與試，授之文衡。由粵移浙，惟公惟明。蒐羅才俊，綱開八紘。翠華臨幸，賜予充盈。宸翰迭頒，母子均榮。終養循禮，居憂矢誠。哀毀之餘，沉疴斯嬰。巖廊虛左，梁木頓傾。永謝華屋，妥茲佳城。淑氣盤結，郁郁晶晶。為世之瑞，為家之禎。

清康熙五十年三月。

（文見道光《尉氏縣志》卷二十《藝文志·墓誌銘》。席會芬）

重修尉氏縣城垣碑

邑人舉人戚作鎛

豫《總志》曰："岡阜環布，河溝合流。"以狀河南景切矣！而以狀尉邑尤切！第尉地力磽薄，當衝道恒不易理，又夙遭流寇慘毒，荒陣之毀圮未修。漬沒之城隍，有患採風過境，曷禁流連。我邑侯施公，西川傑士，製錦長才，來任此疆域，不以割雞為嫌，不以治絲為苦，一切輕徭緩役，築防通澤，祛城社之狐鼠，恤閭閻之心力，罔不備至。獨念雉堞不修，無以保障，慨然請諸上憲，力興其役。噫！茲城之失修也，由來久矣。聽父老傳聞，考碑記載，自崇禎丙子後，不聞此舉。雖我侯才與力足以成之，然非一手足之烈。吾儕旁矚方計，運物料，徵力役，權支度，惴惴焉觀成非易。乃我侯則未嘗病民，亦無緩事。不藉謀於工曹，心自籌畫，約計磚若干，灰若干，椿柱、繩索若干，始終時日幾何？職事人役幾何？明白開載申詳，上請上憲，心會首肯，允從所請。侯即選勤慎胥役數人，偕四方公正鄉保，教以庀材鳩工，視食物之貴賤，而上下其值以償，又當堂給發帑金，役無中飽。人既沐平日之慈，而又感臨時之惠，咸為奮勇趨事。侯又不時臨視指揮，躬親拮据，由是人愈感奮。雖勞慰之頻加，益竭蹷不肯休息，真有如鼛皷弗興，而百堵皆作者。今不數月，而百雉巍峩矣，重關鞏固矣！壯數十里道路之觀，恢數百年規模之舊。鄉遠庶民有望而驚歎者，曰："興茲大役，吾儕若不聞焉，何我侯之不欲累民也！夫立政貴得其大體，撫彫敝之殘疆而首峙金湯，徐諧眾志。我侯真能立乎其大，從此跨夸門之勝，著中牟之異舉，宏綱張細目，布政優優，俱可於修城之舉，見其一斑歟！"用是勒之貞珉，以垂奕禩，庶我侯修廢舉墜，奉公愛民之心，亦藉以不朽云爾。

乾隆十七年。

（文見道光《尉氏縣志》卷十七《藝文志》。席會芬）

重修閻王殿碑記

邑人副貢張志彤

古今人之立言，苟可以曲通乎正理，少有裨於世教，而無大傷於人心風俗者。則不論其言之虛實，事之有無，而其說亦將與天地無終極。浮屠之說，吾儒所不道，其論身心性命之理，余誠不敢以附會。而其所謂人死之後，必見地下十王，善則送入天堂，受諸快樂，惡則墮諸地獄，受諸苦楚。雖屬子虛烏有之談，然其言則誣，而究其言所從來，則亦本於警俗勸善之意，而可曲通於先王神道設教之旨者也。蓋自恃行不軌而逸樂終身，行善修德而禍裁數遇，人皆疑天道之無知。而為善者日以懼，為惡者益以逞矣。昔之君子有慨於中，思有以補治教政刑之所不及。爰取浮屠氏之所謂十王者，搏泥為像，袞冕赫奕，且牛頭怪侍，惡狀獰獰，刀出劍樹，森然羅列。於是，世之一切為鴟為梟，如鬼如魅，姦邪讒佞欺負之徒，莫不觸目警心，思有以改行易轍，冀免剉燒舂磨之孽報。是浮屠之有裨於世教，而為功於人心風俗者，非淺鮮也。吾鄉留石寺後，舊有廣生廟，後來鄉人踵事增修，復於左右創建閻王廟，謂廣生為人之生地，而閻王為人之死所，並建於此，則原始返終之義備矣。但歷年既久，雀鼠穿齧勿論，金碧剝落，丹堊黝朣，而敗瓦頹垣亦幾無以蔽風日而禦雨雪矣。近有鄉耆姬文徵、周國璞等，議為駱山之遊，既而行不果，乃改議修補，以結善緣。偶見斯殿之壞敗，而盡然傷心。於是，為瓦、為椽、為楹、為欄，皆撤其敝而完全之，易其舊而更新之。蓋計其費約三百金，而局外止一王君，施瓦千餘，其他則盡取資於社金焉。事竣，問記於余。余竊維十王之稱，先儒恆斥為浮屠之誑誘，然苟誑誘人為姦邪，誑誘人為讒佞，誑誘人為欺負，則其道誠不可使之。一朝存於世，而觝排攘斥之功，誠不可以不力矣。若誑人以修德行善之理，而誘人於子孝臣忠之路，使人盡化其鴟梟之性，絕其鬼魅之謀，則吾將唯恐其誑之之不巧，而誘之之不殷也。三途並設，六道輪迴，諄諄示天下，以善無不報之福，惡無倖免之戮。雖或疎於生前，猶必償於身後，是即濂溪誅死者於前，所以警生者於後之意也，而又何惡之？與有今鄉耆姬文徵等，以遊山之資，易而為斯重修之舉，其亦有警俗勸善之志乎！余故樂得而記之。

乾隆十七年。

（文見道光《尉氏縣志》卷十七《藝文志》。席會芬）

重修杜萊國公□明杜先生廟記

天下事有可連類而知差形，而見者大□。魏鄭公廟與杜萊公祠，□初唐全為佐命元勳，共襄太宗朝，□後特稱壽世勳臣，千載咸隆祀典。既建魏塚於古宋樓鎮西，亦立杜祠於古宋樓鎮南。聳而翠者，萊國公墓與廟，環而□者，萊國公雲若，仍歷朝設奠，由來舊矣。不知者故以將軍廟為晉大夫預謬載邑乘傳，疑未詳是泥將軍二字，而妄擬武庫耳。詎知偉丈夫才兼文武。唐官制出將入相。先生在唐有凌煙閣，事實亦攷《祭典》，至明有觀音堂碑文可據。魏鄭公廟墓又□比類而見，其為萊國公先生，夫何疑？嘗攷高孝基謂公曰："君有應爰才，必作棟梁器。"公名揚於隋文帝時，實始仕於唐，為秦府兵□參軍，遠披史冊，已有確拠。其近訪杜氏譜牒，將軍之稱，家傳以是，又何議焉？總稱善□、稱善斷，先生孅於房。始秦王，終秦王，先生即高於魏。至於豐功偉績，綺麗文藻，不待枚舉，自昭垂宇宙，遺子孫云。夫名在即神在，□存其祠存。無論□周，迄今杜陵瀛州，侯伯公卿盛於二十□朝，文人學士遍於一十八省。即我洧越四鄰，州郡近附遠屆，支流派衍，何莫□□先生□係所存，神靈所庇，□□是出耶！是故大祭出自朝廷，特隆襃封鉅典，時祭舉於胤嗣，實爲報本孝□。茲者先生賢裔，爰□其廟，爰肅其祀。雖朝祭廢自明季，而家祭永垂奕禩，芳躅猶存，至德終顯，後王溯□徽而崇祀典□。先生□祭，安知公駕隆於魏鄭公歟！

後學庠生穆允中心傳氏撰並書。

公次□□□石。

峕皇清乾隆二十九年歲次甲申姑洗月立。

（拓片藏尉氏縣文物保護管理所。王興亞）

重修樂利渠並葺磚橋碑記

唐中

渠名樂利者，何取意也？向無名，今何以名垂後也？南曹東西兩陂，土肥地下，值霪雨，水無所出，人甚病之。有明末年，挑挖渠溝一道，闊約六尺，□面倍之。自南曹陂起，北經漄兒張家莊東首，漸次而東北斜流入太溝河，後壅塞。康熙四十九年，奉上憲檄，又從而疏通之。歷乾隆四年，大雨連月，又奉胡河帥檄，疏通一次，此時尚未有橋梁也。至乾隆二十一年，施邑侯勘驗疏通並磚橋六座，數年不被水患，皆侯力也。日既久，渠復塞，橋亦崩壞，乃與鄉隣公議，壅者挑之，崩壞者新之。衆志協而人心奮，用力少而成功多。農夫樂豐稔，行人利往來，因名之曰"樂利渠"云。有作者踵而行之，則樂利綿延於無窮矣。

清乾隆三十六年。

（文見道光《尉氏縣志》卷十七《藝文志》。席會芬）

重修中嶽大殿碑記[1]

汴西南隅舊有高廟地名，離城五十里，有中嶽神祠一區，歷年久遠，風雨頹敗，住持目睹心傷。日切重修之意，慕化四方善士，各捐資財，其中有朱恭芳施石灰一車。□秋石匠王良三百，聖像輝光廟宇，既而工程告竣。姓名開後，以昭來世云。

---

[1] 原碑此處有一行小字模糊不清。

中邑儒學生員□□□撰文並書。[1]

乾隆四十五年歲次庚子仲秋吉日。

(拓片藏尉氏縣文物保護管理所。王興亞)

三賢祠碑記

邑侯張大鼎

尉治北門外舊有碑一座，榜曰"三賢故里"。考之誌，乃戰國時尉繚、漢蔡邕、晉阮籍也。三賢之子孫皆式微不著。邑南有蔡家庄，人户尚數百，或即邕之支派；西南有阮姓數家，為尉老户，其為南阮與北阮與，皆未可知。尉氏無有存者，而邑之得名實以此。夫三賢之在當時，功業無所表見，而其志趣文學，輝映後先，蓋有不可磨滅者。尉繚值七雄之世，閉門誦說，不求榮祿，輕千乘而不顧，脫軒冕其如屣，視蘇秦、張儀之徒，相去遠矣。伯喈曠世逸才，不幸為董卓所辟，致遭慘罰，然其忠孝之節，見於章疏者，昭昭若揭。阮籍為瑀之子，駿才妙識，度越其父。當魏晉易姓之際，不欲居顯職，獨請為步兵校尉，彼其托於酒以自放，豈真猖狂無忌者哉！吁！使三賢遭際治隆，得以竟其匡時之略，報主之誼，當有卓然可紀者。顧皆生不逢辰，沉淪草野，困阨下僚，甚或不能保其所終。徒以清風亮節，英詞卓論，為後世所稱說，是三賢之不幸也。然以區區之尉，而克生此三賢，三賢不幸，而尉則□幸矣。余待罪於此，慕三賢之芳躅，因於學宮旁、文昌閣後，特闢屋三間以祀。庶三賢之靈爽有所式憑，而亦令尉之人士觀感興起，於以敦其行誼，奮志文章，駸駸乎繼武三賢，是又尉之大幸也夫。

清乾隆五十二年。

(文見道光《尉氏縣志》卷十七《藝文志》。席會芬)

重修文廟碑記

邑侯張大鼎

恭維文廟之建，所以尊師重道而興教化也。自都城以至邑治，莫不有廟；自天子以至庶人，莫不有事於廟。是其為典至鉅，其制不容隘，而況頹圮乎？余自丙午恭奉簡命，來蒞茲邑。越日，齋祓謁廟，見殘垣頹屋在在而是，周視前後，僅餘大成殿兩配廡，櫺星、戟門二座，餘皆蕩然無存，存者亦復卑隘欹側，不足妥神靈而襄祀典，愀然久之。宮旁當有學署，為司鐸者棲息絃誦之所，乃亦廢無形跡。兩學師僦居民間，同於寄客，益可歎已！

---

[1] 捐資人姓名共十排，每排十三人，字迹不清。

是時，余即有意創修，苦於費無所出。尉又小邑，度廉俸不足辦，兼遭連年大荒，民戶凋耗，亦卒未能舉此。遲之期年，歲則豐稔，閭閻稍有儲蓄，躊躇再四，慨然歎曰："廟之廢也，幾及百年矣！司牧者率因循以至於今。使復蹈前愆，視若無關，而不急為修舉，更數十年後，竊恐廢者日益廢，存者亦不復存。俾先聖宮牆，鞠為茂草，是誰之過與？"爰集闔邑紳士而謀之，僉曰："可。"余乃首捐廉俸以為之倡，俾紳士各量力以欵助。而又慮諸紳士之力之未能有濟也，於是，人付一冊，俾持以赴鄉，凡為士而誦，農而耕，居奇挾贏而賈而商者，皆不計多寡，聽其樂輸焉！不逾月，計所得錢將四千貫，并余所捐項，似可蕆事。乃進邑佐王君，語之曰："廟可新矣！然余勞於簿書，能創建之而未能經營之。君素幹練，諳於造作，其往督乃工。"王君欣然襄事，擇紳士中能者數人，分任其事，或庀材，或鳩工，以及經理、出納，往來催督而已。獨總其成，指示擘畫，與眾匠齗齗然經日不休，可謂勤矣。

自春徂秋，九閱月而廟成，學署亦告竣。見夫高聳而宏麗者，大成殿也。軒爽而深暢者，明倫堂也。啟聖宮則復以重垣，另為一院，最後之敬一亭，與旁之忠孝、節義二祠，亦皆磨礲丹雘，不使稍形簡陋焉！前之廡屋櫺星戟門，規模雖仍其舊，而或易以榱柱，或覆以碧瓦，低者升之，隘者廣之，與新建者無異。邑紳士相與致頌，曰："是廟之廢，故老皆莫能知，已非數十年內事矣。前之宰是邑者多矣，而獨成於公。公之名當與廟不朽。"余曰："諸君知吾建廟之事，而亦知吾建廟之意乎？古者天子之學為辟雍，諸侯之學為泮宮，皆所以宏教也。而教必溯所自，於是，設先聖先師之位，行釋奠釋菜之禮，自古迄今載在典故。今國家尊師重道，興起教化。京師既建太學，而府而州而縣亦各命設學，而吾尉獨廢，甚非所以仰體聖朝德意也。且夫無廟則師道不尊，師道不尊，則教化不行；士習壞、風俗偷，率由於此。余之汲汲為此者，誠欲學者，睹聖人之宮牆，窺聖人之美富，循乎仁義之途，博乎詩書之訓。日以三德六藝相切磨，歲以進士造士為期許，此乃余之所厚望也。若採一藻，折一芹，即詡詡然以自誇大，而曾不知聖人之道之教之為何，是大負余建學之心，又何足以語學中人哉！"紳士唯唯而退。余因備述以綴於碑末。

乾隆五十三年。

（文見道光《尉氏縣志》卷十七《藝文志》。席會芬）

文昌閣碑記

邑侯張大鼎

文昌居帝座之前，其星兩兩對峙，光輝燦爛。大宗伯所稱司中、司命是也。古者茍聞祀星，厥後求其人以實之，或謂周宣王時以孝友著者，或謂漢時生於梓潼里者。凡士人文章科第，咸職掌焉。尉治舊有文昌祠，甚卑陋，而與火神祠相隣，邑人多謂非宜。余於戊申歲創修學宮，前後數十楹，煥然一新。學宮之右，建立學署，其左獨缺。形家謂左右宜均。因思舊祠既卑陋非宜，而是地尚缺然待補。爰搆材鳩工，別創文昌閣。閣上供帝君像，下設朱衣神以配，其於學宮形勢，固大有裨。而且城之東門上，有魁星樓一座，相去僅數十武。余復修葺之，與文昌閣遙遙相峙，誠宜之至也。吁！余之多方相度，斤斤為此者，深望尉之人士得地氣之靈，荷神明之助，於以振起文章，掇巍科，登高第，置身顯位，為國家創立功業，延譽無窮耳！夫豈飾一時觀瞻，耀四方耳目，俾過斯閣者相指而稱曰："是某邑侯之所建也云爾哉！"閣成，為記其所以建閣之由。

清乾隆五十三年戊申。

（文見道光《尉氏縣志》卷十七《藝文志》。席會芬）

修建城隍廟碑記

邑侯張大鼎

幽明一理也，明則有王法，而幽則有鬼神。凡所以勸善懲惡，初無或殊。然其顯而易見，信而可徵者，鬼神之中，又莫如城隍。城隍之職不一，在都城則為都城隍，在省會則為省城隍，在府在州在縣則為府州縣城隍。一似國家設官建職，上自宰輔，下至牧令，大小相承，以統率兆民，而糾虔其得失。故世人之尊信是神，亦儼若父母官，長之顯臨於上，不敢稍有越志焉。

尉之有城隍，而城隍之有廟，由來舊矣。乃歷年久遠，風摧雨蝕，日積圮頹，不特無以妥侑神靈，亦非動民觀感，而悚然生其畏懼之心。宰是邑者，將與之相助為理，豈可過而不問乎？考是廟創於有明洪武年間，歷成化、正德、嘉靖、萬曆及我朝康熙、雍正時，屢為修葺，至於今不廢。其神素著靈驗，相傳明季時，有流寇攻城，勢甚危，忽風從廟起，賊望城上甲騎殆滿，遂相率遁去，此其最奇者。余於丙午歲來蒞茲土，自愧撫理之道，多所未盡，不足感召天和。而數載以來，年穀順成，獄訟簡少，得與吾民共享盈寧無事之福者，皆神有以陰庇默佑而保全之也。夫城隍之有功於尉，彰彰若是。宜尉之人思欲大新其廟，以酬報神者，無所惜矣。先是戊申年，余曾修建學宮，費鈔七千貫。今計是廟工用不相上下，深慮蕞爾邑未能數舉此大功。乃邑中紳民咸曰："事可辦。"且曰："惟公在，則可辦。"余因毅然力任，急為捐廉以創，并發捐簿若干冊，俾二十保士農工商量力輸助。未幾，集成前數。遂飭材鳩工，將前後正殿，兩旁廡屋，及中間之飛廊，戲臺外面之山門、鐘鼓樓，悉行拆毀建造，而規模之宏廠，材植之壯巨，金裝丹飾之輝煌燦爛，較前之葺屋數楹，裝像數尊，因陋就簡，以塗飾一時者，蓋相去遠甚矣。自茲以往，吾知城隍之神，得安厥宇，其所以庇護吾民，俾永無水旱之災，疾癘之阨，寇盜之警者，將被澤於無窮。而豈僅示一人之報，昭一事之驗，為四方所聳動而敬禮也哉！顧是廟經始於辛亥孟冬，落成於壬子仲夏，七閱月而成。此巍然煥然之大工，又豈余力所能哉！蓋董其事者尉之紳士，日趨工所督飭匠役，俾無敢冒濫而或曠，而又總理一切，若者宜先糾工，若者宜先策力，相度咸得機宜，遂事半而功倍云。

清乾隆五十七年仲夏。

（文見道光《尉氏縣志》卷十七《藝文志》。席會芬）

代邑侯李公重修七里頭平政橋碑記

邑人楊炳麟

國家慮民隱之莫悉也，特置邑令以父母之。然後，利其用而厚其生，而民有歌甑生塵而釜游魚者。嗚呼！虎何以逃？蝗何以滅？四境之內，孰是其可恝哉！邑之迎恩門外七里頭，有磚橋一座，東跨深潭，西連波溝，緣失修就圮，行旅不利，商賈罕通，民嗟病涉。予奉命蒞尉，目擊而心惻焉。乃詢及邑之紳士父老，謀諸僚屬，慨然以濟人是任。而仍址建造，易磚以石，如出一心。謹詹辛酉仲春之吉，捐俸興工，邑佐祝公亦助以俸。紳士劉壯、韓廷彩、張自德等樂承予志，廣為勸捐而董其事。而農夫、樵子咸來趨事，奔走而恐後焉。此可見為吾職之所當為，即為人心之所欲為，而父母赤子之相維相恤於不能自已者，類如此。夫四閱月而告竣。農夫喜，商賈通，行旅便，而邑人歸功於宰。雖然，宰何功焉？苟不至以不知為政，貽誚後人也，亦幸矣。敢以區區小補，謂足上答君相望治之心，而邊告無愧於父母斯民之責哉。吏民請名其橋，命名曰"平政"。蓋亦奉教於子輿氏也云爾。

清嘉慶六年荷月吉日。

（文見道光《尉氏縣志》卷十七《藝文志》。席會芬）

魏關內侯散騎常侍嗣宗阮籍墓碑

魏關內侯散騎常侍嗣宗阮君之墓
大清嘉慶十二年。
欽差兵部侍郎兼河內巡撫提督軍門實授浙江巡撫古尉氏阮元敬書。

（碑存尉氏縣阮莊村。王興亞）

重修蔡中郎祠碑記

邑人歲貢朱淑孔

蓋聞名高者聲遠，德厚者澤長。不獨聖賢然也，即文人奇士，一事之奇，一行之異，足以流傳後世者，後之人往往指其廢跡殘踪，表為名區勝境，以寄憑眺。雖其事跡未必皆實，考據未必皆當然，而人心向往，未有不信其所疑，而不肯疑其所信焉。

吾村舊有中郎墓，迤北有蔡家莊，迄今千有餘年矣，歷代相傳概無異辭。又徵之邑乘云，城南四十五里，有蔡稜墓，中郎墓附焉。既有其居，又有其墓，似乎可信而未可疑也。雖然，亦有可異者，中郎陳留郡人也，而陳留郡甚廣，及今陳留、杞縣、祥符，皆有中郎墓，而陳留又立其祠堂，刻其遺集，欲以徵信。然鈞陽則去陳留甚遠矣，又聞亦有蔡家樓中郎墓，抑又何也？蓋以奇節偉行既彪炳於漢史，流風餘韻又昭著於後世。而後之人仰而思，愛而慕者，故不詳核其贗真，援以為信，欲以為本地之光。亦如首陽之山不一山，而山山皆有夷齊塚；峨嵋之山有二山，而二山皆有東坡墳焉耳！奈或者不察，誤以為某某其後，豈知中郎之墓不一區，蔡氏之族遍天下，將以何墓為其祖？何族為裔乎？且陳壽《三國志》中郎祇生一女，而乏嗣也，蔚宗《羊祜傳》中郎固有後矣。然以葬其父一壟亦足，何㲯於數處也。或曰："蔡氏茂林為弟子阮瑀祖道處，斯誠然也。"雍邱圍城，道旁殘碑中郎手書，庸獨非乎！而乃援以為某祖異矣。吾八世祖治亭公，仰其高風，卜居墓側，捐地一區，創立祠堂，誠盛事也。奈歷久頹敗，舊址僅存，吾先子聚族而謀曰："此非吾祖之所成乎！鐻金修築，廟貌巍然，倏焉改觀。不意及今僅三十餘年，而荒蕪亦甚矣！祠宇雖存，而樹木斬伐，道路交衝，荒煙蔓草，幾成狐兔之場，嗟乎！吾先祖創建於前，吾諸父增修於後，所以崇祀先哲者，為何如而乃致令若此哉！"因與叔姪兄弟共議捐修，即其地基崇其牆垣，週圍樹以槐柳，繞墓植以松柏。十年以後將見林木陰翳，鳴禽萃止，黃童白叟於焉登臨，騷人遊客互為嘯歌。名勝之地，巨麗之觀，可俟而成也。倘後世子孫覽茲佳麗，感發興起，善承先人之志，繼繼繩繩，修續相仍，則此祠此地可以永久而不廢矣。然又竊有感焉，人特患生無其德，死無其名，是掩沒不彰耳！倘有聲施後世，德垂奕禩，未有不尸而祝之者。不然中郎去今千百年，何自吾祖治亭以至於今，而俎豆不衰也。然則斯舉也，不獨上承先志已也，亦可使後世子孫鑒前修之芳徽，思先祖之盛舉，羣焉共作，是仰是承，以成孝弟慈讓之風，不失和輯雍睦之義，則其有裨於吾族者，豈淺鮮也哉！至中郎軼事載在漢史，不敢侈陳懼賣也。
　　清嘉慶十三年。

（文見道光《尉氏縣志》卷十七《藝文志》。席會芬）

重修嘯臺記

　　施義爵

　　尉城之東有嘯臺，高十五丈，廣二丈，為屋三楹，晉阮嗣宗舒嘯處也，然不知創於何代。按之邑志，亦僅曰嘯臺跨縣之東城，而記載無聞焉。唐、宋以還，代有嘯臺之建也，由來久矣。數千年間，俯仰陳跡。其所存者，嘉靖四十年，邑令金華章公所營構，亦日久漸圮。歲辛未，予蒞是邑，登斯臺，愀然者久之。已懷修葺之志，然甫履斯土，百舉未彰，雖彈丸一城，週遭殘缺，幾無完璧，何嘯臺之亟亟也！壬申春，請帑藩庫，鳩工匠，購磚瓦，大為修葺，半年而功竣。向之殘缺廢裂者，堊塈一新。然譙樓未備，終多缺署，又捐公項八百金有奇，樹敵樓，營馬道，甲戌三月落成焉！始以所餘磚石材木，為之培其基，飾其宇，顏其額曰：嘯臺。不數日而頓然改觀。此李崆峒所謂"萬古春城，碧草環蒼臺，只在白雲間者"，良不虛也！夫人之遇合無定，事之成敗有時，計有臺以至於今，不知變遷幾代，興而廢，廢而興者，亦不知更歷幾手。乃以百餘年未修之城，百餘年未葺之臺，順時因類，一旦而更新之，豈非步兵之靈歟！考邑之古跡，猶有尉繚子臺在城之東北隅，一名看花，一名梳粧，皆蔓艸荒煙，僅存遺址。是不過游冶留連，藏嬌逸樂之所，其有無，無足輕重。而嗣宗七賢之首，一代名流，雖清狂傲慢，不拘禮法，然大閑未踰。觀其堅辭蔣濟之辟，醉止鍾會之請，真有鴻飛冥冥，弋人奚慕之概。視世之外托撝謙，中懷棘茨，怡然自喪其身名者，不且霄壤之別哉！披烏之赤也，人慕其休巾之墊也，人倣其製，廻車記返轍之鄉，墜驢識笑言之地。學士之於前賢，每傳一事以寄其景慕，則存斯臺也，亦以見人往風微之意。而登斯臺者，庶幾興矯俗振世之思，若僅為修飾古跡文采，是尚以避風塵俗吏之名也，則吾豈敢！

清嘉慶十九年甲戌三月。

（文見道光《尉氏縣志》卷十六《藝文志》。席會芬）

邑侯施公祠堂記

邑人唐縣司訓楊慎行

國家之重守令也，何為乎！無非欲好惡，與同奠斯民於袵席而已。得其人，則一邑蒙其祉；不得其人，則一邑罹其憂。親民之官，任莫重焉！然而難言之矣。才鉅者，高視濶步，視民間雀鼠略不經意而委轡任之；識拘者，又泥於簿書齟齬拮据，慮弗克勝任，而剔奸鋤蠹毫無聞焉。甚且有以擊斷為能事，以苛察為聰明，以尨茸為寧貼者，此吏治之所以難純，而良吏之所以鮮遘也。邑侯施公，少登高科，任學博秩滿，綰符尉邑。邑固衝衢，土瘠民貧，車馬芻荛之供億，冠裳弁髦之往來，所在絡繹。而民情屈抑待剖折者甚夥，且數年之中，四方多故，告糴者有南國，用武者在西陲，羽檄交飛，分乘旁午，而公之應之也。獨以暇汛舟之役，三活哀鴻于泗水。勞師之事，再馳雲騶于榆關。輓漕洪泉而誅求之獘絕，析薪河上而科歛之規除。其經理城猺池也，更替均而役無偏苦；其疏排津濟也，畚錙興而波盡安瀾。若不必築之隄防，嚴檄頻加，類董宣之強項；應剗除之奸宄，威刑不赦，如張詠之持平。他如貫索不盈，案牘鮮積，鈞金束矢之偶覺則寬之，青麥新絲之未賣則緩之。故白叟黃童如飲甘醴，伍伯輿隸若隕青霜。詩曰："不競不絿，不剛不柔，敷政優優，百祿是遒。"此之謂歟！是以公至甫期年，即頌聲大作，民為之製錦衣，參祿座。再踰年，而立碑碣。又踰年，而建生祠。嗟乎！豈民俱真有餘財稱好事而汲汲焉為希寵官司計哉，亦被澤者深歡欣愛，載動於情之不自已也。夫漢代神雀五鳳間，號多循吏，亦非有殊尤奇績，不過勸課撫綏之得宜，吏習民安已爾。彼羊叔崇峴首之碑，朱邑永桐鄉之祀，飲水思源，誠千古美談。今尉民之眷戀於公，而建祠以祝者，不亦今昔一轍耶！公年方未邁，以太孺人壽逾八旬，念切鄉里，公仰體親意，即日陳情以終養，請上允之，旋將束裝作歸計。闔邑士民如失慈母，惶然莫措。囑予作文，勒貞珉以垂不朽。夫公之德感深入民心，固無待余之揄揚。然藉爲惇史，以俟輶軒之採，寧非厚幸乎哉！公諱義爵，蜀之銅梁人，己酉經魁。祠成於甲戌孟冬上旬，而公之告養，則柔兆困敦之菊秋也。

清嘉慶十九年甲戌。

（文見道光《尉氏縣志》卷十六《藝文志》。席會芬）

獄空碑

獄空
道光三年。

（碑存尉氏縣文物保護管理所。王興亞）

清誥授中憲大夫湖北督糧道雲邨劉公墓誌銘

【誌文】

皇帝御極之二十五年，歲在旃蒙大□落。余恭庸簡命，典試春闈，劉子鴻恩爲余所取士，觀政刑曹。丁艱歸，郵寄其王父雲邨公行實至京，乞余誌其隧石。余素聞公名，緣內廷供奉，無暇識荊。然側聞公之懿行，心竊慕焉。

按狀：公諱恒□，字鍾□，雲邨其號也。遠祖晉之洪洞人，遷尉，世有隱德。四世祖諱澤遠，字祥明，明□廪□□□□尉，守城殉難，崇祀忠義祠。嗣後，代有聞人。至冰壺公諱致中，字且和，與胞兄諱撫邦，厲志下帷，學大進。撫邦□不樂進取，未登仕版。冰壺公成進士，□仕直隸，歷任分巡大順廣兵備道，循聲卓越，崇祀鄉賢。子二：長諱壯，字銘東，□□砭南城指揮，順天府管糧道通判；公居次，幼歧嶷，受讀穎悟，見者目爲大器。冰壺公致仕，公承歡膝下，色養惟謹。性友愛，兄弟之間怡怡如也。冰壺公捐館舍，公號泣擗踴，哀毀盡禮。服闋，援□工例，奉以同知選用，選拔廣西平樂捕盜同知。奉母之任，權滕縣篆。三月，調思恩府理苗同知，署駐百色，距省窵遠，僻處山陬，爲盜賊藪。該處曾有會匪滋事，羽黨互相煽□，搶劫焚殺多□。公涖任，即移檄該營守備，會剿捕擒，民獲安堵。所屬土州向無學校，公仿古讀濂禮，每朔望爲之講孝弟睦婣任卹之誼。數年之間，民風丕變。丁內艱，歸。紳民不期而會者數千人，遮道攀轅依戀不忍去。安葬後，候選都門，揀發直隸，攝篆深州。見黌宮傾圮，捐廉修治，並葺義倉、義塾。案無留牘，屬無廢事。

補順德府監捕水利同知。順德地當孔道，徭役繁多。時值西兵凱旋，差務絡繹。公籌畫詳備，民不知擾。首邑邢臺地多水，土人壅以溉田，每曲防自□爭訟紛沓。公親爲勘驗，開導指示，罔不悅服，立碣永斷葛藤。援酌增例奉天以□員用，選授湖北督糧道。荷蒙召見，詢□家世。公據實陳奏，天顏溫□□。南下，便道歸里省墓。抵任，接辦新漕，各屬漏卮槪從裁汰，嚴飭□弁收。兄公允，次第開邦，舟行無滯。公性剛直，不事奔兢，遂以原品致仕。歸家後，敎子課孫，綽有餘歡。

辛丑，河決圍口，撫軍□延公商酌守城事。公覿災民流離，急輸麥六百石，錢三萬緡，運省賑濟。復捐錢一萬緡，爲城河工費。丁未，河南饑。公諭賜恩，在京捐銀千兩，俱列奏牘，蒙恩優欽。又捐白米千石，爲本邑賑卹。其他如脩城垣、建書院、設義塾、刊邑乘六、節孝綿坊、溢孤貧口糧、或施地畝、或捐錢，以不下數萬金。邑人進扁額，推爲鄉先生。好善樂施，天性然也。公素蘊經濟，未□□鼎，不獲大展其具，謹以觀察終，論者惜焉。然積善之家，必有餘慶。今芝蘭玉樹挺秀階前，將來爲國楨幹，定能繼公之志而光前烈者。彌留之際，諄諄戒子孫，以守清白，勿以驕淫墜家聲，無一語及私。比卒，四鄉之人瞻仰靈幄，無不隕涕。生榮死哀，公實兼之矣。

公生於乾隆四十年八月二十六日未時，卒於道光二十九年七月初八日丑時，享壽七十五歲。子五：淸邦，山西長子縣縣丞，署岳陽縣知縣；錫耆，山東候補同知，承銘東公嗣；淸淵，光祿寺署正職銜；燦然，刑部直隸司候補郎中，賞戴花翎，俱承熙邦公嗣；淸泗，國子監典薄職銜。女八。孫男十二：鴻恩，甲辰舉人，□未進士，□部四川司員外主事；鴻章，增廣生；鴻德、三星邑庠生；鴻儀、鴻賓、景星、卿雲、天□□□□□儒。降服孫會霖，邑庠生。孫女五。曾孫男六：銘德、海潮、海晏、□德、寶□、海樓俱幼。曾孫女六，婚嫁皆望族。卜吉於道光二十九年十月十九日，葬公於城西之丹鳳崗。銘曰：

河嶽靈□，□□偉人。四方筮仕，布德宣仁。恩周異域，惠□鄉鄰。三賢媲美，無愧前民。佳城鞏固，松柏常新。緬懷遺愛，敬勒貞珉。

經筵日講起居注官太子太保文華殿大學士國史館正總裁內大臣閱兵大臣管理工部事務鑲黃旗滿州都統稽查欽奉上諭事□處文淵閣領問事管理行營南書房行走加三級愚弟穆彰阿頓首拜撰文。

經筵日講起居注官太傅武英殿大學士翰林院掌院學士文淵閣領閣事管理□部事務國史館正總裁加三級愚弟潘世恩頓首拜書丹。

欽命提督廣東學政日講起居注官右春坊右□子愚弟許乃釗頓首拜篆蓋。

道光二十九年十月十九日。

(拓片藏尉氏縣文物保護管理所。王興亞)

創建孫氏祠堂碑記

孫氏之稱望族也，由來已久。溯自昔康叔之後，爰有孫氏，歷代相傳多有奇士偉人。

賦比天臺綽木雅擅，金聲之響明同伯樂陽公，能空冀北之群，而且王之兵法八十二篇，帷幄永資秘策。思邈禁萬三十首，歧山疑擅響聖童。叔敖爲楚相循良之首，叔然稱東魯儒行之宗。歷古以來，孫氏之裔有傳人。但世系相行，族繁丁眾，派別瓜分，□之後，散處於四方。迨至明末，因闖賊之亂，公等糾合本村英雄豪傑，截奪伊等所掠官庫居民銀錢，結冤挾仇，懷恨弗釋。及賊踐位，尋殺孫氏，剪滅族眾。孫氏先人避難藏於石槽之下，幸脫其厄。後即以曹爲姓，寄居曹家村。週年來，孫氏族派多務讀耕，鮮有顯達，人幾歎孫氏之不古矣！然門第雖衰，瓜瓞猶綿於今；世系相承，昭穆可序於後。茲有震翁風樓榮身，以及本族諸公等思報先祖之恩，業謀滋息之計。以祖塋所生荊棘，隨年典當，積有餘貲，治買祀田數十畝。於道光二十八年，鳩工庀材，新建祠堂一座，敬請神軸一張。按次書主，以序昭穆。每至春露秋霜，脩其祖廟，爲其時食，永展孝思於弗替，猗歟休哉！公等此舉，豈非至善之謀歟！愚與孫氏誼屬至戚，聞是舉而喜甚。適又囑余作文，愚竊自維久疎筆墨，文理荒謬，固辭不獲，乃爲勉應。爰出俚詞以記之。

大清道光三十年歲次庚戌仲春下浣穀旦。

（拓片藏尉氏縣文物保護管理所。王興亞）

獄空碑

獄空
同治元年。

（碑存尉氏縣文物保護管理所。王興亞）

賜進士出身誥授資政大夫布政使銜陝西鳳邠道署理按察使劉鴻恩墓誌

【誌文】

儲道己未，補授鳳邠道，充辛酉科文武鄉試監試官。同治壬戌三月，署陝西按察使。四月，髮逆竄入陝境，逼近省垣，佈置城守事宜。省防粗定，而同郡告急，五月，帶勇往援，歷賊巢，入同郡，率同官民分段固守。賊匪百計環攻，八晝夜無休止。城中隨機守禦，槍炮不虛發，斃賊千餘，危城始克保。勇丁民夫中賊匪槍炮者六十餘名。起出鉛丸，裹創復守，死者十七名焉。八月，援軍至同郡，圍解。賊匪麕集西安，省垣勢正危，急奉檄還省。賊匪中途要截，戰於臨潼，三勝，始達省垣。與署藩司陝西糧道劉公冰如同心戮力，共濟艱險。癸亥夏，移駐城北，甘肅提督馬公自明營中會同兜剿。七月，奉旨劉鴻恩著賞加布政使銜，並賞戴花翎，欽此。八月，經署巡撫陝西按察使奏參革職。□乙酉二月，奉旨劉鴻恩原參屈抑，著開復原官，仍留陝西補用。欽此。奉到行知時，方居繼祖母承重憂，稟請終制。己巳，蒙欽帥陝甘爵□左札調赴陝。七月，抵甘肅涇州營，次駐營中。八月，奉委辦理陝西征糧台，八月，以措資請假還豫。到豫後，因抱恙家居，課子及生徒讀，杜門不復出。本太夫人訓課遺規，輯《萱堂樂事》一書爲家範焉。光緒十三年正月初一日巳時卒，年六十六歲。殮用舊衣，取適體也；忌金銀器，慮遠也；不散訃，避褻也；不刊行述，戒諛也；不停柩，遵禮制也。儻有議舉鄉賢者亟辭，切勿許。配誥封夫人宋氏，牧仲公裔昭生公女，側室陳氏俱存。子五：長銘德，邑庠生，工部員外；次鈺德，光緒乙酉科拔貢生，俱嫡出；三錄德，邑庠生，出嗣三胞弟；四錤德，五鑒德，俱庶出。女四，孫五，元孫女六，婚嫁皆望族。光緒十三年三月二十一日葬於祖塋之次。題曰：鳳邠公墓。並志之而係之銘。銘曰：

戰戰兢兢，如臨深淵，如履薄冰。

賜進士出身誥授資政大夫布政使銜陝西鳳邠道署理按察使劉鴻恩自撰文。

不孝男銘德謹□卒葬時日納石。

□茂公、呂春林刻石。

光緒十三年三月二十一日。

（拓片藏尉氏縣文物保護管理所。王興亞）

重修張公墓碑記[1]

張生□□，邑庠生，篤實人也。昨攜家藏卷軸問序於余，洵其□□爲□儒張子立墓誌。余甚駭之。竊謂張子居□□□州之橫梁鎮，世號橫梁先生。考諸史冊，亦云歸葬涪州。此處安得有墓？及展閱卷軸，乃□□涪州者，衣冠也。此地實爲真塚，有古碑可證。□碑係勇□臯□□□□司馬□公篆文，□□文公贊詞。年遠，碑文剝蝕，□欲新之，□□□□四周有隙地，約四畝許，□種蓮，歲得藕若干斤，署作祭□□□梁有□堂，係壎伯父岫雲奉祀，俟有力再修之，以昭祀典，誠義舉也。亦可見仁人孝子之用心矣。余不敏，敬爲之序。

洧川縣訓導顏繼謨撰文。

邑廩膳生員查貫月書丹。

奉祀二十七世嫡孫□雲率姪協壎敬立。

石工李建申。

皇清光緒十七年歲次辛卯仲春上浣穀旦。

（拓片藏尉氏縣文物保護管理所。王興亞）

---

[1] 該碑有些字模糊。

洛陽市

洛陽市（河南府、洛陽縣）

重修二程夫子祠堂記

武攀龍

入其里，聞其姓字，而令人肅然起敬者，非聖賢之流不足以幾此也。洛陽之祀二程夫子，非一日矣。豈獨洛陽祀之，凡天下黌宮，疇不祀之。顧天下之祀夫子者，各有配殿，而洛陽之祀夫子者，獨有專祠。蓋重其所自出，以開天下嚮往之門也。嗟乎！二夫子之在千秋，高山仰止，景行行止，宜其廟貌常新，明禋弗絕。而詎意兵燹之後，荒祠廢宇，淪胥湮没，一至是哉。余於丁亥年，來宰茲邑，見其頹垣圮壁，刺目傷心。勉為修葺，迄用有成，雖不敢侈丹艧榱題之盛，而俾瞻拜之有其像，妥侑之有其地，亦足以彰後學矜式之志，且以明守土者百務艱難之際，不敢忘厥本圖也。後之君子，庶其嗣而無替哉。

順治四年。

（文見乾隆《洛陽縣志》卷十五《藝文志》。李正輝）

新建康節先生祠堂記

武攀龍

嘗讀《無名公傳》，而知先生之大也。先生本燕人，晚卜居於洛。著述原本六經，探賾索隱，抉天人之秘，可與程氏二夫子相發明，而先生日與之遊而不涉也。內聖外王，使以皇極緒餘出而經世，又未始不可與鄭公、溫公輩相後先，而先生又日與之遊而不涉也。卒之熙寧，諸君子以新法去，而程氏二夫子以偽學抑，獨先生超然評論之外。甚矣先生之大也，古所稱至人，塵垢糠粃，陶鑄堯舜，將無是與。迄今，天津橋上，安樂窩中，令人齒頰猶芬。惜乎陵谷變遷，遺踪湮没，即苟致訪於九真觀片石者，亦渺無可究。而余以干戈瘡痍之餘，來蒞茲土，斬蓬蒿，闢燕礫，創祠宇於二程之東，以明景仰無窮之志。嗚呼！手探月窟，足躡天根，其亦望是祠而儼然臨之哉。余不敏，殆將顧瞻百世之芳，躅而欣欣有得矣。是為記。

順治四年。

（文見乾隆《洛陽縣志》卷十五《藝文志》。李正輝）

新建范文正公祠堂記

武攀龍

宋魏公范文正公，葬伊闕萬安山下，其子忠宣公置祭田八百畝。熙寧間，創褒賢顯忠寺，以奉香火。然而祀事未修也。自元守臣郭文鼐始請修祀，遂為常典，厥後修祠墓，禁牧樵者，代不乏人。而兵革相尋，荒頹日甚，求其故蹟，胥委之寒塋蕪草之間。余既建程夫子祠於中，邵先生祠於左，復闢西偏之地為公祠堂，使天下知公之忠義在朝廷，勳猷在竹帛，世濟厥美在累朝，而祠事孔明在萬禩也。祠既成，長平同年麗子太樸適過余，顧謂余曰：「公之建茲三祠也，其以表宋之儒與宋之名臣也固矣。第四人者，時地既不同，出處亦各異。胡鼎峙而三，胡珠聯而一，若其有意為之耶？抑無心合之耶。豈非道德事功可一以貫之耶？亦豈繼往開來高譚名理之人，出將入相，固不難耶。又豈非先憂從樂，慨然以天下為己任者，其於聖學淵源，未嘗無所得耶。噫！是其作祠之意寧毋是耶。」余俛而笑，抵掌而應曰：「有是哉。」相與酹酒祠側，舉而紀之石上。

順治四年。

（文見乾隆《洛陽縣志》卷十五《藝文志》。李正輝）

王鐸跋

後三家邨里書是華亭筆墨，然余曾見華亭所書五言律一首，字大二寸許，其古勁幾類考亭。今為興化李氏珍藏，則知其所長，固不專以秀媚取勝。觀此真跡，可見世之偽為華亭者，亦畫馬不畫骨而已。

鐵嶺李清倫謹跋。

王覺斯書。

時居南巷之琅華館。以此柬姜司寇。

庚寅□冬日□□書於舫月齋。

孟津王鐸。

（拓片藏河南省文物考古研究所。王興亞）

謁關帝塚題詠

仰止神丘不勝噓，一靈猶傍帝城居。恨成吳魏三分業，愛讀《春秋》一卷書。天地常留英氣在，山河難變壯心初。試問銅雀台邊月，西陵疑塚竟何如？

順治辛卯仲秋吉旦。

賜進士及第洛陽縣知縣交城武攀龍沐手拜撰。

（石碑存洛陽市關林大殿前牆門東側。王興亞）

重修賓暘洞碑記

武攀龍

伊闕，禹所闢也，曰龍門，誌明德之始也。兩山對峙，伊水出其中，聳翠汪洋，蓋天中勝境云。元魏時，尚天竺教，鑿石兩巖間，刻畫佛像以萬計。有洞俗名钃鼓，尋為賓暘，蓋取寅賓出日之義，或曰純陽出於斯，然無可考。滄桑以來，鐘虡荒寂。余驅車汝南時，登臨其上，見山川如昨，而遺址幾廢，雅欲修葺以鞅掌簿書，有志而未逮也。會監司許公涖洛之二年，道洽民潤，暇日觀風茲土，喟然太息曰："此千百年勝概，可令頹圮若此？"乃捐俸建，復命余董其事。見洞口搆庭，擁蔽佛面，而伊水潺漫，垣以外無從見也。遂命工人以狀稍稍更大之，使仰止惟山，開門見水，一移易間非其故矣。峻壁凌虛，水光接地，鳥鳴谷應，風靜魚遊，旭彩繽紛，所稱山輝川媚者，非耶？今工且竣，余亦濫承簡命去。後之君子登斯地也，迥搆懸崖，足以吐納日月；空飛户牖，足以聚散風雲。洋洋大觀，余將借是以傳，當不笑俗吏之苦人也，然余因之有感焉。中州名賢輩出，秀蔚甲天下，雖長沙程邵諸祠已次第舉行，然銅駝僅以巷名，梁樓止以嚴著。金谷離離，香營何在？名跡湮沒者，不可勝數。茲役豈僅僅作浮圖觀乎？往袁中郎令吳謂："虞邱一撮土，太湖一片石。守令者別有會心，勿輕輕忽過。"余即愧此高致，率爾誌之，使後人知許公之與民更始，而余幸得躬逢其勝也，是為記。

順治九年。

（文見乾隆《洛陽縣志》卷十五《藝文志》。李正輝）

僉事郭公一鶚墓誌銘

薛所蘊

余承乏南宮，得悉當世賢大夫德業行誼，而采風使者有自武林來，輒傳余友裕九治杭嚴狀，嘖不容口。未幾，以劳瘁封疆，殉於王事。訃聞，舉朝駭悼，余辱親弗，綴食內盡。今夏，冢君嵐槃橐幣戒使匍匐二千里，持所自為狀，請余銘隧中石，敢以不文辭？

按狀：公諱一鶚，字翔南，裕九其號。原籍晉之洪洞，始祖從道，避亂居洛陽平樂村，傳九代生公高祖牗。牗生子六，長可旌，庠生，公曾祖。祖遵夏，庠生，封監察御史，祖妣喬氏，子二，長景運，選貢，封朝議大夫，公父也。李氏，封恭人，公母也。封公有至行，篤學不仕。公兄弟三人：伯一鵬，拔貢，候選知縣；仲一鴨，己丑進士，選庶吉士，歷吏科都諫，今擢陽和道；季即公也。初就外傅讀經史，皆洞豁大意，未弱冠，補博士弟子員。登皇朝丙戌開科進士，授山東萊州府推官。

萊多疑獄，公飲冰卻餽，諸所讞鞫，焚香誓神，虛中慎剖，擬辟者務為求生地；而巧猾羅織，縱忤大府旨，決不撓三尺少貸之。政暇，進諸生課帖括，身親品題，先後釋褐者咸賴挺埴之。是年冬，青州寇熾，公規條守陴，萊境安堵。丁亥春，攝篆昌平，子夜統師搗賊窟於邑西南之堯溝，縛其渠魁。自是青壤獲謐，昌人鐫碑紀功。公李萊二稔，節鉞諸公剡章交騰，擢禮部精膳司主事。庚寅，晉本部員外郎，轉祠祭司郎中。會上設御藥房取葠附鹿茸諸熱補物，經公驗呈，公疏言："五穀養身，金石草木未可輕信，況老不宜洩，少不宜補。伏願節飲食，謹嗜欲，省遊玩，親大臣，將見理義悅心，精明強固，又何醫藥之足云也。"內院兩票擬重譴，上嘉公忠直，止鐫一級外調焉。公跨驟歸里，鍵戶屏遊，湔澀娛親，課子別墅，絕情仕進。

歲甲午，有詔起用山林，豫撫並當軸者數檄徵公。公以疾固辭，司李邑長復到門勸駕，公不獲已。乙未春，靮鞴北轅，司衡欲據改降量移，朝臣聚言：公骨鯁貞讜，方當大擢，審若茲，公論云何？司衡無以奪。擢銓浙江杭嚴兵備道。先是，舟山為勍寇盤據，全浙騷動。公受事三日，值重兵入勦。壘夾草橋門，貿易鱗集，舊為牧馬地，大耗生業，癉苦莫支。公力請開府秦公，躬出江上，量度廣隘，同八旗兵各盡疆界，俾河以北假兵，河以南還民。有旗官儳民舍二間，公申飭軍律，不為徇阿，數十萬貔貅僉憚其威，即大將軍幕府尊嚴見之，亦為歛容。

未浹旬，署驛傳篆。閩中屆用師，公於戰艫渡艋咄嗟而理，不損縉羨。鵰弁定海上攻戰之需，如銅礦、火藥、鉛子、架梯，悉公造局督辦，晷刻無遑息。新開府陳公蒞臨，公迎晤舟次，覯公瘁瘠，彌歎清苦。嗣遇疑難，率藩臬僚佐會決臧否，公舒徐贊襄，切中要領，陳公每為擊節，相倚如左右手。

浙夙藪盜，草竊時發，自春歷秋，日鞫數大獄，蠲罪罟，絕株連，立為正法，屬吏無從緞鍊。體素清癯，兼劫毖簡書，篋籙並廢，積瘵遘疴，於七月二十二日告沐。適寧波大將軍進兵舟山，調杭郡黃頭三百兵各防汛，忽二十六日晝晦，風雨黑蒙，公少痊，謁撫軍，出冒風寒，病益劇。公自審不諱，神宇炯朗，惓惓君親，無一兒女態，正衣冠，令人掖至公堂，目始瞑。沒之日，篋中不盈二十金，僚屬會哭，各捐資賻助，乃得舉櫬江皋。攀紼號泣者，不下數萬人。櫬發數日，大將軍蕩平舟山，露布馳捷。嗚呼！公可謂廉敏忠勤，不負所志。而杭浙喪公，猶喪慈媼，何以寬東南憂哉。

公生平性純孝，侍兩兄篤友于。盡瘁籌國，以膽識勝，簡易謙和，與人交久而彌篤。厭惡奢華，官十年，廳事不容旋馬，田不及百畝，儘割餘俸購書數百卷藏於家。公生於萬曆己未十二月六日，卒於順治丙申八月九日，年三十八。配李氏，贈恭人，推官諱樹葵女，先公卒。繼喬氏，封恭人。子一恒鎮，庠生，廕貢。丁酉十一月日，合葬洛陽邙山祖塋斧坊之次。銘曰：

帝降天策，王幹挺藎。胡厚公材，奪公之速。孔愛嬰啼，棠華或彧。畚奮丹衢，鶿鶄相逐。萊空肺石，儀曹含馥。抗疏嘗藥，攖鱗歸沐。朝論待公，往殿涮服。嘔血疆圉，龍戶免瘝。魚麗鶴列，湖光靜穆。水殣桐江，箕尾乍翻。干城雖摧，鯨鱷亦戮。將士樓船，枕甲宵哭。公眷西吳，黎民食福。齒嗇於德，位未竟蓄。壙坑灝氣，千古英肅。妖鳴九頭，樹介迷谷。果踐大寖，坤輿顛屋。哲嗣纘承，神啟其績。繩繩受祉，萬禩貽穀。

(文見錢儀吉《碑傳集》卷七十七。馬懷雲)

重修先文正魏國公墓碑記

范文程

先文正宋太師魏國公薨於徐，從母謝大夫人兆塋於洛陽萬安山，併其子監簿公純祐，忠宣公純仁，恭獻公純禮，龍圖閣學士公純粹，以下三世皆祔焉。公正色立朝，有泰山北斗、景星鳳皇之詔，第一流人物之稱。世濟忠直，有功名教，因與天下之名山大川，前代之聖帝明王，並登祀典。每歲上巳，有司奉中牢祇府，世代沿革，子孫散處。至大中間，八世孫國俊淂同知徐公景儒為復侵地。至正七年，國俊從弟文英命其子廷芳至洛，繚以周垣，樹以松楸，又築室六楹，俾趙氏隣民廬其上以守。熙寧間所創褒賢顯忠寺，為立香火。正統戊午，都御史陳公鎰訪公墓，於郡守袁公錠按褒賢寺碑，求其規制，遣官偕十二世孫曹縣令希正會祭葺修，既而憲副尹公禮按部，率官僚奠拜墓下。新其牆垣饗堂，立門植栢，令洛人一戶免徭役守之。成化乙未，十二世孫從規，詣都憲洛陽畢公移檄河南，都憲張公六令正其塋域，禁其樵牧，而一時大參公伯、少參蔡公克存、副憲王公廷秀、僉憲馮公景陽協力從修。盱江河喬書其事，兼製迎享送神之歌，遺子孫以侑牷醪。宏治四年，都御史徐公恪，巡撫茲土，慨然太息。而藩臬守令封築一新，移文召取吳中後裔來主其祀。迨明季，鹿奔潢池弄警，石麟臥於宿莽，松韻泣乎秋風。

本朝定鼎，詔凡古昔帝王、先聖、前賢、忠臣祠墓，毋得毀棄。適余姪承祖分巡河洛，未幾，余姪承宗復出鎮兩河。登山掃墓，殷念先祧。時余掌事秘書院，輟政居家，調苓煎術。念先人體魄弓履瘞藏之地，走書千里，督諭兩比兒曰："伊洛瀍澗之濱，祖宗之宅兆在焉。荊榛草蕪，得無芟歟。牛羊樵牧，得毋禁歟。斷橋破壁，得毋餙歟。供祭土田，得無清歟。守邱支庶，得毋盼歟。於是乎革明堂之隘陋，袪斷水之湫汗，擴大廈而就濃陰，開綫垣而成直道。添設耳廡昂軒星門，甃兩岸以駕虹，墾荒煙而培樹，更買六尺之花蹄，給八家之衰薜，命勤於粗，庸潔蘋蘩。遙望蒼雲欝嶺，明月印溪，依希夜雨青山矣。而分守大糸朱公衣助、河南太守寗公之鳳、汝州刺史秦公耀名、洛陽令葉公琪各捐金助役，謀建華表，亦既賁泉扃之光，而錫雲仍之福矣。家書報竣，喜溢滋惶，竊余不肖，參政中書，未克繼先憂後樂之遺志，實自愧出將入相之家。聲惟敦睦，宗支彌縫。袞職罔敢渝越，為家法差。或以山靈之所歆，祖宗之所格也。極睇牛眠，蓊葱松柏，曷勝蘮蒿之想，至先魏國經濟文行，俱載文忠公勒石，非所敢及。惟記萬安山先後修飭之由，以示子若孫世守之，而併誌諸君子之懿好如斯云。

時順治十三年丙申孟秋月日。

（文見乾隆《洛陽縣志》卷十五《藝文志》。李正輝）

重修理學尤夫子祠記

董篤行

洛城西郭，祠宇林立，由來尚矣。兵燹之後，蕩然爲墟。蒞斯土者，肇修禋祀，次第具舉，而西川先生之數楹，尚闕如也。歲丙申，分陝薇省使者朱公衣助，建節天中，政修人和，教養備至，而崇儒重道之意獨思，日孜孜焉。一日謁周程諸祠，見其傍舍有敗瓦頹垣鞠爲茂草者，詢知爲尤夫子祠基也。則慨然歎曰："先生以繼往開來爲己任，其立身行政，以暨授徒講學，無一不本諸躬行。心得之蘊良，真聖學嫡裔，非後世言行兩截者。比而顧仍其筵楹弗飭，籩豆久虛，豈所以敦教化而勵人心者乎？"遂捐俸俾重修之，命洛陽尹葉侯琪董其事。侯亦素有志於理學者，躍然承命，庀材鳴工。匠者司斤，陶者司埴，奔走者司畚插，乘乎人心之所樂趨，不日而工告竣。堂墄、門廡煥然一新，向之頹焉削色者，今且與周、邵、程、范諸祠並屹屹而巋巋也，尤先生之流風遺澤爲不泯，則朱公之崇儒重道亦豈淺鮮哉。公歷官有能聲，其實心實政，被之河汝十九屬者，所至人咸感之，去則人咸思之。蓋至誠動物，其於理學前賢，真不啻乳水合而針芥投也。於其祠之重修也，而可以知其心之一，而即可以知後來者之心無不一。則從茲廣厲教化，以扶進人心者，實公之開導也。夫余何敢以不文辭，敬勒諸石，以俟後之拜祠而興起者。是記。

順治十三年。

（文見乾隆《洛陽縣志》卷十五《藝文志》。李正輝）

李清倫跋

義但爲意在遒勁有力耳，不知所畫沙印泥者，蓋求其不露鋒鋩。如漆書，如蝌蚪，即墨藪所云，如錐之畫沙是也。諦觀此幅，乃見先正典故。世之故作裊娜媚態者，在河南視之，直爲嫫母耳。

戊戌秋八月。

鐵嶺李清倫跋。

黃山谷書。

吾子於此，可謂能矣。猶有脩篁之歲晚，枯柟之發春，少者骨髓，老而日新，附之以傾崖礐。

（拓片藏河南省文物考古研究所。王興亞）

重修大殿水棍引

　　余素奉帝像于署中，昕夕誠敬，不敢少懈。茲來防是邦，躬謁陵寢，浩氣獨存，直見神武與天地永久，忠義並日月同光。因思帝蓋存亡效法孔子者也。孔子當王迹熄而作《春秋》，帝當王迹熄而閱《春秋》，千古大學術，千古大經濟，故一為天下萬世作之師，一為天下萬世作之君，道統與運統，恃之以無敝耳。若夫平吳削魏，遵周之旨也；討亂誅邪，攘楚之意也。任理不任數，行經不行權，知我罪我也。孔子而後，得《春秋》之傳者，帝其一人。然則孔子聖人也，帝亦聖人也，後世未聞以忠義神武頌孔子，而顧以忠義神武頌帝者，是猶為舉其一節，而未悉其大全耶。《語》曰："以管窺天，以蠡測天。"誠不誣云。噫！帝至今日，位號隆矣，祭祀時矣。享此寧無懼心，懼孔子之教蓁蕪也，懼《春秋》之義泯闕也。在昔取上將之頭而不懼，扶炎漢之鼎而不懼，歷之艱難險阻而不懼，而謂其以孔子懼者懼之，殆義聖而進於不可知之者歟。余客歲臘月，祖餞道臺劉公，復叩帝陵，道人李常仙以大殿棍壞為慮，亟議工費修飾，不若用鐵鑄就，庶可久遠。余忻然首倡，幸有同志隨緣樂助，共襄乃事，更徵人之誠敬，當有篤於余者。

　　關中楊鳴鳳盥手敬識。

　　峕順治十七年歲次庚子仲夏月之吉。

（碑存洛陽市關林拜殿東牆。王興亞）

關夫子墓瞻拜有記

　　昔年謁孔陵，海岱萃其靈。今拜關公墓，乍見洛水清。龍門看毓秀，伊闕衛佳城。年年春水綠，歲歲樹青青。乾坤有正氣，長瞻文武英。河嶽照明德，千秋配薦馨。

　　三韓周有德。

（石碑存洛陽市關林大殿前牆門東側。王興亞）

重建朱夫子祠碑記

毛際可

　　余年友宏農司李黃子既改建紫陽文公廟，而屬余為文以記。其語余曰："郡人之為祠以祀紫陽，蓋數百年於茲矣。明季闖寇之亂，乃於其前置關壯繆像，民之奔走俎豆於其下者，相沿而不知革，幾不知為紫陽之舊。余恐其無以妥靈而式後也，遂更卜地一區，為堂凡若干楹，而遷紫陽之主於內，庶可以兩存而無憾矣。"余聞之，擊節嘆曰："自孔氏既歿，而言忠義節烈之事者，必以壯繆為尚；言天人性命之旨者，必以紫陽為宗。然壯繆之廟食天下，自通邑名邦，以及遐陬僻壤，無不金碧而尸祝者，幾與孔子宮墻比盛。而紫陽之祠，相望如晨星之落影，疑為先後之不相及。"余則謂生為萬人敵，死而能禍福警戒其民，以閑邪而衛正，壯繆之為功於天下也顯而著。若夫續列聖之薪傳，闢異流之榛蕪，使學者不迷於所往，紫陽之有功於天下也微而深。而至其浩然之氣，綿日星，亙河嶽，終古不滅者，則先後如出一轍也。況當漢祚將移，曹瞞擅柄，雖荀文若之賢，猶為之運籌帷幄，而壯繆以間關羈旅之身，日蒙非分之寵榮，曾不足動其一瞬。及後世昧於正統之義，即以司馬公號稱良史，尚不免於帝魏而寇蜀。惟紫陽之作《綱目》，以昭烈統承兩漢，與壯繆所見若協符契。蓋壯繆平生嗜讀《春秋》，而紫陽之著書，一以筆削為準，皆同出於孔氏之學，而不易為軒輊者也。夫以郡人之祠紫陽者，數百年之舊，而一旦以壯繆奄而尸之，即紫陽之道不因是為顯晦，而揆諸壯繆在天之靈必恫然有未安者。今黃子遷廟之舉，俾之兩存無憾，所以妥靈而式後者，其功豈淺鮮歟！余因是重有感矣。夫人一行作吏，自簿書趣謁而外，不遑他及。乃黃子於平反之餘，凡先賢遺蹟，無不憑弔而修葺之。即余待罪鄢下，裴回韓忠獻故里，嘗新其廟寢，而黃子亦割俸以佐余不逮。蓋其表章風教，出乎天性之誠，而非一時務為名高者也。余故不辭而書之，且以誌余愧。

康熙二年癸卯孟冬月日。

（文見乾隆《洛陽縣志》卷十五《藝文志》。李正輝）

重修關聖帝君廟碑記

河南府知府加一級三韓朱明魁撰文。

糧捕通判楚中關寧篆額。

理刑推官東魯黃綏書丹。

考漢鼎移自帝獻，天降壽亭以表忠；晉史厄紀彰鄉，首瘞伊闕而旌義。爰擴土域，宅古洛之茫茫；載建家垣，侈徵廟之翼翼。迨滄桑變而廟祝去，若鐘樓，若鼓樓，幾同吳宮花草；且羽檄馳而孤舉兵，如大殿，如配殿，止存漢代衣冠。自清朝克定中原，聖帝獲復禋祀，乃堂廡尚崩頹而未舉，檐楹多傾壞而難修。我國家懷柔百神，謂之何哉？諸大夫修舉廢墜，應有愧焉。余師屬洛京，主祀塚土，每謁帝廟，未盡草莽，豈委諸十四域之責？顧瞻宮□，尚多陵夷，自以為二千石為職，當欲捐資重葺。喜同事協心，群公出俸而贊成，且將擇人經營。幸洛民好義，邑令倡先而率眾。乃召董正俾攻金攻木之悉兼；爰皆百工其上陶上梓之力曠。由是啟獸脊而繡嶺，稍豎絞龍盤鬱之觀；絡勾陳以繚垣，略睹薦翬翬革之象。今緣報峻，徵以微詞，冀驗杜預之頂之言，□存馬駭之拜之感。予豈敢勒諸貞珉，邀靈爽於神功；敬為悉厥始，終望補綴於後起；遂持簡而謀大夫，因載志以俟君子。

時大清康熙癸卯嘉平上浣之吉立石。

欽命提督河南全省地方軍務右都督許天寵，洛陽縣知縣李先春，湖廣荊州府荊鎮中軍兼中營參府武湖廣寶慶府協鎮下守備潘可觀，洛陽知縣督工省祭蘇爾望。

主持道人李常仙、劉尚元、于正順。徒□道明、王木春。孫李太禎、丁□□、段□□、趙□邦。

總保楊于泰。

鐵筆元潤□。

（碑存洛陽市關林拜殿東牆。王興亞）

重修帝傍侍者記

先儒有言，入廟知敬，非必其舍形神尚寂滅，致厥如在之誠而已。誠以睹容止而殷瞻仰，有不敢忽爾。洛邑郊南關夫子塚大殿塑有聖像，緣年久屋漏，其左傍侍者為雨滴所損。余遊歷之際，目擊傾圮，因倡率屬官各捐己資，鳩工重塑。始事於康熙四年五月十七日，竣成於是歲九月初二日。雖紛飾彩幡，金碧黝堊，不足增崇聖德，而仕宦行迨道經帝墓者，望廟貌而拜禮，益生敬畏之思已。是為記。

欽命掛印提督河南全省地方軍務右都督許天寵薰沐拜撰。

提標中軍參將兼管中營事中江義提標左營游擊周于仁，提標右營遊擊張泰，提標戎旗都司何見，河南府城守營署都督僉事徐茂，提標中營中軍守備隨邦榮，提標左營中軍守備馮九林，提標右營中軍守備陳應夔，城守營中軍都司僉書管守備事王化。

皇清康熙四年菊月吉日立石。

（碑存洛陽市關林拜殿東牆。王興亞）

關聖帝君行實封號碑記

【碑陽】

忠義神武靈佑仁勇威顯關聖大帝林

【碑陰】

關聖帝君行實封號碑記

按：帝本解梁寶池里人，夏龍逢之裔也。少喜讀《春秋》，有須髯，美而長，常夢髯為烏龍。里中惡少，為不義殺人。帝憤不平，殺之。潛於涿，與涿人張翼德友善。漢獻帝初平二年辛未，涿郡劉玄德，中山靖王之後，見帝與翼德，奇之。三人相與，定交桃園，誓同生死。關、張兄事玄德，雖稠人廣坐，侍立終日。

初，玄德與公孫瓚同師事盧植。及瓚領薊州，玄德依焉，瓚於是表玄德為平原相，以帝與翼德為別部司馬，分統部曲。兩人隨玄德同旋，不避艱險。三年壬申，黃巾寇起，玄德與帝從鄒靖討之，有功，拜州牧。董卓僭亂。是歲，關中多舉兵討卓，帝同玄德、翼德，戰卓將呂布於虎牢關，又手誅卓將華雄於汜水，酌酒為期，酒尚溫。四年癸酉，帝依瓚，卓誅，盡有幽州之地。興平元年，袁紹破瓚界橋，管亥圍孔融，曹操擊陶謙。瓚、融、謙俱求救，玄德與帝即往救圍。既解陶謙，表玄德為豫州刺史。謙尋率玄德兼領徐州。建安元年丙子，袁術遣紀靈來爭徐州，玄德旨將拒術，使帝代翼德守下邳，行太守事。《魏書》曰"領徐州，誅呂布"是也。是歲，曹操遷獻帝於許，徐州大亂。玄德偕帝依操於許，操表玄德為豫州牧，尋為右將軍。

建安四年己卯，獻帝與操射鹿許田。帝勸玄德殺操，玄德曰："不可。"帝乃止。後操欲圖玄德，謂其臣曰："備雄才得眾，關張羽翼，為之死用也。"遂使人間之。玄德知操間己，閉門種蕪青，夜引帝與翼偕去。五年庚辰，董承受獻帝命，偕玄德殺操。承事泄，死。玄德使帝殺刺史車冑。操怒，遣劉岱擊玄德，曰："岱百人，無能為也。"操自將擊之。玄德乃棄妻子，付與帝而奔。

操使張遼說帝降，帝為表三約：止降漢、給嫂俸、辭歸劉，以明己志。操從之，置宅使帝與二嫂居。帝秉燭達旦，操益敬之。帝以書示操，有斡旋漢鼎之語。操得書，壯其為人，知不肯久留，使張遼以情探之。帝曰："吾極知曹公待我厚，然我受劉將軍恩，誓以共死，不可背之。吾終不留，要當立效，以報曹公，乃去耳。"遼曰："倘玄德死，何所歸？"帝曰："願從於地下。"操將徐晃在座，聞而義之。他日又為書與遼，曰："魯仲連，東海匹夫耳，且恥不帝秦。欲為通侯，列漢元鼎，獨可使負漢耶。"遼白操。曹曰："事君不忘本，義士也。"時玄德奔青州歸紹，紹建議伐許，進兵黎陽，遣將顏良攻操將劉延於白馬，操北救劉延，顏良迎戰。操使張遼與帝先登擊之，帝望見良麾蓋，策馬刺良於萬軍之中，斬其首而還，紹軍辟易。操歎曰："關將軍真神勇也！"頃，又斬紹騎將文醜，紹兵退。操封帝為"漢壽亭侯"。贈愈厚，帝以書報操曰："公佈大義於天下，速取旨樹，非某之所敢，知若猶是漢也，某敢不臣漢哉！敢拜嘉命之辱。"至是，已知玄德所在，曰："心在人之中，日在天之上，心可自昧乎？"盡封金掛印還曹，復為書謝之曰："某聞，主憂臣辱，主辱臣死。曩所以不死，欲得故主音聞耳。今故主已在河北，千里追隨，當不計利害，謀死生也。它日以旗鼓相當，退君三舍，意者亦如重耳之報秦穆者乎！"遂奉二夫人奔於紹。帝經五關，守將孔秀、孟坦、韓福、卞喜、王植、秦琪、蔡陽為更，帝奮勇俱斬之。周倉來歸，帝攜倉會玄德、翼德於古城。六年辛巳，曹操擊玄德於汝南。玄德兵敗，偕帝往依荊州牧劉表。表使將兵新野。玄德始聘諸葛孔明為軍師，帝與翼德不悅。玄德曰："孤之有孔明，猶魚之有水也！"兩人無復語。十二年丁亥，玄德屯兵樊城，曹操將輕車追之，玄德急，復棄妻子與趙雲，引數十騎走。雲抱玄德子禪，與帝舟遇，得濟沔。會江夏守劉琦眾萬餘人，與俱到夏口。帝謂玄德曰："曩共獵許田，若從其言，當無今之困。"玄德曰："若天道輔正，安知不為福邪？"十三年戊子冬十月，操兵八十萬下江陵。

孫權在九江觀成敗，孔明往激之，且曰："雲長水軍精甲萬人，劉琦合江夏戰士不下萬人，並力，操可破也。"權大悅，以周瑜、魯肅等將兵三萬與俱，玄德與帝將兵二千，在武昌樊口。操軍次江北，帝軍次岸南，瑜用黃蓋策，縱火焩舟及岸壁盡赤，操敗走。帝引兵伏華容，釋操脫去，赤壁即勝。冬十二月，帝與劉琦引兵，南征武陵、長沙、桂陽、零陵，四郡皆降。十五年庚寅，孔明勸玄德與權借荊州，周瑜知之，諫曰："玄德有關張為羽翼，若得荊州，如蛟龍得雲雨，終非池中物也。"魯肅欲資玄德拒曹，勸權，竟借之。旋拜帝為襄陽太守、蕩寇將軍。十六年辛卯，益州別駕張松，勸劉璋結玄德，以討張魯，龐統贊之。玄德遂入蜀地，留帝與孔明、翼德守荊州。帝與操將樂進、文聘相距青坭，燒其船隻。玄德檄孔明、翼德俱西，獨留帝督荊州軍事。十九年甲午，玄德既領益州牧，賜帝黃金五百斤，銀千金，錢五十萬，錦千純，較諸將為渥。時馬超來歸，帝以書與孔明，問超才。孔明答曰："孟起兼資文武，當與翼德並駕爭先，猶未如髯之絕倫逸群也。"帝悅。帝嘗中流矢，右臂創甚。醫華陀曰："鏃毒入骨，當破臂方可療。"帝伸臂，令陀醫，與諸將飲啖，言笑自若。

二十年乙未，孫權使諸葛瑾將玄德求荊州諸郡，不許。權遂置長沙、零陵、桂陽三郡長吏，帝殺之。權怒，遣呂蒙取三郡，帝督兵三萬爭之。權使魯肅將萬人屯益陽，以拒帝。肅使人請約會，欲語荊州事。諸將勸帝勿往，帝曰："肅輩，他人弗能折，不往，示怯也。"欲往，諸將勸陳兵，帝曰："兵見疑"。止領周倉往。即至，肅因責數帝，帝曰："烏林之役，右將軍在行間戮力破曹，豈得徒勞無一塊土，而將軍來收地邪？"周倉隨帝，目裂拔劍，帝目攝，使少後。謂肅曰："昔高祖除秦，光武驅新，以有天下。吾主帝室之胄，百戰僅有一州。而權乃擁大江以東，此乘亂攘割之耳。天命未改，尺土皆漢有也。吾久不問君取吳，君乃從吾取三郡乎？"謬為禮而別，相持久未戰。既而操將攻漢中，左將軍恐失蜀，使使議論於權，權令諸葛瑾報命咸分荊州，以湘水為界。

秋七月，曹操定漢中，劉曄說操曰："玄德人傑也。得蜀日淺，蜀人未附也。若不急攻，諸葛孔明於治國而相，關、張勇冠三軍而為將，久則堅不可破矣！"操不從。

二十四年己亥，玄德進位漢中王，還治成都，以許靖為太傅，法正為尚書令，帝與翼德、趙雲、馬超、黃忠，進位有差。帝自率眾攻曹仁於樊，仁使于禁、龐德屯樊北。八月，大霖雨，漢水溢，禁等七軍皆沒。禁與諸將逃高埠避水，帝乘舟攻之，獲龐德，斬首。于禁降，囚於江陵。是時，自許以南多歸帝，帝威振華夏。襄陽人張嘉、王休得玉璽於漢水中，獻之帝。帝表進於漢中王。帝為璽名曰："璽潛漢水，伏於淵泉。暉景燭耀，靈光徹天。"十一月，孫權使呂蒙襲江東。初，魯肅嘗勸孫權，以曹操尚存，宜撫輯雲長，與之為援，不可失也。

及呂蒙代肅屯陸口，私以帝素曉雄，有兼併心。且居國上流，其勢難久，密言於權曰："雲長君臣，矜其詐力，不可以腹心待也，不如取之。"權善其言。權嘗為子求婚於帝。帝罵其使，不許婚。權由是怒。及帝攻樊，呂蒙上疏曰："雲長討樊，而多留備兵，此恐蒙圖其後故也。臣嘗有疾，乞還建業，以治疾為名。雲長聞之，必撤備兵赴襄陽，我軍浮江襲其虛，則南郡可下矣。"允之。遂稱病篤，權乃馳撤召蒙還。蒙至都，權問："誰可代卿者？"蒙曰："陸遜慮思深長，才堪負重，且無外名，彼必不忌也。"權召遜，拜為偏將軍。遜至陸口，偽為書與帝，曰："將軍之勳，振於華夏，小舉大克，一向巍巍，且于禁見囚，龐德受戮，雖晉文城濮之師，淮陰拔趙之績，蔑以尚此。然操猾賊也，雖云師老，猶有曉悍，且戰捷之後，嘗苦輕敵，願將軍廣為方略，以全獨克。"帝得書甚喜，答曰："將軍作鎮西藩，為吳右臂。下車未遠，邊懷老夫，中心藏之。目前小捷，何敢貪天之功。第荊州與陸口接壤，為釁已非一日，寡君報公子之命，丞相有破曹之勳，舊屬宗盟，非吳土地。乃阿蒙不揆大義，狡然西窺老夫，不戒戎車而捍禦無術。將軍慨然以操猾為憂，豈睹其篡逆，不共戴天。尚以蜀為漢室宗胄，或能用命。抑事在荊，而指在洛，亦惟將軍為之，老夫之言，誠如曠日。"帝稍撤兵赴樊，遜具啟陳其要，權遂令呂蒙為大都督。蒙至潯陽，伏精兵舢艫中，使白衣搖櫓，作商賈人服。帝所置江邊屯侯，盡收縛之。蒙方至江陵，麋芳、傅士仁素嫌帝輕己，開門出降，蒙入江陵，釋于禁之縛。帝聞南郡破，引兵援救，而士卒無鬥心，帝乃西保麥城。權使朱然、潘璋斷其小徑，為璋司馬馬忠所邀。帝仰天歎曰："吾其受命矣，若漢何哉！"帝與子平同遇害於章鄉，周倉自刎以殉。

按：帝生於漢殤帝延平元年丙午五月十三日，至是獻帝建安二十四年己亥仲冬，時年六十四歲。權函其元，馳報操，操喜曰："孤無憂矣！"因啟函視之，面如生，鬚髯奮動，操大驚，僕地，良久方甦，懼甚。贈荊王，以王禮葬於洛陽城南十五里，即今塚。呂蒙將受封，忽據權座，厲聲曰："鼠輩識吾否？吾自破黃巾來，縱橫天下三十年，汝詭計圖吾，吾生不能啖爾肉，今當追賊魂。"權與將士羅拜地下，蒙口鼻血出，死。權以侯禮葬帝體於玉泉。後子興陣遇潘璋，擒之，刺其心以祭。得麋芳、士仁，斬之。馬忠自歸，亦斬之。招魂葬帝於萬里橋南。明年正月，漢中王即皇帝位，改元章武，是為先主。先主率翼德等伐吳報仇，連營數百里。翼德為其部卒所殺，先主與陸遜戰還，崩於永安宮，果踐三人同生死之誓。孔明受遺詔，立太子禪，是為後主。後主立，以子興嗣，興字安國，為侍中中監，卒。子統嗣，尚公主，官至虎賁中郎將，卒。無嫡子，以庶子彝續封。景耀三年，後主贈帝前將軍，追封侯，諡壯繆。隋開皇十年，建祠於玉泉剎。洎宋時，呂文簡公破蚩尤事，玉泉寺雲中騎赤兔攜周倉顯聖。崇寧元年，追封忠惠公。元大觀二年，加封義勇武安英濟王。明洪武時，感夢而封伽藍。永樂時，助征而封真君。萬歷中，有皇華如秦，道出於洛，夜宿郵亭，夢帝求購新宅。及覺，詢及父老，遂展拜於塚下。時有白氣騰起，直凌霄漢，見帝隱耀雲間，與夢相符。乃移文撫按司道，請敕褒封"三界伏魔大帝神威遠鎮天尊關聖帝君"，加冕旒十二，如帝制。遣使致祭於墓，特建廟貌。皇清順治五年，加封"忠義神武關聖大帝"。此皆帝之生平實錄，及累代徽封，紀諸史冊，載在志傳者，其他世傳所稱，不具論。予謹編而識之於石，以俟後起之滙贊。

時康熙五年丙午冬十月有二日上浣之吉。

賜進士第都察院協理院事左副都御史前宗人府府丞太常寺正卿陪侍經筵通政司左右通政太僕寺少卿協理兵部督捕事務禮科都給事中戶科左右給事中欽差典試浙江吏科給事中內

翰林國史院庶吉士洛陽後學董篤行盥手輯撰。

　　賜進士第廣東等處承宣布政使司左布政使前陝西右布政使廣東等處提刑按察使司按察使陝西分守關內道參政山西陽穌兵備道副使吏科都給事中刑科左給事中欽差典試江西吏科右給事中內翰林國史院庶吉士洛陽後學郭一鶚盥手篆額。

　　賜進士第雲南等處提刑按察使司按察使前貴州按察使司按察使兼參政貴州督糧□□道欽差廣東兵備道兼理學政福建興化府知府分理通州倉廠揚州鈔關德州糧儲戶部郎中洛陽後學張顏珩盥手書丹。

　　欽命巡撫河南等處地方兼理河道工部尚書兼都察院右副都御史正一品加二級張自得，欽命提督甘肅等處地方總兵官左都督太子太保張勇，欽命掛印提督河南全省地方軍務總兵官右都督許天寵，欽調駐鎮河南總兵官後軍都督府左都督林順，欽差分守河南道布政司左參政兼按察司副使翁長庸，河南府知府加一級朱明魁，糧捕通判陳達，理刑推官趙九齡，洛陽縣知縣盧應召同立石。

（碑存洛陽市關林八角碑亭內。王興亞）

雷敬鐸題詩

　　康熙戊申夏過洛陽，朱太守、徐將軍、陳別駕、盧大令守招游龍門漫賦

　　尋幽向何處，微雨過龍門。湮水封三洞，雲山供滿尊。歌聲絲竹脹，碑記古今存。神禹疏河洛，相傳有鑿痕。洞古雷陰黑，崖深佛骨寒。靈泉可作瀑，苔草擬為蘭。雲出無山岫，龍乐映月潭。中原佳勝地，秀色盡堪餐。（用中原之韻）

　　銀臺侍者井陘雷敬鐸題。

（碑存洛陽市龍門石窟寺。王興亞）

謁漢壽亭侯墓

　　不屈刑强志，英雄豆古聞。阿瞞無寸土，壯繆有高墳。
　　浩氣扶炎漢，忠魂結暮雲。荒郊幸埋骨，松柏永流芬。
　　丁未冬至節宗應胡金淦敬題。

（碑存洛陽市關林拜殿西牆。王興亞）

憑弔關林[1]

　　壽亭陵寢神宮門，碧殿高懸伊闕間。憶昔忠誠扶漢室，至今玉匣葬青山。

---

[1]　標題係補加。

風鳴洛水龍長出，月隱寒松鶴自還。誦德詞烈碑碣在，雲鱗苔蘚綠出斑。

北邙山下日陰陰，聖帝宮祠翠柏森。紫殿曉升香繞霧，瓊台晝靜日流金。
孤忠激烈思劉主，百戰馳驅報國心。千古英魂歸漢闕，高陵寂莫伴鳴禽。

庚戌夏日，量移河東，自滇經此，臨觀憑弔，殊得敬惟，漫賦數言，以紀名勝。雖兔園荅薉不堪垂久，聊以抒情，寄志已耳。
清淵魯湄張應徵薰沐拜撰並書。

（碑存洛陽市關林大殿前門墻西側。王興亞）

龍門寺

龍門怪石大山頭，大禹鑿開伊水流。萬佛見身渡下界，千峰列嶂柱中州。
洛陽花草逢春茂，洞口雲天入夏幽。吏俗已漸方外客，河緣出世泛虛舟。

又集唐

此地有君峰，宵寒□氣濃。年年自雲雨，日日望登封。
松倚蒼崖老，苔生紫翠重。物情良可見，閑坐說禪宗。

康熙壬子夏月，河中尚遷巽之題。
洛下□人盧光泰刻石。

（碑存洛陽市龍門石窟寺。王興亞）

烈女賦

烈烈姚媛，愔愔古哲。沐浴靈華，潔清香雪。許纓未嫁，槁砧遠別。魚腸音斷，雁書幾絕。父母憐女，憂心惙惙。女曰嗚呼，兒自有說。郎母我姑，羹湯誰設？于歸郎門，姑悲且悅。操作服勤，八年倍切。以婦兼子，厥躬蝶㠲。又遘閔凶，聖善永訣。天跳地踣，山川盡咽。慟哭憂深，女丁魂血。誓死不二，絲縕睛結。仰視屋樑，芳蘭遽折。洛人聞訃，稱孝廉節。□女慕芳，老稚羨烈。樵紅散謠，油素書傑。或操銀管，或表彩纈。邦家之光，巾幗之子。猗歟懦生，犖角螺娥。河流湯湯，日月相綴。壹德流長，千秋澄□。
康熙□□劉士臣。

（碑存洛陽市關林舞樓後牆。王興亞）

關帝塚重建廊廡碑記

　　皇上御極之三年夏杪，值靖逆侯張大將軍因公過洛。師次於郊外，我侯獨謁帝陵，遂憩焉。視其宮殿與其繚垣，廊廡之基雖存，而顯功之跡莫覯，憫然者久之。迺召羽士而詢以故。羽士逡巡，不敢以修舉廢墜之務，重煩天子之股肱心膂也。侯為溫語諭曰："禮，捍大災、禦大患則祀之。帝之神與日星河嶽並著，而載之秩宗，典之有司，瞻依仰止，凡王侯將相，學士大夫，尸而祝之。徧綏甸要荒，雖田父埜老，匹夫匹婦，無不知瓣香告䖍，降心戢志者，豈非以其顯績赫然，塞天地而冠古今者乎！若之何弗修舉也？"爰為鳩工庀材，計東西兩廊共四十間，所費約數百金。現出貲若干兩，餘者着羽士王本賢、沈道月詣甘肅取之。凡此一出一入，一鎦一銖，皆督工善人司訪等掌之，羽士輩不得毫有干涉。肇始於康熙九年，落成於十年之後。所以竣工遲緩者，中歷大師南征，歇馬洛陽，諸務未便，是以就延歲時耳。今則廊廡䰟峩，自門而欄、而坊、而階、而楹、而墁，或堊之或丹之，或彩之或繡之，莫不各極金碧，莊嚴錦綺，鐫鏤滿壁，顯功躍然勳蕩，俯仰視之，人人辟易也。而後可以妥關帝在天之靈，而後可以壯伊闕之瞻仰，垂不朽之大觀。是役也，皆我侯獨力自為之。愚等間捐微資，視侯無量功德，不過滄海之一粟。而侯乃不欲敘其功德，任諸羽士之自記也。衆因乞余以言。余觀於侯奉九重之眷命，壇萬里之皇威，入則陛戟周廬，壯七萃八屯之衛；出則雕戈錫質，專五侯九伯之征。敦《詩》說《禮》，素與《春秋》之志有合，乃能挈輿圖以奠百世，受秬鬯以垂萬年，顯猷翼翼，斯與帝之戰勝攻取，塞天地而冠古今者所同揆焉。是可記也。遂敬書其事，勒諸豐碑，用貽來許云。

　　時龍飛康熙辛酉孟秋吉日。

　　賜進士第初授內翰林國史院庶吉士歷任吏科給事中典試浙江戶科左右給事中禮科都給事中加一級陪侍經筵太僕寺少卿協理兵部督捕堂上事務太堂寺正卿通政司左右通政宗人府府丞都察院協理院事左副都御使代祀南海加一級郡人董篤行盥手撰文。

　　靖逆侯靖逆將軍前欽命提督甘肅等處地方總兵官太子太保左都督張勇，提督河南全省軍務總兵官許天寵，提督雲南等處地方總兵官桑格，駐鎮河南府總兵官林順，河南副總府林勳，左營林元燦，中營朱衝，右營李勝，陝西紅水等處地方遊擊潘瑞，提督甘肅內標都司解施官張治國，甘肅鎮彝參將李正芳，甘肅提標戎旗內司石中玉，參將王宜、周緒、沈義，彝陵鎮遊擊馬之迅，貴州都司石映宿，一部院右營遊擊姚弘信，湖廣提標副將牛冲雲，鑲黃旗都統巴哈，正藍旗參領董世懋，長沙府總兵僉事蔡明，提督陝西中軍參將黃九疇，鄖陽提標左都督陳華，內司領旗柳新甲，陞湖廣竹山營遊擊湖廣布政使張彥珩，湖廣按察使閻廷謨，廣東布政使郭一鶚，貴州布政使潘超先，廣西按察使李月桂，巡視茶馬御使梁熙，陝西洮岷道高冀辰，山東提學道王鑨，河東都轉鹽法道張應徵，廣西督糧道彭士聖，分守河南道翁長庸，典試雲南吏部文選司宋文運，長沙府知府呂夾鐘，河南府知府朱明魁，糧捕通判陳逵，理刑推官趙九齡，汝州知州金先聲，邛州知府蕭恒，洛陽縣知縣盧應召，河南府知府呂朝佐，糧捕通判任進孝，洛陽縣知縣傅維杞，郟縣知縣盛彥，寶豐縣知縣胡仲珣，伊陽縣知縣王宗朱，內鄉縣知縣馬萬里，汲縣知縣陳虞胤，汝州糧廳陳國禎，長武縣知縣郡人常齡，河南府經歷潘文秀，照磨趙一焜，大使羅士晟，洛陽縣縣丞薛士璋，典史俞弘宦、楊鎮。

督工生員李紹其、劉育梁、許尚恩、姬良佐、舉人董昌言、貢士董健行、董正、庠生董爾素、常衍祚。

督工善人鄭其魁、齊邦奇、楊生根。

住持道人劉尚元、李崇仙、于正順、趙仁翔、周仁秀、趙清吉、許清書、袁一全仝立石。

木匠肖四、李春旺、李春敬。

泥水匠趙嘉壽、楊玉。

石匠朝國然、劉應學。

（碑存洛陽市關林塚前東側。王興亞）

金妝格扇施銀記

金妝格扇施銀善信開列於後：登封縣原任兩浙寧紹分司傅捐銀伍錢，候補中書科中書舍人郭捐銀伍錢，原任大名道耿捐銀伍錢，監生候選縣丞杜麟捐銀貳錢，登封縣儒學教諭李捐銀三錢，監生劉純憲捐銀貳錢。

大清康熙貳拾肆年孟春吉旦立。

（碑存洛陽市關林大殿前門牆西側。王興亞）

重修關帝塚正殿大梁記

帝塚在洛水之南，為邑中禦災捍患之一大都會也。蓋其廟貌壯麗，畫棟朱欄，凌空煥起。凡四方之步者、騎者、車而載者，莫不入廟告虔，歎其輝煌。而大梁傾圮，則咸罔覺焉。惟我邑侯佟老父母，顧茲梁也，不禁惻然動念曰："凡殿宇崑峙，几筵增彩，莫不於此，梁基之何易諸？"用是自捐俸薪，採木告成。其誠心為善，抑何至耶。住持道人趙仁翔等，因溯其功德，謀之於余，欲勒貞珉，以垂不朽。余曰："善哉！昔程彝伯以補路修圮橋，延壽資福，獲報甚奢。"而葛氏《利人說》亦云："善不在大小，即如途中一磚一石，為之除去，即是一切功夫。"除磚石為功至易，且獲善功，況於建堅大梁，神有憑依，功力且百此者乎！受福無疆，此其券也。是為記。

洛邑年家治晚生董正謹沐手拜書。

時龍飛康熙戊辰孟冬上浣之吉。

住持道人周仁秀、許清書、趙清吉、焦清奉。

石工劉應學。

（碑存洛陽市關林大殿前牆門西側。王興亞）

都察院左副都御史董公篤行墓誌銘

呂兆琳

都御史董公之沒已閱歲矣，嗣君嘉孚，予之壻也，請銘其壙。予太息者久之，曰："士君子際喜起之運，陟要津，沈毅有大畧，其於天下治忽之故，政事得失之關，往往前籌不爽，非古今所稱名臣者耶！乃甘賦歸來，蕭然齋志以逝。此其禔躬過峻，風勵維嚴，迄營魄地下，猶凜凜若冰霜焉。竊於董公見之矣。"此其禔躬過峻見之矣。

公諱篤行，天因其字。順治乙酉舉人，丙戌進士。歷官都察院左副都御史加一級以原品歸里。余忝姻婭，其生平大概，得之燕閒語語間者甚悉，以故知公者莫余若也。

公洛中世家，祚遠不可復攷。今之瓜瓞綿縣，則自公之高祖諱和者始。和字時春，正德丁卯經魁，贈文林郎。配張氏，生子二，汝謙、汝豫。謙字大益，娶高氏，生用威，嘉靖丁卯舉人，辛未進士，官鳳陽知府。豫字思順，號四溪，嘉靖戊子舉人，陝西膚施令，調神木，封文林郎，祀鄉賢名宦。配朱氏，繼司氏，生四子：曰檟、曰槐、曰朮、曰來。朮，乃公之大父，字竹亭，邑庠生，贈通奉大夫。配孟氏，繼熊氏，俱贈夫人。子四：維貞、維新、維翰、應祥。翰，即公父，號鳴喬，萬曆戊午經魁，贈通奉大夫。元配王氏，生公與公之弟景行，累贈夫人。繼葉氏，亦贈夫人，誓死殉夫，以節烈奉旌。方公母王氏棄梧檟時，公甫弱冠，弟景行髮尚未燥。太夫人病劇，公侍湯藥，目不交睫，衣不解帶，願以身代，卒不起，哀毀骨立，三年如一日。鳴喬公捐館舍，侍疾持喪如太夫人時。其事葉夫人，無異毛裏。葉夫人以節顯，公以孝聞，兩兼有焉。

嗣是天降喪亂，洛城灰燼。公攜家避難河朔，集昆友輩，仍孜孜講誦不輟。值皇朝鼎運開科，公感會風雲，遂聯兩榜。釋褐後，陟鼇坡，遊鶴禁，擢居大諫。首陳黜陟大典，謂庸劣則蠹民，闒冗則誤國，何可使一日居民上。既而與定規制，使天下之田賦有則，無苦樂不均之歎，其關於民瘼非淺也。諸如清官方，釐蠹政，蒿目時弊者，多與宜公奏議相頡頏。旬日間，補禮垣，而先試其能於貢舉之役，江左戊子一榜，稱謂得人。由是入對從容，屢參機務，爰以銀臺晉同卿，協理兵部警捕堂事，明允持平，所全活者數千家。涖政多年，榮冠京尹。鴻猷日麗，太常擅禮樂之宗；瑣闥高聲，通政司駁封之柄。公履盈思挹，將拜表以乞聞，而獎眷彌殷，晉職都憲。雖公未以節鉞出鎮，固庶司百度之所總也。公則几几溫溫，不自用而用人，虛懷其若谷焉。至申詞令而飛白簡之霜，抉奸邪而奮破柱之勇，抑又斷斷如也。及四牡騑騑，為天子代祭南海，贈爵益級，古所稱同律加地者，非耶？

至歸里後，惟日與戚友續耆英香山之社，於世俗榮利泊如也。而心切時事，家不忘國，以洛陽地未析畝，諄諄告之長吏。如河夫一役，公所力請蠲免者也。公以德惠及人類如此。大抵公之生平，廉以持己，靜以寡慾，寬以御衆，羣以保世，故能順受介社［祉］，令終有俶，且克昌厥後也。

公生於萬曆壬子正月十八日，卒於康熙丁卯十二月二十三日，壽七十有六。卜於康熙己巳十一月初三日，葬北邙之新阡。公初配穆氏，累贈夫人。繼黃氏，封夫人。喬氏，封恭人。梁氏，待封。男嘉孚，恩廕官監，候選國子監典簿，余季女配焉。孫三：萬山、萬戶、萬選。萬山，聘余姪長葛教諭賁恒女。萬戶，聘庠生穆公諱璯女。萬選，聘壬戌科進士、兵部車駕主事、前翰林院庶吉士袁公諱拱女，俱余女出。例並書之。銘曰：

廉貞者，其德也。休容者，其量也。效蕃宣，享期頤，生順而沒寧，體胖而心舒。繄惟董公，萬年之攸居。

康熙二十八年十一月。

（文見錢儀吉《碑傳集》卷八。王興亞）

龍門雜詠

舜□堯天萬象融，群山衆壑豁鴻□。龍門□護宗周勝，闕塞平開大禹功。
不用瞻河兼溯雒，還思明德儼神工。歸□終古青青色，一氣蒼茫奠麗中。

經言積石至龍門，伊闕支分別有源。九曲河流三晉險，南條山勢二京尊。
急先疏鑿惟壺口，圖大襟喉此浩亹。試向道元求本注，究從何脈溯昆侖。

悶頓高源瀉不回，西經熊耳北喧豗。三塗陸渾風濤壯，烏府金沙寶氣來。
川自程名垂永久，河由洛入澹沉災。峩峩天險逾唐鄧，南去蠻荒萬里開。

不知丈六果何身，刻削彌空競託真。寂寂桑門無色相，叢叢梵像卻嶙峋。
傳聞少海侈唐事，始信靈蹤逼魏人。今日更看金四壁，劫灰飛盡未沉淪。

才人天授儼垂旒，詔幸溫泉日豫遊。孤媚影沉杯勺水，蛾眉春殢洗粧樓。
侍臣應制詞偏麗，愚叟移山恨不休。川嶽倘能唐室助，風霾何惜簸林丘。

輾轅口外更何關，獨此巍峨紫漢間。雄鎖澗瀍龍角水，險分嵩少虎牙山。
凌天日月飛難度，絕地雲煙馭莫攀。定鼎門南襟帶呼，崢嶸自古壯神寰。

仄倚危樓大道邊，憑欄四睇故悠然。閒從洛食思逃俗，便逐山僧學坐禪。
雲起不求生海市，水流常喜近平泉。黃金壁帶珠雕栱，勝賞何如此地偏。

選勝探奇遠弗辭，靈岑況復近中逵。林臯落木微風卸，鷗隊喧波夕照移。
石鼓叩殘音發越，洞天攀盡徑幽危。前人著述名碑在，顧我留題媿色絲。

龍門勝地，洛水名川，遊緬所深，幽賞不已，述乎成之永賴。
敢誇一片韓陵，寫法象之流傳，竊比雙鉤碧落，為探奇跡，誌以長言。

康熙甲戌小春上澣之三日。
東都司馬三韓朱作舟漫賦並書。

（碑存洛陽市龍門。王興亞）

胡會恩等題詩題跋

纔登嵩少旅懷寬，又訪龍門策馬看。水落斷崖雙闕迥，雲淑古洞一亭寒。
佛龕高下懸秋樹，漁艇參差弄夕湍。白傅幽棲應可期，臨風酹酒為憑欄。

洛下仙禽逢舊雨，城南招客賦新詩。嶙扉夕照開樽地，水檻秋風斫鱠時。
石勢中分神禹蹟，煙波東去虞妃祠。名區高會堪千古，長此雲山遶夢思。
石翁年世兄招游龍門率賦二律呈正。

弟胡會恩手藁。
洛塵如霧涴衣襟，較比東華十丈深。惟有素心長不改，百花風裏寄清吟。

書前句，復又得一絕，並錄請教正。恩又頓首。

嘗讀唐人遊龍門詩，企慕伊闕風景，非一日矣。及余承乏洛邑，每過其處，見兩山夾峙，一水中流，壯哉！觀乎而工部所謂"金銀佛寺開"者不可尋矣。若"雲臥衣裳冷"，則今無異於昔也。
康熙丁丑九月，太史胡公奉勅祭告汉宋諸陵，事竣，來遊。成二近體一截句，詞翰雙絕，直逼古人。爰鐫於石，以為山水增色云。

知縣事杏山錢肇修跋。[1]

康熙三十六年九月。

（碑存洛陽市龍門石窟寺。王興亞）

重修乾元寺碑記

【額題】重修乾元寺碑

　　洛南三十里東龍山之陽，有乾元寺，蓋古剎也。大唐開元年間，創建者在伊闕山之嶺。嘉靖乙酉重脩，謀遷卜地於此山之麓焉。迨至國朝五十餘載，未經重脩，殿宇垣牆，俱為傾頹。有南北莫店衆善人張安國等同發虔心，各出囊金少許，外村亦有多寡之施。重脩正殿三間，東西配殿、前天王殿、地藏殿，靡不聿新，煥然改觀。厥功告竣，立石以誌不朽。

　　首事功德主王之俊。

　　洛陽縣庠生員□□□撰文，率子縣庠生員高子書丹。

　　草店村總管張国安二兩，張星煥一兩，張継士二兩。

　　管事張星焌一兩，舉人張燦錦一兩。

　　何見禎六仒，刘金声六仒，張斌一兩，賀應魁二仒，陳自法二仒，張自允五仒，武□張奇一仒，信士王琮一兩，陳自龍五仒，何見文三仒，張琳二兩，陳自壯二仒，王喜会六仒，王喜孝六仒，張星焜五仒。張星偉三仒，陳玹三仒，張奇錦二仒，張焱錦二仒，張緒如二仒，張崇魁二仒，何見書五仒，張星斗五仒，閻體仁四仒，張星華一仒，張継仁三仒，何大行三仒，何大利二仒，何起昌三仒七，董諫三仒，張継如三仒，陳鐸五仒，董祁興二仒，張文顯一仒，張官二仒，刘進祿二仒，張星宿二仒，張継善二仒，何大朝三仒，張玢二仒三，賈奇二仒，張九鼎二仒，趙良一仒，周輔二仒五，陳自英三仒，陳鋅三仒，陳錦二仒三，張星業五仒，張尚義一仒，董義一仒，張珮五仒，張禽如一仒，王門王氏五卜，張門馬氏一仒，張門王氏五仒，刘門張氏一仒，王門賈氏一仒，陳門景氏一仒，王瑄六仒，苑愛臣五仒，刘可言三仒五，刘芳美五仒，馬超群三仒，王復宗七仒，馮運昌三仒，馬喜東五仒，王珩一兩，吉天相五仒，吉天命四仒，王加善二仒，刘仲四仒五，馬朝諫二仒，張国棟一仒，李光溫五仒，王珧三仒，刘可聚三仒，刘建一仒，王自礼五卜，王以祥二仒，刘瑛五仒，刘佩一仒，刘可瞻二仒，王英二仒，張孔範二仒，王琇一仒五，馬從魁一仒，胡国清二仒，張孔浩二仒七，王輔五仒，李喜冬一仒，王佐一仒，王瓏一仒，王聚一仒，王藩一仒，王以俊一仒八，鈔應孝三仒，馮道二仒，鈔堂二仒，刘玢一仒，張国雨一仒，刘天述二仒，鈔從戬一仒，鈔從璽一仒，鈔從命一仒，鈔玉一仒，孫爵三仒，馬云程一仒五，馬鵬程二仒，王吉一仒，范士英八卜，范士俊八卜，刘璋二仒，馬璞一仒，吳化奇一仒，馬璉城二仒，郎邦福五卜，張勤一

---

[1] 題詩與跋刻在同一方石上。

个四，陳環一个，刘管業一个，王朝俊七个五，張継德五个，王二文一个。

高家屯：高其貴一个，高其華三个，高其標二个，高其政五卜，高其富一个，高如栢七卜，高其祿二个，高其枚五卜，高曾業一个，高如漢一个，高瑾一个，高永昌一个，高永泰一个，高瑢一个，高才二卜，高琪五卜，高尔黄一个，陳洪五卜，李天祿五卜，王一庫五卜，陳進宝五卜。

潞安府：郝谷孝二个，陝西临潼張国正二个，陝西咸陽寧進二个，陝西蒲城王伯城三个，河内縣刘尔孟三个二，龍門□李克敬六个，南流□□觊一个。府城□□成三个，沈家溝張其蘊二个五。

李家瑶：李□龍五个，李自强一个。

刘家庄：刘标二个，刘甫二个，刘鳳一个，刘奇二个。

胡林村：張文定二个，張玉一个，張璞一个，張瑄一个。

袁家庄：袁玺四个。

関范村：范正朝一个。

槐林庄：蔡光奇三个，韓国太三个，蔡光義二个，杜継美二个、杜継田一个、杜継言二个，王耀一个，李明□六卜，徐治好六卜，張亮一个，晉崇文一个，馮千二个，蔡時一个，蔡卓一个，蔡明一个，□來興一个，朱生一个，朱祥一个，張其義一个，張其標一个，蔡生二个，任忠孝一个，韓英二个，蔡国龍一个，黄來法一个，王英一个，韓先声一个，張緒一个，蔡□文二个，蔡一鵰一个，翟金魁一个，蔡浩一个，黄來觐一个，張世珍一个，蔡心清二个，張門郭氏一个，蔡倫清六个六，蔡一鶬一个，韓文榮二个，韓文光一个，蔡連一个。

郜家庄：韓文亮三个，趙士俊三个，趙士興一个，韓忠魁一个，□□会一个，馬□□一个，馬河西一个，馬正路一个，馬瑒一个，馬玥一个，尚進孝一个，曹加升五卜，韓金印五卜，馬相五卜，馬玹五卜，馬璟五卜，馬負畕五卜，韓中科一个，楊国正五卜，韓中和五卜，韓中正五卜，韓可法五卜。

楊家溝：王□身一兩，王時二个，王孝二个，王□□二个，王英二个，翟曠二个，王化一个，王渠二个，王国太二个，王彦一个，王儘行一个，范士□一个，韓玉一个，韓□□一个，□□□□一个，陳鈫二个，陳銓一个，張星光二个，王珣一个，馬奇一个，馬璘一个，鈔金一个，鈔鋸二个，馬武一个，張珣一个。

陝西：同州董尔爵一个，蒲城張三策一个，臨潼于盛知五卜。

木匠趙文光。

泥水匠趙明国。

石匠李文秀、刘璜。

住持同安、寧有、同寧、照□，徒玄□。

大清康熙龍飛三十九年歲次庚辰冬十月望吉仝立。

（拓片藏河南省文物考古研究所。王興亞）

伊闕

南戒之餘龍，走崤而東折。勢與香山連，相對如魏闕。伊水經其中，泱濤向洛瀉。況有泉成池，倚天多巖穴。遙矚嵩少雲，輾轅萬古宅。憶昔錢思公，幕府盡佳客。至今留龍門，歐謝此題石。亦有耆英會，驚馬曾憐用坡句。吟嘯非空文，清閒詎禪悅。

癸未駕西巡，余亦陪行列。來守尋古踪，田苗苦炎熱。門水石樓灘，沛雨秋七月。忽思子岳書，永懷讀壽雪。吾師《壽雪亭集嵩岳述略》。

甲申初秋。河南太守趙于京題。

（碑存洛陽市龍門。王興亞）

重修廣化寺碑記[1]

【碑陽】

【額題】大清

洛南二十五里有龍門鎮，而南有伊闕山，而上有古刹廣化寺一座，相去龍門一里之許。其寺不知其創於何代，建於何時。第聞古來老人傳說，追唐時而稱盛矣。自唐而後，歷五季而宋、而元、而明，其間興替不知凡幾，無容問已。我皇清定鼎數載，四方善信念三藏右佛，福庇無方。睹其寺垣頹圮，相為感激，隨力施財，重新修飾，略有可觀。更閱數十載，有禪僧寂明，字智心，來居是寺，慨然有志復興。朝夕胼胝，不留餘力。歲月圖維，異成怪事。誠通幽明，默為之祐。蓄積漸盈，將欲修為。又以自擅為嫌，乃設清茶，集合各村信士而共議焉。眾聞大喜，遂舉為功德主。李法亦各任力，出貲略助一二。將見數年間，若佛殿，若三藏殿、地藏殿、伽藍殿、天王殿、山門、鐘樓漸次底積，且於各殿中神像金飾。今人睹之，光彩耀目，而猶未畢其願也。及其臨終，又以韋馱殿、禪室，囑其徒其孫，且託其事於山主翟俟等為之照管，必成其事。而其歿後，果如其願焉。若徒若孫，可謂克繼其志矣。余等於智心之志，而竊歎人所難及者有三：隻身至於是寺，一無所恃，而敢發願念，不惜其力，踽踽圖成者，此一難也；不吝財資，盡出所有，以成聖事者，此二難也；不敢獨擅獨為，而必善與人同者，此三難也。

康熙四十四年歲在乙酉五月念二日穀旦。

候選縣丞李法 /

候選經歷劉逾生 /

貢監李沐 /

---

[1] /後字殘。

槐樹頭生員董玉施銀壹兩，鄭家屯鄭倫施樹四株，花園村于生雨施銀三錢。

住持照弘，徒普敬、普廣，孫通壽。

【碑陰】

同立磚信士[1]

工部尚書徐敬瑜。

押衙張彌。

長史呂繼璠。

長史王鵠／

（碑存洛陽市龍門廣化寺。王興亞）

河南府學記

趙于京

　　自宋慶歷間令天下立學，以祀孔子，至於今不廢。夫孔子萬世師，非於人性之外有所加也。亦即其性之所固有者而明之，便之為其事而求其本，曉然於天命之當然，則王化聖學胥於是乎在！河南河岳之英靈，其人民得風土之正，其於性易明也。乃學蕪廢不治，恐不足以興行教化，鼓舞多士。京移守茲郡，僦工修之，自春徂夏，不數月而落成。與學官考訂禮樂，補鑄籩簋、犧象、罇爵諸祭器，俾敬乃事，則庶乎其免於陋，又為書伊川先生主敬語於亭。夫心猶水，水止則清，心敬則明。明之久，而倫理與夫應事接物之間，皆確然知其性之所固有，聖人非有以強我也。昔柳子厚記柳州學云："孔子之教，千有餘載，始行至於是邦。人去其陋，而本於儒。"柳州，僻隅也，且如此，而況二南王化之區，中州理學之藪。程、邵、賈、呂之子姓固在，吾知嵩洛之士易成，而性易明也。《王制》："周人養國老於東膠，養庶老於虞庠。"國老謂卿大夫，庶老謂士，及庶人之在官，皆引年而居鄉者，養之以師表其民，亦以云教也。

　　康熙四十五年月日。

（文見乾隆《洛陽縣志》卷十五《藝文志》。李正輝）

鐘靈處對聯

鐘靈處

東堂偶筆

康熙丁亥夏五穀旦。

---

[1] 四十八人姓名，字殘。

神遊上苑乘仙鶴；

骨在天中隱睡龍。

蠢吾弟之吳徽薰沐敬獻。

（存洛陽市關林塚南牆中央門兩側。王興亞）

重修香山寺記

湯右曾

去洛城二十五里，曰龍門香山，東巖西嶺，相望若闕。伊水歷其間，水東舊有香山寺，即《舊唐書》所載白公居易與僧如滿結香火社，嘗寫其文集送寺中，如佛書雜傳例流行之者也。

考郡縣志，皆不詳寺興廢所由。宋陳振孫為公作年譜，謂寺在龍門山，後魏熙平元年建。按熙平元年，明帝初改元，母胡太后幼得佛經大義，立寺建刹甚衆。《北史·明帝紀》熙平二年，皇太后幸伊闕石窟寺。酈道元生其時，註《水經》亦謂伊闕鐫石，開軒高甍架峰，蓋曰伊闕、曰龍門、曰香山，本同一地。意者石窟寺，乃其先所命名，顧未有以深考。陳氏博采諸家傳記，審訂詳確，其言有據依，則寺之創於熙平，其信然歟。歷周隋至唐，以公故而始大顯於世。自後名人遊眺所至，輒見篇詠。北宋時，梅堯臣《遊龍門詩》曰："香庵徧巖曲。"范純仁亦云："杉松隱映皆祇園。"是當此時，寺尚無恙，初不聞騫隳也。迨金魏搏霄至龍門，始云向傳已矣，不可見。元薩天錫《龍門記》云："舊有八寺無一存。但東崖巔有纍石址兩區，餘不可辨。有數石碑多仆，其立者，字剝落不可讀。"則茲寺之廢，其在金、元之際。今巋然惟兩石塔在耳。榛蓁茀草昏翳，滅沒無有，即而問之者，蓋又數百年矣。

右曾前年冬試士洛陽，皆至其地，慨然有營建之願，而力薄不果。今年春，太原張君玨來守是邦，過大梁，言次及此，君欣然，不期而志同。右曾乃捐月俸為之倡，手書重建香山寺引授君，俾與郡人共經營焉。君始至，即有惠政，吏民懷之。凡所欲興，奔走踴躍，如其意指，而諸生亦念使者校試如此，刻苦自厲，未嘗通以賂遺。遂率其私錢，衆力咸傅，推陝州學博孟君桓任以事，而以洛陽明經張君所修佐之。伐石而基，循山而垣，首為亭五，楹級而升，以次為堂者三，堂各三楹，列屋翼其傍。凡深一百八十尺，廣半之，良材堅礱，縮版椓土，纖悉攦撼，既偹既好。自三月一日，迄閏三月八日，凡三十有八日而卒功。嗚呼，何其成之之速歟！李去［格］非《洛陽名園記》，如李衛公、富鄭公、文潞公園池，京物之勝，今皆為平田荒墟，無能指其故處，世多謂僧坊佛廬依託可久。然《伽藍記》載東都盛時，寺千三百餘，今亦無一二存者。而茲寺以公得復興於千載而後，其可喜也已。公自太和三年至洛，迄薨，凡十八年，朝夕之所遊，意思之所注，常在茲寺。寺去公墓不一里，公修寺記有願結後緣，他生復遊之語，則公雖生天成佛，靈爽其長依於此乎。孟君言，自鳩工以至落成，凡閱四旬，無飄風異雨。初，太守之相度於斯也，伊水方落，估筏不時，至購木為難。是夕，水忽暴漲，明日銜尾而下，棟楹梁桷板檻之屬罔不畢具，人驚歎以為奇。夫雀離浮圖，天慶火珠，事有緣會，良非偶然。右曾適以試士復來洛中，既蕆事，因得遵曲磴升重巖，以至乎香山之寺，謁公之像，周覽遐矚。徐休乎亭之上，倚峭壁，俯清瀾，層阿香林，蒨翠隔岸，南睇九皐，北望王屋，洛城煙火鬱鬱藹藹，若在牕牖。耳目曠如，心神既怡，自惟固陋，猥以茲役之權輿，得挂名寺中，以垂將來，顧非幸哉！已而憮然，又念事之成毀不可定也。石有時以泐，水有時以凝。深谷高陵，變遷非一，更百千年。茲寺其能久存而不廢歟？後之視今，亦猶今之視昔。思賢好善，歷劫護持，其以俟之來者，因為之辭，紀其歲月云。

康熙四十七年戊子四月十九日。

（文見乾隆《洛陽縣志》卷十五《藝文志》。李正輝）

重興香山寺記

汪士鋐

余戊辰歲得虞山馮氏所定《白氏長慶集》本，因手校一通，凡奔走四方必攜以行。其集中如干卷，即所謂納之香山寺者也。後十七年，余奉命於揚州校刊《全唐詩》，時方牧馬岷山，未即行。比至，則《白氏集》已將次雕版，顧中間多所訛舛，余遂發篋中裝，出其書，覆校之，并廣為補輯。雖不敢謂其書復完，然人間所存亦幾摭拾無遺，因歎曰："傳之有靈，而余得掛名於較讎之末，為大幸也。"今年冬，余復有事岷山，道出大梁，遇學使者湯給事先生，謂余曰："洛陽香山寺，白公之所遊止，廢已數百年，今復興之矣。"余躍然以喜，已又歎："天下事，其盛衰興廢，必有其時，顧有其時矣，而無力以張之，則亦同於眾人之嗟歎愛惜，而莫能以有成。而大有力者，又往往耽於聲色，黷於貨賄，至於風雅之事，則莫有顧而問者。於是，前賢之遺跡勝概，都荒棄於山巔水涯，而為狐狸之所穴處，榛蕪之所蒙翳，蓋不可勝數。而龍門草木，石樓風雨，乃得遇文人才士而復興於數千百年之後，何其幸歟！"然先生非豐於財者也。先生少即有聲太學，為名進士，入翰林，已而，改官都諫，視學中州，簡拔才俊，文章蔚起。而又杜苞苴，絕請謁，凡學使毛髮絲粟之饋，悉釐剔無餘。居常痛自刻苦，蕭然一室，雖優游官舍，不異僧寮。甚者朝夕所需，猶莫能以自給，豈能更有餘貲以修前賢之廢墜乎？然志之所在，力而行之，遂以集事。於是，琳宮寶刹向之蒼煙白露而荊棘者，今則高甍巨桷，輪焉奐焉。俯伊川而仰石窟，清流翠巘，交映左右，洵洛陽之大觀也。先生又謂余曰："子曷少假餘暇為香山之遊乎？"余曰："登臨瞻眺，固余結習，況輶轅伊闕之勝，平生所夢遊而不得者，今幸履其地，而適會勝事之有成，能無一遊焉？以拜白公之像而頌先生之風乎！"先生又曰："斯寺之興，殊有靈異。其始作也，艱於材，一夕水漲，大水沿流而下，良材畢備。

既成而落之者，夜望恒有火光，燐燐炳炳，往來其間。意者白公之精靈實式憑之，青旗白馬，飄然至止，其亦有樂乎此也。寺之後搆堂設像，以奉白公之祀，居人相率種樹，鬱然成林，後之君子恢宏而光大之，則斯寺之興，正未艾也。"先生又曰："余之挍士也，三年於茲矣。余素有羸疾，或日咯血數升，今幸無恙，異時得買田汝潁之旁，從容伊水之上，以待四方賓客之至者來游香山，以觴詠於其間，庶幾不負乎此舉也。"余欣然曰："有是哉。"先生而卜築於是也。余亦將躡屩擔簦，追陪几杖之後，以作洛陽之寄客不遠矣。先生既為文琢石，余因敘述先生之言，勒之碑陰，冀附以不朽。余東歸之日，將裒白公之遺文歸納寺中，以結香火之因緣，不亦可乎。是役也，倡始於給諫，而成之者河南守張君玶也。君勒於職業，寺之成不再月，費省而功捷，是亦足以知其為政矣。康熙戊子十月十日，與郡守張君來游寺中，同游者山陰勞祖承、郡人張所修。

十二條屏，俗稱香山屏。汪士鋐自注：余言不文，冀託給事之文，以傳久遠，故擬勒之碑陰。郡守張君曰：昨礱二石，尚虛其一，若相待者，余恐重違其意，聽其別樹一碑，并親為書丹，士鋐又記。

康熙四十八年三月十五日。內廷直日講官、左春坊左中允吳郡汪士鋐題。

（碑存洛陽市龍門香山寺，文見乾隆《洛陽縣志》卷十五《藝文志》。王興亞）

白居易墓記

唐白侍郎墓在洛陽龍門左青山上，余訪之土人即此。其轉而南，舊有香山寺。先生常與九老嘯詠林泉間，人故以香山稱。先生卒年七十五，有李義山所撰墓誌文。然《長慶集》中先生亦自作志謂葬於渭南下邽里者，乃生時戲筆，今渭上之塋是先生之父及弟也。風雅比興外，未嘗著空文。嗚呼，可以此瓣香先生矣。

河南太守趙于京題。

康熙四十八年。

（碑存洛陽市龍門東山白居易墓。王興亞）

白馬寺六景有敘

榆檔西來，幾廢幾興。柰園一區，實為祖庭。衲豎剎於此，禪誦之餘，偶拈古跡六事，綴以韻言。倘瑤篇不吝，衲為引玉云爾。

清涼臺
蘭台畫閣碧玲瓏，皓月清風古梵宮。石磴高懸人罕到，時聞爽籟落空濛。

焚經臺

榆檔貝文是也非，要從烈焰定真機。虛空說偈人西去，剩有荒臺鎖翠微。

夜半鐘

古寺雲深蘚徑封，離離百八動千峰。洛陽多少盧生夢，枕上驚回第幾春。

騰蘭墓

堂封對峙依林隈，斷碣模糊長綠苔。金骨流香天地永，不隨人世化飛灰。

齊雲塔

風回鐵馬響雲間，一柱高標絕陟攀。舍利光含秋色裹，崚嶒直欲壓嵩巒。

斷文碑

筆鋒磨滅失真蹤，天妒奇文蘚盡封。會有秋風生怒雨，森森鱗鬣起蛟龍。

釋源穎石琇題。[1]
清康熙五十一年立。

（碑存洛陽市白馬寺攝摩騰殿門外南側壁間。王興亞）

閻中丞買施上清宮香火地碑記

北邙翠雲峯之陽，有道院曰上清宮，去洛城八里許，舊傳謂即唐開元中所建，祀道君玄元皇帝太微宮遺址。其因時廢興，昔人誌謁猶有存者，姑未深考。今上龍飛二十一年，前撫閻中丞以督餉在洛，捐資修葺，置備善地八頃，供奉香火。閻中丞已自為記。□無事再□第。當中丞置地踵修時，本宮住持曰王太緒，殆後太緒與其徒鄧清白移住在城之銅三官廟，惟劉清普留知宮事。蓋清普者，亦太緒徒也。余以庚寅承乏茲邑，清白因其師太緒作古，遂與清普互相傾軋，訐訟連年，於以稔悉各道皆屬黃冠敗類，不守清規，並用驅除，以順輿情。仍博采士庶，另延羽士田常明，住持焚修，當於新舊嬗代之際，遂事釐剔。其閻中丞買施地畝，檄飭道紀司傳集公宜佃户人等，徹底查丈，止存地七頃六十二畝整，其餘已歸之烏有。慨自閻中丞之捐金施地，迄今不過二十年，而即為人胺削，融有□是者，若更歷數千百年後，則滄桑之變，寧可得而問乎？夫防微杜漸，不得不急為籌遠，因將清

---

[1] 此爲草書。又有楷書《白馬寺六景有敘》與《勾瞿山房即事四首有敘》合刻在一方石上。碑文見後。

丈過地畝坵段數目,與夫坐落四至,逐一揭之貞珉,以昭示來茲。庶幾閻中丞之善果歷劫不磨,而是宮亦將有深賴也。

知洛陽縣事三韓高鎬誌並書。

旹康熙五十二年歲次甲午仲春吉旦。

(碑存洛陽市上清宮。王興亞)

洛京白馬寺釋教源流碑記[1]

【額題】洛京白馬寺祖庭記

原夫釋迦如來之應蹟也,自迦維降誕,雪嶺修因,果滿於阿僧祇劫,道成於菩提樹下。十號具足,三界稱尊,經談三百餘會,法說四十九年。至涅槃會上,偶爾拈花示衆,時百萬人天,悉皆罔顧,獨迦葉破顏微笑,世尊遂以正法眼藏,涅槃妙心,無相實相,付囑而歸寂焉。是時也,大地震動,江河泛漲,有白虹十二,南北貫通,連宵不滅,即周穆王壬申五十二年也。王問太史扈多曰:"是何瑞也?"對曰:"此西方大聖人入滅所現之相也。"由是疑真指聖,列子述尼父之言;探花焚梅,西升載伯陽之偈。至漢明帝永平七年甲子,帝夢金人,身偉丈六,放大光明,自西飛至,旦問群臣。通人傅毅奏曰:"臣聞《周書異記》云,昭王二十四年四月八日,此方地搖六震,光貫太微,照自西方,王即怪問群臣,太史蘇由奏曰:'西方生大聖人也。'王曰:'於此何如?'由曰:'無事,千年之後,聲教傳流於此。'乃刻銘於南郊以記之。今陛下斯夢,得無是乎?"帝悅。詔遣郎中蔡愔、郎將秦景、博士王尊等一十八人,詣天竹[竺]國尋訪聖典。至大月氏國,遇摩騰、竺法蘭,得釋迦旃檀相及白氎影相,榆櫃函經四十二章,以白馬負之。永平十年抵洛。初館於鴻臚寺,召騰、蘭二尊者入對,帝頗重之。繼而又問佛教源流,尊者導以釋種正義諸秘密門,且屢示神變,攝伏異道。其要以慈悲利物,戒定修身。帝由是益加欽崇,始於雍門外創白馬寺以居之。騰以大化初傳,人未深信,且撮經要,以導時俗,故譯《四十二章經》一卷,蘭繼譯《十地斷結》等五部,緘之蘭臺石室。帝即敕令圖寫佛像,置之清涼臺及顯節陵而供養之。明年歲旦,道士褚、費等上表滅佛,帝降敕,令道士與騰、蘭就元宵日,駢集白馬寺南門外,立壇火焚,試其真僞。爾時惟佛經不壞,且有神光五色見火中。至今焚經臺尚存。又因聖塚,敕建齊雲寶塔,高五百餘尺。珠宮幽邃,遙瞻丈六之光;窣堵凌雲,依稀尺五之上。時中夏人民瞻仰歸信者以億萬計。猗歟盛哉!而震旦焚剎之興,於茲爲始。至魏文帝黃初三年壬寅,有沙門曇柯迦羅,中印士人,來至洛陽,大行佛法,於白馬寺譯《僧祇戒本》一卷,更集梵僧立羯摩受戒,東夏戒律,實稱鼻祖。其後教行吳

---

[1] 此碑又稱清代斷文碑,上下共分七排。它與宋代蘇易簡斷文碑、宋代景遵書碑、元代趙孟頫、明代王淨詩刻石被人譽爲"白馬寺書法五佳"。

越，道播寰中，歷魏、唐、五季，滄桑更變，廢興不一，難以俱陳。至宋淳化間，大旱，帝命中使禱於二尊者，發壙請雨，儀貌如生，甘霖普降，靈應如響。即重新寺宇，敕學士蘇易簡撰文誌之。迄明世宗時，寺院荒蕪，殿宇頹落，司禮監太監黃公捐俸修理，而殿堂僧舍煥然一新矣。及國朝，衲剃染茲寺，參扣諸方，道業無成，濫膺僧數。不謂本邑宰官紳衿山主護法，建立叢林，敦請開堂。衲遂於康熙四十一年佛誕日，豎刹於此。每念哲人已往，祖院猶存，讀殘碑於草萊中，恐歲久廢馳，滯塞佛祖之來源。爰是缺者補之，傾者葺之，庶幾精藍福地，不致勝蹟之久湮，而紺殿瑤宮，或挽狂瀾於既倒。敢曰溯漢泗唐，於此為勝，西吼東震，賴以弗墜哉！敬勒貞珉，用誌不朽。是為敘。

康熙五十二年四月八日。

傳臨濟正宗第三十五世弘法沙門釋源如琇撰並書。

古亳王施仁鐫石。

（碑存洛陽市白馬寺清涼臺上毗盧閣前東側。王興亞）

和潁公白馬寺六景

清涼臺
金墉城外有危台，伏夏時聞爽籟催。遮爾化衣飛難到，阿誰名利不心灰。

夜半鐘
蒲牢怒吼夜闌清，裊裊曳風出化城。驚覺洛陽千戶曉，銀床未轉轆轤聲。

斷文碑
萋萋駁蘚睡雲根，蝌蚪離離蝕雨痕。欲續奇文僧已定，揭來拔草暗中捫。

焚經臺
非將燃焰辨瑕瑜，貝葉誰云不作怒。欲起祖龍還是問，可能焚得六經無。

齊雲塔
浮圖臂係湧河干，影出重霄釀暮寒。金穀迷樓猶在否？惟留一柱撐震旦。

騰蘭墓
連環香骨委金灘，華表雙雙馬鬣蟠。邙阜列塋俱寂寞，千秋獨秀是騰蘭。

康熙癸巳龍飛五十二年立秋八月牽里。

仝學弟孫雲霞扶茗留題並草書。

（碑存洛陽市白馬寺攝摩騰殿外殿門以北壁間。王興亞）

重脩毗盧閣碑記

白馬寺，佛事之鼻祖也；清涼臺，白馬之天皇也。自漢明來洛陽，蘭若稱天下最。所謂千七百所者，今悉委蕭艾灰藿，而白馬獨歸然瓦遊，豈非淵源所存，以有所呵護，不可鏟沒者乎。獨怪禪家五宗，白馬不與，未免為奈園洗閟氏矣。使當時有龍象挺生，阿誰禁其不下，何至寂寂寧馨。茲當聖人御宇，與鬼夜彰氣遴環，昭□應塑。藍海英嶽，靈誕我穎公，生曲錄之床，樹吉遠之剎，一時七衆飯旨，大雪前澆，可不謂偉與公□，是蒿聖道苓哉。痛祖庭荒頓，思營新之，先自毗盧一閣。偕其師焦，苟精牧神，倡其師李，負日銜辛。積粟有年，久遲盛舉，加之諸槻樂唱邪。許短佰足佰，四字幾□，豆、區、鈞、石，夫娘嚴器。敘導曁施力，執用與俱，六閱月而告厥成。陰虹負檐，陽馬承阿，觚棱佛漢，髟花啄雲，真不愧精藍畫剎之諡矣。事在康熙五十二年之六月也。其師□，坤寧和尚，法諱真泰也。其師季，語石如學，祖石如燦。其徒若愚、性慧也。公法諱如琇，字穎石，培之和尚高足，傳臨濟三十有五代正宗也。於戲都哉！余因之有幸矣。新清涼台，新寺之漸也。新白馬寺，千七百所之漸也。李覯有云：園囿之興廢，關洛陽之盛衰；洛陽之盛衰，關天下之治亂。佛寺何獨不然。吾謂茲舉也，可以復千七百所之舊，而洛陽之盛於是乎哉！即天下之治亦於是乎哉！余之拳拳於茲役者，豈僅為花宇鸚林而志美也哉。時龍飛康熙五十二年，歲在昭陽踍躓日月會於龍貓。

壺里發弟孫雲霞頓首撰文並書丹。
傳曹洞正宗三十一代香山德瑩篆額。
清康熙五十二年立。

（碑存洛陽市白馬寺清諒臺上毗盧閣前西側。王興亞）

重修釋源大白馬寺殿宇碑記

【額題】重修碑記

重修釋源大白馬寺殿宇碑記

佛生西域，漢以前未通中國。至梁武時達摩西來，為震旦第一祖，教化始大行於天下。然而溯奈園之朔，實起於漢明帝之永平七年。爾時帝夢金人，飛至殿庭，旦問群臣，有傅毅奏其由。帝遣博士王尊、蔡愔等，求佛法於西域，遇摩騰、竺法蘭二神僧，得佛經四十二章及白氎影像，以白馬馱之洛陽，帝於雍門外立白馬寺，寺實天下佛氏祖庭也。余為諸生時，性癖涉獵，覽史至此，嘗思一過洛陽，憑弔遺蹟，以道遠，弗能致也。康熙庚寅歲，余由京口量移河郡，營務之暇，訪南宮舊址，始得登清涼臺，一償夙願。又晤方丈穎公諱如琇者，翩翩儒家子，詩文字畫，凌轢一時，余益輾然，喜不勝。所惜者，洛陽遭闖逆蹂躪，紺宮紅樓，悉為灰燼。白馬雖巋然獨存，而金粉零星，土木凋殘，想明帝之初制，不無盛衰之感云。閱二歲，再驅車過之，登其臺，見毗盧一閣，丹流雲表，輝生霄漢，余灑然異之。更逾歲，復以事過其地，而大殿、山門、配殿等，俱燦然陸離，大改前觀，余益灑然異之。未幾，穎公來謁余，請余文志其事。余問穎公曰："阿誰檀樾興功如此之鉅與？"穎公曰："此蒼髯公之力也。"余問其故，公曰："寺有古柏數株，余謀諸山主黃璘、黃運隆、黃肇等，售金若干。兼以耕三餘一、耕九餘三之力，加之邑侯高公諱鎬，捐俸若干，數載經營，粗完斯功。"余聞之爽然自失，歎未曾有。若穎公者，可謂高僧矣！較之捧簿漁利，相去可道里計哉！於戲！余既喜登清涼臺，以酬素抱，又得穎公為塵外之交，余縱不能文，敢以不文辭耶？余以此尤有感焉。夫穎公一衲子也，借名山臥三竿亦其分也，乃克苦行梵修不愧其職。而世之高牙大蠹，尸位素餐者，聞穎公此舉，可以油然而興矣！況余待罪此土，賦性庸拙，日夜惴惴，惟以有負朝廷之簡任是懼。余是以不覺緣事生感，臨文興愓也，乃踴躍而為之記。

　　原任兵部車駕司郎中□肇新篆額。

　　賜進士出身河南府城守營中軍守備加一級廬陽江總兵撰。

　　太學生邑人孟習蘇書丹。

　　康熙五十五年歲次丙申春月吉旦。

　　兩序知事監院如燦，副寺如學，維那性慧，知事生智，典座性寶，悅眾道榮，副悅道純、了無、了然，座主了凡，照客道弘，行者道□，西堂心祿，書記了機，知客性誠，直歲性寬，知眾性方，知殿了賢，侍者了見，堂主了全，貼案了塵，香燈道仙，佛事了相，同立石。

（碑存洛陽市白馬寺大佛殿前道西側。王興亞）

郡守劉公祖重修壯穆公關夫子廟記

　　竊聞古今一道，神人一理；曠有世而相感，蓋先後有同揆也。洛水南十里許，壯穆公關夫子寢陵在焉。自元、明以來，廟食不絕，其三層殿宇漸就傾圮。前之蒞斯土者，曾無過而問焉。雖循禋祀之故典，而精神志氣，究渺乎其不屬耳。維我郡祖劉公，剛不傷猛，明不傷察，中介而外溫，行峻而氣和，渾渾穆穆，使人望若神明，殆頗有壯穆公剛大直方之遺範乎。下車來，昭祀維謹，凡一切為民禦災捍患、禱雨祈晴，求無不應。知其精誠之相通，蓋有素也。夫自古忠臣孝子，歷代俎豆不廢者，所以正人心，厚風俗也。

　　壯穆公之血食天下，自通邑名都，以及遐陬僻壤，無不金碧而尸祝。蓋其生為萬人敵，死能禍福警戒小民，以閑邪而衛正，其有切於人心風俗者，大也。我公祖他務未□，不留心於二氏之教，而所祇承者，惟壯穆公夫子，其為人心風俗計，深且遠矣。庚子春，奉簡命而從王西征絕域，樹偉績於邊塞，建軍功於西藏，孰非壯穆公在天之靈爽默為庇佑者乎？今我公祖捐俸修葺，丹堊其宮，計日告竣，都人士囑予為文以記其事。予曰："休哉！公之治，惟神輔之；神之靈，惟公妥之。我公具耿介嚴毅之性，維神秉聰明正直之德，洵乎曠百世而相感，先後有同揆也。爰鑱諸石，以並傳於不朽。

　　康熙六十年歲次辛丑仲冬穀旦。

　　賜進士出身翰林院庶吉士加一級後學莫與及薰沐拜撰。

　　河南府儒學訓導商丘戚尚睦盥手書丹。

　　闔郡紳士商民董萬山、董一世、楊鶴、史選、李學裕、董萬戶、馬士衡、邢倬、史遇奇、張所修、何兆湛、張若良、鄧國璋、董慎思、郭內修、史世祚、王本遇、史禹臣、宋鎰、何鈞、郭勷、溫光雍、邢時可、王愫、武永泰、陳丙、張榮光、劉鈺、任萬盛、袁福盛、閆存義、閆瑞錦、王邦侯、李萬全、魏鋐、劉継琪　仝立石。

（碑存洛陽市關林塚前東側。王興亞）

郭公路碑

　　公諱朝鼎，字遠洲。滿洲籍孝義人。捐俸刊修。

　　郭公路

　　闔郡紳士商民銘德記石。

　　雍正五年丁未仲夏穀旦。

（碑存洛陽市龍門老龍洞口。王興亞）

關壯繆陵

　　天上存公神，天下遍公形。天中留公骨，覆土成高陵。我懷三季時，惧諫黃圖焚。三年化碧血，七竅剖丹心。精忠逮南宋，纍纍岳王墳。公陵一抔土，崢嶸終古今。公與四陵並，我將五嶽名。

　　吁，嗟乎！天王古東周，春秋奉聲靈。我公明大義，此邦即漢京。鼎分扶漢室，尊周有傳經。伏公陵下拜，炎光弥上青。形神如可遘，我公陟降庭。君不見，魏家七十二疑塚，荒土欲平有人耕。

　　賜進士出身翰林院檢討知河南府石屏張漢題。

　　門人董金甌書。

　　雍正五年十月吉旦。

（碑存洛陽市關林能道西側。王興亞）

重修上清宮瓦殿三清殿並鐘鼓樓碑記

【額題】皇清

按翠雲峰為邙之主山，廟建其巔。厥洛瑤觀琳宮之盛，茲廟寔居其最。但比年來，風嚙雨蝕，榱桷繚垣漸就頹廢，不無人居，□□□□□。住持張一全慨然有修復意，募化重修，塗塈告成。諸君功德，應□□垂不朽矣。謹將善信姓氏開序於石。

賜進士出身翰林院庶吉士加一級邑人莫與及長卿甫撰。

生員陳綬、生員陳國禎。

信士[1]

雍正六年十二月初一日吉旦。

本宮住持李□寶。

（碑存洛陽市上清宮。王興亞）

洛陽縣重修學宮記

范百順

天下事有成於天者，有成於人者。造化之圖疇肇於天矣，而畫演必由於人；山川之流峙成於地矣，而疏鑿必由於人。誰謂天地之毓秀，不賴人功之輔助哉？洛之邑，嵩邙對峙，四水交流，非大地毓秀之奇與？且黌宮據龍岡之巔，奎佰居柳張之位，人事之財成輔相者，又各協其宜也。以是而知人文之盛於當年者，有由然矣。獨惜風雨不除，鳥鼠弗去，以致丹堊飄落，楹節傾圮，三十餘年無人起而新之者，豈文運有盛衰，人事有廢興與？抑事必待其人，非其人莫任其事與？會聞我邑侯寶應王公來治茲土，私心竊計公以江左名進士、文章宗匠，其必將恢宏士氣，振興文教，學宮之修可卜日待也。既而公至，首先視學。釋奠之餘，憮然謂余曰：學校為風化本源，今頹敝剝落而不為之所，是亦守土之責也。特余視事方新，遽興工作，恐猶未易云此。越明年，綱舉目張，百廢具興，遂首捐清俸以為之倡。遴國學孟習蘇、庠生史世祚共勷厥事，相度盡善而人心競勸。經始八月，至十一月而告成事。余乃集生徒舍菜於兩廡，問而謂之曰："余向喜王公之來而卜文廟聿新者，洵不誣矣。"入斯門也，登斯堂也，行見瞻拜有儀，絃有地，文明之象當即因之振興，而詎獨曩時之擅其盛哉。閭邑紳士因是踴躍謀勒石以垂久遠，而問記於余。余目睹前此之將頹，而樂觀今日之維新也，爰薰沐而為之記。

雍正七年仲冬月日。

（文見乾隆《洛陽縣志》卷十五《藝文志》。李正輝）

---

[1] 以下開列姓名和捐資數目，字多模糊不清。

孟縣重修石窟寺碑序[1]

憶昔石窟寺，本號萬佛山也。座鎮河陽西北，去城四十餘里，北倚太行，南近混流，左枕黃嶺，右跨湛河，震震人裏，其庇護四方者，蓋自昔而然矣！無如自大漢迄今，茲歷世久遠，風雨消磨，石洞崩裂，佛像煙沒，其狀誠觀者之所矚目長歎也！幸有北陳鎮善人張獻捷，觸目興懷，朝夕募化，四外村莊或捐資財，或共人工云云。

煌其象外，更創建大佛殿一楹，山門一座，巍巍乎真一時之巨觀也。

雍正七年歲次己酉十一月初二日。

（碑存洛陽市萬佛山石窟。王興亞）

河圖贊

宋朱熹

河之圖兮開天地賾，五十有五兮陰陽相素。惟皇昊羲兮肇端乎神，盡心神契兮不知其千萬年之隔。

後學石屏張漢立石。

（碑存洛陽市老城文廟。王興亞）

洛書贊

宋朱熹

洛有龜兮負文，錫神禹兮彝倫。夏商之季兮汩陋，箕子載隱兮皇極為之一新。萬世之大範兮存乎其人。

後學石屏張漢立石。

（碑存洛陽市老城文廟。王興亞）

重脩觀音佛堂創脩関帝拜殿碑記

【額題】百世流芳

洛西三十里許魏家灣，唐奉先寺之故處也。居龍門之陽，當嵩邑之衝，又前有伊水旋繞，後有闕山環抱，西京名區，得山川之秀者惟茲土稱最。余於雍正六年，館於茲鄉，館

---

[1] 該碑形體高、寬皆一米餘，不知原來在萬佛山石窟豎立的具體位置。

外有觀音堂、関帝廟，左右環列，嗚是何為者？夫觀音行佛教於中國，関帝立臣節於漢□，觀音默佑忠義之行，普救一方；関帝顯敦忠義之理，光炳千古。佛與聖相得益彰，祠堂並建，良有此也。□□歲，創修関帝拜殿，落成於三月之春，高忠為之。□□□歲，重修觀音佛堂，告竣於六月之夏，胡加才為之。但斯舉也，币金施□多□子長者，擔石運泥盡穉子老叟。□□廟貌與香山輝，堂與賓陽並傳，斯里雖得山川秀氣，實憑培植增光。後之覽者，其亦低徊留之而不能去也。是記。

洛邑庠生郭倬撰並書。

創建牛王舞樓錢糧在內。

募主魏良杰、募主魏良棟、募主魏良貴、募主李欽、謝琳、魏貞以上各艮二兩一𠆤八分，胡加全一兩二𠆤，李廷祥二兩，周宗文一兩四𠆤。樊玉一兩一𠆤二卜，趙光輝九𠆤四卜，趙光耀九𠆤四卜，姚士興八𠆤，胡加良七𠆤五卜，樊太福六𠆤。魏□四𠆤，徐宗□二𠆤，魏龍二𠆤五卜，高賢二𠆤三卜，高義二𠆤，張□二𠆤，陳世□一𠆤，樊元吉一𠆤，楊奕生𠆤半，侯進孝𠆤半，魏良喜一𠆤，張福星一𠆤，姚智一𠆤，魏良耀一𠆤，樊甫六卜，関由信五卜，張明德五卜，樊太恒五卜，王守奇五卜，楊奕唐五卜，郭崇三卜，劉士朝三卜，董爾安五卜，劉門周氏□錢，魏門魏氏一𠆤，魏門周氏六𠆤，趙門楊氏二𠆤。李琳户五千文。

功德主高忠三兩六𠆤，胡加才一兩一𠆤。

石匠吳桂松鐫。

雍正九年八月穀旦。

（拓片藏河南省文物考古研究所。王興亞）

傳臨濟正宗第三十五世穎石琇公和尚壽塔銘

雍正紀元，歲舍己酉，風穴穎公禪師，世壽七十有二。其嗣法門人等以歲宿葉吉，預營壽塔，為他日舍利藏。囑余銘其額石。余與穎公方外交久，知其行最悉，且其嗣孫了機，復與余有文字之雅誼，固不容以弁鄙辭也。

師姓潘氏，世籍洛陽，幼多疾，託身白馬寺，法名如琇，字穎石。年九歲入寺，遊依本師培之不去，父母強之歸，不能得。以娠師時有異兆，遂聽之。既剃染，攻內外典，了無障義，兼善詩文，工書畫。遇闍樺青雷師有深契，從之遊燕薊，禮五臺，訪名刹，嗣入風穴，得戒於憨公老人，署書記。與憨老高足輩同參風穴數載，心印相融，獨委心於默公輝焉，後同醉雪禪人，從默公住靜於伏牛山之演法坪。默公道行高潔，素少許可。逮玉寶開堂時，默公以從上源流付之。

康熙辛巳，默公繼風穴祖席，師從之，主西堂事。洛陽令錢石臣侍御，耳師名久，謂白馬乃釋教源流，騰蘭去後一千五百餘年，未有勝選佛之任者。今穎公挺生崛起，豈其再來身耶！謀諸二尹詹公鼎臣、袁太史紫宸先生，庠彥黃運隆、王可選輩，倡同官紳士，庶請歸白馬開堂演教。入院日，四衆雲從，遐邇不期而會者數百人。錢侍御為開常住建方丈，備諸叢林威儀，師於十年來辛苦備嘗，上而臺閣殿宇，及諸寮舍等，煥然一新者，皆師經營之力。至今白馬鐘鼓，遂冠中土云。

雍正癸卯，風穴席虛，汝牧宛平章公念風穴耆舊凋謝，非具大圓通者不克負荷，乃函啟延師西來。師風度從容，道氣渾穆，棒頭拂子，迎機善導。於今七載，白雲緇素，皈依經營，締造大工，屢興佛法人緣。近今罕儔，乃謙道不遑，累求退休。今初，門人輩欲建壽塔於風穴山，窺師之意在白馬，遂聘渥東，獨醉道人，汝牧孝感武公及蓮社僧衆，以法運甫升，極盛難繼，堅留坐鎮，不聽師去。噫！會屬末法，刹竿多倒，曲錄談禪，正眼直指，求如師者，寧可數數見耶？錦屏流翠，桂殿香飄，法演祖乘，笑振虎溪，非如師者，又烏可追蹤嗣響耶？初，門人輩欲建壽塔於風穴山，窺師之意在白馬，遂聘震東猾醉道人元復、張子卜吉於寺之左。師得法於默公輝，輝得法於憨公乾，是為臨濟下第三十五世法嗣。所著有《句畢詩集》及《白馬白雲語錄》行世。爰撮其實而為之銘曰：

白馬紹衣，白雲僧聚。清涼一指，錦屏柏樹。惟大知識，千佛垂注。仔肩大道，鉗錘陶鑄。透上乘法，徹不二義。遇默而圓，遇石而試。風穴祖庭，振錫而至。獅吼天中，淨歸魑魅。說詩中禪，示畫中意。升堂入室，兒孫遍地。桂嶺香馥，喬松聳翠。億萬斯年，宗風不墜。

大清雍正十年歲次壬子二月之吉。

古南梁懷峴居士法弟屈啟賢拜撰。

同邑法弟孟習蘇書丹。

門人信翁、滄溟、佛行、遙哉、海容。徒性方、性慧、性智。侄性誠、性寬、性寶。孫了聞、了賢、了機、了凡、了然、了全。孫了見、了貴、了恒、了塵。曾孫道先、純榮、弘明。

仝立石。

彭店姚進孝鐫字。

（碑存洛陽市白馬寺於毗盧閣內西壁。王興亞）

釋源大白馬寺舍利塔靈異記

己巳之歲二月八日，孝明皇帝駕幸鴻廬卿寺，謁二三藏，問對數次，彌加禮重。時迦葉摩騰啟陛下曰："寺之東鄰是何館室？"皇帝曰："彼中疇，昔無故忽然湧起，可及丈餘，人或之平，尋復隆阜。其上往往時發光明。民所異之，乃聞上國政，因諺祀典，遂名'洛陽土地之神'。其所阜者，土俗謂之聖塚，凡所祝告，皆隨懇願，自周而下，蟬聯祭享，情未知由。"三藏曰："噫！余嘗於中印度躬覽全藏，其中有云如來滅度百年之後，有阿恕伽王造八萬四千七寶塔，安佛舍利，耶闍羅漢，運以神通，將右手掩日，放八萬四千光，攝衆寶塔，住彼光內，旁視四維，上極空界，八萬四千，同時而葬。"又曰："東土支那有一十九處。世主有緣，為時而出。余今至此，屢目神光，無異中印度。今陛下所言聖塚者，乃十九數中之一，必不虛焉。"是時，二三藏遂請皇帝并百寮同詣聖塚前。三藏敷座具而諦禮，皇帝與宰臣亦禮。當禮次，聖塚上現一圓相影，二三藏兼皇帝三身如鑒照容，分明內現。其餘臣寮但覩其光，不現其身。衆相謂曰："我輩寡福，不現其身"。由是念言，各見自身，獨在光內。皆曰："其光偏照於我"。已而，二三藏以梵語讚嘆，而衆咸稱未之有也。時皇帝聖情悅懌，語二三藏曰："朕若不偶二師，豈能覺佛遺祐乎？"自是方深信釋迦牟尼真身舍利之塔也。皇帝遂勅所司，命稟三藏制度崇建浮圖。自是年三月一日起，迨至庚午歲十二月八日，厥功告畢。凡九層，高五百尺，岌若岳峙，號曰"齊雲"。至後周二年四月八日，塔上現五色神光，天香氤氳，罔知何至。而自光中出一金掌，持起寶塔，可高尺餘，色如瑠璃，內外明徹，自午及申，微微方隱。時皇帝洎宰臣并士庶咸瞻勝相，欽玩無斁。人之右繞，光亦右繞。人之左旋，光亦左旋。皆悉嘆仰，不知所以然而然也。當是寺數千衆中有梵僧九人，僧伽摩羅等咸謂："正是阿恕伽王七寶所造之塔真樣也。竺乾亦有三處，我曾数禮奉，因是靈感，彌益信心，慶流終古。"

　　是塔來源，人多不解。余遍考塔前碑記，皆荒唐無稽，各執臆說。獨奈園內有石碣一方，敘塔之原委。可惜字踪模糊，不成句讀，愧不能續其後。繼席風穴，躬覽佛藏，得是記，喜出望外，方知是塔乃釋迦舍利塔也。創於漢之永平己巳，號曰"齊雲"，高五百餘尺。余既知其由，何可湮沒，敬列貞珉，以誌不朽。

　　釋源穎石琇謹跋。

　　奈林書記笈微機書丹。

　　監院性智、知客性誠仝衆立石。

　　彭店姚進孝鐫字。

　　大清雍正十二年三月吉旦。

（碑存洛陽市白馬寺毗盧閣門外東側壁間。王興亞）

白馬寺六景有敘[1]

　　榆檟西來，幾廢幾興，奈園一區，實為祖庭。衲豎剎於此。禪誦之餘，偶拈古跡六事，綴以韻言。倘瑤篇不吝，衲為引玉云爾。

---

[1] 此碑將《白馬寺六景有敘》與《勾瞿山房即事四首有敘》合刻在一方石上，爲楷書。與草書《白馬寺六景有叙》刻石文字略有不同。

清涼臺

蘭臺畫閣碧玲瓏，皓月清風古梵宮。石瞪高懸人罕到，時聞爽籟落空濛。

焚經臺

榆檔貝文是也非，要從烈焰定真機。虛空說偈人西去，剩有荒臺鎖翠微。

夜半鐘

古寺雲深蘚逕封，離離百八動千峯。洛陽多少盧生夢，枕上驚回第幾春。

騰蘭墓

堂封對峙依林隈，斷碣模糊長綠苔。金骨流香天地永，不隨人世化飛灰。

齊雲塔

風迴鐵馬响雲間，一柱高標絕陟攀。舍利光含秋色裏，崚嶒直欲壓嵩巒。

斷文碑

筆鋒磨滅失真蹤，天妬奇文蘚盡封。會有秋風生怒雨，森森鱗鬣起蛟龍。

釋源穎石琇題。

勾瞿山房即事四首有敘

余有小廬在臺之隅，顏曰"勾瞿"。殘書幾卷，野花數株。趺坐匡床，經行苔堦。眺嵩山而聽洛水，嘯清風而弄明月。即其耳聞目觸，遂成里言四律，以快其志。列之雲根，取笑大方，豈敢與維摩丈室、羅家梅根相比也哉。

底處攝心好，勾瞿可養閒。花間歌白雪，枕上看青山。梅竹雨中植，詩文燈下刪。年來誰是伴，雲鳥常往還。

室小春無限，臺高樂有餘。看山不出戶，醉月勝登墟。白榻學禪定，青燈讀史書。此中堪小隱，底處更結廬。

不用買山隱，臺居勝華峰。窗梅撐古月，砌石嵌新松。有僻耽詩句，無才與世慵。鳥聲雜梵唄，不厭耳邊重。

地僻紅塵遠，亭幽事更幽。常依書作伴，每借臺為樓。涉世無榮辱，從人呼馬牛。此中消歲月，此外更何求。

雍正十二年歲次甲寅夏六月廿二日。

釋源穎石琇題并書。

彭店姚進孝鐫字。

（碑存洛陽市白馬寺竺法蘭殿門外南側壁間。王興亞）

修大明渠碑記

伍青蓮

豫中水利，自成周陽渠始。陽渠者，周公之所為作也。迄漢以還，千金、九龍諸渠閘堰因之，今皆杳不可識。可識者，明伊、洛二渠耳。伊渠十存一二，洛渠則廢圮近百年。而復興，蓋自乙卯歲春，蓮數過洛之南涯，訪詢耆民，循稽故道，因請于長吏，捐月俸貳百金倡之，刻期舉事，力為興復。凡兩閱月而成，自渠口迄渠尾，凡三十里，歷青陽屯，至城角村，溉田近百頃。又於西午橋建龍王廟一座，以保護渠道，為鄉民期會之所。撥灘地壹頃，以共香火，又設渠夫四名，以司啟閉。撥灘地玖拾叁畝，使專任其勞，其支渠梁閘，一具如法式。夫洛渠之堙久矣，無論張純、陳協諸人所陳請不識曾及此渠否，即前明劉文靖公所紀，載在邑乘者亦復不獲悉。按其故洛之水利，視北之鄴、南之宛，皆弗如遠甚，邇者洛渠粗復，後來者沿而擴之，如鄴之西、史，宛之召、杜，安在不與古人爭烈耶。顧嘗考之《漢史》，信臣既起水門提閼凡數十處，以廣溉灌，又為民作均水約束，刻石立於田畔。杜詩既修信臣遺跡，激湍水以浸原田，亦分疆刻石，公私同利。曩時出入阡陌，止舍鄉亭，講求水利，既已署似召公而修復文靖遺跡，與杜公修復召父遺跡，則以大署相髣髴。故復手定約束，伐石刻誌，樹大渠之龍王廟，是亦上仿二公均水同利之遺意云。所定條約期限若干事，詳列碑陰，爾民其謹識之毋忽。是記。

時乾隆三年五月日。

（文見乾隆《洛陽縣志》卷十五《藝文志》。李正輝）

重修周公廟記

曹元仁

尊聖人者，並稱周公、孔子。孔子王祀百代，而公缺焉。說者曰：相而不王，以成公之志也，祀公於名臣之廟為宜。或者又曰：公之子封于魯，孔子魯人，夢寐之間常若見公者。意者公之陟降上下，時時在魯，魯之廟祀為宜。之二說者，余非不謂然。然自土中時，又公之經營者舊矣。南望三塗，北瞻嶽鄙，武王之所胥宇也，公實終之。誕保七年，冲子忞祀，公實相之。降而平王東遷，雖日以卑弱，綿延者五百有餘歲。東周之歷阼西較永，始基之奠佑啟，惟公《記》曰："以勞定國則祀之。"公之勤勞王室，與洛相終始者為何如哉？公之經天緯地制作垂萬世者不具論。論功德之在洛者，洛之祀公也，人心之良，夫何容已？顧公之祀於洛宜矣，而歷代之興廢不常，其遠者已不可考。康熙甲寅之春，前郡守河間王君來慶，始於郭西之故址擴而新之。復捐置田七十五畝，以供歲祀之費，距今殆七十年，傾圮者且過半也。歲之辛酉，元仁來守是邦，謁公廟，下，愾焉傷之。竊有志於興復，計得一襄厥成者，洛令毗陵龔君慨任其事，圖度久之。稽於故籍，具知王守所置祭田，始則磽确，今為膏腴，直可數倍于昔，因轉售得千二百金，仍置祭田一頃三十九畝，外餘金四百兩有奇。鳩工庀材，刻日修舉，經始於癸亥之夏，五逾月而告成事。望之翼然，即之煥然，廟貌加隆矣。又計田之所入，歲有餘貲，祭器樂器以次秩如祀事孔，明式禮無忒，從此垂之久遠。洛人之世世祀公，與所以祀孔子者相埒，庶乎有以妥公之靈也乎。董其事者，司訓郤大鼎、諸生孟習蘇、史世祚，例得偹書。

乾隆八年九月日。

（文見乾隆《洛陽縣志》卷十五《藝文志》。李正輝）

新開大明支渠記

龔崧林

邑為伊洛二水所經流，故各有渠為溉田之利，農岷之食其利者已久，前時劉文靖公記中言之詳矣。最後副使張公鼐於洛渠之南別疏一渠，以渠在縣西南大明寺後，即以大明名之，繼亦寖廢。雍正十三年，東粵伍君青蓮來令斯邑，尋故道濬而復焉，利賴者又迄於今。余之蒞洛也，周視郊原高下，以暨川流漩洑往來之形，大約邑非潦之患，而多有旱之患，則以水利之不廣之故也。乾隆癸亥之春，適邑之豆腐店村民張潞等以渠道來請，其地故與大明渠為近，而潞等臨渠之田向不在引水之列，將別謀所以挹注者。隨為度其地宜，無攘益以私己，無旁溢以病鄰，事可享其利，而不滋其害，隨仿副使之成則為之指授，其畚插力食之賈，則其地之民自營之。工始于春仲，竣于春季，不二十日而告成。蓋民人之踴躍以起，冀得享永永之利于將來者，如一心也。地之戶凡一十有九所，溉田一頃五十畝有零，為名之曰"大明支渠"，蓋不欲以流而忘其源之意云爾。其渠之啓閉，分水之時刻，大約與前伍令重濬大明之規制略同。事有渠長司之，備載于冊，用以均利而杜爭者，殊詳以善，茲則僅志其月日云。

乾隆八年。

（文見乾隆《洛陽縣志》卷十五《藝文志》。李正輝）

新開順濟渠記

邑之渠有二，曰伊渠，曰洛渠。二渠溉田之利，見于前人之記述者綦詳。若余初蒞洛時，所疏大明支渠，亦其踵行而有效者也。顧余念之，邑之田不皆傍伊沿洛，而高原燥烈之區，雨澤或未以時，輒束手無策以救，毋亦水利之不廣，其人狃于成跡，司土者貿貿儚儚，而未嘗一加之意與？歲之甲子，余官洛且三載矣，先是癸亥夏秋間，洛中大旱，有地坼之患。余尤為洛民念，庶幾廣闢水利，或可以人事之修補救萬一。為親歷川原相度之，見邑之正南路白沙鎮後有河，曰江左，西流逕白沙，尋北流，逕胡家寨之南，復西流吉磨村而入于伊。其水蓋出嵩山，不與伊洛同源，顧其經流境內一也，試導其流以資溉灌，誰謂功在伊洛二渠之下哉？隨集其地之士民胡一鴻等，周行巡眿，核之可得渠五里許，不病隣，不妨業，僉曰："有利無害，吾儕小人實世世賴之。"考於前明副使張公鼐開大明渠之規制，為之指授，其地之踴躍起者，實繁有徒，鳩工集事，閱十三日而渠成，時甲子之春仲月也。渠由江左河之鄭家口，引水而入至王家寨西，乃析為兩支，一由樊家村、一由胡家集南俱入老婆潭，而順流以歸于伊，爰名渠曰"順濟"。凡灌田四頃四十六畝有奇，立渠長司之啟閉，分水以時，無壅無攘，均其利者凡四十七戶，由是順濟之名，乃與伊洛二渠為埒。嗚呼！天地之利我民者無窮，因民之利在一加之意耳。

茲役也，雖不足與前人所記述者較能而比烈，而尺寸之利，事可垂遠，有其舉之，莫或廢也。渠之成，且將並伊洛之水而長矣，渠云乎哉？抑余尤願後之人，周覽高下，相地制宜，可疏者疏之，可闢者闢之，不憚經營為吾民謀永永之利，或者天行之窮不無補救于萬一乎。洛民之食其利者，行以茲渠為之嚆矢矣。

蘭陵龔崧林記。

乾隆十年五月日。

（文見乾隆《洛陽縣志》卷十五《藝文志》。李正輝）

安徽布政使司李公學裕墓誌銘

方苞

乾隆十年六月朔，余臥病北山，閉關而外鍵之。安徽布政使李公屏騶從過余，謂門者曰："即虛館必啟鑰。"麾戶而入，曰："吾固知先生避客之深也。吾自獲見於先生，始知所以為人之道。備官中外幾二十年，自省尚無負於君國，無憾於吏民，皆先生之教也。所懼民隱壅蔽，有過而不自知。今荷聖恩，位邦伯，而適在先生之鄉，故甫入城，未受印篆，而願聞緒論，望先生知無不言。"越三日，而余遘危疾，不辨人事者浹月。及杪秋，少蘇，醫者曰："子無他，昨視方伯李公，心脈已枯，恐無可久之道。"余瞿然急通問，復書曰："某陳臬於蘇幾三載，即笞杖必設身以求其情，積勞傷氣，又胃痛，醫人投藥物過猛，故一發不可支。如有瘳，即敬以聞。"未十日，則其子以棺斂[殮]事來詢，且乞銘矣。公所生三子皆幼，其弟之子承嗣者，雖少長，從宦遊，而方從師務帖括，外事無聞焉。幕中皆新知，故狀所述，惟歷官及蒙恩遇，而政迹無敘列者，銘辭難舉。雖然，義不可卻也。

公洛陽人。雍正五年進士，選庶吉士，不介而造余，形貌偉然，所為詩及書法皆拔俗。

时余掌武英殿修书事，因奏请共编纂。见公小心畏义，好贤乐善，出于至诚，勖之曰："子公辅之器也，贵仕不足道，能如乡先辈刘洛阳，更进之为本朝汤睢州，乃无愧於为人。"公竦然。及散馆，授检讨。九年，改山东道御史。十年，巡察直隶顺、广、大三府。十一年，监会试内帘，巡视西城，转兵科给事中，稽察仓场，充武会试同考。十二年，奉使策封安南，赐正一品服。十三年，授刑科掌印给事中，转四川建昌道按察司副使。

公出在外，岁时必通书。余见其地士大夫、商旅，必询公操行及所注措，故知公为深而欲籍之，则事实不能详也。其巡三郡，官吏凛凛，虽大府亦严惮焉。在建昌，自打箭鑪至西藏，民、獠威怀，治行甲两川。金川诸土司相仇杀，公会诸将巡视开谕，皆骈首革心。

乾隆四年，大计卓异。五年引见，天颜甚喜，赐蟒服，回任俟后命。七年，调江苏粮道，弊绝民熙。会淮扬水灾，制军德公、抚军陈公於要地多委公拯济。其冬，迁江苏按察使，明允无留狱。富商大豪奸私暴露，欲巧法弥缝，即私计曰："惟法司、大府三关无道可通，奈何！"其迁藩司，苏人皆曰："吾民薄祜，雅太守迁闽岭，李公复移调，谁其嗣之？"不谓公之不数月而淹忽也。

公处心平恕，终日温温而不可强以非义。属吏幕友於簿书或舛误，未尝动声色，惟默思所以正之。而官中蠹胥，时因事惩革，众心感服，而不知其所由然。痛少失怙，始举於乡而太夫人即世，爱弟学峻如一身。甫踰三十，连丧耦，即以弟子焕为己子。

公始见余，执后进礼。余入翰林后公，故事礼辞当卑逊，而公终以后进自处。及莅安徽，通书忽用师弟子之称，余固辞，公曰："先生每以睢州勖我，睢州既为监司，始受业於夏峰，某独不可继武乎。"余告以自明万历末，徵君即为海内儒宗，而睢州乃乡之后进也。今公为邦伯，而余以薄劣为部人，敢以徵君自处哉！而公终不易称，即此一节，非诚以古人为准的而能如是乎！

惜乎！余之所望於公者，始少见其端倪，圣天子累日积久以灼见其贤，而不获竟其用也。然数年来，余夙所心许，如江西熊梅亭、济宁黄训昭、安溪李立侯，皆以壮年受知於圣主，始列九卿，而倏如影灭，则不若封疆大吏，尚有实德之及民也。然则有心者当为国惜，为民悲，而公则差可以无恨矣。

公卒於乾隆十年十月望后五日，享年五十有五。祖讳仕杰，父讳本质，乾隆元年，诰赠如公官。祖妣杨氏、尚氏；妣曹氏，俱赠恭人。公讳学裕，字馀三。元配刘氏，继室尚氏，以貤封未受锡命。子四人：长焕，学峻次子，乾隆甲子举人；次照，侧室张氏出；次燕，次焜，继室吕氏出。前夫人并葬洛阳城东十里铺某原。公於某年某月某日，卜兆於某冈某原。铭曰：

曰仁曰恭，宜得其寿。德载於民，其声远闻而施则不究。俛焉日有孜孜，道固宜然。其淹其速，则惟命之自天。

（文见钱仪吉《碑传集》卷八十三。王兴亚）

重脩乾元寺並金粧神像碑記

【額題】重脩乾元寺碑

中州之西，山水為第一，而山水之勝，惟龍門伊闕為尊焉。花塔鸚林，彩閣雲樓，大人偉士遊觀題咏，蓋所在多有也。龍門之中香山禪寺，乃提督河南學政湯公之重建，禪師藏公之居，真九老重新。二公風雅常存，以成今古之望，萬世之慕矣。龍門之南望香山五里許，又有乾元寺，創建已久，重脩遞更。比丘誦經於朝暮，毘廬焚香於晨夕，上以祈皇上社稷苞桑之永固，下以佑蒼生四序盈寧之熙皡。第世遠年湮，時異勢殊，風雨有飄搖之患，鳥鼠多剝削之憂，殿宇將及傾圮，神像黯然無色，其何以棲神靈而致如在乎！有衆釋越請藏公之法，孫福臻與其徒祥光、祥和、祥文焚修於茲，請功德主王君諱喜學、長男諱敬，次男諱璉，慨然以重建為己任。猶慮其獨力難成，遂會請衆義善一十九人，□理寺內□□有餘兩，復各捐己貲，募化衆善，命彼工人，鳩工庀材。肇始於乾隆己未秋，告竣於乾隆丙寅冬。八年之內，重脩正殿三楹，玲瓏若接雲漢；次葺東西陪殿六楹，秀麗恍若□霞。且創地藏殿，煥然維新；妥韋馱於木龕，斐然可觀。詎僅天王殿金碧輝煌光耀哉！以故焚香接踵，林林而至；雅興題詩，屈指難窮。東都大觀，喜民之庇，有賴乾元勝□□□□之倚並□思夫天地盛衰相循之理，古今往過來續之情，脫奕葉之下，或有継起而重為之脩飾者，蓋隔世有同揆也。故取石於山，述其始終，鐫之以垂於千秋。究其本末，鐫之以石，□□載云。

河南府僧綱司都綱心祿號信翁薰沐拜下。

伊陽縣儒學生員郭文錦繡菴氏焚沐拜下。

嵩縣儒學生員翟朝陽子明氏薰沐拜下。

功德主王喜孛，子長敬、次璉，孫長紿，次綱、三綽、四紜，曾孫長來保、次來成。

化主福臻、總管劉森七兩五凢，掌歷王継二兩，掠首王琮四兩，掠首劉璞六兩七凢，掠首何大兴三兩，掠首張有三兩五。

管事范琮六兩五凢，祀生張孝浩四兩，張琳四兩二凢，馬篤輔二兩，刘進祿一兩四凢，何大朝一兩三凢，張應蘭一兩八凢，張九思一兩二凢，陳生禮一兩一凢，張應生一兩，何大明一兩一凢，何起光七凢，馬廣生一兩。

高家屯：管事高忠二凢，高惠五凢，高尔魁五凢，吏員高尔立一兩，監生高元儒五凢，村長高尔卓一兩，高重二凢，高全二凢，高環六凢，高玳一凢，陳福一凢，高□一凢，高□一凢，李節一凢，高明一兩，高才一凢，高良知二凢，高恩五凢，高良彩凢半，高良御二凢，陳進才二凢，高星一凢，高萬一凢，高良士凢半，高元龍凢半，高元振二凢，高全一凢，高亮一凢，高全二凢，高尔行一凢，高尔印一凢，高元吉一凢，高坤一凢，高良棟一凢，高寬二凢，高尔洪一凢，高雲一凢，許文五凢，高如賓一凢，王奇一凢。

楊家溝：王國府一兩，王紅五兩。

河頭生員李卓栽柏樹百餘株。

郭西樓，孟縣李克雲共二兩，窰廠李文孝二仐，南牙張月第一兩，監生張玉振一兩。

郜庄：韓廷試五仐，馬貢圖五仐，馬安圖五仐，馬德聘五仐。

魏家灣：胡才五錢。

龍門鎮：李順一兩，刘完山三仐，監生范□□□兩，馬篤玉五仐，馬文孝二仐，馬文禮二仐，張孝二仐，刘琨一兩三仐，何起福一仐，王孝文二仐，鈔鎔二仐五卜，鈔珍二仐，鈔亮一仐，胡士訓三仐，李應選三仐，何起朋一仐，鈔居一兩，生員李有敬三仐，刘天成一兩一仐，陰陽生鈔琮五仐，刘天福三仐半，馬英三仐，馬超雷三仐，馬興信三仐，鈔金四仐，刘天輔二仐，馬傑一仐，馬篤行二仐，王通二仐半，馬文名六仐，馬選二仐，馬□生一仐，馬超重二仐，王太和一仐，馬貴二仐，王新華六仐，馬文孝二仐，賀国寧二仐，賀国動一仐，李應時一兩二仐，陳生芒五仐，王應和七仐，張保生五仐，陳生惠六仐，鈔紅二仐三卜，刘天奇四仐，何大壯五仐，吉良時三仐，吉星照三仐三卜，楊洪義二仐，刘天貴三仐，刘天祥三仐，李貴如三仐，刘玉三仐，馬興龍三仐，陳生松三仐，馮申二仐，刘天眷二仐，鈔云一仐，刘天龍五仐，和士咸三仐，刘琉五仐，王新耀五仐，王新貴三仐，權治平七仐，王統四仐，張坤生三仐，張蘭生六仐，李可仁四仐，刘天舉三仐，刘瑞三仐，鈔應登三仐，刘珮三仐半，王傑三仐，刘天禎三仐，刘奇一仐，鈔應時一仐，鈔應魁一兩，鈔應祿二仐，張人生一兩，王桂一兩二仐，張彥三仐，張洪仁五卜，張継生六仐半，鈔應武三仐。連□六仐，王振一仐，王炳一仐，王太賢一仐，李璞二仐，張洪礼一仐，張洪道三仐，刘秉仁二仐，張祥生五仐，張洪孝二仐，王太福三仐，鐘應福五仐，鈔銀五卜，張和岳二兩，張如英六仐，王盡孝六仐，程自成五仐，張璠六仐，張継仁五仐，何怀民七仐，張洪□五卜，何起祚六仐，何起英六仐，刘起罷五仐，董義三卜，何起仁錢八卜，保起義五仐，何起敬五仐，陳應忠三仐，陳順字一仐，陳素三仐，張九成二仐，張和通三仐，張應得三仐，張玹五仐，陳斗軻一仐，陳有才一仐，刘文耀五仐，楊顯之三仐，何怀石三仐，張大福五仐，賀国太四仐，王新壽一仐，何怀玉二仐，何怀珍二仐，張篤立二仐，刘怀五卜，張如珍五卜，張應年二仐，何怀德二仐，何起知二仐三卜，李元祚一仐，王敏五兩，張君七仐，張典一仐，閆璐五仐，刘芳八仐，刘訓一仐，張知良三仐，張應運二仐，張應知二仐半，張吉二仐，張應貞一仐，王玄一兩三仐，張珍一仐，王玉二兩三仐，王書七仐，陳生祥三仐，陳應魁五仐，陳應璞一仐二卜，陳君五卜，陳應昌七仐，李應書二仐，張應卜五仐，張應式三仐，張應天二仐半卜，閆琳二仐，張智三仐，張應鳳二仐，馬俊二仐，張應二仐，閆玉三仐，閆璞三仐，張順一仐，陳生即四仐，張應孝一仐，刘告五卜，張如凱一仐，張九卿三仐，張九章三仐，陳生有一仐，張知平四仐半，王言一兩，何起祿七仐，鈔賓一仐，王照一仐，陳應祿四仐，張明二仐，王木明一仐，鈔琳一仐，刘信三仐，陳應知五仐，張應龍一仐，孟福一仐，陳應斗二仐，李應璞二仐，賈魁二仐，陳應登二卜，孫生平五卜，張子文二仐，張玉銀二仐，張星彩一仐，馬倩一个，張如河一个，陳生新一个，王世祿一个，張應高一个，張篤敬一个。

木泥工藉怀珍。

伊陽金塑工 [1]

伊陽金塑工王其修、范文、李明、李可舜、陳国荣。

伊陽石工何明、郭金珠、郭隆珠鎸。

本寺住持僧人福臻，徒祥如、祥光、祥文。

龍飛大清乾隆十一年歲次丙寅律應黄鐘之月上浣吉旦。

（拓片藏河南省文物考古研究所。王興亞）

方公路碑

特授洛陽縣正堂捐修。公諱有光，字翼雲，號默齋，江南徽州府歙縣戊午科貢士。

流芳百代

方公路

督理善士國學董有驪、國學劉之溥、生員郭倬。

乾隆十三年三月之吉。

闔邑士民感德銘石。

（碑存洛陽市龍門老龍洞口。王興亞）

贈文林郎袁公良謨墓誌銘

范泰恒

憶十餘年前，有同邑王生歸自洛陽倚少袁公所，言公孝友任恤，樂育後進狀，余聞之輒心折。歲辛酉，與公子大宣同鄉舉，詢公起居，益聞所未聞。壬戌，赴公車，拜公長安館舍，數聆教言，始歎曩日所聞果不謬，謂當於古人中求之。及大宣與余同捷南宫試，余廁史館，旋憂歸，蓋自乙丑以來不相見者數年矣。去年冬，大宣以俜來，持公行狀而匄志。余不文，何能志公，然何忍不志公。按狀：

公諱良謨，字叔文，倚少其號也。其先人卜洛以居，蓋自明初三傳至斐。斐生孟初。孟初生加賜。加賜生存渙。存渙生誥贈奉直大夫、兵部車駕司主事文增，公祖也。生公父拱，康熙壬戌進士，由翰林院庶吉士敕授廣西分巡左江道。厥子四，三即公。分巡公將赴粵，以公侍行，抵任七月即憂歸。公遶膝孺啼，至不可解。嗣遭母夫人喪，則哀毁幾至滅性，分巡公諭乃止。未幾，分巡公病且劇，偕伯仲侍湯藥。醫曰："糞苦，尚可療。"公潜

---

[1] 九人姓名，字多不清。

嘗之，則大痛，曰："味甘矣，病殆不起。"然猶懼分巡公之見之也。及哀毀，亦若前喪，必誠必信，喪葬悉如禮。嘗見其哭內詩，有"九原有覺雙親在，好把溫涼代爾夫"之句，其孺慕蓋終身云。

又，兩兄未有子，弟復早世〔逝〕，公獨大宣一人耳。鄉黨間皆為袁氏危，公乃深惟大宗之重，而已身之尚可待也，則令大宣後伯兄。閱數十年，竟有三孫，伯兄歸厥子，乃以長孫嗣，次嗣二門焉。蓋辛丑、壬寅間歲大荒，饑餓遍閭里，公與伯兄傾橐周濟，多全活。或有相質以業者，既酬其值矣，易時年豐，則念向且竭所有與諸人，矧可乘阨利其有！乃集質業者，悉焚其券，券千餘金。太守將上其事，公止之。嗟乎！晚近之人，其不古若矣，富而好行其德，徒虛語耳。當是時，大河南北災荒略相等，田舍翁多儲數斛粟，居為奇貨，同姓戚友或視若秦越，聽其輾轉於溝壑。不肖者乘人緩急，以少值獲多業，立券外錙銖不少益，矧肯焚且還其業。及時和年豐，廛稅田租若山積，三十年來，富厚不絕者比比也。而一二募義樂施者，門祚或衰落不復振，又余所歷歷目覩矣。夫為善無近名，濟困扶危，君子本無所為而為也，而數有不齊，所謂報施善人者果安在。嗟乎，觀公家幾危而盛，鄉黨之惑其可解，且可勸善於無窮也。

先是，袁氏居洛數世，咸力耕，不求聞達，分巡公始以詩書大厥家，又惴惴焉不克繩武之是懼。公少穎異，奮于學，年十四，補博士弟子員，益肆力于經史古文辭，卓然成家。乃自癸卯鄉薦後，遂不得志于南宫，遂以教付厥子，訓課惟嚴，而四方有志者，聞風向往，衣食育教之不少吝。今大宣舉進士有聲，其他亦多成就。若王生則不幸死矣，乃其言不有徵耶！惜乎公未大用，教澤所及不廣耳。然嘗分校己酉山東試，同考者应受諸卷外，咸樂得官卷。公獨白主司，願以官卷易《五經》，而所取又皆知名士。夫愛惜人材而濟以明人攸難，公此事足傳矣。又奚見少昔公之侍父而南也，七歲耳，舟過洞庭，暴風斷柁，衆皆惶懼無人色，公鎮定如常，其器宇有過人者。長善書，而富著述，足迹所至，輒見記詠，有詩古文各四卷，未梓也。梓者，《對山堂時藝》一卷云。

公生於康熙二十七年九月十九日，鄉試中式以癸卯。迨丙寅，將膺縣任，乃病，三年而沒，蓋乾隆十五年二月之五日也。距生時得壽六十二。配吕孺人，于歸三載，生子而卒。繼配郭孺人、張孺人。男旬，即大宣，吕孺人出，娶郭氏。孫三。女孫四。大宣將于年月日葬公于金鏞鎮祖塋之次，而以吕、郭兩孺人祔。余于公為通家子，志不容辭。又思行義如公，所謂老成典型者，庶其在茲。爰再銘曰：

謂天可知耶，胡歷其馳而不竟其施也。謂天不可知耶，蘭茁其芽而枝葉胡蔓以滋也。基培而大，山壘而奇。停之畜之，乃單厥釐。袁氏載德，其昌有時。匪天私公，惟公自為。

（文見錢儀吉《碑傳集》卷一百四十五。王興亞）

御製香山寺碑[1]

龍門凡十寺，第一數香山。自古才華地，當秋罕躋間。闕峰近巉崒，伊水俯潺湲。始見人楓葉，霜前三兩段。靜室暫周旋，興懷每睪［怡］然。如斯看水逝，不改是峰連。畫意誰能貌，吟情祇合鐫。慮輸白少傅，已著祖生鞭。

乾隆庚午秋抄題。御筆。

（碑存洛陽市龍門香山寺避暑樓。王興亞）

鍾馗圖碑[2]

（碑存洛陽市龍門石窟寺。王興亞）

關帝廟新建碑文

【額題】帝德永昌

蓋聞往焉安屬之禮，望後陰陽不測之謂之神者也者。望之不可知者也。實望正發之常，伸於萬物之上，而鼓物無心，妙物為玄，莫若則不可知而又無不可知。仰惟關聖帝君，翊

---

[1] 碑文草書，爲清高宗南巡途經龍門時所題。

[2] 鍾馗畫像刻石高九十九厘米、寬五十四厘米。圖上未書繪製年月，落款陽刻有草書"御筆"二字，鍾馗的袍袖上還陰刻有楷書"伊闕香山寺"五字，是知此畫像刻石与香山寺诗刻石树碑，同爲乾隆十五年清高宗在洛陽之作品，故置於此。

漢室，討吳魏，功蓋一時，義昭千古，歷代享祀久矣哉。盛皇上崇建祠廟，春秋享祀，典禮尤隆。而直省都邑，大小臣工，一體道明，以故薄海內外，窮山僻壤，立廟供奉，威容法像，無地無之。洛陽城外東南隅之新關帝廟廳選司，□潞澤商同崔萬珍等，規模宏遠，狀貌巍峩，極鞏飛鳥革之奇觀，窮丹楹刻桷之偉望，捐金輸粟，取次成功。既載邑乘，又將鐫碑以記之。余思夫自古忠臣義士以及名將相亦夥矣，凡有功德於民者，莫不列諸祀典，食報後世。然未有入人之深，感人之遠，考靈赤濯，千古不磨如帝君者也。則意者其聖神矣乎，吾烏從而知之。論者尊王討賊，深有合於《春秋》，遺書數世，稱山東一人，山西一人，望知事者哉！

敕授文林郎前甲戌進士候補蒲州府儒學教授古汯鄒承穎薰沐敬撰。

林溪漁者鶴亭氏書。

乾隆二十一年歲次丙子春三月念二日上石。

潞澤商人祁永興、侯公盛、馬萬順、魏永泰、劉萬成、張萬順、趙復興、鄒盛、崔萬珍公立。

（碑存洛陽市山陝會館院內。王興亞）

建修關帝廟澤潞眾商布施碑記

【額題】萬善同歸

紬布商：祁永興捐銀叁仟兩，外施地拾畝。蕭立盛捐銀貳仟零叁拾捌兩，侯公盛捐銀壹仟柒伯伍拾叁兩，祁斯滄捐銀壹仟陸伯兩，崔永昇捐銀壹仟伍伯伍拾兩，永興夥記、張東風等捐銀壹仟叁伯兩，杜鴻盛捐銀壹仟貳伯壹拾捌兩，魏永泰捐銀壹仟零伍拾柒兩，鄒翰盛捐銀玖伯柒拾貳兩，朱恒興捐銀捌伯玖拾貳兩，魏萬昇捐銀捌伯玖拾兩，劉萬盛（成）捐銀捌伯伍拾兩，邢豐盛捐銀捌伯叁拾叁兩，孫文盛捐銀柒伯伍拾貳兩，張萬順捐銀柒伯肆拾陸兩，成信成捐銀柒伯貳拾貳兩，楊萬成捐銀陸伯伍拾兩，劉仙盛捐銀陸伯壹拾叁兩，張益和捐銀伍伯捌拾貳兩，侯復興捐銀伍伯陸拾壹兩，泰盛號捐銀伍伯肆拾伍兩，韓永和捐銀伍伯壹拾壹兩，杜同盛捐銀貳拾柒兩，尹益昇捐銀肆伯叁拾叁兩，永茂號捐銀叁伯玖拾貳兩，邢成興捐銀叁伯捌拾柒兩，益昇號捐銀叁伯貳拾陸兩，段東興捐銀壹伯捌拾陸兩，董乾盛捐銀壹伯捌拾兩，順興號捐銀壹伯陸拾兩，薛萬興捐銀壹伯伍拾兩，鄒大昇捐銀壹伯叁拾柒兩，張永盛捐銀壹伯叁拾肆兩，魏益昇捐銀壹伯貳拾伍兩，劉仙成捐銀玖拾伍兩，魏常泰捐銀肆拾兩，魏義合捐銀叁拾伍兩，魏益興捐銀貳拾貳兩，杜同盛捐銀壹拾伍兩，趙天玉捐銀壹拾肆兩，尹洪林捐銀拾壹兩柒錢，趙天壽捐銀拾兩，侯子揚捐銀拾兩，李獻瑞捐銀陸兩，吳翔玖捐銀叁兩伍錢，魏昌都捐銀叁兩，協盛號捐銀拾貳兩，趙太捐銀壹兩伍錢。

布商：董鑑興捐銀壹仟貳佰零貳兩，劉玉盛捐銀陸伯貳拾肆兩叁錢，丁長發捐銀伍伯肆拾伍兩肆錢，成順興捐銀伍伯壹拾叁兩，張泰盛捐銀肆伯肆拾玖兩，賈永成捐銀叁佰捌拾壹兩玖錢成信成捐銀叁佰陸拾捌兩陸錢，魏益興捐銀貳佰肆拾叁兩捌錢，成復盛捐銀貳伯零玖兩，邢永豐捐銀壹伯陸拾捌兩玖錢，趙發興捐銀壹伯伍拾壹兩，李重盛捐銀壹伯肆拾柒兩貳錢，澤泰盛捐銀壹伯兩，賀興成捐銀玖拾肆兩伍錢，楊雲成捐銀玖拾叁兩，尹益昇捐銀柒拾伍兩捌錢，丁發祥捐銀柒拾肆兩壹錢，三同號捐銀陸拾壹兩肆錢，魏義合捐銀伍拾貳兩柒錢，賈壽常捐銀伍拾壹兩貳錢，張萬順捐銀伍拾兩壹錢，任新誠捐銀肆拾陸兩，同順號捐銀貳拾陸兩，廣盛號捐銀貳拾叁兩柒錢，大順號捐銀壹拾柒兩捌錢，朱恒興捐銀壹拾柒兩伍錢，美興號捐銀壹拾陸兩貳錢，亭順號捐銀壹拾伍兩壹錢，又捐錢柒兩貳錢，晉隆號捐銀拾貳兩陸錢，李發祥捐銀玖兩捌錢祁望盛捐銀捌兩，趙蘭盛捐銀陸兩玖錢，德玉號捐銀肆兩捌錢，通興號輯銀叁兩柒錢，立興號捐銀壹兩玖錢，楊萬盛捐銀壹兩伍錢，天盛號捐銀柒錢。

　　雜貨商：王順成、郭合盛、郭同興、宋泰順、趙大興、郭合成、夏全興、王昇泰、李廣盛、張全盛、張天成、張玉成、姜太和、王泰成，共捐銀壹仟壹伯兩。

　　廣貨商：車叁豐盛捐銀貳伯零兩捌錢，郭茂盛捐銀壹伯柒拾玖兩肆錢，姚輔興捐銀壹伯貳拾玖兩貳錢，郭全盛捐銀壹伯陸拾玖兩陸錢，李先順捐銀壹伯兩貳錢，李同興捐銀捌拾伍兩伍錢，李益盛捐銀捌拾叁兩伍錢，宋新盛捐銀伍拾柒兩貳錢，姚魁盛捐銀貳拾玖兩，崔添成捐銀壹拾肆兩叁錢，李廣盛捐銀壹拾貳兩，侯永興捐銀壹拾兩。

　　鐵貨商：李玉盛捐銀壹伯陸拾柒兩柒錢，宋大順捐銀玖拾柒兩壹錢，李興盛捐銀捌拾壹兩肆錢，宋統新捐銀貳拾玖兩陸錢，郭美和捐銀貳拾貳兩肆錢。

　　捫市坊：馬明禎、李子榮、侯秉章、張德清、呂成、任富、任明海、陳起福、王錫友、梁文煥、梁定邦、梁起龍、李子貴、王印芳、王延新、秦忠尚、王便法、李道儒、李生貴、王德福、郭志厚、牛坤生、李景全、王延扯、郭錫、王福德、韓法、李官、張子平、李文銀、秦智、李美林、張印海、張臻、牛金祥、邢昌發、吳廷訓、玉奇、韓永、呂永福、王節花、李玉、張旺仟、申成、李香、王德臣、李文成、趙耀宰、趙端、朱滿貴、原建忠、趙海川、韓理漢，共銀叁伯叁拾柒兩貳錢。

　　油坊：趙宏明、陳進玉、王有珍、李文憲、李庭、賈運、宋弘功、郭瑞、王之發、傅建基、牛昆、蘇錫、秦萬玉、牛相魁、張茂、孟廷輔、韓寬、靳琮、牛忠、秦純臣、王金梁、郭溫、王金美、李全真、王金全、宋傑、郝奇、郝福、平洪福、李洲、杜正明、李有泰、郭君弼、管訓、程繼龍、程繼琮、趙良孝、李文玉、趙良忠、王斌、王軒、李真、王德文、管義、郭琪、李季宣、傅開基、王君愛、張海龍、劉省、李金財、李增禮、劉堯都、牛萬財、王君選、郭明強、王有相，共捐銀貳伯肆拾兩。

　　大清乾隆貳拾肆年歲次己卯拾月穀旦。

（碑存洛陽市澤潞會館院內。王興亞）

王公路碣

王公路

王公名宇，字蒼先。乾隆三十年築此路，以便行人。

（碣存洛陽市龍門石窟寺。王興亞）

山西澤潞衆商布施關帝廟香火地畝碑記

紬布商：祁永興捐銀拾貳兩柒錢，蕭立盛捐銀伍拾叁兩陸錢，崔永昇捐銀伍拾叁兩陸錢，侯公盛捐銀伍拾叁兩陸錢，杜鴻盛捐銀伍拾叁兩陸錢，成信成捐銀伍拾壹兩陸錢，魏萬昇捐銀肆拾陸兩叁錢，朱恒興捐銀肆拾陸兩叁錢，邢成興捐銀貳拾柒兩玖錢，劉仙盛捐銀貳拾柒兩玖錢，魏益興捐銀貳拾柒兩玖錢，杜同盛捐銀貳拾柒兩柒錢，尹益昇捐銀貳拾柒兩玖錢，鄒翰盛捐銀貳拾貳兩玖錢，韓永和貳拾兩，王同泰捐銀貳拾兩，張永盛捐銀拾柒兩玖錢，孫文盛捐銀拾柒兩玖錢，刑永豐捐銀拾伍兩，協盛號捐銀拾貳兩，李方興捐銀拾伍兩。

布店：李永盛捐銀貳拾兩，張泰盛捐銀拾伍兩，董鑑興捐銀拾伍兩，成復盛捐銀拾伍兩，趙蘭興捐銀拾貳兩，劉玉盛捐銀拾貳兩，成順興捐銀拾貳兩，李重盛捐銀玖兩，趙發興捐銀貳拾兩，覃永成捐銀玖兩，三同號捐銀貳兩，賈壽帝捐銀壹兩伍錢。

雜貨商：王順成、郭同興、趙太興、郭合成、郭合勵、夏金興、宋泰順，共捐銀壹百兩。廣貨商人總共捐銀柒拾兩。

鐵貨商：李玉盛、李興盛、宋大順、宋統盛，共捐銀肆拾兩。

押坊：李子貴、王奇、王印芳、王延新、秦忠尚、朱滿貴、王便法、李道儒、申斌、張子平、牛坤生、陳士仁、秦智、李士昌、李文成、楊世澤、李香、袁侮、任富、張旺仟、王景全、郭錫、王錫有、郭永全、王廣資、楊洪、王按華、趙瑞、王得臣、王有臣、袁法升、韓玉秀、李生信、韓克昌、王印祥，共捐銀陸拾兩。

油坊商人共捐銀貳拾伍兩。

澤潞會館置地坐落曹家屯，地畝塊段官步弓開列於後：

村東地一段八畝二分八厘二毫，東西畛，東橫八弓零五分，西橫八弓四尺七寸，中長二伯三十三弓二尺五寸。

村南地一段五畝九分一厘一毫，東西畛，東橫六弓三尺五寸，西橫六弓四尺五寸，中二伯八十九弓二尺。

村西北地一段二畝一分八厘，東西畛，東橫四弓，西橫四弓，中長一伯三十弓零四尺。

又地一段六畝零四分口口，東西畛，東橫十一弓四尺二寸，西橫十弓零一尺七寸，中長一伯二十九弓四尺。

村西地一段四畝七分九厘九毫，東西畛，東橫十弓零三尺六寸，西橫十弓零四尺八寸，中長一伯零六弓一尺。

村北地一段一畝八分八厘，東西畛，東橫六弓一尺，西橫六弓三尺七寸五分，中長七弓。

村南地一段六畝零二厘二毫，南北畛，北橫三十一弓；四尺三寸，南橫三十弓。

村南地一段十八畝二分九厘，東西畛，東橫二十四弓三尺五寸，西橫二十一弓二尺一寸，中長一伯零一弓一尺五寸。

□□廟捐地一段一畝九分九厘五毛，東西畛，東橫四弓三尺，西橫四弓三尺六寸，長一伯零三十弓二尺一寸。

村北地畝一段十四畝九分六厘六毛，東西畛，東橫十五弓三尺二寸，西橫十一弓四尺八寸，長一伯五十七弓二尺。

村西地一段十畝九分九厘七毛，東西畛，東橫十弓零三尺五寸，西橫十一弓零三寸，長一伯三十一弓一尺一寸。

大渠南地一段六畝零四厘，南北畛，南橫十二弓四尺三寸，北橫十弓零三尺二寸，長一伯二十五弓一尺八寸。

村東北地一段七畝八分一厘，東西畛，東橫八弓零三寸，西橫八弓零六寸，長二伯三十二弓。

村西北地一段五分一厘，東西畛，東橫八弓二尺二寸，西橫八弓二尺三寸，長三十一弓二尺六寸。

村西南地一段五畝八分六厘一毛，東西畛，東橫十七弓四尺五寸，西橫十七弓二尺八寸，長七十九弓零二尺五寸。

村南地一段三畝零六厘，東西畛，西橫八弓一尺八寸，東橫七弓四尺八寸，長九十弓。

場邊地一段九畝四分，東西畛，西橫十二弓零五寸，東橫十一弓三尺七寸，長乙伯八十弓；东一小段，西橫七弓四尺三寸，东橫七弓四尺八寸，長十九弓。

清明廟西地一段二畝二分七厘六毫，東西畛，東橫四弓二尺七寸，西橫四弓四尺，長一伯一十六弓。

牛王廟東地一段四塊十八畝七分八厘六毫，南北畛，南橫二十一弓，北橫十九弓四尺，長二十四弓。

中段南橫三十六弓四尺，北橫二十三弓二尺九寸，長八十一弓一尺三寸。南橫一十四弓三尺八寸。長四十二弓三尺二寸。南橫十四弓四尺八寸，北橫二十三弓零八寸。長四十二弓二寸。南橫十四弓四尺八寸，北橫十五弓四尺八寸。

地計壹百叁拾壹畝陸分陸厘。

本廟住持僧湛旺書。

大清乾隆叁拾貳年歲次丁亥伍月拾叁日上石眾商公立。

（碑存洛陽市澤潞會館院內。王興亞）

林碑重刻記

　　惟帝浩氣塞天地，大節炳日星，明禋掌於秩宗，廟貌遍乎寰宇。而林墓為棲神之地，萬代尤瞻仰焉。自漢建安二十四年，以王禮葬洛陽城南，隆塚豐碑，紅垣翠柏，累代以來，邑人守視惟謹。國朝順治九年，勅封"忠義神武關聖大帝"。康熙五年，邑紳董副憲蕉行等，於塚前構亭立碑，刊勒封號，並將當年事實，歷代徽封，詳載碑陰。康熙五十八年，加恩後裔世襲五經博士，承祀林墓。雍正三年，追封三代公爵。五年，賜春秋二祭外，五月十三日加祭一次，並用太牢。追我皇上御極之十五年，巡幸中州，遣官致祭，御製祭文、匾聯；二十一年，賜龍袍、玉帶、銅圭各一；二十五年，易壯繆，謚曰"神勇"。茲三十三年三月初三日，奉上諭：加封"忠義神武靈佑關聖大帝"，其官建祠宇，秩在祀典者，並依新號，敬謹設立神牌，以申崇奉。欽此。伏思祠宇神牌，遵易新號，林碑亦應更立，緣無隙地，謹即舊碑面新之，其碑陰所載悉如故。俾洛中士民與四方賓旅之往來者，瞻拜之下，咸知聖天子崇德報功一時之封號，實千秋之曠典云。謹識。

　　河南府知府加三級隨帶紀錄五次李士适，河南府通判孫祖堯，洛陽縣知縣張時，署洛陽縣知縣張映台，邑廩生邢文彪敬書。

　　旹乾隆三十三年歲次戊子荷月中浣穀旦。

（碑存洛陽市關林塚南牆西側。王興亞）

廣陽陳信士捐施燈油地畝碑記

【額題】流芳百代

　　大佛殿其來久矣。香火之盛，自後魏迄唐，甲於天下，迨明季兵燹之餘，廟貌雖存，而寺僧離散。其廟中之田地，多所侵沒，且路當孔道，應酬繁冗，一切供奉，僅隨力支持而已。

　　丁酉春，有古秋甫、信士陳逢吉者，客遊洛邑，每至山寺，必敬謹頂禮於佛前，捐掛長明燈一盞，月奉清油，兼囑住持時時添注，勿有所間，以續靈光，以表敬肅，三年於茲矣。今歲倦遊旋里，恐斯舉之不能長繼也，爰捐資五十千，於彭婆鎮之東北凹置地八畝，交賓陽洞住持，以為永遠香油之賓事。既寺僧囑記於予曰："陳尹之設此燈也，為求嗣也。三年之內，新正上任，果生長子鶴齡，不可謂非我佛之力也。夫佛法廣大，舍利放大光明，凡有所照，均獲福祥，是佛正有慧燈也，奚取人世之炬乎！蓋敬佛者，敬其慈悲也。慈悲者，仁也。仁為萬事之本，萬物之根。根本既立，何物不生，何事不成？人之所以為人，仁而已矣。未有不仁而克啟其後者，亦未有仁而不綿其嗣者也。念念有佛，念念之不忘其仁也。報應昭昭，豈在多乎！僅陳君始而捐油，繼而買地，無限苦心，莫非欲始終如一，無負初心。若不勒之於碑，恐世遠年湮，我寺後裔不知此地之由始而間斷其事，是沒人之善也，敢請先生記之。"余唯陳君克終其美，住持不忘其美，予慕君子之成人之美也，因記其巔末如此，以為好善者勸云。

施地安徽池州府石埭縣信士陳逢吉，又於癸丑年捐銀五十兩，置地七畝半，坐落湖子溝。

生員孫方懋撰文。

洛陽學廩膳生員楊錦堂書丹。

洛邑後學李元亮篆額。

翼善馬欽、連廷棟、梁廷仕、鎖震甲、申文進、郭效先、耿萬安、曾魯儒、范顯正、賈廷貴、張爾德。

□匠□化。

住持僧晉迵□徒孫□。

□徒□□。

旹大清乾隆四十五年歲次庚子穀旦。

（碑存洛陽市龍門伊闕之西賓陽洞旁。王興亞）

重修齋祓堂記

齋祓堂建於翠華臨幸之初，依崖瞰水，內幽曲而外明暢。唐、宋以來，名人題詠，大小石刻多納砌屋壁間，以供觀省。嗣後官民禮拜者，皆於是肅其意容焉。迄今凡三十餘年，往經霖漲，榱題掣于風雷，基趾蝕於波浪。住持僧普棟念盛規之須添也，成功之宜續也，食於其土，而無補於其地之不可以為心也。於是，鳩合鄉耆程公允材，自冬徂夏，募化四方。錫不能飛用，鼓兩腋而習習；凫無弗渡，見一葦之悠悠。功無幸舉，有志竟成。事本圖不愆於素，既竣，酌而謂執事曰：僧不能必此堂之不復損毀，惟願後之住此者，勿忘老僧今日重葺之志，庶使遊其地者，云臥有而衣裳不冷，未覺而晨鐘已聞，常如初建時乎。繼喜斯言也，可謂無極之思矣。惜乎，僧之為釋子也，持此願力，何功不立，胡事不成？斬新持地，無成興毀，李、杜之筆墨，依金銀而流輝；程、邵之文章，添勝跡而日麗矣。惜乎，僧之為釋子也！惜乎，僧之為釋子而所為斷美傳聲者之僅見齋祓堂也。

歲進士王命甲沐手撰文並書丹。

大清乾隆肆拾柒年岁次仲夏之吉日立石。

（碑存洛陽市龍門潛溪寺門前北側。王興亞）

花開三月想桃園碑

花開三月想桃園

偃師縣知縣錢玉琳敬書勒石。

乾隆四十八年仲夏月。

(碑存洛陽市關林。王興亞)

香嫋餘煙悲漢鼎碑

香嫋餘煙悲漢鼎
聖帝君乩筆

(碑存洛陽市關林。王興亞)

劉墉題詞碑

天中循譽
洛邑古云天地之中，令長宜著循良之譽。野甫為余中表後輩，擢遷是邑，書以寄贈。
戊申臘月雲明館書，石庵劉墉。
鈐靈歲、劉墉之印。

(碑存洛陽市龍門。王興亞)

劉墉題詩碑

桑林伐鼓灑如川，秋社錢多春社錢。盡道升平長官好，五風十雨更年年。
野甫表侄劉墉。
鈐劉墉之印。
余移洛陽之二年，石庵先生以"天中循譽"四字寄贈，後復寄此詩。長者獎進之意，殷殷無已。而余奉職多闕，殊用恧然，爰勒石以自勵云。
高密單可瑊識。
鈐子野
單可瑊印。
乾隆五十三年。

(碑存洛陽市龍門石窟寺。王興亞)

御製賜傅麟瑞七世同居詩並序[1]

河南巡撫梁肯堂奏：魯山縣生員付麟瑞七世同居，子孫一百五十餘人。詩以賜之。

---

[1] 乾隆五十四年御製賜傅麟瑞七世同居匾額敦睦傳家。

中州夙號民風古，麟瑞今聞實可嘉。
七世同居如許世，百人共食勝楊家。
雍雍敦睦倡鄉里，噶噶祥□表近遐。
敢日休微因奏運，安民調化敬唯加。
乾隆五十四年。

（碑存洛陽市龍門石窟寺。王興亞）

唐少傅白居易墓碑

唐少傅白公墓

公諱居易，字樂天，仕至太子少傅、刑部尚書。墓在龍門香山寺旁，已近千餘年。半為居人所侵毀，學使者都給事湯公右曾與河南守張君珺既重興香山寺，復請公之故壟而加崇焉。封殖其草木，又舉守祠生二人，春秋奉祀不絕。士仕適過洛陽，因書大字謁諸墓道。
乾隆五十五年單可瑅立石。

（碑存洛陽市龍門東山白居易墓前碑樓。王興亞）

賓陽洞詩碑

我昔宦西蜀，巖洞叫奇絕。今來守東都，諸龕訝神設。咄咄造化工，巍巍法象列。頎然丈六身，刓剔棲靈穴。大小盡神通，蓮蒼欲吐舌。何以賓陽名，妙諦不可說。微涼清骨毛，淨域艷冰雪。浮雲蔽高峰，雨花散金屑。幽窈異異境，坐視禪心徹。平生林野趣，疎放志孤潔。樂與木石居，不改凌霄節。前世峨眉僧，見佛皈依切。參寥有同契，對之塵妄滅。何當琴鶴閒，緣在重來結。
乾隆辛亥季春月下浣。
太守張松孫書勒石。

（碑存洛陽市龍門石窟寺。王興亞）

伊闕歌

伊水陸渾來，有闕云禹鑿。中斷走蛟龍，湍流自潛躍。奔騰若駿馬，澎湃激風雹。晝夜無息機，朝宗注河洛。漢時稱雄鎮，設關守山郭。滿江玻璃浮，佳氣綺繡錯。牙檣牽錦纜，粉黛充殿腳。棄脂流漲膩，笙歌沸羅幕。鳳艇去江都，龍門遂冷落。嚴雲朝莫飛，無復瑤臺崔。山色日夕佳，空守招仙閣。我來千載後，尋蹤餘約略。俯仰增歎噓，搔首向□□。
辛亥痾月下浣。

長沙張松孫書。

(碑存洛陽市龍門石窟寺。王興亞)

河出圖歌

上古庖犧出，圖开天地賾。奇偶自生成，陰陽可指畫。聖人乃則之，舊舄堆作易。本係玉石文，斷非龍馬跡。河圖與天球並陳。蓋玉石之有文者故可藏。非旋毛之谓。神契洩造化，索隱布墳籍。連山歸藏名，先後垂簡冊。變化行鬼神，奇正妙闔闢。四聖書始成，萬理參難竭。惟茲古盟津，允稱昔靈窟。遺像無冠裳，周道表豐碣。深鋟旋毛影，孤篝浮圖兀。巾幗義輸金，淵源发道脉。黃河滾滾流，鯨濤浮太液。邙山纍纍在，墾荒鮮暮□。誰能禁樵牧，憑弔長嘆惜。我來春未莫，心曠神恬適。雨餘柳欲垂，景煦禽舒翮。草木盈川原，黍茂膏澤□。官清萬姓安，瑞秀兩岐麥。河圖應再見，重熙光日月。

(碑存洛陽市龍門石窟寺。王興亞)

洛出書歌

東都天下圖書府，嶽峙洌淳甲寰宇。龍馭之後出神龜，造化靈奇畀如禹。戴九履一互聯屬，陰陽肩足交相輔。方歸洪範布箕疇，自充大衍符局數。三悳八政庶徵宜，五行□極中宮土。邵氏之學本先天，後賢立說猶師古。同神共化太極元，穿鑿糾紛小儒魯。縷剔圖影列廟庭，刻畫靈文像洛浦。斯邦毓秀洵有自，各世英才皆接武。左環瀍澗右伊川，脈絡嵩雲會風雨。元公相宅營成周，應運中興誕申甫。循行南國去留思，長麗蔽芾甘棠樹。幾見銅駝沒草萊，未聞金穀餘荒輔。姚黃魏紫久無□，綠埜平泉誰是主。不貪富貴白香山，巖阿自築藏春塢。分司中隱十三年，七老同遊悪星聚。矣蒙徠尹步芳規，薄俸頻捐葺破柱。時攜賓從共扶筇，山月江風恣我取。開懷曠達心蹟清，拄笏看山蝯鳥伍。同文同軌樂昇平，素餐為政慙無補。

東都太守長洲張松孫書稿。
乾隆五十六年歲次辛亥痾月中澣。

(碑存洛陽市龍門石窟寺。王興亞)

書洛神賦

黃初三年，余朝京師，還濟洛川。古人有言："斯水之神，名曰宓妃。"感宋玉對楚王神女之事，遂作斯賦。其辭曰：

余從京域，言歸東藩，背伊闕，越轘轅，經通谷，陵景山。日既西傾，車殆馬煩。爾乃稅駕乎蘅皋，秣駟乎芝田，容與乎陽林，流眄乎洛川。於是，精移神駭，忽焉思散。俯則未察，仰以殊觀。睹一麗人，於岩之畔。乃援御者而告之曰：“爾有覿於彼者乎？彼何人斯？若此之豔也！”御者對曰：“臣聞河洛之神，名曰宓妃。然則君王所見，無乃是乎？其狀若何，臣願聞之。”

余告之曰：“其形也，翩若驚鴻，婉若遊龍，榮曜秋菊，華茂春松。仿佛兮若輕雲之蔽月，飄飖兮若流風之回雪。遠而望之，皎若太陽升朝霞；迫而察之，灼若芙蕖出淥波。穠纖得衷，修短合度。肩若削成，腰如約素。延頸秀項，皓質呈露。芳澤無加，鉛華弗御。雲髻峨峨，修眉聯娟；丹唇外朗，皓齒內鮮。明眸善睞，靨輔承權；瑰姿豔逸，儀靜體閑。柔情綽態，媚於語言。奇服曠世，骨象應圖。披羅衣之璀粲兮，珥瑤碧之華琚。戴金翠之首飾，綴明珠以耀軀。踐遠遊之文履，曳霧綃之輕裾。微幽蘭之芳藹兮，步踟躕於山隅。於是，忽焉縱體，以遨以嬉。左倚采旄，右蔭桂旗。攘皓腕於神滸兮，采湍瀨之玄芝。

“余情悅其淑美兮，心振盪而不怡。良媒以接歡兮，託微波而通辭。願誠素之先達兮，解玉佩以要之。嗟佳人之信修兮，羌習禮而明詩。抗瓊珶以和予兮，指潛淵而為期。執眷眷之款實兮，懼斯靈之我欺。感交甫之棄言兮，悵猶豫而狐疑。收和顏而靜志兮，申禮防以自持。於是，洛靈感焉，徙倚彷徨。神光離合，乍陰乍陽。竦輕軀以鶴立，若將飛而未翔。踐椒塗之郁烈，步蘅薄而流芳。超長吟以永慕兮，聲哀厲而彌長。爾乃眾靈雜遝，命儔嘯侶。或戲清流，或翔神渚，或采明珠，或拾翠羽。從南湘之二妃，攜漢濱之遊女。歎匏瓜之無匹兮，詠牽牛之獨處。揚輕袿之猗靡兮，翳脩袖以延佇。體迅飛鳧，飄忽若神。凌波微步，羅襪生塵。動無常則，若危若安。進止難期，若往若還。轉眄流精，光潤玉顏。含辭未吐，氣若幽蘭。華容婀娜，令我忘餐。於是，屏翳收風，川後靜波。馮夷鳴鼓，女媧清歌。騰文魚以警乘，鳴玉鸞以偕逝。六龍儼其齊首，載雲車之容裔。鯨鯢踴而夾轂，水禽翔而為衛。於是，越北沚，過南岡。紆素領，回清陽。動朱唇以徐言，陳交接之大綱。恨人神之道殊兮，怨盛年之莫當。抗羅袂以掩涕兮，淚流襟之浪浪。悼良會之永絕兮，哀一逝而異鄉。無微情以效愛兮，獻江南之明璫。雖潛處於太陰，長寄心于君王。忽不悟其所舍，悵神宵而蔽光。”

於是，背下陵高，足往神留。遺情想像，顧望懷愁。冀靈體之復形，御輕舟而上溯。浮長川而忘反，思綿綿而增慕。夜耿耿而不寐，沾繁霜而至曙。命僕夫而就駕，吾將歸乎東路。攬騑轡以抗策，悵盤桓而不能去。

見《昭明文選》曰：“余希慕古，情追風騷。雅讀宋玉《神女》、《高唐》，子建《洛神》諸賦，輒低徊神逞。昔守巴蜀，嘗手書一通，繪為圖畫，以寄遐思。□年來，典洛郡，考卝山川，徧歷轘轅通谷之區，睇遠浦而生煙，溯伊人之宛在□，肱有觸於曩懷。因當城樓新葺之後，復書勒石，非好事也。□□誌愛素好古之意云爾。”

乾隆五十六年重光大淵獻之姑洗月，長洲張松孫書。

（碑存洛陽市，拓片藏河南省文史研究館。王興亞）

關陵重修碑記

　　昌黎韓子之言曰：自天子至郡邑守長，通得祀而遍天下者，惟社稷與孔子。然句龍與棄於社稷為左享，又不屋而壇，孔子為右。帝之聖神文武，久而益著，廟貌遍天下，享祀用王者事，幾與先師相埒，則其陵墓所在，靈爽式憑，宜何如鄭重也。帝之生平以及功業，載在史冊，其以王禮葬於洛陽城南也，在漢獻帝之建安二十四年。又玉泉與萬里橋亦皆有帝塚。前明神宗時，朝使過洛，感夢於郵亭，展拜時，隱躍見帝，旋請敕封。其事具詳前碣。

　　國朝定鼎後，靈異顯著，徽號益崇。前總鎮柯公於塚舊廟加以修葺，中丞閻公復為增殿宇，藏禮器，因勒石以敘創建之始末，蓋百餘年於茲矣。余奉命撫全豫整理庶務，載更寒暑，而飭僚吏，修理廢墜。適河南張守來見，詢知帝陵廟舍，年久傾圮。與同官此土者，共捐俸興修，一新其舊。又增建大門、牌房、戲樓、旗杆、甬道，以肅觀瞻，以妥神靈。工始於五十六年四月，五月閱月而工成。司事者復請文以為志。余惟洛邑居天下之中，為周、漢都會，陵寢在焉。然寶衣玉盤，劫歷兵燹，而茲陵巋然無恙，廟貌日新，禮兼乎充德報功之隆高，敬生於天理人心之至，此宜於孔林並垂不朽矣。嗚呼！非天下之至誠，其孰能與此哉！緣述修建之由，並記歲月。其同官姓氏，另勒珉石，以告夫後之守土者。

　　乾隆五十六年歲次辛亥季秋之月。

　　兵部侍郎兼都察院右副都御史巡撫河南等處地方兼提督御節制全省軍務並駐防滿營官兵兼理河道加三級紀錄三次穆加蘭撰文。

　　河南府知府張松孫書丹。

　　承修官洛陽縣丞陳元熙勒石。

（碑存洛陽市關林大殿月臺前東側。王興亞）

捐修關陵銜名碑

　　欽命兵部侍郎兼都察院右副都御史巡撫河南等處地方兼提督節制全省軍務並駐防滿營官兵兼理河道加三級穆加蘭，河南等處承宣布政使司布政使加三級記錄十六次鄭源璹，調任甘肅承宣布政使司布政使隨帶軍功記錄十次景安，河南等處提刑按察使司按察使統轄全省驛傳事務加三級吳璥，河南通省糧鹽法道加五級劉文徽，河南開歸陳許兼理河務兵備道加五級蘇爾芳阿，河南分巡河北兵備道加五級陳文緯，河南分巡河陝汝道加五級劉同敬，河南分巡南汝光道加五級陳鐘琛，開封府知府加三級武先慎，歸德府知府加三級彭翼蒙，陳州府知府加三級陳於禮，彰德府知府加三級孫步雲，署衛輝府知府加三級葉大奇，懷慶府知府加三級杜琮，河南府知府奉滿候升加五級張松孫，前署河南府知府加三級李舟，南陽府知府加三級完顏岱，汝寧府知府加三級彭如幹，許州直隸州知州剛柱，光州直隸州知州汪濤，署陝州直隸州知州沈肯松，汝州直隸州知州王彞象，洛陽縣知縣龔鶴鳴，署洛陽縣知縣陶應遇，偃師縣知縣湯毓倬，鞏縣知縣朱元炳，孟津縣知縣楊名燦，宜陽縣知縣徐學勤，登封縣知縣陸繼蕚，永寧縣知縣張楷，署永寧縣知縣張丕緒，新安縣知縣楊懷斗，署澠池縣知縣吳有容，澠池縣知縣盧蔭惠，嵩縣知縣鄭炳。

乾隆五十六年歲次辛亥九月望日同捐俸重修。

（碑存洛陽市關林拜殿東牆。王興亞）

山陝商人為添建戲樓甬路等施銀碑記

今將添建關陵廟前戲樓、月臺、甬路、東西牌坊，在洛行商山陝商人所□銀姓名，開列於後：

鹽商：□保全、張合承，捐銀二百兩。

城當商：吳永祥、張元發，捐銀一百兩。

鄉當商：韓元盛、閻義質、閻豐德、席逢源、雷公和、雷人和、李三和，捐銀二百兩。

綢緞京貨柬布商：益興號、元興號、永和號、恒興號、崔義盛、成信盛、祁永興、杜鴻盛、廣盛號、豐裕號、余盛號、寶成號、永豐號、永成號、正茂號、公興號、和信號、風淳號、公馨號、泰滿號、同盛號、泰盛號、天成號、蘭興號、□興號、立盛號、□盛號，捐銀六百兩。

潞澤商：□□□、□□□、□□□□、□□□□、永發齋□、興隆號、永盛號、廣盛興□、成□□鋪，捐銀一百兩。

晉鹽□□商：張公□、□□興、□盛鋪、壽□□、□□號、和利號、□盛號，捐銀四十五兩。

龍飛乾隆五十六年歲次辛亥九月望日立。

（碑存洛陽市關林舞樓臺基東側。王興亞）

重修關陵廟碑記

昔孔子作《春秋》而天經地義，萬古昭垂。後世聖賢能以孔子之心為心者，三代下惟蜀漢關聖大帝一人而已。夫《春秋》非聖人不能作，亦非聖人不能讀也。帝挺天子之資，造仁義之極，持心若冰壺朗鏡，處事則白日青天。豪傑聞之向風，奸邪遇之心死。是帝即一《春秋》也，即一孔子也。浩然之氣，充塞兩間，宜乎聲靈於爍。歷古至今，特與宣聖並崇哉！

洛城南十五里有帝塚，今群稱之曰"陵"，蓋以侯之威赫顯，亦廣佑生民，靈蹟叠見。

今天子崇位號，重祀典，以帝王之禮事之，宜也。乾隆五十四年秋，松孫來守是邦，敬謁陵廟，稽前此之守土者，自康熙至今，相繼捐修，規制益擴，然尤未極崇宏之觀也。今年夏初，中承穆公率屬勸捐重修殿宇，而松孫適俸滿入覲，對越良久。奏對間及甲午歲山右用兵之事，見帝擁赤幟坐城上，衆遂驚竄，獲捷。奏甫畢，仰窺聖上戚然動容，諭臣松孫曰："維神護佑我本朝，英靈無處不到，實為可感可敬。"松孫隨奏："洛陽關塚廟基輪廣，現今撫臣率屬重議捐修，復奉恩旨，此守土者之責，當勉為之。"松孫既返東都，即告陳大吏勸衆捐輸，刻期蕆事。凡越月而告成，廟門外添建坊表，設立幡杆，而廟中前後各殿，更易以琉璃碧瓦，垣牆平城，塗茨丹臒，煥乎一新。凡向所固有者修飾之。所未有者增置之，東都古跡之最，於此乎稱大備焉。

方興工時，承修之洛陽丞陳元熙言："四月二十九日夜半，廟中群聞鸞鈴之聲自外入，往復者再。其近居土人以為乾隆十五年聖駕巡幸之前一歲，靈蹟如之，是帝之神雖無地勿在，而精爽所憑，不尤在此耶！不寧惟是，五月十三日，偃師令以帝誕辰，將舉祀事，卜祭牛，既吉。省牲時，市儈欲以下色者易之，忽顛僕，自訴其罪以死，此尤近事之驗也。九月十三日，功既成，余敬率官僚詣陵，祭拜禮成，且告之曰："神者，依人而行，帝祐佑群生，入人深而感應速，是以天下之大，雖顓愚婦孺，尊親共戴。"夫乃歎在天靈爽驗以赫也。

許州城西八里橋，為曹瞞追餞帝故址，今其廟中懸余祖松南先生所作偶句云："亦知吾故主尚存乎，從今日遍逐天涯。且休道萬鍾千駟，曾許汝立功乃去耳。倘他年相逢歧路，又肯忘尊酒綈袍。"真道出當年辭曹心蹟。本《春秋》之旨而神明其用，能以折服權奸者有如此。是以帝平生學問，未嘗假語言文字，直以一身行事見之，有可與宣尼同揆者。所謂先聖後聖者，非耶？松孫守此二年，凡有關於士習民風之政，皆次第興舉之。惟斯廟之重修，功役繁重，賴長吏之督率而有以集其成，更喜適逢奏對，恭奉聖上詔諭及之。是以遠近聞風，商民各出己資，奔合輻輳，誠有不勞而定之勢焉。松孫於此敢不奉行。聖訓之詳，率循長吏之教，以自策勵於無窮也。是為記。

龍飛乾隆五十六年歲在重光大淵獻之無射月中澣。

朝議大夫河南府知府俸滿候升加三級紀錄十三次長洲張松孫敬撰並書。

洛陽縣丞陳元熙勒石。

（碑存洛陽市關林塚前西側。王興亞）

重修白馬寺布施碑記[1]

河南府正堂張某捐銀五十兩。

---

[1] 該碑碑陽和碑陰皆刻布施人姓名和捐錢數目，字多漫漶。

洛陽縣正堂單某捐銀四十兩。

清乾隆五十七年立。

（碑存洛陽市白馬寺接引殿前道東側。王興亞）

洛陽縣正南路第三鄉紳士牌民感德碑記

【額題】永感

素差有偏繁之重，仁恩施軫恤之優。咸沐關帝靈爽，永昭邑侯德庥。敬錄批諭，銘刻悠久。嘉慶式年八月十四日，甲長張廷臣，監生董春雷、張士信，生員王仕德、張洁銘，保正陳月德，地方王興廣、王煥、張金星，稟蒙本縣正堂李大老爺批："現辦差務，業已派定，着照數遵辦。嗣後軍需大差姑准優免。"

嘉慶三年正月二十五日，兵書劉富保因軍草具稟。蒙批："據稟已悉。嗣後遵批優免。"

嘉慶三年正月二十五日，兵書胥大陞因軍需草項請示。蒙批："此次草價，飭繳歸款。嗣後，一體優免。毋違。"

嘉慶三年嘉月吉日，士民公鐫。

（碑存洛陽市關林甬道東側。王興亞）

洛南二鄉准免差徭碑記

【額題】大清

関陵，重地也。吾二鄉與三鄉環居四旁，凡有興作，均屬兩鄉支辦。乾隆三十七年，邑侯張公奉上重修。七月興工，逾年始竣，所用車輛人夫難更僕數。公念居民煩勞，已欲准免尋常差徭，未幾高陞。蔣公榮任，始准優免。五十六年，本府張憲台奉院重修，又創建廟前舞樓暨東西牌坊、月臺、甬路。四月興工，九月完工。所用人夫車輛，更難以千百計。故竣工時，即飭令縣主龔公曰："此地居民良苦，非他鄉可比，理宜豁免差徭。"龔公因承命賜批："關陵差務較繁，准車馬減辦一半。"

今吾仁主李大老爺莅任，備閱關陵差務，體恤憐憫，復賜二鄉批飭："該鄉與三鄉既有關陵差務，嗣後軍需車馬草束，准同三鄉，一律優免。"其心即前任諸公之心，而愷切詳明爲尤甚。故合鄉紳民，勒石以誌不朽云。

合鄉紳民仝立。

嘉慶三年六月初一日穀旦。

（碑存洛陽市關林甬道西側。王興亞）